Demokratisches System und politische Praxis der Bundesrepublik

Demokratisches System und politische Praxis der Bundesrepublik

Herausgegeben von
Gerhard Lehmbruch
Klaus von Beyme
Iring Fetscher

R. Piper & Co. Verlag

ISBN 3 492 01843 2 gebunden · Titelnummer 1843
ISBN 3 492 01844 0 broschiert · Titelnummer 1844
© R. Piper & Co. Verlag, München 1971
Gesetzt aus der Janson-Antiqua
Gesamtherstellung: Clausen & Bosse, Leck
Printed in Germany

Inhalt

Vorbemerkung der Herausgeber 9

1. Zur Entwicklung des demokratischen Systems

Gerhard Schulz, Tübingen Entwicklungstendenzen in
der Nachkriegsdemokratie 13

Iring Fetscher, Frankfurt am Main Kritische Glossen
zum Demokratieverständnis 55

Wilhelm Hennis, Freiburg i. Brsg. Demokratisierung.
Zur Problematik eines Begriffs 68

Ekkehart Krippendorff, Bologna Politikwissenschaft
und Außerparlamentarische Opposition 97

2. Politische Institutionen und Regierungsprozeß

Rudolf Schuster, München Ein neues Grundgesetz?
Überlegungen zur geforderten Verfassungsreform 127

Ulrich Scheuner, Bonn Zur Entwicklung
des parlamentarischen Verfahrens im Deutschen Bundestag 143

Frieder Naschold, Konstanz Probleme der mehrjährigen
Finanzplanung des Bundes 161

Gerhard Lehmbruch, Heidelberg Die Wahlreform
als sozialtechnologisches Programm 174

Friedrich Karl Fromme, Bonn Gesetzgebung und Bundesverfassungsgericht. Interessenkonflikte bei der Novellierung des Gesetzes 202

Hans Rothfels, Tübingen Theodor Heuss, die Frage der Kriegsorden
und die Friedensklasse des Pour le mérite 242

3. Parteien und Eliten

Klaus von Beyme, Tübingen Regierungswechsel 1969.
Zum Wandel der Karrieremuster der politischen Führung 255

Friedrich Schäfer MdB, Tübingen und Köln Die Funktion
von Bundesparteitagen im föderativen modernen Parteienstaat 287

Paul Ackermann, Reutlingen Die Jugendorganisationen
der politischen Parteien 298

Peter Seibt, Tübingen Die Wahlwerbung
der FDP im Bundestagswahlkampf 1969 316

4. Die Bundesrepublik im internationalen System

Waldemar Besson, Konstanz Die Anfänge der bundesrepublikanischen Außenpolitik 359

Hans-Peter Schwarz, Hamburg Europa föderieren – aber wie?
Eine Methodenkritik der europäischen Integration 377

Rudolf Hrbek, Tübingen Außenpolitische Gemeinsamkeit
von Regierung und Opposition 444

Rupert Breitling, Heidelberg Auslandsgelder in der Innenpolitik .. 472

Personen- und Sachregister 485

Für Theodor Eschenburg

Vorbemerkung

Theodor Eschenburg ist nie ein Freund der herkömmlichen Gelehrtenfestschrift gewesen. Kein Zweifel, daß er das Empfinden haben wird, die Kollegen und Schüler, deren hier vereinigte Studien ihm gewidmet sind, häuften glühende Kohlen auf sein Haupt. Immerhin sei den Herausgebern der Hinweis gestattet, daß der vorliegende Band darin bewußt vom überlieferten Vorbild abweicht, daß er sich auf ein Thema konzentriert. Demokratisches System und politische Praxis der Bundesrepublik stehen im Mittelpunkt von Eschenburgs wissenschaftlichem Werk und öffentlichem Engagement. Ohne je ein Schulhaupt sein zu wollen, hat er hier Anstöße gegeben, die zum Aufbau der Politischen Wissenschaft in der Bundesrepublik entscheidend beigetragen haben. Die breite Spannweite der Positionen, wie sie im Folgenden begegnen, mag als ein Reflex der Liberalität des Denkens gelten, mit der ein im besten Sinne konservativer Lehrer auch den Widerspruch dissentierender Schüler ertrug.

I
Zur Entwicklung des demokratischen Systems

Gerhard Schulz

Entwicklungstendenzen in der Nachkriegsdemokratie*

Dieses Jahr vollendet das zweite Dezennium der deutschen Diakrisis und der Geschichte einer parlamentarisch-demokratischen Verfassung in der westdeutschen Bundesrepublik. Euphonische Würdigungen werden nicht ausbleiben. Denn nach dem Ende des von Bismarck geschaffenen, auf den preußischen Staat gegründeten Deutschen Reichs ist das westliche Deutschland von einer Entwicklung beherrscht worden, die segensreich genannt werden könnte, wenn man nur bedenken wollte, daß sie in diesem Jahrhundert in unserem Lande die größte Annäherung an das sozialethische Ideal der aufgeklärten Republik – »das größte Glück der größten Zahl« – gebracht hat. Für viele Deutsche, die den Tiefpunkt des Zusammenbruchs sehend und fühlend erlebten, sind die vergangenen Jahre schon unerwartet günstig verlaufen. Im Bereich des wahrhaft Erlebbaren scheint dieser Tatsache ein unerklärlicher Rest innezuwohnen, was man gerne als »Wunder« auszudrükken pflegt. Damit wird freilich eine völlig unbrauchbare Vokabel zu Hilfe genommen, die im Wissenschaftlichen nichts zu suchen hat. In der Tat bieten sich genug Erklärungen an, die das Geschehene aufzuhellen vermögen. Es bleibt allerdings die Frage, ob das Erklärbare auch schon mit dem bewußt Erlebten ganz übereinstimmen kann, wenn die erlebten Situationen so wenig Ähnlichkeit miteinander aufweisen, daß es eben gerade den Empfindsamsten und Empfindlichsten, den intensiv Erlebenden unter den politisch denkenden Menschen schwerfällt, sie in Gänze aufzunehmen. Die Eindrücke vieler der heute Lebenden sind in der von ihnen erlebten Zeit von extremen, dennoch wie dauerhaft erscheinenden Situationen bestimmt worden; doch die intellektuell wie psychisch bewältigten Einsichten in die Zusammenhänge, in ihre Verursachungen wie in ihre Auswirkungen, von denen den meisten das meiste gar nicht zuverlässig bekannt ist und nur in Ahnungen erfaßt wird, bleibt seltene und offenbar immer seltener werdende Ausnahme. Der historisch Sehende vermag sich indessen nicht leicht der merkwürdigen Paradoxie zu entziehen, daß das zusammengebrochene und von der völligen Vernichtung bedrohte Deutschland um die Mitte des so stark bewegten 20. Jahrhunderts in seiner neuen westlichen Staatlichkeit eine jetzt über zwei Jahrzehnte sich erstreckende Periode des Friedens, der Ruhe und der inneren Konsolidierung erleben konnte. Nächst den Jahrzehnten des Vormärz und der Vorweltkriegszeit ist dies die längste Periode inneren wie äußeren Friedens in der deutschen Geschichte gewesen. Zum ersten Male war er mit einem hohen Maß politischer, verfassungsrechtlich garantierter Freiheiten verbunden.

I

Keine Erörterung über die politische und soziale Entwicklung in der Bundesrepublik wird an der grundlegenden Tatsache ihres erstaunlichen wirtschaftlichen Aufschwungs vorbeigehen können, der sie für kurze Zeit schon zur drittgrößten Wirtschaftspotenz der Erde werden ließ, ehe sie durch die Stagnationsphase zu Beginn des letzten Drittels unseres Jahrzehnts und infolge der rascheren Ausdehnung der Wirtschaft Japans in der Rangordnung der großen Industriemächte wieder auf den vierten Platz verwiesen wurde [1]. Dieser wirtschaftliche Aufstieg stellt den der Jahre 1924/28 weit in den Schatten; Westdeutschland erreichte mehr als das Produktions- und Leistungsniveau der Vorkriegszeit. Allerdings geschah dies innerhalb eingeschränkter territorialer Verhältnisse und unter günstigen strukturellen Voraussetzungen, die eine entschlossene industriewirtschaftliche Konjunkturpolitik wesentlich erleichterten und zu größeren Wirkungen gelangen ließen als unter den unausgeglicheneren Verhältnissen der Weimarer Republik, die in einem von Jahr zu Jahr wachsenden Ausmaß unter den Notständen der überwiegend agrarwirtschaftlichen Gebiete des deutschen Ostens zu leiden hatte. Der Aufschwung nach dem Zweiten Weltkrieg brachte die Bundesrepublik in eine weitaus günstigere wirtschaftliche Lage, als das Deutschland der Zwischenkriegsperiode je erreichen konnte, obgleich die Distanz, die zu überwinden war, wesentlich größer erscheint als die, die in der Restaurationsphase der zwanziger Jahre zurückgelegt wurde. Der Anfang an dem Punkt der nahezu vollständigen Zerstörung der Produktionsstätten, an dem zunächst jegliche Voraussetzung für einen Aufbau zu fehlen schien, setzte wesentlich tiefer an als die Reorganisation und die kapitalmäßige Sanierung der in ihren Substanzen vom Kriege unberührt gebliebenen deutschen Wirtschaft zwei Jahrzehnte zuvor.

Es ist nun aber auch wiederholt gesagt worden, daß der wirtschaftliche Erfolg zwar der Reorganisation und Mobilisierung destrukturierten Potentials und großen Eigenleistungen zu danken, daß er aber erst durch eine bestimmte Konstellation in den internationalen Beziehungen der Großmächte ermöglicht wurde und durch starke Anstöße und wirkungsvolle Anfangshilfen von außen in so kurzer Zeit erreicht werden konnte; und was für die wirtschaftliche Erneuerung gilt, gilt ähnlich auch für den politischen Aufbau. Die Bundesrepublik ist daher gelegentlich eine »Tochter des kalten Krieges« genannt worden[2]. Diese dem staatsbürgerlicher Biedersinn mancher Deutscher wenig verständliche Metapher will die Eigenart des anfänglich fast unbewußt oder doch kaum schon entschlossen gewollten und auch nicht aus eigener, noch gar nicht entwickelter Kraft angestrebten Wiederaufbaus andeuten. Die Tatsachen, an die sich dieses Urteil knüpft, sind unstreitig durch ein großes Maß an Entschlußkraft und Entschiedenheit auf seiten der Besatzungsmächte in Westdeutschland in Bewegung gebracht worden, nicht schon in erster Linie durch den Willen deutscher Beteiligter.

Der Zusammenbruch der Illusionen, die sich in den Vereinigten Staaten unter der Roosevelt-Administration durchsetzen konnten und die aus Deutschland so etwas wie das Versuchsobjekt einer amerikanisch-russischen Kooperation machen wollten, zog zwangsläufig eine Reaktivierung Amerikas in der anderen Zwecken untergeordneten Deutschland-Frage nach sich. Der Einsicht, »wie sehr die in einer Kultur vorherrschenden Anschauungen das Produkt ihrer historischen, sozialen, wirtschaftlichen und geographischen Umgebung sind und daß diese nicht so ohne weiteres in einer für die Erreichung eines bestimmten Resultats geeigneten Weise zu gestalten sind«[3], dieser nüchternen Einsicht konnten sich auch die beiden mit Amerika im Bunde stehenden Besatzungsmächte nicht länger verschließen, mögen sie vorübergehend auch andere Absichten verfolgt haben.

Man kann hierin die Wiederholung eines anderen, aus der Geschichte unseres Jahrhunderts bekannten Vorgangs erblicken. Die Durchsetzung des politischen Kalküls, das die Emotionen der Kriegszeit in Schranken verweist und einer neuen Strategie unterordnet, die unzulänglich und vielleicht einseitig sein mag, aber doch die überlegenen Vorzüge weitergreifender Voraussicht und einer größeren Realistik für sich in Anspruch nehmen darf, deutete sich nach dem Ersten Weltkrieg auf englischer Seite schon in den Ansätzen des »Appeasement« an. Das bekannte Memorandum, das der Kriegspremier David Lloyd George und seine Ratgeber am 25. März 1919 in Fontainebleau abfaßten, enthielt die bemerkenswerten Sätze: »The maintenance of peace will... depend upon there being no causes of exasperation constantly stirring up the spirit of patriotism, of justice or of fair play... But injustice, arrogance, displayed in the hour of triumph, will never be forgotten or forgiven.«[4] Und an einer anderen Stelle, die den unmittelbaren Anlaß deutlich hervortreten läßt, heißt es: »... there is a danger that we may throw the masses of the population throughout Europe into the arms of the extremists whose only idea for regenerating mankind is to destroy utterly the whole existing fabric of society... The greatest danger that I see in the present situation is that Germany may throw in her lot with Bolshewism and place her resources, her brains, her vast organising power at the disposal of the revolutionary fanatics whose dream is to conquer the world for Bolshewism by force of arms. This danger ist no mere chimera. The present Government in Germany is weak; it has no prestige; its authority is challenged; it lingers merely because there is no alternative but the spartacists, and Germany is not ready for spartacism, as yet.«

Keine Einschätzung der internationalen Lage konnte die Tatsache einer neuen und zur politischen Expansion neigenden Großmacht in Osteuropa außer acht lassen, ebensowenig aber auch die Möglichkeit eines Arrangements dieser Großmacht mit den eben erst niedergerungenen Völkern Mitteleuropas. Die Konsequenz, die sich hieraus ergab, vermochte sich allerdings – aus Gründen, die hier übergangen werden können – erst auf längere Sicht, weniger schon in der unmittelbar folgenden Zeit durchzusetzen; doch auch sie verdient, an dieser Stelle zitiert zu werden: »From every point of view, therefore, it seems to me that we ought to endeavour to draw up a peace settlement as if we were impartial arbiters, forgetful of the passions of the war. This settlement ought to have three ends in view. First of all it must do justice to the Allies by taking into account Germany's responsibility for the origin of the war and for the way in which it was fought. Secondly, it must be a settlement which a responsible German Government can sign in the belief that it can fulfil the obligations it incurs. Thirdly, it must be a settlement which will contain in itself no provocations for future wars, and which will constitute an alternative to Bolshewism, because it will commend itself to all reasonable opinion as a fair settlement of the European problem.«

Wer diese bedeutsamen Worte in Erinnerung ruft, wird der Ähnlichkeit inne, die an einigen charakteristischen Vorgängen nach dem Abschluß der Kriegshandlungen des Zweiten Weltkriegs in Mitteleuropa auffallen, als die Armeen der Alliierten den letzten Rest deutschen Bodens in Besitz genommen hatten und die ersten Probleme eines gemeinsamen Regiments über die Deutschen auftauchten. Die Anfänge standen freilich unter anderen Vorzeichen. Der politische Berater im Hauptquartier des amerikanischen Oberbefehlshabers, Robert Murphy, hat später bezeugt, daß er während der Potsdamer Konferenz zu der Überzeugung gelangte, daß ein Friedensschluß mit Deutschland nach herkömmlichen Maßstäben nicht möglich sein werde, weil der Abgrund zwischen den russischen und amerikanischen Auffassungen sowohl über die Behandlung Deutschlands als auch über das künftige Schicksal Europas unüberwindbar sei, so daß alle Hoffnungen auf eine ständige Zusammenarbeit unrealistisch erschienen [5]. Vom englischen Standpunkt aus urteilte der britische Militärbefehlshaber Montgomery kaum wesentlich anders. Eine Spur jener Gedanken, die im März 1919 im Fontainebleau-Memorandum und einige Monate später in ähnlicher Form in John Maynard Keynes' Schrift über die wirtschaftlichen Folgen des Friedensvertrags ausgesprochen wurden, tauchen wieder in der in anderen Hinsichten freilich nicht vergleichbaren Lage von 1945 in Montgomerys Darlegungen auf, die für den Premierminister Attlee bestimmt waren und deren Essenz er in seinen Erinnerungen lapidar zusammenfaßt: »Die Alliierten hatten halb

Deutschland in der Hand und mußten sich weiter um die Einigung des Ganzen bemühen. Unser nächstes Ziel mußte sein, die Westdeutschen in die Gemeinschaft der westeuropäischen Völker zu bringen und den Wohlstand in ihrem Lande so zu fördern, daß die Ostdeutschen von Neid erfüllt wurden, wenn sie es mit ihrer eigenen elenden Lage verglichen.«⁶

Das Ziel einer Wiederherstellung der Wirtschaftskraft des besiegten und unterworfenen Landes und die Schaffung eines ausreichenden Wohlstands seiner Bevölkerung bildete beide Male, nach dem Ersten wie nach dem Zweiten Weltkrieg, wenn auch nach den Erfahrungen der Krise in den dreißiger Jahren mit keineswegs unerheblichen Abwandlungen im einzelnen, das entscheidende politische Mittel der angelsächsischen Sieger. Es entstand im Zusammenhang mit einer politischen Strategie, die sich ihnen angesichts der neuen, durch die Wirkungen und Ergebnisse des Krieges von Grund auf veränderten europäischen Kräfteverhältnisse aufdrängte. Nach dem Ersten Weltkrieg waren die Gegenwirkungen namentlich von französischer Seite noch zu stark und war die Anteilnahme der Vereinigten Staaten an den europäischen Angelegenheiten zunächst noch unstetig, so daß die Anwendung dieses Mittels teilweise verhindert und über längere Zeit gänzlich unterbunden wurde. Nach dem Zweiten Weltkrieg hingegen, aus dem die Sowjetunion als größter Gewinner und fürs erste als stärkste Militärmacht der Erde hervorging, wurde diese Politik in Verbindung mit einem weltweiten Wirtschaftssanierungsprogramm, wie es ähnlich zu Beginn der zwanziger Jahre zwar schon erörtert worden, aber unausgeführt geblieben war, mit der allein möglichen amerikanischen Hilfe schnell verwirklicht.

Fünf Jahre nach der deutschen Kapitulation erschien dann die Lage in Europa wieder vollkommen verändert. Nach der Teilung Deutschlands begann die rasche wirtschaftliche Erneuerung, für die es noch kein Beispiel gab und die auch weder Abschätzungen noch Vorahnungen ganz zu ermessen vermochten. Der Morgenthau-Plan, der die radikalste Konzeption einer jedwede industrielle Restauration ausschließenden Politik verwirklichen wollte, war bald in seinen letzten ideellen Resten überholt und vergessen. Aber auch die Formel, die die Potsdamer Konferenz der Großen Drei des Zweiten Weltkriegs gefunden hatte, daß Deutschland während der Besatzungszeit als eine wirtschaftliche Einheit zu betrachten sei, erreichte keinen höheren Verifizierungsgrad als der Plan des amerikanischen Finanzministers der Roosevelt-Ära.

Dem Verelendungsmoment, das in dem theoretischen Gebäude der marxistischen, von Lenin auf die russische wie auf die internationale Politik projizierten Lehre eine Schlüsselstellung einnimmt, haben die systematisch entgegenwirkenden Tendenzen des Wirtschaftsaufbaus wie der Erhöhung und Verbreitung des Wohlstands den Boden entzogen. Dieser Tatsache verdankte die Bundesrepublik ihre Entstehung – wenn man die Dinge auf einen einzigen Satz bringen will; und die gleiche Tatsache lag dem merkwürdigen staatsrechtlichen und politischen Status des westlichen Teiles der preußischen und deutschen Hauptstadt Berlin zugrunde, die bis zum Einsetzen der sowjetrussischen Gegenaktionen im Spätsommer 1961 das in den Osten Deutschlands gerichtete »Schaufenster« des westeuropäischen Wohlstands war.

Bald nach der Erneuerung des zusammengebrochenen Währungssystems unter der Regie der Besatzungsmächte setzte in den drei westlichen Zonen der materielle Sanierungsprozeß ein; und nach wenigen Jahren stellte diese Hälfte Deutschlands, die einen immer größer werdenden Anteil der deutschen Bevölkerung in sich vereinigte, die ökonomischen und sozialen Verhältnisse der von der Sowjetunion besetzt und verfügbar gehaltenen östlichen Gebiete in jeder möglichen Hinsicht in den Schatten. Dieser Prozeß ist vorübergehend langsamer und zögernder verlaufen; er scheint sich jedoch auch in die weitere Zukunft hinein ohne absehbare Hemmungen fortzusetzen. Er hat den Vorkriegsleistungsstand der Volkswirtschaft überschritten und ist längst in perennierende wirtschaftliche Expansion übergegangen.

Die Konjunktur hat nach und nach zu einem breiten Wohlstand geführt, der den Deutschen in der Zeit nach dem Ersten Weltkrieg versagt blieb und der in seiner sozialen Tiefenwirkung auch die Verhältnisse der letzten Vorweltkriegsjahre übertraf. Nähme man das oben erwähnte Prinzip der schottischen und englischen Moralisten zum Maßstab, »that Action is best, which procures the greatest Happiness for the greatest Numbers«[7], so könnte es scheinen, daß im westlichen Deutschland wesentliche Voraussetzungen für eine in festen Bahnen verlaufende Entwicklung geschaffen und daß ein sicheres Unterpfand für eine Vereinigung der Deutschen mit den Staaten historischer demokratischer Traditionen vorhanden sei. Diese Annahme wurde in der Tat sowohl durch die innere Konsolidierung als auch durch die außenpolitische Orientierung der deutschen Nachkriegsdemokratie in jenen Jahren bestätigt, die wir mit leichter Abrundung als die Ära Adenauer bezeichnen können.

Die Westzonen Deutschlands und die aus ihnen hervorgegangene Bundesrepublik wurden durch den Willen der drei Besatzungsmächte in eine politische und wirtschaftliche Startposition gebracht, die den inneren Aufschwung von wesentlichen Schwierigkeiten entlastete. Aus dem ursprünglichen Status des besiegten und besetzten Landes ergab sich dann die zwangsläufige Option der Außenpolitik des neuen Staatswesens für diese Besatzungsmächte. Sie wurde zur primären Obligation jeder Politik der Bundesrepublik. Erst die Differenzen zwischen diesen Mächten im Gefolge der westeuropäischen Zusammenschlüsse, der weltpolitischen Veränderungen und einiger Wandlungen in der amerikanischen Außenpolitik führten zu einer kaum begrenzten oder noch im voraus eindeutig bestimmbaren Modifikation. Wenn auch die dauernde direktive Wirkung der eingegangenen Verträge außer Frage steht, so entstand doch für die deutsche Politik infolge der

Lockerung der Beziehungen zwischen den einstigen Besatzungsmächten unversehens größerer Spielraum. Es zeigt sich jedoch, daß die damit scheinbar gewonnene Bewegungsfreiheit keine Verbesserung ihrer Position bedeutete, sondern Reibungen und Abnutzungen im Gefolge hatte und der Bundesrepublik den Alpdruck, in eine passive Rolle gedrängt zu werden, nicht zu nehmen vermochte. Differenzierung und Differenzen in der Politik der Westmächte bedeuteten in erster Linie eine Differenzierung ihrer Politik gegenüber den Ostmächten, die die Bundesrepublik nach dem Abgang der mit dem Namen John Foster Dulles und dem Abschluß der durch die Präsidentschaft General Eisenhowers in Nordamerika bestimmten Phase immer weniger zu beeinflussen vermochte.

Im Grunde blieb der Prozeß der inneren Konsolidierung der Bundesrepublik am ungestörtesten in der Periode ihrer nahezu vollständigen Einbettung in das unter unbestrittener amerikanischer Führung stehende westliche Bündnissystem, die mit dem Ende der Amtszeit Eisenhowers endgültig abgeschlossen war, aber schon vorher den Höhepunkt überschritten hatte. Die Konsumsteigerung, die die wirtschaftliche Konjunktur begleitete, sowie der Aufschwung des Außenhandels, zunächst fast ausschließlich und auch heute immer noch überwiegend mit marktwirtschaftlich orientierten Ländern, und seine Förderung durch die Europäische Wirtschaftsgemeinschaft wurden erst 1966/67, unter den Wirkungen einer kurzfristigen Rezession, durch eine Phase des verminderten Wachstums und der Stagnation abgelöst. Doch die von den Vereinigten Staaten betriebene Politik des Containments hat noch weniger einen Zustand der politischen Stabilität dauerhaft verankern können.

Schon die Berlin-Krise, die mit der sowjetrussischen Forderung nach einer völkerrechtlichen Umwandlung der alten Reichshauptstadt in eine entmilitarisierte »Freie Stadt« – ohne ausreichend definierten Status – im November 1958 begann, und bereits die ein Jahr vorher einsetzende Bewegung gegen die Stationierung von Atomwaffen in Deutschland bezeichnen die Zäsur, die die Phase der zunehmenden politischen Konsolidierung von einer neuen Phase der abnehmenden Stabilität scheidet, in der stärkere dynamische und schließlich überraschende Entwicklungen anbrachen; ihr Ausgang läßt sich heute noch kaum absehen. Der außenpolitische Druck auf die Bundesrepublik ist nie mehr ganz gewichen und hat sich wiederholt verstärkt. Offenbar hat das Warten auf den Wechsel in der amerikanischen Führung noch zu einer Verzögerung entschiedener russischer Schritte beigetragen. Mit dem Amtsantritt John F. Kennedys am 20. Januar 1961 begann dann jedoch jene Neuorientierung in der Weltpolitik, deren Zweck auf amerikanischer Seite der neue Präsident schon zweieinhalb Jahre zuvor, in einer Rede vor dem Senat am 14. August 1958, erklärt hatte, noch ehe ernsthaft an eine Präsidentschaft Kennedys gedacht wurde: Die militärischen und politischen Verpflichtungen der Vereinigten Staaten erstreckten sich nunmehr über die ganze Welt, ohne daß sicher schien, inwieweit die militärische Lage noch eine Erfüllung aller dieser Verpflichtungen erlaubte. Eine neue politische Strategie sollte daher das auf militärischer Macht und Bündnissicherung basierende System der Containment-Politik ablösen [8].

Diese Idee bildete den Reflex fast schon weltweit sich auswirkender Verschiebungen im Staatengefüge, die unter der Oberfläche des Containments vor sich gingen und die die Ausgangsposition der amerikanischen Politik in Frage stellten. Das als Großmacht neu erstandene kontinentale kommunistische China hatte damals in enger Verbindung zur Sowjetunion seinen Einfluß auf die Randzonen Ostasiens ausgedehnt und politische Fühler nach den afroasiatischen Staaten ausgestreckt, die dem von den Vereinigten Staaten kräftig geförderten Vorgang der Dekolonisation der Überseereiche Großbritanniens, der Niederlande, schließlich Frankreichs und zuletzt auch Belgiens ihre Verselbständigung verdankten. Frankreich hat Indochina gänzlich aufgeben müssen, während die Vereinigten Staaten die Rolle des militärischen und politischen Protektors des Teilstaates Südvietnam übernahmen, der aus der dritten Staats- und Volksteilung der Nachkriegsära hervorgegangen war; die erste hatte Deutschland, die zweite Korea betroffen. Das dauernde, sich fortgesetzt verstärkende und stärker auswirkende militärische Engagement in diesem Gebiet ist dann auf die Länge von eineinhalb Jahrzehnten für die Vereinigten Staaten zu dem riskantesten, opferreichsten und für ihre internationale Stellung folgenreichsten politischen Unternehmen geworden, das sie schließlich in eine Reihe weiterer Verstrickungen hineinführte. Im Grunde erlitt hier die neue Strategie Kennedys ihre gewissermaßen posthum, nach der Ermordung ihres Initiators erst in vollem Ausmaß sichtbar gewordene Niederlage.

Der Ost-West-Konflikt hatte schon in den fünfziger Jahren der Idee eines politischen Zusammenschlusses der unabhängig gewordenen Länder der ehemaligen Kolonialzone Auftrieb gegeben. Sie führte 1954 zu der Konferenz von Colombo. Im folgenden Jahr brachte die größere Bandung-Konferenz unter der Führung des indischen Premierministers Pandit Nehru, trotz einer Reihe unüberwindbarer Differenzen, die Mehrheit von 29 afroasiatischen Staaten zur Einigung auf einen neutralen Kurs zwischen den führenden Weltmächten. Sie legte die Gesamtheit der Teilnehmer auf die Linie fest, fürderhin entschieden für den Fortgang der Dekolonisation und die Zurückdrängung der Kolonialmächte einzutreten.

Von der Erklärung der Unabhängigkeit Marokkos im nächsten Jahr bis zu der des belgischen Kongos sowie der bis dahin noch bei Großbritannien verbliebenen Kolonien gelangte dieser Prozeß binnen kürzester Frist in die Nähe seines absoluten Endpunkts. Etwa zu diesem Zeitpunkt aber schieden im Gefolge innerer, revolutionärer oder staatsstreichartiger Umwandlungen in Ägypten und später auch im Irak an zentraler Stelle zwei Staaten gänzlich aus der nordamerikanisch-westeuropäischen strategischen Kombination aus.

Die Eisenhower-Doktrin, der der Kongreß am 9. März 1957 zugestimmt hatte, versuchte zwar, nach dem Suez-Konflikt die Lage im Mittleren Osten durch ein allgemeines Unterstützungsangebot an jede »Nation oder Gruppe von Nationen«, die Hilfe wünschten, unter die Kontrolle der Vereinigten Staaten zu bringen. Doch der Erfolg ihrer diplomatischen Bemühungen ist nach dem Sturz der Dynastie im Irak begrenzt geblieben. Gegen Ende des Jahrzehnts befand sich überall in Nordafrika die Bewegung zur Verselbständigung im Vormarsch, war aber auch der von Nordamerika inspirierte Bagdad-Pakt in seiner ursprünglichen Form hinfällig geworden. Selbst den Anstrengungen der Vereinigten Staaten, innerhalb ihres eigenen Erdteils die politischen Entwicklungen unter ihrer Kontrolle zu behalten, blieb das durchschlagende Ergebnis sogar in der Karibischen See versagt, wo sich Kuba unter einer revolutionären Regierung eng an die Sowjetunion anschloß. Gegen Ende der Ära Eisenhower war der wichtigste Grundsatz der Truman-Doktrin von 1947, die die Politik des Containments eingeleitet hatte, keine Veränderung im Status quo durch Zwangsmaßnahmen oder durch politische Durchdringungen zuzulassen, als ein Prinzip der amerikanischen Außenpolitik ganz und gar gegen ihren Willen in wesentlichen Hinsichten tatsächlich außer Kraft gesetzt.

Dieser Bruch in der Kontinuität der Erfolge der amerikanischen Außenpolitik hat sich auch auf die Bundesrepublik ausgewirkt, die in politische Wechsellagen hineingeraten ist, für die der Ausdruck »Krise« eher unbestimmt als unangemessen erscheint. Die politischen Strukturen und die außenpolitische Position der Bundesrepublik erschienen nun nicht mehr in dem Maße gesichert wie ihr bisheriger wirtschaftlicher Aufschwung und das bisher unaufhaltsam verlaufene Wachstum ihres Außenhandels, das sogar die vorübergehenden Dämpfungen der Konjunktur, die sich auf dem inneren Markt auswirkten, gänzlich unbeeinträchtigt überstand. Immer deutlicher stellte sich heraus, daß der politische Zustand, wenn nicht gar die Existenz der Bundesrepublik primär von der politischen Konstellation der Weltmächte abhängig blieb. Sie stellt keinen Staat dar, dem es gegeben wäre, seine »Stellung in der Welt« nach dem Maß seiner Unabhängigkeit zu bestimmen, wie es Leopold v. Ranke 1836 im ›Politischen Gespräch‹ formulierte und was mehreren Generationen als Prinzip souveräner Außenpolitik galt. Der »Primat der auswärtigen Politik« ist in einem anderen Sinne evident geworden: Niemals mehr kann von den inneren Verhältnissen her dieses Maß wiedergewonnen werden; es bleibt offenbar auf die Dauer gänzlich unbestimmt, in welchem Umfang unser Land überhaupt noch selbst über seine »Stellung in der Welt« zu bestimmen vermag.

Sekundär ist die Bundesrepublik von der Normalität ihres Volkswohlstandes oder, genauer ausgedrückt, von dem sukzessiven Wachstum des Volkseinkommens abhängig geworden, das wiederum, in allmählich steigenden Anteilen, mit dem Außenhandelsvolumen in immer enger werdenden Beziehungen steht. Die in den jüngsten Jahren weitgehend durch offiziöse und auch offizielle Erklärungen jeweils schon abgeschätzte und im voraus aufgeteilte Wachstumsrate des Volkseinkommens läßt schwere Rückschläge kaum zu. Die verhängnisvollsten Folgen wären von einem anhaltenden Rückgang des Weltmarktanteils des deutschen Exports zu gewärtigen. Die Beunruhigung im Gefolge der wirtschaftlichen Stagnation in den Jahren 1966 und 1967, die zu einem Teil noch auf dem Weltmarkt aufgefangen werden konnte, gab einen Vorgeschmack möglicher politischer Folgen eines anhaltenden Wachstumsrückgangs. Seitdem hat sich das System der aprioristischen Einkommensdisponierung und der immer perfekter vollzogenen Parallelschaltung von Wirtschaftswachstum und Lohnsteigerung vollends verfestigt, so daß jeder Rückschlag unmittelbar für jedermann spürbare Wirkungen zeitigen muß, wobei die regulative und im letzten wahrscheinlich sogar entscheidende Stellung der Gewerkschaften unübersehbar ist.

II

Die Genesis des westdeutschen Wohlstandsstaates in der labilen weltpolitischen Mitte Europas weist somit in hervorstechenden Merkmalen die Eigenart der internationalen Lage, aber auch der historischen Voraussetzungen aus. Dies verdient noch eine nähere Betrachtung. Der auffällige Wechsel von Kontinuität tradierter Momente und abrupten Kontinuitätsbrüchen, die die spätneuzeitliche Geschichte Deutschlands weitaus stärker als die seiner westlichen Nachbarstaaten charakterisieren, drückt sich bereits in einer differenzierten, mitunter schon diffus anmutenden Beziehung der deutschen Nachkriegsdemokratie zur Weimarer Republik, aber auch zur weiteren Vergangenheit aus. Daß die moderne soziale und politische Entwicklung im Zeitalter der Industrialisierung in Deutschland im Vergleich zu den Großstaaten Westeuropas erst später einsetzte, aber auch schneller, in manchen Hinsichten sprungartig verlief, ist dem mit der Geschichte Deutschlands Vertrauten bekannt. Die tief wurzelnde innere Unruhe politischer Kräfte und die Unstetigkeit der Entwicklungen sind indessen selten beachtet und auch von entschiedenen ausländischen Kritikern kaum richtig eingeschätzt worden [9]. Eigenartige Kombinationen von Kontinuitäten, Derivationen und Kontinuitätsbrüchen treten aber auch in den Ausformungen der föderativen Organisation und im Pluralismus des Staates in Erscheinung.

Wesentliche Elemente der modernen politisch-sozialgeschichtlichen Periode rühren aus der Auflösung der alten Agrarwirtschaft im Gefolge der Industrialisierung her, die die ständischen Ordnungen und Prinzipien vernichtet und in dem ungeformten Sozialkörper freigewordene Interessen in viele neue, vom individuellen Willen zur Mitgliedschaft geprägte, weniger dauerhaft erscheinende Formen gedrängt hat [10]. Übergänge und Verflechtungen ständischer Ordnungstypen, frühkonstitutioneller Prinzipien und parlamentarischer Elemente erscheinen aber in der neuesten Geschichte Deutschlands mannigfaltiger und weitaus komplizierter als in der Geschichte Frankreichs und Englands; die Geschichte des jungen angelsächsischen Kolonialstaates jenseits des Atlantiks kennt in dieser Hinsicht gar keine Probleme. Diese Vielgestaltigkeit des deutschen Entwicklungstypus mit seinen verschiedenartigen Traditionsbeständen, mit seinen Regressionen, seinen restaurativen und seinen eruptiven Bewegungen ist zudem von der dauernden Existenz eines territorialen Partikularismus mitbestimmt worden, dem nichts weniger angemessen erscheint als der Versuch, die allgemeine historische Projektionsebene mit Hilfe eines monistisch gedachten Staats- oder Volksbegriffs zu konstruieren. Die Ebene, auf der sich das politische Denken wirklich bewegte, reichte noch lange Zeit nicht an die Inhalte des modernen politisch-soziologischen Pluralismus-Begriffs heran. Sie reichte in vielen Teilen sogar noch nicht einmal über die historischen territorialen Grenzen hinaus.

Die Bedeutung des Kleinstaates [11] in der Entwicklung des politischen Denkens der Deutschen ist im Laufe des 19. Jahrhunderts nur langsam zurückgegangen. Der Einschnitt der Revolution von 1848/49 brachte in dieser, ähnlich wie in manch anderer Hinsicht noch keine entscheidende Veränderung. Nach jahrzehntelanger Wirksamkeit einer die deutsche Einigung ankündigenden nationalpolitischen Publizistik [12] blieb auch im kleindeutschen Reichsstaat Bismarcks das Bewußtsein der Zugehörigkeit zum Territorialstaat in seiner Verwurzelung unberührt. Das Reich entstand als ein Überbau, aber nicht als die amalgamierende Staatlichkeit eines modernen Großstaates. Die allmählich spürbar werdenden politischen und wirtschaftlichen Realitäten der neu gestifteten Reichseinheit traten nach und nach dann freilich stärker in Erscheinung und gaben den Überlieferungen der historischen Territorialstaatlichkeit innerhalb des Reiches eine ungewisse und manchmal wohl auch schon etwas unwirklich erscheinende Bedeutung. Für viele aber war der einzige einheitlich durchorganisierte und zentralistisch regierte moderne Großflächenstaat Preußen als Kernstaat und Hegemonialmacht innerhalb des Reichsaufbaus aufs engste mit der Sache Deutschlands verknüpft und verknüpfte er sich weiterhin noch enger mit ihr, so daß nicht mehr viel zu unterscheiden blieb.

Sucht man unter den herrschenden Gruppen des deutschen Kaiserreichs Bismarckscher Prägung nach den dominierenden Zuordnungen ihres politischen Wollens und Denkens, so wird bald der durchgehende Gegensatz erkennbar, der die Geister in zwei große Richtungen in und über den politischen Parteien schied. Im Grunde läßt sich dies schon seit den Tagen der Märzrevolution verfolgen. Die stärkere der beiden Richtungen wandte Herz und Augenmerk der preußischen Monarchie zu. Nach der Reichsgründung des neuen Reichs stand sie auf dem Zenit ihres Einflusses. Die andere, schwächere Partei blieb föderalistisch, zum Teil großdeutsch, in jedem Falle jedoch den einzelstaatlichen Traditionen verhaftet und beinahe zwangsläufig auch antipreußisch gesinnt. Die Identifizierung Preußens mit der Sache des Bismarckschen Deutschlands hat schließlich in den Staaten der einstigen süddeutschen Trias die stete Unzufriedenheit gefördert und Entgegnungen reifen lassen, die dem Liberalismus zugute gekommen sind, sofern er sich die Opposition gegen die Führung Preußens wie des Reiches angelegen sein ließ. Durch den Ausgang des Weltkriegs gerieten die im letzten unüberwindbar gebliebenen Gegensätze schlagartig in einen Zustand aktueller Virulenz. Dies hat es ermöglicht, daß im Zentrum der neuen, gegen die preußisch-deutsche Zentrale des Reiches opponierenden Bewegung in München und Oberbayern während der Monate des Umbruchs 1918/19 bereits in der revolutionären und bald noch entschiedener in der ihr überlegenen restaurativen Richtung ein populäres politisches Sondertum durchbrach. Der dahingegangenen Monarchie der Wittelsbacher bezeugte es bei jeder sich bietenden Gelegenheit treue Anhänglichkeit; ja es bewahrte ihr ein weitaus besseres Gedenken, als dem Ansehen entsprochen hätte, über das sie während der voraufgegangenen Jahre des Kriegs und der Vorkriegszeit gebot[13]. Diese Bewegung fand starke Stützen innerhalb des bayerischen Staates und gab sich fortan, mehr oder minder deutlich dezidiert, als selbstbewußte Opposition gegen die Politiker der Berliner Instanzen der Republik. Sie existierte im Bunde mit der katholischen Kirche und zuweilen in ihrem Schutze im geheimen oder doch nach außen hin kaum sichtbar auch noch innerhalb des nationalsozialistischen Totalstaates. Mithin erscheint es angemessen, von einer sich wohl modifizierenden und im Hinblick auf Stärke und Bedeutung wechselnden, aber dennoch alle Zäsuren der letzten hundert Jahre überdauernden Kontinuität bayerischer Berlin-Opposition zu sprechen, der innerhalb ihres historischen Rahmens auch schon die angemessene Beurteilung zuteil geworden ist.

Doch dies ist nur ein besonders bedeutsamer, sporadisch extremer, aber im Grunde doch kein exzeptioneller Fall in der jüngsten deutschen Geschichte. Die auf den kleinstaatlichen Rahmen konzentrierte, durch ihn aber auch begrenzte Vorstellungswelt hat sich mit den modernen politischen und sozialen Formen des 20. Jahrhunderts niemals vollends abzufinden und auszusöhnen, der Vielfalt der Entwicklungen seit Beginn unseres Jahrhunderts kaum schon ein tragfähiges Verständnis entgegenzubringen vermocht. Die retardierende Haltung der innerhalb kleinräumiger Vorstellungshorizonte agierenden und reagierenden politischen Kräfte des Bürgertums, in Preußen auch des ostdeutschen Grundbesitzes, der seine großen Zeiten hinter sich und den Anschluß an die deutsche Aufgabe Preußens keineswegs gesucht hatte, zog schon unmittelbar vor und nach der Jahrhundertwende die Kritik, wenn nicht gar den hellen Zorn politisch dynamischer, den neuen Erscheinungen der Zeit aufgeschlossener Persönlichkeiten auf sich. Die Schlagworte von einer deutschen »Weltpolitik«, von der Aufgabe »der Deutschen in der

Welt«[14] oder, wie es Max Weber in seiner berühmten Freiburger Antrittsvorlesung 1895 formuliert hat, vom »Beruf des deutschen Volkes zur Weltpolitik«[15] gelten gewiß mit Recht als Ausdruck eines »imperialistischen« Nationalismus, der sich dort am sichersten wähnte, wo er die Mittel eines starken Staates zu mobilisieren wußte, den er als »weltliche Machtorganisation« begriff, die entschlossene »Machtpolitik« trieb. Doch in dieser bewußt einseitigen und von etwas krampfhaft anmutender Entschiedenheit getriebenen Forderung nach einer weltpolitischen Rolle Deutschlands äußerte sich auch ein ziellos verlaufender Protest gegen die drückende historische Last der von kleinstaatlichen Vorstellungen bestimmten politischen Enge und Unbeweglichkeit, die häufig dem konservativ scheinenden Lob des politisch Vergangenen bis auf unsere Tage noch anhaftet. Die mit verschiedenartigen Emotionen verknüpften Betrachtungen wie auch die eindeutige Bewunderung etwa des Englischen, englischen Stils, englischer Mode, englischer Politik, des englischen Weltreichs und seiner Kolonialgeschichte oder doch des Bildes, das man sich hiervon in Deutschland machte, besagen in ebenso naiver wie optimistischer Weise dasselbe wie das frühe pessimistische Wort Max Webers, der sich um den deutschen Anschluß an das Zeitalter der Weltpolitik mühte und doch im Herzen süddeutsch geblieben war: daß die Bismarcksche Reichsgründung ein »Jugendstreich« gewesen sei, »den das deutsche Volk auf seine alten Tage beging«[16]. Der retardierende Provinzialismus, dem die Fanfarenstöße eines plötzlich erwachten Willens zur Weltmachtpolitik nicht behagten, was noch das Beste an ihm war, wurde indessen durch die laute, freilich oberflächliche, überaus hektische und diffuse, mehr aufs Emotionale gestimmte als aufs Sachliche bauende Propaganda für eine überseeische nationale Interessenpolitik, für deutsche Kolonialpolitik und deutsche Seemachtpolitik keineswegs wirklich überwunden, sondern nur zeitweilig abgeleitet, zuweilen auf erstaunliche Weise variiert. Hiervon weiß die Geschichte der Ära von Weimar wie auch die der Periode, die darauf folgte, manches zu berichten.

Sobald die politisch-ideengeschichtliche Seite der deutschen territorialstaatlichen Entwicklung im 19. und 20. Jahrhundert angemessene Berücksichtigung findet, wird deutlich, daß weder eine Geschichte der politischen Parteien noch eine Beschreibung der verschiedenen Interessengruppen und ihrer Wirkungsweisen den »Pluralismus« der deutschen Verfassungsverhältnisse ganz zu erfassen vermag. Der Pluralismus der jüngeren deutschen Geschichte umschließt in Wirklichkeit neben manchen Auswirkungen vor allem auch Entgegnungen auf den historischen deutschen Föderalismus. Er ist daher von andersartiger Färbung als in irgendeinem anderen der modernen Großstaaten. Die zufällig erscheinenden Durchbrüche regionaler Sonderungen und Abwandlungen, die es hier und da auch in anderen Staaten gibt, erscheinen weder im Hinblick auf institutionelle Eigenarten noch hinsichtlich der konstitutionellen Entschiedenheit innerhalb des politisch-historischen Duktus für einen Vergleich mit deutschen Verhältnissen ganz geeignet. Mithin wird es erforderlich, den ganzen Umfang wiederholt neu belebter Länderstaatlichkeit und ihrer Bedeutung für die innerpolitische Entwicklung Deutschlands einzubeziehen. Eine Verfassungsgeschichte innerhalb der Zeitgeschichte gewinnt keine politische Bedeutung ohne Überblick über das Ganze der Periode. Wenn schon vor einem Menschenalter mit überzeugenden Gründen für die dem modernen Verständnis ferner liegenden landesgeschichtlichen Verfassungsfragen des späten Mittelalters gefordert worden ist, »die Struktur der politischen Gebilde in ihrer Ganzheit darzulegen«[17] und von der lange Zeit geübten Aufteilung auf autonome, kategoriale Disziplinen Abstand zu nehmen, so gibt es erst recht keinen Grund, diesem Grundsatz für die Verhältnisse im Zeitalter der modernen Demokratien und Diktaturen nicht mit Entschiedenheit zum Durchbruch zu verhelfen. Doch hier haben wir es nicht mit methodischen Konsequenzen zu tun.

Bis auf das Jahr 1930 hatten die Erfahrungen nach der Beibehaltung einer begrenzten Länderstaatlichkeit durch die Reichsverfassung der Republik von Weimar, die in Wirklichkeit eine durch den Sturz der Monarchien unausweichlich gewordene Revision des Bismarckschen Reichsaufbaus darstellte, allenthalben, ohne grundsätzliche Ausnahme einer wesentlichen politischen Gruppe, den Wunsch nach irgendeiner Änderung der Reich-Länder-Beziehungen hervorgerufen, nach einer Reichsreform in diesem oder jenem Sinne, die den meisten Vorschlägen zufolge auch eine Verfassungsreform hätte sein müssen. Doch die tiefgreifenden Wirkungen der mit Vehemenz hereinbrechenden Krise hat der Welt ein anderes Aussehen gegeben, als sie vorher, in der kurzen Phase der Nachkriegsprosperität hatte, die noch einmal den trügerischen Schein einer Restauration der Vorkriegsgesellschaft verbreitete. In Deutschland begann an dieser Wende vom dritten zum vierten Jahrzehnt eine neue Entwicklung, der in der Geschichte dieses Jahrhunderts kaum geringere Bedeutung zukommt als dem voraufgegangenen Weltkrieg. Sie hat das Verhältnis der Deutschen zu ihrem Staat in kürzester Frist gewaltsam und keineswegs segensreich erneut von Grund auf verändert. Der rasch improvisierte totalitäre Staat stampfte die umgreifende Einheit aus dem Boden der Tatsachen. Er setzte auch den historischen Föderalismus vorübergehend außer Kraft und ging daran, den Interessenpluralismus der Gesellschaft in staatliche Organisationen einzuschmelzen, noch ehe seine politisch-theoretische Begründung in Deutschland Eingang gefunden, geschweige denn sich durchgesetzt hatte, obgleich Verbände und Interessengruppen in der deutschen Geschichte etwa seit der Mitte des 19. Jahrhunderts eine große, seit der Jahrhundertwende eine besonders auffällige Rolle spielten[18].

Freie Vereinigungen, die sich zum Zwecke der Wahrnehmung wirtschaftlicher Interessen bildeten, gab es lange vor dem Einsetzen der Einigungspolitik Bismarcks; und ihre Geschichte ist rascher verlaufen und formenreicher gewesen als die Verfassungs- und Verwaltungsgeschichte des neuen deutschen Kaiserreichs. Die Wirksamkeit von Interessen und Verbänden ist an den wichtigsten Punkten der inneren Geschichte spürbar oder nachweisbar; sie reicht von jenem weiten Bereich, der im englischen politischen Leben mit dem Ausdruck »influences« angedeutet wird, bis zum Aufbau großer monopolartiger, quasi-ständischer Organisationen, wie etwa des Centralverbandes deutscher Industrieller, des Bundes der Landwirte oder der Gewerkschaften. Die föderalistische Struktur des Reiches begünstigte vor allem nach dem Ersten Weltkrieg die weitere Entfaltung der wirtschaftlichen Spitzenverbände. In den Phasen, in denen zuverlässige Informationen und rasche wirtschaftliche Maßnahmen nötig waren, konnten sie sich unschwer in die Tätigkeit der Reichsministerien einschalten, die keinen Verwaltungsunterbau besaßen und von den Ländern nicht immer die Hilfe erhielten, deren sie bedurften [19].

Die Staatslehre wandte jedoch dem Verbändewesen der Gesellschaft auch in der jüngsten und bewegtesten Periode seiner Entwicklung kein sonderliches Interesse zu. Der idealisierte Staatsbegriff blieb von den Realien wie von den Problemen, die die Metamorphose der industrialisierten Gesellschaft zutage förderte, unberührt, obgleich gerade aus der deutschen Staatslehre des 19. Jahrhunderts Auffassungen erwuchsen, die man mit heutigen Begriffen als soziologisch und organologisch bezeichnen darf und die außerhalb Deutschlands für die moderne Theorie des Pluralismus große Bedeutung gewannen.

Lorenz von Steins Begriff des Interesses, mit dem er das Prinzip der industriellen Gesellschaft aufzudecken glaubte [20], gab der vom Marxismus wie vom Positivismus sich entfernenden Richtung der Soziologie starke Anstöße. Noch folgenreicher aber war Otto v. Gierkes Einfluß, der in Deutschland in der Idee von der genossenschaftlichen Selbstverwaltungsorganisation des Staates durch Hugo Preuß eine unvollkommene und auch etwas undeutliche Umsetzung in die verfassungspolitische Wirklichkeit erfuhr. Die durch Gierke vor allem in England inspirierte [21], von Frederic Maitland und Sir Ernest Barker entwickelte Theorie salvierte erstmals in der modernen Staatslehre den Interessenpluralismus der industrialisierten Gesellschaft. Der junge Harold Laski, ein Adept Barkers, vertrat dann als erster Wortführer des »radikalen Pluralismus« [22] die uneingeschränkte Gruppenautonomie innerhalb des »pluralistic state«, dem er jedes legitime Gewaltmonopol absprach [23]. Sein methodischer Fehler, dem allerdings bestimmte politische Überzeugungen und Absichten zugrunde lagen, ist wiederholt kritisiert worden; er bestand im wesentlichen darin, daß er staatsrechtliche Grundsachverhalte unmittelbar aus einer Deskription politisch-soziologischer Vorgänge folgerte. Doch gerade dieser »first shot of the pluralistic revolt« [24] hat in Deutschland »links« wie »rechts« die namhaftesten Kritiker gegen den Pluralismus auf den Plan gerufen.

Der Weg »vom Obrigkeitsstaat... zum Volksstaat«[25], der 1918 eingeschlagen wurde, ist indessen in seiner wirklichen – »pluralistischen« – Problematik kaum ganz erfaßt worden. Der Sozialist Hermann Heller nannte die Verbandsautonomie innerhalb des Staates ein »soziologisches Wunder, welches dadurch nicht verständlich wird, daß man einen Gesamtorganismus und verschiedene Teilorganismen annimmt. Denn, von allem anderen abgesehen, kennt die Gegenwart keinen dem mittelalterlichen corpus mysticum Christi auch nur entfernt vergleichbaren Gesamtorganismus... vom Standpunkt der Organismuslehre aus erscheint die Einheit des Individuums in der Vielheit seiner Verbandsangehörigen als ein unlösbares Problem.«[26] In der Staatslehre ist schließlich die von Carl Schmitt programmatisch vorbereitete »Wendung zum totalen Staat« tonangebend geworden, die den Maßstab der politischen Homogenität an die moderne Massendemokratie anlegte[27]: »Die politische Kraft einer Demokratie zeigt sich darin, daß sie das Fremde und Ungleiche, die Homogenität Bedrohende zu beseitigen oder fernzuhalten weiß.«[28] In der Wirklichkeit der industrialisierten Gesellschaft kann dies nie anders als mit den Mitteln despotischer Regierung geschehen; die dem modernen industriellen Großstaat wahrhaft gemäße Regierungsform kann demzufolge nur eine Diktatur sein. Diese Auffassung hat Carl Schmitt 1926 zunächst noch mit dem Schlagwort von der »Krise des Parlamentarismus« eingeführt, aber schon deutlich genug ausgesprochen: »In der Geschichte der Demokratie gibt es manche Diktaturen, Cäsarismen und andere Beispiele auffälliger, für die liberalen Traditionen des letzten Jahrhunderts ungewöhnlicher Methoden, den Willen des Volkes zu bilden und eine Homogenität zu schaffen... Vor einer nicht nur im technischen, sondern auch im vitalen Sinne unmittelbaren Demokratie erscheint das aus liberalen Gedankengängen entstandene Parlament als eine künstliche Maschinerie, während diktatorische und cäsaristische Methoden nicht nur von der acclamatio des Volkes getragen, sondern auch unmittelbare Äußerungen demokratischer Substanz und Kraft sein können. Auch wenn der Bolschewismus unterdrückt und der Faschismus ferngehalten wird, ist deshalb die Krisis des heutigen Parlamentarismus nicht im geringsten überwunden.«[29] Die Überzeugung von der »Krise des Parlamentarismus« ist freilich noch sehr viel weiter verbreitet gewesen. Sie entsprach der unüberwindbaren geschichtlichen Distanz zwischen »deutschem Geist und Westeuropa«[30] in der kurzen Zeit der Weimarer Republik; an ihrem Ende erschien erneut die Waage des Urteils auf Kosten der Bewertung westeuropäischer parlamentarischer Demokratien zu Boden gedrückt.

Gewiß lautet für den, der die Erfahrungen nicht ignoriert, die das lebende Geschlecht seit den dreißiger Jahren mit den totalitären Regimen des Faschismus und des Bolschewismus machen mußte, und der sich vor Wiederholungen vergleichbarer Fehler zu schützen sucht, die entscheidende Frage ganz anders als für Männer wie Carl Schmitt in den späten zwanziger und frühen dreißiger Jahren. Von inneren Schwächen und Gefährdungen ist keine der parlamentarischen Demokratien je ganz verschont geblieben. Dennoch erscheint es bedenkenswert, daß sich einige Demokratien weit besser als andere immer wieder als funktionstüchtig und in der Not auch von respektabler Widerstandskraft erwiesen haben. Sie waren allesamt einer permanenten Bedrohung von der Art typischer oder zumindest episodischer Verschlechterungen ausgesetzt, der jedes historische Regierungssystem unterliegt, das daher von Zeit zu Zeit einer autogenen Erneuerung bedarf. Diese im Grunde triviale Einsicht wurde allerdings durch einen starren, unlebendigen und mit der Neigung zum Absoluten idealisierten Staatsbegriff, der in Deutschland weithin Geltung besaß und bis auf unsere Tage zumindest stillschweigend hingenommen wird, aus der politischen Vorstellung verbannt. Ein zentraler Begriff innerhalb politischer Theorien der alten wie der neuen Zeit ist bekanntlich der der politischen Tugend – ἀρετή, virtus, virtù, virtue oder vertu. Er bezeichnet das vitale Prinzip, auf das allein es im letzten stets ankommt: die politisch wirkenden geistigen und sittlichen Qualitäten der Staatsbürger, die in Wahrheit den Staat bilden und fortgesetzt für seine innere Erneuerung sorgen. Derartigen Überlegungen sind Carl Schmitt wie auch andere, die den totalen Staat in Deutschland herannahen sahen und in diesem Vorgang Partei ergriffen, nicht gefolgt; sie blieben innerhalb des Duktus der perennierenden gesellschaftlichen und politischen Dynamik in dem erschütterten Zentrum Mitteleuropas historisch irreal und politisch von hypothetischer Bedeutung.

III

Die Vorgeschichte der Bundesrepublik stand ebenso wie die Geschichte der Entstehung der Reichsverfassung und der Republik von Weimar wieder unter dem Einfluß der für die deutsche Entwicklung entscheidenden Bindung politischer Vorstellungen an die Größenordnungen und Eigenheiten landesstaatlicher und landsmannschaftlicher Überlieferungen. Der historische Föderalismus wurde auch von zweien der Besatzungsmächte, von Frankreich und – in etwas weniger entschiedener Weise – von den Vereinigten Staaten, zielbewußt erneuert und von den anderen beiden zumindest als Übergangserscheinung anerkannt. Ebenso wie der Föderalismus sind die unbewältigt gebliebenen Probleme des Pluralismus dem Deutschland nach dem Zweiten Weltkrieg als schwere Bürde vererbt worden.

Zu alledem traten die geistigen und psychologischen Folgen der Teilung Deutschlands hinzu, die sich im Westen – wie übrigens auch im Osten – bei weitem nicht in vergleichbarer Weise überbrücken ließen wie die Auswirkungen auf die strukturellen Verhältnisse der Wirtschaft und wie nach und nach auch die sozialen Folgen. Die Aufteilung ließ die Gegensätze in der

Politik der Besatzungsmächte zum dauernden und einschneidenden Faktum werden, das nach den Überspannungen der voraufgegangenen Epoche die nationale Gemeinschaft der deutschen Bevölkerung von Jahr zu Jahr stärker auseinanderriß. Die östliche Staatlichkeit unter sowjetrussischer Besatzung wurde auf eine Ideologie und ein Gesellschaftsmodell fixiert, das zwangsläufig die deutschen Beziehungen zerstörte und erst hinter Mauer und Drahtverhauen gesichert werden konnte.

Politischer Haß ist gewiß eine ungeistige, dem liberalen Geist atavistisch erscheinende Sache; Völkerhaß wie der Haß gegen Minderheiten wurden nach alldem, was der Zweite Weltkrieg gelehrt hat, längere Zeit aufs entschiedenste bekämpft. Die Verachtung jener Regierungen und Regierungssysteme, die den Ansprüchen nicht genügen, die in unserem Jahrhundert in einem Teil der Welt als Mindestforderung der Regierten gelten, wird sich nicht so bald aus dem politischen Denken und Fühlen verbannen lassen. Doch der Haß gegen jede Regierung im westlichen Teil Deutschlands, der im östlichen mit vielen Mitteln propagiert wird, hat hiermit nichts zu tun. Er dient lediglich als Unterpfand für die dauernde Spaltung der Deutschen und beendet die kurze nationalstaatliche Vergangenheit, deren ständig erkennbare Spuren heute schon weitaus schwächer sind, als sie vor zwanzig Jahren waren. Die mediokren, politisch amoralischen Köpfe, die das nationalsozialistische Regime hervorgebracht hatte, und manche, die ihm in den Sattel geholfen hatten, sind, soweit man ihrer habhaft werden konnte, zur Verantwortung gezogen und – teils gerecht, teils hart, teils mild, nach dem Vermögen der Justiz – verurteilt worden. Solange dies aber bewußt bleibt, dürften auch einige immer noch nicht aus der Übung gekommene Praktiken derer, die die Herrschaft im östlichen Teil Deutschlands ausüben, auch von Euphemisten kaum völlig übergangen werden und insofern die Spaltung garantieren. Vielleicht könnte es sogar sein, daß sie eines Tages einem politischen Einvernehmen zwischen Deutschen und Russen im Wege stünden.

Die ökonomische Seite der Organisation eines westdeutschen Staates mit starker industrieller Potenz wurde durch diese Umstände und Voraussetzungen weder behindert noch aufgehalten. Sicherlich trifft es zu, daß sich die Gesellschaft in der Bundesrepublik im Verlauf der letzten 20 Jahre noch stärker gewandelt hat als in dem halben Jahrhundert zuvor [31]. Stellt man aber die Frage, ob und inwieweit die gewaltige Spanne an materiellen Veränderungen, die die beiden letzten Jahrzehnte ausfüllen, geistig und psychisch ermessen und gemeistert wurde, so fiele es schwer, hierauf eine eindeutige Antwort zu geben, die sich auf zuverlässige Momente stützen könnte. Zeichen des Unbehagens, des Überdrusses, sogar der materiellen Übersättigung lassen sich ebensowenig übersehen wie Anzeichen der Unsicherheit, die sich zwangsläufig auf das politische Selbstverständnis wie auf das Selbstbewußtsein auswirken.

Sofern eine ernsthafte Hoffnung bestanden haben sollte, die Bundesrepublik zu einem Staat mit einer ausgeprägten politischen Kultur auszugestalten[32], ist sie bis auf unsere Tage vollkommen fehlgeschlagen. Der Teil Deutschlands, der in der Bundesrepublik seine Existenz gefunden hat, ist bislang keiner sonderlichen Kulturleistung fähig gewesen; über seine politische Kultur läßt sich kaum anderes sagen. Daß er sich auf allen Lebensgebieten vorteilhaft von seinem ostdeutschen Pendant unter sowjetischem Einfluß abhebt, will noch nicht gar viel besagen; beide Staatlichkeiten sind von Grund auf inkommensurabel. Letztlich hat sich doch das dünne Fundament historischer Voraussetzungen als zu wenig tragfähig erwiesen und hat der rasch eingeleitete Vorgang, der zur Gründung der Bundesrepublik führte, keine dauerhaft gesicherten Grundlagen zu schaffen vermocht. Der Konformismus, aber auch die Unschärfe in dem kaum je noch theoretisch begründeten und vertieften Gebrauch des Ausdrucks »Demokratie«, auf den kaum eine Partei verzichten möchte, hat geradezu symptomatische Bedeutung.

Von einem »Provisorium« oder – um eine Nuance weniger dezidiert – vom »Transitorium«[33] der Bundesrepublik ist in den ersten Jahren ihrer Existenz auch offiziell noch häufig gesprochen worden. Sogar das erste Staatsoberhaupt der Bundesrepublik vermochte sich nicht vorbehaltlos auf den Boden einer Realität zu stellen, die lediglich durch die Entscheidung dreier Besatzungsmächte und – als Folge hiervon – durch die mit dem Grundgesetz in Kraft gesetzten Tatsachen definiert wurde. Dem historisch, liberal und national denkenden ersten Bundespräsidenten erschien das »unteilbare Deutschland« immer noch stärkere Wirklichkeit als das fragmentarische Produkt der Besatzungspolitik, dessen Legitimation allein auf dem Konsensus der entscheidenden politischen Mächte beruht; und dieser betraf nur eine transitorische Phase, für deren Dauer – von der Mehrheit der Betroffenen, der deutschen Bevölkerung, weder gewollt noch begrüßt – ein neuer »staatsrechtlicher und völkerrechtlicher Tatbestand eigenen Rechts und eigener Verantwortung«[34] geschaffen wurde. Kühler, formalistischer und abstrakter als mit den Abschiedsworten des ersten Bundespräsidenten kann man die Existenz der Bundesrepublik wohl kaum begründen. Die Wärme des Gefühls, jeder Strom begeisterter und begeisternder Teilnahme scheint ihr bewußt entzogen. Die pure Faktizität, unverhüllt dargestellt, wird in den Augen des ästhetisierenden Liberalen in die Farbe melancholischer Gefühlstöne getaucht. Die unentrinnbare Düsternis der durchlebten Vergangenheit läßt jede Emphase und jeden pathetischen Aufschwung ersterben. Nur solange diese Staatlichkeit als »transitorische« Faktizität ein gleichsam unaufdringliches Dasein führt und sorgsam in Hintergrund gehalten wird, mag ihr Dasein von allzu schweren Konflikten verschont bleiben. Dies bezeichnet gewissermaßen die vom deprimierten Nationalgefühl beherrschte liberale Komponente in der Existenz des Staates, der sich Bundesrepublik Deutschland nennt und der mehr durch den bewußten Verzicht auf das eigene Entscheiden als durch zielstrebiges Wollen begründet wurde – mit Worten von Theodor Heuss ausgedrückt – »... in der Hand derer, die den militärischen Sieg mit allen seinen Konsequenzen an ihre Fahnen gefesselt haben. Wir entscheiden nicht; wir sind schier nur Zuschauer unseres Schicksals.«[35]

In dieser von Ungewißheiten und Unbestimmtheiten charakterisierten Lage, die noch mehr einem geistigen Schwebezustand ähnelte als einem politischen, mußten sich die herrschenden Kräfte in Westdeutschland, welche dies auch immer sein mochten, schon um des inneren und äußeren Friedens ihres transitorischen Staatsgebildes willen darauf einlassen, die letzten Auswucherungen des deutschen Nationalismus in strikter Systematik einzudämmen, zu verdrängen und schließlich zu ersticken. Zu eben der gleichen Zeit aber wurde viel Kraft und Energie darauf verwendet, mit der Restauration eines leistungsfähigen Wirtschaftskörpers ein nach überkommenen Prinzipien geordnetes Staatswesen aufzurichten, das eine seiner wirtschaftlichen Leistungskraft und Interessenlage entsprechende Stellung in den Beziehungen zwischen den größeren Mächten der Erde wieder anstrebte.

Der von jeder tragfähigen Tradition gelöste Staat, der seine Existenz dem weltpolitischen Gegensatz der beiden überragenden Großmächte verdankte, grenzte sich von vornherein – auch hierzu von den Besatzungsmächten angehalten – entschieden vom zusammengebrochenen Reich des Nationalsozialismus, bedingt aber auch von dem weiteren Raum der deutschen Vergangenheit mitsamt dem unglücklich ausgegangenen Zwischenspiel der Republik von Weimar ab. Seine gesamte Existenz beruhte ideell auf der Auflösung seiner Geschichtlichkeit mit paradoxen Ergebnissen, einmal auf der letztlich doch weithin unverbindlichen Pflege partieller und isolierter Momente der Vergangenheit, die nicht selten politisch arbiträrer Beurteilung unterworfen wurden, und zum anderen auf rigoroser Distanzierung oder auf nicht minder rigoroser Revision historischer Elemente, von Vorstellungen, politischen Überlieferungen, Institutionen und Verfassungsprinzipien.

Nur wenige Elemente der Vergangenheit hielten dieser kritischen Musterung stand. Im wesentlichen waren dies die im Verlaufe des Auflösungsprozesses der Weimarer Republik unterlegenen Kräfte der Parteiengeschichte, obgleich die auf strenge Revision bedachte Sichtung der Vergangenheit auch vor dem Verfassungswesen der Weimarer Republik keineswegs haltmachte, und schließlich Personenkreis und Geschichte der Verschwörung gegen Hitler, in dem – neben einigen überlebenden und wieder amtierenden Politikern – von Anbeginn die Militärs augenfällig in den Vordergrund gerückt wurden. Doch der Rigorosität entsprach keineswegs die Weite und Tiefe des Prozesses der geistigen Klärung, der durch vielfältige Kompromisse scheinbar überbrückt wurde. Schwer wog die bewußt gepflegte Ungewißheit der Zukunft gegenüber, die die Eventualität einer nationalstaatlichen Restauration nie völlig ausschloß. Die geistige Klärung rückte immer nur zögernd dem Gang der Tatsachen nach, ohne sich über sie aufschwingen zu können. Die Entwicklung kehrte schließlich die liberale Vorannahme der ersten Nachkriegszeit vollkommen um, daß die deutschen Entscheidungen »nicht im Raum des Ökonomischen, sondern im Raum des Geistig-Moralischen liegen«[36].

IV

Nach dem Abschluß der Demontageperiode, die in der amerikanischen Besatzungszone ein Jahr, in den anderen Zonen länger dauerte, blieb Westdeutschland die schwere wirtschaftliche Belastung der Reparationsleistungen erspart, die unter der Weimarer Republik alljährlich einen beträchtlichen Teil des Volkseinkommens absorbierten und sogar bis über die Höhe eines Viertels der Abschlußsumme des Reichshaushalts hinaufreichten[37]. Die neue Finanzverfassung schien zunächst keinen vergleichbaren Belastungen ausgesetzt. Infolgedessen bestand auch kein Grund, die schwer lösbaren Probleme von Weimar erneut aufzugreifen. Man behielt dem Prinzip nach das Schema des Finanzausgleichs und der Aufteilung des Steueraufkommens zwischen Reich und Ländern bei, das im Zusammenhang mit der Erzbergerschen Finanzreform in den Anfangsjahren der Weimarer Republik geschaffen worden war. Nach der Zentralisierung und der hemmungslosen Staatsverschuldung in der nationalsozialistischen Ära erschien bereits die Rückkehr zu den strukturellen Positionen der Weimarer Zeit, die technisch verhältnismäßig leicht zu bewerkstelligen war, als Entlastung und Klärung. Sie entsprach der primären Wiederherstellung der Länder in alter Form, die kaum noch angefochten wurde. Erst in den späteren Jahren hat man erkannt, in welchem Umfang mit dem Finanzausgleichssystem der Weimarer Republik auch die Mängel einer Finanzstruktur übernommen wurden, die sich im Laufe der Zeit und mit den wachsenden Anforderungen der Wohlstandsgesellschaft immer fühlbarer bemerkbar machten.

Eine Restauration des Berufsbeamtentums, das ebenso eins der charakteristischen Strukturelemente in der Bundesrepublik geworden ist, wie es zur Geschichte der Weimarer Republik, des nationalsozialistischen Staates oder auch der Monarchie der Vorkriegszeit gehörte, war, aufs Ganze gesehen, sicherlich kaum zu vermeiden. Aber seit den Neuanfängen der Länder und seit der Entstehung der Bundesrepublik hat es weder eine durchgreifende Reform der Verwaltungsorganisation noch wesentliche Änderungen im Laufbahnwesen gegeben. Dagegen ist etwas ganz anderes eingetreten. Der Typus der historischen Staatsbürokratie hat sich nach allen Seiten ausgebreitet; und dies hat sich auch in zunehmendem Maße auf das parlamentarische System ausgewirkt und ihm seinen Stempel aufgedrückt.

Bereits die statistischen Angaben sind aufschlußreich. Im dritten Bundestag gehörten 18,4 % der Abgeordneten dem öffentlichen Dienst an, im vierten 22,6 %; im fünften Bundestag sind es 27,7 %, mehr als ein Viertel der Abgeordneten. Im Landtag von Nordrhein-Westfalen ist jeder dritte Abgeordnete Beamter oder Angestellter des öffentlichen Dienstes, im Landtag von Baden-Württemberg, der 27 Bürgermeister und Landräte und 31 andere Angehörige des öffentlichen Dienstes einschließlich der Ruhestandsbeamten zu seinen Mitgliedern zählt, beinahe jeder zweite [38]. Im bayerischen Landtag sind es 105 von 204 Abgeordneten, also 52 %, und im hessischen sogar schon 70 %. Diese Entwicklung des deutschen Nachkriegsparlamentarismus kann man in der Tat eine »Unterwanderung der Legislative durch die Exekutive« nennen [39].

Allerdings spielten die Beamten immer eine Rolle in den deutschen Parlamenten. Hat dies historische Gründe und ist es Tradition geworden, so entspricht nun das zunehmende Ausmaß dieser Erscheinung dem steigenden Anteil des öffentlichen Dienstes am Erwerbsleben der Bundesrepublik: 1967 waren 11,25 % aller Erwerbstätigen im öffentlichen Dienst tätig. Und hierin drückt sich wieder die fortgesetzte Ausweitung der Tätigkeiten des Staates aus. Er ist zum größten wirtschaftlichen Auftraggeber und zum größten Versicherungs- und Dienstleistungsunternehmen geworden, durch dessen Hand jährlich schon über 80 Milliarden Mark an Sozialleistungen aller Art gehen. Durch die Kassen der öffentlichen Hand fließen jährlich mehr als 180 Milliarden Mark.

Die Angestellten und hauptberuflichen Funktionäre von Parteien und politischen Organisationen, deren Anteil an den Parlamentsmandaten des Bundes und der Länder von ähnlichem Gewicht ist wie der des öffentlichen Dienstes [40], verkörpern ein weiteres starkes Element, das außerparlamentarische öffentliche Funktionen mit dem Parlament zusammenflicht und dessen Einfluß meist auch die Ämterhierarchie dieser Organisationen widerspiegelt, die allerdings nur über die Mediation durch Fraktion und Parlament Querverbindungen zum System der Exekutive unterhalten.

So sehr es nun aber auch scheinen könnte, daß dieser Sachverhalt eine politisch starke Machtstellung der Bürokratie begründete, so wenig bestätigt sich doch dieser äußere Eindruck. Die Ausbreitung bürokratischer Gewohnheiten und Formalismen ist unverkennbar; man könnte von einer Rezeption bürokratischer Ideen, Begriffe und Praktiken durch Parlamente und Organisationen sprechen. Doch in der Realität sind die Frakturen innerhalb der Leistungsorganisation der öffentlichen Hand viel zu stark und zu wenig gegen Konflikte abgesichert, als daß nach der erfolgreichen »Unterwanderung der Legislative« noch eine breite allgemeine Interessenlage zum Ausdruck käme; sie reicht tatsächlich kaum noch über gemeinsame Statusfragen im weiteren Sinne hinaus. Doch gerade die Verdünnung der politischen Atmosphäre schwächt die »unterwanderten« Parlamente. Am deutlichsten ist dies dort, wo dieser Vorgang am weitesten fortgeschritten ist, also in den Ländern, wo der dünner werdende Schleier der nicht an die Exekutive gebundenen Parlamentarier immer weniger ausreicht, um dem Parlament noch

Entwicklungstendenzen in der Nachkriegsdemokratie

den Respekt in der breiten Öffentlichkeit und gegenüber außerparlamentarischen Einflußgruppen zu sichern, dessen das parlamentarisch regierte Staatswesen notwendig bedarf.

Die Abhängigkeiten, die sich hieraus ergeben, wirken sich sowohl auf die Autorität der Parlamente als auch auf die der Exekutive offensichtlich nachteilig aus. Beide erweisen sich in einem ganz anderen Sinne als noch vor einem Jahrzehnt von den politischen Parteien abhängig. Die inneren Vorgänge im Lager der die Regierung tragenden Parteien teilen sich häufig genug unmittelbar der Verwaltung mit. Die unvorhergesehenen parteiinternen Bewegungen gegenüber ungeschützten Bestandteilen der Exekutive bleiben ohne sicheren Boden, auf dem sich ihre Beziehungen zum Parlament konsolidieren ließen. Anderseits sieht sich die Verwaltung den Bestrebungen und Ansprüchen organisierter Interessen gegenüber, die in die Parlamente eindringen und gleichsam eine dritte Säule in der Statik des parlamentarischen Rekrutierungs- und Funktionssystems bilden. Dem Typus des ihnen zugehörenden Abgeordneten eröffnet das parlamentarische Mandat Chance und Aufgabe, die optimale Verwirklichung von Verbandsinteressen bei jeder sich bietenden Möglichkeit anzustreben.

Mit dieser inneren, von außen freilich noch nicht so leicht erkennbaren Auflockerung, die den Zustand der Exekutive charakterisiert, und der ins Auge fallenden Mediatisierung der Parlamentsrekrutierung durch die Bürokratien der öffentlichen Hand, der Parteien und der Verbände geht eine an Schärfe zunehmende Opposition, in mancher Hinsicht ein Konkurrenzverhältnis meinungsbildender Organe zu den Parlamenten einher. Die Tätigkeit außerparlamentarischer Organisationen und Zirkel, die ohne sie wohl kaum ins Gewicht fielen, erfährt eine wirksame Förderung und ist mitunter schon zu einer ernsthaften Größenordnung gestempelt worden. Regierungen, Ministerien und selbstverständlich auch Interessengruppen sehen sich veranlaßt, unmittelbar an die Öffentlichkeit heranzutreten. Was im Prinzip zu den normalen Kontrollvorgängen einer parlamentarisch sich regierenden res publica rechnen könnte, ohne daß dem eine besondere Bedeutung innezuwohnen brauchte, die den deutschen Parlamentarismus von dem anderer Staaten unterschiede, nimmt nun ein ganz anderes Ausmaß an. Offenbleibt, ob oder inwiefern diesem unmittelbaren Kontakt von seiten der Beteiligten bereits ein größeres Gewicht beigelegt wird als etwa den Vorgängen innerhalb des Parlaments, an denen die Öffentlichkeit immer weniger sachbezogenes Interesse nimmt. Es gibt Parlamente in Deutschland, in denen Abstimmungsergebnisse nicht einmal mehr zahlenmäßig festgehalten und protokolliert werden. Dies bezeugt die Gleichgültigkeit gegenüber einem keineswegs unbedeutenden Detail. Sie folgt daraus, daß Parlamentsbeschlüsse weithin nur noch als Sanktionierung von Entscheidungen gelten, die zwar gelegentlich vor der Öffentlichkeit durch längere Reden zum Zwecke der Erörterung und Begründung vorbereitet, aber doch in der Mehrzahl der Fälle mit nahezu mechanisch sicherer Präzision durch eine fest konturierte Mehrheit zum Beschluß werden.

Die parlamentarische Regierungsweise des Bundes wie der Länder hat sich fortgesetzt vereinfacht, aber auch abgeflacht und entleert. Dieses Ergebnis geht eindeutig auf Kosten der Beziehungen des Staates zu seinen Bürgern wie der Anteilnahme des einzelnen an seinem Staatswesen, das sich ihm trotz aller Rationalisierung immer noch in seiner doppelstufigen Organisation, dem historischen Föderalismus getreu, als Länderstaat und Bundesstaat und dieser wieder als Bundeszentralgewalt und als Gemeinschaft der Länder – im Bundesrat – darstellt [41].

Schon während der Legislaturperiode des ersten und zweiten Bundestags schien sich diese Entwicklung gleichsam als die Kehrseite des Erfolgs der großen »Integrationsparteien« abzuzeichnen, die das politische System der Bundesrepublik fast von Anbeginn nahezu ausschließlich beherrschten. Was schon 1955 gesagt werden konnte, hat sich mittlerweile bis zur äußersten Konsequenz durchgesetzt: »Die politische Integration, die einst in der Öffentlichkeit wie innerhalb der Mauern des Parlaments stattfand, beginnt sich auf die führenden Organe der Partei zu konzentrieren. Es genügt nicht mehr zu sagen, daß die politische Entscheidung im Parlament fällt. Sie ist in die Ausschüsse und in die Parteifraktionen verlegt worden. Die Fraktion ist ein ›Vorparlament‹, in dem Vorstand und Fachbeauftragte das Heft in der Hand halten...«[42]

Nach und nach ist es zu einer Art pragmatischer Doktrin der einer politischen Theorie entbehrenden konstitutionellen Demokratie Westdeutschlands geworden, daß die »Technik der Demokratie im Massenzeitalter« interessengemäßer Organisationen bedarf, die sich in, neben und zwischen den Parteien ebenso wie in, neben und auch unabhängig von den Parlamenten, dem Bundestag und den Landtagen, ausbreiten und auf mannigfache Weise tätig werden. »Nur soweit organisierte Willensbildung möglich ist, ist man vertragsfähig und bündnisfähig«, schrieb Carlo Schmid im zweiten Jahr des Bestehens der Bundesrepublik [43]. Schon wenige Jahre später wurde die Zahl verschiedenartiger Interessenorganisationen in der Bundesrepublik mit 3600 beziffert, also in einer Größenordnung nachgewiesen, in der es auf einige hundert mehr oder weniger nicht mehr ankommt und die Formenvielfalt kaum noch zu übersehen ist [44]. Organisationsmodus und Rechtsform wechseln, besagen aber im Grunde wenig über Zweck und Art und gar nichts über die Erfolge der Interessenwahrnehmung. Sowohl das Verlangen nach Schutz weichender oder resistenter Interessen als auch neue und gehobene Ansprüche führten und führen ebenso zur Organisation von Interessengruppen wie die zielbewußte, gleichsam strategischer Planung folgende Expansion von Großverbänden in Wirtschaft und Politik oder wie die kalkulierte Massenwirkung einer großzügigen Propaganda im demokratischen Zeitalter.

Völlig amorph ist aber die pluralistische Wirklichkeit dieser Verbände keineswegs. Kaum jemand wird daran denken, das Interesse und den Verbandszweck von Großorganisationen, die eine breite Aufmerksamkeit auf sich zu ziehen und mit großem Aufwand ihre Tätigkeit in der Öffentlichkeit zu legitimieren versuchen, mit dem weit enger begrenzten Vereinigungszweck von Branchenverbänden [45] zu vergleichen. Die Zahl der Verbände hat sich fortgesetzt vermehrt; mannigfache Querverbindungen zu den Parteien variieren das Gesamtbild; ihre Tätigkeit spielt sich keineswegs nur im Verborgenen oder gar im Zwielichtigen ab. Doch die Vielzahl organisierter Interessen darf nicht darüber hinwegtäuschen, daß es nach wie vor nur wenige übermächtige Großgebilde gibt, die die sozialökonomischen Bedingungen unseres Daseins beherrschen.

Industrielle Interessenten und solche der Finanz- und Bankwelt bevorzugen gelegentlich lockere und individuelle oder gesellige Beziehungen, auch diskrete Klubs, die keine Chronik kennen und durch die die wirtschaftlich Starken wie freie Honoratioren miteinander in Verbindung treten. Die gleichen Interessenten bilden aber auch für den Gesamtbereich ihrer wirtschaftlichen Sparten Spitzenverbände oder Kartelle, die die Lückenlosigkeit der Erfassung anstreben und meist auch feste, unter Umständen rechtliche Bindungen für den einzelnen schaffen. Auf diese Weise entstehen Konzentrationen, bildet sich eine Polykratie starker wirtschaftlicher Interessen, die innerhalb ihrer Einflußzonen den Pluralismus doch auch wieder in Schranken weist. Für die Gewerkschaften bilden die Mitgliederzahl wie die Intensität der Organisation die sicherste und jederzeit disponible Machtreserve, die ganz anders als ein nur von wenigen verkörpertes Interesse beinahe jedermann fast jederzeit vor Augen geführt werden kann. Es nimmt nicht wunder, daß das politische Gewicht der Masseninteressenorganisationen in der Demokratie ständig im Zunehmen begriffen ist, während das der mitgliederschwachen Interessengruppen innerhalb längerer Zeitspannen sich offenbar auf immer weniger bedeutende Bereiche konzentriert. Neben und trotz der im Gefolge wirtschaftlicher und sozialer Differenzierungsvorgänge scheinbar ins Unendliche fortschreitenden Vermehrung der Verbände und Interessengemeinschaften läßt sich die Tendenz zur Kontraktion wirtschaftlicher und politischer Macht keineswegs übersehen. Differenzierenden Wirkungen begegnen in der Sozial- und Wirtschaftsgeschichte immer auch wieder Bewegungen zur Zusammenfassung, zur Stärkung und Ballung großer Organisationen, die auf den Gewinn von Einfluß und Macht bedacht sind. An die Stelle des moralischen Prinzips des größten Glücks der größten Zahl ist in unserem Zeitalter längst ein politisches Prinzip der größten Macht der größten Zahl getreten, das allerdings mit dem größten Glück der Massen oder doch mit dem, was hierfür gehalten wird, einiges zu tun hat.

Wendet man sich den Merkmalen der Tätigkeit zu, so läßt sich freilich eine ähnliche Dialektik von Diffusion und Konzentration, die für die Organisationsgeschichte charakteristisch ist, kaum beobachten. Vielfalt und Variationen treten heute noch stärker hervor. Allerdings zeichnet sich hierin eine bestimmte Richtung deutlich ab. Minderheiten, die sich benachteiligt glauben und an die Peripherie der Entscheidungsvorgänge gedrängt sehen, gehen dazu über, eigene, durchschlagende, jedenfalls entschiedenere Formen der Aktivität zu entwickeln, um ihre Forderungen durchzusetzen. Dies wird durch die pragmatische Forderungserfüllung gefördert, die zur verbreiteten Staatspraxis geworden ist. Jede Anerkennung von Forderungen bedeutet ihre staatliche Salvierung und zieht beinahe notwendig neue nach sich.

Die Demokratie dürfte wohl stets von den aktiven Minderheiten leben. Das Argument der demokratischen Mehrheitsentscheidung dient letztlich doch nur der Kontrolle oder dem Abbau des Einflusses solcher Minderheiten. Die Funktionsfähigkeit der Demokratie, im besonderen ihrer parlamentarischen Einrichtungen, beruht aber in Westdeutschland weithin auf dem Konsensus, der die Legitimität der Mehrheitsentscheidung anerkennt, mit anderen Worten gesagt: auf dem Glauben an einen Mehrheitswillen, nicht aber auf der Einsicht in das wirkliche Wesen der modernen Demokratie. Infolgedessen muß übrigens die Verbreitung der »politischen Bildung«, sobald darunter mehr verstanden wird als eine oberflächliche »staatsbürgerliche Erziehung«, auch und gerade dann, wenn das Ergebnis nur dürftige Halbbildung ist, was häufig vorkommt oder gar die Regel bezeichnet, zu einem Abbau des demokratischen Konsensus und damit auch der Demokratie eben in der Form beitragen, die sich in Westdeutschland auf der Grundlage der Gewohnheiten und Anschauungen aus der Ära der Weimarer Republik herausgebildet hat. Es ist gewiß kein Zufall, wenn in jüngerer Zeit im Gebiet des Hochschulwesens in besonderem Maße anschaulich wurde, daß beinahe schon für jede Angelegenheit und Forderung eine Gruppe aktiviert und unter gewissen Voraussetzungen auch zur Radikalität getrieben werden kann. Vermag sie sich dann einen Repräsentationstitel anzueignen und genügend Aufmerksamkeit auf sich zu lenken, dann spielt es kaum eine nennenswerte Rolle, ob hinter ihren Demonstrationen eine gefestigte oder sehr lockere und zufällige Mehrheit oder nur eine Minderheit, vielleicht sogar nur eine verschwindende Mehrheit steht.

Der pluralistische Wohlstandsstaat wandelt sich in seiner theoretisch kaum oder doch nur sehr unzulänglich begründeten Praxis nach und nach in einen Forderungserfüllungsstaat. Er ist sowohl für jene, die diese Maschinerie bedienen, als auch für die, die ihre Forderungen an den Staat stellen, zum Objekt geworden. Die Selbstauflösung des pluralistischen Staates aber droht überall dort, wo sein Unvermögen zur Integration zutage tritt. Die Praxis der partiellen Erfüllung nahezu jedweder Forderung zieht zwangsläufig die Folge nach sich, daß immer weiter gehende Forderungen erhoben und drastischer werdende Methoden zu ihrer Durchsetzung erprobt und im Erfolgsfalle dann zur Regel werden. Die erforderliche Integrationskraft wird immer stärker beansprucht, die Erfüllung der Aufgabe mithin immer schwieriger. Die Frage taucht auf, ob der Integrationsrahmen, die Verfassung und das rechtlich fundierte Institutionengefüge, dieser Belastung auf die Dauer noch standzuhalten vermag.

Wenn hier vom Staat die Rede ist, so richtet sich die Aufmerksamkeit in erster Linie auf die Träger dieses Staates, die größeren Parteien, deren Konturen sich verwischen oder im Schwinden begriffen sind. Der Wähler versteht sie meist nur noch als Anhang einzelner Persönlichkeiten, oder er betrachtet sie unter dem Gesichtspunkt des nächsten absehbaren Nutzens. Die immer weiter vordringende Personalisierung der Vorstellungen von den Parteien läßt sich in der Geschichte der Bundestagswahlen verfolgen. Aber auch bei den Landtagswahlen treten einzelne »Köpfe« immer deutlicher als die zum Erfolg führenden Zugpferde auf. In der geistigen Auseinandersetzung schwinden die klaren Fronten und die kristallisierend wirkenden Positionen. Geistige Ermattung und Lähmung charakterisieren weithin die derzeitige Phase der Parteiengeschichte. Es fehlt der Dialog zwischen rechts und links; es fehlt sogar das Verständnis für die Notwendigkeit dieses Dialogs. Und für die Zukunft bleibt es eine offene Frage, inwiefern die Formen geistiger Auseinandersetzung überhaupt noch rekonstruierbar sind.

Der innere und äußere Verlust, den das politische Parteienwesen erlitten hat, beschränkt sich allerdings keineswegs auf die Bundesrepublik. Die meisten dieser Merkmale finden sich auch anderswo [46]. Der demokratische Staat braucht die Parteien als die großen, zusammenfassenden »corps intermédiaires«; ihre republikanische Nutzleistung nimmt jedoch fortlaufend ab. Während sich Kirchen oder zumindest Teile von ihnen in manchen Aspekten heute so gerieren, wie man es von herkömmlichen Parteien gewöhnt ist, ziehen diese mehr und mehr Unzufriedenheit und berechtigte Kritik auf sich, seit der Typus der »demokratischen Integrationspartei«[47] zu einer »beliebigen gesellschaftlichen Sammlung« mit harter Funktionsstruktur variiert worden ist. Das bloße Bestreben, auf allen Lebensgebieten, denen die Öffentlichkeit ihre Aufmerksamkeit zuwendet, einander die Initiative streitig zu machen, oder – sofern aus koalitionspolitischen Rücksichten eine offene Konfrontation vermieden werden muß – das Bestreben der einen Partei, jeweils der aktiveren anderen bis zur Ununterscheidbarkeit ähnlich zu werden oder, sofern die andere offenkundige Schwächen an den Tag legt, eben hiernach Programm und Losungen zu formulieren, bezeugt die immer stärker hervortretende Bedeutung »optischer« Momente, von denen keineswegs zufällig sehr häufig gesprochen wird.

Insofern stehen die Parteien geradezu in einem Konkurrenzverhältnis zu der dünnen Schicht literarisch oder journalistisch einflußreicher Intellektueller, die, über den Parteien schwebend, den unmittelbaren Zugang zu großen Teilen der Presse wie der anderen meinungsbildenden Organe besetzt halten. Wenn es hoch kommt, vermögen sie Maßnahmen des Staates und Entscheidungen der herrschenden Parteien jede Popularität zu nehmen oder ihre Wirkung weithin zu entkräften. Ihre charakteristische Eigenschaft aber ist eine eigenartige politische Liquidität, die sie notorisch unfähig macht, selbst politische Positionen zu schaffen oder zu erobern oder gar im wirklichen Sinne zu herrschen. Diese Intellektuellenschicht erscheint keineswegs homogen und ist dennoch innerhalb der Gesellschaft, in der sie existiert, autochthon und, zumindest im Bewußtsein hiervon, innerhalb gewisser Grenzen auch konform – dies sogar in einem solchen Maße, daß sich nur selten Ansätze erkennen lassen, neue geistige Positionen und Fronten zu schaffen und in Diskussionen aufs Ganze zu gehen.

Die Meinungsbildungsprozesse und die ihnen zugrunde liegenden Strukturen, die sich hinter dem irritierenden deutschen Ausdruck »öffentliche Meinung« verbergen, gehören offenbar dem vorerst abschließenden Stadium eines lange schon währenden Umschichtungsvorgangs an. Es gab bereits eine Idealkonkurrenz zwischen dem großen wirtschaftlichen und einem politischen Management, in der das wirtschaftliche wählen muß, ob es das politische engagieren oder ob es sich selbst von dem politischen engagieren lassen will. Eine dritte Möglichkeit liegt in dem Vorrücken einer technokratischen Bürokratie, was am auffälligsten in den europäischen Behörden schon eingetreten ist. Hierin werden übrigens die Begrenzungen freien Unternehmertums deutlich sichtbar. Doch auch die Politiker sind jetzt in hohem Maße abhängig von den Vorgängen und Ergebnissen der Meinungsbildung, von der Erforschung wie von der Beeinflussung der Meinungen.

V

Die während der letzten Jahre um sich greifende Rebellion jugendlicher Minderheiten scheint nun auch auf die Verhältnisse innerhalb der Bundesrepublik ein neues Licht zu werfen. Sie ist in Ländern mit überwiegend protestantischer Bevölkerung entstanden, verschont aber die Bevölkerungen anderer Konfessionen schon längst nicht mehr. Sie erstreckt sich in erster Linie auf jene Staaten, die große Verluste durch den Zweiten Weltkrieg erlitten haben oder die davor, danach oder auch heute noch durch Kriege in Mitleidenschaft gezogen wurden und noch werden. Es liegt auf der Hand, daß sich zumindest in einigen von ihnen der Generationensprung am stärksten bemerkbar macht, daß der Generationenkonflikt eine unverhältnismäßige Verschärfung erfährt und die Soziabilität der jungen Generation aufs schwerste belastet. Überall fällt die starke Beteiligung derer auf, die zwischen 20 und 30 Jahren alt sind, also der Geburtsjahrgänge 1939 bis 1948. Das wird allerdings durch die Ausbreitung dieser Erscheinungen nach »unten« etwas verwischt. Es zeigt sich, daß jüngere Jahrgänge weitaus rascher und in größerem Umfang ergriffen werden als ältere, was leicht zu erklären ist.

Entwicklungstendenzen in der Nachkriegsdemokratie

Die Dezimierung der Zwischengeneration der Jahrgänge 1915 bis 1925, die die größten Verluste erlitten und unter dem Druck der Auswirkungen und Nachwirkungen des Ersten Weltkriegs zu leiden hatte [48], ist in Deutschland in dem ganzen Ausmaß der Folgen erst nach und nach sichtbar geworden. Diese stark geschwächte Zwischengeneration, die am Ausgang der fünfziger Jahre in die Spitzenpositionen von Staat und Gesellschaft einzurücken begann, sieht sich am Ende der sechziger einer unter dem Druck der Jüngeren vorangetriebenen Entwicklung hart konfrontiert, wenn nicht schon von ihr überrollt. Unter der heute heranwachsenden Generation aber sind bereits die Mittzwanzigjährigen ohne Erinnerung an die politischen Ungewißheiten und Unsicherheiten der Jahre des Krieges und nach dem Zusammenbruch; im Bewußtsein der Endzwanziger und der Dreißigjährigen haften allenfalls blasse oder undeutliche Eindrücke dieser Zäsur. Mithin ist eine neue Generation entstanden, die mit den Älteren alle jene Erlebnisse der dreißiger und vierziger Jahre nicht mehr teilt, die viele einschneidende Wirkungen, seelische wie materielle Verluste, Erschütterungen und Zerrüttungen brachten, aus denen dann aber auch wieder überraschende Neuerungen hervorgingen. Das Wechselbad in der Hitze wie in der Kälte des Daseins in diesem Jahrhundert ist ihr erspart und versagt geblieben. Ihre politische Erlebniswelt bleibt auf die konfliktarme Periode des zentraleuropäischen Wohlstandsstaates in einer scheinbar unaufhörlichen Konjunktur beschränkt.

Zweifellos besitzt die ältere Generation kein einheitliches Gepräge. Wahrscheinlich war in diesem Jahrhundert keine Generation innerlich wie äußerlich zerrissener, als es die heute zwischen den dreißiger und fünfziger Jahren ihres Lebens stehenden Menschen sind, also die zwischen 1910 und 1939 Geborenen, die dem beinahe kaleidoskopischen Wechsel der Mächte und Ordnungen und den mit ihm verbundenen Selektions- und Reduktionsvorgängen ausgesetzt waren. Wollte man davon ausgehen, daß erst das Bewußtwerden eines gemeinsamen Wollens im geistesgeschichtlichen Sinne eine Generation bildet [49], dann wäre die Anwendung des Generationsbegriffs auf die Älteren gar nicht möglich; er ergäbe sich erst aus der existentiellen Distanz von den Jüngeren, die mit der größer werdenden Zahl der Heranwachsenden immer deutlicher in Erscheinung tritt. Die Generationen in unserem Jahrhundert werden nicht mehr durch wenige Zäsuren zusammengefaßt, zwischen denen Perioden liegen, die in ruhiger und ungestörter Kontinuität verliefen; dies gilt nur noch für jene, die den welthistorischen Blitzschlag von 1914 und die eruptiven Wirkungen des Ersten Weltkriegs schon bewußt erlebten, also die große Mehrheit derer, die vor der Jahrhundertwende geboren wurden und mittlerweile, bis auf geringe Reste, von der Bühne der Ereignisse abgetreten sind, im übrigen allenfalls noch für die dauernd Ansässigen im kleinstädtischen oder ländlichen Milieu weniger Regionen oder einzelner Orte, die im Windschatten der stürmischer verlaufenen Entwicklung blieben.

Die nach dem Ersten Weltkrieg heranwachsende Jugend, soweit sie in den Jahren des Weltkrieges ihre Kindheit erlebte oder geboren wurde, war in großen Teilen eine politisch stark erregte und erregbare Jugend. Sie liebte das Abenteuer der Entschiedenheit mit der Kraft aller Gefühle, deren sie fähig war. Die modernere Sprache bietet den geläufigen Ausdruck des »Engagements« an, den man hier einsetzen kann: Sie war eine gefühlsmäßig »engagierte« Jugend, die wenig für die Ergebnisse des Krieges, aber auch ebensowenig für den Kompromiß übrig hatte, den die Verfassung von Weimar besiegelt hatte. Jugend neigt viel eher dazu, handelnd zu leben, mitunter auch zu zerstören, als Probleme wahrzunehmen und schwierige Verhältnisse auf mühselige Weise zu begreifen. Eine noch unerlebte parlamentarische Demokratie war nur schwer zu begreifen, solange sie nicht als Schutz vor weit größeren Gefahren erkannt, anerkannt und erfahren wurde und durch die spürbare lebensfördernde Wirkung ihrer Existenz ihre höchste Legitimation erhielt. Jene, die sich früher oder später von dem Aufstand der Jüngeren während der dreißiger Jahre abwandten, wuchsen nach dem Zweiten Weltkrieg fast mühelos wieder in eine neue Ordnung hinein, die in Wahrheit die ihrer eigenen Elterngeneration war, deren Repräsentanten erneut die Führung zufiel in einem Alter, in dem dies unter den Bedingungen einer gesunden gesellschaftlichen Entwicklung selten ist. Sie wurden heimisch in dieser restaurierten Ordnung. Doch die Jugend unserer Tage wächst aus ihr heraus. Allzuwenig, vielleicht gar nichts Wesentliches mehr verbindet sie mit dem, was von den Älteren geschaffen wurde und was die pragmatische Übereinstimmung zwischen den heute schon Gewichenen und ihren Nachfolgern begründete. Die Älteren richteten sich in einer sich wandelnden Welt ein; die Jüngeren suchen Abstand eben zu dieser Welt sowohl in ihren scheinbar noch wenig veränderten Substanzen als auch in den Eigenarten ihrer Veränderungen. Mögen auch Vokabeln wie »Anpassung« und »Protest« im alltäglichen Gebrauch sehr viel von ihrer Bedeutung verloren haben und in polemischer Absicht das Gemeinte weit übertreiben, so deuten sich doch cum grano salis die divergierenden, die Generationen auseinanderreißenden Bewegungen an: Hinwendung zu den politischen Prinzipien der Nachkriegsordnung auf der einen und Abwendung ohne angebbare Ziele und Grenzen auf der anderen Seite.

Thomas Jeffersons Theorie von der Ablösung der Generationen in der Politik und im Verfassungsleben der Völker scheint sich am Beispiel der deutschen Bundesrepublik zu erhärten: Jede Konstitution tritt nach dem Ablauf von 19 Jahren außer Kraft. Letztlich gibt es keine legale Verpflichtung mehr »außer dem Gesetz der Natur, nach welchem sich eine Generation zur anderen verhalte wie eine unabhängige Nation zu einer anderen«[50]. Das ist überspitzt ausgedrückt und wird kaum jemals wörtlich genommen werden können. Doch die Lebenden sehen mit eigenen Augen, daß in diesen Jahren, in denen zum ersten Male seit einem halben Jahrhundert wieder eine –

mehr zahlenmäßig als intellektuell und psychisch – starke junge Generation heranwächst, die Kinder einer in verhältnismäßig großem, verhältnismäßig breitem und verhältnismäßig gut gesichertem Wohlstand lebenden Gesellschaft, die dem einzelnen sehr viele Rechte und Freiheiten einräumt, eben gegen ihre Ordnung mit allen Mitteln ihrer Erfindungskraft aufbegehren. Sie zehren mit jeder ihrer Regungen von dieser Gesellschaft; sie könnten in Wahrheit keinen Augenblick ohne sie und im besonderen nie ohne ihren Schutz existieren und dennoch ist ihr Tun auf Änderung oder gar auf Zerstörung gerichtet. Dies gilt in der Bundesrepublik vor allem für Studenten, die in aller Regel am meisten Zeit haben, häufig massiert auftreten können und gelegentlich fast schon kaserniert leben, die über die größte Freiheit, über eine autonome Verwaltung in ihren eigenen Angelegenheiten, über ein kaum noch deutlich abgegrenztes Selbstbestimmungsrecht und an mehreren deutschen Universitäten über ein nahezu unbeschränktes politisches Organisations- und Betätigungsrecht verfügen.

Die Erregung hat sich nach allen Seiten ausgebreitet, die von Nordamerika bis Europa reichende Welle verstärkt und – außerhalb Rußlands und des äußersten Südosteuropa – die meisten Universitätsstädte Kontinentaleuropas wie auch überseeischer Länder mehr oder minder stark berührt oder in Mitleidenschaft gezogen. Die Unzufriedenheit mit den jeweiligen politischen Verhältnissen, die in den betreffenden Ländern gewiß nicht unwesentlich voneinander abweichen, ist dem Anschein nach zu einer allgemeinen geworden. Man wird also auch die Ursachen eher in spezifischen oder typischen Dispositionen der Jugendlichen suchen müssen als in sozialen oder politischen Gegebenheiten, die aber insofern zu Bedeutung kommen, als sie Gelegenheiten bieten, die Demonstrationen begünstigen oder gar provozieren.

In der Kulturpolitik und dem derzeitigen Zustand des deutschen Erziehungssystems finden sich Angriffsflächen, die fast jedermann zu erkennen vermag. In dem Gebiet der geistigen Schulung und Entwicklung sind die Länder der Bundesrepublik, die ihre Zuständigkeit hierfür mit zäher Energie verteidigen, sowohl durch Unterlassungen als auch durch Maßnahmen in eine ziemlich hoffnungslose Lage geraten, in der die Gewagtheit der Experimente kaum noch die Ratlosigkeit verbergen kann. Die hiermit zusammenhängenden Probleme können an dieser Stelle nicht vertieft werden. Sie verdienen jedoch Interesse, weil sie erneut vor Augen führen, daß das deutsche Föderativsystem in seiner derzeitigen Verfassung niemals eine Absicherung gegen die von unten her vordringende Auflösung des pluralistischen Staates gewährleistet. So nimmt es nicht wunder, daß vorhandene Neigungen zum politischen Radikalismus gewaltig verstärkt werden und daß in dem Teil der Jugend, der in erster Linie betroffen ist, die entschiedenste Opposition sehr schnell größeren Zulauf erhält.

In ihren unbekümmerten, auf Störung und sogar Zerstörung bedachten Demonstrationen stellt sich der »radikale Pluralismus« in einem neuen Stadium dar. Einzelne Gruppen beanspruchen die autonome Entscheidung über Gewaltanwendung gegen konkurrierende Kräfte der Gesellschaft wie gegen Einrichtungen und Anordnungen des Staates, dessen legitimes Gewaltmonopol in der rebellierenden Ideologie grundsätzlich bestritten wird. Die Versuche derer, die hierzu berufen waren, für das einzutreten, was eine legitime Existenz führt, bezeugen freilich in ihrer Unbeholfenheit den Überraschungseffekt des unvertrauten Eindrucks, daß einige hundert zu allem entschlossene Köpfe unter günstigen Voraussetzungen sehr viel, vielleicht nicht weniger als große Massenparteien erreichen können. Wer sich nicht einem irrationalen Euphemismus überläßt, dem scheint unwiderleglich, daß es zwar unvollkommene Pluralismus-Theorien, aber keine politische Moral des pluralistischen Staates gibt, die alle seine Erscheinungen auszuhalten und in einen umfassenden Konsensus zu bringen vermag. Schon in diesem Sachverhalt dürfte für manche psychologische Ausgangslage ein Moment der Herausforderung liegen.

Man möchte es kaum anders denn eine verständliche Begleiterscheinung nennen, daß nun auch manche Älteren der »heutigen Form unseres Regierungssystems« den Prozeß zu machen suchen und die Rebellion der Jugend in ihrem Sinne interpretieren [51]. Die Frage nach den geistigen Positionen derer, die in Deutschland die »Neue Linke« genannt werden, erscheint indessen weitaus interessanter, wenn auch schwerer zu beantworten. Manches spricht dafür, daß das, was vor mehr als zweieinhalb Jahrzehnten nach »rechts« hinauswuchs und tiefer in der deutschen Geistesgeschichte wurzelt, nach »links« hin okuliert worden ist [52]. Der notwendige Gegenschlag gegen alles, was national oder gar nationalistisch war, hat einen anhaltend fortwirkenden und insofern einen durchschlagenden, wenn auch – wie nicht anders zu erwarten – keinen vollständigen Erfolg gezeigt. Die Bemühungen, denen dies zu danken ist, haben aber geradezu mechanisch der Einsicht entgegengewirkt, daß politischer Extremismus und alle mit ihm im Bunde stehenden Gefährdungen auch in anderen als den historisch erfahrenen Formen drohen. Die Verhältnisse liegen nunmehr so, daß sich eine Bewegung allein schon dadurch legitimieren könnte, daß sie sich als entschlossene Gegnerin dessen glaubwürdig machte, was nach herrschender Vorstellung der historischen Katastrophe der dreißiger Jahre zugrunde lag.

»Der Feind steht rechts«, hatte der Reichskanzler Wirth nach der Ermordung Walter Rathenaus 1922 erklärt. Damit hat er, so anfechtbar dieser Ausspruch in der Situation, in der er fiel, auch gewesen sein mag, für die Geschichte der Republik von Weimar, aufs Ende gesehen, recht behalten, womit Wirth freilich keine prophetische Neigung oder Gabe unterstellt werden soll. Doch niemand wird ernsthaft bestreiten können, daß derartige entschiedene, bewußt einseitige politische Wendungen niemals ausreichen, um auf die Dauer einen Weg zum Verständnis der politischen Geschichte der Deutschen in diesem Jahrhundert zu bahnen.

Der totalitäre Staat selbst liegt viel zu weit zurück, als daß von Mahnungen und Warnungen allein noch eine allgemeine Wirkung ausginge. Totalitäre Systeme gelten in Teilen der Jugend und wohl auch bei manchen Älteren nicht mehr in dem Maße als suspekt wie noch vor einigen Jahren. Lediglich der besonderen Form des Faschismus gilt die dezidierte Abneigung; doch auch hier entscheidet kaum noch rationale Einsicht in sein wirkliches Wesen. »Faschistisch« oder »faschistoid« sind nunmehr Ausdrücke, die durch allzu häufigen und unbedachten Gebrauch schon weitgehend abgenutzt und zu bloßen Schimpfworten der politischen Polemik denaturiert wurden.

VI

Nach alldem drängt sich nun die Frage auf, was wohl aus der politischen Organisation, die die Menschen des Territoriums Westdeutschland umfaßt, noch werden wird. Obgleich es episodisch auch anders schien, ist die Bundesrepublik ohne Zweifel im Verlauf der Geschichte ihres zwanzigjährigen Bestehens den unmittelbaren Regungen und Konflikten der Gesellschaft nähergerückt, »hautnah« auf den Leib gerückt, wie man es mit einem modischen Ausdruck, für jedermann anschaulich, auch sagen könnte. Jede Bewegung innerhalb der Gesellschaft teilt sich dem Staat unmittelbar mit und vermag ihn sogar zu verändern, sofern sie nur stark genug ist und in die Breite zu wirken vermag; und wenn die Breitenwirkung fürs erste ungewiß bleibt, dann kann unter Umständen auch schon eine Verstärkung der Mittel, die eingesetzt werden, wirksam sein. Dies rechtfertigt, aufs Ganze gesehen, den Ausdruck »Forderungerfüllungsstaat«.

Diese summarische Interpretation könnte vielleicht an Vorstellungen vom Archetypus der Demokratie erinnern. Er wäre wiedererstanden, wenn die Gesellschaft selbst zum Staat würde. Mithin wäre die Bundesrepublik auf dem Wege zu diesem Zustand sehr weit vorangeschritten. Das entspräche wohl auch einigen mehr landläufigen als überzeugenden Redewendungen von »fortschrittlicher« Entwicklung.

Aber verhält es sich wirklich so? Wir dürfen nie die fundamentale Voraussetzung aus dem Auge verlieren, daß die moderne Gesellschaft kein neues Sparta werden kann und daß die volonté générale eines Sparta-Ideals in der Industriegesellschaft nicht verifizierbar ist, es sei denn, man identifizierte sie mit Entscheidungen totalitärer Regime. Die soziologische Wirklichkeit einer unabsehbar differenzierten, horizontale wie vertikale Strukturen bildenden, sich in unaufhörlicher, prozeßartiger Veränderung befindenden Gesellschaft bedarf um den Preis ihrer Existenz einer sich fortgesetzt weiter ausbildenden und verbessernden Technik der Produktion, der Distribution, der Kommunikation, der Transportation und Administration. Die lebensnotwendigen Zusammenhänge würden auseinanderfallen, wie es auch nach dem militärischen Zusammenbruch des Deutschen Reichs 1945 für kurze Zeit geschehen ist, wenn es keine sichere Globalsteuerung gäbe. Diese banale Tatsache liegt der Problematik des Regierungssystems im pluralistischen Staat zugrunde.

Blickt man in die nächste Zukunft, so erscheint theoretisch eine Alternative denkbar. Entweder ergibt sich eine Dichotomie von staatlichem Regiment – das auf die Dauer eines Reservoirs privilegierter Rekrutierung bedürfte – und Gesellschaft, in der sich eine permanente extrakonstitutionelle Opposition der action directe et provocative ausbilden würde; oder das Regierungssystem – nicht nur die Regierung – wird zum ständig umstrittenen Objekt einer perennierenden Konkurrenz der potentesten Interessen im Pluralismus der Gruppenorganisationen, also eines Machtkampfs, der sich aller Voraussicht nach fortgesetzt verschärfen würde. Hinter beiden Möglichkeiten harrt die andere, gleichsam die letzte Entscheidung zum Totalstaat. Die Verwirklichung der ersten erscheint heute nicht wahrscheinlich; etwas anders steht es mit der zweiten. Beide aber entfernen sich von dem liberalen, parlamentarisch regierten Staatswesen der Vergangenheit.

Das liberale Zeitalter, das nach den Depressionen der dreißiger und ersten vierziger Jahre noch einmal für nahezu zwei Jahrzehnte in dem vollen Ausmaß seiner Errungenschaften wiedererstanden ist und ein respektables materielles, weniger ein geistiges Arsenal der westlichen Hemisphäre sichtbar werden ließ, scheint sich unaufhaltsam seinem Ende zu nähern. Nach der kurzen Restauration der Vierten Republik in Frankreich begann in Westeuropa zum zweiten Male die Dämmerung des liberalen Staates.

Nach der Investitur des Generals de Gaulle schuf die Fünfte Republik mit dem Artikel 16 ihrer Verfassung von 1958 das Instrument einer kommissarischen Notstandsdiktatur des Präsidenten der Republik. Es soll Anwendung finden, wenn die Unabhängigkeit der Nation oder die Integrität ihres Staatsgebietes oder die Erfüllung ihrer internationalen Verpflichtungen unmittelbar schwer bedroht und eine geordnete Tätigkeit der verfassungsmäßigen Organe nicht mehr möglich ist[53]. Daß indessen die Berufung auf diesen Artikel gegen die in der öffentlichen Meinung eindeutig vorherrschende Tendenz äußerst schwer, unter Umständen überhaupt nicht möglich ist, zeigte sich im Zusammenhang mit der Offiziersrebellion in Algerien 1961, als zum ersten und bisher einzigen Male die Anwendung des Artikels 16 wirklich beschlossen wurde. Anfangs gab es in der Öffentlichkeit kaum eine wesentliche Opposition gegen diese Entscheidung, obgleich das Verhältnis zwischen Regierung und Parlament völlig normal blieb und es daher zweifelhaft sein konnte, ob eine der Voraussetzungen für die Anwendung des Diktaturartikels, nämlich die Störung der parlamentarischen Willensbildung, überhaupt erfüllt war. Die alsbald zunehmende Kritik in der Öffentlichkeit und in der Nationalversammlung aber veranlaßten den Präsidenten, trotz des großen Ansehens, über das er verfügte, und obgleich die Lage noch keineswegs grundlegend verändert war, den Ausnahmezustand wieder aufzuheben.

In Deutschland gewann die öffentliche Meinung ein erhöhtes Gegengewicht gegen Beschlüsse der Bundesregierung im Zusammenhang mit den seit 1965 sich verschärfenden Kontroversen über die Notstandsgesetzgebung. Eine von der Regierungsseite verbreitete Meinung ging dahin, daß jede Verfassung für den Fall anomaler Verhältnisse Ausnahmeregelungen erhalten müsse, um das außergesetzliche Staatsnotstandsregiment eines nicht vorhersehbaren faktischen Inhabers der Macht präventiv zu unterbinden. In diesem Argument wird der Verfassung die Funktion einer sowohl für normale als auch für anomale Verhältnisse geltenden Rechtsordnung zugeschoben, deren Umschaltung unter bestimmten Voraussetzungen jederzeit möglich sein soll. Erfahrungen aus der Zeit vor 1945 spielten jedoch eine nicht geringere Rolle bei den Gegnern jedweden Notstandsrechts. Für die eine Seite war die auf der Tradition beamtenrechtlicher Rechtsförmigkeit beruhende Ansicht maßgebend, daß nur ein Normengerüst, in dem für jede voraussehbare Situation Vorsorge getroffen ist, Rechtmäßigkeit und Funktionsfähigkeit der staatlichen Verwaltung zu garantieren vermag; für die andere gab das historische Beispiel der progressiven und extensiven, den jeweils beabsichtigten Maßnahmen angepaßten Ausdeutung der Diktaturbestimmung im Artikel 48 der Weimarer Reichsverfassung den Ausschlag.

Nach dem Mißerfolg der ersten Entwürfe des Bundesinnenministers 1960 und 1962 sowie des Rechtsausschusses des Bundestags 1965 und nach der Vorwegnahme der sogenannten Sicherstellungsgesetze wurde schließlich ein neuer, mehrfach veränderter verfassungsändernder Entwurf im Mai und Juni 1968 mit den erforderlichen Mehrheiten im Bundestag wie im Bundesrat durchgebracht. Das Ergebnis des mehrjährigen Ringens, das an Heftigkeit ständig zunahm und zeitweilig einen großen Teil der Arbeitskraft der Bundesregierung absorbierte, besteht in einer Anzahl nicht leicht zu überschauender, umfangreicher und detaillierter Regelungen für den »inneren« wie für den »äußeren« Notstandsfall. Die Einschaltung der Öffentlichkeit, die zuletzt entschiedene Unterstützung von seiten der großen Gewerkschaften erhielt, führte im westlichen Deutschland schon im Verlauf der Kontroversen jedermann vor Augen, daß Notstandsregelungen kaum jemals mit Erfolg gegen den Willen der Gewerkschaften durchgesetzt werden können. In ihnen dürften infolgedessen auch die potentiellen Nutznießer des innerhalb der Notstandsregelungen verankerten Widerstandsrechts vermutet werden.

Nicht allein hierin ist deutlich geworden, daß die Macht der Gewerkschaften gewaltig gewachsen ist. Seit 1945 hat sowohl ihre Anziehungskraft auf neue Mitglieder als auch der Umfang ihrer Beteiligungen und ihres Eigentums an wirtschaftlichen Unternehmungen und Organisationen unaufhörlich zugenommen und ist ihr Einfluß auf die Mitbestimmung in den Betrieben bestimmter Sparten und darüber hinaus in der Wirtschaft fortgesetzt gewachsen, durch die sie schließlich – direkt oder indirekt – auch Einfluß auf den Markt unmittelbar ausüben. Doch selbst in den westlichen demokratischen Staaten, die über historische gewerkschaftliche Traditionen verfügen, ist bis heute die Frage, »ob es wünschenswert ist, daß innergewerkschaftliche Entscheidungen auf demokratischer Grundlage getroffen werden, ... keineswegs unumstritten«[54]. Kaum anders als die skeptischen Urteile staatskonservativer Kritiker der Demokratie klingt das Argument, das auf seiten gewerkschaftlicher Strategen in die Waagschale geworfen wird, »es komme in erster Linie auf die Schlagkraft der Verbände an und nicht auf ihre innere Organisation...«[55]. Im Prinzip unterscheiden sich die Gewerkschaften hierin nicht von solchen Einrichtungen des Staates, die in erster Linie auf Sicherung ihrer »Schlagkraft« bedacht sein müssen.

Die Grundsätze einer innerverbandlichen Demokratie besitzen mithin im derzeitigen Stadium des pluralistischen Staates nirgends unumstößliche Geltung und sind auch keineswegs gesetzlich verankert; selbst die Parteien bilden keine Ausnahme hiervon. Auch in der radikalen Linken und der »Außerparlamentarischen Opposition« werden in der internen Organisation wie in den Geschäftsmodalitäten keineswegs durchgängig die gleichen demokratischen Prinzipien verwirklicht, deren Durchsetzung einen wesentlichen Teil des Kampfprogramms innerhalb der bestehenden Ordnung bildet. In den gleichen Bahnen bewegen sich die Forderungen nach »Demokratisierung«, die in jüngster Zeit erhoben wurden und die in manchem Verlangen nach »Reform« stets in erster Linie zugunsten einer freien Beweglichkeit und eines größeren Einflusses organisierter Gruppen eingesetzt werden. Auch hier ist unverkennbar, daß sich die Gewerkschaften ihrer Schlüsselstellung zwischen antiparlamentarischer Opposition und regierenden Parteien bewußt sind. Der Chef der einflußreichen Industriegewerkschaft Metall deutete sie in den Worten an: »Die Gewerkschaften muß man überall dort zur Außerparlamentarischen Opposition zählen, wo sie... dazu gezwungen werden, Angriffe abzuwehren, Forderungen zu stellen und Alternativen zu entwickeln, vor allem im Bereich der Wirtschafts- und Sozialpolitik... Nach meiner Auffassung hat die so notwendige Außerparlamentarische Opposition überhaupt nur Aussicht auf Erfolg, wenn sie von großen Gruppen oder Organisationen, wie z. B. den Gewerkschaften, unterstützt wird...«[56] Wer aber in dieser Beziehung der Mächtigere ist und den Ton anzugeben hat, bedarf zumindest nach Auffassung der gewerkschaftlichen Seite keiner Frage. Das Bündnis mit den Arbeitern, von dem die linksextremistischen Gruppen häufig reden, dürften sie aus eigener Kraft wohl kaum je erreichen. Ein derartiges Bündnis liegt immer in der festen Hand der großen Industriegewerkschaften; es bedarf stets der »Unterstützung durch Gruppen mit privilegierten Einflußchancen«[57], die allein imstande sind, auf dem Wege über die Massenmedien den »Zugang zur breiten Öffentlichkeit« zu besetzen. Demokratie erweist sich mithin in der politischen Realität der Bundesrepu-

Entwicklungstendenzen in der Nachkriegsdemokratie

blik als nichts anderes denn als die verfassungspolitisch-organisatorische Bedingung für die freie Entfaltung von Verbänden, die wir die Organisationskerne des pluralistischen Staates nennen können. Sie regelt die Kohärenz dieser Kerne in eben der Weise, daß freie Bewegung und optimale Entfaltung in erster Linie dem stärksten unter ihnen möglich ist. Es existiert indessen keine adäquate Weltanschauung oder eine zu dem Sinn des Zeitalters vordringende Theorie, der die Benennung »demokratisch« zukäme.

In unserer Epoche ist es kaum noch üblich, Goethe zu zitieren, wie es vor noch nicht langer Zeit gang und gäbe war. Doch jene einfache Wahrheit aus einem Gespräch mit Eckermann erscheint bedenkenswert und für die deutsche Geschichte mehr als nur von zeithistorischer Bedeutung: »Die Hauptsache ist, daß man lerne, sich selbst zu beherrschen. Wollte ich mich ungehindert gehen lassen, so läge es wohl in mir, mich selbst und meine Umgebung zu Grunde zu richten.«[58] Fast genau zwei Jahre älter ist ein anderes bemerkenswertes Wort: »Könnte man nur den Deutschen, nach dem Vorbild der Engländer, weniger Philosophie und mehr Tatkraft, weniger Theorie und mehr Praxis beibringen, so würde uns schon ein gutes Stück Erlösung zu Theil werden, ohne daß wir auf das Erscheinen der persönlichen Hoheit eines zweiten Christus zu warten brauchten. Sehr viel könnte geschehen von unten, vom Volke, durch Schulen und häusliche Erziehung. Sehr viel von oben durch die Herrscher und ihre Nächsten.«[59] Die häusliche Erziehung ist heute weitgehend dahin; die Schulen aber können offenbar das nicht leisten, was sie leisten müßten, um den Forderungen unserer Zeit zu genügen. Und für die »Staatsdiener« gilt nach wie vor das, was Goethe bei der gleichen Gelegenheit gesagt hat: »Was sie am meisten bedurften, haben sie eingebüßt. Es fehlt ihnen die nöthige geistige wie körperliche Energie, die bei einem tüchtigen Auftreten im praktischen Verkehr ganz unerläßlich ist.«

---

* Dieser Aufsatz ist Anfang 1969 entstanden und abgeschlossen worden.
1 Auf die Möglichkeiten eines Vergleichs zwischen westdeutschem und japanischem Wiederaufbau kann hier nicht mehr eingegangen, auf das Problem nur hingewiesen werden. Vgl. die Übersicht von Shigeru Yoshida, Japan's Decisive Century, in: Britannica: Book of the Year 1967, Chicago 1967, S. 17–48; auch H. Borton u. a., Japan between East and West, New York 1957.
2 Alfred Grosser, Die Bundesrepublik Deutschland, Bilanz einer Entwicklung, Tübingen 1967, S. 13.
3 So ein intimer Kenner der Vorgänge in der Besatzungszeit: Michael Balfour, Vier-Mächte-Kontrolle in Deutschland, deutsche Übers. Düsseldorf 1959, S. 381.
4 In vollem Text erstmals veröffentlicht als britisches Weißbuch Cmd. 1614, 24. März 1922. Über die Entstehung des Memorandums und seine Veranlassung W. K. Hancock, Smuts. The Sanguine Years, 1870–1919, Cambridge 1962, S. 514; Lord Hankey, The Supreme Control of the Paris Peace Conference 1919, London 1963, S. 97 f.; Arno J. Mayer, Politics and Diplomacy of Peacemaking. Containment and Counterrevolution at Versailles 1918–1919, New York 1967, S. 518 ff.

5 Robert Murphy, Diplomat among Warriors, New York 1964, S. 298.

6 Marschall Montgomery, Memoiren, deutsche Übers. München o. J., S. 462.

7 In dieser Fassung zuerst bei Francis Hutcheson, An Inquiry into the Original of our Ideas of Beauty and Virtue, London 1725, ³1729, Treatise II, S. 180. Hierzu meine Untersuchung: Die Entstehung der bürgerlichen Gesellschaft. Zur Genesis politischer Ideen und Begriffe, in: Das Zeitalter der Gesellschaft. Aufsätze zur politischen Sozialgeschichte der Neuzeit, München 1969.

8 John F. Kennedy, The Strategy of Peace, ed. by Allan Nevins, New York 1960, S. 38 ff.

9 Einige beachtenswerte Beobachtungen enthält in dieser Hinsicht der jüngste Versuch von Wilhelm Hennis, der aus aktuellem Anlaß entstanden ist: Die deutsche Unruhe, in: Merkur, Heft 250 (1969), S. 103–120.

10 Hierzu mein Aufsatz: Über Entstehung und Formen von Interessengruppen in Deutschland seit Beginn der Industrialisierung, in: Polit. Vierteljahresschr., 2. Jg. (1961), S. 124–154; Wiederabdruck in: Das Zeitalter der Gesellschaft (s. Anm. 7).

11 Vgl. Werner Kaegi, Der Kleinstaat im europäischen Denken, in: Historische Meditationen I, Zürich 1942, S. 249–314.

12 Hierzu die kritische Bibliographie von Hans Rosenberg, Die nationalpolitische Publizistik Deutschlands vom Eintritt der Neuen Ära in Preußen bis zum Ausbruch des Deutschen Krieges, 2 Bde., Berlin 1935, sowie ihre Fortsetzung von Karl-Georg Faber, Die nationalpolitische Publizistik Deutschlands von 1866 bis 1871 (Bibliographien zur Geschichte des Parlamentarismus und der Politischen Parteien, 4), 2 Bde., Düsseldorf 1963.

13 Einen Ansatz zu Fragestellungen, die in diese Richtung weisen, enthält der Essay von Wolfgang Sauer, Das Problem des deutschen Nationalstaates, in: Polit. Vierteljahresschr., 3. Jg. (1962), S. 159–186.

14 Unter den Werken zur jüngsten Geschichte Bayerns hierzu Kurt Sendtner, Rupprecht von Wittelsbach, München 1954, S. 491 f.

15 So die Schrift des zum Kreis um Friedrich Naumann gehörenden Paul Rohrbach, Der deutsche Gedanke in der Welt, Königstein/Leipzig 1912, die innerhalb von viereinhalb Jahren eine Auflage von 148 Tausend erreichte.

16 Der Nationalstaat und die Volkswirtschaft, in: Max Weber, Gesammelte Politische Schriften, hrsg. von J. Winckelmann, Tübingen ²1958, S. 1–25.

17 Otto Brunner, Land und Herrschaft. Grundfragen der territorialen Verfassungsgeschichte Österreichs im Mittelalter, Wien/Wiesbaden ⁴1959, S. 3 f.

18 Eine Anmerkung zur Begriffserklärung: Im Folgenden wird meist der Ausdruck »pluralistischer Staat« benutzt. Gebräuchlich ist jedoch auch das Wort »pluralistische Gesellschaft«. Die »Gesellschaft« ist jedoch immer pluralistisch, wie Otto v. Gierke und diejenigen, die ihm gefolgt sind, schon gezeigt haben. Der Ausdruck wäre mithin ein Pleonasmus. Die Alternativen sind einerseits Stände, anderseits der totalitäre Staat, d. h. die dem Prinzip nach, das freilich nur annähernd verwirklicht wird, vom Staat aufgesogene Gesellschaft; Staat und Gesellschaft bilden eine neuartige Einheit. Ähnlich verhält es sich gewiß auch mit dem Pluralismus, nur ist die mit diesem Ausdruck bezeichnete politische Gemeinschaft gewissermaßen auf dem entgegengesetzten Ende der Skala verortet, mit der wir es hier zu tun haben. Die Theorie des Pluralismus, die auf Gierke fußt, ist eine Staatstheorie, die wesentliche Strukturelemente der Gesellschaft als konstitutiv für den pluralistischen Staat behandelt bzw. den Staat an den Pluralismus der Gesellschaft bindet.

19 Der Reichsbankpräsident Luther, der in dieser Hinsicht über reiche Erfahrungen verfügte, beschrieb einmal in einer Ministerbesprechung die Folgen des Zustands, daß die Reichsministerien keinen Unterbau hatten: Da die Reichsministerien Informationen haben müßten, die Informationen durch die Länder jedoch nicht

verwendbar seien, da in ihnen »zuviel Politik [der Länder] drin« sei, erstarkten die zahlreichen Wirtschaftszentralverbände auf allen Gebieten. »Man habe manches Mal geradezu den Eindruck, daß um jeden Referenten in einem Reichsministerium ein solcher Zentralverband erwüchse.« Das erkläre nicht nur die Macht dieser Verbände, »sondern auch eine gewisse Überintimität der Referenten mit diesen Verbänden«. Fälle, in denen hohe Ministerialbeamte in eine Verbandsführung überwechselten und zu den Nachfolgern im Ministerium, meist früheren Untergebenen, enge Beziehungen pflegten, waren keineswegs selten.

20 Zuerst Lorenz Stein, Geschichte der sozialen Bewegung in Frankreich von 1789 bis auf unsere Tage, Leipzig 1850, Bd. 1, S. 42 ff.

21 Neben dem ›Deutschen Genossenschaftsrecht‹ Gierkes Schrift: Das Wesen der menschlichen Verbände, Berlin 1902.

22 Hermann Heller, Staatslehre, posthum hrsg. von Gerhart Niemeyer, Leiden 1934, S. 99.

23 Laski, The Foundation of Sovereignty, London ²1931; ders., Grammar of Politics, London ⁴1938. Vgl. Ernst Fraenkel, Deutschland und die westlichen Demokratien, Stuttgart/Berlin/Köln/Mainz ³1968, S. 165–189; Joseph H. Kaiser, Die Repräsentation organisierter Interessen, Berlin 1956, S. 313–320.

24 Kung Chuan Hsiao, Political Pluralism, London 1927, S. 32.

25 So in Anlehnung an Hugo Preuß und andere der vormalige Reichsinnenminister Wilhelm Külz, Deutschlands innerpolitische Gestaltung, in: Zehn Jahre deutsche Geschichte, 1918–1928, Berlin 1928, S. 73.

26 Heller in seiner fragmentarischen Staatslehre, a. a. O. (Anm. 22).

27 Die Genesis der Einwürfe Carl Schmitts gegen die frühe Form der Pluralismus-Theorie Laskis läßt sich in einer Reihe wichtiger Aufsätze verfolgen: Zu Friedrich Meineckes Idee der Staatsräson, in: Archiv für Sozialwissenschaften und Sozialpolitik, Bd. 56 (1926), S. 226–234; Der Begriff des Politischen, ebd., Bd. 58 (1927), S. 1–33; Staatsethik und pluralistischer Staat, ein Vortrag aus dem Jahre 1930, wurde in Deutschland erstmals veröffentlicht in dem Sammelband von Schmitt, Positionen und Begriffe. Im Kampf mit Weimar – Genf – Versailles 1923–1939, Hamburg 1940, S. 133–148; dort sind auch die anderen hier genannten Aufsätze wieder abgedruckt worden; Die Wendung zum totalen Staat, zuerst in: Europäische Revue, 7. Jg. (1931), S. 241–250, wenig später als Teil der größeren Schrift: Der Hüter der Verfassung, Tübingen 1931.

28 Schmitt, Der Gegensatz von Parlamentarismus und moderner Massendemokratie, wieder abgedruckt in: Positionen und Begriffe, S. 59.

29 Schmitt, ebd., S. 65.

30 Von Ernst Troeltsch ist schon früher dieser Gegensatz erörtert worden: Deutscher Geist und Westeuropa. Gesammelte kulturpolitische Aufsätze und Reden, Tübingen 1925.

31 So Hans Maier, Reform in der Demokratie, in: Zeitschr. f. Politik, Jg. 16 (1968), S. 391.

32 Diese Vorstellung bekunden einige frühe Reden des ersten Bundespräsidenten: Theodor Heuss, Die großen Reden: Der Staatsmann, Tübingen 1965, S. 120–130 (»Jugend und Staat« 1950), S. 131–165 (»Kräfte und Grenzen einer Kulturpolitik« 1951), S. 184–223 (»Formkräfte einer politischen Stilbildung« 1952).

33 Dieser Ausdruck ist in der Vorgeschichte des Südweststaates Baden-Württemberg während der frühen Besatzungszeit wahrscheinlich zuerst von Carlo Schmid geprägt, später von Theodor Heuss auf die Bundesrepublik angewandt worden. Heuss nannte sie in seiner letzten Rede, die er als Bundespräsident hielt, »zeitlich und sachlich [ein] Durchgangsstadium... Aufgabe und Auftrag, aus der Stellvertretung für ein gesamtdeutsches staatliches Schicksal dessen konkreten Vollzug zu

erarbeiten« (Heuss, Der Staatsmann, S. 306). Über die späteren Urteile Ernst Deuerlein, Deutschland nach dem zweiten Weltkrieg 1945–1955 (Brandt – Meyer – Just, Handbuch der deutschen Geschichte), Konstanz 1964, S. 177 f.

34 Heuss, ebd.

35 Berliner Rede am 18. März 1946; Theodor Heuss, Aufzeichnungen 1945–47, Tübingen 1966, S. 89.

36 Ebd.

37 Der Gesamtabschluß des Haushaltsnormaljahrs 1928 erreichte die Höhe von 9 258 Millionen RM im ordentlichen und 142 Millionen im außerordentlichen Etat; davon entfielen auf »innere Kriegslasten« und Kriegsfolgelasten mehr als 1 930 Millionen RM. Die erste »Normalleistung« an Reparationen im Zahlungszeitraum 1928/29, der mit dem Haushaltsjahr nicht übereinstimmte, belief sich auf insgesamt 2 440 Millionen RM (Johannes Popitz, Die Finanzpolitik seit 1918, in: Zehn Jahre deutsche Geschichte 1918–1928, Berlin 1928, S. 201 f.).

38 Vgl. die Bemerkungen von Gerhard Loewenberg, Parlamentarismus im politischen System der Bundesrepublik Deutschland, Übers. aus dem Amerikanischen, Tübingen 1969, S. 73 f., 148 ff.

39 Hans-Helmut Kuhnke, Betrachtungen zum Wandel des Selbstverständnisses des Staates, in: Mitteilungen der List-Gesellschaft, Fasc. 6 (1967/68), Nr. 12, S. 295.

40 Loewenberg, Parlamentarismus, a. a. O., S. 158 f.

41 Es ist nicht zu bestreiten, daß erhebliche Veränderungen innerhalb der föderativen Struktur der Bundesrepublik eingetreten sind. Konrad Hesse hat mit guten Gründen festgestellt: »Der deutsche Bundesstaat der Gegenwart ist, wenn auch nicht ohne Einschränkungen so doch im Prinzip, unitarischer Bundesstaat« (Hesse, Der unitarische Bundesstaat, Karlsruhe 1962, S. 14). Die langsam zunehmende Konzentration staatlicher Aufgaben in der Bundeszentrale (»beim Bund«) ist offenkundig. Das größte Gewicht im Vorgang der Unitarisierung liegt jedoch, wie auch Hesse dargelegt hat, einerseits beim Bundesrat, dessen Macht und Bedeutung erheblich gewachsen ist, anderseits in der Selbstkoordinierung der Länder und in den Händen extrakonstitutionell geschaffener Zentralinstanzen, die als immer notwendiger werdende Aushilfen zur Überbrückung des Föderalismus – zur »Unitarisierung« – dienen. Aber für die Beziehungen des Bürgers zum Staat geben diese neueren Verhältnisse noch kaum einen Ausschlag und ist die Tendenz zur Unitarisierung noch ohne Formkraft. Auch die den Ländern auferlegte »Pflicht zum bundesfreundlichen Verhalten«, wie ein neuerer Terminus lautet, dürfte hierauf zunächst nur wenig Einfluß haben.

42 So in meiner Abhandlung: Die CDU. Merkmale ihres Aufbaus, in: Max Gustav Lange – Gerhard Schulz – Klaus Schütz, Parteien in der Bundesrepublik, Stuttgart/Düsseldorf 1955, S. 140 f.

43 Carlo Schmid, Soziale Autonomie und Staat, in: Gewerkschaftliche Monatshefte, 2. Jg. (1951), S. 121.

44 Vgl. Rupert Breitling, Die Verbände in der westdeutschen Politik, in: Die neue Gesellschaft, 1. Jg. (1954), S. 11–28; von demselben die methodisch unzulängliche, aber materialreiche Arbeit: Die Verbände in der Bundesrepublik (Parteien, Fraktionen, Regierungen, Bd. VIII), Meisenheim 1955; aus der übrigen Literatur vor allem die wegweisende Schrift von Theodor Eschenburg, Herrschaft der Verbände, Stuttgart 1955; ferner auch meinen oben genannten Aufsatz (Anm. 10).

45 Otto Stammer, Interessenverbände und Parteien, in: Kölner Zeitschr. f. Soziologie u. Sozialpsychologie, 9. Jg. (1957), S. 590.

46 Auch in der Schweiz, die von den Entwicklungssprüngen und -rückschlägen der Geschichte Mitteleuropas wie von den jüngeren weltpolitischen Konflikten kaum berührt wurde, ist die »Regeneration der politischen Parteien« zu einem Problem

geworden, das offen und gründlich diskutiert wird. Dort erinnern Versuche, »zeitgemäßere Formen ihrer Autoritäten zu entwickeln«, sogar noch mehr als in der Bundesrepublik an manche Bemühungen kirchlicher Seelsorge und einiger Theologen, die sich darauf konzentrieren, um jeden Preis mit der Zeit Schritt zu halten, deren Verständnis indessen noch in den Anfängen liegt. »Mit dem Ausweichen in Filmabende über fremde Kontinente, in Führungen durch Kunsthallen, in Werkbesichtigungen oder in literarische Veranstaltungen wird beinahe rührende Ratlosigkeit demonstriert: als ob die Aufgabe der Partei in der gesellschaftlichen Sammlung bestünde. Unzufriedenheiten mit staatlichen Institutionen schlagen sich in Revisionsbegehren nieder, hin bis zur Forderung von Verfassungsrevisionen. Unzufriedenheiten mit und in den Parteien artikulieren sich kaum zu praktischen Postulaten; sie führen vorwiegend der stillen Erosion ihrer Geltung weitere Wässerlein zu.« So lautet der Befund des eidgenössischen Beobachters, den man im Hinblick auf die Verhältnisse in der Bundesrepublik schlechterdings nicht einfach wiederholen kann. Immerhin zeigt er in seiner Essenz das Vorhandensein eines gleichartigen Problems an (Kurt Eichenberger, Regeneration der politischen Parteien durch eine Parteiengesetzgebung?, in: Neue Zürcher Zeitung, Nr. 17 (18. 1. 1969), S. 49; auch Nr. 8, S. 15; Nr. 16, S. 33; Nr. 337 (1968), S. 21; Nr. 346, S. 25; Nr. 358, S. 13).

47 Dieser Ausdruck ist von Sigmund Neumann geprägt und wiederholt benutzt worden, u. a. in der Einleitung zu M. G. Lange – G. Schulz – K. Schütz, Parteien in der Bundesrepublik, S. XXXI.

48 Vgl. den tiefen Einschnitt, den die Geburtsjahrgänge 1915 bis 1925 auf der männlichen Seite der Bevölkerungspyramide Deutschlands kurz nach dem Zweiten Weltkrieg (1946) darstellen; Gerhard Mackenroth, Bevölkerungslehre. Theorie, Soziologie und Statistik der Bevölkerung (Enzyklopädie der Rechts- und Staatswissenschaft), Berlin/Göttingen/Heidelberg 1953, S. 23; in jüngster Zeit: Statistisches Jahrbuch f. d. Bundesrepublik Deutschland 1968, S. 37.

49 So die Bestimmung des Begriffs der Generation bei Julius Petersen, Die literarischen Generationen, in: Emil Ermatinger, Philosophie der Literaturwissenschaft, Berlin 1930, S. 130 ff.; um eine umfassende Behandlung der Generationsproblematik bemüht sich die ältere Darstellung von François Mentré, Les générations sociales, Paris 1920.

50 Franz Bühler, Verfassungsrevision und Generationenproblem (Arbeiten aus dem juristischen Seminar der Universität Freiburg/Schweiz 5). Freiburg/Schweiz 1949, S. 27. Besondere Beachtung verdient in diesem Zusammenhang ein Brief, den Jefferson am 6. September 1789 an James Madison richtete; dort die Bemerkung: »The question whether one generation of men has a right to bind another, seems never to have been started either on this or our side of the water ... it is a question of such consequences as not only to merit decision, but place also, among the fundamental principles of every government.«

51 »Sie [die Jugend] sagt sich, daß an diesem System, dessen wirtschaftstechnische Nützlichkeit und dessen sozialer Erfolg unbestritten bleibt, etwas nicht stimmt, daß eine geistige Wandlung nottut. Den unguten Erfahrungen der Weimarer Republik mit ihrem terroristischen Ausklang ist bis jetzt keine geistige Wandlung gefolgt. Am Ruder sind bei uns die gleichen Parteigruppen von damals mit ihren hergebrachten Vorstellungen ... Wenn unsere Jugend hiergegen den geistigen Kampf aufnimmt und nach einem Ausweg sucht, wenn sie den imperialistischen Militarismus mißbilligt, wenn sie der konformistischen Meinungsmache die Gefolgschaft versagt, wenn sie die Versuche einzelner Parteigruppen, ihre Herrschaft zu verewigen, ablehnt, wenn sie das Versagen der Kirchen und Bildungsstätten anklagt, so kann man nur wünschen, daß sie in diesem Kampf nicht erlahmt« (Hjalmar Schacht, 1933. Wie eine Demokratie stirbt, Düsseldorf/Wien 1968, S. 179 f.).

52 Die Namen Ernst Jünger und Martin Heidegger erreichen offenbar ähnlichen Rang als geistige Väter dieser Bewegung wie Herbert Marcuse und andere. »Vielleicht wird man sowohl Benn wie Brecht, sowohl Heidegger wie Adorno eines Tages wieder mit Gewinn lesen«, schreibt ein Beobachter (Reimar Lenz, Der neue Glaube, in: Die Zeit, Nr. 16/1969, S. 24).

53 Hierzu Gilbert Ziebura, Die V. Republik. Frankreichs neues Regierungssystem (Die Wissenschaft von der Politik, 12. Bd.), Köln/Opladen 1960, S. 74 ff.; derselbe, Der Staatsnotstand in Frankreich, in: Der Staatsnotstand, hrsg. von Ernst Fraenkel, Berlin 1965, S. 165–189.

54 Otto Kahn-Freund, Rechtliche Garantien der innergewerkschaftlichen Demokratie, in: Faktoren der politischen Entscheidung. Festgabe für Ernst Fraenkel, Berlin 1963, S. 336. Dort auch weitere Literatur hierzu.

55 Ebd.

56 Otto Brenner, zit. von Christian Götz, Opposition der Jugend als Herausforderung unserer Gesellschaft, in: Gewerkschaftliche Monatshefte, 19. Jahr (1968), S. 543.

57 Jürgen Habermas, Die Scheinrevolution und ihre Kinder, in: Wolfgang Abendroth u. a., Die Linke antwortet Jürgen Habermas, Frankfurt/M. 1968, S. 15. Am Rande sei angemerkt, daß auf gewerkschaftlicher Seite auch an einer Änderung der Beziehungen zum andern Teil Deutschlands gearbeitet wird. Verbindungen zur DDR haben Ergebnisse gezeigt, die einige gewerkschaftliche Kreise in mancher Hinsicht den »Errungenschaften« der DDR näher gebracht haben als irgendeine andere politische Gruppe in Westdeutschland. Die Vorgänge in der Jugend haben diese Tendenz vielleicht noch verstärkt. Vgl. die Darlegungen des Bundesjugendsekretärs der Gewerkschaft Handel, Banken und Versicherungen, Christian Götz: Ist die DDR ein Staat der Jugend?, in: Gewerkschaftliche Monatshefte, 19. Jahr (1968), S. 27–41. Die Frage wird auf differenzierte Weise im wesentlichen bejaht. Den Verf. beeindruckt vor allem die »gezielte und mit hohen Investitionen ausgestattete Bildungs- und Jugendpolitik« der DDR. Distanzierter urteilt im gleichen Heft der gleichen Zeitschrift Peter Sass über Wissenschaftsentwicklung und Wirtschaftspolitik in der DDR, S. 21–26.

58 21. März 1830.

59 Eckermann, 12. März 1828.

Iring Fetscher

Kritische Glossen zum Demokratieverständnis

C'est une politique sure et ancienne dans les républiques que d'y laisser le peuple s'endormir dans les fêtes et dans les spectacles, dans le luxe, dans le faste, dans les plaisirs, dans la varité et la mollesse; le laisser se remplir du vide et savourer la bagatelle: quelles grandes démarches ne fait-on pas au despotique parcette indulgence.
La Bruyère (Les Caractères, 1687)

Zwanzig Jahre Bundesrepublik, zwanzig Jahre stabile und erfolgreiche parlamentarische Demokratie. Zufrieden, ein wenig selbstgerecht, wenn auch nicht überschwenglich, so klingen die Bilanzen. Die Bonner Demokratie war – bisher – ein Erfolg, die Weimarer Demokratie mußte untergehen. Gründe werden angeführt: damals keine Demokraten – heute 90 % und mehr Wähler, die ihre Stimmen den beiden großen demokratischen Parteien geben, damals unglückliche Verfassungskonstruktion mit dem Antagonismus von Reichstag und Reichspräsident, mit der notorischen Schwäche des Kanzlers zwischen der Reichstagsmehrheit auf der einen Seite und dem Präsidenten auf der andren, Loyalität der Beamten heute – monarchistische Opposition vieler Beamten damals. Das Bild ist nicht ganz falsch, aber doch trügerisch. Die Verfassung ist gewiß eindeutiger und einheitlicher konzipiert als die von Weimar. Sie stärkt den Kanzler und macht die Regierung zum »Ausschuß« der Parlamentsmehrheit, sie unterbindet radikale Parteien durch Artikel 21 Absatz 2, und die Bestimmung in § 9 Absatz 4 des Bundeswahlgesetzes (Fünfprozentklausel) verhindert die Parteienzersplitterung. Die vorherrschende Sorge der Verfassungsväter war es, eine starke und stabile Regierung zu schaffen. Die Erfahrungen mit den instabilen Regierungen der Weimarer Republik haben mit dazu geführt, daß die Probleme der Bundesrepublik ganz anders aussehen als die damaligen. Aber vermutlich würden diese Probleme auch nicht viel anders aussehen, wenn wir 1949 nicht das Grundgesetz geschaffen, sondern die Weimarer Verfassung wieder eingeführt hätten.

Die Betrachtungen zur Demokratie in der Bundesrepublik kranken zumeist an einer juristischen und moralisierenden Abstraktheit. Sie sehen vom Inhalt der politischen Entscheidungen und Gestaltungen ab und unterstellen ahistorisch die Permanenz der während der Weimarer Jahre existierenden »Gefahren«. Hinter dem Grundgesetz steht eine formalrechtlich verkürzte Geschichtstheorie, hinter den meisten hiesigen Demokratie-Auffassungen eine am idealisierten angelsächsischen Modell abgelesene Konstruktion.

Nun könnte man pragmatisch erklären, es sei im Grunde irrelevant, ob theoretische Erwägungen, die hinter der Verfassungsgebung standen, richtig oder irrig waren, und ebenso unwichtig sei es, wenn die »herrschende Lehre« in Politikwissenschaft oder Staatsrecht von idealisierten Modellen fremder Verfassungen ausgehe, entscheidend sei die »Funktionstüchtigkeit« der geltenden und gelebten Verfassung (der geltenden Verfassung, soweit sie gelebte Verfassung ist). Mir erscheint jedoch eine solche pragmatische Gleichgültigkeit für Theorien verhängnisvoll, und ich werde versuchen, zu zeigen warum.

Von den beiden angeschlagenen Themen will ich hier nur das zweite: die Frage nach dem vorherrschenden Demokratieverständnis untersuchen, so interessant auch die andere, namentlich angesichts der sich in jüngster Zeit häufenden Rufe nach Verfassungsreform und angesichts der immerhin 26 verfassungsändernden Gesetze seit 1949 und ihrem eindeutigen »Trend«, wäre.

Die tonangebenden Demokratiekonzeptionen in der Bundesrepublik lassen sich grob in zwei Hauptrichtungen unterscheiden: Die eine geht von historischen Modellen und älteren Theorien aus und beruft sich auf Edmund Burke, Alexis de Tocqueville, Bagehot, die Federalists (Hamilton, Madison und Jay) und meist mehr auf das englische als auf das amerikanische Modell. Die andre optiert im Anschluß an Joseph Schumpeter und Antony Downs für eine Markt-Theorie der Demokratie, die den Oberflächenphänomenen des Wahlverhaltens und der Wahlwerbung der Parteien in idealer Weise zu entsprechen scheint. Beide Richtungen sind – bis auf den Wunsch nach Detailkorrekturen – mit den existierenden Verhältnissen zufrieden. Die zweite »Schule« gibt sogar kaum mehr als eine affirmative und formelhaft verkürzte Beschreibung der »Realität«. Allerdings sind sie doch insofern »normativ«, als sie die existierenden Verhältnisse nicht nur beschreiben, sondern zugleich auch als demokratisch rechtfertigen wollen. So nüchtern-historisch sich die eine, so positiv-wissenschaftlich sich die andre gebärdet, beide wollen implizite *mehr* geben als Tatsachenfeststellungen.

Was die großen »Vorbilder« der Demokratie angeht, die in der deutschen Politikwissenschaft am liebsten zitiert werden, so muß zunächst erstaunen, wie wenig wirkliche Demokraten sich unter ihnen finden. *Edmund Burke* ist sicher von den romantischen Konterrevolutionären auf dem Kontinent mißverstanden und einseitig reaktionär gedeutet worden, aber das rechtfertigt noch nicht, ihn als Demokraten zu präsentieren. Kann man unterstellen, daß es nützlich erschien, den radikalen Kritiker der Französischen Revolution wegen seiner Definition der politischen Partei und wegen seines englischen Traditionalismus, der später bis in die Labour Party hinein wirksam werden sollte, als Säulenheiligen einer stabilen Demokratie zu etablieren? Oder nehmen wir den listigen *Sir Walter Bagehot*, den viele demokratische Engländer für einen verschlagenen Anwalt der traditionellen politischen Oberschicht und einen frühen Kenner der Möglichkeiten politischer Manipulation halten. Daß sich Bagehot zum Beispiel entschieden für die Diktatur Napoleons III. einsetzte, wird bei uns gern verschwiegen: »I... confine myself to this one remark, that the new Government of France belongs, in theory at least, to the right class of Constitutions – the class that is most exactly suited to French habits, French nature, French social advantages, French social dangers – the class I mean, in which the representative body has a consultative, a deliberative, a checking and a minatory – not as with us a supreme, nearly an omnipotent, and exclusively initatory function« (Walter Bagehot, Literary Studies, Miscellaneous Essays, London 1919, vol. III, S. 51). Die große Popularität *Alexis de Tocquevilles* läßt sich vielleicht dadurch begreifen, daß er – mit einer Mischung aus Resignation und christlicher Geschichtsgläubigkeit – die Heraufkunft der Demokratie als Fatalität beschrieben hat. Diese Stimmung, die in der Mitte des 19. Jahrhunderts für Teile des französischen Adels charakteristisch gewesen sein mag, sprach offenbar Männer aus verschiedenen – meist mehr oder minder kleinbürgerlichen Schichten – an, die 1945, in der Blüte ihrer Jahre stehend, zu einer politischen Umorientierung genötigt waren, weil das »Dritte Reich« untergegangen war. Darüber hinaus konnte Tocquevilles und der Federalists »Message« als eine allgemeine Beruhigung verstanden werden: Demokratie ist mit Stabilität der Religion und der Besitzverhältnisse durchaus vereinbar.

Die Option der Politikwissenschaft für konservativ-liberale Demokratie-Traditionen wird historisch begreiflich aus ihrer »Frontstellung« gegen den sogenannten »Totalitarismus«. Da in diesem, die Erkenntnis mehr verdunkelnden als erhellenden Begriff, das Regime der Nazis in Deutschland und die kommunistischen Parteidiktaturen zusammengefaßt wurden, so mußten damit auch die Traditionen, auf welche sich jene Regime selbst beriefen, und die Verhältnisse, durch die sie (scheinbar) ermöglicht wurden, disqualifiziert werden. Der Stalinismus führte seinen politischen Stammbaum über Marx und Blanqui auf Robespierre zurück, Marx nahm außerdem die demokratische Tradition eines Jefferson und Lincoln für sich in Anspruch. Die Nazis hatten eine Republik mit starken »plebiszitären« Elementen zerstört. Beide – Nazis wie Kommunisten – waren Gegner der Gewaltenteilung und der liberalen Traditionen. Aus der Negation dieses »Gegners« schien sich beinahe zwangsläufig die Rehabilitierung der liberalen, halbkonservativen Verstandes-Demokraten vom Typ Tocqueville (bis Churchill) zu ergeben. Churchills erhebliche rechtsradikale Neigungen und seine Begeisterung für Benito Mussolini wurden dabei ebenso »ausgeblendet« wie die oben erwähnte Option Sir Walter Bagehots für Napoleon III.

Die latenten »Grundannahmen«, von denen die meisten Demokratietheoretiker der ersten »Schule« ausgehen, lauten: (1) Demokratie ist auf Grund des (mehr oder minder offen bedauerten) Zerfalls der älteren Autoritäten unvermeidlich, (2) Demokratie kann aber unschädlich gehalten werden, wenn sie auf die regelmäßig hergestellte freie Zustimmung (consent) der Bevölkerungsmehrheit zu einer regierenden Partei (oder Koalition) beschränkt wird, wenn sie durch Gewaltenteilung (vertikale wie horizontale) in Schranken gehalten und durch Eliminierung von sozialrevolutionären Tendenzen und allgemeine Annahme der verfassungsmäßigen Spielregeln gezügelt wird. Das heißt, nur eine repräsentative Demokratie ermöglicht stabile Regierungsverhältnisse. Repräsentation beruht auf einem »trust«, der vertrauensvollen Übertragung der nur »theoretisch« beim Volk liegenden Souveränität auf ein Parlament. Es ist signifikant, daß von den konservativeren Politikwissenschaftlern in der Bundesrepublik (historisch durchaus richtig) auf den vordemokratischen Ursprung des Repräsentationsgedankens hingewiesen wird. Das Parlament (oder doch die Gruppe der führenden Parlamentarier) ist gleichsam Erbe des repräsentativen Monarchen. In ihm »ist« jetzt das Volk präsent.

Die Herausstellung des Repräsentationsgedankens hat darüber hinaus den Vorteil, daß sie es leichter möglich macht, die Spannung, ja den (theoretischen wie praktischen) *Gegensatz* zwischen demokratischem Prinzip und der »Interessenvertretung« zu lösen. Im Begriff Repräsentation ist in der Tat nicht notwendig der Gedanke einer proportionalen Vertretung der Bevölkerung und ihrer Gruppierungen, Schichten oder Klassen enthalten. Es ist ebensosehr »repräsentativ«, wenn von jeder Gruppe (ganz unabhängig von ihrer zahlenmäßigen Größe) eine *gleiche Anzahl* Repräsentanten delegiert wird, als wenn die Repräsentation der Stärke dieser Gruppen *proportional* ist (was wohl als »demokratisch« angesehen werden könnte). Bei den Interessenvertretungen kann von einer solchen Proportionalität im allgemeinen keine Rede sein, sonst dürften Ausschüsse von Arbeitgebern und Arbeitnehmern nicht paritätisch zusammengesetzt sein. Dort werden nicht Bevölkerungsgruppen entsprechend ihrer *zahlenmäßigen Stärke*, sondern »Interessen« entsprechend ihrer *ökonomisch-politischen Bedeutung* repräsentiert. Angesichts der Interessengegensätze zwischen solchen Gruppen kann – solange sie als antagonistische, formal gleichberechtigte Gruppen existieren – kaum ein andres Verhältnis durchgesetzt werden. Mit dem Übergewicht der einen Gruppe (z. B. dem demokratischen Übergewicht der Gewerkschaften) würde die andre notwendig entmachtet. Die »Repräsentation der organisierten Interessen« ist wesentlich ein institutionalisiertes, formales Klassengleichgewicht – vorausgesetzt, daß die »Spielregeln« formale Gleichheit und »faires« Aushandeln verbürgen und daß die Staatsgewalt nicht einseitig eine Gruppe unterstützt.

In dem Maße, wie solche Repräsentation von Interessen substantiellen Einfluß auf politische Entscheidungen gewinnt, wird aber faktisch die Demokratie in einem inhaltlich verstandenen Sinne ausgehöhlt. Eine Aushöhlung, die nur dadurch dem Auge verborgen bleibt, daß in den konkurrierenden politischen Parteien selbst schon eine Interessenabstimmung nach Analogie

Kritische Glossen zum Demokratieverständnis

der Beziehungen zwischen den organisierten Interessenrepräsentanten stattfindet. Der linkskatholische Arbeiter, der für die CDU stimmt, weil er die Sozialpolitik Katzers unterstützen möchte, stärkt damit gleichzeitig in einem gewiß nicht von ihm gewollten Ausmaß auch die politischen Einflußmöglichkeiten des »Unternehmerflügels« dieser Partei. Indem die Parteien (und tendenziell gilt das auch für die SPD) aufgehört haben, Interessen *einer* Bevölkerungsgruppe allein zu vertreten, können sie nicht umhin, den existierenden wirtschaftlichen Verhältnissen ihre Sanktion zu geben und den Status quo zu zementieren. Die Parteien integrieren die Interessen demokratisch, die Interessenverbände repräsentieren undemokratisch und funktional die Sektoren des wirtschaftlichen und sozialen Lebens. Damit wird es unmöglich gemacht, durch demokratisches Übergewicht, Interessen der ökonomisch Schwachen durchzusetzen. Die Wirtschafts- und Sozialpolitik bewegt sich innerhalb eines engen Spielraums, der durch die Notwendigkeit der Erhaltung des Wirtschaftssystems, der Vermeidung schwerer Krisen und der Förderung ständigen Wachstums abgesteckt wird. Es ist daher begreiflich, daß Politiker, die bewußt die Verhältnisse stabilisieren und konservieren wollen, für diese theoretischen Traditionen optieren. Bei den Politikern der Sozialdemokratie mag eine Verbindung von Resignation und Abscheu vorm Kommunismus zu einem ähnlichen Resultat geführt haben. Fehlende theoretische und historische Reflexion suggeriert die allgemeine und bleibende Gültigkeit der Alternative: liberale, pluralistische, parlamentarisch-repräsentative Demokratie oder – Totalitarismus.

Während so faktisch die theoretische Reflexion nur dazu beitrug, die ohnehin gefährlich große Selbstzufriedenheit der demokratischen Politiker zu vergrößern, entwickelten sich in der Bundesrepublik Symptome, die in das idyllisierte Bild nicht recht passen wollten: Apathie und politische Uninteressiertheit der Bevölkerungsmehrheit wurden erst bemerkt, als sie – bei einem nicht unerheblichen Teil der Wähler vorübergehend in rechtsradikale Stimmabgabe umschlug. Der Versuch »demokratischer« Politiker, im Reservoir dieser antidemokratischen Stimmungen selbst zu fischen, schlug zwar weithin fehl, machte aber deutlich genug, daß auch die Repräsentanten liberal-demokratischer Parteien nicht gegen Antidemokratismus gefeit sind. Der Apathie großer Teile der entpolitisierten Bevölkerung antwortete das zuweilen irrationale, radikale Engagement der studentischen und jugendlichen Protestgruppen. Die Unfähigkeit, die Ursachen dieser Symptome zu begreifen, führte zu verhängnisvollen Fehlern bei den Versuchen, ihnen abzuhelfen. Das politische System war diesmal gewiß nicht in erster Linie für die Instabilität der Entwicklung verantwortlich zu machen, eher schon für dessen konservierende Schwerfälligkeit. Die endlosen Eiertänze von führenden Politikern, die doch ganz genau wissen, daß weder die Oder-Neiße-Grenze noch die Existenz der DDR durch Leugnung aus der Welt geschafft werden können, die ständige Wiederholung der Behauptung einer militärischen Bedrohung der BRD durch das Militärpotential der Sowjetunion – sind nur ein paar typische Beispiele, an denen sich die Folgen jener »Abstimmung von Interessen« und der damit verbundenen Anpassung aneinander ablesen lassen, die in beiden großen Parteien zur Eliminierung alternativer Denkansätze geführt hatte. Die größere geistige Beweglichkeit der FDP ist eine direkte Folge ihrer Kleinheit und der geringeren Spannweite der in ihr »integrierten« Interessengruppierungen (auch wenn sie an den Gegensätzen ihrer »Flügel« zugrunde zu gehen droht).

Der Beitrag der Politikwissenschaft und der politischen Bildung zur Überwindung der genannten Krisensymptome war relativ gering. Zwar haben sich die Akzente in der politischen Bildung seit langem von einem älteren Modell der sozialen Harmonie zum Dahrendorfschen Konflikt-Modell hin verschoben. Aber dieses Konfliktmodell geht meist mit einer Verharmlosung und Bagatellisierung dieser Konflikte einher, die zum Beispiel die Frage nach der Begünstigung der konfligierenden Interessen durch die geltenden (und nicht in Frage gestellten) »Spielregeln« völlig ausklammert. Im übrigen weiß auch die politische Bildung nichts Besseres anzubieten als Ideologien: Nationalismus (bei den Konservativen) oder auch Europäismus, Symbole und Hebung des Staatsbewußtseins durch würdige Repräsentation. Es erweist sich aber als fragwürdig, wenn gerade in dem Augenblick, da die Legitimität einer Repräsentation (im politischen Sinne) angezweifelt wird, diese durch entsprechende vermehrte Repräsentanz (im ästhetischen Sinn) wettgemacht werden soll. Derartige Maßnahmen mögen präventive Wirksamkeit haben, im nachhinein sind sie zum Scheitern verurteilt. Mit Demokratie haben sie nichts zu tun.

Sollte einmal die Geschichte des politischen Denkens in der Bundesrepublik geschrieben werden, dann wird ein interessanter Aspekt der Übergang von jenem ersten Typ der Demokratie-Theorie zum Schumpeter-Downsschen sein, der in der Mitte der sechziger Jahre populär zu werden begann. Bei manchen Autoren gehen beide Typen der Argumentation fast unsichtbar ineinander über. Für Herder-Dorneich und Wildenmann – um nur zwei der bekanntesten Repräsentanten dieses Denkansatzes zu nennen – handelt es sich hier um einen wertfreien analytisch-deskriptiven Neuansatz. Demokratie wird ein institutionelles System genannt, in dem durch Wahlen die jeweilige Zusammensetzung der Führungsteams bestimmt wird und wenigstens zwei derartige Teams sich um Stimmenmaximierung bemühen. Für das Verhalten dieser politischen Teams (Parteien) gelten dann ähnliche Gesetzmäßigkeiten wie für die Orientierung von Markenartikelproduzenten am Markt. Sie müssen mutmaßliche Wählerwünsche ergründen, ansprechen und – wenigstens äußerlich und partiell – in ihrer politischen Praxis erfüllen. Das Verhalten der Staatsbürger-Wähler entspricht dann demjenigen von Konsumenten bei der Auswahl von Konsumartikeln. Beide werden von Werbeagenturen umworben, beide treffen ihre Entscheidungen zwar rechtlich vollständig frei, nichtdestoweniger aber vielfach auf Grund irrationaler Annahmen und unbewußter Bindungen. Argumente werden durch Symbole, Reizworte, unbewußte Sehnsüchte usw. ersetzt. Nur ein Narr würde primär oder gar ausschließlich an Einsicht und Verstand der Wähler appellieren. Auch eine »Politik der praktischen Vernunft« hätte (und hat) nur dann Aussicht auf Massenunterstützung und damit Erfolg, wenn sie mit Hilfe von Methoden »verkauft« wird, die irrationale Schichten in den Wählern ansprechen. Diese Demokratie-Theorie, die sich am Modell einer (allerdings auf wenige Anbieter eingeschränkten) Markt-Wirtschaft orientiert, hat gegenüber den älteren traditionellen den Vorzug, ungewöhnlich plausibel zu sein. Sie beschreibt oft erstaunlich exakt die Verhaltensweisen der politischen Parteien und ihrer Manager. Hinter ihr steht aber eine nicht minder statische Gesellschafts- und Staatskonzeption wie bei den Traditionalisten. Der Staatsapparat wird nur »moderner« als eine Art riesiger Dienstleistungsbetrieb verstanden, der den Staatsbürgern ein komplexes Sammelsurium unterschiedlichster Dienste offeriert. Diese Dienste reichen von der lokalen Müllabfuhr und Wasserversorgung bis zum militärischen Schutz und der Erhaltung der gesamtwirtschaftlichen Stabilität. Im Interesse einer guten Versorgung mit diesen Diensten – so lautet das Hauptargument – ist eine freie Konkurrenz von zwei Politiker-Teams der Einparteiendiktatur vorzuziehen. Niemand wird dieses Argument in Frage stellen. Es kann allerdings mit einigem Recht gefragt werden, ob mit solcher Konkurrenz bereits der »Tatbestand Demokratie« ausreichend erfüllt ist.

Die kritische Gegenposition gegen beide Typen des Demokratiebegriffs kann nur unter Einbeziehung der Frage nach den Interessen der verschiedenen Bevölkerungsteile und der materialen Entscheidungen, die in der herrschenden Praxis und Theorie meist unter dem Stichwort »Sachgesetzlichkeiten« der öffentlichen Diskussion entzogen sind, entwickelt werden. Ich kann sie in diesem Zusammenhang nur skizzieren. Hierzu ist es notwendig, zunächst das ältere, englische Modell der parlamentarischen Demokratie auf seine sozialen und historischen Wurzeln zurückzuführen. Die repräsentative Demokratie war in ihrer Blütezeit ein politisches Institut der Bourgeoisie. Das Parlament hatte die Funktion eines Clearing-Hauses zwischen den – nur partiell unterschiedenen – Interessen dieser Klasse. Allenfalls mußte die Spannung zwischen älterer feudalisierter und jüngerer Industrie-Bourgeoisie ausgehalten werden. Die Public-Schools und die englischen Klubs dienten der raschen Integration der aufsteigenden Industrie-Bourgeoisie in die ältere feudalisierte Bürgerschicht der Insel. Die materielle Basis der politischen Unabhängigkeit der Abgeordneten war in jedem Falle (oder doch fast in jedem – Ideologen wie Edmund Burke, die im Dienste reicher Parteigruppierungen standen, stellten noch eine Ausnahme dar) die ökonomische Unabhängigkeit. Aufgabe des Staates war es, die innere und äußere Sicherheit dieser ökonomischen Voraussetzungen des Bürgertums zu erhalten, am Rande freilich auch schon soziale Probleme der unterprivilegierten Schichten, so weit es notwendig schien, zu lösen. Der letzten Aufgabe diente in fast allen hochindustrialisierten Staaten eine Kombination von Sozialpolitik und kolonialer oder wirtschaftlicher Expansion (plus Auswanderung nach den USA). Auch die »öffentliche Meinung« außerhalb des Parlaments wurde von der gleichen Schicht (bzw. ihren Wortführern) konstituiert. Der grundlegende Konsens der am politischen Leben zunächst fast ausschließlich Teilnehmenden basierte auf objektiven gemeinsamen Interessen.

Immanuel Kant hat in seiner politischen Theorie die Notwendigkeit der materiellen Unabhängigkeit für die Ausübung der vollen staatsbürgerlichen Rechte überzeugend abgeleitet. Forderung der kleinbürgerlich-demokratischen Parteien war es bis 1848, durch möglichst breite Besitzstreuung eine Vielzahl kleiner, selbständiger Eigentümer zu schaffen, die dann gemeinsam als Staatsbürger die Angelegenheiten ihres republikanischen Gemeinwesens besorgen sollten. Als sich herausstellte, daß diese Sozialordnung eine Utopie war, weil die technische und ökonomische Entwicklung rasch über sie hinwegschritt, radikalisierte sich die eine Richtung der Demokratie zur sozialen (und sozialistischen) Demokratie, während die andre (großbürgerliche oder liberale) mit dem konservativen Denken ein mehr oder minder offenes Bündnis einging. Die große Entdeckung der englischen Konservativen war es, daß die besitzlosen Massen der Bevölkerung, wenn man sie nur richtig anpackt, keineswegs eine Gefahr für die ökonomischen Privilegien der Oberschicht darstellen müssen. Sie entdeckten den Weg, auf dem die heraufziehende Massendemokratie durch eine Kombination von Nationalismus (Imperialismus), Thron-Verherrlichung (Disraeli hat die meisten der so altehrwürdig scheinenden Symbole und repräsentativen Akte der Krone erfunden oder neu belebt) und sozialer Demagogie unschädlich gemacht werden kann.

Die Einführung des allgemeinen Wahlrechts – oder richtiger schon dessen Ausdehnung – zerstörte die soziale Homogenität der Staatsbürgerschaft. Diese Entwicklung wurde aber in ihrer Auswirkung dadurch gebremst, daß zunächst noch lange Zeit auch von den besitzlosen Schichten Angehörige der ökonomischen Oberschicht als Repräsentanten ins Parlament geschickt wurden. Gleichzeitig aber setzte eine Verwandlung des Parlaments, eine Veränderung der Rolle des Abgeordneten und eine Konzentration der Macht in den Händen der Parteiführungen im Parlament ein. In dem Maße, wie nichtprivilegierte Schichten am politischen Leben teilnahmen, wurden die Zentren effizienter politischer Einflußnahme und Entscheidung nach oben verschoben und – partiell sogar – der Öffentlichkeit entzogen. Einer Öffentlichkeit, die eben nicht mehr die homogene und exklusive bürgerliche Öffentlichkeit war und sein konnte.

Ich überspringe andre Aspekte dieser Entwicklung, wie die Veränderung der Funktion des Staates im Wirtschaftsleben, den Ausbau der Sozialleistungen, des staatlichen Schulsystems usw. Wichtig ist, daß *heute* in keinem der industriell entwickelten Länder noch von einer breiten bürgerlichen Schicht von Selbständigen geredet werden kann. Aus diesem Grunde ist es irreführend, wenn so getan wird, als könne gleichsam ohne radikale Korrektur das System der liberalen repräsentativen Demokratie einfach beibehalten werden. Die bürgerliche repräsentative Demokratie beruhte – ähnlich wie die antike Polis-Demokratie – auf einer weitgehenden Trennung des staatlich-politischen vom privaten Bereich der Wirtschaft (des Oikos, d. h. des »ganzen Hauses«, zu dem sowohl die Familie als auch der Familienbetrieb gehörte). In England mochten diese Familienbetriebe oft schon riesige Aktiengesellschaften sein, aber noch immer hatte ihre Struktur nichts mit dem politischen Leben zu tun. Der exklusivste Klub – das Unterhaus – bestand aus prinzipiell gleichen und freien Bürgern. Demokratie *war* die Art und Weise, wie diese Besitzenden ihre gemeinsamen Angelegenheiten zugleich im Auftrag und Namen ihrer Klasse erledigten. Davon kann heute keine Rede mehr sein. Wollte man Demokratie auf die wenigen wirtschaftlich wirklich Unabhängigen einschränken, dann würden von unseren Bundestagsabgeordneten nur sehr wenige übrigbleiben, und selbst in Westminster würden nicht mehr viele MPs ihren Sitz behalten. Diese offensichtliche Tatsache ist aber für die Funktion und Bedeutung nicht nur der politischen Demokratie, sondern auch für die traditionelle Ausklammerung der »ökonomischen« und »privaten« Sphäre von größter Tragweite. Wenn Demokratie nicht mehr das Instrument bürgerlicher Klassenherrschaft (das Parlament dementsprechend nicht mehr Ort der Klärung des politischen Gesamtinteresses der aus heterogenen Einzelinteressen zusammengesetzten Klasse), sondern – dem Anspruch nach – Form der Organisation des *gesamten Volkes* (d. h. *aller* seiner Klassen und Schichten) sein soll, dann darf nicht ungestraft davon abstrahiert werden, daß die überwältigende Mehrheit dieses Volkes lebenslang in ökonomisch abhängigen Verhältnissen bleiben muß.

Ernst Forsthoff ist nicht der einzige, der in jüngster Zeit – im Zusammenhang mit einer Kritik an Demokratisierungsforderungen der radikalen Studentengruppen oder der Gewerkschaften – nachdrücklich daran erinnert hat, daß Demokratie nur für den Bereich des *Staates* gelten könne. »Demokratie ... ist, wenn das viel mißbrauchte Wort einen konkreten Sinn behalten soll, eine bestimmte Methode der politischen Willensbildung und demgemäß *eine Organisationsform des Staates*. Ihre Übertragung auf die Gesellschaft macht die Behauptung notwendig, daß auch hier politische Willensbildung mit dem Anspruch auf Herrschaft stattfindet. Aber diese Behauptung wird durch die unermüdliche Wiederholung um keinen Deut richtiger. Die Befugnis des Betriebsleiters gegenüber der Belegschaft, des Lehrers gegenüber dem Schüler, des Meisters gegenüber dem Lehrling *entspricht den sachlich notwendigen Rängen*, ohne die eine funktionsfähige Gesellschaft nicht denkbar ist« (Deutsche Universitäts-Zeitung, 19. Jg., Okt. 1969, S. 5). Es wäre leicht, für diese Argumentation Forsthoffs ganz analoge Einwände von Verteidigern der Ständegesellschaft gegen die demokratische Gleichheit der Citoyens anzuführen, aber das wäre noch kein Gegenargument, sondern bestenfalls der Hinweis auf Strukturverwandtschaften in der Auffassung des politischen Lebens damals, des sozialen und wirtschaftlichen Lebens heute. Die Einschränkung der Demokratie auf den Bereich der staatlichen Willensbildung kann von den verschiedensten Seiten her kritisiert werden. Mir scheint die plausibelste die zu sein, die beim Begriff des Bürgers (des ›citoyen‹) einsetzt, wie er von der klassischen liberalen und repräsentativen Demokratie verstanden wird. Voraussetzung für dessen verantwortliche Teilhabe an der staatlichen Willensbildung war seine Freiheit im bürgerlichen Leben, außerhalb des Staates. Niemand, der von andren Privatpersonen abhängig ist, konnte im Vollsinne des Wortes freier Citoyen sein. Fragt man sich nun, was die Folge der Tatsache ist, daß heute die Mehrheit der Quasi-Citoyens in der Tat in wirtschaftlich *abhängiger* Position lebt, so kann die Antwort doch wohl nur lauten, daß sie kaum jene Freiheit des Urteilsvermögens mitbringen kann, die von den Klassikern der bürgerlichen Demokratie als unabdingbar vorausgesetzt wurde.

Wer im alltäglichen Leben auf Gehorsam angewiesen und nur im allerengsten Familienkreis ein Minimum an freier Verantwortung tragen darf, wer an allen Ecken und Enden auf »Sachkompetenz« und »Sachnotwendigkeiten«, auf Hierarchien und Instanzenzüge verwiesen wird, wie soll der als Citoyen auf einmal über jenes freie kritische und selbständige Urteilsvermögen verfügen, das ihm die Theorie traditionell unterstellte. Die soziale Basis der Demokratie ist längst nicht mehr der selbständige bürgerliche Unternehmer, sondern die Masse der Unselbständigen. Wenn diese soziale Basis nicht auf den Status von Politik-Konsumenten mit der Chance einer Auswahl zwischen konkurrierenden Konsum-Angeboten reduziert werden soll, dann muß sie instand gesetzt werden, auch in ihrem Alltagsleben aktiv mitzubestimmen. Das ist der Sinn jener verbreiteten Rede von einer »Demokratisierung« von Institutionen, die primär nicht politischen Charakter haben (wenn man politisch – einer heute obsolet gewordenen Tradition folgend – als »staatlich« definiert), die indirekt aber schon deshalb »politisch« wirken, weil sie Staatsbürger in ihrem Verhalten entscheidend formen. Solche Bildung zum Staatsbürger kann nicht durch moralische Appelle und die – z. B. von liberaler Seite seit Jahrzehnten ohne jeden Erfolg wiederholte – Forderung nach mehr »Selbstverantwortung«, privater Versicherung, privatem Sparen usw. erzielt werden. Alle derartigen Forderungen und Appelle orientieren sich – bewußt oder unbewußt – am Modell der bürgerlichen und kleinbürgerlichen Konkurrenzgesellschaft von Selbständigen – nicht an der »corporate society«, in der wir in der Bundesrepublik und den USA jedenfalls längst leben.

Die Forderung nach Demokratisierung von »nicht-staatlichen«, gesellschaftlichen Bereichen kann in ihrer Konsequenz auch als Forderung nach

Sozialisierung verstanden werden. Aber diese Forderung erwächst jetzt nicht mehr aus der Voraussage eines absoluten Scheiterns der kapitalistischen Ökonomie – wie zum Beispiel bei Marx, Lenin und den Leninisten –, sondern sie ergibt sich vor allem aus der Prognose eines zunehmenden Verfalls demokratischer Freiheit im Stadium des corporate capitalism. Während für Marx und Lenin die *Demokratie nur Mittel* war, um den Kapitalismus zu stürzen und eine sozialistische Gesellschaft zu errichten, erscheint die Sozialisierung (Kommunalisierung, Vergenossenschaftung usw.) *hier* als ein *Mittel* zur Erhaltung und *Erneuerung der Demokratie*. Dadurch ist auch der Charakter der intendierten Sozialisierung unmißverständlich demokratisch. Eine Verstaatlichung ohne gleichzeitige Entwicklung effizienter demokratischer Steuerungs- und Kontrollinstitutionen wäre völlig indiskutabel.

Ob es denkbar ist, daß solche Demokratisierungen von gesellschaftlichen Lebensbereichen wie der Wirtschaft (aber auch des Schulsystems) im Rahmen einer privatkapitalistischen Eigentumsordnung sich entwickeln können, kann nicht a limine entschieden werden. Sie würden aber zur Folge haben, daß die Verfügungsmacht der Eigentümer unter gesellschaftliche Kontrolle gestellt wird, und zwar unter eine effektive demokratische Kontrolle, die sich nicht durch das Dogma der scheinbaren »Gleichberechtigung der Produktionsfaktoren« einschränken läßt.

Eine weitere Folge dieser demokratischen Forderung nach Sozialisierung ist die Insistenz auf Mitbestimmung in den untersten Produktionseinheiten und Ausbildungsstätten. Die Renaissance des oft mißverstandenen und idealisierten Räte-Gedankens erklärt sich hieraus. Hannah Arendt hat in ihrem Buch ›Über die Revolution‹ (München 1968) den Verfall der amerikanischen Demokratie auf die Nichtbeachtung der Jeffersonschen Mahnung zurückgeführt: »divide the counties into wards«, das heißt, die relativ großen und unübersichtlichen Bezirke in kleinere politische Einheiten zu teilen, die dann Träger des republikanischen Lebens und praktische Erziehungszentren der Bürger sein könnten. Sie vergleicht die »wards« mit Räten und meint – unter Absehung vom jeweiligen »Klasseninhalt« der Rätesysteme –, diese seien die eigentlichen Organe demokratischen Lebens und ideale Bewahrer demokratischen Geistes. So sehr sie auch ihre These ahistorisch stilisiert, hat Hannah Arendt wie schon oft auch in diesem Falle einer zeitgenössischen Tendenz von großer Bedeutung treffend Ausdruck verliehen.

Die zeitgenössische Demokratie-Theorie in der Bundesrepublik ist einerseits am Modell der bürgerlich-liberalen Honoratioren-Demokratie des 19. Jahrhunderts (in ihrer britischen Form) orientiert und begnügt sich mit mehr oder minder ohnmächtigen moralisierenden Reflexionen und Glossen zur aktuellen Lage in Parlament, Partei und Wählerschaft, andererseits sucht sie das Schumpeter-Downssche Markt-Modell der Demokratie als adäquate Demokratie-Theorie anzubieten. In beiden Fällen verfehlt sie die Realität und die *spezifischen* Schwächen der zeitgenössischen Szenerie. Die an älteren Modellen orientierten Autoren übersehen oder bagatellisieren die veränderte Sozialstruktur der Bürgerschaft (d. h. der Wählerschaft) oder knüpfen sinniger Weise an *vordemokratische* Repräsentationsvorstellungen an, die allein den Status quo (allerdings kaum als demokratisch) rechtfertigen können.

Die Markt-Modell-Anhänger sind mit der Verwandlung der Citoyens in Konsumenten staatlicher Politik zufrieden und verzichten damit bewußt auf den Anspruch demokratischer Politik, Gestaltung der Gesellschaft durch den mündigen, aktiven Staatsbürger und seine öffentliche Meinung zu sein. Soll der Anspruch aufrechterhalten werden, den die bürgerlich-liberale Honoratioren-Demokratie einmal (mit einigem Recht für ihre *beschränkte* soziale Gruppe) erhob, dann müssen im außerstaatlichen Bereich (in Wirtschaft, Schule usw.) soziale Strukturen und Institutionen geschaffen werden, die es den wirtschaftlich (als einzelnen) notwendig *abhängigen* Individuen erlauben, sich in freie, selbstbewußte und mitverantwortliche Personen zu verwandeln. Solche Verwandlung kann nicht durch moralisierende Unterweisung, sondern allein durch die Schaffung von Handlungsräumen erzielt werden. Der Marktmechanismus mag dazu beitragen, ein reichhaltiges Konsumgüterangebot zu gewährleisten, er reicht auf keinen Fall (am wenigsten bei einer Beschränkung auf ein Duopol!) dazu aus, demokratische Verhältnisse und Verhaltensweisen zu erzeugen und zu erhalten. Wie sich der Wettbewerb zwischen den großen internationalen Unternehmungen vielfach in monopolistischen Scheinwettbewerb um marginale zusätzliche Leistungen (Service in Flugzeugen zum Beispiel oder Werbemünzen bei Benzin-Firmen) verwandelt hat, so könnte auch der Wettbewerb zwischen den konkurrierenden politischen Teams bald vollends standardisiert und banalisiert werden, wenn das bereits vielfach als Nonplusultra demokratischer Erfindung gepriesene Mehrheitswahlrecht in der Bundesrepublik vollends die Neubildung zusätzlicher »Marktteilnehmer« verhindern würde.

Zwischen der Eigentumsordnung und der Eigentumsverteilung in der bundesdeutschen Gesellschaft und der politischen Verfassung der Demokratie besteht eine Spannung. Diese Spannung ist durch die Dualität der sozioökonomischen Interessenvertretungen und der demokratischen Vertretungen repräsentiert. Es besteht eine – der »immanenten Sachgesetzlichkeit« folgende – Tendenz, die demokratischen Aspekte des politisch-sozialen Lebens auszuhöhlen, zu formalisieren. Diese Tendenz wird von einigen Soziologen in der Bundesrepublik mit leisem Triumph oder resignierender Trauer als Ende des Staates und der Politik registriert. Ganz sicher führt sie zum Ende der Demokratie. Die Behauptung, die moderne Regierungstätigkeit reduziere sich mehr und mehr auf eine »Verwaltung von Sachen« oder doch auf eine den Sachnotwendigkeiten folgende Expertokratie, übersieht, daß diese Aussage nur insoweit gilt, als die bestehende Sozialformation verabsolutiert wird, und daß diese Art von Verwaltung keineswegs indifferent gegenüber

Kritische Glossen zum Demokratieverständnis

unterschiedlichen Interessen der verschiedenen sozialen Gruppen und den Stabilisierungsregeln des sozioökonomischen und politischen Herrschaftssystems ist. Harold Laski hat vor mehr als 30 Jahren einmal gesagt, auf die Dauer könnten Demokratie und Kapitalismus nicht zusammen existieren, entweder müsse die Demokratie verschwinden oder der Kapitalismus. Faschismus, Stalinismus und die internationale »Volksfront« gegen die faschistischen Mächte haben diese Unvereinbarkeit für eine ganze Epoche verdeckt, der Anti-Totalitarismus hat der liberalen Theorie in Gestalt der Pluralismus-These zu neuem Leben verholfen, während die hohen Produktivitätsfolgen der modernen Technik es den entwickelten kapitalistischen Staaten erlaubten, zusammen mit wirtschaftspolitischen Steuerungsmaßnahmen extreme Formen materieller Not und massenhaften Elends im eignen Lande zu verhindern. All diese Umstände haben zusammengewirkt, um radikalen, revolutionären Bewegungen den Boden zu entziehen. Dennoch stößt die scheinbar so perfekte hochindustrielle kapitalistische Gesellschaft auf immanente Schranken. Sie vermag technisch lösbare Probleme auf Grund der engen Verzahnung von Experteninformation und Interessenvertretung nicht zu lösen, sie ist außerstande, den unterentwickelten Ländern im eignen Einflußbereich durchgreifend zu helfen und revolutionäre Prozesse dort zu fördern, wo sie fürs schiere Überleben der Bevölkerungen notwendig geworden sind. Die Austrocknung des politischen Lebens und die Verwandlung der politischen Willensbildung der Bevölkerung in Wahlwerbung, die an der Konsumgüterreklame sich orientiert, ist kein bloßer, durch Moralisieren überwindbarer Schönheitsfehler einer im übrigen perfekten Demokratie; sie sollte uns vielmehr zum Umdenken zwingen. Demokratie kann nur am Leben bleiben, wenn sie erneuert und belebt wird; sie kann im staatlichen Bereich nicht erneuert werden, ohne zuvor auf andere gesellschaftliche Bereiche ausgedehnt zu werden.

Wilhelm Hennis

Demokratisierung
Zur Problematik eines Begriffs *

Zuvor sollte einem Mißverständnis vorgebeugt werden. Im folgenden wird nicht die Rede sein von der Zweckmäßigkeit einer Ausweitung der Mitbestimmung nach dem Muster der Montanindustrie auf andere Industriebereiche; es wird nicht davon gehandelt werden, ob es zweckmäßig ist, Studenten im ersten Semester für das Amt eines Rektors als wählbar zu erklären; es wird auch nicht die Frage abgehandelt werden, ob Schulleiter in Zukunft vom Lehrerkollegium oder vielleicht von einem paritätisch aus Lehrern, Eltern und Schülern zusammengesetzten Gremium gewählt werden sollen. Zu all diesen möglichen, vielleicht erwägenswerten Dingen werde ich mich im folgenden mit keinem Worte äußern. Mein Thema ist einzig ein *Begriff* und seine *Problematik*, seine Rolle in jener ungeheuren Bewußtseinsveränderung, deren Zeuge wir sind, die als «Kulturrevolution» zu bezeichnen vielleicht ein noch zu schwaches Wort ist für einen Vorgang solcher Tragweite.

I

Wer sich die Aufgabe stellt, herauszufinden, welcher Begriff am bündigsten prägnant und doch umfassend den Generalanspruch unserer Zeit zum Ausdruck bringt, der muß nicht lange suchen: Es genügt, das tägliche Morgenblatt aufzuschlagen. In jedem Ressort, dem politischen ohnehin, aber auch in allen Sparten des Feuilletons, im Wirtschaftsteil, in allen Berichten aus der Welt der Kirche, Schule, dem Sport, im Frauenfunk und Kinderfunk, in den Kontroversen um Börsenverein und Kunstverein, Universitätsreform, Theaterreform, Verlagsreform, Reform der Kindergärten, Krankenhäuser und Gefängnisse bis hin zur allgemeinsten Forderung der Gesellschaftsreform – der Generaltenor aller Ansprüche auf Veränderung der uns umgebenden gesellschaftlichen Welt findet seine knappste Formel in dem einen Wort »Demokratisierung«. Man kann wohl sagen, daß darin die universalste gesellschaftspolitische Forderung unserer Zeit auf den Begriff gebracht wird.

Demokratisierung

Die Forderung ist nichts spezifisch Deutsches. Die Forderung nach mehr Demokratie, mehr Partizipation und Teilhabe, nach Verringerung oder Abbau der Herrschaft – wir finden sie in allen westlichen Kulturstaaten, aber genauso, sei es als Formel des politischen Untergrunds oder als Propagandabegriff, der gegen die kapitalistischen Staaten ausgespielt wird, auch in den Staaten des kommunistischen Machtbereichs.

Und doch scheint die Formel in Deutschland auf besonders fruchtbaren Boden zu fallen. Die Vorstellung, wir Deutschen hätten einen besonderen Nachholbedarf an Demokratie, die Verhaltensweisen der Menschen seien in unserem Lande noch in besonderer Weise von obrigkeitsstaatlichen Traditionen bestimmt, die »Strukturen« der gesellschaftlichen Sphären der Wirtschaft, Wissenschaft, Bildung usw. seien im Vergleich zu anderen Staaten noch besonders autoritär und unfreiheitlich, ist weit verbreitet. Wenn wir die Staaten des Westens für sich nehmen, so wird man feststellen müssen, daß in keinem Lande während der letztvergangenen fünf Jahre unter dem Ansturm der Formel gesellschaftliche Strukturen so in Bewegung geraten sind wie in der Bundesrepublik. Die von der neuen Welle der Hochschulgesetzgebung in Gang gesetzte Umwandlung der überkommenen Wissenschaftsuniversität in eine sich als demokratischer verstehende »Gruppenuniversität« steht in der Welt jedenfalls einzigartig da.

Es ist so gut wie sicher, daß unser Thema im Laufe der nächsten Jahre eine heute erst in Umrissen auszumachende innenpolitische Bedeutung gewinnen wird. Die innenpolitischen Fronten der Bundesrepublik waren, ganz im Gegensatz zur Weimarer Zeit, in den vergangenen zwei Jahrzehnten dadurch gekennzeichnet, daß zwischen den beiden großen Parteien, die die Bundesrepublik getragen haben, zwar mannigfache Gegensätze in sachlichen Einzelfragen bestanden, diese aber nie Grundfragen der politischen Existenz betrafen. Einen *prinzipiellen* verfassungspolitischen Konflikt, etwa dem Weimarer Streit um Republik oder Monarchie vergleichbar, hat es in der Ära der Bundesrepublik bisher nicht gegeben. Ein solches Fehlen tieferer Gegensätzlichkeit ist erst in jüngster Zeit als Fehlen »echter Alternativen« beklagt worden. Bis vor kurzem sah man ein solches Fehlen als ausgesprochen positiv an. Es gibt durchaus Anzeichen dafür, daß in den vor uns liegenden Jahren eine schärfere Abgrenzung der beiden großen Parteien voneinander das politische Klima der Bundesrepublik bestimmen könnte. Es ist nicht nur möglich, sondern so gut wie sicher, daß der Begriff der Demokratisierung dabei eine zentrale Rolle spielen wird. Schon jetzt hat der Vorsitzende der SPD, Willy Brandt, erklärt, der wirkliche Gegensatz zwischen den beiden Parteien läge darin, daß die CDU im konservativ-altliberalen Geist verharrend die Demokratie nur als Staatsform, die SPD sie dagegen als grundsätzliches Prinzip des ganzen gesellschaftlichen Lebens verstehen würde. In der zweiten industriellen Revolution sei die Forderung nach Demokratisierung der großen Gesellschaftsbereiche zwingende Notwendigkeit [1].

Die Publizistik hat erkannt, daß »Demokratisierung« die Formel ist, in deren Namen eine Reideologisierung der innenpolitischen Auseinandersetzungen in der Bundesrepublik sich abspielen wird. Hoffnungen und Befürchtungen halten sich noch die Waage [2].
Das Thema rechtfertigt mithin die schärfste Aufmerksamkeit. Ich wage die Behauptung, daß die Forderung, mit der uns dieser Begriff konfrontiert, in ihrer Reichweite unendlich folgenreicher sein wird als jene Entdeckung der modernen Problematik von Freiheit und Gleichheit, die Tocqueville in der Realität der amerikanischen Demokratie vor 150 Jahren den Zeitgenossen vor Augen führte [3]. Wenn Tocqueville nur fürchtete, daß in der modernen Demokratie die Freiheit der Gleichheit, der despotischen Allmacht des Staates zum Opfer fallen könnte, so geht die Formel der Demokratisierung mit ihrer Zielrichtung auf alle Bereiche des gesellschaftlichen Lebens weit über jenen Bereich der politischen Demokratie hinaus, mit dem Tocqueville noch allein konfrontiert war. Auch wenn Tocqueville in der Tradition der Methoden Montesquieus überall die Zusammenhänge von Lebensweise (Sitten), gesellschaftlichen Maßstäben und politisch institutionalisierter Ordnung aufdeckte, so begegnen wir bei ihm doch nirgendwo der Forderung, aus den politischen, der Verfassungsordnung zugrundeliegenden Prinzipien der Freiheit und Gleichheit folgten systemnotwendige Konsequenzen für alle sonstigen Lebensordnungen. Wenn Hartmut von Hentig [4] vor kurzem in einem besonders weitverbreiteten Plädoyer für die Demokratisierung aller Gesellschaftsbereiche eine angebliche Enge des deutschen, auf den Bereich der Politik beschränkten Demokratiebegriffs dem der athenischen Polis oder des durchdemokratisierten »american way of life« gegenüberstellte, so folgt er seinem Wunschbild einer demokratischen Gesellschaft, aber kaum dem wirklichen Selbstverständnis der athenischen oder amerikanischen Demokratie. Genau unterscheidet der Perikles der von Hentig zitierten Thukydideischen Leichenrede, »aus welcher *Gesinnung* (epitedeusis), mit welcher *Verfassung* (politeia) und durch welche *Lebensform* (tropoi)« das Athen, das er preist, so groß wurde; und die Rede vom »democratic way of life« ist eine *façon de parler*, eine metaphorische Abkürzung, aber nirgendwo käme der freiheitlich denkende Amerikaner auf den Gedanken, die Gesinnungen und Lebensformen der Menschen seien systematische Konsequenz, notwendige Entsprechung der politischen Form.

Genau dies aber wird der Forderung nach Demokratisierung aller gesellschaftlichen Bereiche unterlegt, sei es dergestalt, daß argumentiert wird, die verfassungsmäßige staatlich-politische Demokratie schwebe in der Luft, bedürfe zu ihrer Sicherung der komplementären Demokratisierung aller gesellschaftlichen Bereiche, am »Widerspruch« von Demokratie hier, nicht Demokratie da, müsse die politische Demokratie sonst zerbrechen; sei es, daß man aus der politischen Form Demokratie den Auftrag herausliest, diese Form in allen anderen Bereichen gleichfalls durchzusetzen [5].

Nur am Rande möchte ich darauf hinweisen, daß es auch eine deutsche Besonderheit ist, einen solchen Auftrag, die politische Form Demokratie in allen Gesellschaftsbereichen durchzusetzen, aus der Verfassung herauszulesen. Eine immer einflußreicher werdende Schule der deutschen Verfassungstheorie versteht den Artikel 20 des Grundgesetzes, in dem die prinzipielle Staatsformbestimmung der Bundesrepublik enthalten ist, wonach sie ein sozialer und demokratischer Bundesstaat sein soll, extensiv dahingehend, daß nicht nur, wie es im Artikel 20 Absatz 1 lautet, die »Bundesrepublik Deutschland« – und das heißt doch natürlich dieser Teil Deutschlands in seiner *verfaßten, staatlichen* Gestalt – dieser Staatsformbestimmung entsprechen soll, sondern daß darin der Verfassungsauftrag ausgesprochen sei, die »Bundesrepublik Deutschland« im Sinne der ganzen Lebensweise der Menschen dieser staatlichen Ordnung diesen Prinzipien gemäß zu organisieren. Wenn der Artikel 21 des Grundgesetzes verlangt, daß die innere Ordnung der politischen Parteien »demokratischen Grundsätzen entsprechen« muß, so sieht ein Teil der deutschen Staatsrechtslehre in dieser Vorschrift eine Bestimmung, die analog auch auf andere Bereiche der politischen Willensbildung anzuwenden wäre[6]. Inzwischen hat man schon öfter dem Gedanken Raum gegeben, ob es nicht zu erwägen sei, eine entsprechende Vorschrift über die innere Willensbildung in einem eventuellen Verbändegesetz aufzunehmen[7]. Nur vor diesem gedanklichen Hintergrund kann Kurt Sontheimer[8] etwa schreiben, daß das Verlangen nach Demokratisierung der Universität deshalb als »systemkonform angesehen werden könne«, weil wir in einer *Gesellschaftsordnung* lebten, die demokratisch zu sein beanspruche, wobei stillschweigend das Prinzip der politischen Ordnung auf die Gesellschaft als Ganzes und ihre Unterordnungen erstreckt wird.

Auch wer die Unterscheidung von Staat und Gesellschaft in der liberalen Trennung des 19. Jahrhunderts für obsolet hält[9], wird dennoch, ja sogar mit größerer Entschiedenheit fragen müssen, ob damit denn auch die Unterscheidung von Gemeinwesen und Ämterordnung in Wegfall gekommen ist, ob denn wirklich dem Gemeinwesen in all seinen differenzierten Bereichen der Erziehung, der Gelehrsamkeit, des Glaubens, Wirtschaftens usw. ein einziges Prinzip, das für die politische Ämterordnung und den auf sie hinzielenden Bereich der politischen Willensbildung im engeren Sinne grundlegend ist, auch das Gemeinwesen als Ganzes bis in seine letzten Fasern bestimmen soll? Haben wir das nicht schon einmal gehabt? Ist unsere Erinnerung so kurz? Worin bestand denn das politische Prinzip der jüngsten totalitären Variante der Tyrannis anders als in der Erstreckung – »Gleichschaltung« – des politischen Prinzips der Ämterordnung – »Führerprinzip« – auf alle Bereiche des gesellschaftlichen Lebens? Der Unternehmer als »Wirtschaftsführer«, Dekane und Rektoren als »Führungsspitzen« ihrer akademischen Organe, der Reichsbischof als »Führer« der deutschen Christen. Und war das nur deshalb abscheulich, weil das autoritäre Führerprinzip schlecht war, oder lag die Abscheulichkeit nicht auch in der »Gleichschaltung« als solcher, ohne Ansehung von Gut und Böse des angewandten Prinzips [10]? Ist denn die Demokratie identisch mit dem menschlich Guten, können wir in unserem Jahrhundert noch Rousseau nachreden, für den der Zusammenfall von Mensch und Bürger der Probierstein der guten Verfassung war, oder erfahren wir nicht genau im Gegenteil, daß der Probierstein der guten, das heißt der freiheitlichen Verfassung genau dies ist, daß der Mensch die Freiheit haben muß – oder sie sich im Widerstand nehmen sollte –, als Mensch gegen seine Bürgerpflichten Widerspruch anzumelden? War es nicht dieses klassische, in der politischen Philosophie durch Jahrtausende von Sokrates bis Rousseau thematisierte Problem, das den Männern des 20. Juli [11] das Gewissen beschwerte, ist es nicht genau wiederum dies, was uns in den Romanen Solschenizyns so ergreift? Sollten wir nicht gegen alle Identifikationen, Erstreckungen, Anwendungen von Prinzipien, Systemkonformismen mißtrauisch geworden sein? Sollte man nicht mit den Prinzipien, soweit sie Allgemeingültigkeit beanspruchen können, durchaus im Sinn, viel eher auf die zu traktierende Sache: Schule, Kirche, Betrieb oder was immer es sei, achten und dann jeweils sehr genau abwägen, was hier paßt, was nicht?

II

Das sind erste präliminare Fragen. Bevor wir dem Problem nähertreten, müssen wir uns aber zunächst den umlaufenden Sprachgebrauch unseres Begriffs genauer vergegenwärtigen. Denn abgesehen vom Universitätsbereich, wo die neuen Hochschulgesetze mit der Demokratisierung auf Paragraph und Absatz genau ernst zu machen suchen, bleibt die Forderung bisher, wenn man so sagen darf, im Reich des Bewußtseins. Aber man muß klar sehen, daß in ihm die großen politischen Entscheidungen fallen. Wandlungen des Bewußtseins sind zunächst immer Wandlungen der Sprache, der Begriffe, mit denen sich der Mensch die Wirklichkeit auslegt. Zu den beliebtesten Zitaten der Neuen Linken in Deutschland gehört eine sehr gelegentliche Stelle aus einem Brief Hegels an Niethammer, in dem Hegel [12] schreibt: »Die theoretische Arbeit – überzeugte ich mich täglich mehr – bewegt mehr Zustände in der Welt als die praktische; ist das Reich der Vorstellungen revolutioniert, so hält die Wirklichkeit nicht aus.« Das ist eine vollkommen richtige Beobachtung, und daher ist die erste Arbeit, die wir leisten müssen, eine Analyse des Begriffes in seinem gegenwärtigen Gebrauch.

Er begegnet uns zunächst als eine gedankenlose liberale Parole, als Synonym für mehr Liberalität, Offenheit, besseres »Betriebsklima« hier und da – im Sinne von »demokratischer machen« gleich »besser, freiheitlicher machen«. Festzuhalten ist, daß dieser bei Politikern noch gewöhnliche Sprachgebrauch nicht ihnen ursprünglich ist, man bedient sich vielmehr einer

Demokratisierung

sich anbietenden Sprachhülse, ähnlich wie man sich daran gewöhnt hat, jede Gehaltsverbesserung oder Rentenanhebung als »Ausbau des sozialen Rechtsstaats« hochzustilisieren. Ich möchte aber doch darauf aufmerksam machen, daß diese Inanspruchnahme gleich der höchsten Begriffe – Demokratie und Rechtsstaat – für jede beliebige politische Veränderung auf eine nicht zu übersehende Verarmung unserer politischen Kultur schließen läßt. Man ist offenbar kaum noch oder nur mit Schwierigkeiten imstande, eine Sache aus ihrer eigenen Problematik heraus, sei diese nun eine pädagogische, wirtschaftliche, publizistische oder was immer, in angemessene Begriffe der politischen Sprache zu bringen, aus der Sache selbst die kritischen Maßstäbe für die Angemessenheit einer politischen Entscheidung zu nehmen. Wenn für jede beliebige politische Maßnahme sofort die Kriterien Rechtsstaat, Demokratie oder gar – in der politischen Bildungsarbeit sehr beliebt – »Menschenwürde« ins Spiel gebracht werden, so trägt man in die täglichen Agenden der Politik eine Dramatik hinein, die ihnen nicht zukommt, die die Widerstandsschwelle gefährlich niedrig ansetzen läßt. Wenn jede Maßnahme des Gesetzgebers oder der Verwaltung vor dem Kriterium sich bewähren muß, ob sie der Demokratisierung dient oder nicht, so kann, wer die Frage meint negativ beantworten zu müssen, gewissermaßen am laufenden Band das Recht des Widerstands für sich in Anspruch nehmen. An den Universitäten erleben wir solches ja bereits tagtäglich. Wenn das Schreibenlassen von Klausuren als undemokratische, entwürdigende, unmenschliche Repressionsmaßnahme angesprochen werden kann, so ist ein demokratischer Streik, gegebenenfalls sogar Gewalt zur Verhinderung solchen Ansinnens ein völlig angemessenes Mittel. Schon die simple, gedankenlose Verwendung des Demokratisierungsbegriffs bringt mithin eine prinzipielle Angespanntheit in das Gesamtbild der Politik, die für die ernstesten Agenden sich aufzusparen ein Gebot der praktischen Vernunft sein sollte. Wir werden noch sehen, daß die Folgen dieses Sprachgebrauchs, die Dramatisierung jeder politischen Maßnahme als demokratisch oder undemokratisch, jener Form der bewußtseinsverändernden Sprachrevolutionierung in die Hände arbeitet, die unter Demokratisierung etwas ganz anderes versteht als das bloße »demokratischer machen«.

Oft mit dem erstgenannten Sprachgebrauch verbunden, zumeist aber klar davon abgesetzt, ist eine Verwendung des Demokratisierungsbegriffs zu beobachten, die die zu demokratisierenden »Strukturen« nicht mehr primär unter dem Gesichtspunkt ihrer gesellschaftlichen Aufgaben, sei es denen des Wirtschaftens, Bücher- oder Theatermachens, Belehrens oder auch der Verkündung des Glaubens betrachten, sondern unter dem Aspekt ihrer Herrschaftsverhältnisse, die man unter Abstraktion von Zweck der Herrschaft in Analogie zum modernen Politikverständnis kurz als Machtverhältnisse versteht[13]. Da ist die Rede von den Machtstrukturen eines Gymnasiums, eines Betriebs, einer Familie, eines Krankenhauses und natürlich, jedermann geläufig, einer Universität, die gekennzeichnet sein soll durch die schrankenlose Macht der Ordinarien und die Ohnmacht aller anderen. Daß diese Macht jedenfalls in allen öffentlichrechtlich geregelten Bereichen in Wahrheit immer eine klar begrenzte, auf eine bestimmte Aufgabe bezogene Amtszuständigkeit und Amtsverantwortung ist, kommt den Kritikern der jeweiligen Machtstruktur kaum je in den Blick [14]. Hat man diese Verhältnisse einmal unter Absehung ihrer gesellschaftlichen Aufgaben als Machtverhältnisse definiert, so fällt es dann nicht schwer, auf diese Machtbereiche jene Prinzipien der Machtkontrolle und Machtverteilung, Machtverantwortung anzuwenden, die im Bereich der politischen Macht die demokratisch legitimierten sind. Ob die politische Macht eines Regierungschefs, Parlaments usw. mit der »Macht« eines Chefarztes, Professors, Familienvaters, Klassenlehrers in irgendeiner Weise kommensurabel ist, davon wird abgesehen. Täte man dies nicht, so würde die ganze Gleichung auch schnell in sich zusammenfallen.

Immerhin ist festzuhalten, daß beim Sprachgebrauch in dieser Ebene in aller Regel als Ziel noch nicht die Abschaffung aller Herrschaftsverhältnisse in den jeweils anvisierten Bereichen vorschwebt, sondern eben eine Demokratisierung im Sinne der politischen Demokratie: also Beibehaltung von Herrschaft, aber basierend auf Freiheit und Gleichheit, Verantwortlichkeit, Öffentlichkeit usw. Da man um die Anerkennung kaum herumkommt, daß zwischen einem Arzt und einem Patienten, zwischen einem Lehrenden und einem Lernenden einige in der Sache begründete Kompetenzdifferenzen bestehen, eine radikale Egalität der Kompetenz und Einflußchance aller in der jeweiligen Institution Zusammenwirkenden zu kaum erträglichen Konsequenzen führen würde, verbirgt sich unter dem Etikett der Demokratisierung in dieser Ebene des Sprachgebrauchs in Wahrheit fast immer eine eher ständestaatliche Zuteilung von Einflußchancen nach paritätischen oder proporzmäßigen Kriterien. Die »Drittelparität« für die Zusammensetzung der Entscheidungsgremien der Universität ist das bekannteste Beispiel. Gerechtfertigt wird solche paritätische Beteiligung mit der Behauptung, in der Institution träfen verschiedene *Gruppen* mit verschiedenen, durch paritätische Zusammensetzung auszugleichenden Interessen aufeinander. Am klarsten sind die einer »Gruppenuniversität« zugrunde liegenden Prinzipien formuliert worden in der dem hessischen Kultusminister vorgelegten Denkschrift der Frankfurter Professoren Denninger, v. Friedeburg, Habermas und Wiethölter über ›Grundsätze für ein neues Hochschulrecht‹[15]. Lapidar heißt es da: »Die Willensbildung in den Organen der Selbstverwaltung wird nach Interessen der tatsächlich an Forschung und Lehre beteiligten Gruppen organisiert« (a. a. O., S. 203). In der Hochschule sollten »Initiative, Willensbildung, Verwaltung und Kontrolle« so geordnet werden, »daß die hochschulpolitischen Entscheidungen auch nach Regeln eines *politischen* Willensbildungsprozesses zustande kommen«. Dieses Ziel könne gefördert werden

Demokratisierung

»durch eine gruppenspezifische Willensbildung in Versammlungen, in denen jeweils Hochschullehrer, wissenschaftliche Mitarbeiter und Studenten nach hochschulpolitischen Gesichtspunkten Fraktionen bilden und ihre Interessen zunächst untereinander klären« (ebd., S. 205).

Hier scheint mir ein fundamentales Mißverständnis sowohl der »politischen« Grundstruktur einer Universität wie des Wesens »politischer« Willensbildung überhaupt obzuwalten. Noch immer ist eine Universität »organisiert« oder »strukturiert« nicht nach den »Gruppen« der Hochschullehrer, wiss. Mitarbeiter und Studenten, sondern nach den an ihr gelehrten *Wissenschaften* (im Plural!). Alle Hochschulpolitik ist primär Auseinandersetzung darum, *was* an ihr gelehrt wird, mit welchem Gewicht, welcher Ausstattung. Für die Entscheidung dieser Frage sind Interessendivergenzen zwischen Personalgruppen drittklassig, sie können nie die Grundlage einer »politischen«, d. h. allgemein vertretbaren Entscheidung abgeben. Aber die Vorstellung, auf der Basis verschiedener Gruppeninteressen lasse sich eine politische Institution aufbauen, ist nicht nur für die Universität, sondern schlechthin absurd. Auf Interessen, etwas sehr Flüchtigem, Wandelbarem und Individuellem, lassen sich Vereine, Verbände usw. gründen, nie eine politische Institution. Politische Institutionen sind seit eh und je nur auf zweierlei zu gründen: auf Amtspflichten und Freiheiten. Interessen hat man, in der Demokratie dürfen sie frei vertreten und organisiert werden, aber das institutionelle Problem aller Politik besteht darin, sie in einen freiheitlichen Zusammenhang mit den institutionellen Amtspflichten zu bringen. Nur wo die Verhältnisse tatsächlich so liegen, daß im Kern einer Institution der Ausgleich verschiedener Interessen steht, sie um dieses Ausgleichs willen ins Leben gerufen wurde, ist m. E. eine paritätische Besetzung ihrer Organe zu rechtfertigen. Die Zusammensetzung einer Tarifkommission, in der zwischen Arbeitgebern und Arbeitnehmern Löhne ausgehandelt werden, genauso die Zusammensetzung einer Schlichtungskommission, die zwischen den Interessen von Mietern und Vermietern einen Ausgleich herbeizuführen sucht, nach paritätischen Kriterien ist völlig gerechtfertigt, genauso wie für die paritätische Zusammensetzung der *Aufsichts*gremien der Rundfunkanstalten oder auch der großen Wirtschaftsbetriebe viel vorgebracht werden kann. Unfug wäre aber schon eine paritätische Besetzung des Vorstands eines Betriebs; ist das Ziel eines Betriebs doch das Wirtschaften, woran immer es orientiert sein mag – Profit, Erfüllung des Produktionssolls –, ganz gewiß aber nicht der Ausgleich von Interessen. Genauso sehe ich nicht, daß irgend etwas dafür vorgebracht werden kann, die Leitungsgremien eines Krankenhauses, einer Schule oder einer Universität paritätisch zu besetzen. Man mag den Schlichtungsausschuß einer Universität, der über Streitigkeiten zwischen Lehrenden und Lernenden zu entscheiden hat, getrost paritätisch besetzen. Dieses Muster auf die Senate und Fakultäten anzuwenden heißt zuvor die reale Aufgabe einer Universität, ein Ort des Lehrens, Lernens, Ausbildens und Forschens zu sein, wegzudefinieren und an die Stelle dieser Funktionsbestimmung das marginale Problem möglicher Interessendifferenzierungen zu setzen, dem durch Anhörung, Mitsprache usw. leicht Rechnung getragen werden kann und sollte.

Mit der Definition eines gesellschaftlichen Bereichs als durch Macht- und Interessenlagen charakterisiert arbeitet der eben geschilderte Sprachgebrauch nun aber bereits einem dritten vor, der im Bereich der studentischen Agitation, von dorther gespeist, auch bereits in den radikaleren Forderungen zur Schuldemokratisierung immer mehr Terrain gewinnt. Hier wird Demokratisierung nicht mehr verstanden als Herstellung einer demokratischen Herrschaftsweise, sondern als ein »Prozeß«[16], in dessen Folge Herrschaft überhaupt abgeschafft wird. Dieser Begriff von Demokratisierung fällt weithin zusammen mit dem in diesem Sprachgebrauch zumeist synonym oder assoziativ verwandten Begriff der Emanzipation[17], wobei Demokratisierung, wie gesagt, »tendenziell« verstanden wird als Prozeß der Aufhebung von Herrschaft überhaupt, jedenfalls der Herrschaft von Menschen über Menschen, verbunden mit dem bekannten Fernblick auf einen Restbestand der Verwaltung von Sachen. Die ideologische Substanz bezieht dieser Sprachgebrauch aus dem Marxismus, vermischt mit Freudianischen Elementen, auch mit Anleihen aus einer szientistisch-technokratischen Soziologie.

Während im zweiten Sprachgebrauch mehr Selbstbestimmung, also Freiheit, aber immerhin noch ein Rest von Ungleichheit, durch Parität eventuell neutralisiert, anerkannt bleibt, wird im dritten Sprachgebrauch das demokratische Prinzip der Gleichheit radikal genommen und unter Demokratisierung die Beseitigung jeder Ungleichheit verstanden. Als Beispiel für eine solche »Radikaldemokratisierung« – dieser Begriff ist so etwas wie die Selbstdefinition des dritten Sprachgebrauchs – im Sinne der Beseitigung von funktionalen Ungleichheiten nenne ich den Entwurf eines Universitätsgesetzes, den der Hamburger SDS im Jahre 1968 vorgelegt hat. Genau nach dem Muster des Übergangs von der bürgerlichen Klassengesellschaft durch eine Diktatur des Proletariats hindurch hin zur »wahren Demokratie« der kommunistischen Gesellschaft sieht dieses Gesetz eine Übergangsphase vor, in der die fortschrittlichen Teile der Studentenschaft diktatorische Vollmachten besitzen, bis infolge einer Bewußtseinsänderung am Ende die Aufhebung des Gegensatzes von Lehrenden und Lernenden, mithin so etwas wie die wahre Universitätsdemokratie, erreicht werden kann[18].

Während in der alten marxistischen Theorie nur der Protest gegen die ökonomische Ausbeutung der Arbeiterschaft im Vordergrund stand, wird die Forderung nach Emanzipation aus hierarchischen gesellschaftlichen Verhältnissen in diesem dritten Sprachgebrauch nun ausgeweitet auf den gesamten Bereich der Berufsausbildung, der Schule, der Kirche, ja der Familie. Als Beispiel für diese Denkweise darf ich aus einem Artikel von Fritz Vilmar[19] zitieren. Da heißt es, da man ja sehe, »wie fatal eine Theorie sozialistischer,

Demokratisierung

radikaldemokratischer Praxis in die Klemme« gerate, wenn »der Protest gegen Ausbeutung in einer sozialkapitalistischen Konsumgesellschaft mangels virulenten Ausbeutungsbewußtseins der Massen aufhöre, rhetorisch zu wirken«, müsse der Protest außerhalb der Arbeiterschaft gegen, wie er es glaubt sehen zu müssen, »erniedrigende Bevormundung durch irrationale Autoritäten« für den Demokratisierungsprozeß immer bedeutender werden – »konkreter theoretischer Entwicklung höchst bedürftig«. »Irrationale Autorität..., sei es die eines Familienvaters, eines Meister oder Betriebsleiters, eines Geistlichen, eines Lehrers oder Professors«, läßt sich nach Vilmar dadurch definieren, daß man bestimme, »was rationale Autorität« sei: »nämlich eine, die erstens nicht auf Privilegien, sondern auf Sachkompetenz beruht, die zweitens nicht durch freiwillige Kooperation einer Gruppe zu ersetzen ist und die drittens von den Untergeordneten durch Mitbestimmung korrigiert und durch Abwahl kontrolliert werden kann«. Ich mache darauf aufmerksam, daß in diesem Katalog autoritärer Autoritäten auch der Familienvater vorkommt, der bekanntlich nicht durch Wahl eingesetzt wird und mithin auch kaum durch Abwahl beseitigt oder durch freiwillige Kooperation einer Gruppe ersetzbar ist.

Ich brauche hier nichts über den Zusammenhang der drei hier kurz skizzierten Sprachgebräuche des Begriffs der Demokratisierung auszuführen. Nur muß deutlich sein, daß für die neomarxistische Demokratisierungsforderung des dritten Sprachgebrauchs die problemlose Akzeptierung des Begriffs im ersten und zweiten Sprachgebrauch eine überaus wirksame Hilfe darstellt. Der Begriff der Demokratisierung steht gewissermaßen bereits unter demokratischem Denkmalsschutz. Wer gegen diesen Begriff Zweifel ins Feld führt, läuft Gefahr, faschistoider Gesinnung bezichtigt zu werden, zumindest kann man gewiß sein, als in altliberal-konservativen Gedankengängen befangen etikettiert zu werden. Den braven Politikern der »lingua democratica« des ersten Sprachgebrauchs kommt es zumeist gar nicht in den Sinn, daß an diesem Begriff etwas problematisch sein könnte; und nicht wenige liberale Wortführer der zweiten, noch halbwegs metaphorischen Sprachusance erklären bereits nicht ohne drohenden Unterton, sie möchten den sehen, der Zweifel daran anmeldet, daß in der Bundesrepublik Schule, Universität usw. einer Demokratisierung bedürftig seien. Aber diese Zweifel sind nicht nur erlaubt, sondern im Interesse der Demokratie müssen sie schnellstens und mit allem Nachdruck vorgebracht werden. Dabei soll ganz abgesehen werden von den möglichen Effektivitätsfolgen fortschreitender Demokratisierung. Eine Zeit, die an *alle* Institutionen, vom Staat bis zur Dorfschule, steigende Effektivitätsansprüche stellt – die Forderung nach stärkerer Hinwendung zu technologischen Hilfsmitteln verbindet sich ja ideologisch bruchlos mit emanzipatorischen Freiheitsansprüchen – arbeitet der Minimierung von Herrschaft nicht gerade entgegen [20]. In den Begrenzungen eines Vortrags kann uns hier nur die ganz prinzipielle Problematik der

Demokratisierungsforderung beschäftigen. Ich scheue mich nicht zu sagen, daß das, was sich hinter diesem Begriff verbirgt, auf die Preisgabe von Grundlagen der abendländischen politischen Kultur hinausläuft, wie sie einschneidender nicht gedacht werden kann. Damit komme ich zum zweiten Teil, dem Versuch, den Begriff in weitere Zusammenhänge einzuordnen. Ich hoffe, Sie werden nicht den Eindruck haben, daß ich den Rahmen zu weit stecke und mich willkürlichen Assoziationen hingebe.

III

Hannah Arendts großer Essay über ›Tradition und die Neuzeit‹ beginnt mit dem Satz: »Die abendländische Tradition politischen Denkens hat einen klar datierbaren Anfang, sie beginnt mit den Lehren Platos und Aristoteles'. Ich glaube, sie hat in den Theorien von Karl Marx ein ebenso definitives Ende gefunden.«[21] Ich halte das für richtig, möchte mich nur noch nicht so entschieden auf das »definitive Ende« einlassen. Immerhin sehe ich unser Thema in diesem Zusammenhang: dem Abschluß der Tradition der spezifisch abendländischen Form politischen Denkens und damit auch, in mannigfachen Berechnungen und Variationen, der *abendländischen*[22] politischen Ordnung. Damit komme ich zur Sache:

Demokratisierung gehört zu jenen für unsere Zeit, in der die Disziplinen der Ethik und Politik durch Geschichtsphilosophie abgelöst worden sind[23], so typischen transitiven Begriffen. Er verheißt die Überführung von einem Zustand in einen anderen, er definiert einen Prozeß, aber doch auch, wenn der Begriff überhaupt etwas besagen soll, das angestrebte Ende des Prozesses. Bei einer Verflüssigung dürfen wir die billige Erwartung hegen, daß am Ende Flüssigkeit da ist, bei einer Pulverisierung Pulver. Es heißt den Begriff also nicht überfordern, sondern ihn nur, wie es so schön heißt, ernst nehmen, wenn man am Ende einer Demokratisierung von Schule und Universität eine Schul- bzw. Universitätsdemokratie erwartet. Daß ich hiermit keine überspitzte oder gar demagogische Forderung erhebe, mag durch den Hinweis belegt werden, daß Beatrice und Sidney Webb[24], die als erste den Begriff der »Industrial Democracy« um die Jahrhundertwende prägten, genauso Fritz Naphtali[25], der den Begriff der »Wirtschaftsdemokratie« in den zwanziger Jahren in das Gedankengut der deutschen Gewerkschaftsbewegung einführte, das Problem der «Demokratisierung» der Wirtschaft und der Betriebe in der Tat noch ganz strikt im Rahmen der traditionellen Begrifflichkeit durchkonjugiert haben. Der Sonderbereich Wirtschaft sollte nach ihren Vorstellungen aus dem Staat herausgelöst, um dann *wie ein Staat* organisiert zu werden. Denn Demokratie war für sie und ist für uns auch nun einmal seiner Herkunft nach ein Begriff der Staatsformenlehre oder allgemeiner: der *politischen* Herrschaftslehre. Demokratie definiert eine bestimmte politische Herrschaftsweise. So jedenfalls überliefert ihn uns die Tradition. Setzen wir den Begriff der Demokratie einmal synonym mit Politie, so gehört die Demokratie mit Monarchie und Aristokratie zu den guten Herrschaftsformen, in denen einzelne, wenige oder eben viele ein politisches Gemeinwesen freier Menschen in einer komplizierten Praxis, Politik genannt, zu einer Einheit werden lassen. Seit der antiken Polis wird die Demokratie in Abhebung von den beiden anderen Herrschaftsweisen, der Monarchie und der Aristokratie, definiert durch ihre bei aller sonstigen Rangabstufung der Menschen tunlichste Gleichheit der freien Bürger in bezug auf ihre politischen Rechte [26].

Was sind folglich die immanenten Konsequenzen der Demokratisierung eines Sozialbereichs unterhalb der politischen Gesamtordnung? Die Demokratisierung eines Sozialbereiches bedeutet im strikten Sinn zunächst einmal seine Politisierung, das heißt die Unterwerfung dieses Bereichs unter jene Prinzipien, die im Bereich der Politik die maßgeblichen sind, zum zweiten, da Demokratie ohne Gleichheit nicht denkbar ist, die tunlichste Herstellung einer Gleichheit aller in diesem Sozialbereich Tätigen. Beides zusammen ist eine Forderung von ungeheurer Tragweite.

Wollen wir sie erfassen, so müssen wir uns vergegenwärtigen, daß die abendländische Sozialordnung seit der Antike bis in unsere Zeit hinein bestimmt wird durch die Unterscheidung von Politischem und Nichtpolitischem. Diese Unterscheidung, die bereits die antike Polis mit äußerster Schärfe durchgeführt hat, liegt vor der durch das Christentum die abendländische Welt bestimmenden Unterscheidung von weltlicher und geistlicher Gewalt. Der Gegenbegriff zur politischen Herrschaft, dieser historisch vorgeordnet, ist vielmehr die häusliche Herrschaft, die Herrschaft des Hausvaters im Oikos. Die Wissenschaftsgeschichte überliefert uns diese Unterscheidung in der klaren Trennung der Politik von der Ökonomik, jener insbesondere von Otto Brunner [27] wieder in die Erinnerung zurückgerufenen Wissenschaft vom »ganzen Haus«, die den ganzen Bereich dessen umfaßte, was außerhalb der Zuständigkeit des politischen Gemeinwesens lag. Diese Unterscheidung von politischem und ökonomischem Bereich deckt sich mit der fundamentalen Unterscheidung politischer und hausväterlicher (»ökonomischer«) [28] Herrschaftsweise. Diese Unterscheidung ist für das Abendland insofern *konstitutiv*, als es sich in ihr gegenüber der östlichen, barbarischen, »despotischen« Welt in seinem griechischen Ursprung begriffen hat und diese Unterscheidung bei allem Wechsel der sozialen Grundlagen, der metaphysischen Vorstellungen, der realen Lebensweise immer noch allein rechtfertigt, daß wir mit der Kategorie der *Politik* umgehen – die man durch die Geschichte des Abendlandes seit der athenischen Polis bis in unsere Tage hinein verstehen kann als den *Kampf um die Grenze*, einen Kampf, in dem es kleine, mittlere und riesige Grenzverschiebungen zwischen politischem und nichtpolitischem Bereich gegeben hat – Grenzverschiebungen bei Aufrechterhaltung der Grenze! –, aber auch den Fall der Grenzaufhebung, womit Politik im abendländischen Sinne hinfällig wird.

Ich versuche, das Problem anhand der Hauptzüge der abendländischen Lehre von der Herrschaft zu verfolgen. Sie setzt ein mit Aristoteles' ›Politik‹, wo es schon im ersten Satz des zweiten Absatzes heißt [29]: »Die nun meinen [der Adressat dieser Polemik ist Aristoteles' Lehrer Platon [30]], daß zwischen dem Leiter eines Freistaates oder eines Königreiches, einem Hausvater und einem Herrn kein wesentlicher Unterschied bestehe, haben unrecht.« Diejenigen, die dieser Meinung anhängen, glaubten nämlich, »diese verschiedenen Inhaber bestimmter Gewalten unterschieden sich je nach der großen oder kleinen Zahl, aber nicht der Art nach, so nämlich, daß wer nur wenige unter sich habe, ein Herr sei, wer ihrer mehr, ein Hausvater, und wer ihrer noch mehr, Leiter eines Freistaates oder eines Königreiches, da ja zwischen einem großen Haus und einem kleinen Staate kein Unterschied sei«.

»Aber diese Behauptungen sind irrig«, heißt es bei Aristoteles. Eine Lehre von der politischen Herrschaft, die den Unterschied zwischen der Herrschaft eines Hausvaters über die Mitglieder seines Hauses nicht unterscheiden könne von der Herrschaft des Hausherrn über die unfreien Sklaven oder die des Staatsmannes über seine Mitbürger, eine solche Lehre, die wie die Platons die Unterschiede nur »in der größeren und geringeren Zahl und nicht in der Art« erfassen könne, zeige sich außerstande – darin, wie es bei Aristoteles heißt, »den meisten Menschen gleich« –, den grundlegendsten aller Unterschiede in den Herrschaftsformen von Menschen über Menschen zu erfassen: der Herrschaft von Freien über Freie und Gleichgestellte und derjenigen von Freien über Unfreie oder Sklaven.

Mit Entschiedenheit hält Aristoteles daran fest, daß es der bürgerlichen Gemeinschaft der Polis als einer Vereinigung von Bürgern, die kraft ökonomischer Selbständigkeit und Rechtsfähigkeit das Recht haben – im festgelegten Wechsel der Positionen von Regieren und Regiertwerden –, an Regierung und Rechtsprechung teilzunehmen, unangemessen sei, nach dem Modell despotischer Herrschaft organisiert zu werden. Die Polis als Vereinigung von Bürgern, die zur Selbstherrschaft und zur Teilnahme an der Herrschaft fähig sind, ist dadurch bestimmt, daß in ihr Herrschaft nicht die einseitige Kunst der Auferlegung des Willens des Herrschers auf die Beherrschten ist, ein Wille, dem schlicht Gehorsam zu bezeugen ist, sondern in ihr ist Herrschaft die Kunst der Vereinbarung und Zusammenfügung unterschiedlicher Zielsetzungen und Interessenrichtungen, die Herbeiführung eines Konsensus durch Beratung und Verhandlung seitens des Herrschers und des Volkes. Wie es Aristoteles in der ›Politik‹ formuliert: »Aus dem Gesagten ergibt sich weiterhin, daß es bei Ebenbürtigen und Gleichen nicht zuträglich und gerecht ist, daß einer Herr über alles sei, sei es, daß keine Gesetze bestehen, sondern daß er selbst Gesetz ist, oder sei es, daß solche bestehen; und mag er als Tüchtiger über Tüchtige regieren, oder als Untüchtiger über Untüchti-

Demokratisierung

ge, und auch nicht, wenn er an Tugend hervorragt.«[31] Weit davon entfernt, nach dem gleichen Prinzip organisiert zu sein, wie Platon gemeint hatte, schließen sich für ihn despotische Herrschaft einerseits und politische Herrschaft andererseits als Gegensätze aus. Die despotische Herrschaftsweise, definiert durch die Kategorien von Befehl und Gehorsam, sei dem präpolitischen Bereich des Hauses oder den unpolitischen Regimen unfreier Völker wie der Barbaren, denen im Gegensatz zu den Hellenen das Freiheitsbewußtsein fehle, eine angemessene Herrschaftsform. Im Haus und bei den Barbaren würde die despotische Herrschaftsform als legitim angesehen. Für die Griechen sei eine solche Herrschaftsform, von Krisenzeiten abgesehen, dagegen identisch mit einem Verfall der politischen Ordnung. Despotische Regierungsweise sei das gemeinsame Kriterium aller Verfallsformen der politischen Herrschaft. Sie ist gekennzeichnet durch einen einseitigen Modus der Herrschaftsausübung, weiter durch die Preisgabe der Bindung an Gesetz und Recht, an die Zustimmung der Bürger und durch das Fehlen einer Rechenschaftslegung. Sie versetze den Bürger in eine sklavenähnliche Abhängigkeit, eine unsichere Rechtslage gegenüber den jeweils Herrschenden.

Ich kann und brauche an dieser Stelle hier nicht die Einzelheiten der Rezeption und partiellen Wandlung der aristotelischen Unterscheidung von Polis und Haus, politischer, ökonomischer, despotischer Herrschaft über Rom und das christliche Mittelalter nachzuzeichnen. In ihren wesentlichen Bestandteilen ging diese Lehre, kaum verwandelt, zum Teil Realität, zum Teil nur – aber immerhin! – Lehrbuchwissen[32], in den Besitz der Neuzeit über, um dann allerdings einer tiefen Infragestellung ausgesetzt zu werden. Wenn ich sagte, daß »abendländische Politik« wesentlich zu verstehen ist als der Kampf um die Grenze zwischen dem politischen und nichtpolitischen Bereich, daß es in diesem Kampf Grenzverschiebungen, aber auch eine Grenzaufhebung geben kann, so kann man sagen, daß die Absolutismus genannte Epoche der europäischen Neuzeit zu verstehen ist als der, vor der totalitären Tyrannis unserer Tage weltgeschichtlich bedeutsamste, Versuch der Aufhebung dieser Grenze. Die Kräfte, die der Absolutismus im Widerstand gegen diesen Versuch mobilisierte, führten zur Durchsetzung des modernen Verfassungsstaats, für den die Trennung des Politischen und Nichtpolitischen vor allem in Gestalt der Grundrechte konstitutiv ist[33]. Da das Problem in den Auseinandersetzungen um die absolutistische politische Theorie, wie sie sich in der Lehre von den »divine rights of kings« konkretisierte, mit einer ungeheuren geistigen Klarheit ausgetragen wurde, darf ich es durchaus mit dem Blick auf unsere heutige Lage etwas ausführlicher an diesem historischen Fall verdeutlichen.

Eine bedeutsame Relativierung der alten Unterscheidung bringt Jean Bodins Lehre von der »Monarchie Seigneurale«, indem zwar die traditionelle Unterscheidung von König und Tyrann im Prinzip festgehalten wird, aber die Unterscheidung politischer und häuslicher Herrschaft entscheidend eingeebnet wird[34]. Dieser Typ der »Monarchie Seigneurale«, die man als herrschaftliche, und das heißt für ihn despotische Monarchie, bezeichnen kann, ist für ihn nichts Widernatürliches mehr, steht nicht mehr gegen das Gesetz der Natur, ist ihm nichts in spezifischer Weise Sklavisches und Barbarisches. Die »Monarchie Seigneurale« ist für ihn vielmehr die ursprüngliche Regierungsform aller Völker, nicht nur der Barbaren, sondern auch der Griechen. Ausdrücklich weist er die klassische griechische Auffassung über die Entstehung der Königtümer Griechenlands unter Berufung auf die »unwiderlegbaren Zeugnisse wirklicher Historiker« zurück, wonach eine despotische Regierungsweise etwas den Barbaren Spezifisches sei. Alle Staaten beruhen für ihn in ihrem Ursprung auf Gewaltsamkeit und Unterdrückung, die griechische Polis nimmt er davon nicht aus. Nur am Rande mache ich darauf aufmerksam, daß unser Althusius diese Verwischung der traditionellen Unterscheidungen in seiner ›Politica‹ auf das entschiedenste zurückgewiesen hat. Ganz auf dem Boden der alten ständischen Ordnung stehend, ist für Althusius Bodins absolute herrscherliche Monarchie eine »Tyrannis«. Gegen die Irrlehre Bodins, den »error bodini«, hält er an der Geltung der durch den Pluralismus eigenständiger Herrschaftsgewalten bestimmten spätmittelalterlichen Verfassungsstruktur fest, die durch wechselseitige Treueverhältnisse, die Entsprechung von Rat und Hilfe, Schutz und Schirm bestimmt ist[35].

Einen tieferen Bruch mit der Tradition als die immer vorsichtige und im klassischen Naturrecht und göttlichen Recht verankerte Lehre des Bodinus bringt Thomas Hobbes. Sein Bruch mit der antiken Tradition der Herrschaftslehre ist unbedingt. Er vollzieht ihn, indem er alle Typen von Staaten grundsätzlich unterscheidet in politische und, indem er den antiken Begriff inhaltlich voll übernimmt, despotische. Aristoteles folgend bezieht sich die eine Staatsform auf Freie, die andere auf Unfreie. Die erste, den freiheitlichen Typus, nennt Hobbes im ›Leviathan‹ ein »commonwealth by institution or *political* commonwealth«, die zweite ein »commonwealth by acquisition where the sovereign power is acquired by force... which some writers call despotical«[36]. Bezieht sich in der antiken Lehre diese Unterscheidung aber auf zwei radikal verschiedene Herrschaftsweisen, so bezieht sich diese Unterscheidung bei Hobbes in gar keiner Weise mehr auf die Art und Weise der Herrschafts*praxis*, sondern einzig auf den Akt der Herrschafts*begründung*. Während die eine, die »politische«, durch Einsetzung (institution) zustande gekommen ist, so die andere durch Eroberung, durch die Unterwerfung des Besiegten. Im einen Fall unterwerfen sich die Menschen dem Eroberer, den sie fürchten, im anderen Falle unterwerfen sie sich einem Souverän aus Furcht voreinander. Der Unterschied zwischen despotisch und politisch bezieht sich hier also nur noch auf zwei verschiedene Arten der Furcht als herrschaftsbegründendem Faktor. Für die Art und Weise der Herrschaftsausübung ist jedoch die unterschiedliche Art und Weise ihrer Begründung und der ursprüngliche Status der Herrschaftsunterworfenen, seien sie nun frei oder unfrei, ohne jeden Belang. Ganz ähnlich wie in der Lehre Bodins, nur viel radikaler, ist die Folge der Hobbesschen Begrifflichkeit gleichfalls eine Relativierung des spezifisch abendländischen Herrschaftsverständnisses. Liegt die Unterscheidung von despotischer und politischer Herrschaft nämlich nur noch im zufälligen, historischen Akt der Herrschaftsbegründung, so kann despotische Herrschaft nicht mehr spezifisch auf barbarische oder orientalische Verhältnisse bezogen und als Gegensatz zu den freien Herrschaftsformen der abendländischen Welt begriffen werden. Hobbes' Auffassung eines despotischen Regimes entbehrt daher jeglicher negativen Akzentuierung: Die Despotie ist nicht barbarisch und orientalisch, sondern natürlich, naturale [37].

Wie bekannt hat die Lehre von Thomas Hobbes auf die abendländische politische Denkweise keinen tieferen Einfluß gehabt. Die historisch wirksame Auseinandersetzung mit der von Bodin und Hobbes begonnenen Relativierung der Unterscheidung von despotischer und politischer Herrschaft vollzieht sich in der Auseinandersetzung mit einem sehr viel weniger bedeutenden Autor als den beiden eben genannten. Die das neuzeitliche politische Denken des Westens am tiefsten bestimmende Erfahrung war nämlich die Infragestellung der überkommenen Unterscheidung von politischer Herrschaft, die immer eine durch ihren Zweck und die Mitwirkung der freien Bürger gebundene war, durch die ungebundene, schrankenlose, »väterliche« Herrschaftsweise, wie sie der absolutistischen Theorie zugrunde lag. Die Wiederherstellung der antiken, abendländischen Unterscheidung von väterlicher und politischer Herrschaft gegen die Theorie und Praxis des Absolutismus im 1. und 2. ›Treatise of Government‹ John Lockes, das ist bis heute die geistige Grundlage unserer freiheitlichen politischen Ordnung, deren freiheitlicher Charakter wesentlich durch diese Unterscheidung, die sich in moderneren Begriffen mit denen des Öffentlichen und Privaten deckt, bestimmt ist.

Worum geht es in der Auseinandersetzung John Lockes mit der ›Patriarcha‹ von Sir Robert Filmer? Wie ich hier nicht weiter ausführen muß, ist ja sowohl die erste wie die zweite ›Abhandlung über Regierung‹ nichts anderes als eine kritische, im ersten Teil geradezu pamphletistische Auseinandersetzung mit der ›Patriarcha‹ Sir Robert Filmers, einem Buche, das während der Regierungszeit Karls II., lange nach dem Tode des Autors, die wichtigste apologetische Darstellung der sogenannten »göttlichen Rechte der Könige« gewesen ist [38]. Was behauptete Filmer, wieso sollen die Rechte der Könige göttlichen Ursprungs – und das hieß im begrifflichen Kontext der Zeit: nicht politischen Ursprungs – sein? Filmer behauptete nicht mehr und nicht weniger als dieses, daß Gott, wie in der Genesis überliefert, *Adam* zum Herrn seiner Schöpfung eingesetzt habe und daß er ihm nicht nur die Rechte eines Haus- und Familienvaters, sondern auch die eines Königs übertragen habe.

Filmers Theorie [39] besagt also nicht mehr, als daß das Recht eines Königs, eingesetzt von Gott erstmals in der Person Adams und von dort im Erbgang auf alle weiteren Könige übergegangen, identisch sei mit der väterlichen Gewalt eines Vaters über seine Kinder und alle seinem Haushalt Angehörigen. Nur die Unkenntnis der biblischen Schöpfungsgeschichte habe die heidnischen Philosophen auf ihre Irrwege der Unterscheidung von politischer und ökonomischer Gewalt gelenkt. Da diese Lehre ja aber nicht nur von der antiken vorchristlichen Philosophie, sondern auch von der ganzen Tradition vertreten wurde, ist Filmer gezwungen, eine Position zu beziehen, die faktisch identisch ist mit der Platons. Gegenüber dem Jesuiten Suarez, dem er Unkenntnis der Bibel ja nicht gut vorwerfen kann und der die überlieferte Ansicht vertreten hatte, daß durch das Recht der Schöpfung Adam nur »economical power but no political power« bekommen hätte, vertritt Filmer die Meinung, daß ökonomische und politische Macht nur insoweit voneinander unterschieden seien, wie »a little commonweal differs from a great one«. Ein König hat väterliche und das heißt unumschränkte Rechte, er ist nur gebunden durch göttliches und natürliches Recht.

Hiergegen setzt nun John Locke in einer ganz und gar restaurierenden und doch, wie wir wohl meinen dürfen, ungemein zukunftsweisenden Art die alte Unterscheidung wieder in ihr Recht ein. Der erste und zweite Treatise des John Locke handelt im Grunde von nichts anderem, als diese Unterscheidung wieder in ihr Recht einzusetzen [40]. So heißt es bei ihm: »Diese beiden Gewalten, die politische und die väterliche, sind aber so völlig grundverschieden und unabhängig voneinander, beruhen auf so verschiedenen Grundlagen und sind zu so verschiedenen Zwecken bestimmt, daß jeder Untertan, der ein Vater ist, ebensoviel väterliche Gewalt hat über seine Kinder wie ein Fürst über die seinen. Und jeder Fürst, der Eltern hat, schuldet diesen ebensoviel kindliche Pflicht und Gehorsam wie der armseligste seiner Untertanen den seinen. Deshalb kann die väterliche Gewalt auch nicht im mindesten Teil oder Grad jener Art von Herrschaft enthalten, die ein Fürst oder die Obrigkeit über ihre Untertanen hat.« [41]

In jeder Hinsicht seien diese beiden Herrschaftsweisen voneinander verschieden. »Wie groß in ihrer Ordnung, in ihren Ämtern und auch in ihrer Zahl die Ähnlichkeit einer Familie mit einem kleinen Staatswesen auch immer sein möge, so ist sie doch in Verfassung, Gewalt und auch in ihren Zielen sehr verschieden von einem solchen Staat.« [42]

Ich glaube, es bedarf keiner näheren Ausführung, von welcher Bedeutung es für den modernen Verfassungsstaat war, die Unterscheidung politischer und häuslicher, das heißt: absoluter Herrschaft restituiert zu haben. In Kants berühmten Satz aus der ›Metaphysik der Sitten‹ klingt der Streit zwischen Filmer und Locke nach: »Eine Regierung, die zugleich gesetzgebend wäre, würde despotisch zu nennen sein im Gegensatz zu einer patriotischen, *unter welcher aber nicht eine väterliche* (regimen paternale), *als die am meisten*

Demokratisierung

despotische unter allen (Bürger als Kinder zu behandeln), sondern vaterländische (regime civitatis et patriae) verstanden wird.«[43]

Sie mögen nun fragen, was hat diese Erinnerung an längst vergangene Auseinandersetzungen mit unserem Problem der Demokratisierung zu tun. Nun, ich glaube zunächst dies, deutlich zu machen, von welcher Tragweite die leichte Verschiebung von Begriffen, die es mit der Herrschaftsweise zu tun haben, sein kann. Der Absolutismus ist, auf den Kern seiner Theorie reduziert, nichts als die Verschiebung bzw. die in diesem Fall beabsichtigte Aufhebung der Grenze von Begriffen. Und liegt nicht genau das auch bei der Übertragung des Begriffs der Demokratie auf nicht- oder vorpolitische Sozialtatbestände vor? Natürlich könnte gegen diesen Vergleich eingewandt werden, daß sich die den beiden Herrschaftsweisen zugeordneten Sozialtatbestände des sich im wesentlichen auf den Rechtsschutz beschränkenden Staates einerseits und des »ganzen Hauses« mit all den Funktionen, die der Hauswirtschaft bis zum Ende des 18. Jahrhunderts zufielen, auf der anderen Seite, so radikal verschoben hätten, daß die Übertragung der politischen Kategorie »Demokratie« auf die großen Sozialtatbestände unserer Zeit in sich nicht so problematisch sei, wie sie Locke im Hinblick auf die Übertragung der väterlichen Herrschaftsweise auf den politischen Bereich empfinden konnte. Ich könnte dem nicht zustimmen. Zwar liegt es auf der Hand und kann natürlich von jemandem, der auch nur die baresten Grundkenntnisse der Problematik eines modernen sozialen Wirtschaftsverwaltungsstaates hat, in keiner Weise bestritten werden, daß die Grenzen zwischen öffentlichem und privatem Bereich, zwischen politischem und »häuslichem« sich außerordentlich verwischt haben. Wenn der Staat zwar, wie es Aristoteles gesagt hat, um der bloßen Existenz willen ins Leben getreten ist, aber um des guten Lebens willen fortbesteht, so ist ohne weiteres zuzugeben, daß der moderne Staat schon um der bloßen Existenz willen, wie es der moderne Terminus technicus will: um der »Daseinsvorsorge« willen, nicht mehr weggedacht werden kann.

Gewiß hat sich bis zum 18. Jahrhundert das Leben der Menschen vorwiegend im «häuslichen» Bereich vollzogen. Der politische Bereich, in den in der europäischen Neuzeit als aktiv Beteiligte nur ein sehr kleiner Teil der Menschen hineingezogen wurde – die meisten Menschen erlitten diesen Bereich nur –, hatte in ihr einen ganz anderen, viel geringeren Rang als in der antiken Polis. Und doch ist in *einer* Beziehung die Unterscheidung des politischen Bereichs, also modern: des Staates und des ihm zugeordneten, auf ihn hinführenden Bereichs der politischen Willensbildung (an der auch heute noch nur die Erwachsenen, die Freien und Gleichen, denen die Demokratie das allgemeine gleiche Wahlrecht zuspricht, beteiligt sind), von allen anderen Sozialbereichen nicht im mindesten aufgehoben. Der Staat mag noch so sehr durch alle Einzelbereiche seiner Politik: Gesundheitspolitik, Bevölkerungspolitik, Wohnungspolitik, einwirken auf die Realität des sozialen

Volkskörpers – das tat die antike Polis ja auch –, von allen sozialen Tatbeständen bleibt er unterschieden durch seine Abstraktion von der Reproduktion des Lebens: Er ist der Staat der Erwachsenen, der den Menschen erst »emanzipiert«, volljährig, und dann in völliger rechtlicher Gleichbehandlung an seiner Willensbildung teilhaben läßt. Im Vergleich dazu ist jeder Sozialtatbestand [44] – von Vereinen abgesehen, nach deren Muster der moderne Staat in der naturrechtlichen Theorie sich ja ausgedacht hat – eingebunden in die unabänderliche Folge des Lebens: Geburt, Kindheit, Jugend, Reife, Alter, Tod. Wenn Hegel die Gesellschaft als das »System der Bedürfnisse« – der Bedürfnisse der menschlichen Gattung – bezeichnet hat, so kann man nun sagen: Alle Sozialtatbestände und ihre Institutionen: Schule, Universitäten, die Arbeitswelt und schließlich, im Grunde natürlich zuerst zu nennen, die Familie, sind Initiationsgebilde, die in sich Ungleiche und, so jedenfalls die Familie, auch Unfreie vereinigen. Vereinigt die Familie in sich absolut und unaufhebbar Unfreie, die Neugeborenen, so sind alle Sozialtatbestände nicht nur durch das Zusammenwirken von Ungleichen, sondern durch das Zusammenwirken von verschiedenen Freien gekennzeichnet. Dies ist m. E. ein nicht aufzuhebender Tatbestand, der der Übertragung einer Kategorie, die kategorial nur paßt auf das Miteinander von Freien und Gleichen, unüberbrückbar entgegensteht.

Man kann – und warum sollte man nicht – in Schulen, Universitäten, Wirtschaftsbetrieben, Zeitungsredaktionen, Krankenhäusern usw. die Formen des menschlichen Miteinander ändern, sie freier, auch ihre rechtlichen »Strukturen« weniger hierarchisch gestalten. Für Anhörung, Mitwirkung, auch Mitbestimmung, sollte, wo immer es möglich ist, Raum gegeben werden. Nur »demokratisch« läßt all dies sich nicht legitimieren [45]. Nicht einmal für die wirtschaftliche Mitbestimmung, die ich für eine gute und nicht preiszugebende Sache halte, läßt sich aus dem Begriff der Demokratie das geringste ableiten, eine Meinung, die nicht die eines Exzentrikers ist, die sich vielmehr voll deckt mit der eines so überzeugten Freundes und Vorkämpfers der demokratischen Gewerkschaften, wie es der der deutschen politischen Wissenschaft so sehr fehlende Franz Neumann war [46]. Wenn dem Begriff der Demokratie unverzichtbar Freiheit und Gleichheit zugeordnet sind, diese außerhalb des Bereichs der Liebe und der Freundschaft nur im politischen Raum erfüllbar sind, so stehen – ich wiederhole es – seiner Übertragung auf vor- und nichtpolitische Bereiche unüberbrückbare Hemmnisse entgegen.

IV

Unüberbrückbar?? Ich mache zwei dicke Fragezeichen und komme damit zu einem letzten Zusammenhang. Wer auf die Tonlage horcht, mit der die Forderung nach Demokratisierung vertreten wird, der kann nicht überhören, daß sie tief affektbeladen ist, daß sie durchpulst wird von einem ungeheuren Befreiungspathos. Aber von welcher Art sind eigentlich die Fesseln, von denen man sich hier in letzter Instanz zu befreien sucht? In vielen seiner Arbeiten hat Eric Voegelin immer wieder auf den gnostischen Grundzug des modernen politischen Denkens aufmerksam gemacht[47]. Mir scheint nun in der Tat, daß in der Forderung nach Demokratisierung von Sozialtatbeständen, die in die unabänderliche Tatsache eingebunden sind, daß der Mensch eine Kindheit, Jugend, Reife, Alter hat, wenn nicht die Forderung, Gott gleich zu sein, mitschwingt, so doch die, Adam gleich zu sein. Der Forderung nach Demokratisierung der Schule, Universität usw., also insbesondere der Institutionen, die ihren Ursprung im menschlichen Bedürfnis nach Belehrung haben, liegt eine Variante adamitischer Verirrung zugrunde, die ich *Adamsneid* nennen möchte, der Neid auf den einen Stammvater, der, da er nie Kind war, einer solchen Belehrung nie bedürftig war.

Das mag modernen Ohren seltsam und absonderlich klingen; der älteren naturrechtlichen Anthropologie, die die Conditio humana wesentlich in der Konfrontation des von Anfang an vollkommenen Adams und seiner Nachgeborenen zu erfassen suchte, ganz und gar nicht. Vor nun mehr als 75 Jahren hat Georg Jellinek in einem großartigen Essay, ›Adam in der Staatslehre‹[48], die Figur unseres Stammvaters in den breiten Zusammenhang der menschlichen Vorstellungen vom Ursprung und Wesen des Staates hineingestellt. Jellinek hat gezeigt, daß alle Vorstellungen der christlichen Epoche über den Ursprung und die Rechtfertigung des Staates, über den Naturzustand, über das Wesen der Herrschaft usw., in einem unmittelbaren Zusammenhang mit den Vorstellungen über unseren Stammvater stehen. Aber den uns hier interessierenden Aspekt hat Jellinek übersehen. Worum es mir geht, mag nochmal eine Stelle aus dem zweiten ›Treatise of Government‹ John Lockes zeigen. Da heißt es im 6. Kapitel des 2. Buches, das von der väterlichen Gewalt handelt: »Adam wurde als vollkommener Mensch geschaffen, Körper und Geist in vollem Besitz von Kraft und Vernunft. Somit war er vom ersten Augenblick seines Daseins an fähig, für seinen eigenen Unterhalt und seine Erhaltung zu sorgen und seine Handlungen nach der Vorschrift des Vernunftgesetzes zu lenken, das Gott ihm eingeimpft hatte. Später bevölkerten seine Nachkommen die Welt, die alle als unmündige Kinder geboren wurden, schwach und hilflos, ohne Wissen und Verstand ... Das Gesetz, das Adam als Richtschnur dienen sollte, war dasselbe, nach dem sich auch alle seine Nachkommen zu richten hatten: das Gesetz der Vernunft. Da aber seine Nachkommen anders als er auf die Welt kamen, nämlich durch natürliche Geburt, und daher unwissend und unfähig waren, die Vernunft zu gebrauchen, unterstanden sie nicht sofort jenem Gesetz. Denn niemand kann unter einem Gesetz stehen, das ihm nicht bekannt gemacht worden ist ... Adams Kinder standen unmittelbar nach ihrer Geburt nicht unter diesem Gesetz der Vernunft und waren daher auch nicht sofort frei. Denn in seinem eigentlichen Sinn bedeutet das Gesetz nicht so sehr die Beschränkung, sondern vielmehr die Leitung eines frei und einsichtig Handelnden in seinem eigenen Interesse, und seine Vorschriften reichen nicht weiter, als es dem allgemeinen Wohl derer dient, die unter diesem Gesetz stehen.« Was macht den Menschen frei unter den Gesetzen, fragt Locke. Die Antwort: »Eine Fähigkeit, dieses Gesetz zu verstehen.« Diese Fähigkeit würde nach dem Gesetz im Alter von 21 Jahren, in manchen Fällen sogar noch früher, vorausgesetzt. Bis dahin müsse ein anderer das Kind leiten und seinen Willen verkörpern, »bis er zu einem Stadium der Freiheit gelangt ist und sein Verstand ihn dazu befähigt, die Herrschaft seines Willens zu übernehmen. Wir würden »frei geboren, sofern wir vernünftig geboren werden, was aber nicht heißen soll, daß wir beides sofort anwenden können: Das Alter, welches das eine bringt, bringt auch das andere mit sich.«

Ich glaube, nur in Kenntnis dieser, den Common sense von Jahrtausenden ausdrückenden Auffassung ist die revolutionäre Kraft des ersten Halbsatzes des ersten Satzes des ›Contrat Social‹ Rousseaus zu ermessen, in dem es heißt: »Der Mensch wird frei geboren, und überall liegt er in Fesseln.«

Rousseau kannte die Tradition, von der er sich emanzipierte, genau, spielt er doch schon auf der nächsten Seite des ›Contrat Social‹ auf den Streit zwischen Filmer und Locke an, wenn er schreibt, daß er sich weder »auf den König Adam noch auf den Kaiser Noah« berufe, den Vater dreier großer Monarchen, die das Weltall teilten, und er hoffe, daß man ihm für diese Zurückhaltung dankbar sein würde: »Denn da ich von einem dieser Fürsten unmittelbar abstamme, vielleicht sogar von der älteren Linie, wer weiß, ob ich mich nicht infolge der Anerkennung von Rechtsansprüchen eines Tages als der gesetzmäßige König des Menschengeschlechts wiederfinden würde?« Wenn Rousseau gleich im ersten Kapitel des ›Contrat Social‹ die These vertritt, der Mensch würde frei und gleich geboren, so leugnet er eine Tatsache der Natur, nach der der Mensch zwar durchaus mit der Befähigung, es zu werden, geboren wird, im Zustande der Geburt jedoch alles andere als frei und gleich ist.

Hat diese Leugnung der Conditio humana eine Vorgeschichte? Sie hat sie, und zwar dort, wo alle großen Umwälzungen der gesellschaftlichen Ordnung der letzten 400 Jahre ihren Ursprung haben, im Verständnis der modernen Wissenschaft. Diese Wissenschaft will, ganz abgekürzt und vergröbert gesagt, im Gegensatz zur antiken und mittelalterlichen voraussetzungs- und vorurteilslos sein. Die wichtigsten Voraussetzungen und Vorurteile, die dafür aus dem Weg geräumt werden müssen, sind aber die der menschlichen Existenz. Die «Anthropozentrik» unserer Erkenntnis aufzuheben, ist daher das zentrale Ziel aller modernen Wissenschaft. Was ist das stärkste beeinflussende Faktum unseres Erkenntnisvermögens? Kein anderes als die Tatsache, daß wir als Kind geboren werden, daß wir nicht gleich als Erwachsene zur Welt kommen. In dem ersten Versuch einer zusammenfassenden Darstellung der Hindernisse, die klarer wissenschaftlicher Erkenntnis im Wege stehen, in Bacons Idolenlehre, heißt es daher am Schluß ganz konsequent, daß all diese »idols and their equipage« beiseite gerückt werden müßten »mit der entschiedenen und klaren Absicht«, das Verstehen »völlig und ganz davon zu befreien und zu reinigen«. Das Verstehen muß befreit und gereinigt werden. Wovon? Von der Zeit der Belehrung durch Ältere [49]. Und so heißt es am Ende der Idolenlehre: »The entrance into the kingdom of man, founded on the sciences, being not much other than the entrance into the kingdom of heaven, where into none may enter except as a little child.«[50] Das heißt: Ihr müßt werden wie die Kindlein, unschuldig, von allen *Erfahrungen* frei. Der gleiche Gedanke durchzieht wie ein roter Faden das philosophische Werk jenes anderen Begründers der modernen Denkweise, Descartes'. In einer eigentlich nur noch als Besessenheit zu kennzeichnenden Hartnäckigkeit verfolgt Descartes dieses Thema schon vom ersten Satz seiner ›Prinzipien der Philosophie‹ an: »Da wir als Kinder geboren werden...«[51] Die Kindheit ist an allen unseren Irrtümern schuld. Es stünde besser um unsere Urteile, »wenn wir seit unserer Geburt den vollen Gebrauch unserer Vernunft gehabt hätten und uns nie durch etwas anderes als durch sie hätten leiten lassen«[52]. In der Kindheit läßt man sich Prinzipien aufreden, »ohne jemals geprüft zu haben, ob sie wahr seien«[53]. Wäre die Kindheit uns erspart geblieben, hätten wir gleich im vollen Besitz unserer geistigen Kräfte an die wissenschaftliche Arbeit gehen können, hätte man uns nicht erst so viel Falsches eingebleut, das wir nun mühselig über die Technik des Zweifels aus unserem Geiste ausräumen müssen, wieviel schneller wäre der Fortschritt des menschlichen Geistes zu bewerkstelligen [54].

Kein Zweifel, die Grundlage der modernen Welt ist die Wissenschaft, die Grundlage dieser Wissenschaft ein Haß auf die natürlichen Bedingungen unseres Lebens – Adamsneid.

Die Irritation des Forschers durch die Verblendungen, Verstellungen, die die Folge unseres langsamen Aufwachsens sind, hat im Laufe der letzten 200 Jahre eine Fülle von Variationen durchlaufen: Die Idolatrie des Kindes in der Pädagogik Rousseaus [55], die Zurückführung aller Verkrüppelungen unserer Psyche in der Lehre Freuds auf die Kindheit [56], Mitleid mit dem Kind, Haß auf die Kindheit, es sind alles verschiedene Seiten einer Sache, des Umstandes, daß die Menschen zunehmend weniger geneigt sind, die Umstände ihrer Kreatürlichkeit anzunehmen. Dieses ist der eigentlich tiefste Zusammenhang, in dem ich die emanzipatorische Forderung nach Demokratisierung von aufgrund der *Natur* durch Ungleichheit bestimmten Sozialtatbeständen glaube sehen zu müssen. Diese Forderung ist mithin keine Ideologie, bloß falsches gesellschaftliches Bewußtsein, sondern eine Revolte gegen die Natur. Da wir nicht imstande sind, die Natur zu verändern, werden mit dem Begriff der Demokratisierung von Sozialtatbeständen Hoffnungen geweckt, die unerfüllbar sind. Die Erwartungen, die mit diesem Begriff verbunden sind, sind nicht einlösbar. Da illusionäre Erwartungen nicht eingelöst werden können, könnte am Ende auch dieser illusionären Erwartung hier wie immer nur stehen: die Agonie der Freiheit.

* Nach einem am 18. 6. 69 vor der Arbeitsgemeinschaft für Forschung des Landes Nordrhein-Westfalen gehaltenem Vortrag. Zusammen mit der anschließenden Diskussion erscheint diese Theodor Eschenburg zugeeignete Arbeit zugleich als Heft 161 in den Abhandlungen der Arbeitsgemeinschaft für Forschung (Reihe Geisteswissenschaften) im Westdeutschen Verlag, Köln/Opladen 1970.

1 Willy Brandt, Die Alternative, in: Die neue Gesellschaft, 16. Jg. (1969), Sonderheft Mai 1969, S. 3 ff. Den entgegengesetzten Standpunkt nennt Brandt »konservativ« und »altliberal«, für sich nimmt er »Modernität« in Anspruch. Dagegen ist zu bedenken zu geben, daß die Konfusion politischer und geschichtsphilosophischer Kategorien politisches Denken um die Maßstäbe praktischer Urteilskraft bringen könnte. Den von Brandt abgelehnten Standpunkt entwickelt der CDU-Generalsekretär Bruno Heck in seinem Aufsatz ›Demokraten oder Demokratisierte‹, in: Die politische Meinung, 14. Jg. (1969), Heft 128, S. 11 ff. Daß die Auffassung Hecks auch in der CDU umstritten ist, zeigte sich auf der Jahresversammlung der Jungen Union im November 1969 in Hamm, wo der neue Vorsitzende Jürgen Echternach Hecks Auffassungen scharf kritisierte (vgl. ›Die Welt‹ vom 13. 11. 69).

2 Als Beispiele für gegensätzliche Beurteilungen wären etwa zu nennen Martin Greiffenhagen, Demokratisierung, in: ›Stuttgarter Zeitung‹ vom 2. 8. 69, S. 49 und Anton Böhm, Demokratisierung der Demokratie, in: ›Die Presse‹ (Wien) vom 2./3. 8. 69, S. 5. Ein prägnanter Aufriß der Problemlage auch: Manfred Thier, Der Einzelne und sein Recht, in: ›Stuttgarter Zeitung‹ vom 30. 8. 69, S. 1.

3 Ein Zusammenhang, den niemand eindrücklicher herausgearbeitet hat als Siegfried Landshut. Vgl. neben seiner Einleitung zur Tocqueville-Ausgabe (Das Zeitalter der Gleichheit, Stuttgart 1953) vor allem seine Kritik der Soziologie, Neuwied 1969, S. 94 ff. – Wenn von Alexander Schwan (›Die Zeit‹ vom 7. 11. 69, S. 32) gegen die hier vertretene Auffassung vorgebracht wird, sie verkenne »völlig den qualitativ andersartigen Anspruch der Demokratie an ihre Gesellschaftsglieder und sozialen Institutionen im Vergleich zu sonstigen Staatsformen: nämlich sich und einander das Feld freier, nach dem Grundsatz möglichst weitgehender Mitbestimmung geordneter Betätigung zur Erfüllung von gesellschaftlichen Sachzwecken im Dienste fortschreitender Emanzipation zu eröffnen und zu garantieren«, so bekenne ich dagegen, daß ich in einem solchen *Anspruch* einer Staatsform, in welchem *Dienst* er auch stehen mag, nur die Eröffnung sehr vager Hoffnungen mit vermutlich sehr illiberalem Ausgang zu sehen vermag.

4 Hartmut von Hentig, Die Sache und die Demokratie, in: Neue Sammlung, Heft 2, 9. Jg. (März/April 1969), S. 101 ff., 106.

5 So z. B. Willy Brandt im oben zit. Aufsatz. Die in der deutschen politischen Diskussion so wichtige Frage des angeblichen Auseinanderklaffens von Verfassung und Verfassungswirklichkeit lebt geradezu von der Petitio principii eines solchen »Durchsetzungsauftrags«. Vgl. dazu meine Abhandlung ›Verfassung und Verfassungswirklichkeit – Ein deutsches Problem‹, Tübingen 1968.

6 Schrittmacher dieser Lehre war Helmut Ridder mit seiner Heranziehung des Art. 21 GG (»Ihre [der Parteien] innere Ordnung muß demokratischen Grundsätzen entsprechen«) für die Auslegung von Art. 5 GG (Meinungsfreiheit). Vgl. H. K. J. Ridder, Art. Meinungsfreiheit, in: Neumann-Nipperdey-Scheuner, Die Grund-

rechte II, Berlin 1954. Zur Problematik des Begriffs des »Verfassungsauftrags« vgl. meine in Anm. 5 angeführte Schrift, S. 20 f.

7 Vgl. die Darstellung der innerverbandlichen Partizipationsproblematik bei Klaus von Beyme, Interessengruppen in der Demokratie, München 1969, S. 187 ff.

8 Kurt Sontheimer, Die Demokratisierung der Universität, in: Schwan–Sontheimer, Reform als Alternative, Köln/Opladen 1969, S. 63. – Gegenüber der allgemein gewordenen These von der notwendigen Entsprechung demokratischer Prinzipien im politischen System und in allen gesellschaftlichen »Subsystemen« sei nur an Dietrich Schindlers viel plausiblere Lehre von der notwendigen Ambiance und Komplementarität gesellschaftlich-politischer Bereichsprinzipien erinnert. Sein klassisches Werk ›Verfassungsrecht und soziale Struktur‹, Zürich 1932, scheint in Deutschland so gut wie vergessen zu sein.

9 Dazu vor allem Horst Ehmke, »Staat« und »Gesellschaft« als verfassungstheoretisches Problem, in: Staatsverfassung und Kirchenordnung (Festgabe für R. Smend), Tübingen 1962, S. 23 ff.

10 Zur zentralen Bedeutung des Gleichschaltungsprinzips für den NS-Staat jetzt Peter M. Dichl-Thiele, Partei und Staat im Dritten Reich, München 1969.

11 Vgl. meinen Versuch, die Tat des 20. Juli aus diesem Zusammenhang zu deuten, in: Politik als praktische Wissenschaft, München 1968, S. 224 ff.

12 Hegels Briefe I, S. 194 (Jubil.-Ausg.).

13 Die Unfähigkeit, Macht und Herrschaft zu unterscheiden, macht schon den eigentlichen Mangel der »politischen Soziologie« Max Webers aus. Vgl. etwa K. Sontheimer, Zum Begriff der Macht als Grundkategorie der politischen Wissenschaft, in: Oberndörfer (Hrsg.), Wissenschaftliche Politik, Freiburg 1962, S. 197 ff. und Otto Brunner, Bemerkungen zu den Begriffen »Herrschaft« und »Legitimität«, in: Neue Wege der Verfassungs- und Sozialgeschichte, Göttingen 1968, S. 64 ff. Auf die einseitige Betonung der Herrschafts- und Machtsoziologie in der neueren westdeutschen Soziologie verweist mit Recht H. Schelsky, Abschied von der Hochschulpolitik, Bielefeld 1969, S. 35.

14 Daß die Professoren in der akademischen Selbstverwaltung Amtspflichten ausfüllen und nicht, wie es eine demagogische Kritik haben will, Feudalrechte ausbeuten, entwickelt vorzüglich Helmut Schelsky, Der Student und die Autorität des Ordinarius, in: Horst Baier (Hrsg.), Studenten in Opposition, Gütersloh 1968, S. 84 ff., jetzt auch in Schelsky, Abschied, a. a. O., S. 32 ff.

15 Abgedruckt in Habermas, Protestbewegung und Hochschulreform, Frankfurt 1969, S. 202 ff.

16 »Prozeß« gehört zu jenen »scheinsachlichen Modeworten« (Schelsky, Abschied, S. 114), die die zeitgenössische Soziologie dem allgemeinen politischen Jargon vermacht hat. Alles menschliche Tun: Versagen, Verantwortung, Terror, Mitlaufen versteckt sich hinter diesem hohlen Wort.

17 Auch ein Begriff, dessen Sinn im kritischen Jargon auf den Kopf gestellt wird; bedeutet doch Emanzipation nicht allein frei werden, sondern vor allem rechtsfähig, d. h. sozialpflichtenfähig (heiratsfähig, berufsfähig usw.) werden. Der Text der Freisprechungsurkunden (Meisterbrief) in jedem Bäckerladen überliefert es noch. Die wirkliche Sozialwelt kommt jedoch in der kritisch-emanzipativen Soziologie nicht vor.

18 Entwurf eines Hochschulgesetzes, vorgelegt vom SDS-Landesverband Hamburg (abgedruckt in: Kursbuch 14 [1968], S. 120 ff.). Der abschließende Art. 23 dieses Entwurfes lautet: »Wenn der Demokratisierungsprozeß dahin realisiert ist, daß der in diesem Gesetz noch vorausgesetzte Gegensatz zwischen Lehrenden und Lernenden nicht mehr besteht, entfällt Art. 18 Abs. 1.« Der Wortlaut dieses dann entfallenden Absatzes: »Die Institutsräte bestehen zu gleichen Teilen aus Lehrenden

und Lernenden.« – Die Zeitschrift legt den Text unter dem Titel ›Konkrete Utopie‹ vor.

19 Fritz Vilmar, Die Mitbestimmung der Schüler, in: Blätter für deutsche und internationale Politik, Heft 1/XIV (Januar 1969), S. 62 ff. Ein Beispiel für die bewußten Politisierungsversuche der Schule auch der Artikel von Ulf Preuss-Lausitz, Wege zur demokratischen Schule – Ein streitbarer Versuch, im gleichen Heft, S. 45 ff. Für die oben Anm. 6 erwähnte Heranziehung des Grundgesetzes zur Rechtfertigung radikalster Umwälzungsforderung vgl. z. B. Wolfgang Perschel, Die Rolle des Rechts bei der Demokratisierung der Schule, in: Demokratisierung der Schule (Schriftenreihe der Bundeszentrale für politische Bildung, Heft 81, 1969), S. 35 ff. Über »Demokratisierung von Schule und Schulverwaltung« aus Gewerkschaftssicht unterrichtet die Nr. 132 des ›Material- und Nachrichtendienst‹ vom Februar 1969 (hrsg. von der Gewerkschaft Erziehung und Wissenschaft), über die bisherigen Folgen der Schulpolitisierung unterrichtet materialreich Kuno Barth, Die Revolutionierung der Schüler, Mannheim 1969.

20 Zu diesem Zusammenhang vgl. Th. Eschenburg, Gesellschaft ohne Herrschaft – Hoffnung und Sorge, in: A. Mitscherlich (Hrsg.), Das beschädigte Leben, München 1969, S. 69 ff. Als Beispiel für kritisches Ignorieren der Effektivitätsprobleme des modernen Sozialstaats nenne ich Iring Fetscher, Funktion und Bedeutung der Politikwissenschaft in der Demokratie, in: Gewerkschaftliche Monatshefte 18 (1967), Heft 8, S. 465 ff. Im Jahre 1967, in dem 43 % des Sozialprodukts der Bundesrepublik durch öffentliche Kassen flossen und die politischen Folgen (NPD) der Rezession für jedermann erkennbar waren, konnte Fetscher schreiben: »Effizienzsteigerung ist nur dann wünschbar, wenn jene Übereinstimmung [zwischen dem ›aufgeklärten vernünftigen Willen der Bevölkerungsmehrheit‹ und der Politik von Regierung und Parlament] schon garantiert (sic) ist; solange sie nicht oder nicht ausreichend besteht, ist eine verminderte Effizienz unter Umständen sogar vorzuziehen« (a. a. O., S. 466). Ein Beispiel für tendenziös-unsachliche Entgegensetzungen auch der Abschnitt »Betriebslehre des autoritären Verwaltungsstaates oder kritische Demokratiewissenschaft« in Joachim Hirsch, Ansätze einer Regierungslehre, in: Kress-Senghaas, Politikwissenschaft – Eine Einführung in ihre Probleme, Frankfurt/M 1969, S. 281 ff. – Was Schelsky treffend als »Regression der deutschen Soziologie« bezeichnet, die »einerseits von der positivistischen Erörterung wissenschaftlicher Methoden und wissenschaftlicher Probleme [lebt], ohne zur Sache zu kommen, andererseits von sozialphilosophischen Gedankenflügen einer dialektischen Kritik der ›Gesellschaft‹, für die ›bloße Tatsachen‹ längst verdächtig sind, weil sie die freie intellektuelle Produktion hemmen« (Abschied, S. 12), das scheint auch das kaum noch abzuwendende Schicksal der deutschen Politikwissenschaft zu werden. Erfrischend gegenüber den schiefen Entgegensetzungen der deutschen Literatur die ausgewogene Darstellung von Kurt Eichenberger, Leistungsstaat und Demokratie, Basel 1969.

21 Hannah Arendt, Fragwürdige Traditionsbestände im politischen Denken der Gegenwart, Frankfurt/M. 1957, S. 9.

22 Ich gebrauche dieses Reizwort mit Absicht. Hans Egon Holthusen (in: Ensemble – Hrsg. Clemens Graf Podewils und Heinz Piontek – München 1969, S. 250) hat darauf hingewiesen, daß nach 1945 wohl niemand ahnen konnte, »daß der Tag kommen würde, da man unter deutschen Intellektuellen dies Wort nicht mehr in den Mund würde nehmen dürfen, ohne ›reaktionärer‹ Neigungen verdächtigt und als ideologischer Steigbügelhalter der ›herrschenden Mächte‹ denunziert zu werden«. Der Begriff ist aber kaum entbehrlich. Im Abendland – d. h. im »Westen«, wo die Sonne untergeht – sind alle jene Kategorien – Politik, Staat, Freiheit, Verfassung, Individuum usw. – entwickelt worden, ohne die wir uns über Politisches gar nicht verständigen könnten. Der »Raub der Europa« (Luis Diez del Corral) steht für das

Universalwerden des Geltungsanspruchs all dieser Kategorien. Wer ihre »abendländische« Ursprungsproblematik abschneidet, treibt nicht »Ideologiekritik«, sondern legt die Axt an die Wurzel der Sache.

23 Dazu vor allem das Hegel-Kapitel in Hella Mandt, Die politischen Lehrer der Deutschen, Neuwied 1970 (z. Z. im Druck), und Jürgen Habermas, Theorie und Praxis, Neuwied ²1969.

24 Sidney and Beatrice Webb, Industrial Democracy, London 1897; dt. unter dem Titel ›Theorie und Praxis der englischen Gewerkvereine‹, Stuttgart 1906.

25 Fritz Naphtali, Wirtschaftsdemokratie – Ihr Wesen, Weg und Ziel, 1928, Frankfurt/M. ²1966.

26 Zur antiken Begriffsgeschichte von *Demokratie* vgl. jetzt vor allem Christian Meier, Drei Bemerkungen zur Vor- und Frühgeschichte des Begriffs Demokratie, in: Discordia Concors, Festschrift für Edgar Bonjour, Basel 1968, S. 3 ff. (mit zahlreichen Literaturangaben), und ders., Die Entstehung des Begriffs »Demokratie«, Pol. Vjschft. 10 (1969), S. 496 ff. Die Fortführung der Begriffsgeschichte bis zum 19. Jhdt. werden die Beiträge von Hans Leo Reimann (MA) und Hans Maier (Nzt.) zum Lexikon politisch-sozialer Begriffe (hrsg. v. Otto Brunner und Werner Conze) bringen. Ich danke beiden Herren für die Ermöglichung der Manuskripteinsicht.

27 Vgl. vor allem: Adliges Landleben und europäischer Geist, Salzburg 1949, und: Das »Ganze Haus« und die alteuropäische »Ökonomik«, jetzt in: Neue Wege der Verfassungs- und Sozialgeschichte, Göttingen ²1968, S. 103 ff.

28 Zu »Hausvater« vgl. Brunner, Das »Ganze Haus«, a. a. O., S. 112: »Das Wort ›Hausvater‹ war aber im 16. und 17. Jahrhundert durch die Bibelübersetzung Martin Luthers jedermann vertraut. Hier gibt es den ›oikodespotes‹ des neutestamentlichen Griechisch, den ›pater familias‹ der Vulgata wieder. Wenn von ›Hausvater‹ die Rede ist, hat man an den hellenistischen ›oikodespotes‹, an den ›pater familias‹ des römischen Rechts und an den ›Wirt‹ mittelalterlicher und frühneuzeitlicher Rechtsquellen und nicht an den ›sentimentalen‹ Familienbegriff des 18. Jahrhunderts zu denken.«

29 Aristoteles, Politik I, 1, 1252 a, 7 ff. Ich zitiere nach der Übers. von Rolfes. – Vgl. zum folgenden vor allem Hannah Arendt, Vita activa, Stuttgart 1960, § 5: Die Polis und der Haushalt.

30 Platon, Politikos, 258 E – 259 D.

31 Pol. 1287 b 40 – 1288 a 4.

32 So war der Begriff der Demokratie bis zur Französischen Revolution im wesentlichen ein Begriff der Gelehrtensprache, als Realität gab es sie nicht. Vgl. R. P. Palmer, Notes on the Use of the Word »Democracy« 1789-1799, in: Political Science Quarterly LXVIII, Juni 1953, S. 204. Für Amerika vgl. G. H. Blanke, Der amerikanische Demokratiebegriff in wortgeschichtlicher Beleuchtung, in: Jb. f. Amerikastudien 1 (1956), S. 41 ff., und W. Paul Adams, Republikanismus und die ersten amerikanischen Einzelstaatsverfassungen – Zur ideengeschichtlichen und verfassungsgeschichtlichen Komponente der amerikanischen Revolution, 1775-1780, Diss. Phil. Berlin 1968.

33 Zur Geschichte der Grundrechte liegen die wichtigsten Beiträge gesammelt vor in dem Band: Zur Geschichte der Erklärung der Menschenrechte (= Wege der Forschung XI), hrsg. v. R. Schnur, Wiesbaden 1964. Vgl. ferner G. Oestreich, Geschichte der Menschenrechte und Grundfreiheiten im Umriß, Berlin 1968. Trotz der großen Arbeiten von Otto Brunner, Die Freiheitsrechte in der altständischen Gesellschaft, in: Neue Wege, a. a. O., S. 187 ff., und K. v. Raumer, Absoluter Staat, korporative Libertät, persönliche Freiheit, in: HZ 183 (1957), S. 55 ff, scheint mir die Mitprägung der Grundrechts*grundlagen* sowohl durch die Realität der alten »Hausrechte« wie durch das den Gegensatz von Oikos und Polis neuformulierende rationale Naturrecht noch nicht hinreichend herausgearbeitet worden zu sein.

34 Vgl. Jean Bodin, Six Livres de la République, Paris 1583, II, 2.

35 Johannes Althusius, Politica methodice digesta... Faksimiledruck der 3. Aufl. Herborn 1614, Aalen 1961, Cap. 18, 69. – Die oben Anm. 23 erwähnte Arbeit von Hella Mandt, der ich hier folge, wird eine genaue und umfassende Darstellung der Infragestellung der abendländischen Lehre von der guten Herrschaft insbes. im deutschen politischen Denken des 19. Jahrhunderts bringen. Ein knapper Aufriß in meiner Schrift: Politik und praktische Philosophie, Neuwied 1963, S. 70 ff.

36 Leviathan II 17 und 20. Den historischen Zusammenhang von väterlicher und despotischer Herrschaft macht die Überschrift von Kapitel 20 des 2. Buches deutlich: »Of dominion paternal, and despotical«.

37 De Cive V, 12: »Hinc est quod duo sint genera civitatum, alterum naturale, quale est paternum et despoticum; alterum institutum, quod et politicum dici potest.«

38 Daß Lockes ›Treatises‹ Streitschriften gegen Filmers ›Patriarcha‹ sind, ist für jeden unvoreingenommenen Leser evident. Über die zeitgeschichtlichen Umstände vgl. neben Peter Lasletts Einleitung zu seiner Ausgabe der Two Treatises (Cambridge ²1967) vor allem Edmond S. de Beer: Locke and English liberalism: the Second Treatise of Government in its contempory setting, in: John W. Yolton, John Locke: Problems and Perspectives, Cambridge 1969, S. 34 ff. Die neuere Auseinandersetzung um die Hintergründe von Lockes politischen Schriften wird rekapituliert von Walter Euchner, Naturrecht und Politik bei John Locke, Frankfurt/M. 1969, S. 1 ff.

39 Sie wird meisterhaft dargestellt in dem bedeutenden Buch von W. H. Greenleaf, Order, Empiricism and Politics – Two Traditions of English Political Thought 1500–1700, London 1964, S. 80 ff. Filmers Werk ist greifbar in der Ausgabe von Peter Laslett: Sir Robert Filmer, Patriarcha and other political works, Oxford 1949.

40 Die schlechthin zentrale Rolle dieser Unterscheidung wird richtig herausgearbeitet von Gordon J. Schochet, The family and the origins of the state in Locke's political philosophy, in: Yolton, a. a. O., S. 81 ff. Vgl. auch Geraint Parry, Individuality, Politics and the Critique of Paternalism in John Locke, in: Political Studies, vol. XII (1964), S. 163 ff. Dort S. 163: »After Aristotle, John Locke was the thinker who perhaps most explicitly and self-consciously distinguished what he believed to be the political condition from those situations which he held to be non-political. Specifically, his purpose is to separate *political* power from despotic power and paternal power – in other words, to deny that there is any analogy between the political relationship and the relationships which exist between either masters and slaves or fathers and childrens.«

41 Locke II, § 71.

42 Ebd., § 86.

43 Kant, Metaphysik der Sitten, Rechtslehre § 49 (hrsg. v. Weischedel, Darmstadt 1968, Bd. 7, S. 435); ebenso in ›Über den Gemeinspruch etc.‹ (1793): »Eine Regierung, die auf dem Prinzip des Wohlwollens gegen das Volk als eines *Vaters* gegen seine Kinder errichtet wäre, d. i. eine *väterliche Regierung* (imperium paternale)... ist der größte denkbare *Despotismus*...« (zit. nach der Ausgabe v. J. Ebbinghaus, Frankfurt/M. 1946, S. 36).

44 In der Sicherung der Bedürfnisse des »bloßen« Lebens gegenüber der Angewiesenheit auf die Polis für das »gute« Leben grenzte ja schon Aristoteles Oikos und Polis voneinander ab.

45 In Wahrheit handelt es sich bei allen Demokratisierungsformen im Sinne des ersten und zweiten Sprachgebrauchs unserer obigen Einteilung um Versuche der *Binnenkonstitutionalisierung* von Sozialtatbeständen. *Nichts folgt aus allem hier Vorgetragenen gegen solche Bemühungen!* Wenn Vorkämpfer solcher Binnenkon-

stitutionalisierungen (etwa im Sinne erweiterter Mitbestimmung innerhalb der Universität) aber zugeben, das Wort »Demokratisierung« »sei nicht sehr glücklich gewählt« (Klaus v. Beyme in ›Stuttgarter Zeitung‹ vom 8. 5. 69, S. 7), wenn man diese Terminologie »als sicher nicht glücklich, aber gängig geworden« bezeichnet (A. Schwan in ›Die Zeit‹ vom 7. 11. 69, S. 32) oder sie gar inhaltlich auf ein Nichts reduziert, um doch unter ihrer Flagge zu segeln (wie K. Sontheimer in »Akademische Demokratisierung« in ›Die Zeit‹ vom 15. 3. 68, S. 17 f.), so sollten insbesondere Politikwissenschaftler wissen, daß man mit falschen Begriffen nicht folgenlos umgehen kann. Nutznießer ist einzig jener dritte radikaldemokratische Sprachgebrauch, dem man nützliche Kulissen errichtet.

Eine interessante politikwissenschaftliche »Untersuchung zum Demokratisierungspotential in komplexen Organisationen« (so der Untertitel) stellt die Schrift von Frieder Naschold, Organisation und Demokratie, Stuttgart 1969, dar. Aber auch in ihr geht es in Wahrheit nur um Binnenkonstitutionalisierung. Zudem orientiert sich die Studie vorwiegend an den Organisationsproblemen von Verbänden – insbesondere von Gewerkschaften und Parteien. Naschólds Behauptung, eine »Übertragung der im Bereich der Verbände und Parteien gewonnenen Ergebnisse auf andere Organisationen« (Betriebe, Verwaltungen, Universitäten) sei »relativ leicht zu erreichen« (S. 11), wird von ihm nicht weiter begründet. Sie verkennt den fundamentalen Unterschied von vereinsrechtlich, das heißt auf der Basis der rechtlichen Gleichheit, begründeten Verbänden und gesellschaftlichen Sozialtatbeständen mit ihren natur-, nicht bloß »gesellschafts«-gegebenen Ungleichheiten.

46 Vgl. Franz Neumann, Zum Begriff der politischen Freiheit, in F. N.: Demokratischer und autoritärer Staat – Studien zur politischen Theorie, Frankfurt/M. 1967, S. 100 ff. Dort S. 131: »Andere wollen bescheidener die ›politische‹ Demokratie in eine ›Wirtschaftsdemokratie‹ verwandeln, oder wenigstens in Wirtschaftsunternehmen und Behörden ›demokratische Prinzipien‹ einführen. Sie übersehen jedoch, daß die Theorie der Demokratie nur für den Staat und seine territorialen Untergliederungen gilt, niemals hingegen für eine spezifische Funktion. Es gibt nur eine Demokratie, die politische Demokratie, hier allein können die Grundsätze der Gleichheit wirksam werden. Pläne für eine ›Wirtschaftsdemokratie‹ oder der Anspruch der deutschen Gewerkschaften auf ›Mitbestimmung‹ in der Wirtschaft mögen nützlich sein, sie lassen sich jedoch nicht als demokratisch legitimieren.« – Ebd., S. 132: »Das Wesen des demokratischen politischen Systems besteht demnach nicht in der Beteiligung der Massen an politischen Entscheidungen, sondern darin, politisch verantwortliche Entscheidungen zu treffen. Das einzige Kriterium für den demokratischen Charakter einer Verwaltung ist die volle politische Verantwortlichkeit der Verwaltungsspitze, und zwar nicht gegenüber Einzelinteressen, sondern gegenüber den Wählern insgesamt... Das sind einfache Überlegungen – aber sie scheinen weithin vergessen.«

47 Am prägnantesten in ›Die neue Wissenschaft der Politik‹, München 1959, und in ›Wissenschaft, Politik und Gnosis‹, München 1959.

48 Enthalten in Georg Jellinek, Ausgewählte Schriften und Reden II, Berlin 1911, S. 23 ff. – Was ich im folgenden als »adamitischen« *Adamsneid* bezeichne, steht in keinem Zusammenhang mit der mittelalterlichen adamitischen Sektenbewegung, über die Theodora Büttner und Ernst Werner, Circumcellionen und Adamiten. Zwei Formen m. a. Haeresie, Berlin 1959, in der neueren Literatur am besten unterrichten. Vgl. auch Kurt Rudolph, Ein Grundtyp gnostischer Urmensch-Adam-Spekulation, in: Ztschft. für Religions- und Geistesgeschichte IX (1957), Heft 1.

49 In der Wissenssoziologie verschwimmt dieses naturgegebene Faktum im allgemeinen hinter dem alles- und nichtssagenden Begriff der »gesellschaftlichen« Bedingungen. Eine bei aller Knappheit ausgezeichnete Einführung in die Geschichte

des Ideologiebegriffs gibt Hermann Lübbe, Zur Geschichte des Ideologie-Begriffs, in: Tutzinger Texte 3/68, S. 9 ff.
50 New Organon, Book I, aph. LXVIII.
51 Prinzipien I, 1. Die Aversion gegen das Als-Kind-geboren-Werden läuft wie ein roter Faden durch dieses Werk.
52 Abhandlung über die Methode II, 5.
53 Ebd., II, 7.
54 Das gradweise Wachsen der menschlichen Erkenntnis ist für ihn der »sicherste Beweis der Unvollkommenheit« (Meditationen III, 23). Es ist erstaunlich, daß diese dem Haß nahekommende Irritation durch das Faktum der Kindheit im Philosophieren Descartes' – sofern ich recht sehe – noch nie zusammenhängend behandelt worden ist.
55 Die negative Pädagogik des ›Émile‹ ist ein klassischer adamitischer Text im Sinne der hier versuchten Begriffsbestimmung: Die Kindheit wird nicht wirklich angenommen; der Zögling ist der im Grunde perfekte Erwachsene, dem nur einige Erfahrungen fehlen. Nicht durch die Älteren, sondern an den Sachen soll er lernen. Daß ein Buch über Erziehung (›Émile, ou de l'éducation‹) das Neugeborene nicht als Erwachsenen nehmen kann, versteht sich. Rousseau gibt dem Gedanken des Mann-Kindes (die voll ausgerüstet aus dem Haupt des Jupiters entsprungene Pallas Athene) einige Male Raum und verwirft ihn. Der anfängliche Zustand völliger Unwissenheit sei dem Menschen sogar angemessen; die Menschheit wäre zugrunde gegangen, wenn der Mensch nicht als Kind ins Dasein träte. Dennoch ist der Ausgangspunkt des ›Émile‹ und der ganzen Kulturphilosophie Rousseaus der Glaube an eine ursprüngliche Vollkommenheit der Dinge und ihre Entartung unter den Händen des Menschen. Die Kindheit ist eine im höchsten Grade unliebenswürdige Erfahrung. Wäre sie uns doch erspart geblieben.
56 Alexander Mitscherlichs ›Auf dem Wege zur vaterlosen Gesellschaft‹, München 1963, ist in seiner ambivalenten Einstellung zur Vaterschaft exemplarisch für die Unsicherheit der Zeit gegenüber den natürlichen Bedingungen der Gattung. Kennzeichnend dafür, wohin die Reise gehen soll: Ulrich Sonnemann, Negative Anthropologie, Vorstudien zur Sabotage [!] des Schicksals, Reinbek 1969.

Ekkehart Krippendorff
Politikwissenschaft und Außerparlamentarische Opposition

Vor mehr als einhundert Jahren, im April 1862, hielt Ferdinand Lassalle in einem Berliner Bürger-Bezirks-Verein einen Vortrag ›Über Verfassungswesen‹, der es verdient, der Vergessenheit entrissen und immer wieder gelesen zu werden.

»Wenn... die Verfassung das *Grundgesetz* eines Landes bildet, so wäre sie... ein bald noch näher zu bestimmendes Etwas, oder... eine *tätige Kraft*, welche alle anderen Gesetze und rechtlichen Einrichtungen, die in diesem Lande erlassen werden, *mit Notwendigkeit zu dem macht, was sie eben sind*, so daß von nun ab gar keine anderen Gesetze als eben *diese* in diesem Lande erlassen werden *können*. Gibt es denn nun aber etwas in einem Lande, meine Herren – und bei dieser Frage beginnt nun allmählich das volle Licht hereinzubrechen –, *gibt* es denn etwas in einem Lande, eine bestimmende tätige Kraft, welche auf alle Gesetze, die in diesem Lande erlassen werden, *derart* einwirkt, daß sie in einem gewissen Umfange *notwendig so und nicht anders werden, wie sie eben sind?* Ei freilich, meine Herren, gibt es so etwas, und dieses Etwas ist nichts anderes als – die *tatsächlichen Machtverhältnisse*, die in einer gegebenen Gesellschaft bestehen. Die *tatsächlichen Machtverhältnisse*, die in einer jeden Gesellschaft bestehen, sind jene tätig wirkende Kraft, welche alle Gesetze und rechtlichen Einrichtungen dieser Gesellschaft so bestimmt, daß sie im wesentlichen *gar nicht anders sein können, als sie eben sind.*

»Ich eile, mich durch ein sinnliches Beispiel ganz verständlich zu machen... Setzen Sie... den Fall, daß eine große Feuersbrunst entstände..., so daß nun in ganz Preußen kein einziges Gesetz in beglaubigter Form mehr existierte. Das Land wäre dann durch dieses Unglück um *alle* seine Gesetze gekommen, und es bliebe ihm gar nichts anderes übrig, als sich *neue* Gesetze zu machen. Glauben Sie denn nun, meine Herren, daß man in diesem Falle ganz beliebig zu Werke gehen, ganz beliebig neue Gesetze machen könnte, wie einem das eben konveniert? Wir wollen sehen. Ich setze also den Fall, Sie sagten: Die Gesetze sind *untergegangen*, wir machen jetzt *neue* Gesetze, und wir wollen hierbei dem Königtum nicht mehr diejenige Stellung gönnen, die es bisher einnahm, oder sogar: wir wollen ihm gar keine Stellung mehr gönnen. Da würde der König einfach sagen: Die Gesetze mögen untergegangen sein, aber *tatsächlich* gehorcht mir die Armee, marschiert auf meinen Befehl, *tatsächlich* geben auf meine Ordre die Kommandanten der Zeughäuser und Kasernen die Kanonen heraus, und die Artillerie rückt damit in die Straße, und auf diese tatsächliche Macht gestützt, leide ich nicht, daß Ihr mir eine andere Stellung macht, als ich will. Sie sehen, meine Herren, ein König, dem das Heer gehorcht und die Kanonen – das ist ein Stück Verfassung.

»Oder ich setze den Fall, Sie sagten: Wir sind 18 Millionen Preußen. Unter diesen 18 Millionen gibt es nur eine verschwindend kleine Anzahl großer adliger Grundbesitzer. Wir sehen nicht ein, warum diese verschwindend kleine Anzahl großer Grundbesitzer einen solchen Einfluß üben soll, wie die ganzen 18 Millionen zusammen, indem sie aus sich ein Herrenhaus bilden, welches die Beschlüsse des von der gesamten Nation gewählten Abgeordnetenhauses aufwiegt und verwirft, wenn sie etwas taugen. Ich setze den Fall, Sie sprächen so und sagten: Wir sind *alle* ›Herren‹ und wollen *gar kein* besonderes Herrenhaus mehr. Nun, meine Herren, die großen adligen Grundbesitzer könnten dann freilich ihre Bauern nicht gegen Sie marschieren lassen! Ganz im Gegenteil, sie würden wahrscheinlich alle Hände voll zu tun haben, sich vor ihren Bauern *zuerst* zu retten. Aber die großen adligen Grundbesitzer haben immer einen großen Einfluß bei Hof und König gehabt, und durch diesen Einfluß können sie nun das Heer und die Kanonen ebensogut für sich in Bewegung setzen, als wenn diese Machtmittel zu ihrer *direkten* Verfügung ständen. Sie sehen also, meine Herren, ein Adel, der Einfluß bei Hof und König hat – das ist ein Stück Verfassung.

»Oder ich setze den ungeheuren Fall, König und Adel einigten sich unter sich, die mittelalterliche Zunftverfassung wieder einführen zu wollen... auch für den Groß- und Fabrikationsbetrieb und für die Produktion mit Maschinen... – was würde entstehen? Die Herren Borsig, Egels usw., die großen Kattunfabrikanten, Seidenfabrikanten usw. würden ihre Fabriken schließen und ihre Arbeiter entlassen... diese ganze unendliche Volksmasse würde, nach Brot und Arbeit rufend, durch die Straße wogen, hinter ihr stände... die große Bourgeoisie, und es würde so ein Kampf ausbrechen, in welchem keineswegs der Sieg dem Heere verbleiben könnte. Sie sehen also, meine Herren, die Herren Borsig und Egels, die großen Industriellen überhaupt, die sind ein Stück Verfassung...

»Wir haben jetzt also gesehen, meine Herren, was die Verfassung eines Landes ist, nämlich: die in einem Lande bestehenden tatsächlichen *Machtverhältnisse*... Ebenso, meine Herren, wird Ihnen jetzt von selbst klar sein, wie man bei diesem Niederschreiben jener *tatsächlichen* Machtverhältnisse, wodurch sie nun auch zu *rechtlichen* werden, zu Werke geht. Man schreibt da nicht hinein: der Herr Borsig ist ein Stück der Verfassung, der (Bankier) Herr Mendelssohn ist ein Stück der Verfassung und so weiter, sondern man drückt das auf eine *viel gebildetere* Art und Weise aus. Will man z. B. feststellen: die wenigen großen Industriellen und Kapitalisten in der Monarchie sollen so viel Macht haben und mehr als alle Bürger, Arbeiter und Bauern zusammengenommen, so wird man sich hüten, das in dieser offenen und unverhüllten Form niederzuschreiben. Aber man erläßt ein Gesetz, wie z. B. das oktroyierte Dreiklassenwahlgesetz vom Jahre 1849, durch welches man das Land in drei Wählerklassen einteilt, gemäß der Höhe des Steuerbetrags, den die Wähler entrichten und der sich natürlich nach ihrem Kapitalbesitz bestimmt... Sie sehen hieraus, meine Herren, daß man auf diese Weise genau dasselbe Resultat erzielt, als wenn man mit plumpen Worten in die Verfassung schriebe: Ein Reicher soll siebzehnmal soviel politische Macht haben als ein anderer Bürger, oder ebensoviel wie siebzehn andere... Will man ferner in der Verfassung feststellen: eine kleine Anzahl adliger Grundbesitzer soll für sich allein wieder soviel Macht besitzen wie Reiche, Wohlhabende und Nichtbesitzende, wie die Wähler aller drei Klassen, die ganze Nation zusammengenommen, so wird man sich wieder hüten, dies mit so ungebildeten Worten zu sagen – denn bemerken Sie wohl, meine Herren, ein für allemal, alles Deutliche ist ungebildet –, sondern man setzt in die Verfassung: Es soll... ein *Herrenhaus* gebildet werden, dessen Zustimmung zu den die ganze Nation vertretenden Beschlüssen des Abgeordnetenhauses erforderlich ist, und das somit einer Handvoll alter Grundbesitzer die politische Macht gibt, auch den *einstimmigen* Willen der Nation und aller ihrer Klassen aufzuwiegen.«

Soweit Lassalle 1862. – Es ist nützlich und notwendig, sich an diese »ungebildeten« weil »deutlichen« Einsichten heute zu erinnern: Das, was als Außerparlamentarische Opposition zum festen Bestandteil des politischen Kräftefeldes der Bundesrepublik am Ende der sechziger Jahre wurde, muß *auch* gesehen werden als eine Reaktionsbewegung gegen die Entpolitisierungsprozesse in allen gesellschaftlichen Bereichen – und diese Entpolitisierung manifestiert sich *auch* in der Verschleierung elementarer politischer Wahrheiten und konkreter Interessen, wie sie Lassalle noch in der Lage war zu benennen. Wäre es möglich, heute mit jener Mischung von scheinbarer Naivität und Anschaulichkeit, von konkretem politischem Engagement und analytischer Präzision über Verfassungswesen zu referieren? Zumindest geschieht das offensichtlich nicht: Sind daran die heute vermeintlich so viel komplexeren Verhältnisse schuld – oder könnte das nicht *auch* ein gebrochenes Verhältnis der Politikwissenschaft zur Wirklichkeit reflektieren, das insofern ein gebrochenes ist, als diese Wirklichkeit nicht mehr als die Summe ihrer Möglichkeiten analytisch begriffen und intellektuell partizipierend verändert wird? Lassalle hielt seinen Vortrag vor einer außerparlamentarischen Opposition seiner Zeit (die Fortschrittspartei war durch das Dreiklassenwahlrecht generell und durch eine abermalige Parlamentsauflösung wenige Monate zuvor mit der Frage konfrontiert gewesen, wie sie sich zu Verfassung und Parlament stellen solle, die beide zum Instrument ihrer eigenen Entmachtung umfunktionalisiert worden waren), und er versuchte, ihr einige grundlegende Einsichten in das Wesen von Recht und Gesetz, von den geschriebenen Spielregeln politischer Machtverhältnisse zu vermitteln. Diese seine Einsichten jedoch waren ihrerseits nur zu gewinnen gewesen als Resultat eines Theorie-Praxis-Verhältnisses, dem ein konkretes Erkenntnisinteresse zugrunde lag – ein Erkenntnisinteresse an einer Wirklichkeit, die nicht als eine sich aus sich selbst verändernde begriffen wurde, sondern zu deren Veränderung wissenschaftliche Erkenntnis einen konkreten Beitrag leisten sollte. Die Parteilichkeit des Wissenschaftlers und Politikers Lassalle in dieser Situation war die Wahrheit des Konkreten, ihre »Deutlichkeit« – so wie Deutlichkeit die Wahrheit desjenigen Politikers und Wissenschaftlers ist, dessen Parteilichkeit in Aufklärung und Emanzipation jener gesellschaftlichen Gruppen, Schichten und Klassen besteht, deren objektive Unterdrückung subjektiv durch Entpolitisierung verschleiert und erträglich gemacht wird. Die Tatsache, daß die Politikwissenschaft der spontan sich seit Mitte der sechziger Jahre überall in der Bundesrepublik und in Westberlin regenden politischen Protestbewegung »Außerparlamentarische Opposition« begrifflich, analytisch und kategorial so erstaunlich hilflos gegenübersteht, daß es ihr offensichtlich unmöglich ist, diese Bewegung »auf den Begriff« zu bringen – von ihrem Versagen einer Antizipation dieser Möglichkeit in der Bundesrepublik ganz abgesehen –, signalisiert in einem kaum zu übersehenden Maße ihren eigenen Verlust an Wirklichkeit*. (Man wird allerdings hinzufügen müssen, daß das gleichermaßen für Frankreich gilt: Es dürfte kaum einen Soziologen oder Politikwissenschaftler geben, der von sich behaupten kann, er habe auch nur annähernd das revolutionäre Potential bei Studenten und der jüngeren Industriearbeiterschaft antizipiert, das sich im Mai 1968 so abrupt entlud und nun nachträglich zum Objekt wissenschaftlich-deskriptiver Analysen wird.) Insofern impliziert jeder Versuch, Außerparlamentarische Opposition in der Bundesrepublik zum Gegenstand politikwissenschaftlicher Analyse zu machen, auch und nicht zuletzt selbstkritische Fragen nach Methode und Selbstverständnis dieser Politikwissenschaft überhaupt.

Diese Fehlanzeige politikwissenschaftlicher Auseinandersetzung mit bzw. Partizipation an der Repolitisierungsbewegung Außerparlamentarische Opposition ist nicht zuletzt darum so bemerkenswert, als es hier *auch* um einen Prozeß der praktischen Wiederentdeckung gesellschaftlicher Macht-

---

* Die inzwischen uferlos gewordene Literatur ist fast ausschließlich journalistisch deskriptiv und darum politikwissenschaftlich uninteressant. Auch reduziert sie fast durchweg die Fragestellung auf »Was wollen die Studenten?« und verfehlt darum zumeist den politischen Charakter und die Bedeutung dieser Bewegung. Nicht zuletzt darum wird hier auf Literatur- und Quellenverweise verzichtet.

strukturen geht. Praktische Wiederentdeckung meint Wiederentdeckung durch Praxis. Der westdeutschen Politikwissenschaft entglitt die Möglichkeit solcher Einsichten in den politischen Prozeß und die gesellschaftliche Wirklichkeit der Bundesrepublik in dem Maße, in dem sie nahezu gleichzeitig mit ihrer nicht ganz mühelosen Renaissance nach dem Zweiten Weltkrieg die ungeprüften Axiome von der nivellierten oder sich nivellierenden Mittelstandsgesellschaft übernahm, zugleich mit einem unter starkem angloamerikanischem Einfluß entwickelten idealisierten, d. h. normativ antizipierten liberalen Demokratiebegriff. Auch die intensive zeitgeschichtliche Fixierung auf Nationalsozialismus und Drittes Reich trug in der Betonung der totalitären Aspekte dieses Herrschaftssystems dazu bei, gesellschaftliche, sozio-ökonomische Machtstrukturen und Interessenlagen als die eigentlichen Voraussetzungen, als den Stoff, aus dem Politik gemacht wird, zu verdecken und dem analytischen Zugriff zu entziehen. Darum blieb diese Politikwissenschaft über weite Strecken politisch objektiv irrelevant, wurde sie nicht zu einer Wirklichkeitswissenschaft im Sinne der Herausarbeitung der in dieser Wirklichkeit verborgenen Möglichkeiten, sondern zu einer entweder rückwärtsgerichteten oder bestenfalls Status-quo-orientierten Wissenschaft. Nur in wenigen Fällen – und dazu gehören zweifellos Theodor Eschenburgs journalistisch formulierte Normenkritiken – übersprang sie ihre eigenen Schranken zugunsten des Versuchs einer praktischen Veränderung der politischen Gegebenheiten; aber auch noch diese Versuche demonstrieren die eingebauten Erkenntnisgrenzen eines solchen Ansatzes: Orientiert an einem inhaltlich nicht weiter untersuchten Normensystem und sich adressierend an politische Führungsstäbe, Bürokratien, Regierungspolitiker und Parlamentarier, begaben sie sich der Möglichkeit, dem eigenen abstrakten Postulat gerecht zu werden, eine »Waffe der Demokratie« zu sein. Diese Möglichkeit besteht insbesondere für die Politikwissenschaft nur dann, wenn sie sich nicht abstrakt mit »der Demokratie« oder »dem demokratischen Regierungs- und Verfassungssystem« identifiziert, sondern konkret mit solchen Gruppen und gesellschaftlichen Kräften, die ihrerseits aufgrund ihrer sozioökonomischem Lage und ihrer Positionen außerhalb der Macht- und Entscheidungszentren an einer fortschreitenden Demokratisierung vital interessiert sind. Die Chancen der Politikwissenschaft als demokratischer Wissenschaft oder »Demokratiewissenschaft« sind unauflösbar verknüpft mit und abhängig von der Existenz demokratischer Bewegungen; sie liegen in der Wahrnehmung ihrer aufklärerischen, emanzipatorischen Funktionen, nicht aber darin, lediglich »Regierungslehre« zu sein. Eine solche Reduktion impliziert die konkrete Konsequenz der funktionalen Blindheit für das eigene Material, die Gesellschaft, für ihre Entwicklungstendenzen und ihre Interessen, als deren organisierter Ausdruck politische Formation – Staat, Verfassung, Parteien – uns gegenübertreten.

Zweifellos waren die Bedingungen der Möglichkeit einer solchen Politikwissenschaft, die sich selbst als an progressiver Veränderung orientierte Demokratiewissenschaft versteht, während ihrer Auf- und mehr noch während ihrer Ausbauphase in der zweiten Hälfte der fünfziger Jahre ausgesprochen ungünstig: Es war dies die Zeit nicht nur des kalten Krieges, sondern vor allem die Periode weitgehender innenpolitischer Stagnation, in die das Ende etwa der SPD als einer inhaltlichen Oppositionspartei, die politische Resignation der Gewerkschaftsbewegung und die scheinbare Permanenz der Rekonstruktionsperiode, das »Wirtschaftswunder«, fällt. Auch eine unter besseren ideologischen Startchancen sich entwickelnde Politikwissenschaft hätte das Fehlen einer fundamentaldemokratischen Bewegung kaum intellektuell und methodisch kompensieren können. Andererseits konstituierte diese Lage dann auch ihre methodologische Hilflosigkeit angesichts des Wiederaufbrechens gesellschaftlicher, politisch vermittelter Konflikte in der zweiten Hälfte der sechziger Jahre. Da darin, formal gesehen, das eigentlich Entscheidende an der als Außerparlamentarische Opposition bezeichneten Protestbewegung liegt, ist es notwendig, kurz einige Elemente ihrer Genesis anzudeuten:

Zum einen kam Bewegung in die westdeutsche Politik von den Universitäten her, von der Studentenschaft. Es ist zweifellos ein historisch neuartiges Phänomen in Deutschland, daß die Studenten »links« sind; zumindest seit der ersten Hälfte des 19. Jahrhunderts hat die deutsche Studentenschaft, sich überwiegend aus gehobenem und mittlerem Bürgertum rekrutierend, in ihrer großen Mehrheit auf seiten des nationalen Staates gestanden, war sie konservativ bis reaktionär patriotisch, sei es vor der Reichsgründung, sei es im Wilhelminischen Reich, in der Weimarer Republik oder auch bis hinein ins Dritte Reich; noch die ersten fünfzehn Nachkriegsjahre – sieht man von einem rasch vorübergehenden demokratischen Idealismus der Kriegsgeneration bis Anfang der fünfziger Jahre ab – ließen kaum darauf rechnen, daß dies in der Bundesrepublik oder in Westberlin wesentlich anders sein würde. Es dürften zu Beginn der sechziger Jahre unter anderem die sich durch Universitätsüberfüllungen verschlechternden Studienbedingungen, ein Lehr- und Forschungsbetrieb, der nicht mehr den Erfordernissen der Wissenschaften selbst gerecht wurde, die Inflexibilität und Verhärtung der hierarchischen Strukturen und der gleichzeitig von der Gesellschaft her einsetzende größere Leistungsdruck gewesen sein, die zu sich steigernden Friktionen innerhalb des Betriebs Universität selbst führten. So gab es ein, zunächst noch ganz unpolitisches, Frustrationspotential an den meisten westdeutschen Universitäten und Hochschulen. Dieses Potential konnte in dem Moment manifest werden, wo zunächst ephemer erscheinende Anlässe zu inneruniversitären Konfliktfällen wurden und wo gleichzeitig Gruppen vorhanden waren, die diese Konflikte in einem über den jeweiligen unmittelbaren Anlaß hinausweisenden Kontext interpretieren und artikulieren konnten. Diese Konstellation war in besonderer Weise zunächst an der Freien Universität in Westberlin gegeben, wo mit dem Sozialistischen Deutschen Studentenbund eine Gruppe vorhanden war, die die langen Jahre der innenpolitischen Stagnation zu intensiver analytischer Arbeit genutzt hatte und unter anderem mit der umfangreichen Untersuchung ›Hochschule in der Demokratie‹ eben jenen Interpretationsrahmen zu liefern vermochte, innerhalb dessen die unmittelbar erfahrenen inneruniversitären Konflikte einen logischerweise über die Universität selbst hinausweisenden Sinnzusammenhang erhielten. Die vor allem soziologische – nicht politikwissenschaftliche! – Schulung und Ausbildung dieser Studentengruppe gab ihr das methodische und begriffliche Werkzeug an die Hand, an diesem gesamtgesellschaftlich zunächst marginal erscheinenden Einzelfall Universität allgemeine Entwicklungstendenzen und Konflikte innerhalb der spätkapitalistischen Gesellschaft einerseits und im Verhältnis von Wissenschaft zur bürgerlichen Gesellschaft andererseits zu exemplifizieren. Damit wurde zum erstenmal wieder seit langem jene Erscheinungsform des Entpolitisierungsprozesses, die mittels Partikularisierung und Individualisierung von Streitfragen und Konflikten objektiv die Funktion hat, die Gesellschaft als ganze gegen jede radikale Infragestellung abzuschirmen, aufgehoben. Der hier einsetzende Repolitisierungsprozeß zeichnet sich gerade dadurch aus, daß er systematisch vom Einzelnen zum Allgemeinen, vom scheinbar Spezifischen zum tatsächlich Typischen analytisch fortschreitet und die unmittelbar erfahrenen Konflikte mit jeweiligen Rektoren oder Universitätsverwaltungen politisch begreift und vermittelt. Was äußerlich betrachtet nur Fragen des Hausrechts oder der Studienform zu sein schienen, enthüllte sich bei genauerer Analyse als gesellschaftspolitische Kontroverse um Erhaltung oder Demokratisierung der überkommenen hierarchischen Universitätsstruktur, an deren Erhaltung wiederum eine von Gruppen und Schichten mit privilegiertem Einfluß stabilisierte Gesellschaft vital interessiert war und ist.

Diese, inhaltlich hier nicht weiter zu entfaltenden Einsichten waren allerdings nun nicht lediglich das Resultat eines abstrakten, sondern vielmehr eines durch die Praxis selbst vermittelten Lernprozesses der Beteiligten und Betroffenen. Indem man etwa erfuhr, wie irrelevant die Auswechselung eines »konservativen« durch einen »liberalen« Rektor für die Reproduktion der Interessen der Universitätsbürokratie, der Fakultäten und Akademischen Senate war, lernte man etwas über Machtstrukturen und Rollenverhalten, das weit über den spezifischen Bereich Universität hinauswies. Am Anfang jener zunächst noch rein inneruniversitären Konflikte stand auf seiten der Betroffenen, derer, die ihre Interessen verletzt und mißachtet sahen, die Erwartung, daß ein Personalwechsel jene Konflikte zu lösen und die Spannungen zu beheben vermöchte: So verließen sich an der Freien Universität Berlin im Sommer 1965 die politischen Studentengruppen ebenso wie sympathisierende Professoren auf die Mechanismen und Institutionen etabliert – traditioneller Art zur Schlichtung von Kontroversen – auf das informelle Gespräch, das Aushandeln innerhalb der Fakultäten, die Möglichkeiten der

Wahl; in der Erwartung, daß Öffentlichkeit und organisierter Massenprotest die Fronten nur verhärten und die Wahl eines aufgeschlosseneren Rektors nur erschweren bzw. verhindern würden, wurde ein faktisches Stillhalteabkommen geschlossen und auf den organisierten Druck der sich politisierenden Studentenschaft verzichtet. Daß solche Strategien, die auf der Annahme von der Möglichkeit, ja sogar Wahrscheinlichkeit eines Selbsterneuerungsprozesses von Institutionen beruhten, wenn zumindest einzelnen einflußreichen Amtsinhabern in diesen Institutionen strukturelle Widersprüche bewußt geworden sind, sich als falsch herausstellten, mag rückblickend erstaunlich sein für diejenigen, die etwa die kritische Theorie der zwanziger Jahre noch nicht vergessen und verdrängt hatten; für die Generation der sechziger Jahre jedoch mußten solche Einsichten durch Konflikterfahrungen erst wiederentdeckt werden. Es ist kein Zufall, sondern bezeichnet ziemlich genau den Punkt, an dem Orientierungen über einen neu erfahrenen gesellschaftlich-politischen Sachverhalt gesucht wurden und werden, daß die Schriften von Franz Neumann, Max Horkheimer und Karl Korsch, daß Rosa Luxemburg, Gustav Landauer, der frühe Herbert Marcuse, daß Georg Lukacs und natürlich immer wieder Karl Marx eine plötzliche verlegerische Renaissance erleben. Was liberale Theorie nicht zu erklären vermochte bzw. was für eine zur Institutionen- und Regierungslehre verengte Politikwissenschaft kategorial unverständlich bleiben mußte – nämlich die Gebundenheit der Institutionen selbst an konkrete Interessen, weitgehend unabhängig vom subjektiven Wollen jeweiliger Amtsinhaber –, das erfuhr hier, im Rahmen der wiederentdeckten kritischen Theorie, zumindest Ansätze analytischer Einsicht.

Die inneruniversitären Vorgänge um 1965/66 an der Freien Universität in Westberlin sollten sich jedoch schon ein Jahr später, zumindest in diesem Aspekt des Lernens, auf der Ebene der Bundespolitik wiederholen: Die große Koalition, trotz anfänglicher formal-demokratischer Bedenken seitens der liberalen Öffentlichkeit schließlich akzeptiert als Ausweg zur Lösung einiger vermeintlich im System der Parteienkonkurrenz unlösbarer Krisenpunkte von Innen- und Außenpolitik, erwies sich sehr bald als unfähig für eben jene Aufgaben. Was man von ihr füglich glaubte erwarten zu können und weswegen es gerechtfertigt scheinen konnte, stillzuhalten, ihr eine Chance zu geben, auf den Selbstregenerationsprozeß eines politischen Systems zu hoffen, in dem einsichtige Politiker wie Brandt und Heinemann führende Funktionen innehaben – das alles sollte sich sehr bald als Fehleinschätzung herausstellen. Der gemeinsame Offenbarungseid zur Absage an Illusionen in der Frage der Oder-Neiße-Grenze und der Anerkennung der DDR blieb ebenso aus wie die projektierte große Finanzreform, wie eine qualitativ neue große Strafrechtsreform usw., und die erfolgreiche Stabilisierung der Wirtschaftslage dürfte einer CDU-Regierung wahrscheinlich ebenso gelungen sein wie einem SPD-Wirtschaftsminister Schiller. Die Strukturen und die ihnen inhärenten Interessen mußten sich als stärker erweisen als die möglicherweise weiterreichenden oder veränderungsorientierten Vorstellungen einzelner SPD-Minister oder -Staatssekretäre. Es kann in der Tat dahingestellt bleiben, ob subjektiv derartige vom Bestehenden abweichende bzw. auf qualitative gesellschaftliche Veränderungen zielende Vorstellungen innerhalb der SPD-Führung vorhanden waren oder gar noch sind – wichtig für den hier skizzierten Lernprozeß ist lediglich der Umstand, daß sich Äußerungen und Handlungen der SPD-Minister faktisch nicht mehr von denen ihrer CDU- oder FDP-Vorgänger unterscheiden, ja, daß man darüber hinaus eher eine gegenüber konservativen Politikern härtere Sprache, kompromißlosere Aktionen und unbedingtere Identifikationen mit den so unvermittelt und kampflos gewonnenen Positionen feststellen muß. Wiederum: Einer kritischen Theorie und, in diesem Falle, einer kritischen historischen Analyse der SPD von der Revisionismus-Diskussion über die Periode 1918/19 bis hin zu Bad Godesberg konnte weder der Eintritt in die große Koalition noch die unterwürfige Anpassung an Regierungsmaschinerie und etablierte Interessen, noch das Noske-Syndrom der zahlreichen SPD-Landesinnenminister seit der zweiten Hälfte der sechziger Jahre eine Überraschung sein. Aber ebenso wie es für Lenin des Schocks vom August 1914 bedurfte, um seine theoretischen Einsichten in den Revisionismus der SPD zu konkreten Erkenntnissen werden zu lassen, ebenso wie es für Liebknecht und die linke Fraktion innerhalb der SPD-Führungsgruppe der Lernprozeß anhand der Praxis im Kriegsreichstag war, aus dem die kritische Analyse und eine neue Strategie für die Linke erwuchs, ebenso vollzog sich die theoretische Klärung der Grenzen sozialdemokratischer Politik im parlamentarischen Regierungssystem der Bundesrepublik anhand der konkreten Erfahrung mit der Praxis dieser Partei zu Beginn der zweiten Hälfte der sechziger Jahre – jedenfalls bei vielen von denen, die noch 1965 für diese Partei gearbeitet und sich von ihr eine Verhinderung eines Ministers Strauß oder auch der Notstandsgesetze erwartet hatten. Lenins oder auch Luxemburgs verachtungsvolle Charakterisierungen dieser Partei – »stinkender Leichnam« – stießen nach 1966 plötzlich auf breiteres Verständnis, und die Rolle der Partei im Jahre 1918/19 begann aus der Perspektive von 1966/67 neu studiert zu werden.

Als solche Lernprozesse wurden auch die seit 1965 quantitativ wie qualitativ zunehmenden physischen Auseinandersetzungen begriffen und ausgewertet. Daß die Verletzung von Grundrechten organisierten Widerstand legitimiere, hatten zwar noch die Väter des Grundgesetzes und einiger Landesverfassungen großzügig konzediert, aber als es schließlich zu solchen Handlungen kam in der Verteidigung verfassungsmäßig bzw. zunächst noch auf universitärer Ebene satzungsmäßig garantierter Rechte, da sollte es sich nur zu schnell herausstellen, wie liberale Rhetorik und liberale Realität auseinanderfielen. Wofür ein amerikanischer Negerführer, Martin Luther King, den Friedensnobelpreis und den theologischen Ehrendoktor der Westberliner Kirchlichen Hochschule, wofür ein amerikanischer Justizminister, Robert F. Kennedy, die Ehrenbürgerschaft der Freien Universität erhielt – nämlich für die Unterstützung von sozialen Bewegungen, die ihre Freiheitsspielräume durch Ungehorsam und aktiven Widerstand gegen örtliche Gesetze und Polizeigewalt zu erweitern trachteten –, dafür gab es seitens derselben Behörden, Machtträger, Rektoren, Senate, Innenminister und Kanzler keinerlei Verständnis, wenn sich derartige Prozesse im eigenen Hause abzuspielen begannen. Die immer schon latente Kooperation zwischen vermeintlichen Machtkonkurrenten, zwischen dem Anspruch nach der universitären Autonomie verpflichteten Fakultäten und der staatlichen Repressionsmaschinerie, zwischen den Parteiführungen angeblich konträrer Couleur wurde manifest in dem Augenblick ihrer Herausforderung.

Es zeigt den Grad der Veränderung politischen Bewußtseins in der Bundesrepublik der sechziger Jahre, daß diese Herausforderung zunächst von einer scheinbar peripheren Fragestellung ausging: von der Einschätzung des Vietnamkrieges im internationalen Kontext. Während die ältere Generation und mit ihr die öffentliche Meinung noch präokkuppiert war mit den Problemen westdeutscher Identität, Souveränität und Stabilität nach dem Schock von 1945 und der Neuorientierung im sogenannten Ost-West-Konflikt der fünfziger Jahre, begann die Generation derer, die nun in die Diskussion eingreifen wollten, mit Fragestellungen, die jenes Orientierungsschema sowohl zerstörten als auch ignorierten, die aber keinesfalls ohne eine qualitative Veränderung des Schemas selbst zufriedenstellend beantwortet bzw. integriert werden konnten. Von Anfang an stellte die Frage nach Vietnam eine Herausforderung dar an Selbstverständnis und sozio-ökonomische Interessenlage der Bundesrepublik nicht minder als der USA, Englands, Frankreichs usw. – kurz: der sogenannten Freien Welt. Es entsprach und entspricht dem über die Jahre systematisch depolitisierten, zur Rechtfertigung bestehender Verhältnisse denaturierten Zustand von öffentlicher Meinung und politischer Organisation bzw. dem Fehlen von politischer Organisation gesellschaftlich latent unterprivilegierter Schichten und Gruppen, daß die Forderung nach einer Auseinandersetzung mit diesem Krisenfall Vietnam zunächst nur gestellt werden konnte als Forderung nach genauerer Berichterstattung, als Forderung nach umfassender Diskussion, als Forderung nach Aufklärung. Vietnam wurde nicht – wie etwa der Fall Sacco-Vanzetti in den zwanziger oder der Spanische Bürgerkrieg in den dreißiger Jahren – zur Kampfparole bestehender sozio-politischer Bewegungen der Linken, sondern solche Bewegungen begannen umgekehrt sich erst zu entwickeln in Reaktion auf die Erfahrung einer sich als unerwartet feindselig, uneinsichtig und einheitlich selbstgerecht herausstellenden öffentlichen Meinung. In dem Maße, in dem Zeitungen und Zeitschriften sich systematisch dagegen sperrten, die von einzelnen Gruppen der Linken, von wenigen Außenseiter-Publizisten oder aber auch von kritischen amerikanischen Politikwissenschaftlern erarbeiteten Materialien und Fakten überhaupt zur Kenntnis zu nehmen und damit den notwendigen Prozeß einer Veränderung überkommener Orientierungsschemata zwischen »Ost« und »West« einzuleiten, in dem Maße weiterhin, in dem solche Informationen systematischer Unterdrückung ausgesetzt wurden – von verbotenen Veranstaltungen politischer Hochschulgruppen bis hin zu aufgelösten oder schikanierten Straßendemonstrationen –, in dem Maße wuchs die aus Frustration und Engagement genährte Bereitschaft zur militanten Verbreitung jener Einsichten in die so offensichtlich inhumanen Konsequenzen der konterrevolutionären Strategien des Westens, die ihrerseits als Produkt von sozio-ökonomischen Interessen und kapitalistischer Wirtschaftsstruktur begriffen wurden. Kein Zweifel, daß das Ausmaß an Militanz, wie es seitdem zum festen politischen Haushalt linker Protestgruppen in der Bundesrepublik geworden ist, die vermittelte Erfahrung von Gewalttätigkeit und brutalisierter Zweck-Mittel-Relation des Vietnam-Krieges selbst reflektiert und reproduziert. Es ist nicht bloße Rationalisierung, sondern ehrliche Überzeugung, wenn es heißt: Was sind ein paar zerbrochene Scheiben gegen Napalm, was einige umgestürzte Autos angesichts eines Völkermordes? Oder genauer: Wie anders denn durch Gegengewalt kann jenes Syndrom von gewaltsamer Repression und ideologischer Rechtfertigung der Konterrevolution, das in Vietnam in besonders eklatanter Weise manifest geworden ist, in seiner spezifisch bundesrepublikanischen Version sichtbar gemacht und aufgehalten werden? Man wird im einzelnen darüber streiten können, ob etwa die Aktionen und Demonstrationen gegen den Schah von Persien im Frühsommer 1967 taktisch besonders klug organisiert und strategisch kalkuliert waren – aber man wird kaum bestreiten können, daß erst durch eben jene Demonstrationen Ansätze zu einem kritischeren Verständnis Persiens bei Teilen der bundesrepublikanischen Bevölkerung geschaffen wurden, die bis dahin Persien lediglich mit gewissen orientalisch-deutschen Schlafzimmer-Liaisons assoziierten, während doch tatsächlich die ökonomische Ausbeutung und Abhängigkeit Persiens vom Westen und damit auch und nicht zuletzt von der Bundesrepublik Deutschland wesentliche Spurenelemente der Beziehungen Asien-Vietnams zur Atlantischen Welt enthält.

Auch hier werden wir die Entstehung einer artikulierten außerparlamentarischen politischen Bewegung als Funktion des Versagens von Parlament, publizistischer Öffentlichkeit und, nicht zuletzt, akademischer politischer Wissenschaft begreifen müssen und als den Prozeß wachsender Einsichten in den strukturellen Zusammenhang, der dieses Versagen systemlogisch konstituiert. Man wird kaum bestreiten können, daß etwa die Beziehungen der Bundesrepublik zu Persien – aber ebensosehr die Beziehungen der Bundesrepublik zu Süd-Vietnam und zu den USA hinsichtlich Süd-Vietnams – im Parlament erst dann und dann auch nur defensiv zur Sprache gekommen sind, als sie »auf der Straße« thematisiert worden waren. Das ist mehr als bloßes Versagen, als bloße Vernachlässigung und verständliches Übersehen angesichts vermeintlich so viel drängenderer Probleme. Was in der Bundesrepublik unter Außenpolitik bis vor kurzem gehandelt und diskutiert wurde – politisch-parlamentarisch, publizistisch, akademisch –, reduzierte sich ausschließlich auf die historisch längst ausgestandene Problematik von Wiedervereinigung (Oder-Neiße-Grenze) und Westintegration. Außenpolitische Debatten der Parlamentarier, außenpolitische Leitartikel und Kommentare und nicht zuletzt die beschämend schwachen Ansätze zu einer wissenschaftlichen Analyse bundesrepublikanischer Außenpolitik umkreisen mit ermüdender Eintönigkeit immer wieder diese Themen, ohne über Jahre und fast schon Jahrzehnte hinweg substantiell Neues zutage gefördert zu haben oder auch fördern zu können. Diese Tatsache verdient Beachtung und deutet auf einen Verdrängungsvorgang grundlegender Art hin, der sowohl Elemente kollektiv-psychologischer Ursachen enthält als auch zu den Herrschaftsmechanismen gehört, mit deren Hilfe die Bundesrepublik im Zustand eines falschen Bewußtseins gehalten wird. Daß der Bundespräsident, daß Bundeskanzler und Außenminister nach Asien, Afrika und Lateinamerika reisen, wird zwar faktisch korrekt ebenso berichtet wie die Besuche von Staatsoberhäuptern, Regierungschefs und Außenministern der »Dritten Welt« in der Bundesrepublik – aber es fehlen auch nur die Ansätze einer Diskussion darüber, was denn die konkreten Beziehungen der Bundesrepublik zu diesen Ländern bedeuten und ausmacht. Westdeutschland investiert und exportiert in Übersee, Westdeutschland unterhält eine aktive Kultur-Diplomatie und Handelsbeziehungen, Westdeutschland ist mit Millionenbeträgen an UN-Sonderorganisationen beteiligt, Westdeutschland unterstützt bestimmte Regierungen und bestimmte gesellschaftliche Schichten in den verschiedensten Ländern mit konfliktgeladener Sozialstruktur, Westdeutschland beteiligt sich an medizinischen Hilfsaktionen und wirtschaftlichen Aufbauprojekten in Südvietnam, Westdeutschland unterhält enge Beziehungen zu Südafrika und liefert ausrangierte Waffen und Waffensysteme an spezifische Regierungen, deren Stärkung gegen innere Gegner im Interesse »westlicher Sicherheitspolitik« liegt – aber weder das Parlament mit seinen Ausschüssen noch die Presse oder die gehobene Publizistik, noch die universitäre Forschung haben auch nur Ansätze dazu geliefert, von hier aus die Außenpolitik der Bundesrepublik Deutschland zu analysieren und systematisch auf den Begriff zu bringen. Allenfalls werden bisweilen Ressentiments über verschleuderte oder falsch angelegte Wirtschaftshilfe laut, die nur die Rat- und Orientierungslosigkeit einer desinformierten Öffentlichkeit reflektieren, nicht aber das Fehlen einer außenpolitischen Strategie der Bundesrepublik in der internationalen Politik der sechziger Jahre. Solches zumindest möglich gemacht zu haben war und ist eines der Verdienste außerparlamentarischer Gegenöffentlichkeit. Was in den USA quantitativ und qualitativ Vergleichbares in der Bundesrepublik weit hinter sich läßt – die Analyse nämlich der Verzahnung von ökonomisch-militärischen Interessen und ihrer ideologischen Rechtfertigung mit einem globalen Interventionsengagement, für das Vietnam nur gewissermaßen ein besonders widerborstiger Betriebsunfall ist –, das ist doch inzwischen auch hier wenigstens möglich geworden: die Enthüllung nämlich des inneren Zusammenhangs zwischen restaurativer bzw. involutionärer Innenpolitik und einer an denselben sozialen Ordnungsprinzipien und Interessen orientierten konterrevolutionären Außenpolitik in Asien, Afrika und Lateinamerika, auch wenn quantitativ nur subsidiär zu den Weltsicherheitsinteressen der USA und taktisch differierend von der Außenpolitik früherer Kolonialmächte wie England und Frankreich. Indem die Bundesrepublik – ihre Regierung, die diese tragenden politischen Parteien, die von ihnen repräsentierten sozio-ökonomischen Interessen und die presse-öffentliche Meinung – einen Tschombe oder Schah Pahlevi einlud, ihnen den freundlichstmöglichen Empfang bereitete und gleichzeitig die ganze physische Macht ihrer Repressionsmaschinerie gegen diejenigen mobilisierte, die in diesen Personen die Repräsentanten undemokratischer, konterrevolutionärer Regime sahen, identifizierte sie sich nicht nur unzweideutig mit solchen Gesellschaftssystemen, sondern bewies zugleich, daß ihre Interessenlage ideologisch und ökonomisch internationalen Klassengesichtspunkten entsprach und weiterhin entspricht. Abgekürzt formuliert: In der aggressiven Verteidigung von Schah, Amerika-Häusern oder auch spanischen und griechischen Konsulaten wurde die Priorität manifest von internationaler Solidarität konservativer bis reaktionärer Schichten und Gruppen vor innerer Veränderung in Richtung auf demokratische Kontrolle von Wirtschaft, Gesellschaft und politischer Macht mittels Aufklärung und Massenpartizipation. Selten wurde dieser Zusammenhang so sinnfällig wie im Juni 1967, als zum gleichen Zeitpunkt, da der bundesrepublikanische Polizeiapparat zum erstenmal die Offensive gegen demonstrierende Studenten ergriff und ein Todesopfer forderte, der Bundeskanzler dem solchermaßen beschützten Schah ein Sprechfunkgerät für die persische Polizei zum Gastgeschenk machte.

Es ist verschiedentlich – aber nur sporadisch und ohne die impliziten Konsequenzen zu analysieren – darauf hingewiesen worden, daß nicht nur führende Regierungspolitiker und Parlamentarier, sondern auch einflußreiche Presseorgane und anerkannte Publizisten bereits gegen Ende der fünfziger Jahre viel Positives zu verzeichnen sahen in jenen Ländern des westlichen Sicherheitsperimeters, die bislang nur mit schlechtem Gewissen zur Freien Welt gezählt worden waren: Spanien, Portugal und Südafrika. Die Bewunderung, die ein so vielgelesener Publizist wie Winfried Martini für Portugal hegt, die Regierungsreise des Verteidigungsministers Strauß nach Südafrika oder auch der erste Nachkriegsbesuch eines westeuropäischen Regierungschefs in Spanien und Portugal (Kiesinger 1968) müssen wohl gesehen werden auf dem Hintergrund jener relativ kritischen Einschätzung und diplomatischen Kühle, denen sich etwa die skandinavischen Länder in Außenpolitik und öffentlicher Meinung der Bundesrepublik konfrontiert sahen. Auch das gehört in den Kontext jener bislang fehlenden Erhellung der außenpolitischen Strategie der Bundesrepublik Deutschland aus der Perspektive ihrer innenpolitischen Interessenlage und ihrer ordnungspolitischen Sicherheitsvorstellungen. Hier enthüllt sich in nuce die objektive Herrschaftsfunktion, die eine Unterdrückung möglicher – und seit dem Bestehen einer artikulierten linken Oppositionsbewegung tatsächlicher – sentimental-ideologischer Identifikationen mit Widerstands- und Revolutionsbewegungen in offen repressiv-faschistischen Gesellschaften hat: Indem diese Länder als Systeme geschildert und als außenpolitische Bündnispartner akzeptabel gemacht werden, in denen nicht nur Ruhe und Ordnung herrschen, sondern deren Eliten darüber hinaus wirtschaftlichen Fortschritt ermöglichen, ja fördern, indem diese Länder zu stabilen Faktoren in der Auseinandersetzung mit der kommunistischen Herausforderung werden, muß notwendigerweise deren innere Opposition zum kryptokommunistischen Störenfried und ökonomischen Unsicherheitsfaktor werden, was implizit und explizit dann ebenso für jene zutrifft, die in der Bundesrepublik für die Unterdrückten und zur Veränderung der bestehenden Verhältnisse in jenen Ländern Aufrufenden zutrifft. Die nahezu bruchlose Selbstverständlichkeit, mit der von der Bundesrepublik die faschistische Militärdiktatur in Griechenland hingenommen und die griechische Mitgliedschaft etwa in der NATO, dem Verteidigungsbündnis des Freien Westens, auch von der Bundesrepublik in keinem Augenblick in Frage gestellt wurde, demonstriert diesen Zusammenhang deutlicher, als es eine differenzierte Analyse vermöchte.

Somit wird auch und nicht zuletzt die Außenpolitik der Bundesrepublik, sowohl im Kontext des NATO-Bündnisses als auch in ihrer Eigenständigkeit, durch die internen Provokationen durchsichtiger, als sie das zuvor war. Sie wird durchsichtiger funktional in der Aufhellung der interessenbedingten Verflechtung von Innen- und Außenpolitik oder von Sozialstruktur und internationalem Verhalten, und sie wird durchsichtiger hinsichtlich ihrer weltweiten Dimensionen; die Bundesrepublik ist de facto längst nicht mehr außenpolitisch jener unschuldige »Zwerg«, als den sie Sprecher von CDU und SPD gleichermaßen charakterisiert haben; das Zwerghafte charakterisiert allenfalls die allgemeine Bewußtseinslage von Parlamentariern wie Publizisten, denen jene globale Dimension, die Verfolgung aktiver sozio-ökonomischer Interessen in Asien, Afrika und Lateinamerika bisher zugunsten einer provinziellen Fixiertheit auf Fragen des westlichen Bündnisses und der Ostpolitik völlig entgangen ist – von der westdeutschen Politikwissenschaft dabei wiederum ganz zu schweigen. Allerdings hat die Bundesrepublik dieses Syndrom gemein mit den meisten ihrer Bündnispartner im Block der westlichen Industrienationen. Charakterisiert durch eine erfolgreiche Sozialpolitik der Überlagerung von Klassenkonflikten, durch effektive Parlamentarisierung und Disziplinierung linker Parteien – Sozialdemokraten nicht minder als Kommunisten – und durch die Herausbildung gemeinsamer kollektiver Negativ-Identifikationen im Anti-Kommunismus des kalten Krieges, entwickelten sich die zunächst vorwiegend von Intellektuellen getragenen Dissent-Bewegungen nicht zufällig auch dort in der Bewußtmachung der Dimensionen des Vietnam-Krieges, wo eine direkte Komplizität nicht vorzuliegen schien. Diese Bewegung hatte ihre Vorläufer in der Opposition zum französischen Algerienkrieg, deren Träger oftmals personell identisch waren mit den späteren Vietnam-Protest-Gruppen. Was jedoch im Falle Algeriens noch nicht gelang – nicht zuletzt wegen der Tatsache, daß Frankreich als Nichtmehr-Großmacht einen offenen und darum zu leicht denunzierbaren »altmodischen« Kolonialkrieg führte –, das entwickelte sich nun im Verlaufe der Vietnam-Diskussion: die grundsätzliche Analyse und Kritik post-kolonialer Hegemonialaußenpolitik im Muster neo-imperialistischer Strategien. Aus der zunächst sentimental-moralischen Opposition zu diesem Krieg bzw. der emotionalen Sekundär-Identifikation mit Befreiungsbewegungen, Guerilla-Kriegführung und post-kolonialer Emanzipation nicht-weißer Bevölkerungen in der Dritten Welt entwickelte sich sukzessive ein vertieftes, in Sozialstruktur, ideologische Prädispositionen und ökonomische Interessen eindringendes analytisches Verständnis der eigenen Gesellschaftsordnung, der eigenen Herrschaftssysteme und der eigenen Anfälligkeiten für inhumane, genozide Konsequenzen dessen, was bislang nur als strategische Stabilisierung des Ost-West-Konfliktes im Atomzeitalter begriffen worden war. Zumindest für die USA läßt sich feststellen, daß nicht nur die partiell als Fundamental-Opposition auftretende Protestbewegung ihrerseits selbständig, d. h. universitäts-unabhängig, qualitativ bedeutende Analysen amerikanischer Innen- und Außenpolitik in ihrer Interdependenz hervorgebracht hat, sondern daß hier auch, darüber hinaus, die etablierten akademischen Disziplinen nicht umhin konnten, jene Impulse und Fragestellungen wenigstens teilweise aufzugreifen; die wissenschaftliche Produktion der sechziger Jahre auf dem Gebiet der Internationalen Politik ist ebenso wie die Literatur über Gesellschaftsstruktur und politische Ordnung zumindest in ihren Fragestellungen deutlich von dem unterschieden, was während der gesamten fünfziger Jahre hervorgebracht wurde. In Ansätzen gilt das auch für die Bundesrepublik: Was die etablierten akademischen Disziplinen, die dafür zuständig wären – Zeitgeschichte, Politikwissenschaft, Soziologie, Ethnologie, Völkerrecht –, nicht fertiggebracht haben, nämlich eine über Meinungsartikel hinausgehende gründliche Analyse des Vietnamkrieges, das wurde in zahlreichen Ansätzen von der politischen Linken geliefert; und es darf wohl behauptet werden, daß diese Impulse und Herausforderungen nicht völlig spurlos an den Lehrstühlen und Vorlesungs- bzw. Seminarprogrammen vorübergegangen sind. Seitdem Vietnam zu einem aktiven Bestandteil des politischen Bewußtseins der Studentengeneration der sechziger Jahre geworden ist, seitdem sind zumindest die Fragestellungen präziser und relevanter geworden, mit denen Politikwissenschaft heute betrieben wird oder sinnvoll noch betrieben werden kann. Allen kurzfristigen »Störungen des Lehrbetriebes« zum Trotz wird man sogar darüber hinaus behaupten dürfen, daß überall dort, wo wissenschaftliche Arbeit mit relevanten Fragestellungen konkretpolitischer Natur zugelassen wurde, sich auch die Qualität erbrachter Leistungen deutlich abhebt von dem, was ohne derartigen Realitätsbezug produziert und pflichtgemäß abgeliefert wird.

Jene moralisch-sentimentale Identifizierung mit der Dritten Welt und ihren Emanzipationsproblemen wäre eine solche moralisch-sentimentale Angelegenheit geblieben, wenn nicht sowohl die analytische Stringenz ebenso wie die Reaktionen der etablierten Apparate, Eliten und politischen Führungsgruppen eben jenen Zusammenhang zwischen Repression dort und hier immer wieder zwingend hergestellt hätten. Das gilt für die USA im Lernprozeß etwa der Emanzipationsbewegung der Negerbevölkerung und ihrer Sprecher ebenso wie für Frankreich, wo die spätere Mai-Rebellion ausging von einer verhinderten Vietnam-Solidaritätsversammlung, und für die Bundesrepublik. Die Kampagne gegen den Schah-Besuch war eine direkte Reaktion auf die entstellende Berichterstattung über Persien in der westdeutschen Presse, und die dem folgende und sich sukzessive steigernde Haßkampagne der Springer-Blätter und vieler ihrer ideologischen Trabanten gegen die politisch bewußtwerdende Studentenschaft machte die Zusammengehörigkeit von Meinungsmanipulation im Innern und aggressiver, konterrevolutionärer Politik nach außen – in der Dritten Welt ebenso wie gegenüber den Ostblockstaaten und der DDR – unmittelbar deutlich. Daraus ergab sich wiederum zwingend die Notwendigkeit einer präziseren Erhellung der Rolle der Massenmedien, insbesondere der Presse, innerhalb der Wirtschafts- und Machtstruktur der Bundesrepublik. Bis dahin war von der Pressekonzentration allenfalls peripher die Rede gewesen, abstrakt und allgemein. Es schien das ein universales Phänomen zu sein, unvermeidlich unter den allgemein akzeptierten Bedingungen der »freiwirtschaftlichen Ordnung« des kapitalistischen Wirtschaftssystems. Unter der Hand, hinter der geschlossenen Tür seiner Privatwohnung mag dieser oder jener Politiker seiner Sorge vor dem beängstigenden Monopol der Springer-Presse in zahlreichen Ballungszentren Westdeutschlands Ausdruck gegeben haben, mag zugegeben worden sein, welchen verheerenden Einfluß die Bildzeitung auf Informationsniveau und politische Bewußtseinsbildung von Millionen westdeutscher Bürger hat und welche politischen Karrieresorgen Minister und Abgeordnete ausstehen, die vom rechten Pfade Springerscher Meinungsmobilisierung abzuweichen auch nur versuchen. Aber es bedurfte des gewalttätigen Durchbrechens dieser Schweigemauer zu Ostern 1968, um den Springer-Einfluß überhaupt zum öffentlichen Problem werden zu lassen, zum Thema einzelner Parlamentsausschüsse und einiger weniger mutiger Abgeordneter, die dabei ihre Fraktionsdisziplin in der Regel verletzen mußten. Analytisch thematisiert aber hat das Problem Pressekonzentration wiederum erst die Protestbewegung selbst, ohne die Hilfestellung oder doch jedenfalls ohne die Initiative der universitären Forschung, unterstützt lediglich von einigen der unmittelbar betroffenen Konkurrenten des Presselords Axel Cäsar Springer. Auch dieser Vorgang eröffnete eine neue Dimension des Lernprozesses über die gesellschaftlich-politische Realität der Bundesrepublik: über die Funktion der Presse selbst und das Ausmaß von Konzentration und Manipulation, nicht minder über das faktische Versagen der zuständigen politischen Organe – der Länderparlamente mit ihren Untersuchungsausschüssen, des Bundestages, der Parteien und fast aller ihrer Sprecher. Ein neues Stück politischer Realität enthüllte sich dem Blick derjenigen, die in einem Parlament in der als parlamentarische Demokratie bezeichneten Ordnung noch immer etwas anderes gesehen hatten als ein Organ der Verschleierung etablierter gesellschaftlicher Herrschaft – nämlich ein Organ zur Kontrolle von gesellschaftlicher und politischer Macht.

Diese beginnenden Einsichten in den innenpolitischen Macht- und Entscheidungsprozeß der Bundesrepublik Deutschland wurden in der Auseinandersetzung um die Notstandsgesetze nur vertieft und bestätigt. Nicht nur läßt es sich kaum leugnen, daß ohne die lautstarke Agitation der sich Mitte der sechziger Jahre formierenden außerparlamentarischen Linken eine breite Diskussion dieser verfassungsändernden und tief in die rechtliche Struktur der Bundesrepublik eingreifenden Gesetze auf der dafür idealiter zuständigen Parlamentsebene nicht stattgefunden hätte, nicht nur demonstrierte die schließlich erfolgte Verabschiedung dieses Gesetzeswerkes die Bereitschaft der politischen Führungsgruppen, sich ohne allzugroße Bedenken über den nahezu geschlossenen Widerstand der politisch aktiven und bewußten Studentengeneration sowie der großen Gruppe der Intelligenz hinwegzusetzen – eben jener Gruppen, die die Garanten zumindest von Liberalität und artikulierender Progressivität in nahezu allen Gesellschaften heute darstellen und auf deren Engagement auch und nicht zuletzt eine emanzipatorisch orientierte Demokratie für ihren Schutz und Ausbau vital angewiesen ist –, sondern es ist darüber hinaus die inhaltliche Richtung, die materiale Orientierung dieser Notstandsgesetze, die Befürchtungen und Vermutungen über gesellschaftliche Entwicklungstendenzen bestätigen mußte, wie sie zuerst und sehr elementar an den Universitäten selbst demonstriert worden waren. Zwangsexmatrikulation und Studienreformpläne des Wissenschaftsrates erschienen nunmehr unter der gar nicht mehr provinziellen Perspektive eines umfangreichen Disziplinierungsprozesses zur Anpassung latent oder manifest dissidenter Gruppen, Schichten und Klassen an den kapitalistischen Produktionsprozeß selbst. Daß Studenten und Intellektuelle eher, deutlicher und konkreter die eigentliche sozialpolitische Substanz dieser Gesetze erkannten und analysierten als die Gewerkschaften und die manipulativ entmündigten Arbeiter, hängt zusammen mit der relativen Privilegiertheit dieser quantitativen »Randgruppen« – einer Position, die ihnen eine relativ größere Chance der Einsicht in soziale und politische Zusammenhänge und der Artikulierung dieser Einsichten ermöglicht. Eher und deutlicher zwar als die große Masse der bewußt unaufgeklärt gelassenen Bevölkerung – nicht aber eher und deutlicher als die bürokratischen, ökonomischen und politischen Eliten der Bundesrepublik. Es ist immerhin bemerkenswert, daß jene Notstandsgesetze zu einem Zeitpunkt konzipiert worden waren, als nahezu die gesamte westdeutsche Sozial- und Politikwissenschaft, als politische Sprecher und sozialdemokratische Parteiprogrammierer von der vermeintlich wissenschaftlich abgesicherten Erwartung ausgingen – und auf diese hin ihre Strategien entwarfen –, daß es in den hochindustrialisierten Gesellschaften des Westens keine ernsthaften sozialen Krisen mehr geben werde, daß die »nivellierte Mittelstandsgesellschaft« mit zunehmend ausgeglichener Klassenstruktur, steigendem Einkommen für eine zunehmend sozial und psychologisch integrierte Arbeiterschaft, kurz: daß die »formierte«, die wohlfahrtsstaatliche Gesellschaft die einzige und alternativlose Zukunft darstelle. Offensichtlich waren – im Gegensatz vor allem zu den Sozialdemokraten, dann aber der etablierten Meinungsöffentlichkeit und schließlich auch der Soziologie und Volkswirtschaftslehre – die Führungskräfte der CDU, die Spitzen der Industrie und nicht zuletzt die federführenden Ministerialbeamten keineswegs von einer derart harmonischen Zukunft der bundesrepublikanischen Wirtschaft und Gesellschaft überzeugt, vielmehr solchen rosigen Perspektiven gegenüber zutiefst skeptisch eingestellt. Es ist nicht ohne Ironie und doch zugleich Logik, daß etwa die Sozialdemokratie und mit ihr viele Liberale innerhalb und außerhalb von effektiven Machtpositionen bis zu Beginn der sechziger Jahre auf Grund eben jener Harmonieerwartungen die Notstandsgesetze für einen Anachronismus hielten und ihre Behandlung darum verzögerten – um dann, nach dem Auftreten der ersten ernsthaften Risse im restaurierten Sozialgefüge, diese Gesetze in einer Diskussionssituation zu verabschieden, die eben jenen verborgenen und bewußt verborgen gehaltenen Aktualitätskern ans Licht brachte. Nach den sogenannten »Osterunruhen« von 1968 und den unmittelbar folgenden Mai-Ereignissen in Frankreich wurde auch denjenigen die Notwendigkeit einer verfassungsrechtlichen Handhabe gegen sozialrevolutionäre Gruppen mit potentieller Massenbasis in der Arbeiterschaft und anderen lohnabhängigen Teilen der Bevölkerung derzeit junger Generation bewußt, die bisher sich als Hüter des liberalen Rechtsstaates verstanden.

Es gehört mit zu dem wichtigsten Erfahrungswissen jener Jahre, Monate und schließlich intensiven Wochen des Versuchs einer außerparlamentarischen öffentlichen Meinungsbildung gegen den massiven Druck nahezu aller Institutionen und Massenmedien im Frühsommer 1968, daß die radikaldemokratische Linke weitgehend allein gelassen wurde – nicht zuletzt, bis auf ganz wenige Ausnahmen, von ihren eigenen Hochschullehrern, die zum Teil privatim oder auch akademisch ihre schweren Bedenken gegen die Verfassungsänderungen geäußert hatten, die aber dann nicht bereit waren, die Republik kämpferisch zu verteidigen. Sie, ebenso wie die Gewerkschaften, waren u. a. fixiert an einem Begriff von faschistischer Machtübernahme, der nicht nur historisch den legalistischen Charakter der Vorgänge von 1933/ 34 übersah, sondern, darüber hinaus, die neuen Qualitäten post-faschistischer Disziplinierungen kognitiv unmöglich machte. Mehr noch: Diese Neue Linke erfuhr, »lernte« im Verlaufe dieses Kampfes um die Notstandsgesetze und in der folgenden Diskussion um Formen und Inhalte von Demokratie, wie rasch liberale Ideologie und Praxis bereit waren, ihre eigenen Ideale zu desavouieren. Solche Ernüchterung hatte bereits mit der Bildung der großen Koalition eingesetzt, waren doch ganze Generationen von Nachkriegsschulabsolventen und Teilnehmern in Lehrgängen zur politischen Bildung in dem strengen Glauben erzogen worden, daß die Existenz einer starken Oppositionspartei im Parlament zu den Wesensmerkmalen einer Demokratie gehöre. Nun erfuhren sie, wie leichtfertig so vitale Elemente einer liberalen Verfassung wie das Postgeheimnis schon in Friedenszeiten geopfert wurden und die Verfassung selbst, von der es immer geheißen hatte, daß sie unangreifbar und nur in zwingenden Fällen zu verändern sei, ihren eigenen Vätern zum Opfer fiel, bzw. daß diese Veränderungen der Preis für das Entreebillet einer nur noch an der Machtbeteiligung interessierten Parteioligarchie waren – von der Desillusionierung mit den politischen Parteien im Zuge der peinlichen Parteifinanzierungs-Manipulationen ganz abgesehen. Es mußte auch weiterhin zur Kenntnis genommen und politisch im Lernprozeß verarbeitet werden, wenn ein respektierter Politikwissenschaftler wie Theodor Eschenburg, durch dessen Schule Hunderte junger Lehrer und zahlreiche Akademiker der neuen Generation gegangen sind und von dem sie Entscheidendes gelernt hatten in Fragestellung und handfester Methodik, 1968 zur großen Koalition erklärte, die parlamentarische Demokratie bedürfe wegen ihrer ständigen Ausrichtung auf die nächste Wahl an sich alle paar Jahre einer solchen »Diktatur auf Zeit«, damit die zuvor von Regierung und Opposition angerichtete »Sauerei« wieder aufgeräumt werde; wie anders ist das zu verstehen als so: die parlamentarische Demokratie mag in der Theorie gut sein, aber sie taugt nicht für die Praxis – bzw. noch weitergehend: das Ideal wäre eigentlich eine vom Rekurs auf den unzuverlässigen und zu leicht verführbaren Volkswillen unabhängige, aufgeklärte Diktatur, und nur weil diese nicht zu haben ist, bleibt das bislang als Methode zur Herausbildung der jeweils besseren politischen Führung durch Konkurrenz, wechselseitige Kritik und progressive Aufklärung gefeierte Modell der Parteiendemokratie das geringere Übel für normale Zeiten... War, so begann Mitte der sechziger Jahre eine neue und unvorbelastete Generation zu fragen, alles falsch, was wir über Demokratie, Verfassung, Rechtsstaat, über Regierung und Opposition, über Parteiensysteme und Parlamentarismus gelernt haben? Muß der Bruch, die nicht mehr zu leugnende und bisher in gewissen Grenzen als von der Natur der Sache her legitime, ja notwendige Diskrepanz zwischen Ideal und Wirklichkeit, zwischen Sollen und Sein durch eine realistische Neuformulierung der Theorien geheilt werden (wie etwa von Eschenburg expliziert), oder ist es nicht gleichermaßen möglich, die Wirklichkeit an ihren theoretischen Möglichkeiten orientiert zu verändern? Bedarf die Beantwortung solcher Fragen jedoch nicht einer Artikulierung und eines wissenschaftlichen Auf-den-Begriff-Bringens jener politischen und bisweilen vor-politischen Erfahrungen der letzten Jahre, das jene Schemata und Orientierungsrahmen einer formalisierten Politikwissenschaft überwindet, die sich als untauglich zur Erfassung der Wirklichkeit selbst herausgestellt haben? Und könnte solches Überwinden nicht *auch* auf eine Weise geschehen, die nicht davor zurückschreckt, sich der »ungebildeten Deutlichkeit« Lassallescher Sprache zu bedienen? Die Übertreibung, die plakative Vergröberung auf Kosten differenzierender Analyse als das Medium der Wahrheit in einer gesellschaftlichen Umgebung, die heute nicht minder als vor einhundert Jahren sich der unleugbaren Komplexität aller Materien zur Verschleierung konkreter Interessen bedient – solches scheint zumindest Teile der Praxis der Außerparlamentarischen Opposition auszumachen – und Lassalle hätte ihr darin zugestimmt.

Es hätte ihm Vergnügen bereitet, die »bestehenden, tatsächlichen Machtverhältnisse« aufzuspüren in der fast undurchsichtig gemachten Verflechtung und Verschränkung von Interessen, Ideologien, Klassenpositionen und Manipulationsapparaturen der Bundesrepublik der sechziger Jahre. Möglicherweise hätte er das bisherige Ergebnis des Lernprozesses der Neuen Linken in der Bundesrepublik etwa folgendermaßen zusammengefaßt:

›Wir haben eine Verfassung, ein Grundgesetz, das zu einem Zeitpunkt und unter Bedingungen zustande kam, da die gesellschaftlichen Machtverhältnisse noch nicht wieder stabilisiert worden waren nach dem großen Kollaps einer Fehlinvestition der herrschenden Kreise des Großbürgertums und der Großindustriellen in ein abenteuerndes politisches Regime. Die Siegermächte des Westens, die in ihren Besatzungszonen damals wesentlichen Einfluß ausübten und gewisse demokratische Spielregeln institutionalisiert sehen wollten, bestanden auf einer parlamentarischen Demokratie, was sich durchaus deckte mit den Vorstellungen derjenigen Weimarer Politiker, die das Versagen der ersten Republik vor allem im bitteren Kampf zwischen ‚Linksextremen' und ‚Rechtsextremen' auf der Grundlage einer zu liberalen Verfassung sahen. So gingen sie ans Werk und entwarfen ein Grundgesetz, das politische Freiheiten für Parteien der Mitte mit einer starken Exekutive und jenem Maße von Föderalismus verbinden sollte, die es einer erwarteten sozialdemokratischen Nachkriegsregierung unmöglich machen würden, grundlegende gesellschaftliche Veränderungen herbeizuführen. Es sollte sich herausstellen, daß die letztere Sorge doppelt unbegründet war: Die Sozialdemokratie wurde zwar stärkste Partei bei den ersten Nachkriegswahlen, aber das Bürgertum hatte zusammengenommen noch immer die Mehrheit im Parlament; und: die Sozialdemokratie gab selbst im Laufe der Jahre alle Ambitionen auf, die Gesellschaft verändern zu wollen. Damit entfiel auch die Notwendigkeit eines Föderalismus, und man begann zu überlegen, wie man diesen überwinden könne. Mitte der sechziger Jahre schien der Zeitpunkt dazu gekommen zu sein, und man ging geschickt ans Werk, indem man von der Peripherie her ansetzte: Jeder vernünftige Mensch muß doch wohl einsehen, daß die Kultur- und Bildungspolitik im Zeitalter der Wissenschaftsplanung einer zentralen Institution unterworfen werden muß, also einem Bundeswissenschaftsministerium oder etwas ähnlichem. Und jeder wird einsehen, daß überhaupt der Bund eine gerechtere Verteilung der Steueraufkommen garantieren kann als die Länder, von denen einige arm und andere reich sind und somit die Bürger ungleich behandelt werden, ohne ihre eigene Schuld. Man braucht deshalb die Verfassung noch nicht zu ändern – das sähe zu grob aus, man spricht darum lieber von Finanzreform und Wissenschaftsplanung im Atomzeitalter.

›Es sollte sich aber auch herausstellen, daß, nach der Überwindung des kollektiven Traumas ‚Drittes Reich' eine Generation heranwuchs, die auf einmal in der Gesellschaft jene Konflikte und sozialen Unterschiede wiederentdeckte, von denen man glaubte, sie seien vergessen worden. Junge Leute wollten von Demokratie nicht nur in Schulbüchern lesen, sondern auch selbst mitbestimmen und begannen zu fragen, wieso eigentlich die Herren, die einen Hitler und seine Partei mitfinanziert hatten, noch immer über Geld und Einfluß verfügten und nunmehr andere Parteien finanzieren dürften; und sie wollten wissen, wieso in dieser Demokratie, die sich doch mit Abscheu vom Nazismus absetzte, so viele ehemalige Nazis in führenden Positionen säßen. Damit hatte es angefangen. Als diese jungen Leute, so, wie sie es in ihren Schulbüchern über die Demokratie oder in ihren Seminaren gelernt hatten, in die politischen Parteien gingen, um dort ihre Stimme zu erheben und Einfluß zu gewinnen, da wurden die Parteiführungen nervös. Zuerst taten sie die Stimmen von unten ab mit ‚jugendlichem Idealismus' und kooptierten einige der Führer in die eigenen Stäbe, um sie derart zum Schweigen zu bringen – was auch meistens gelang. Dann aber, als die Stimmen nicht verstummen wollten, beschloß man, da sie Sand im Getriebe seien und die Freiheit der Entscheidung der Führungen behinderten, die jungen Leute an die Luft zu setzen – vor allem in der SPD, denn vor allem von dieser Partei erhofften sich die jungen Leute damals noch eine neue Politik. Aber in dieser Freiheit ging den jungen Leuten die Luft nicht aus, sie begannen vielmehr an Anhängerschaft zuzunehmen. Da schien es gefährlich zu werden, und man begann sich zu überlegen, ob diese Verfassung nicht zu viele Freiheiten gewährte. Zuerst ging man daran, das Entstehen neuer Parteien zu erschweren und nach Möglichkeit zu verhindern. Man führte Sperrklauseln ein und finanzierte sich selbst aus dem Staatshaushalt (zuerst hieß es ‚Bildungsarbeit', dann ‚Wahlkostenerstattung' – alles andere klänge weniger gebildet und weniger demokratisch), dann begann man Überlegungen anzustellen, wie das Wahlgesetz zu verändern sei. Aber schließlich merkte man, daß die jungen Leute kaum mehr daran dachten, sich an Wahlen zu beteiligen und eine Konkurrenzpartei aufzumachen, also das alte Spiel der Alten mitzuspielen. Nunmehr wurde es gefährlich und bedurfte neuer Taktiken, um mit denen fertigzuwerden, die auf dem Boden des Grundgesetzes für Sozialismus, für Kontrolle der Industrie, für eine klassenlose Gesellschaft und gegen alle ökonomischen Privilegien agitierten. Da diese politischen Gruppierungen sich nicht einem Kampf auf der Bühne stellten, die ihnen angeboten wurde, sie es vielmehr vorzogen, in Stücken revolutionäre Veränderungen an der Basis durchzusetzen – etwa die Universitäten zu demokratisieren, in der Hoffnung, daß andere Gruppen und Schichten der Bevölkerung dieses Vorbild auf ihre Weise nachahmten –, mußte man versuchen, sie zu einem Zeitpunkt und mit Mitteln auszuschalten, die eigentlich den eigenen verfassungsmäßigen und rechtsstaatlichen Prinzipien etwas widersprachen. Das sollte vor allem dadurch geschehen, daß man ihnen absprach, ernsthafte politische Ziele zu haben, sie vielmehr zu Wirrköpfen und Kriminellen stempelte; solchen gegenüber würde dann nicht nur die Öffentlichkeit immun bleiben, sondern auch eine rigorose Anwendung der Gesetze und des Polizeieinsatzes genügen. Um ganz sicher zu gehen, sollte es zusätzlich ein Gesetz geben, das Inhaftierung politisch aktiver Oppositioneller ermöglicht zu einem Zeitpunkt, da auch nur die Möglichkeit besteht, solche Gruppen oder Individuen könnten Unruhe stiften – also Vorbeugehaft. Gleichwohl traute man langfristig dem so abzusichernden inneren Frieden nicht. Spätestens die Ereignisse in Frankreich im Jahre 1968 zeigten, daß jene kriminellen Elemente und radikalen Wirrköpfe fast eine Mehrheit der arbeitenden Bevölkerung auf ihre Seite und zur Rebellion bringen konnten. Dagegen mußte man gesetzlich abgesichert sein – die Verfassung in ihrer bestehenden Form genügte nicht. Einen Vorwand hatte man schon lange: die volle Herstellung der Souveränität der Bundesrepublik und die Möglichkeit des Angriffes einer Feindmacht – kein vernünftiger Mensch konnte eigentlich gegen Notstandsgesetze etwas haben. Man hatte Glück gehabt: 1968 brachte man diese Verfassungsänderung gerade noch zu einem Zeitpunkt über die Bühne, als erst relativ wenige Leute – und das waren auch nur die, gegen die die Gesetze eines Tages Anwendung finden sollen – die eigentlichen Gefahren erkannten, die diese Verfassungsänderung für die Demokratie bedeuteten. Zwei oder vielleicht auch nur ein Jahr später würde es dafür möglicherweise zu spät gewesen sein, und vielleicht schon in fünf Jahren werden einige von denen, die 1968 mit diesen Gesetzen noch die Demokratie schützen zu können glaubten, selbst auf den Listen derer stehen, die heute nur die Telefone und die Post der ‚Linksextremisten' legal überwachen.

›Was aber sagt das über Verfassungstreue und Verfassungsverteidigung? Wer schützt die Verfassung vor den Verfassungsschützern? Welche Verfassung soll man nun geschützt, welche verteidigt werden?‹ »Meine Herren«, so schließt der wirkliche Lassalle von 1862 seine Rede ›Über Verfassungswesen‹, »so oft Sie, gleichviel wo und wann, sehen, daß eine Partei auftritt, welche zu ihrem Feldgeschrei den Angstruf macht, ›sich um die Verfassung zu scharen‹ – was werden Sie hieraus schließen können? Ich frage Sie, meine Herren, hier nicht als *wollende* Menschen; ich richte meine Frage nicht an Ihren *Willen*. Ich frage Sie lediglich als *denkende* Menschen: Was werden Sie aus dieser Erscheinung schließen müssen? Nun, meine Herren, Sie werden sich, ohne Propheten zu sein, in einem solchen Falle immer mit größter Sicherheit sagen können: *diese* Verfassung liegt in ihren letzten Zügen; sie ist schon so gut wie tot, einige Jahre noch und sie existiert nicht mehr. Die Gründe sind einfach. Wenn eine geschriebene Verfassung den tatsächlichen im Lande bestehenden Machtverhältnissen *entspricht*, da wird dieser Schrei nie ausgestoßen werden. Einer *solchen* Verfassung bleibt jeder von selbst drei Schritte vom Leibe und hütet sich, ihr zu nahe zu treten. Mit einer solchen Verfassung fällt es keinem Menschen ein, anzubinden; er würde andernfalls sehr schlecht wegkommen. Wo die geschriebene Verfassung den realen tatsächlichen Machtverhältnissen entspricht, da wird die Erscheinung gar nicht vorkommen können, daß eine Partei ihren besonderen Feldruf aus dem Festhalten an der Verfassung macht. Wo dieser Ruf ausgestoßen wird, ist dies ein sicheres und untrügliches Zeichen, daß er ein *Angstruf* ist; mit anderen Worten: daß in der geschriebenen Verfassung immer noch etwas ist, was der *wirklichen* Verfassung, den tatsächlichen Machtverhältnissen, *widerspricht*. Und wo dieser Widerspruch einmal da ist, da ist die *geschriebene* Verfassung – kein Gott und kein Schreien kann ihr helfen – immer unrettbar verloren. Sie kann auf *entgegengesetzte* Weise abgeändert werden, nach rechts oder links hin, aber *bleiben* kann sie nicht. Der Ruf gerade, sie *festzuhalten*, beweist es für den klarer denkenden Menschen. Sie kann nach *rechts* hin abgeändert werden, indem die Regierung diese Änderungen vornimmt, um die geschriebene Verfassung in Übereinstimmung mit den tatsächlichen Machtverhältnissen der *organisierten* Macht der Gesellschaft zu setzen. Oder aber es tritt die *unorganisierte* Macht der Gesellschaft auf und beweist von neuem, daß sie größer ist als die organisierte. In diesem Falle wird die Verfassung wieder ebensoweit nach *links* hin abgeändert und aufgehoben, wie vorhin nach rechts. Aber *verloren* ist sie in jedem Falle.«

Soweit wieder Lassalle zur Verfassungsdebatte von 1862 bzw. von 1969 ff., als in einer enthüllenden Verkehrung der Fronten diejenigen gegenüber ihren politischen Gegnern den Vorwurf mangelnder Verfassungstreue erhoben, die diese Verfassung in wesentlichen Zügen veränderten – und da umgekehrt diejenigen sich verzweifelt an die bisherige, liberalere Verfassung von 1949 klammerten, die eigentlich erkannt haben sollten, daß nur das Auftreten der »unorganisierten Macht der Gesellschaft« die ohnehin aufgekündigte Verfassung nach links, anstatt nach rechts zu verändern in der Lage ist.

Es wäre historisch eine Verzerrung, würde man Lassalles Begriff von dieser »unorganisierten Macht der Gesellschaft« schlicht übertragen auf jenes Phänomen un- oder halborganisierter linker Gruppen in der Bundesrepublik wie in zahlreichen anderen Ländern aller Erdteile. Für Lassalle hieß die »organisierte Macht« offensichtlich die etablierte Apparatmacht von Militär, Bürokratie und Wirtschaft, die »unorganisierte« hingegen die große Masse des Volkes, die Mehrheit der Bevölkerung, das untere und mittlere Bürgertum, das Proletariat. Lassalles eigenes politisches Konzept, seine Veränderungsstrategie basiert jedoch durchaus auf der Voraussetzung, daß Organisation – oder Gegenorganisation – jener breiten Massen die einzige politische Waffe sei, die den Besitzlosen, den Lohnabhängigen, den »kleinen Leuten« zur Verfügung stände: Das allgemeine, gleiche und geheime Wahlrecht, für das Lassalle nicht zuletzt in jener Rede plädierte, setzte, um für diese Schichten Erfolg zu zeitigen, Organisation voraus – die Organisation nämlich der großen demokratischen Massenpartei. Was immer sonst in Lassalles handfester Analyse des Verfassungswesens an Aktualität und fast zeitloser Gültigkeit steckt und wieder erinnert zu werden verdient: Einhundert Jahre vielfältiger Erfahrung mit parteipolitisch organisierter Massenpolitik sind ebenso in den Lernprozeß der linken Änderungsbewegung eingegangen und haben zu deutlichen Brüchen mit traditionaler Politik geführt. In jenem selbstgewählten Sammelbegriff »Außerparlamentarische Opposition«, unter dem sich seit Mitte der sechziger Jahre die verschiedensten Gruppen einer Neuen Linken in der Bundesrepublik verstehen, ist eben jene Erfahrung – zunächst noch ganz naiv und unreflektiert – eingegangen. Außerparlamentarische Opposition bezeichnete zunächst zwar nur den objektiven Tatbestand, daß es in der BRD eine sich artikulierende Vielfalt von Gruppen linker Opposition gibt, die sich durch keine Partei und keinen Abgeordneten im Parlament vertreten sehen; zu Formalisierungen geneigte Politikwissenschaftler und Journalisten haben völlig korrekt darauf hingewiesen, daß im Grunde jede Interessengruppe, die Forderungen an Parlament und Regierung anmeldet, eine »außerparlamentarische Opposition« sei und insofern hier gar nichts qualitativ Neues geschähe. Es sollte sich jedoch sehr bald zeigen, daß dies eine Fehleinschätzung war: Die Nichtrepräsentanz im Kräftefeld etablierter politischer Organisationen führte notwendig zu kritischen Fragen nach den Ursachen für diesen Zustand und nach den tatsächlichen Funktionen von Parlament und politischen Parteien überhaupt. In deutlichem Gegensatz zu parlamentarisch orientierten politisch-ökonomischen Interessengruppen begann die linke Protestbewegung sehr bald, sich vom Parlament als dem Adressaten ihrer politischen Zielvorstellungen zu lösen, das Parlament zu ignorieren. Die weitergehende Einschätzung dieser außerparlamentarischen als einer anti-parlamentarischen Opposition geht allerdings wiederum an der Substanz dieses neuartigen politischen Prozesses vorbei: Die aus Konflikterfahrung und Analyse gewonnene Einsicht in den herrschaftsmechanistischen Charakter von Parteien und Parlament – herrschaftsmechanistisch im Sinne der Petrifizierung bzw. der Involution sozialer Zustände und ihrer politischen Organisationsformen – führte zu einer Strategie, in deren Rahmen gesellschaftliche Verhältnisse zuerst und vor allem an der Basis zu verändern seien, unabhängig davon, ob die bestehenden Parlamente solche Veränderungen post facto dann ratifizieren und legalisieren oder nicht. Die Neue Linke, nicht nur der Bundesrepublik, begann nach der Phase einer oftmals physischen Konflikterfahrung zu Beginn der sechziger Jahre in der zweiten Hälfte der Dekade ein Problembewußtsein zu entwickeln, in das die negativen Ergebnisse sowohl sozialdemokratischer und kommunistischer Massenstrategie – mit dem Parlament als Ziel der Verwirklichung gesellschaftlicher Veränderungen – eingingen als auch die nicht minder negativen Erfahrungen mit einer leninistischen Machteroberung. Letztere hatte sich, trotz aller tiefgreifenden Differenzen, in wesentlichen Punkten nicht vom sozialdemokratischen Organisationsprinzip hierarchischer Massenführung emanzipiert und damit die Voraussetzungen für alle späteren Perversionen von Sozialismus gelegt – die Luxemburg–Lenin-Kontroverse ist innerhalb der sozialistischen Bewegung der sechziger Jahre darum nicht zufällig von brennender Aktualität. Veränderungen an der Basis jedoch implizierten, taktisch, auch die Entwicklung neuer Organisationsformen, die sich qualitativ von denen traditioneller Oppositionspolitik – der disziplinierten Organisation von unterprivilegierten Massen – unterschied.

Nicht daß dies unbedingt nach Plan, Absicht und kalkulierter Strategie entwickelt worden wäre oder sich weiterhin entwickelte. Tatsächlich zeigt die verblüffende Ähnlichkeit der Entwicklung von zunächst akademisch-intellektuellen Randgruppen, Studenten, als Kern der linken Protestbewegungen in allen Ländern, wo solches zu beobachten ist, daß hier Widersprüche manifest werden, die ihren Ursprung nicht in den Machenschaften oder Manipulationen weniger strategisch operierender »Rädelsführer« haben, sondern die sich aus gesamtgesellschaftlichen Widersprüchen ergeben und nur von diesen »Randgruppen« in spezifischer, vielleicht »vorzeitiger« Weise artikuliert und demonstriert werden. Es ist eben die Spontaneität, die ihre eigenen, dem mit traditionellen politologischen Kategorien arbeitenden Beobachter notwendig unverständlich bleibenden Formen politischen Handelns hervorbringen. Es ist kein Zufall, daß die Diskussion um die Rätedemokratie bzw. um die Räte überhaupt als neuer Qualität politischer Organisation hier wieder aufgenommen wurde: Die Räte der Revolution von 1918/19 waren ihrerseits ebenfalls spontane Produkte einer Situation gesamtgesellschaftlicher und politischer Verunsicherung und nicht theoretisch konzipierte Formen des politischen Kampfes gewesen. Die Rätetheorie bzw. die Theorie einer Rätedemokratie wurde in Ansätzen erst entwickelt, als die eigentliche Rätebewegung aus allerdings ganz anderen Gründen als denen des Fehlens einer solchen Theorie bereits durch Unterdrückung gescheitert war. Zwar ist es für die spezifische Form der Entwicklung jener Außerparlamentarischen Opposition oder Neuen Linken in allen Teilen der Welt durchaus von großer Relevanz, welche theoretisch-strategische Konzeptualisierung das Selbstverständnis, die langfristige Bewußtseinsbildung und damit auch den sozialpolitischen Inhalt dieser genuinen und spontanen Bewegung artikuliert und prägt – aber sie selbst ist nicht umgekehrt eine Funktion des Vorhandenseins derartiger Theorien. Man wird vermuten dürfen, daß solche theoretischen Selbstverständigungsversuche in den verschiedenen Ländern unterschiedlich ausfallen, je nach historischen Prädispositionen und verfügbaren Orientierungsmodellen. Was vielmehr allen diesen Protestbewegungen – negativ – gemeinsam ist, ist eine ihnen selbst erst langsam bewußt werdende Form politischer Machtlosigkeit. Wenn man davon ausgeht, daß politische und, im weitesten Sinne, gesellschaftliche Machtausübung beruht auf der erfolgreichen Internalisierung von Institutionen und Regeln, von Rangordnungen und Autoritätsstrukturen auf seiten der Betroffenen, der Abhängigen, der Adressaten von Autorität und Herrschaft – dann können wir in der Entwicklung verschiedenster Formen zunächst noch jugendlicher Subkulturen, in der zunehmenden Verweigerung von Militärdienstleistung, in der Durchbrechung von Ritualen öffentlicher Ordnung wie etwa im Gerichtssaal, im Entstehen von Wohnkommunen und freien Kindergärten Versuche sehen, sich den etablierten Herrschaftsmechanismen durch Selbstbefreiung zu entziehen. Wenn zum Beispiel verschiedene Studien des Komplexes »politische Kultur« als die ein jedes politisches System entscheidend prägende Umgebung u. a. auf den Zusammenhang zwischen autoritärer, paternalistischer Familienstruktur und der Unterwerfung unter etablierte Herrschaftsverhältnisse, politische Führungen oder staatliche Befehlsgewalt hingewiesen haben, so vollzieht sich in der Destruktion etwa der traditionellen Familienstruktur und in der sexuellen Emanzipation der Frauen zugleich die Unterminierung traditioneller politischer Herrschaft und hierarchischer Organisation von Gesellschaft.

Nicht überall und folglich auch nicht überall in der Bundesrepublik wird man jene Protestbewegung in allen ihren verschiedenen Erscheinungsformen eine Linke Bewegung nennen können – und insbesondere die am Vorbild der ideologisch disziplinierten Kaderpartei orientierten KP-Gruppen überall in der Welt haben sich nicht zuletzt deshalb vom »anti-autoritären Lager« der Neuen Linken ebenso wie etwa der Guerilla-Bewegungen in Lateinamerika aus taktisch oftmals verständlichen Gründen zu distanzieren begonnen. Aber insofern, als es sich hier um eine Emanzipationsbewegung neuer Qualität und von historisch neuartigen materiellen Voraussetzungen ausgehend handelt, nämlich zum Teil solchen relativen Wohlstandes, insofern handelt es sich hier doch um eine neue Form sozialistischer Bewegung, die mit der alten das Ziel der Befreiung des Menschen von einer verdinglichten, ihn zum Objekt vermeintlicher Sachzwänge degradierenden Umgebung und Ordnung gemein hat.

Es ist zum gegenwärtigen Zeitpunkt in der Bundesrepublik so wenig wie in anderen Teilen der westlichen wie der östlichen oder der Dritten Welt absehbar, ob dieser Emanzipationsbewegung hier oder anderswo oder universal Durchbrüche gelingen, ob sie erfolgreich sein wird. Die noch immer – trotz der partiellen und in ihren bloßen Ansätzen schon erstaunlich wirksamen Subversionsversuche durch Machtentzug – übermächtigen Apparate, die verbesserten Herrschaftsmechanismen und die immer wieder erfolgreiche Mobilisierung entpolitisierter bzw. von der Emanzipationsbewegung psychisch verunsicherter quantitativer Mehrheiten scheinen sich noch auf absehbare Zeit im Rahmen ihrer jeweiligen Ordnungen reproduzieren zu können. Dabei scheinen sie überall – und so auch in der Bundesrepublik – willens zu sein, den hohen Preis der Repression großer Segmente der jungen Generation und damit einen langfristig zu Buche schlagenden Qualitätsverlust auf allen Bereichen des gesellschaftlichen Lebens zu zahlen. Es ist aber, wie es die französischen Ereignisse vom Frühjahr 1968 gezeigt haben, ebenso möglich, daß sich unter derzeit unvorhersehbaren spezifischen Umständen jene so mächtigen Apparate und Herrschaftsordnungen als durchaus verwundbare »Papiertiger« herausstellen, die ihre Legitimität eingebüßt haben im Prozeß einer repressiv nicht mehr reversiblen Basisveränderung im Bewußtsein der Menschen selbst wie in der Organisation ihrer unmittelbaren Umwelt: an den Arbeitsplätzen, in den Fabriken, Universitäten, Schulen und Büros – kurz: außerhalb bzw. unterhalb von Parteien, Parlamenten, Regierungen und den Instituten funktional nicht ausgewiesener Herrschaft überhaupt. Ein solcher Prozeß wäre in der Tat als revolutionärer Prozeß zu bezeichnen.

II
Politische Institutionen und Regierungsprozeß

Rudolf Schuster

Ein neues Grundgesetz?
Überlegungen zur geforderten Verfassungsreform *

I

Am 23. Mai 1949 trat das Grundgesetz für die Bundesrepublik Deutschland in Kraft. Es ist sinnvoll, beim Eintritt in das dritte Jahrzehnt die Frage zu stellen, ob sich diese Verfassung in der Vergangenheit bewährt hat und ob sie die Gewähr bietet, auch den Erfordernissen der Zukunft gerecht zu werden. Der Blick zurück weist auf eine ungewöhnlich große Zahl von verfassungsändernden Gesetzen – es sind deren 22 in 20 Jahren[1] – im Vergleich zu den 24 Amendments, die in den 181 Jahren der Verfassung der Vereinigten Staaten hinzugefügt wurden. Als sich die Verfassungsväter im Parlamentarischen Rat 1948/49 um eine deutsche Verfassung bemühten, die eine *vorläufige Ordnung für einen Teil Deutschlands* erbringen sollte, lag die Zukunft des Gemeinwesens weithin im Dunkel. Es schien zudem auf lange Zeit ausgeliefert fremder Bestimmung durch die Siegermächte, die ihren Einfluß schon bei der Beratung des Grundgesetzes in zuweilen kräftiger Weise geltend gemacht hatten. In dem Maß, in dem im Geltungsbereich des Grundgesetzes *deutsche* Souveränität wieder beherrschend wurde und der Charakter der Verfassungsordnung sich *vom Provisorischen zum Einstweilig-Endgültigen* wandelte, in dem Maß wurden Ergänzungen und Umgestaltungen der Verfassung unvermeidlich.

Besonders hervorgehoben seien an dieser Stelle nur die beiden gravierenden Gesetzeswerke, die über bloß technische Korrekturen weit hinausgingen. So mußte nach dem am 5. Mai 1955 wirksam gewordenen Beitritt der Bundesrepublik Deutschland zum Nordatlantischen Verteidigungsbündnis eine *Wehrverfassung* ins Grundgesetz aufgenommen werden – eine Regelung, die den Verfassungsvätern von 1949 angesichts der damaligen Lage kaum der konstruktiven Erörterung wert gewesen ist. Erst im vergangenen Jahr wurde – nach einem Jahrzehnt heftiger Auseinandersetzungen – eine *Notstandsverfassung* ins Grundgesetz eingefügt – der quantitativ wie qualitativ schwerwiegendste Eingriff in unsere Verfassung. Der Versuch, dem Kern unseres Grundgesetzes, definiert in Art. 79 Abs. 3 GG, zu ewiger Geltung zu verhelfen, indem jede Änderung dieses Kerns auf verfassungsmäßigem Wege ausgeschlossen wird, es sei denn, die Wiedervereinigung Deutschlands vollzöge sich, dieser Versuch, der von einem Super-Abwehrsystem von möglichen Parteiverboten (Art. 21 Abs. 2 GG), Vereinigungsverboten (Art. 9 Abs. 2 GG) und Grundrechtsverwirkungen (Art. 18 GG), flankiert von strafrechtlichen Maßnahmen ungewöhnlichen Ausmaßes, wirkungsvoll unterstützt wird, dieser Versuch fand seine Krönung in der Notstandsverfassung. Aus den Fehlern der Weimarer Vergangenheit wollte man die Lehre ziehen. 1968, wie zwei Jahrzehnte zuvor im Parlamentarischen Rat, waren die Beratungen von der Furcht bestimmt, Bonn könnte doch Weimar werden. Deshalb wurden weitere und neue Sicherungen ins Grundgesetz eingebaut, so als ob sich gerade die Probleme der Weimarer Zeit in gleicher Weise wieder neu stellen könnten, ungeachtet der veränderten äußeren und inneren Bedingungen, ungeachtet der völlig verschiedenen sozialen und ökonomischen Voraussetzungen. Daß gerade auch diese Sicherungen, deren Übermaß an Reglementierung des politischen Prozesses eine erstaunliche Verzagtheit gegenüber den geistigen Grundlagen unserer freiheitlichen demokratischen Grundordnung ausdrückt, *neue und gänzlich andere Verunsicherungen* zur Folge haben können, haben uns die letzten Jahre eindringlich vor Augen geführt.

Nachdem schon 1967 im einzelnen über 80 Änderungen am Grundgesetz zu verzeichnen waren, erkannte man die Gefahr, daß auf diese Weise die ursprünglich klaren Leitlinien der grundgesetzlichen Konzeption verwischt und das Grundgesetz mehr und mehr zu einem Flickteppich werden würde. Der Deutsche Bundesrat hat deshalb in seiner Sitzung vom 28. April 1967 zu den Grundgesetzänderungen und -ergänzungen in einer Entschließung Stellung genommen. Darin heißt es: Die Rücksichtnahme auf den hohen Rang des Grundgesetzes verbiete es, das Grundgesetz allzu häufig zu ändern oder zu ergänzen. Der Bundesrat meinte schließlich, daß, bevor ihm in Zukunft Gesetze vorgelegt würden, die eine Änderung des Grundgesetzes zum Inhalt hätten, von der Bundesregierung dem Bundesrat zunächst eine »Gesamtkonzeption« über die künftige Gestaltung des Grundgesetzes zugeleitet werden sollte. Zuvor war schon im Herbst 1966 im Rechtsausschuß des Deutschen Bundestages überlegt worden, ob das Grundgesetz einer Gesamtrevision unterzogen werden sollte. Gerhard Jahn, der damalige Geschäftsführer der SPD-Fraktion, hatte bereits am 29. 7. 1964 im ›Vorwärts‹ angeregt, eine große Kommission zu bilden, in der unter Beteiligung von Bundestag, Bundesregierung, Bundesrat und Wissenschaft das Konzept einer einmaligen, alle anstehenden und absehbaren Änderungsbedürfnisse erschöpfenden Gesamtrevision des Grundgesetzes zu entwerfen sei.

Freilich, alle Überlegungen unter dem Stichwort »Gesamtrevision« gehen notwendigerweise davon aus, daß sich die Veränderungen im Rahmen des Art. 79 Abs. 3 GG halten, das heißt, daß sie den definierten und geschützten Kern des Grundgesetzes respektieren. Vorschläge, die dies nicht tun, Vor-

Ein neues Grundgesetz?

schläge zum Beispiel, die auf eine Beseitigung der föderalistischen Struktur der Bundesrepublik Deutschland zielen, streben nicht eine *Revision der gültigen Verfassung* an, sondern die *Schaffung einer neuen Verfassung*. Sie wäre Ausfluß der verfassunggebenden Gewalt eines gedanklich vorauszusetzenden westdeutschen Staatsvolkes und in diesem Sinne ohne Bindung an die vorhergehende Verfassung. Gesamtrevision oder Neuschaffung der Verfassung – wie formaljuristisch und wirklichkeitsfremd diese Alternative formuliert ist, wird noch aufzuzeigen sein.

Vom Inhalt her können wir die gründlicher Reform anempfohlene Materie in sieben Problemkreise einteilen:

(1) die Aussagen über den rechtlichen Status der Bundesrepublik Deutschland;
(2) das Verhältnis von freiheitlichen Grundrechten und sozialstaatlichen Garantien;
(3) die Einbeziehung des gesellschaftlichen Bereichs in die Verfassung;
(4) die föderalistische Struktur des Gemeinwesens;
(5) die Ergänzung der repräsentativen durch eine plebiszitäre Komponente im demokratischen Prozeß;
(6) die Krise des parlamentarischen Systems und
(7) das Geflecht der Institutionen.

II

Die Aussagen des Grundgesetzes zum rechtlichen Status der Bundesrepublik Deutschland sind eindeutig. Zunächst wird festgestellt, daß der überkommene deutsche Staat nicht untergegangen ist. Dieses *Bekenntnis zur Kontinuität* findet sich in der Präambel, wo die Rede davon ist, daß das deutsche Volk seine nationale und staatliche Einheit zu wahren gedenkt. *Wahren* kann man nur, was noch besteht. Gewahrt werden soll nicht irgendeine nebulose Einheit gedanklicher Art, sondern ausdrücklich die *staatliche* Einheit. Zum zweiten wurde deutlich gemacht, daß sich der Geltungsbereich des Grundgesetzes nicht auf das gesamte Staatsgebiet erstrecken kann. Deshalb wurde in Art. 23 die Vorläufigkeit der beschränkten räumlichen Geltung des Grundgesetzes ausdrücklich betont. Die Reorganisation des deutschen Staates auf einen Teil seines Staatsgebietes wurde verstanden als *angefangene Einheit*. Die Präambel schließt deshalb mit der feierlichen Aufforderung, »in freier Selbstbestimmung die Einheit und Freiheit Deutschlands zu vollenden«. Vollendet wäre diese Einheit, wenn die Gebiete nach dem seinerzeit völkerrechtlich unbestrittenen Gebietsbestand vom 31. Dezember 1937 unter einer gemeinsamen deutschen Hoheitsgewalt zusammengefaßt wären. Schließlich wird noch festgestellt, daß bei der Schaffung des Grundgesetzes, wie es in der Präambel wörtlich heißt, für jene Deutschen gehandelt wurde, denen mitzuwirken versagt war. Diese Feststellungen, denen in einem obiter dictum im KPD-Verbotsurteil ausdrücklich rechtliche Normativität zugeschrieben worden ist, haben zu jenem gordischen Knoten geführt, der heute die Außen- wie die Innenpolitik unseres Landes in bedenklicher Weise knebelt. Schlagworte wie Hallstein-Doktrin, Alleinvertretungsanspruch und Nichtanerkennung der DDR mögen die damit zusammenhängenden *politischen* Fragen aufzeigen. Es gibt keinen Zweifel: Die überwiegende Zahl der Verfassungsväter des Jahres 1949 haben ehrlich und ernstlich daran geglaubt, daß sich die Einheit Deutschlands in absehbarer Zeit durchsetzen würde. Sie wollten deshalb mit dem Grundgesetz »dem staatlichen Leben für eine Übergangszeit eine neue Ordnung« geben – auch das steht ausdrücklich in der Präambel unserer Verfassung. Es ist dann freilich ganz anders gekommen, als man damals glaubte. Es hat keinen Sinn, hier und jetzt darüber zu philosophieren, ob es so kommen mußte, wie es gekommen ist. Es genügt festzustellen, daß die Aussagen des Grundgesetzes zum rechtlichen Status der Bundesrepublik Deutschland *heute* kaum als mehr erscheinen können denn als *Fiktionen*. Diese juristischen Fiktionen können durchaus ihren politischen Stellenwert haben. Sie sollen aus überkommenem Recht Positionen bewahren, die eines Tages wieder einmal Gewicht erhalten könnten. Es könnte sich aber auch erweisen – oder schon erwiesen haben –, daß diese Fiktionen unser Land in unheilvolle Verstrickung führen, seine Außenpolitik lähmen und in die Gefahr der Isolierung bringen und auf diese Weise gerade dazu beitragen, daß das erstrebte Ziel mit eben diesen Positionen nicht erreicht werden kann. Der Teil unseres Volkes, der die Teilung unseres Landes als eine drückende, aber selbstverschuldete Folge des Zweiten Weltkrieges hinzunehmen bereit ist, wird immer größer. Damit aber wächst die Zahl jener, die diese Aussagen nicht mehr als Rechtsverwahrungen verstehen können, sondern sie als aggressive Politik unbelehrbarer Nationalisten deuten. Die Aussagen stammen eben aus dem Jahre 1949, und es gibt kaum einen Zweifel, daß sie im Jahre 1969 in dieser Weise nicht hingeschrieben würden. Damit sind wir aber schon bei der Feststellung angelangt, *daß im Falle einer Gesamtrevision des Grundgesetzes oder auch im Falle der Neuschaffung einer Verfassung die Aussagen zum rechtlichen Status Deutschlands anders ausfallen müßten.*

III

Im Grundgesetz ist der gesellschaftliche Bereich fast völlig unbeachtet geblieben. Den klassisch-liberalen Vorbildern folgend, beschränkt sich das Grundgesetz im Prinzip darauf, das Zueinander von Einzelnem und hoheitlicher Gewalt zu regeln. Der Freizeitraum des Menschen ist durch Grundrechte in umfassender Weise garantiert; mir ist keine Verfassung bekannt, die sich hier mit dem Grundgesetz messen könnte. Über Art. 19 Abs. 4 GG

Ein neues Grundgesetz?

und das besondere, im vergangenen Dezember sogar ins Grundgesetz übernommene Institut der Verfassungsbeschwerde ist gesichert, daß diese Garantien »als unmittelbar geltendes Recht« von dem einzelnen auch wirkungsvoll eingesetzt werden können. »Früher Grundrechte nur im Rahmen der Gesetze, heute Gesetze nur im Rahmen der Grundrechte.« Mit diesen Worten hat Herbert Krüger zutreffend den fundamentalen Unterschied der Grundrechte in der Weimarer Reichsverfassung und im Bonner Grundgesetz beschrieben. Gleichwohl stellt sich die Frage, ob sich die Vorsorge nicht allzu einseitig auf die Sicherung eines von hoheitlichen Eingriffen freien Raumes für den einzelnen richtet, *ob nicht das Postulat der Freiheit die Postulate der Gleichheit und der sozialen Gerechtigkeit zu weit in den Hintergrund gedrängt hat.* Das Grundgesetz ist dem Beispiel der Bayerischen Verfassung nicht gefolgt und hat keine Leistungsgrundrechte aufgenommen. Es beschränkt sich vielmehr auf die Nennung des Grundsatzes der »Sozialstaatlichkeit«, auf eine reichlich allgemeine und fast jedweder Deutung zugängliche Formel also. Es kann deshalb kaum verwundern, daß die Forderung nach sozialer Gerechtigkeit und Gleichheit oft als Antinomie zum Postulat individueller Freiheit verstanden und in aggressiver Weise herausgestellt wird. Adolf Arndt widmet diesem Problem sehr beherzigenswerte Überlegungen unter der Überschrift ›Das nichterfüllte Grundgesetz‹. Für die ungeduldige Außerparlamentarische Opposition ist es Ausdruck und Folge einer mangelnden Demokratisierung unserer Gesellschaft.

IV

Die Beschränkung des Grundgesetzes auf das Zueinander von Einzelnem und hoheitlicher Gewalt entspricht heute nicht mehr den Gegebenheiten. Mächtige Gruppen und Kräfte haben sich zwischen den Bürger und seinen Staat geschoben. Sie üben zwar keine *hoheitliche* öffentliche Gewalt aus, aber eben doch auch eine Art von *öffentlicher* Gewalt. Sie sind frei von den speziellen Bindungen, denen die hoheitliche Gewalt in unserem rechtsstaatlichen System wirkungsvoll unterworfen ist, obwohl jene andere Art von öffentlicher Gewalt in das Leben des einzelnen oft ebenso einschneidend eingreifen kann wie die hoheitliche öffentliche Gewalt. Sie sind weithin *frei von demokratischen Kontrollen*, obwohl der demokratische Prozeß in unserer Gesellschaft faktisch von diesen Mächten getragen wird. Erwägungen darüber, wie diese intermediären Kräfte in die Verfassung eingebunden werden können, sind daher schon längst fällig. Vor 20 Jahren wurde es als ein mutiger Schritt nach vorn empfunden, als in Art. 21 GG die politischen Parteien in positiver Weise in der Verfassung Erwähnung fanden. Dieser »mutige« Schritt des Jahres 1949 kann uns heute nur noch als ein Nachhinken erscheinen. Gewiß, *der Bereich der Gesellschaft in seiner unübersehbaren Vielfalt kann und soll nicht in einem verfassungsrechtlichen Perfektionismus eingefangen werden* – wenn das System weiterhin als freiheitlich verstanden werden soll. Das kann aber nicht heißen, daß es einem freiheitlichen System verwehrt sein müßte, auch im gesellschaftlichen Bereich Markierungen zu setzen, die notwendig sind, nicht um Freiheit einem kleinen Kreis von Privilegierten zu erhalten, sondern um Freiheit einem immer größer werdenden Kreis von Menschen erlebbar zu machen. Der Weg zwischen der Szylla des bequemen »laissez faire – laissez passer« und der Charybdis einer ideologisch verkrampften Totalerfassung der Gesellschaft wird nicht leicht zu finden sein. Versuchen wir, an einigen der wichtigsten Weggabelungen unsere Überlegungen anzustellen.

Das *Bildungswesen* hat die *Schlüsselstellung für die Entwicklung einer demokratischen Gesellschaft* inne. Bildung und Beziehungen ebnen den Weg zu den begehrten Positionen, und da, wo beide Faktoren miteinander konkurrieren, drängen die Bedürfnisse der modernen technisierten Welt den Faktor Bildung immer mehr in den Vordergrund. *Bildung vermag also Privilegien zu brechen.* Um so mehr ist es notwendig, im Bildungswesen dem Grundsatz der *Startchancengleichheit* zum Durchbruch zu verhelfen. Die Anregungen, die die Bayerische Verfassung hierzu macht, sind ein Vorbild an republikanischer Gesinnung. Art. 128 sagt: »Jeder Bewohner Bayerns hat Anspruch darauf, eine seinen erkennbaren Fähigkeiten und seiner inneren Berufung entsprechende Ausbildung zu erhalten.« Dieses Grundrecht auf Bildung findet seine Entsprechung im Organisatorischen. Nach Art. 132 ist »für den Aufbau des Schulwesens ... die Mannigfaltigkeit der Lebensberufe, für die Aufnahme eines Kindes in eine bestimmte Schule sind seine Anlagen, seine Neigung, seine Leistung und seine innere Berufung maßgebend, nicht aber die wirtschaftliche und gesellschaftliche Stellung seiner Eltern«. Ein neues Grundgesetz müßte auf jeden Fall im Sinne dieses Vorbilds *das gesamte Bildungswesen dem Gebot strikter Gleichheit der Startchancen unterwerfen.* Den Hochschulen kommt im Bildungswesen besondere Bedeutung zu, weil sie in kritischer Reflexion wissenschaftliche Objektivität zu bewahren haben. Diese Aufgabe verträgt keine Bevormundung – von wem sie auch ausgehen mag. Wenn die Hochschulen sich heute schon beim Anschein solcher Bevormundung heftig zur Wehr setzen, so haben sie dies um der ihnen aufgetragenen wissenschaftlichen Objektivität willen zu tun. Täten sie es um der privilegierten Stellung nur einiger der am wissenschaftlichen Prozeß Beteiligten willen, wie es ihnen von Kulturverwaltungen und radikalen Studenten immer wieder unisono unterstellt wird, wäre ihnen energisch entgegenzutreten. Auch an diesem Punkt geht die Bayerische Verfassung über die allgemein gehaltene Garantie der Freiheit von Forschung und Lehre hinaus und legt ausdrücklich in Art. 138 Abs. 2 fest: »Die Hochschulen haben das Recht der Selbstverwaltung. Die Studierenden sind daran zu beteiligen, soweit es sich um ihre Angelegenheiten handelt.«

Ein neues Grundgesetz?

Die *Wirtschaft* und die mit ihr zusammenhängenden Probleme sind einem stetig schneller werdenden Wandel unterworfen. Es wäre deshalb kaum sinnvoll, in eine Verfassung *detaillierte* Vorschriften über das System der Wirtschaft aufzunehmen. Gleichwohl werden hier Grenzen zu markieren sein. Die einseitige Betonung der freien, ungebundenen Betätigung in der Wirtschaft, wie sie etwa im Feldmühle-Urteil des Bundesverfassungsgerichts zum Ausdruck kommt, erscheint mir fehlsam. Der Freiheit weniger, der Produzenten, steht die Freiheit fast aller, der Konsumenten, gegenüber. Wenn die Zusammenballung wirtschaftlicher Macht die Freiheit fast aller einschränkt, muß der Staat eingreifen *können*. Auch hier kann die Bayerische Verfassung Formulierungshilfe leisten. Art. 151 sagt: »Die gesamte wirtschaftliche Tätigkeit dient dem Gemeinwohl insbesondere der Gewährleistung eines menschenwürdigen Daseins für alle und der allmählichen Erhöhung der Lebenshaltung aller Volksschichten.« Und weiter: »Die wirtschaftliche Freiheit des Einzelnen findet ihre Grenze in der Rücksicht auf den Nächsten und auf die sittlichen Forderungen des Gemeinwohls.« Das ist zwar pathetisch ausgedrückt, dem Inhalt nach ist es aber völlig zutreffend. Hinzugefügt werden müßte allerdings expressis verbis eine *präzise Eingriffsermächtigung für die Fälle, in denen dem Gemeinwesen Schaden aus einer allzu einseitig verstandenen wirtschaftlichen Freiheit droht.*

Die Massenmedien, die die öffentliche Meinung beeinflussen, *wirken bei der politischen Willensbildung mit.* Es ist deshalb ein Unterschied, ob einer Knöpfe verkauft oder politische Meinung. Es ist ein eminenter Unterschied, ob einer den Löwenanteil der Knopfproduktion in seiner Verfügungsgewalt vereinigt oder den Löwenanteil der Massenmedien. Es soll nicht verkannt werden, daß die technische Entwicklung auf diesem Gebiet zu Investitionen zwingt, die eine gewisse Konzentration unvermeidlich machen. Wenn diese Konzentration jedoch anfinge, die Informationsfreiheit des einzelnen faktisch aufzuheben und eine einseitige Manipulierung des demokratischen Prozesses möglich zu machen, müßte der Staat eingreifen. *Wann* diese Grenze überschritten sein wird und *welche* Maßnahmen dann geboten wären, entzieht sich detaillierter Regelung in einer Verfassung. Der Bericht der Günter-Kommission zeigt eindringlich, wie schwierig es ist, diese Probleme auf praktikable Weise in den Griff zu bekommen. Aber *die Funktion* der Massenmedien – Mitwirkung bei der politischen Willensbildung – sollte in der Verfassung festgestellt werden, mit denselben Worten wie bei den politischen Parteien, *weil eine solche Feststellung auch die zugleich anzufügende Eingriffsermächtigung legitimieren würde.*

Die Interessenverbände, Gruppen und sonstigen intermediären Kräfte wirken bei der politischen Willensbildung mit – *vor* den politischen Parteien und wohl auch quantitativ *mehr* als diese. Die Zahl der Bürger, die unmittelbar in den politischen Parteien engagiert sind, ist gering; man schätzt sie auf drei bis fünf Prozent der wahlfähigen Bevölkerung. Es erfordert schon ein gewisses Maß an politischer Bildung, die Integration zahlloser Sonderinteressen zu einem Parteiprogramm nachvollziehen zu können. Ein Verband appelliert dagegen an sehr spezielle Interessenlagen, mit denen sich der Einzelne leichter identifizieren kann. Deshalb fühlt sich fast jeder Bürger einer oder mehreren dieser intermediären Kräfte zugehörig. Damit ist er aber auch im Banne der politischen Aktivitäten dieser Gewalten. Es wäre wohl kaum praktikabel, die Verbände in gleicher Weise festzulegen wie politische Parteien. Wo die Verbände an der politischen Willensbildung mitwirken, müssen sie jedoch *durchschaubar und kontrollierbar* sein. Eine Verfassung kann nur diese Grundsätze fixieren, nicht einzelne Maßnahmen – wie etwa: Registrierung der Kontaktpersonen bei Parlament und Regierung, Anzeigepflicht von Zuwendungen an politische Parteien, Protokollierung von Beratungsergebnissen mit Lobbyisten in Ministerien usw.

Die politischen Parteien wirken bei der politischen Willensbildung mit. Sie sind dem Bereich der Gesellschaft zugehörig, nicht dem des Staates. Diese Einsicht scheint stark getrübt, seit das Bundesverfassungsgericht die politischen Parteien als Quasi-Staatsorgane bezeichnet hat und die politischen Parteien sich ziemlich unbedenklich aus staatlichen Quellen finanzieren lassen. Art. 21 GG legt die Grundsätze für das Wirken der politischen Parteien fest. Ob diesen Grundsätzen im Parteiengesetz Genüge getan worden ist, mag hier als Frage offenbleiben. Allein das Stichwort »Offenlegung der Finanzen« läßt zumindest kräftige Zweifel aufkommen.

17 Jahre hat es gedauert, bis wir das vom Grundgesetz geforderte Parteiengesetz (Art. 21 Abs. 3 GG) endlich bekommen haben. Das macht deutlich, welche Schwierigkeiten es bereitet, im gesellschaftlichen Bereich *verfassungsrechtlich fixierbare und für die praktische Anwendung dennoch flexible Lösungen* zu finden. Die besten Texte werden, wie die Bayerische Verfassung in einigen Teilen gezeigt hat, ein Stück Papier bleiben, wenn die politische Führung nicht gewillt oder nicht in der Lage ist, von gegebenen Eingriffsmöglichkeiten Gebrauch zu machen, um die verfassungsrechtlichen Postulate der Verwirklichung näherzubringen. Ohne solche Texte wird es aber kaum möglich sein, sich um der Belange des Gemeinwesens willen gegen Einzelne und Gruppen durchzusetzen.

Sollte es zu einer Gesamtrevision des Grundgesetzes oder zur Neuschaffung einer Verfassung kommen, dann dürfte *der gesellschaftliche Bereich nicht länger in der Verfassung ausgespart bleiben.*

V

Die mit der *Gliederung des Bundes in Länder* verbundenen Fragen nach deren Rechtscharakter und deren Kompetenzen haben schon im Parlamentarischen Rat zu tiefgehenden Meinungsverschiedenheiten geführt. Im Bekennt-

Ein neues Grundgesetz?

nis zum föderalistischen Prinzip war ein deutliches Gefälle vom Süden nach dem Norden zu verspüren; verständlich angesichts der unterschiedlichen Traditionen. Den Befürwortern eines starken Föderalismus ist seinerzeit im Parlamentarischen Rat insbesondere durch die französische Besatzungsmacht Hilfe zuteil geworden. Als Resultat haben wir die Tatsache zu verzeichnen, daß eine Änderung dieses Grundgesetzes, durch welches die Gliederung des Bundes in Länder und die grundsätzliche Mitwirkung der Länder bei der Gesetzgebung berührt werden, noch *vor* den Grundsätzen der Menschenwürde, der Volkssouveränität, der Gewaltenteilung und der Rechtsstaatlichkeit als absolut unzulässig erklärt worden ist (Art. 79 Abs. 3 GG). Wenn man sich an diesen Rahmen halten will, wenn man also nicht die *Neuschaffung einer unitarischen Verfassung* ins Auge faßt, dann kann es sich nur um eine reformerische Anpassung des föderalistischen Systems an die Bedingungen der Gegenwart und die Erfordernisse der Zukunft handeln. Es ist fast selbstverständlich, daß die 1949 gefundene Abgrenzung der Kompetenzen und die dementsprechende Aufteilung der finanziellen Quellen wegen des Hinzutretens unvorhergesehener neuer Aufgaben wie wegen der Umverteilung alter Aufgaben einer gründlichen Neuordnung bedarf. Diese Neuordnung muß die Länderaufgaben *in ihrer Substanz* jedoch unangetastet lassen. Das gilt insbesondere für den Bereich der Kulturpolitik, denn in diesem Bereich legitimiert sich geradezu der Anspruch der Gebietsteile auf Eigenstaatlichkeit, weil sich hier die historisch bedingten Verschiedenheiten zwischen den deutschen Ländern lebendig erhalten haben. Darüber hinaus sollte immer im Blick behalten werden, was Technokraten geflissentlich übersehen, daß sich nämlich das föderalistische Prinzip neben anderen Ausformungen des Grundsatzes der Gewaltenteilung als wirksamer Schutzwall für eine freiheitliche Gesellschaft bewährt hat. Diese Funktion kann nur erhalten werden, wenn Föderalismus nicht als Recht auf Eigenbrötelei verstanden wird. Wenn die Länder keinen Weg finden, sich selbst gleichzuschalten, werden sie eines schönen Tages unvermeidlich vom Bund gleichgeschaltet werden müssen. Abkommen zwischen allen Ländern bieten als sogenannte »*dritte Ebene*« eine Möglichkeit, *neben* dem Bund und *neben* den Ländern Aufgaben zu erfüllen. Diese dritte Ebene, in der die Länderstaatsgewalten gleichsam gebündelt wirksam werden, stößt nach den bisherigen höchstrichterlichen Urteilen nicht auf verfassungsrechtliche Bedenken. In einem neuen oder revidierten Grundgesetz müßte freilich nach dem Abschnitt »Der Bund und die Länder« ein eigener Abschnitt über die *Rechtsverhältnisse der Länder untereinander* eingeführt werden. Hier liegt ein klares Versäumnis vor, denn einer solchen Regelung hätte es von Anfang an bedurft. Im Kompetenzbereich werden künftig neben den Aufgaben des Bundes und denen der Länder weitere *Gemeinschaftsaufgaben* festzulegen sein, Aufgaben, die nur in sinnvollem Zusammenwirken von Bund und allen Ländern effektiv bewältigt werden können. Das Universitätswesen und Planungsaufgaben mögen nur als Beispiele für die vor einigen Tagen eingeleitete Reform auf diesem Gebiet genannt sein.

Man kann nicht über das föderalistische Prinzip reden, ohne zugleich einige Worte über die Stellung der Gemeinden und Gemeindeverbände zu sagen. Sie kümmern angesichts unzureichender finanzieller Eigenmittel dahin. Die vielgerühmte *gemeindliche Selbstverwaltung* als Ausdruck des Aufbaus der Demokratie von unten nach oben, wie sie in Art. 11 der Bayerischen Verfassung wörtlich gefordert wird, ist deshalb weithin eine Attrappe. Die Gemeinden und Gemeindeverbände sind auf fremdes Geld angewiesen und damit auf fremde Bestimmung verwiesen. »Wer zahlt, schafft an.« Dieser Grundsatz gilt auch hier. In einer künftigen Finanzreform müßte deshalb sichergestellt werden, daß die Gemeinden sich im Regelfalle aus eigenen finanziellen Quellen dem Ausmaß ihrer Aufgaben gemäß versorgen können. Ob bei einer Reform der föderalistischen Struktur aus Anlaß der Neuschaffung einer Verfassung für die Bundesrepublik Deutschland angesichts der weitverbreiteten zentralistischen Tendenzen viel herauskommen würde, scheint mir allerdings höchst fraglich zu sein.

VI

Nach dem Grundgesetz hat das Bundesvolk nur eine einzige Aufgabe, nämlich die, den Bundestag zu wählen. *Plebiszitäre Elemente* wurden aus der Verfassung herausgehalten, mit Ausnahme der Regelungen zur Neugliederung des Bundes. Diese Scheu vor einer unmittelbaren Beteiligung des Volkes am Prozeß der demokratischen Willensbildung ist auch eine Frucht der Weimarer Erfahrungen. Die Weimarer Verfassung kannte Volksbegehren und Volksentscheid, gab dem Reichspräsidenten die Möglichkeit, im Gesetzgebungsverfahren das Volk gegen das Parlament aufzurufen, ließ den Reichspräsidenten unmittelbar vom Volk wählen. Die Erfahrungen mit diesen Bestimmungen waren nicht ermutigend. Sie erwiesen sich, wie Theodor Heuss es einmal ausdrückte, als »Prämie« für Demagogen. Entscheidungen, die im Parlament rational vertreten werden mußten, konnten dem Volk gegenüber mit Emotionen aufgeladen werden.

Die Verfassungsväter im Parlamentarischen Rat hatten daher einen begreiflichen Horror vor Plebisziten und zogen ein *rein repräsentatives System* vor. Die damit verbundene *Mediatisierung des Bürgers*, der sich nur alle vier Jahre vor den Wahlen ernstgenommen glaubt, führte zu einer immer weiter gehenden Abstinenz von den Dingen des Gemeinwesens. Die politischen Parteien hatten es auch nicht verstanden, den Bürger *auf breiter Basis* zu einem aktiven Interesse an den politischen Geschehnissen zu veranlassen. Deshalb ist in letzter Zeit immer wieder die Frage erörtert worden, ob nicht die Wiedereinführung plebiszitärer Elemente *für bestimmte Ausnahmefälle*

Ein neues Grundgesetz?

die Demokratisierung der Gesellschaft in effektiver Weise voranbringen könnte.

In der Bayerischen Verfassung – um nur ein Beispiel zu nennen – gibt es eine Reihe von Elementen der unmittelbaren Demokratie: Jede Verfassungsänderung muß dem Volk vorgelegt werden (Art. 75 Abs. 2 Satz 2), über Volksbegehren und Volksentscheid kann das Volk selbst über Gesetze beschließen (Art. 72, 74), ja das Volk kann sogar den Landtag durch Volksentscheid abberufen (Art. 18 Abs. 3). Über gut zwei Jahrzehnte hinweg ist von keiner dieser Bestimmungen mit Erfolg Gebrauch gemacht worden. Die Bayerische Verfassung wurde im vorigen Jahr zum erstenmal geändert, längst fällige Verfassungsänderungen wurden im Hinblick auf die notwendige Entscheidung des Volkes einfach unterlassen. Deshalb gehen im Freistaat Bayern – wie auch in anderen Bundesländern – Verfassungsrecht und Verfassungswirklichkeit weit auseinander. Auf der anderen Seite waren es die Volksentscheide zur Änderung des Schulwesens, die die positiven Aspekte plebiszitärer Möglichkeiten wieder in das Blickfeld rückten. Kaum einer wird bezweifeln können, daß nur die Drohung, das souveräne bayerische Staatsvolk könnte die Entscheidung selbst in die Hand nehmen, die beteiligten politischen Kräfte wie auch die Kirchen zu Kompromissen bereitgemacht haben.

Es wäre in der Tat zu überlegen, ob *für bestimmte Ausnahmesituationen der Appell an das Volk* nicht wieder möglich gemacht werden sollte. Natürlich würde das potentielle Demagogen ab und zu in Versuchung führen, aber die sozialen und ökonomischen Bedingungen unseres Landes würden ihnen – auch auf lange Sicht – wohl keine große Chance bieten.

VII

Das parlamentarische System der Bundesrepublik hat an Glaubwürdigkeit verloren, vielleicht das parlamentarische System überhaupt. Wenn eine Regierung sich auf die Mehrheit der Volksvertreter stützen muß, so wird die parlamentarische Kontrolle *effektiv* immer nur von einer Minderheit ausgeübt. Die Parlamentsmehrheit kontrolliert ihre eigene Regierung in der Regel nicht, sondern unterstützt sie, deckt sie nach außen ab, akklamiert ihr. Umgekehrt ist eine solche parlamentarische Regierung Einflüssen der Mehrheitsfraktion ausgesetzt, die sie in ihrer Handlungsfähigkeit stark behindern können und die sich jedenfalls *hinter und nicht auf* der parlamentarischen Bühne abspielen. Bei der Schaffung der Verfassung für das Land Baden-Württemberg wurde 1952 der Versuch unternommen, diesen beiden Nachteilen – einer stark gebremsten Handlungsfähigkeit der Regierung einerseits und einer ineffektiven Kontrolle durch das Parlament andererseits – dadurch zu begegnen, daß man vom parlamentarischen System zu einem Modell übergehen wollte, das sich am amerikanischen Vorbild orientiert. In strikter Anwendung des Grundsatzes der Gewaltenteilung sollte eine volksgewählte Spitze der Exekutive von einem volksgewählten Parlament wirkungsvoll kontrolliert werden. Dieses Modell, das in unserem Lande keine Tradition hat, fand damals keine Mehrheit. Es mehren sich jedoch die Zeichen, daß das parlamentarische System für die komplexen Entscheidungen, die in einer pluralistischen Gesellschaft angesichts einer hochtechnisierten Umwelt Tag für Tag zu treffen sind, nicht mehr die optimale Lösung ist, da – um es nochmals zu betonen – *einerseits das notwendige Maß an Entscheidungsfreiheit und andererseits das notwendige Maß an Kontrolle fehlt.*

Dieses Problem würde bei der Neuschaffung einer Verfassung, aber auch bei einer Gesamtrevision des Grundgesetzes neu zu überdenken und allein unter dem Gesichtspunkt der Zweckmäßigkeit zu lösen sein. Es war jedenfalls absurd, daß bis zum 25. Juni vorigen Jahres sich praktisch strafbar machte, wer sich bemühte, die parlamentarische Verantwortlichkeit der Regierung als Verfassungsgrundsatz außer Geltung zu setzen (vgl. § 88 Abs. 2 StGB a. F.). Hier wurde der Begriff der freiheitlichen demokratischen Grundordnung mit unnötigem Ballast versehen.

Trotz dieser Bedenken gegen das parlamentarische System soll überlegt werden, wie *innerhalb* dieses Systems die Kontrollmechanismen besser funktionieren könnten. Die institutionell effektivsten Kontrollmittel – das abstrakte Normenkontrollverfahren (Art. 93 Abs. 1 Nr. 2 GG) und der parlamentarische Untersuchungsausschuß (Art. 44 GG) – sind an Quoren gebunden, die eine *quantitativ starke Opposition zur Voraussetzung* haben: Im ersteren Fall bedarf es eines Drittels, im letzteren eines Viertels der Mitglieder des Bundestags, um diese Kontrollmittel einsetzen zu können. Unter den Gegebenheiten der großen Koalition ist die parlamentarische Kontrolle deshalb in der Tat auf ein schier unerträgliches Maß reduziert worden. Es wäre deshalb der Überlegung wert, ob nicht – unbeschadet dieser Quoren – *prinzipiell auch der Opposition als einer Institution unseres Verfassungslebens ein eigenständiges Recht* zur Anwendung dieser parlamentarischen Kontrollmittel an die Hand gegeben werden sollte. Es wird freilich angesichts unseres politischen Kräftefeldes nicht einfach sein, die verschiedenen Oppositionen, die sich zuweilen auf der äußersten Rechten und äußersten Linken diametral gegenüberstehen, institutionell zu *der* Opposition zu vereinigen.

Das parlamentarische Untersuchungsausschußverfahren muß darüber hinaus reformiert werden. Das Quorum, das zum Schutz von Minderheiten von der üblichen Mehrheitsentscheidung abweicht, sollte auch weitgehend für die Beschlußfassung in den Untersuchungsausschüssen selbst wirksam sein. Es wäre sinnlos, einem Viertel der Mitglieder des Bundestags weiterhin das Recht einzuräumen, die Einsetzung eines Untersuchungsausschusses zu erzwingen, und zugleich zuzulassen, daß die nach dem d'Hondtschen Höchst-

Ein neues Grundgesetz?

zahlverfahren ermittelte Mehrheit des Ausschusses den Untersuchungszweck durch Verfahrenstricks vereiteln kann. Schließlich muß sichergestellt werden, daß die Regierung, wenn sie Adressat der Untersuchung ist, deren Ergebnisse nicht dadurch zu ihren Gunsten beeinflussen kann, daß sie ein Recht auf ständige Anwesenheit im Untersuchungsausschuß wahrnehmen darf. Der Untersuchungsausschuß ist eben etwas anderes als irgendein Sonderausschuß zur Vorbereitung sachgemäßer Gesetze, auf den die Bestimmungen des Art. 43 Abs. 2 GG – Recht der Mitglieder des Bundesrates und der Bundesregierung sowie ihrer Beauftragten auf Zutritt zu allen Sitzungen des Bundestags und seiner Ausschüsse – eigentlich gemünzt war. Die in diesem Bereich sonst noch vorgeschlagenen Änderungen des Grundgesetzes – Herabsetzung des Wahlalters, längere Wahlperioden, Immunität der Abgeordneten, Rationalisierung des Gesetzgebungsverfahrens, Einrichtung parlamentarischer Hilfsdienste von hoher wissenschaftlicher Leistungsfähigkeit – mögen hier nur genannt werden. Sie sind nicht von zentraler Bedeutung.

Gewarnt werden muß vor dem Versuch, ein bestimmtes Wahlsystem in die Verfassung aufzunehmen. Die Veränderung der gesellschaftlichen Bedingungen kann es durchaus notwendig machen, das Wahlsystem diesen Bedingungen von Zeit zu Zeit anzupassen. Um hier möglichen, durch kurzfristige Erfolgsaussichten motivierten Manipulationen entgegenzutreten, wäre es durchaus angebracht, im Grundgesetz festzulegen, daß eine Änderung des Wahlsystems sich nicht bei der auf diese Änderung folgenden, sondern sich immer erst bei der jeweils übernächsten Wahl auswirken darf.

VIII

Das vom Grundgesetz vorgesehene Geflecht von Institutionen hat sich im großen und ganzen bewährt. Reformvorschläge konzentrieren sich vor allem auf die Stellung des Staatsoberhauptes. Mit Bedacht hatte man im Parlamentarischen Rat vermieden, in ein parlamentarisches System den Dualismus von volksgewähltem Staatsoberhaupt und volksgewähltem Parlament zu übernehmen. Man wußte aus Erfahrung, daß im Gegenspiel von Staatsoberhaupt und Parlament – oder anders ausgedrückt: bei Konkurrenz von charismatischer Legitimität und rationaler Legalität – die Stellung des Staatsoberhauptes ungewöhnlich stark sein würde. Deshalb ist der Bundespräsident – wieder eine Lehre aus der Weimarer Zeit – heute aus dem Widerstreit politischer Kräfte weithin ausgeschaltet und auf Aufgaben der Repräsentation beschränkt worden. Dem Mangel an Kompetenzen entspricht der Verzicht auf direkte Volkswahl. Vielmehr wird der Bundespräsident, der in der Bundesrepublik Deutschland nach außen Bund *und* Länder vertritt, von Vertretern des Bundes *und* der Länder *zu gleichen Teilen* durch das besondere Organ der Bundesversammlung gewählt. Hier setzt die Kritik von rechts ein, wo man schmerzlich vermißt, im Staatsoberhaupt eine Obrigkeit zu sehen, von der, wie Werner Weber es ausdrückte, im biblischen Sinn ausgesagt werden könnte, sie sei von Gott. Man will im Staatsoberhaupt den personellen Ausdruck des fast mythisch verstandenen Volksganzen sehen, eine Figur, die erhaben und souverän über den Niederungen der politisch zerstrittenen pluralistischen Gesellschaft steht, eine Figur, die in etwa einem institutionalisierten de Gaulle entsprechen müßte. Unter diesem Gesichtspunkt erscheint es dann unzumutbar, das Staatsoberhaupt von den Vertretern der widerstreitenden politischen Kräfte wählen zu lassen; es bedarf des Vertrauens des ganzen Volkes. Selbstverständlich sollen ihm *dann* auch entscheidende Funktionen zukommen, wenn das Ganze gegen die Gruppen verteidigt werden muß. Nicht zufällig wurde deshalb ein Zuwachs an Kompetenzen für den Bundespräsidenten im Fall des Notstandes propagiert. In unserer Lage, in der das Ganze ohnehin nur das halbe Deutschland sein kann, muten diese Vorstellungen sonderbar an.

Obzwar heute dem Bundespräsidenten ein materielles wie personelles Prüfungsrecht nach der herrschenden Lehre zugestanden wird, wäre zu überlegen, ob im Gesetz über das Bundesverfassungsgericht wieder die Möglichkeit vorgesehen werden sollte, daß sich das Staatsoberhaupt beim Bundesverfassungsgericht ein Gutachten einholt. Die seinerzeitige Fehlkonstruktion, wonach für die Erstellung von Gutachten das Plenum des Gerichtes zuständig war, was schließlich dazu geführt hat, daß das Gutachten die erkennenden Senate binden sollte und damit praktisch zu einem Urteil umgefälscht wurde, steht einer erneuten Aufnahme des Gutachtens speziell zur Untermauerung des materiellen Prüfungsrechtes des Präsidenten jedenfalls nicht im Wege.

Aus Anlaß der Ablösung des Bundeskanzlers Erhard hat es an Stimmen nicht gefehlt, das konstruktive Mißtrauensvotum aufzuheben. Nach Lösung der Krise, die schließlich keine Staats-, sondern eine Parteikrise war, ist diese Forderung nicht wieder erhoben worden.

Immer wieder wird der Gedanke laut, den Bundesrat anders zu strukturieren. Der niedersächsische Finanzminister Alfred Kubel nannte ihn eine Stätte der »Kumpanei der Länder«. Oft ist gefordert worden, die Vertreter in den Bundesrat direkt von den Landtagen oder gar von der Bevölkerung der Länder wählen zu lassen – etwa nach dem Vorbild des amerikanischen Senats. Gerügt wurde weiterhin die geringe Differenzierung nach der Bevölkerungszahl der Länder. All diese Einwände beachten zu wenig, daß in dem bundesstaatlichen Gefüge unseres Landes die Ebenen von Bund und Ländern gerade auf dem Gebiet der Exekutive so eng miteinander verzahnt sind (vgl. Art. 30 GG), daß die im Grundgesetz fixierte Lösung noch immer die beste zu sein scheint – es sei denn, man will sich von einem wirkungsvollen föderalistischen System überhaupt freimachen.

Ein neues Grundgesetz?

Man kann sagen, daß die Zuordnung der Institutionen im Grundgesetz weithin die Zustimmung der politischen Kräfte unseres Landes auch heute noch findet.

IX

Kehren wir zurück zur Fragestellung am Anfang: Bietet das Grundgesetz die Gewähr, auch den Erfordernissen der Zukunft gerecht zu werden? Es war eine stattliche Anzahl von Vorschlägen zu erwähnen, die der Ergänzung und der Verbesserung des Grundgesetzes gelten. Doch wie steht es mit der Chance, solche Vorschläge zu verwirklichen?

Die Aussagen zum rechtlichen Status Deutschlands könnten *im Rahmen* des Grundgesetzes geändert werden. Gleichwohl würde eine derartige Änderung eine *der Sache nach neue Verfassung* hervorbringen, eine Verfassung, die nach ihrem Selbstverständnis zwar abstrakt definiert werden könnte, die für einen großen Teil der Bürger jedoch nicht annehmbar wäre. Hier stoßen wir schon auf die erste Klippe, die deshalb immer unterschätzt wird, weil die in den intellektuellen Kreisen unserer Gesellschaft weithin vorhandene Bereitschaft, sich mit dem Status quo als einer Folge des verlorenen Weltkrieges abzufinden, durchaus nicht repräsentativ ist für die Meinung der Gesamtheit. Für eine Einbeziehung des gesellschaftlichen Bereichs in die Verfassung lassen sich kaum große Chancen ausrechnen; allzu hart würden hier die Interessen aufeinanderprallen. Der Krise des parlamentarischen Systems versucht man durch Flickwerk beizukommen. Die gelegentlich erklärte Bereitschaft, den demokratischen Prozeß lebendiger und unmittelbarer zu gestalten und das Postulat der Sozialstaatlichkeit zu konkretisieren, ist noch längst keine Entscheidung für eine wirksame Reform. Und was den Föderalismus anlangt, so wäre von einer Neuverfassung kaum Positives zu erwarten.

Lassen wir also die Tauben auf dem Dach und wenden uns wieder dem Spatz in der Hand zu: *Das Grundgesetz ist nicht antiquiert.* Es hat auch nicht, wie oft gesagt wird, am Punkt Null angesetzt. Es bringt vielmehr die damaligen sozialen und ökonomischen Gegebenheiten der Gesellschaft ebenso zum Ausdruck wie ihre jüngste Geschichte. Im Angesicht eines Trümmerfeldes und einer ungewissen Zukunft ist 1949 eine Verfassung geschaffen worden, die ihre *wesentlichen* Funktionen auch heute erfüllen kann: *die Freiheit aller zu sichern, die Gleichheit aller zu befördern und soziale Gerechtigkeit für alle zu schaffen.*

Die vorher angeführten Vorschläge könnten die Erfüllung dieser Funktionen *erheblich erleichtern.* Deshalb sollte man nicht zögern, eine unabhängige Kommission zu bilden, wie sie schon 1964 von Gerhard Jahn vorgeschlagen worden ist, in der unter Beteiligung von Bundestag, Bundesregierung, Bundesrat und Wissenschaft *das Konzept einer einmaligen, alle anstehenden und absehbaren Änderungsbedürfnisse erschöpfenden Gesamtrevision des*

Grundgesetzes zu entwerfen wäre. Eine solche Kommission müßte genügend Zeit haben, um die fraglichen Probleme gründlich zu bedenken und behutsam einer Lösung entgegenzubringen, einer Lösung, die ohne allzuviel Ballast aus der Vergangenheit sich ganz auf die Aufgaben der Zukunft konzentriert. Die dazu notwendige Zeit könnte auch abgewartet werden, denn, wie gesagt, das Grundgesetz vermag seinen Funktionen schließlich gerecht zu werden. Es ist Sache der politischen Führung, die Möglichkeiten dieser Verfassung besser und weniger einseitig auszuschöpfen, als dies bisher geschehen ist. Dem Grundgesetz kann man zum 20. Jahrestag seines Inkrafttretens nichts Besseres wünschen als politische Führungen, die mit Mut und Einfallsreichtum darauf ausgehen, *das Grundgesetz in allen seinen Dimensionen zu erfüllen.*

* Dieser Beitrag enthält den unveränderten Wortlaut der öffentlichen Antrittsvorlesung an der Technischen Hochschule München, gehalten am 22. Mai 1969.
1 Das GG wurde seither noch dreimal geändert, und zwar am 17. 7., am 28. 7. und am 19. 8. 1969 durch das 23., 24. und 25. Gesetz zur Änderung des Grundgesetzes.

Ulrich Scheuner
Zur Entwicklung des parlamentarischen Verfahrens im Deutschen Bundestag

1. Die Geschäftsordnung als Ausdruck der Stellung und Funktionsweise des Parlaments

Ehe der fünfte Bundestag vor der Wahl vom 21. September 1969 auseinanderging, hat er neben der bedeutsamen Gesetzgebung, die er auf wirtschaftlichem und finanziellem Gebiete zustande brachte, auch die Zeit gefunden, eine Parlamentsreform zu verabschieden, die in den beiden Beschlüssen vom 18. Juni und 2. Juli 1969 enthalten ist und die auf gründlichen Vorarbeiten beruhte [1]. Damit war, zumal manche Fragen der Reform beiseite blieben, keine Gesamtrevision erreicht, aber doch eine Reihe von Maßnahmen getroffen, die insgesamt der Stellung und Tätigkeit des Parlaments einen deutlichen Akzent verleihen. Es wurden dabei auch bestimmte Ziele klar angesprochen, vor allem neben dem allgemeinen Zweck einer Stärkung der Legislative gegenüber der Macht der Exekutive eine bessere zeitlich-sachliche Planung der Arbeiten des Parlaments, eine Verlebendigung der Debatten, verbunden mit einer Ausgestaltung der Kontrollmittel gegenüber der Regierung, und endlich auch eine Stärkung und Erweiterung der Tätigkeit der Ausschüsse [2]. Die Aufgabe ist damit nicht abgeschlossen, aber die Bedeutung der getroffenen Änderungen rechtfertigt es, sie einmal im Zusammenhang zu betrachten. Zuvor indes noch einige Bemerkungen zur Natur und Bedeutung der Geschäftsordnung des Parlaments im allgemeinen.

In der deutschen staatsrechtlichen Literatur bildet das Recht der parlamentarischen Geschäftsordnung eher einen vernachlässigten Gegenstand. Das hat zunächst seinen Grund in einer nicht zureichenden rechtlichen Würdigung. In der gründlichen Untersuchung, die Hans Schneider der Bedeutung der Geschäftsordnungen von Verfassungsorganen gewidmet hat [3], weist er zu Recht darauf hin, daß der Positivismus – nicht ohne mitschwingende politische Tendenzen – die Geschäftsordnung nur als ein statuarisches Recht ansehen wollte, das über den Kreis der Mitglieder des Parlaments hinaus keine Bedeutung habe [4]. Paul Laband gab diesen Ordnungen, denen er die Qualität von Rechtssätzen absprach, nur eine beschränkte Bedeutung, da sie nicht von der »Reichsgewalt« herstammten [5]. Auch spätere aufgeschlossenere Beurteiler wollten hier doch nur eine Art von Konventionalregeln erkennen [6]. In die formalen Kategorien der positivistischen Lehre war in der Tat eine Ordnung, die nicht Gesetz war, die von einem Verfassungsorgan stammte, das an sich keine Befugnis zur Rechtsetzung außerhalb der Gesetzgebung besaß, systematisch nicht leicht einzuordnen.

Demgegenüber muß heute von einem weiteren und lebendigeren Begriff der Verfassungsordnung ausgegangen werden. Sie umfaßt neben dem geschriebenen Verfassungstext auch solche ergänzenden Bestimmungen, durch die dem Verfassungsleben bestimmte Bahnen gewiesen und das Verhalten der leitenden Institutionen geregelt wird. Hierzu gehört die Geschäftsordnung des Parlaments, die als wesentlicher Bestandteil des Verfassungsrechts, wenn auch als ein Normenbestand zunächst interner Wirkung und des dem Gesetz nachstehenden Ranges, angesehen werden muß. Daß ein Verfassungsorgan selbständig Recht setzt, erscheint heute nicht mehr ungewöhnlich, wo auch in der Verfassungsgerichtsbarkeit sich die leitenden Organe mit eigenen Rechten gegenübertreten. Und was die Rechtssatzqualität anlangt, so ist von der heutigen Staatsrechtslehre die ältere formale Einengung dieses Begriffes auf allgemeine Normen im allgemeinen Verhältnis von Staat und Bürger mehr und mehr aufgegeben und erkannt, daß auch in einem beschränkten Kreis und mit begrenzter spezieller Wirkungskraft erlassene Vorschriften den Charakter echter verbindlicher Rechtsbestimmungen haben und sich nur dadurch von allgemeinen Gesetzen und Verordnungen unterscheiden, daß sie nur innerhalb eines Rechtsbereiches unmittelbar Wirkung entfalten. Das ist neuerdings vor allem für die Verwaltungsverordnungen herausgearbeitet worden, die in zunehmendem Maße von der Rechtsprechung auch als wirksame Bindung der Verwaltung nach außen angesehen werden [7], wie für das Haushaltsrecht, dessen besondere Züge als zeitlich begrenztes und grundsätzlich nur innerhalb der Staatsorganisation verbindliches Recht seiner Zuweisung zum Bereich der materiellen Normen nicht entgegenstehen [8]. Das Recht der Geschäftsordnung stellt also einen Bestandteil der materiellen Verfassungsordnung dar, autonom von einem Verfassungsorgan auf Grund einer Verfassungsermächtigung (Art. 41) erlassen [9] und daher im Range sekundär, hinter Verfassung wie Gesetz zurücktretend [10]. Ihre Bestimmungen können aber nicht nur Gegenstand des Verfassungsstreits werden – das Bundesverfassungsgericht hat auf Antrag der Opposition einmal eine Finanzvorlagen beschränkende Vorschrift der GO von 1951 für ungültig erklärt, weil sie das Initiativrecht des Parlaments zu sehr einenge [11] –, sondern sie können möglicherweise auch eine nach außen hervortretende Wirkung entfalten. Normalerweise wird zwar ein Verstoß gegen die Geschäftsordnung einen Gesetzesbeschluß oder sonstigen Beschluß des Parlaments nicht in seiner Wirksamkeit beeinträchtigen; doch würde bei einem schweren Verstoß, der die Willensbildung beeinflußte – z. B. Beratung eines nicht auf der Tagesordnung stehenden Gegenstandes trotz Widerspruchs (§ 24 Abs. 3 GO) oder Fortsetzung der Beratung trotz

Beschlußunfähigkeit (§ 42 Abs. 3 GO) –, auch eine nach außen wirkende Unwirksamkeit des Beschlusses eintreten [12]. Denn insoweit stellt die Geschäftsordnung ein ergänzendes (sekundäres) Verfassungsrecht dar, das die nach außen wirkende Vertretungsfähigkeit des betreffenden Organs begrenzt.

Die Zugehörigkeit der Geschäftsordnung zum Verfassungsrecht ist aber vor allem dem Sinn und Aufbau des Verfassungsrechts zu entnehmen. Der Text der Verfassung stellt in seinen organisatorischen Vorschriften nur einen oft sehr weiten Rahmen für die Handlungsweise der obersten Organe auf, für die er zuweilen nur Kompetenzen normiert, ohne inhaltliche Richtpunkte zu geben (diese zu finden, ist gerade die Aufgabe der leitenden repräsentativen Organe), und für die er nur wenige Verfahrensregeln selbst festlegt. Dem politischen Leben in seiner Bewegtheit und Veränderlichkeit soll keine Fessel auferlegt werden. In diesem Rahmen vermag die Geschäftsordnung des Parlaments daher die Verfassung in wichtigen Punkten zu ergänzen. Denn in ihr legt in erheblichem Maße das Parlament nicht nur formale Spielregeln seines Verfahrens, sondern auch eine Funktionsweise fest, die seine Rolle und sein Selbstverständnis bestimmen. Nicht nur Effizienz des Parlaments, Methoden seiner Kontrolle gegenüber der Exekutive oder Debatteformen hängen von der Geschäftsordnung ab, sondern auch Entscheidungen wie die über die Alternative zwischen einer Priorität für die politische Debatte im Plenum (wie in England) oder einem stärkeren Maß sachlicher Arbeit im Ausschuß (Bundesrepublik, USA, Schweden) oder über die Anerkennung einer bestimmenden Stellung der Fraktionen. Gewiß werden manche dieser Gestaltungen auch nicht einmal durch die Geschäftsordnung, sondern in der Tat durch Konvention festgelegt, wie etwa die ungünstige Stellung des Backbenchers [13] in England durch die starke Einbeziehung der wichtigeren Abgeordneten der Mehrheit in die Regierung oder in der Bundesrepublik die ähnliche Entmachtung der »rank and file« der Abgeordneten in der Debatte durch den stark ausgeprägten Vorrang der von der Fraktion bestimmten – meist auf einen kleinen Kreis beschränkten – Redner [14].

Ein zweiter Grund für die geringe Einschätzung der Geschäftsordnung liegt in dem allgemeinen Unverständnis für die inneren Gesetze des parlamentarischen Lebens, das sich in der Bundesrepublik immer noch aus vergangenen konstitutionellen Reminiszenzen und der neueren Parlamentsgegnerschaft nährt. Der Gelehrte, dem diese Festschrift gewidmet ist, hat dies an Hand der Analyse eines Schülerbesuches an einem Tage schwacher Besetzung des Plenums sehr lehrreich illustriert [15]. Vom Standpunkt des Arbeiters oder Beamten kann Abwesenheit des Abgeordneten im Plenum als tadelnswert, als Faulheit oder Gleichgültigkeit erscheinen (und sie kann es auch sein). Nur eine eingehendere Kenntnis des parlamentarischen Lebens offenbart, daß viele der Fehlenden andere wichtige Geschäfte erledigen während einer Debatte, in der sie weder reden noch durch das Gesagte in ihrer

Haltung beeinflußt werden. Hier schleicht sich unversehens in die Rüge an den Abgeordneten jene unrichtige Deutung des Sinnes parlamentarischer Debatten ein, die sie als »Diskussion und Überzeugung durch Diskussion« ansieht und darin die Essenz des Parlaments sehen will. Eine solche Auffassung [16], immer wohl weitgehend an der gruppen- und anschauungsmäßig gegebenen Gliederung des Parlaments vorbeigehend [17], die seit jeher die Debatte mehr als Kundgebung von Ansichten für das Land draußen erscheinen ließ [18], geht in einem Parlament mit straff organisierten Fraktionen durchaus an der Wirklichkeit vorbei, aber auch an den diese Lage spiegelnden Normen der Geschäftsordnung (vgl. z. B. § 6 Abs. 2 zum Arbeitsplan, § 12 zur Ausschußbeteiligung, die dem isolierten Abgeordneten gar nicht offensteht). Der Gang der parlamentarischen Entscheidungen ist ein ganz anderer, als ihn sich diese leider noch häufig unkritisch übernommene Vorstellung denkt. Die eigentliche Stellungnahme politischer Natur erfolgt innerhalb der Fraktionen und ihrer Arbeitskreise, und sie wirkt auch auf die mehr sachbezogene Auseinandersetzung in den Ausschüssen ein, wo zugleich die Abstimmung mit der Regierung erfolgt. Die Plenardebatte dient bei Gesetzesentwürfen in der Hauptsache der Bekanntgabe der Gründe der Mehrheit und Minderheit, vor allem zu offen gebliebenen Streitfragen [19]. Wer die Bedeutung und den Gehalt der Geschäftsordnung erfassen will, muß von diesen Realitäten des politischen Lebens ausgehen, die nach Zeit und Land oft recht verschieden sind.

Es entspricht der Eigenart der Geschäftsordnung, daß sie diese Realitäten deutlicher und genauer zum Ausdruck bringt als die Verfassung, die sie vielfach noch nicht im einzelnen im Auge hatte. Sie bleibt natürlich an die Verfassungsordnung gebunden, die sie nicht ändern kann. Aber sie kann bestimmte Möglichkeiten der Verfassung unterstreichen oder auch in bestimmtem Sinne festlegen. Sie ist insofern Ausdruck des Selbstverständnisses eines Parlaments, seiner Arbeitsweise oder auch seiner politischen Ambitionen. In besonderen Verhältnissen kann es dazu kommen, daß die Geschäftsordnung Verfassungsentwicklungen vorwegnimmt. So führte der Deutsche Reichstag 1912 die Interpellation ein, die die Verfassung von 1871 nicht kannte, und suchte zugleich sogar den Mißbilligungsantrag durchzusetzen. Hier trat ihm freilich die kaiserliche Spitze entgegen, indem sie auf der Unverbindlichkeit solcher Anträge bestand, und sie hielt dies auch 1913 in der Zabern-Affäre durch [20]. Längst, ehe sie im Verfassungsrecht anerkannt wurden (Art. 21 GG), existierten die Parteien in Gestalt der Fraktionen im Bereich der Geschäftsordnung. Und heute sehen wir in der Ermächtigung von Ausschüssen, »andere Fragen aus ihrem Geschäftsbereich« zu beraten, die Ansätze einer mitwirkenden Kontrolle des Parlaments, d. h. einer vorgreifenden Beteiligung an Entscheidungen sich abzeichnen [21]. Mit einiger Übertreibung könnte man sagen, daß die Französische Revolution mit einer Geschäftsordnungsfrage, dem Abstimmungsmodus der drei Stände, ihren Ausgang nahm; der

Das parlamentarische Verfahren im Bundestag

Beschluß des Tiers État vom 17. Juni 1789, sich zur »Assemblée nationale« zu erklären, legte in diesem Rahmen den ersten Stein einer neuen Verfassung [22]. Nicht immer spiegelt die Geschäftsordnung ein Vordringen des Parlaments. In der Reform vom 9. 2. 1931, die Brüning durchsetzte, wurde eine gewisse Beschränkung der Mißtrauensanträge vorgesehen, die schon etwas auf das konstruktive Mißtrauensvotum voraufwies, und zugleich drang hier zuerst die Beschränkung von Finanzvorlagen in die Geschäftsordnung ein (§ 96), die ein Ausdruck des sinkenden Finanzeinflusses eines ausgabenfreudigen Parlaments war [23]. Zuweilen dient eine Änderung auch politischen aktuellen Zwecken. So forderte eine vor der Wahl zum preußischen Landtag 1932 erfolgte Änderung der Geschäftsordnung des Landtags vom 9. 4. 1932, daß künftig der Ministerpräsident mit absoluter Mehrheit zu wählen sei. Das ermöglichte der Regierung Braun, nach der Neuwahl im Amt zu bleiben, dürfte aber politisch zu den Anlässen des am 20. 7. 1932 gegen sie geführten Vorgehens der präsidentialen Diktaturgewalt gezählt haben [24]. Auch die Erhöhung der Fraktionsstärke, die der Bundestag am 27. 3. 1969 beschloß [25], entsprang dem Wunsche, bei einer etwaigen Vertretung der NPD nach der Bundestagswahl dieser den Zugang zur Rolle einer Fraktion zu verschließen. Solche taktischen Züge sind glücklicherweise selten. Sie zeigen aber den Einfluß, den die Geschäftsordnung auf das politische Geschehen in solchen Fällen erlangen oder jedenfalls erstreben kann.

Auch hier wieder wird zu betonen sein, daß manche Neuerungen der Parlamentspraxis noch nicht einmal in die Geschäftsordnung eindringen. So wurde 1960 die erweiterte Fragestunde durch Beschluß vom 29. 6. 1960 eingeführt [26], und dasselbe gilt von der Möglichkeit einer Aussprache zu Fragen von allgemeinem aktuellen Interesse 1965 [27]. Andere Einwirkungen auf die Stellung des Parlaments können von Gesetzen ausgehen. Ein Beispiel liefert die Einführung der Einrichtung der Parlamentarischen Staatsekretäre. In ihr könnte durch die Erhöhung der Zahl der mit der Regierung verbundenen Mitglieder des Hauses eine Schwächung jedenfalls der Mehrheitsparteien liegen. Denn im allgemeinen geht in Deutschland der in die Exekutive eintretende Abgeordnete rasch in deren Denkform und Empfinden über [28]. Diese Doppelrolle der Minister und Parlamentarischen Staatssekretäre mag gelegentlich überhaupt zu Problemen Anlaß geben. So rügte der Abgeordnete Köppler in der 17. Sitzung des VI. Bundestages vom 4. 12. 1969, daß sich der Bundeskanzler in eine Fragestunde durch Fragen an einen Bundesminister eingeschaltet habe. Bundesminister Ehmke widersprach ihm, gewiß formellrechtlich zu Recht, und erachtete ein solches Eingreifen, gewiß nicht als Normalfall, für statthaft [29].

Zum Abschluß dieser kurzen allgemeinen Betrachtung soll ein wesentlicher Punkt hervorgehoben werden. Wenn ein Parlament an eine Reform der Geschäftsordnung herantritt, so mögen an manchen Punkten mehr technische und praktische Fragen zur Lösung anstehen. Aber darüber hinaus wird es dabei zugleich auch grundlegend zu einem Bilde seiner eigenen Funktionsweise und Arbeitsmethode Stellung zu nehmen haben, die auf seine gesamte politische Stellung zurückwirkt. Das englische Parlament hat stets die Tendenz gezeigt, die zentrale politische Funktion des Plenums zu erhalten und hat sich daher zurückhaltend gegenüber dem Ausschußwesen verhalten. Umgekehrt haben im amerikanischen Kongreß – freilich in einem anderen politischen System – die Ausschüsse eine hervorragende Bedeutung erhalten und spielen, etwa bei ihren Hearings, eine in der Öffentlichkeit sehr beachtete Rolle. In Deutschland wirkt hier die geschichtliche Entwicklung bis heute ein. Gegenüber der von ihm unabhängigen konstitutionellen Regierung vor 1914 konnte der Reichstag nicht allein auf die politische Debatte vertrauen, so sehr diese damals noch in die Breite wirkte. Er baute auch die sachliche Arbeit in den Ausschüssen aus, und dieser Zug ist seither stets erhalten geblieben. Im deutschen Parlament ist die Gesetzgebungsarbeit – aus mancherlei Gründen immer mehr zunehmend – stets zugleich als eine Form der Mitwirkung an der sachlichen Gestaltung der Bestimmungen verstanden worden, wie sie nur in der Ausschußarbeit geleistet werden kann. Indem ständige Ausschüsse (Verteidigungsausschuß, Auswärtiger Ausschuß, Haushaltsausschuß) Formen der vorgreifenden und laufenden Mitwirkung entwickelt haben, liegen entscheidende Bestandteile der Arbeit des Bundestages in den Ausschüssen. Das hat sachliche Vorzüge, schwächt aber die Publizität und ist eine der Ursachen für eine geringere Rolle des Plenums. Eine Geschäftsordnungsreform muß zu diesen Grundfragen Stellung nehmen. Sie muß suchen, ein Bild des Parlaments zu entwerfen, wie es angestrebt wird, und danach die Arbeitsweise bemessen. In einer sehr interessanten Studie, die sich auf eingehende Befragungen der Abgeordneten stützt, hat Hans Maier das Selbstverständnis des V. Bundestages erforscht [30]. Das Ergebnis zeigt, daß es durchaus von dem des britischen Unterhauses abweicht. Bei aller Unsicherheit der Meinungen tritt doch hervor, daß die Mehrheit der Abgeordneten nicht einem Parlament als politischem Instrument, einer Stätte der Debatte im Plenum den Vorzug gibt, sondern einer Mischform, die zugleich Rede- und Arbeitsparlament darstellt [31]. Gesetzgebung und Kontrolle werden als wichtigste Aufgaben angesehen, im einzelnen treten naturgemäß mancherlei Zielkonflikte auf, vor allem auch Unterschiede in der Haltung von Regierung und Opposition (in der sich mit dem Wechsel der Macht auch ein Wandel der Auffassungen anbahnt). Zwar richtet sich bei Reformdebatten in Deutschland der Blick immer auf das Beispiel des britischen Parlaments mit seinen lebhaften Debatten, aber abgesehen davon, daß dabei die Schatten dieser Ausbildung – Rückgang der Publizität und überwiegender Einfluß der Regierung auf die Rechtsetzung – übersehen werden, bleibt doch die deutsche Tradition, die sorgsame und fachliche Arbeit in den Ausschüssen hoch bewertet, ein maßgebendes Element. So scheint in der Tat eher in einem Streben nach Hebung des Plenums und Verlebendigung der Debatte, aber verbunden mit Erhaltung der Bedeutung der Ausschüsse und ihrer Arbeitsleistung, der Weg zu liegen, der mithin eher auf eine Mischform gerichtet ist [32].

2. Die Geschäftsordnung von 1951 und ihre Entwicklung bis zum vierten Bundestag

Es gehört zu der rechtlichen Besonderung der parlamentarischen Geschäftsordnung, daß sie eine erhebliche Kontinuität aufweist. Selbst nach einschneidenden Veränderungen werden Geschäftsordnungen gern von neuen Parlamenten übernommen und fortgeführt. So arbeitete der Reichstag seit 1919 noch mit der Ordnung der Volksvertretung der kaiserlichen Zeit, bis er sich am 12. 12. 1922 [33] eine neue Geschäftsordnung gab, die vieles übernahm. Und auch der Bundestag wiederum bediente sich 1949 dieser Regelung von 1922 mit einigen Änderungen und löste sie erst durch die jetzige Geschäftsordnung vom 6. 12. 1951 ab [34]. Vom Standpunkt des Rechts aus ist die Geschäftsordnung jeweils Norm des bestehenden Parlamentes (Grundsatz der Diskontinuität) und müßte daher vom Nachfolger ausdrücklich oder stillschweigend übernommen werden. Man kann indes davon ausgehen, daß eine solche stillschweigende Übernahme Platz greift [35].

Die Geschäftsordnung von 1951 weist in ihrer Anlage ebenfalls viele konservative Züge auf. Zwar in der Reihenfolge umgestellt, sind doch zahlreiche Vorschriften inhaltlich aus dem älteren Bestande übernommen. Das gilt etwa für die Leitung des Parlaments, in der neben dem Ältestenrat ein besonderer, aus Präsident, Stellvertretern und Schriftführern bestehender Vorstand ausgebildet war. Weitgehend wurde die Sitzungsordnung fortgeführt. Die wichtige Stellung der Fraktionen blieb, wenn auch die Bildung von Fraktionen ein wenig strenger abgegrenzt wurde (§ 10). Der dritte Bundestag legte am 12. 12. 1957 die Fraktionsstärke auf 15 Mitglieder (wie früher in Weimar) fest; das blieb bis zur Änderung am 27. 3. 1969 in Kraft, die nun die Fraktionsstärke auf mindestens 5 % der Mitglieder des Bundestags erhöht hat, so daß etwa 26–28 Mitglieder notwendig werden. In der Zahl der Ausschüsse setzte § 61 GO keine Grenze – die Weimarer GO hatte 15 Ausschüsse gekannt –, und es trat eine solche Vermehrung der Zahl ein (bis 38), daß der dritte Bundestag 1957 die Zahl erheblich einschränkte. Augenblicklich kennt der sechste Bundestag 16 Ausschüsse [36]. Die Mitgliederzahl der Ausschüsse ist je nach Bedeutung und Gegenstand in mehreren Gruppen verschieden und schwankt von Bundestag zu Bundestag, weil die jeweilige Fraktionsstärke und der von ihr für die Besetzung ausgehende Proporz (§ 12) aus rechnerischen Gründen andere Zahlen bedingen, wenn die Fraktionen jeweils angemessen beteiligt sein sollen. Übernommen wurde auch die Beschränkung des Initiativrechts des Parlaments bei Finanzvorlagen,

d. h. Vorlagen von erheblicher Auswirkung auf den Haushalt. Hier ging § 96 GO sogar ein wenig zu weit, und zwei Absätze mußten sich Unwirksamkeitserklärung durch das Bundesverfassungsgericht [37] gefallen lassen.

Fassen wir die Fortentwicklung der Geschäftsordnung ins Auge, so können die mehr technisch bedingten Änderungen beiseite bleiben, wie die Einführung von Vorschriften zum Geheimschutz (§ 21 a) [38], eine Sonderbehandlung von Zollvorlagen (§ 96 a) und einige Bestimmungen zur Wahl und zum Bericht des Wehrbeauftragten (§§ 116a–c), die durch dessen Einrichtung verursacht wurden. Neuerungen vollzogen sich in der Hauptsache in zwei Richtungen, die sich beide nicht in der Geschäftsordnung niederschlugen. Die erste betraf Bestrebungen zur Belebung der Debatten, die 1960 zur Einrichtung der Fragestunde führten, die jeder Sitzung vorangehen sollte [39]. Die Fragen werden vorher schriftlich der Regierung gestellt, die sie mündlich beantwortet. Die Einrichtung hat sich bewährt, wenn auch neben politisch-aktuellen Einzelfragen nicht selten Interessentenfragen und Detailpunkte auftreten [40]. Dem gleichen Ziele diente die durch Vereinbarung im Ältestenrat vom 26.1.1955 eingeführte Zulassung von Zwischenfragen an einen Redner [41]. Sie haben sich sehr weitgehend eingebürgert und führen, streng an kurze Fassung und Bewilligung des Redners gebunden, zwar gelegentlich zu einer Zerreißung einer Äußerung, aber doch oft auch zu raschem, wenn auch selten tiefem Austausch. Eine dritte Möglichkeit sah der Beschluß des Bundestages vom 27.1.1965 in Gestalt der »Fragen von aktuellem Interesse« vor [42]. Auf Antrag einer Zahl von Mitgliedern in Fraktionsstärke kann im Anschluß an einen Punkt der Fragestunde eine Aussprache mit der Bundesregierung stattfinden oder auch selbständig zu einer Frage beantragt werden. Von dieser Einrichtung ist weniger Gebrauch gemacht worden [43].

Das zweite Gebiet, auf dem der Bundestag neue Entwicklungen einleitete, betraf die Unterstützung der Abgeordneten durch einen wissenschaftlichen Dienst. Schon frühzeitig in den 50er Jahren hatten sich einige Abgeordnete, vor allem der Abg. Dr. Mommer, des Gedankens angenommen, nach dem Vorbild ausländischer, namentlich amerikanischer, Einrichtungen dem Parlament eine wissenschaftliche Grundlage zu schaffen, die das starke Gefälle gegenüber der Ausstattung und Information der Exekutive wenigstens einigermaßen ausgleichen sollte. Die Bundesregierung hat sich hierfür begreiflicherweise nie recht erwärmen können, aber im Laufe der Jahre ist doch ein Anfang gemacht worden. Durch den Ausschußdienst steht jedem Ausschuß ein Assistent zur Verfügung, durch den wissenschaftlichen Dienst werden Materialvorbereitung und Information vermittelt [44]. Der weitergehende Gedanke, einen Gesetzgebungsdienst zu schaffen, der bedeutendere Vorbereitungen und Ausarbeitungen übernehmen könnte – und wie ihn einzelne Landtage der Länder besitzen –, ist niemals verwirklicht worden.

Jenseits einer geschäftsordnungsmäßigen Entwicklung liegen diejenigen

Probleme, die die Betätigung von Parlamentsausschüssen in der Mitwirkung an politischen Entscheidungen der Finanzpolitik, der auswärtigen Politik oder der Verteidigungsaufgaben betreffen. Daß die im Grundgesetz selbst genannten Ausschüsse (Art. 45 a GG) eine weitergreifende Zuständigkeit besitzen, wird in der Praxis seit jeher anerkannt und geübt. Für den Haushaltsausschuß ergibt sich das aus den Veränderungen im Haushaltswesen, bei denen neben dem ein- oder mehrjährigen Haushaltsplan die laufenden Entscheidungen mehr und mehr an Gewicht gewinnen und das Parlament, will es von diesem Gebiet nicht zunehmend ausgeschaltet sein, an ihnen teilhaben muß [45]. Das sind aber Fragen, die schon die verfassungsmäßige Rolle des Parlaments berühren und über das Verfahren hinausreichen. Das gleiche gilt von der Frage, wieweit das Parlament Aufgaben, die ihm obliegen, zur Erledigung auf Ausschüsse übertragen kann. Hier zieht die Verfassung, insbesondere bei der Rechtsetzung, Grenzen [46]. Tatsächlich hat sich gewiß das Schwergewicht der Gesetzgebung, soweit insbesondere die Sachfragen und die Mitarbeit des Parlaments bei der Einzelgestaltung des Textes in Frage stehen, auf die Ausschußarbeit verlagert. Aber das deutsche Verfassungsrecht hält daran fest, daß legislative Entscheidungen allein dem Plenum zustehen. Die hier angeschnittenen Probleme einer stärkeren Verselbständigung der Ausschüsse liegen daher nicht im Gesichtskreis der angestrebten Reformen parlamentarischer Arbeit. Sie würden grundsätzliche Probleme der Repräsentation aufwerfen, die die Verfassungsordnung selbst berühren würden.

3. Die kleine Parlamentsreform von 1969

Es entspricht der Natur der Geschäftsordnung, daß bei ihr Änderungen häufiger erfolgen. Der fünfte Bundestag hat daher schon vor den beiden umfangreicheren Beschlüssen vom 18. Juni und 2. Juli 1969 einige kleinere Änderungen getroffen. Hierzu gehörte die Neufassung des § 38 GO [47], die mit einer technischen Änderung verknüpft war, die dem Redner – oder Fragesteller einer Zwischenfrage – erlaubt, vom Saalmikrophon aus zu sprechen. Die am 27. 3. 1969 beschlossene Heraufsetzung der Fraktionsstärke, die diese nahe an 30 Mitglieder brachte, führte dazu, daß man dort, wo bisher die Zahl 30 Abgeordnete genannt war, nun die Fraktionsstärke zum Maßstab wählte [48].

Die Parlamentsreform [49], die kurz vor dem Ende des fünften Bundestages noch verabschiedet werden konnte, ist sorgfältig vorbereitet worden. Die Fraktionen hatten hierfür 1968 Kommissionen in ihrem eigenen Kreise eingesetzt, die Vorschläge entwickelten [50]. Der Präsident des Bundestages hatte einen Reformausschuß gebildet, und der Ausschuß für Wahlprüfung, Immunität und Geschäftsordnung hatte sich eingehend mit den Vorschlägen befaßt [51]. Nicht alle Gegenstände, die in den Erörterungen angeschnitten wurden, sind am Ende einer Lösung zugeführt worden[52]. Zu ihnen gehört das Thema der Untersuchungsausschüsse, das vor einigen Jahren auch den Deutschen Juristentag beschäftigt hat[53]. Es ist dabei klargestellt worden, daß im deutschen Parlamentsleben – das gilt auch für die Länder – der Untersuchungsausschuß ausgesprochen der Klärung von aufgetretenen Mißständen in Regierung und Verwaltung auf Antrag einer Minderheit dient[54]. Er ist kein Mittel der Information des Parlaments bei legislativen und politischen Entscheidungen und ebensowenig normales Mittel parlamentarischer Kontrolle der Exekutive. Die hier auftretenden Probleme betreffen vor allem das Ausmaß der Beweiserhebung, vor allem die Pflichten der Exekutive zu Aktenvorlage und Aussagegenehmigung, Fragen also, die nach der Verwendung dieser Ausschüsse mehr in das judizielle Gebiet hinüberspielen, mit dem solche Auschüsse auch nicht selten konkurrieren. Es ist begreiflich, daß man dies spezielle Gebiet besonderer Reform vorbehalten hat, zumal der Bundestag Untersuchungsausschüsse seltener verwendet als die Länderparlamente[55]. Ferner blieben die Immunitätsfragen außerhalb der Änderung. Auch sie weisen mehr in das Gebiet spezieller gerichtlicher Fragen. Seit langem durch einen Bericht des Immunitätsauschusses geregelt[56], hat sich bei ihnen neuerdings eine Änderung in der Richtung auf weitergehende Freigabe der Durchführung kleinerer Verfahren, vor allem in Verkehrsdelikten ergeben. Endlich weist wiederum in das gleiche Gebiet das Problem einer Ausdehnung der Befugnisse des Petitionsausschusses. Im Zuge von Bestrebungen zur Ergänzung des individuellen Rechtsschutzes hatte die Konferenz der Präsidenten der Deutschen Länderparlamente 1968 empfohlen, die Petitionsausschüsse zu stärken, indem ihnen durch Aktenvorlage, Auskunftspflichten der Behörden und Prüfungen an Ort und Stelle die Verfolgung einer Angelegenheit eröffnet werde, sie ferner auch mit Berichten und Vorschlägen sich an die Öffentlichkeit wenden könnten. Bei diesen Gedanken spielten zweifellos auch die seit Jahren in manchen Ländern erörterten Pläne eines Ombudsmannes mit, an dessen Stelle man den stärkeren Bürgerschutz dem Parlament zuwenden wollte. In der Tat sind Erwägungen über das Amt des Ombudsmannes in Nordrhein-Westfalen in ein Gesetz ausgemündet, das durch einen neuen Verfassungssatz (Art. 41 a) den Petitionsausschuß mit weiteren Befugnissen ausstattet, den Behörden Auskunftspflicht und in den Grenzen des § 96 StPO Aktenvorlage auferlegt sowie eine Zeugenvernehmung vorsieht. Damit wird der Petitionsausschuß weitgehend einem Untersuchungsausschuß gleichgestellt[57]. Auch dem Bundestag lagen, freilich unbestimmtere, Anträge in dieser Richtung vor[58]. Sie sind nicht aufgenommen worden.

In der Tat sind zwei Gesichtspunkte zu bedenken. Ist es angesichts des weitgespannten Ausbaus der Verwaltungsgerichtsbarkeit noch nötig, weitere Rechtsschutzeinrichtungen, die mit dieser gar konkurrieren würden, zu schaffen? Gewiß, unbürokratische Hilfe kann zuweilen mehr helfen als ge-

Das parlamentarische Verfahren im Bundestag

richtliche Klärung, und die Stellung des Parlamentes könnte im Bewußtsein der Bevölkerung gestärkt werden. Für den Bund ergibt sich aber ein maßgebliches Hindernis darin, daß die meisten der Petitionen Angelegenheiten betreffen, die durch Landesbehörden bearbeitet wurden, daher zu den Ländern abgegeben werden. Hier würden bundesstaatsrechtliche Gesichtspunkte es auch dem Parlament des Bundes verwehren, direkt Auskünfte und Aktenvorlage von Landesbehörden zu fordern, da die Verfassung (Art. 84) keinen unmittelbaren Weg zur Behörde an der Landesregierung vorbei kennt.

Endlich aber sind auch Bestrebungen unerledigt geblieben, die auf eine Regulierung des Einflusses der Interessentenverbände ausgingen. Man denkt hier an eine Registrierpflicht für diejenigen, die mit dem Parlament offizielle Verbindung haben wollen [59]. Im Grunde wohl mehr auf eine Gesetzgebung als eine geschäftsordnungsmäßige Behandlung zielend, mögen solche Gedanken wohl erneut wiederkehren. Daß Rechtsnormen allein eine aus den Gruppenzusammenhängen der modernen Demokratie stammende Erscheinung nicht einfangen können, bedarf keiner Erwähnung. Es wird auch zu beachten sein, daß der Schwerpunkt der »Lobby« heute wohl eher bei der Bürokratie als beim Parlament liegt [60].

Wenden wir uns nun den zustandegekommenen Neuerungen zu, so lassen sie sich unter vier Hauptgesichtspunkten zusammenfassen: Leitung und Planung der Bundestagsarbeit, Verlebendigung der Plenarverhandlung, Stellung und Befugnis der Ausschüsse, Gesetzgebungsverfahren [61].

Noch vom Reichstag vor 1914 hatte die Geschäftsordnung die Scheidung zwischen Vorstand des Bundestages (Präsident, Stellvertreter, Schriftführer; bisher § 6) und Ältestenrat übernommen. Dem Präsidium kamen kaum wirkliche Aufgaben zu. Sein Verschwinden und die Zusammenfassung der Mitwirkung bei der Leitung der Geschäfte beim Ältestenrat (§ 6 neu) sind daher folgerichtige Schritte [62]. Zugleich aber wird auch ein weiterer Schritt in der Planung der Parlamentsarbeit getan. Während bisher die Vorplanung sich nur auf eine Woche erstreckte, soll sie nun für eine längere Zeit erfolgen und dabei, soweit nicht dringliche Vorlagen kommen, die Entwürfe nach Fachbereichen auf die Wochen verteilen. Das sind organisatorische Erleichterungen, auch sie übrigens wohl mehr von der Arbeit der Ausschüsse her als vom Plenum aus gedacht.

Im zweiten Bereich setzen die Änderungen resolut das Bestreben nach Auflockerung der Plenarverhandlungen fort. Die Freiheit des Präsidenten in der Bestimmung der Reihenfolge der Redner wird erweitert (§ 33), um dadurch »Rede und Gegenrede«, d. h. abwechselndes Zuwortkommen verschiedener Ansichten und damit Belebung der Diskussion zu erzielen. Das Gebot der freien Rede ist verschärft; vorbereitete Reden müssen vorher beim Präsidenten angemeldet und von ihm genehmigt werden (§ 37). Vor allem aber wird eine Verkürzung der Redezeit vorgenommen. Nicht nur kann der Präsident jetzt stets einen Redner bitten, seine Redezeit anzugeben (§ 33

Abs. 2), die Normalredezeit wird radikal von einer Stunde auf 15 Minuten verkürzt. Die Fraktionen können jede zu einem Gegenstand für einen Redner 45 Minuten beanspruchen. Auch sind Verlängerungen möglich, sogar ins »Soll« gestellt, wenn eine Fraktion sie beantragt (§ 39). Diese neue Regelung hat schon zu einem Zusammenstoß Anlaß gegeben. In der Debatte über den Bericht des Bundeskanzlers zur Lage der Nation vom 14. 1. 1970, die am 15. Januar stattfand, sprachen die ersten Redner der Fraktionen länger, für die CDU/CSU Dr. Kiesinger 77 Minuten. Die Vizepräsidentin, Frau Funcke, unterbrach daher den zweiten Redner der Fraktion nach 25 Minuten, um auf die 15-Minuten-Regel hinzuweisen. Über die Frage, ob nicht in Anbetracht der Tatsache, daß für die Regierung am Vortag der Kanzler und dann zwei Parteien gesprochen hatten, diese Verlängerung angemessen gewesen wäre, entspann sich eine Geschäftsordnungsdebatte. Der Ältestenrat, der dann zusammentrat, hielt an der neuen Regelung fest, empfahl aber, für diese Gelegenheit von einer engen Handhabung abzusehen [63]. Im Grundsatz wird man in der neuen Regelung einen guten Ansatz sehen können. Mit ihr in innerem Zusammenhang stehen Pläne zur Neugestaltung des Plenarsaales, in dem schon Rednerpult und Regierungsbank ihre frühere Erhöhung einbüßten und der nun kleiner und ausspracheintimer werden soll [64].

Eine sehr bedeutsame, unscheinbar aussehende Änderung hat die Befugnis der Ausschüsse erfahren. Schon bisher nahmen die ständigen Ausschüsse des Art. 45 GG das Recht in Anspruch, auch über ihre speziellen legislativen Aufträge hinaus allgemeine Fragen ihres Sachbereiches zu behandeln, mithin eine Kontrolle, aber auch schon darüber hinaus die vorhin erwähnte Form mitwirkender Kontrolle zu üben [65]. Indem nun § 60 Abs. 2 Satz 3 GO ihnen erlaubt, »andere Fragen aus ihrem Geschäftsbereich« zu beraten, öffnet er allen Ausschüssen diese Möglichkeit einer Kontrolle [66]. Das ist eine Neuerung von weittragender Bedeutung, die in das Verfassungsrecht hinaufragt. Sowohl die Selbständigkeit der Ausschüsse wie die aktive Kontrolle des Parlaments durch sie werden verstärkt.

Lange umstritten war die Frage der Öffentlichkeit der Ausschüsse. Während die Literatur früher hervorhob, daß nur die Nichtöffentlichkeit sachgemäße, die Linien zwischen den Parteien überbrückende Stellungnahmen ermöglicht, trat im fünften Bundestag namentlich die FDP stark für Öffnung der Ausschüsse ein. Der gefundene Weg (§ 73 Ab. 2 GO) – grundsätzlich nichtöffentliche Tagung, aber Zulassung der Öffentlichkeit durch Beschluß, wobei Öffentlichkeit Presse und Zuhörer im Maße des verfügbaren Raumes bedeutet – erscheint praktikabel und richtig. Nach wie vor dürfte die Ansicht Gewicht haben, daß nur die nichtöffentliche Verhandlung freie Aussprache und sachgemäße Resultate bringt.

Die Arbeit der Ausschüsse wird gestärkt durch das ihnen nun gegebene Recht, ebenso wie das Plenum die Anwesenheit von Mitgliedern der Bundes-

Das parlamentarische Verfahren im Bundestag

regierung zu verlangen (§ 73 Abs. 1). Die seit einigen Jahren (zuerst bei der Strafrechtsreform und den Notstandsgesetzen) erfolgreich gestartete Möglichkeit öffentlicher Informationssitzungen (Hearings), in der Sachverständige und Interessenvertreter gehört werden, wird in erweiterter Form ausgestaltet (§ 73 Abs. 3). Hier wird nun bei dem federführenden Ausschuß sogar das Minderheitsrecht eines Viertels seiner Mitglieder auf eine solche Anhörung verankert. Delegation der Anhörungsbefugnis an eine proportional zusammengesetzte Unterkommission ist vorgesehen. Die Sitte der Anhörungen hat zur Erhöhung der Publizität des Bundestages nicht unerheblich beigetragen. Begrenzt auf wichtige und geeignete Gegenstände, kann sie sich als ein wirksames Mittel der Verbindung zur Öffentlichkeit wie der breiteren Fundierung von Vorlagen erweisen. Die nunmehr neu eingeführten »Enquete-Kommissionen« (§ 74 a GO) – auch sie mit dem Minderheitsrecht eines Viertels ausgestattet – sollen umfangreiche und besonders bedeutsame Fragen vorklären. Ob es damit gelingen wird, anstelle der von der Regierung durch Kommissionen vorbereiteten Entwürfe oder neben ihnen das Parlament stärker zur Geltung zu bringen, wird die Erfahrung lehren müssen. Man darf hier keinen zu weiten Gebrauch dieser Einrichtung vorhersagen.

Die letzte Gruppe von Neuerungen sucht das Gesetzgebungsverfahren zu beschleunigen. In der ersten Beratung findet eine Aussprache nur mehr statt, wenn sie der Ältestenrat empfiehlt oder eine Zahl von Abgeordneten in Fraktionsstärke fordert (§ 78 GO). Die allgemeine Aussprache kann auch von der gleichen Zahl von Abgeordneten bei Beginn der zweiten Lesung verlangt werden (§ 80 GO). Auch in der dritten Beratung entfällt grundsätzlich die allgemeine Aussprache, doch bleiben Änderungsanträge wie bisher statthaft (§ 85). Förderlich ist es, daß auch Initiativanträge aus dem Hause nun eine Begründung haben müssen (§ 97 Abs. 1). Daß künftig bei Initiativanträgen aus dem Bundestag nach sechs Monaten ein Bericht über den Stand des Antrags gefordert werden kann (§ 60 Abs. 3 GO), ist als Kräftigung des internen Antragsrechts gedacht. Auf die im Zusammenhang mit den Änderungen in der Finanzverfassung stehende Neugestaltung der Bestimmungen über Haushalts- und Finanzvorlagen soll hier nicht näher eingegangen werden (§§ 94, 96 GO).

Insgesamt bilden diese Änderungen, wenn sie auch in sich einzelne Maßregeln darstellen, doch ein Konvolut von Änderungen, das die Richtungen, in denen der Bundestag seine Arbeitsweise anpassen will, deutlich macht. Es geht einmal um Straffung der Arbeit, dann aber vor allem auch um Hebung der Plenardebatte. Daß hier ein wesentlicher Ansatzpunkt liegt, ist auch im Zusammenhang mit dem im Bundestag besprochenen Mangel an wirksamer Information über das Parlament in den Massenmedien bedeutsam. Diese fehlende Verbindung zur Öffentlichkeit sollte vom Parlament ernst genommen werden. Ihr ist nicht durch Mittel wie Fernsehübertragungen und wahrscheinlich auch kaum durch bloße Stärkung eines Informationsdienstes des Parlaments [67] abzuhelfen. Hier kommt es vielmehr darauf an, daß wenigstens zu grundlegenden Fragen aktuelle und in ihren Gegensätzen klar ausgetragene Diskussionen im Plenum stattfinden. Wiewohl es daran auch unter der Großen Koalition nicht fehlte, ist es sicher, daß die derzeitige schärfere Zuspitzung zwischen Regierung und Opposition, vorerst in den außenpolitischen Fragen, die an manche Debatte der 50er Jahre erinnern kann, dazu beiträgt, dem Bundestag stärker die Aufmerksamkeit zu sichern. Auch hier liegt wieder im Gang des Verfahrens zugleich ein wesentlicher Vorgang der Verfassungsentwicklung.

Die Reformen sind nicht abgeschlossen. Der sechste Bundestag hat einige weitere Änderungen beschlossen [68]. Reformen werden auch weiterhin wichtig bleiben, wenn das Parlament mit den im Schoß der Bundesregierung heranwachsenden Bestrebungen zur stärkeren Integration der Führung und Planung Schritt halten will.

---

1 Vgl. die Beschlüsse in den Bekanntmachungen v. 25. 6. und 4. 7. 1969 (BGBl. I, S. 776, 779). Dazu die vorbereitenden Vorschläge und Berichte, Drucks. d. Bundestages V/69 (neu), 114, 396, 2479 (neu), 3447, 3459, 3492, 3895, 3965, 3966, 3990, 3991, 3992, 4008, 4209, 4373, 4518 und 4524. Ferner die eingehenden Debatten in der 225. Sitzg. v. 27. 3. 1969 und der 240. Sitzg. v. 18. 6. 1969, Sten. Ber. S. 12364 ff., 13293 ff. Inzwischen sind einige weitere Änderungen durch den Beschluß vom 6. 5. 1970 erfolgt (50. Sitzung, Sten. Ber. S. 2498) und wurde eine neue Textfassung der GO durch BekM vom 22. 5. 1970 veröffentlicht (BGBl. I, S. 628). Die im Folgenden angeführten Paragraphen beziehen sich auf diese Fassung.
2 Zu den Zielen der Reform siehe den Abg. Dr. Wörner, Sten. Ber. S. 12370 f. und Bundestagspräsident von Hassel, Sten. Ber. S. 13324.
3 Die Geschäftsordnungen oberster Staatsorgane, in: Festgabe Rudolf Smend, 1952, S. 303 ff.
4 Ebd., S. 304.
5 Das Staatsrecht des Deutschen Reiches, 5 1911, Bd. 1, S. 344 f.
6 So namentlich J. Hatschek, Das Parlamentsrecht des Deutschen Reiches, 1915, § 5, und Perels, HBDStR, hrsg. v. Anschütz-Thoma, Bd. 2 (1932), S. 449.
7 Vgl. Fritz Ossenbühl, Verwaltungsvorschriften und Grundgesetz, 1969, S. 154 ff., 553 ff.; Walter Schmidt, Gesetzesvollziehung durch Rechtsetzung, 1969, S. 21 ff., 48 f., 191 ff.
8 Zum Haushaltsrecht vgl. für diese heute vordringende Meinung meine Darlegung in: Festschrift für Adolf Arndt, 1969, S. 398 und die dort Genannten. Ferner zur tieferen Begründung der staatsleitenden und zugleich auf Wirtschaft und Konjunktur lenkenden Funktion des Haushaltsplans siehe Friauf, VVDStRL 27 (1969), S. 21 ff. Zur materiellen Natur des Haushalts auch BVerfGE 20, S. 56, 90–92. In der Tat nimmt die Rechtsprechung auch an, daß für die Ermächtigung zu staatlichen Leistungen (Subventionen) der Haushaltstitel als Rechtsgrundlage und parlamentarische Willenskundgabe zureicht. Vgl. Hess. VGH VwRspr. 15, S. 918; BVwGE 6, S. 287; 20, S. 102. Hierzu zu Unrecht kritisch V. Götz, System der Wirtschaftssubventionen, 1966, S. 285 ff.
9 Zur Natur der GeschO als Verfassungsrecht und autonomes Statut: v. Man-

Das parlamentarische Verfahren im Bundestag

goldt-Klein, Das Bonner Grundgesetz, Bd. 1 (1964), S. 914 ff.; Lechner-Hülshoff, Staat und Regierung, ²1959, S. 159; Klaus Friedrich Arndt, Parlamentarische Geschäftsordnungsautonomie und autonomes Parlamentsrecht, 1966, S. 139; Ossenbühl, a. a. O. (Anm. 7), S. 280 f. Ferner BVerfGE 1, S. 144, 148 und eingehend BayVerfGHE 8 II, S. 91 ff. Etwas abweichend E. W. Böckenförde, Die Organisationsgewalt im Bereich der Regierung, 1964, S. 120 ff.

10 Zu diesem Rangverhältnis ebenso v. Mangoldt-Klein, S. 915; Lechner-Hülshoff, S. 159.

11 BVerfGE 10, S. 4 ff.

12 Wie hier auch bei Verletzung wichtiger Vorschriften der GeschO Lechner-Hülshoff, S. 160. A. A. VerfGH Rheinland-Pfalz VerwRspr. 1, S. 245 f. (im Ergebnis richtig, weil kein wichtiger Mangel vorlag). Wesentliche Mängel des Verfahrens werden auch in den Beratungen von Kommunalvertretungen als ein Unwirksamkeit herbeiführender Umstand anerkannt. Vgl. OVG Münster 15, S. 87, 91.

13 Ein englisches Kabinett bezieht etwa bis zu 100 Personen in die Regierungsmaschinerie ein. Demgegenüber bleibt die Rolle der übrigen Glieder der Mehrheit begrenzt. Siehe John P. Mackintosh, The British Cabinet, ²1969, S. 411, 528 ff.; K. Loewenstein, Zur Gegenwartslage des britischen Parlamentarismus, 1967, S. 42 f.

14 W. Hennis, Zur Rechtfertigung und Kritik der Bundestagsarbeit, Festschr. f. A. Arndt, 1969, hat S. 161 f. auf die auffallende Konzentration der Reden im Bundestag auf einen engen Kreis von Abgeordneten, die jeweils die Fraktion bestimmt, hingewiesen.

15 Th. Eschenburg, Zur politischen Praxis in der Bundesrepublik, Bd. II, 1966, S. 122 ff.

16 Sie ist vor allem durch Carl Schmitt, Die geistesgeschichtliche Lage des Parlamentarismus, ²1923, S. 13 ff. vertreten worden, und man begegnet den Derivaten dieser These heute noch weithin. Dagegen W. Hennis, Festschr. f. A. Arndt, S. 152 f.

17 So mit Recht Hennis, ebd., S. 152

18 Hennis weist ebd., S. 152, auf Stimmen schon der Mitte des 19. Jahrhunderts hin, die dies Ansprechen des Publikums durch die Parlamentsreden erkannten.

19 Vgl. hierzu Friedrich Schäfer, Der Bundestag, 1967, S. 142 ff.

20 Vgl. Hans Schneider, a. a. O. (Anm. 3), S. 309 f.

21 Zum Begriff der mitwirkenden Kontrolle siehe R. Bäumlin, Die Kontrolle des Parlaments über Regierung und Verwaltung, Schweiz. Juristenverein, Berichte 1966, S. 244 ff. Zur Änderung des § 60 Abs. 2 vgl. Abg. Dr. Mommer, 225. Sitzung v. 27. 3. 1969, Sten. Ber. S. 12 374.

22 Vgl. Jacques Ellul, Histoire des Institutions, Bd. 2, Paris 1956, S. 552.

23 Hierzu Hans Schneider, a. a. O. (Anm. 3), S. 311 f.

24 Dazu Hans Schneider, ebd., S. 313.

25 Vgl. BekM. v. 28. 3. 1919 (BGBl. I, S. 296): Änderung des § 10 Abs. 1 GO.

26 Siehe den Beschluß v. 29. 6. 1960 bei H. Trossmann, Parlamentsrecht und Praxis des Dt. Bundestages, o. J. (1967), S. 357.

27 Wortlaut des Beschlusses v. 27. 1. 1965, ebd., S. 369.

28 Gesetz über die Rechtsverhältnisse der parlamentarischen Staatssekretäre v. 6. 4. 1967 (BGBl. I, S. 396). Vgl. hierzu K. Hesse, a. a. O., S. 235, und die Anfrage der Abg. Katzer u. Gen. v. 19. 2. 1970 (Drucks. VI/405) über die Ergebnisse einer vom Bundesinnenminister veranstalteten Umfrage nach der Stellung des Staatssekretärs in den einzelnen Ministerien. Vgl. auch die Umfrage in Z. f. Parlamentsfragen 1 (1970), S. 25 ff.

29 Vgl. die Debatte in der 17. Sitzung v. 4. 12. 1969, Sten. Ber. S. 606.

30 Hans Maier – H. Rausch – E. Hübner – H. Oberreuter, Zum Parlamentsverständnis des fünften Deutschen Bundestages, 1969.

31 Ebd., S. 9 ff., 20 f.
32 Ebd., S. 42.
33 RGBl. 1923 II, S. 101.
34 Veröffentlicht durch BekM v. 28. 1. 1952, BGBl. II, S. 389.
35 In diesem Sinne Perels, HBDStR, hrsg. v. Anschütz-Thoma, Bd. 2, S. 450; Anschütz, Kommentar zur RV, 14. Bearb. 1933, S. 202/03; v. Mangoldt-Klein, a. a. O. (Anm. 9), S. 915. Ausdrücklicher Beschluß über die Fortgeltung der GeschO der Ausschüsse des Notstandsregimes (Art. 115 d und 53 a bb) erging am 25. 2. 1970 (BTag, 33. Sitzung, Sten. Ber. S. 1556).
36 Vgl. den gemeinsamen Antrag der Parteien, Drucks. VI/38 v. 4. 11. 1969.
37 BVerfGE 10, S. 4 ff.
38 § 21 Abs. 4 und § 21 a eingefügt durch BekM v. 24. 8. 1964 (BGBl. I, S. 713) und dazu Geheimschutzordnung vom gleichen Tag.
39 Eine monatliche Fragestunde sah bereits § 111 GO vor. Zur Fragestunde siehe Gerhard Loewenberg, Parliament in the German Political System, 1966, S. 410 ff.
40 Obwohl der Fragesteller nur eine Frage stellen darf und nach der Beantwortung durch die Regierung nur kurze Zusatzfragen für ihn oder andere Abgeordnete zugelassen sind, kann doch bei geschickter Rollenverteilung für einen Vorgang eine effektive Kontrolle erzielt werden, wie die bekannten Debatten in den Sitzungen vom 7.–9. 11. 1962 in der ›Spiegel‹-Affäre gezeigt haben (Sten. Ber. S. 1941 ff., 2013 ff., 2074 ff.). Dabei kam allerdings den Fragestellern zugute, daß die Praxis Zusatzfragen großzügig zuläßt und daß sich die Debatte zu diesem aktuellen Anlaß über 3 Fragestunden hinzog. Vgl. hierzu Schäfer, a. a. O. (Anm. 19), S. 238 ff. Ein Teil der mündlichen Fragen der Fragestunde wird, wenn der Antragsteller einverstanden ist, durch schriftliche Antwort erledigt, die als Anlage dem Sitzungsbericht beigefügt wird. Vgl. z. B. 15. Sitzung v. 28. 11. 1969, wo 41 solcher Antworten als Anlage beigefügt sind (Sten. Ber. S. 561 ff.).
41 Vgl. den Wortlaut des Beschlusses bei Trossmann, a. a. O. (Anm. 26), S. 359.
42 Vgl. den Wortlaut des Beschlusses ebd., S. 369 und dazu Schäfer, a. a. O. (Anm. 19), S. 240.
43 Neben diesen neuen Mitteln der parlamentarischen Kontrolle gegenüber der Exekutive stehen zwei ältere Formen: (1) die seit der kaiserlichen Zeit bekannte der Großen Anfrage (Interpellation; § 105 GO). Nicht zu häufig angewandt, dient sie in erster Linie der Herausstellung wichtiger Probleme für die Gesetzgebung oder Politik der Regierung oder ihrer kritischen Beleuchtung. Vgl. z. B. die Große Anfrage Lenz und Gen. zur Weiterentwicklung des föderativen Systems v. 27. 6. 1968, Drucks. V/3099 nebst der Antwort des Bundesinnenministers v. 20. 3. 1969, Drucks. V/4002. Die Große Anfrage bereitet eine mündliche Aussprache vor, die bei einem Antrag in Fraktionsstärke erfolgen muß (§ 106 GO). (2) Die Kleine Anfrage bleibt dagegen grundsätzlich im schriftlichen Verfahren. Die schriftliche Antwort wird – nach der Neufassung von 1970 – nicht zur Tagesordnung gestellt, sondern als Drucksache verteilt. Eine mündliche Aussprache kann dadurch bewirkt werden, daß der Fragesteller sie in eine Fragestunde überführen (§ 110 GO). Die Kleine Anfrage wird gern verwandt, oft auch zur »administrativen Abgeordnetenintervention«. Sie darf sich nur auf Tatsachen beziehen. Häufig werden auch Mißstände gerügt, Vorkommnisse erwähnt oder Fragen angeschnitten, die gesetzgeberische Behandlung fordern. Vgl. Schäfer, a. a. O. (Anm. 19), S. 236 ff.
44 Zur Ausstattung des parlamentarischen Hilfsdienstes siehe Jekewitz, Verwaltung des Dt. Bundestages, DVBl. 1969, S. 516 ff. sowie zu seinen Problemen Partsch, VVDStRL 16 (1958), S. 87.
45 Zu diesen Problemen siehe Friauf, VVDStRL 27 (1969), S. 23 ff., der auf die Gefahr einer Zurückdrängung des Parlaments durch langfristige Planung, Konjunk-

turpolitik und Notbewilligung des Finanzministers hinweist. Zu den Gegenmitteln gehört hier die Bindung von Haushaltsansätzen an Sperrvermerke, deren Aufhebung Zustimmung des Haushaltsausschusses fordert, Mitwirkung bei Mittelbewirtschaftung in der Entwicklungshilfe für den Ausschuß für Entwicklungshilfe. Man wird sie – obwohl im älteren Sinne der Gewaltenteilung auffallend – als neue, einer modernen Machtverteilung dienende Formen rechtlich anerkennen können. Dies zeigt die in Kürze erscheinende Arbeit von W. Kewenig, Staatsrechtliche Probleme parlamentarischer Mitregierung am Beispiel der Arbeit der Bundestagsausschüsse. Vgl. auch Bürgel, DVBl. 1967, S. 873 ff. und Loewenberg, a. a. O. (Anm. 39), S. 146 f.

46 Ein Rechtsetzungsrecht von Ausschüssen kraft Delegation, wie es Art. 72 Abs. 3 der italienischen Verfassung kennt, wäre mit dem Grundgesetz nicht vereinbar. Der Vorschlag von Dichgans, Vom Grundgesetz zur Verfassung, 1970, S. 75 ff, Angelegenheiten der Fachgesetzgebung durch Ausschüsse vorbereiten zu lassen und dem Plenum nur die Annahme vorzubehalten, würde, wie er selbst hervorhebt, ebenfalls verfassungsändernd sein. Zu den Grenzen der Delegation im Parlament siehe auch Kreuzer, Der Staat 7 (1968), S. 183 ff., Partsch, VVDStRL 16 (1958), S. 91 f.

47 Vgl. hierzu den Bericht des Ausschusses für Wahlprüfung, Immunität und Geschäftsordnung v. 15. 3. 1968, Drucks. V/2479 (neu) S. 2.

48 Siehe hierzu die Änderung der §§ 57, 107 GO.

49 Vgl. zur Parlamentsreform Schäfer, a. a. O. (Anm. 19), S. 293 ff.; Heinz Rausch, Parlamentsreform. Tendenzen und Richtungen, Ztschr. f. Politik 14 (1967), S. 259 ff.; Hans Apel, Der deutsche Parlamentarismus, 1968; Kölble, DÖV 1969, S. 189 ff.; Dichgans, a. a. O. (Anm. 46), S. 84 ff., 119 ff.

50 Vgl. hierzu Abg. Bauer, Sitzung v. 27. 3. 1969, Sten. Ber. S. 12 394 f. sowie die Übersicht der Wiss. Abteilung d. Bundestages zur Parlamentsreform, April 1969 (Nr. 10).

51 Vgl. von Hassel, Sitzung v. 18. 6. 1969, Sten. Ber. S. 13 325.

52 Vgl. die Aufzählung der nicht behandelten Gegenstände durch den Bundestagspräsidenten v. Hassel, Sitzung v. 18. 6. 1969, Sten. Ber. S. 13 327.

53 Siehe den Bericht von K. J. Partsch, 45. Dt. JTag, Gutachten Bd. I, S. 1–246 und die Referate von H. Ehmke und C. J. von Heydebreck, Verhandlungen Bd. II/ E., S. 7 ff., 53 ff.; Vorschläge im Bundestag, Drucks. V/4209.

54 Siehe Ehmke, ebd., S. 19 f., 49.

55 Siehe Übersicht bei Partsch, a. a. O. (Anm. 53), S. 223 ff.

56 Abdruck bei Ritzel-Koch, GeschO des Dt. Bundestages, 1952, S. XVI ff. und Trossmann, a. a. O. (Anm. 26), S. 360 ff. (Fassung v. 1966). Am 26. 2. 1969 beschloß der Bundestag (gemäß Drucks. V/3780), allgemein eine Genehmigung für die Durchführung von Ermittlungsverfahren gegen Abgeordnete (außer bei Beleidigungen politischen Charakters) zu erteilen und für Verkehrsdelikte und Bagatellsachen dem Immunitätsausschuß eine Vorentscheidung für die Klageerhebung und den Erlaß einer Strafverfügung zu erlauben. Dem VI. Bundestag wurde die Übernahme dieser Haltung in Drucks. VI/127 vorgeschlagen.

57 Vgl. zu diesen Bestrebungen H. H. Giesing, DVBl. 1969, S. 524 ff. Das Gesetz in NRW erging am 11. 3. 1969 (GVBl. S. 146).

58 Siehe die Drucksachen V/3965, 3966 und 3992 sowie die Äußerung der Abg. Jacobi, Sitzung v. 27. 3. 1969, Sten. Ber. S. 12 406 ff.

59 Vgl. hierzu Vizepräsident Dr. Mommer, Sitzung v. 18. 6. 1969, Sten. Ber. S. 13 328, Abg. Bauer dort S. 13 296.

60 Zur Orientierung der Verbände auf die Exekutive siehe W. Hennis, Politik als praktische Wissenschaft, 1968, S. 190; Klaus v. Beyme, Interessengruppen in der Demokratie, 1969, S. 107 ff.

61 Zu der Reform siehe Giesing, DÖV 1970, S. 124 f.
62 Vgl. hierzu Vizepräsident Dr. Mommer, Sitzung v. 27. 3. 1969, Sten. Ber. S. 12 373. Kritisch Giesing, a. a. O. (Anm. 61), S. 124.
63 23. Sitzung v. 15. 1. 1970, Sten. Ber. S. 877 ff., 895.
64 Vgl. Präsident v. Hassel, Sitzung v. 27. 3. 1969, Sten. Ber. S. 12 364.
65 Vgl. Schäfer, a. a. O. (Anm. 19), S. 113 f.; Bürgel, DVBl. 1967 S. 874, die beide auf die Überschreitung des Rahmens der GeschO durch diese Praxis hinweisen.
66 Vgl. den Bericht des Immunitätsausschusses, Drucks. Nr. V/4373 S. 7/8.
67 Über die Notwendigkeit weiteren Ausbaus in dieser Richtung siehe Vizepräsident Dr. Mommer, Sitzung v. 27. 3. 1969, Sten. Ber. S. 12 373, sowie Dr. Klepsch dort S. 12 387; der letztere wies vor allem auf die mangelnde Informationspolitik des Parlaments hin.
68 Siehe die Anträge der drei Fraktionen v. 4. 11. 1969, Drucks. VI/44. Vgl. ferner die Berichte des Immunitätsausschusses vom 27. 11. 1969 (Drucks. V/128) und 12. 3. 1970 (Drucks. VI/521). Die Vorschläge dieser Berichte wurden vom Bundestag in der 50. Sitzung v. 6. 5. 1970 angenommen (Sten. Ber. S. 2497).

Frieder Naschold
Probleme der mehrjährigen Finanzplanung des Bundes

1. Problemstellung

Bei einer globalen Betrachtungsweise kann die Politik in der BRD bis in die Mitte der sechziger Jahre als »politics of non-planning«[1] bezeichnet werden. Zwar kann bei einer näheren Analyse auch für diese Zeit eine Reihe von Planungsansätzen auf einzelnen Sektoren aufgezeigt werden, doch läßt sich durch diesen Tatbestand nur sehr bedingt Shonfields These rechtfertigen, daß trotz der vordergründigen Antiplanungsideologie in der BRD starke Planungstendenzen vorhanden waren[2]. Denn einerseits waren die Planungen im ökonomischen System weniger vom politischen System als vielmehr von Industriekonzernen und Großbanken gesteuert, zum anderen stellten die politischen »Pläne« vorwiegend isolierte Detailprogramme mit recht kurzfristiger Zeitperspektive, geringem ex-ante-Koordinations- und Steuerungseffekt sowie meist ohne eingehendere Kosten-Wirksamkeitsüberlegungen dar. Dieses Gemisch punktueller Interventionen kann nur bei sehr großzügiger Interpretation als politische Planung bezeichnet werden.

Der Bereich der Finanzpolitik mit seiner relativ straffen Einjahresplanung und Vollzugsverbindlichkeit scheint auf den ersten Blick eine Ausnahme zu bilden. Bei einer eingehenderen Analyse kann jedoch auch hier nicht der Anspruch planmäßigen politischen Verhaltens aufrechterhalten werden. Die Einjahrespläne waren weder in den Rahmen einer fundierten und umfassenden wirtschaftlichen Zielprojektion noch in den einer Konjunkturprognose eingebaut. Sie basierten vielmehr auf einer wissenschaftlich schwach fundierten Vorausschau der Einnahmenentwicklung. Auch auf der Ausgabenseite herrschte eine kurzfristige Betrachtung der Ausgabenentwicklung ohne Einbeziehung der Folgekosten vor. Aufgrund der starren Ausgabenblöcke besaß der Einzelplan kaum einen politisch gestaltbaren Variationsspielraum. Die punktuelle, ressortgebundene und relativ eng konzipierte Ausgabenplanung spiegelte zum einen als verbindlich angesehene Systemerfordernisse der inneren und äußeren Sicherheit und der Machterhaltung der politischen Eliten wider, zum anderen stellte sie eine eher zufallsgestreute Mittelverteilung nach dem »Gießkannenprinzip« dar. So kann auch und gerade für den Sektor der Finanzpolitik die These der »politics of non-planning« als bestätigt gelten. Was in der BRD als Planung angesehen wurde, muß somit überwiegend als reaktives Anpassungsverhalten an das ökonomische und soziale System gewertet werden.

Mit dem Rückgang sowie der zeitweiligen Stagnation des Wirtschaftswachstums deckten konjunkturell bedingte Schwierigkeiten der staatlichen Finanz- und Haushaltspolitik strukturelle Mängel auf diesem Sektor wie auch langfristige Finanzierungslücken im Bundeshaushalt auf, deren Ursachen in der Folgewirkung von rechtlich gebundenen Programmen und unabweislichen neuen Aufgaben, in Strukturschwächen des öffentlichen Haushalts, der ungenügenden Ausschöpfung des volkswirtschaftlichen Leistungspotentials und der wachsenden Diskrepanz des öffentlichen und privaten Sektors lagen. Die Folgen der planlosen Politik der Nachkriegszeit in der BRD, im speziellen einer verfehlten Thesaurierung vor 1957, von Steuersenkungen zum falschen Zeitpunkt, mangelnder Anpassung der Ausgabenentwicklung an die geringeren Zuwachsraten, isolierter – ohne Berücksichtigung der Gesamtverpflichtungen getätigter – Ausgaben, kurzfristiger Betrachtungsweise führten simultan und kumulativ zu hohen, zum Teil widersprüchlichen Anforderungen an das politische System, das, wenn es sich den dynamisch sich wandelnden Bedingungen zumindest anpassen wollte, seine routinisierten Verhaltensmuster aufgeben und durch einen zielstrebigen Lernprozeß ein höheres Rationalitätsniveau seiner Handlungen anstreben mußte.

Die seit 1967 schrittweise aufgebaute mehrjährige Finanzplanung, ein »Kind der Not« (Wolkersdorf), soll im folgenden zunächst skizzenartig in ihren Funktionen, Strukturen und der Stärke ihrer Regelungskapazität untersucht werden[3]. Der Schwerpunkt der Analyse liegt jedoch in der Untersuchung möglicher und erfolgversprechender Weiterentwicklungen dieses Planungssystems. Denn die politisch relevante Frage liegt nicht mehr darin, ob die Finanzplanung weitergeführt werden soll, sondern in welcher Weise sie ausgebaut werden und letztlich in ein allgemeines politisches Aufgabenplanungssystem überführt werden kann. In der nachstehenden Diskussion werden insbesondere folgende vier Thesen aufgestellt und illustrativ belegt werden:

(1) In den bisherigen Finanzplanungen können drei Phasen unterschieden werden: die gleichsam negative Finanzplanung des Jahres 1967, die Finanzplanungen der beiden darauffolgenden Jahre mit fiskalpolitischem und makroökonomischem Schwerpunkt, die Finanzplanung für die Jahre 1970 ff., bei der der ansatzweise Versuch politischer Aufgabenplanung unternommen wurde.

(2) Entgegen einer weit verbreiteten Ansicht weist das Finanzplanungssystem nur eine relativ geringe Regelungskapazität auf und wurde den manifesten Zielen nur zu einem relativ geringen Maße gerecht.

(3) Die in der allgemeinen Reformdiskussion anstehenden Veränderungsvarianten lassen nur eine vergleichsweise geringe Steigerung der Regelungskapazität erwarten, weil sie vornehmlich auf eine Verbesserung der Intelligenzfunktion des Finanzplanungssystems ausgerichtet sind.

(4) Die Mängel der Finanzplanung sind weniger in einem zu geringen Ausmaß subjektiver Handlungsrationalität der Akteure, als vielmehr in der allgemeinen Schwäche des politischen Leitungssystems zu sehen, so daß entweder das Anspruchsniveau an die Finanzplanung als Regelungssystem gesenkt werden muß oder die zentralen politischen Entscheidungsstrukturen transformiert werden müssen.

Diesen Thesen liegen zwei allgemeine theoretische Erklärungskonzepte zugrunde, die hier nur kurz angedeutet werden sollen [4]. Zum einen wird zwischen einem einfachen Planungskonzept auf der Basis subjektiver Handlungsrationalität mit den Grundkategorien Zweck-Mittel-Informationen-Präferenzen und einem systemtheoretischen Planungskonzept unterschieden, bei dem Planung nicht einfach die Verlängerung von Handlungsketten, sondern ein zielstrebiges und kontrolliertes Interaktionsmuster der verschiedenen in Betracht kommenden Systemelemente darstellt. Zum anderen müssen als allgemeiner, letztlich empirisch nicht mehr überprüfbarer Erklärungsrahmen [5] für das politische System die Autonomiethese der funktionalen Systemtheorie, bei der das politische System ein ausdifferenziertes, relativ autonomes Subsystem der Gesellschaft mit zentraler Entscheidungsfunktion darstellt, bzw. die Agenturthese der Spätkapitalismustheorie, wonach das politische System wichtiger Gehilfe im Kapitalverwertungsprozeß ist, in der Analyse verwandt werden.

2. Funktionen, Struktur und Regelungskapazität der Finanzplanung

Strukturelle Erfordernisse des Wirtschaftssystems, wie sie – bei allerdings divergierender Bewertung – aus den alternativen Erklärungsschemata einer Theorie der »mixed economy« oder einer Spätkapitalismustheorie abgeleitet werden können, konvergierten mit den situationsgebundenen Streß-Anforderungen der Wirtschaftskrise der Jahre 1966/67 in der von den politischen Eliten perzipierten Anforderung an das politische System, dessen zentrale Steuerungsfähigkeit intern wie in bezug auf das politische System zu steigern. Ein Mittel hierfür wurde im Aufbau eines Finanzplanungssystems zunächst zumindest auf Bundesebene gesehen.

Als explizite Funktionen einer derartigen Finanzplanung wurden (1) eine mehrjährige fiskalische Haushaltssicherung, (2) eine antizipatorische Abstimmung der finanzpolitischen Entscheidungen mit den volkswirtschaftlichen Erfordernissen, (3) eine in bezug auf die gesellschaftlichen Bedürfnisse optimale Verwendung der Finanzmittel und (4) die Programmierung der monetär erfaßbaren politischen Zielvorstellungen der Regierung in budgetärer Form angesehen [6].

Die fiskalische Funktion der Finanzplanung sollte zunächst einer unmittelbar erforderlichen Wiedergesundung der Bundesfinanzen dienen. Mittelfristig wie langfristig sollte die Finanzplanung jedoch zu einer ausgeglichenen Gestaltung des Bundeshaushaltes über mehrere Jahre hinweg führen, indem zum Beispiel die jeweiligen Folgekosten neuer Maßnahmen, die eingegangenen längerfristigen Verpflichtungsermächtigungen gerade auch bei der Entscheidung über den vollzugsverbindlichen Einjahreshaushalt mit berücksichtigt werden sollten. Bei der über die Finanzplanung angestrebten besseren Koordination von Finanz- und Wirtschaftspolitik ging es einerseits darum, das Finanzvolumen der öffentlichen Haushalte sowohl von der Einnahmenseite – also von der Höhe der zu erwartenden Steuereinnahmen – als auch von wichtigen Ausgabenblöcken aus in die gesamtwirtschaftliche Entwicklung einzupassen, die in den jeweiligen Zielprojektionen des Wirtschaftsministeriums erarbeitet wurden. Zum anderen sollte der Bundeshaushalt – diesmal gleichsam als unabhängige Variable – in Volumen wie Struktur so gestaltet werden, daß über ihn das volkswirtschaftliche Leistungsvermögen möglichst voll ausgeschöpft wird, ohne jedoch zu einer Überstrapazierung der wirtschaftlichen Ressourcen zu führen. Bei der dritten Funktion der Finanzplanung handelt es sich um den Versuch, die für unzulänglich gehaltene Ausgabenstruktur des Bundeshaushalts durch dessen Umstrukturierung auszugleichen. Nach Ansicht der Regierungskoalition standen in den beiden ersten Jahrzehnten nach dem Krieg die Aufwendungen für Sicherheit, Kriegsfolgelasten und der Aufbau eines Sozialstaates im Vordergrund. Für die kommende Zeit erschien eine Umschichtung des Haushaltes im Sinne einer Schwerpunktverlagerung auf bestimmte öffentliche Ausgaben für die wirtschaftliche, soziale und ausbildungsbezogene Infrastruktur sowohl zur langfristigen wirtschaftlichen Wachstumspflege wie zur Erfüllung zivilisatorischer und kultureller Bedürfnisse notwendig. In ihrer vierten Funktion sollte die Finanzplanung ein »Regierungsprogramm in Zahlen« darstellen, das heißt, über die Finanzplanung sollte eine politische Planung, Koordinierung wie Schwerpunktsetzung der beabsichtigten Aufgaben der Regierung angestrebt werden.

Die formale Prozeßstruktur der mehrjährigen Finanzplanung, innerhalb deren die verschiedenen Funktionen erfüllt werden sollten, setzt sich aus den jeweiligen Entscheidungsprämissen und den darauf aufbauenden Informationsverarbeitungsprozessen zusammen. Derartige direkt auf die Finanzplanung einwirkende Entscheidungsprämissen sind die wirtschaftliche Zielprojektion, bestehende Grundsatzentscheidungen des Kabinetts, politisch ins Gewicht fallende Absichtserklärungen, der finanzpolitische Status quo des laufenden Haushaltsjahres, die Mehrbedarfsanforderungen der Ressorts sowie die Abschätzungen der politischen Entwicklungstendenzen. Auf die-

Zur mehrjährigen Finanzplanung des Bundes

sen Vorgaben aufbauend, läuft nun praktisch über das ganze Jahr hin ein vielstufiger Filterungsprozeß mit zahlreichen Zwischenbilanzierungen nach der Methode der schrittweisen Annäherung an einen dem jeweiligen Anspruchsniveau entsprechenden Sollzustand ab. Dieser verläuft zunächst über die Ressortverhandlungen, wobei eine Verhandlungseinheit zwischen dem aufzustellenden Einjahreshaushalt und der Fortschreibung der darauf folgenden Haushaltspläne besteht, und wird dann in einem langwierigen Prozeß bis zur endgültigen Beschlußfassung im Kabinett hochgefiltert.

Wenn die Finanzplanung ihre den vier spezifischen Aufgaben zugrundeliegende Doppelfunktion der verbesserten Innensteuerung des politischen Systems und der Außensteuerung der Umwelt erfüllen soll, so müssen die Strukturen des politischen Systems durch eine zielstrebige Transformation die für die Lösung der vielfältigen und komplizierten System- und Umweltprobleme erforderliche Eigenkomplexität erlangen. So läßt sich auch bei den Output-Instanzen, den Ressorts, eine generelle Tendenz der funktionalen Ausdifferenzierung und Spezialisierung innerhalb der jeweiligen Verwaltungsbehörde feststellen. Wurde die erste Phase der Finanzplanung, die »negative Finanzplanung«, weitgehend von den traditionellen Verwaltungsstrukturen durchgeführt, so wurden für die zweite Phase in den meisten Ministerien Planungsstäbe errichtet, die sowohl für ressortinterne Planungsintentionen wie auch für die Erfordernisse der Finanzplanung zuständig sein sollten. Am ausgeprägtesten war diese generelle Tendenz im Finanz- und Wirtschaftsministerium, den beiden zentralen Ressorts für die Finanzplanung. Im Zuge dieses organisatorischen und auch personellen Umbaus entwickelte sich ein weitgespanntes und dichtes informelles Kommunikationsnetz, das die wichtigsten an der Finanzplanung beteiligten Instanzen innerhalb und außerhalb des Bonner Regierungsapparates umfaßte. Bei den Konversionsstrukturen des politischen Systems blieben in den ersten beiden Phasen der Finanzplanung Stellung und Funktion von Bundeskanzler, Bundeskanzleramt und Kabinett in ihrer überkommenen Form erhalten. Die einzige, wenn auch wichtige Anpassung an die neuartigen Funktionen ist in der Errichtung eines Kabinettsausschusses für die mehrjährige Finanzplanung zu sehen, der sowohl seiner Konstruktion wie seiner bisherigen Tätigkeit nach einen ersten erfolgversprechenden Ansatz bildete, in einem im Vergleich zum bisherigen politischen Prozeß früheren Stadium politisch fundierte Entscheidungsprämissen zu setzen. Eine möglicherweise entscheidende Weiterentwicklung und Umstrukturierung des Finanzplanungssystems ist in dem in der dritten Phase anlaufenden Versuch zu sehen, durch Errichtung der Institution des Planungsbeauftragten und durch Stärkung des Einflusses des Bundeskanzleramtes politische Planung generell wie auch deren Einfluß auf die Finanzplanung zu verstärken. Diese Entwicklung steht jedoch erst in ihren allerersten Anfängen, so daß ihre Erfolgschancen noch kaum abzuschätzen sind. Wenn Planung jedoch nicht nur ein verbessertes technisches Instrumentarium für die Verwaltung und eine partielle Stärkung der Konversionsstrukturen sein soll, sondern zu einer zielstrebigeren und rationaleren Erfüllung der vielfältigen Bedürfnisse der Gesellschaft beitragen soll, dann ist dazu ein differenzierter Unterbau sensibler und durchlässiger Instanzen der Bedürfnisartikulation und -aggregation erforderlich. Ein auch nur kursorischer Blick über die wichtigsten politischen Inputstrukturen wie Parteien, Verbände, Parlament u. a. zeigt jedoch, daß diese sich bisher den gewandelten Struktur- und Funktionserfordernissen, die sich aus der mehrjährigen Finanzplanung ergeben, nicht angepaßt haben. Bis heute hat sich dieser weite Bereich der »policy formation« auf diese neue Bedürfnislage nicht einzustellen vermocht.

Überblickt man den sich bisher abzeichnenden Transformationsprozeß im Zuge der Finanzplanung und zieht man den Schluß von den Strukturen des Systems auf seine Planungsaktivität und sein Planungspotential, so ergibt sich einerseits ein einseitiger Ausbau der administrativen Instanzen, andererseits ein Unterfunktionieren der politischen Konversions-, vor allem aber der Inputstrukturen. Wird diese ungleichgewichtige Entwicklung nicht aufgefangen, so ist die Folge nicht nur eine entscheidende Schwächung der demokratischen Komponente des Planungsprozesses, sondern gleichzeitig – da die gesellschaftlichen Bedürfnisse nicht adäquat zentral erfaßt und aggregiert werden können – auch von dessen Effizienz. Finanzplanung reduziert sich dann auf eine begrenzte Steigerung der formalen Intelligenzfunktion, die zwar eine notwendige, aber keineswegs ausreichende Bedingung für die Regelungskapazität des Finanzplanungssystems innerhalb des politischen Systems wie gegenüber dessen Umwelt darstellt.

Eine Überprüfung der tatsächlichen Leistungsfähigkeit der Finanzplanung gemessen an ihren manifesten Zielfunktionen, gleichsam ein funktioneller Test, bestätigt weitgehend die strukturell gewonnene These. Zwar kann die fiskalpolitische Zielsetzung einer mehrjährigen Haushaltssicherung wohl weitgehend als erreicht angesehen werden, ein beträchtlicher Erfolg, der nicht unwesentlich der eingeführten Finanzplanung zu verdanken ist. Bei allen anderen Funktionen bleiben die Ergebnisse der Finanzplanung jedoch weit hinter den in sie gesetzten Erwartungen zurück. So bleibt Finanzplanung dominierend weiterhin Ausgaben- statt Aufgabenplanung. An Indikatoren wie der nicht erreichten Umschichtung und Umstrukturierung des Haushaltes, dem Weiterbestehen einer weitgehenden »budget uncontrollability«, mangelnder Prioritätensetzung und unzulänglicher antizyklischer Finanzpolitik bei der »boom control«, zeigen sich die ungenügende Abstimmung von Wirtschafts- und Finanzpolitik, unzulänglicher politischer Programmierung und dem bisher nicht gelösten Zielkonflikt von antizyklischer Finanzpolitik und politischer Prioritätensetzung bei der Aufgabenplanung. Einer der wichtigsten regierungssystemimmanenten Gründe ist wohl darin zu sehen, daß politische Aufgabenplanung im Finanzministerium nur implizit und in ungenügender Weise wahrgenommen wird und werden kann und daß insgesamt politische Programmierung und Finanzplanung im Regierungs- und Verwaltungsapparat der Bundesregierung weder eng genug beieinander noch als Gesamtkomplex auf genügend hoher Ebene im organisatorischen Aufbau der Exekutive verankert sind. Im Verhältnis des politischen Systems zu seiner Umwelt, vor allem dem ökonomischen System, scheint die entscheidende Beschränkung der Finanzplanung in der zu geringen machtmäßigen wie statistischen Kontrolle gegenüber dieser Umwelt zu liegen: Vom politischen System aus können nur Angebote an systemexterne autonome Entscheidungsinstanzen gemacht werden; entweder werden diese Angebote nicht angenommen, dann sind die Steuerungsversuche vergeblich, oder die Angebote sind so attraktiv, damit sie angenommen werden, daß damit jedoch die politische Steuerung ihrerseits ihre Autonomie verliert, weil sie die Ziele des zu steuernden Systems internalisieren muß. An diesen strukturellen Mängeln wird auch die durchgeführte Haushaltsreform mit ihren Teilgebieten eines Haushaltsgrundsätzegesetzes, einer Bundeshaushaltsordnung sowie einer neuen Haushaltssystematik [7] nur wenig ändern können. So verbleiben als grundsätzliche Verhaltensalternativen, sich entweder mit der relativ geringen Regelungskapazität der Finanzplanung abzufinden und das Erwartungsniveau dementsprechend zu senken, oder die Weiterentwicklung der Finanzplanung in andere Bahnen zu lenken, die entweder an ausländischen Beispielen oder an grundsätzlichen theoretischen Erwägungen auszurichten sind.

3. Versuche der Steigerung der Regelungskapazität der Finanzplanung über deren ökonomische und politische Rationalisierung

Einen wichtigen Orientierungspunkt beim angestrebten Ausbau der Finanzplanung bildet die wissenschaftliche und praktische Diskussion über das amerikanische Planning-Programming-Budgeting-System. Zwar ist eine stark unterschiedliche Entwicklung der Haushaltspolitik in den USA im Vergleich mit der deutschen Entwicklung auf diesem Gebiet zu beobachten: Die erste Phase der amerikanischen Budgetreformbewegung um 1921 konzentrierte sich auf das Budget zur operationalen Kontrolle des Verwaltungshandelns, die zweite Phase hatte eine starke Management-Orientierung, wobei über das »performance budget« die Effizienz und Effektivität bei der Durchsetzung vorgegebener Ziele überprüft wurde, die dritte Phase war auf Basis von PPBS durch eine Akzentuierung strategischer Planung charakterisiert und stützte sich auf die Keynessche Wirtschaftstheorie und die neuartigen Informationstechnologien der Systemanalyse [8]. So bestehen heute in den USA brauchbare Grundlagen und Methoden für eine moderne mehrjährige Finanzplanung. Eine kontinuierliche öffentliche Gesamtfinanzplanung wurde jedoch noch nicht aufgestellt. Die »Program and Financial Plans« bilden vielmehr als ein Teil des PPBS nur ein Element eines »Instruments zukunftsorientierter Verwaltungsführung«[9]. Doch gerade die bestehenden Divergenzen der beiden Entwicklungstendenzen in den beiden Staaten bieten möglicherweise Ansatzpunkte für die laufende Reformdiskussion. Im folgenden soll nicht auf die Schwierigkeiten bei der Implementation von PPBS, auf die Unklarheit, ob PPBS nun wirklich ein umfassendes System oder nur ein zusätzliches Führungselement darstellt, auf die Diskussion über den funktionellen Erfolg von PPBS eingegangen werden, weil halbwegs fundierte Untersuchungen fehlen. Hier interessieren zunächst die Funktionen, die PPBS wahrnehmen soll, sowie der formale Aufbau in seinem informationellen und strukturellen Aspekt.

Vor dem Hintergrund dreier Trends – der Verbindung makro- und mikroökonomischer Analysen mit dem Budgetprozeß, der Entwicklung neuer Informations- und Entscheidungstechnologien und einer tendenziellen Konvergenz von Planung und Budgetierung – ist es das wesentliche Ziel von PPBS, die Basis für größere Programmentscheidungen im Exekutivbereich zu verbessern. Dies soll erreicht werden durch das Aufstellen allgemeiner nationaler Ziele, die Aufgliederung dieser Ziele in eine tief gestaffelte Zielhierarchie, die Spezifizierung und Zuordnung der einzelnen staatlichen Handlungen strukturiert nach Programmen auf diese Zielhierarchie hin, systematische Suchprozesse nach Alternativen, Abschätzung von Kosten und Nutzen dieser Alternativen und Ermittlung einer optimalen Lösung. Das Schwergewicht innerhalb dieser Konstruktion wird – beziehungsweise wurde lange Zeit – in der ökonomischen Rationalisierung der größeren Programmentscheidungen gesehen.

PPBS zielt somit auf ein umfassendes Informationssystem für zielorientierte Haushaltsentscheidungen ab, das aus Elementen wie Programmbildung mit langfristiger Betrachtungsweise, Programmbewertung und Abstimmung der Instrumentenvariablen besteht. Der formale Aufbau dieses Informationssystems setzt sich aus fünf spezifischen Informationsprozessen zusammen, die mit dem Budgetprozeß verbunden werden [10]: (1) Programmstrukturen: Ressortaktivitäten werden in eine zielorientierte Klassifikation eingruppiert, so daß Programme mit gleichen Zielen oder Outputs zusammen mit den jeweiligen Kosten simultan erfaßt werden. Die Funktion der Programmstruktur liegt in einer besseren Analyse der Ressortprogramme, indem Kosten und Outputindikatoren so organisiert werden, daß sie alle wichtigen Problembereiche in vergleichbarer Form einschließen mit dem jeweiligen Ausweis von Kontroll-, Management- und Planungsindikatoren. (2) »Issue letters«: Auf Basis von Verhandlungen der Ressorts mit dem BOB sendet der Direktor des BOB Briefe an die einzelnen Ressorts, in denen die wichtigsten Programmbereiche definiert werden, denen besondere Aufmerksamkeit während der laufenden Planungs- und Budgetierungsperiode gewidmet werden soll. (3) Programm-Memorandum: Für jede ausgewählte größere Programmkategorie soll eine kurze Zusammenfassung aller der Entscheidungen und deren Begründung vorgelegt werden, die im jeweiligen Ressort getroffen wurden. In diesen PMs sollen die wichtigsten Annahmen expliziert, die in Betracht gezogenen Alternativen dargelegt sowie das Ergebnis der Analysen vorgebracht werden. (4) Spezielle analytische Studien: Derartige Spezialanalysen betreffen wichtige Probleme, die entweder in der laufenden Planungs- und Budgetierungsperiode entschieden werden müssen oder die antizipatorisch für künftige Entscheidungen vorbereitet werden. (5) Programm- und Finanzplan (PFP's): In diesen Dokumenten werden auf Programmbasis und für einen Zeitraum von fünf Jahren diejenigen Mittel ausgewiesen, die durch frühere Entscheidungen, durch bestehende »commitments« für die einzelnen Programmbereiche festgelegt wurden. Für den Bewilligungsprozeß im Kongreß enthalten die PFP's zudem einen »cross-walk«, durch den Programmkosten klassifiziert nach zielorientierten Kategorien in die einzelnen Bewilligungsanforderungen übersetzt werden.

Auf den ersten Blick erscheint PPBS als ein effizientes Informationsverarbeitungssystem, das auf die speziellen Bedürfnisse von Planung und Budgetierung zugeschnitten ist. Bei näherer Analyse müssen jedoch zumindest zwei grundsätzliche Einwände erhoben werden. Der erste betrifft die spezifische Beziehung von Planung und Budgetierung, der zweite zielt auf die diesem System zugrundeliegenden Verhaltensannahmen ab.

Die Beziehung von Planung und Budgetierung erfolgt über das »crosswalk system«, das heißt, beide Prozesse sind relativ eng und formal miteinander verbunden [11]. Das Informationssystem ist somit ausdrücklich auf den Budgetierungsprozeß zugeschnitten. Da der Budgetprozeß jedoch nicht analytischer Art ist, umgekehrt die Planungsanalysen auf eine gewisse Isolierung gegenüber dem Budgetprozeß angewiesen sind, um nicht von den Kontroll- und Managementroutinen absorbiert zu werden, führt eine zu enge Verbindung beider Elemente letztlich zu gravierenden Schwächen der Planungsanalysen. Als funktional äquivalente Systeme bieten sich an das »two-track system«, in dem die Planungsanalysen relativ unabhängig vom Budgetprozeß sind, jedoch auf Beeinflussung der Budgetentscheidungen abzielen; das »policy planning system«, bei dem die Planungsanalysen vom Budgetprozeß abgetrennt sind und auf Zielfindungsprozesse und legislative Empfehlungen ausgerichtet sind, sowie als radikale Alternative das »analytical budgeting«, bei dem der gesamte Budgetprozeß auf den analytischen Planungsprozeß abgestellt und verändert wird. Welche dieser Alternativen die fruchtbarste Weiterentwicklung von PPBS darstellt, soll und kann hier nicht diskutiert werden. Ein Ausbau der bundesrepublikanischen Finanzplanung wird jedoch die Mängel von PPBS wie auch die Möglichkeiten der Alternativsysteme zu berücksichtigen haben.

Ein zweiter und grundsätzlicher Einwand betrifft die dem PPBS zugrundeliegenden Verhaltensannahmen [12]. Dieses Budgetierungssystem beruht nämlich auf der Annahme, daß die Form, in der die Informationen klassifiziert und benutzt werden, die Verhaltensweisen der Entscheidungsträger im Budgetprozeß beeinflußt und daß deshalb Variationen in der Informationsform entsprechende Veränderungen im politischen Verhalten hervorbringen. Diese relativ mechanistische Reformannahme ist jedoch empirisch weitgehend ungeprüft. Aus der allgemeinen Attitüden- und Verhaltensforschung [13] ist eher die gegenteilige Annahme gerechtfertigt. Im Budgetbereich werden Informationen zur Beeinflussung der Mittelallokation verwendet. Wenn somit Informationen das Verhalten beeinflussen, so beeinflussen auch umgekehrt Verhaltensweisen die Informationen. Wahrscheinlich können sogar Informationen als in höherem Ausmaß manipulierbar angesehen werden als politische Rollen. Die Entscheidungsträger werden deshalb wohl eher diejenigen Informationen suchen und verwenden, die auf ihre Präferenzen zugeschnitten sind, als ihr Verhalten als Reaktion auf formale Veränderungen der Informationsverarbeitung hin ändern. Trifft diese wahrscheinlichere Annahme zu, so werden derartige Veränderungen vom politischen System ohne tiefergehende Folgen absorbiert, das heißt, derartige Finanzplanungsreformen führen kaum zu verbesserten Resultaten.

Unter strukturellem Aspekt gesehen, müssen gegen das PPBS im Kern ähnliche Argumente vorgebracht werden. Ein effektiv implementiertes PPBS führt seiner Intention nach zu einer relativ straffen Zentralisierung und funktionalen Spezifizierung der einzelnen Ressorts [14]. Eine derartige Finanzplanung kann dann aber nicht mehr als relativ neutrale Rationalitätssteigerung angesehen werden, sondern wirkt direkt auf die zentralen Entscheidungsstrukturen des politischen Systems ein. Eine solche überwiegend ökonomische Ausrichtung der Finanzplanung übersieht jedoch bzw. kalkuliert nicht ein die politischen Kosten der daraus sich ergebenden Umverteilung an Legitimität, Macht, Reputation usw. Da sich ökonomische und politische Rationalitätskriterien per definitionem nicht zu decken brauchen [15], können einseitig ökonomisch ausgerichtete Reformen zu kontraintuitiven Folgen führen, die insgesamt als negativ veranschlagt werden können.

Der durchgängige Kritikpunkt am PPBS betrifft dessen einseitig ökonomische Rationalisierungsintention, die zu einer Vernachlässigung politischer Aspekte im Planungs- und Budgetierungsprozeß führt. Die Reformüberlegungen von einer derartigen Position aus konvergieren in der Forderung nach »rescuing policy analysis from PPBS«[16]. Dieser Position liegt die Annahme zugrunde, daß politische Planung und Budgetierung unterschiedliche Rationalitätskriterien, Zeitperspektive und Prozeßstruktur aufweisen, alles Faktoren, die eine zu enge Verbindung der beiden Prozeßarten als dysfunktional erscheinen lassen. Gegenüber budgetären Entscheidungen erfordern danach politische Planungsanalysen eine starke Berücksichtigung der politischen Aspekte der öffentlichen Willensbildung, einen

Zur mehrjährigen Finanzplanung des Bundes 171

breiten Bezugsrahmen, der über die Betrachtung von derartigen Entscheidungsprozessen als vorwiegend Ressourcenallokationsprozessen hinausgeht, einer starken Betonung von Kreativität, Zukunftsorientiertheit und Suche nach neuen politischen Alternativen u. a.[17] Von diesen Annahmen ausgehend wird eine stärkere Trennung von Planungs- und Budgetierungsprozessen sowie eine weit stärkere »policy analysis« gefordert. Jede größere Bedarfsanmeldung einzelner Ressorts sollte ein Programm-Memorandum beigefügt werden, dessen zentraler Bestandteil eine konzise policy analysis des angegangenen Problems darstellen sollte. Um die Implementierungschancen derartiger Reformen zu erhöhen, sollte das politische Sanktionssystem so gestaltaltet werden, daß ein erhöhter Bedarf wie ein erhöhtes Angebot nach derartigen policy analysis entsteht, um den Verhaltensaspekt derartiger Variationen abzudecken[18].

Diese Vorstellungen und Vorschläge weisen auf wichtige Schwachstellen sowohl im amerikanischen wie im bundesrepublikanischen Finanzplanungssystem hin, und man wird kaum darum herumkommen, sie beim weiteren Ausbau in der einen oder anderen Form zu berücksichtigen. Doch auch ihre Reformkapazität ist relativ eng begrenzt und führt nur wenig über den vom PPBS abgesteckten Rahmen hinaus, eine Kritik, die im abschließenden Abschnitt noch behandelt werden soll.

4. Versuche zur Steigerung der Regelungskapazität der Finanzplanung durch Transformation der politischen Entscheidungsstrukturen

Eine Kritik der Kritik am PPBS hat davon auszugehen, daß die Position einer »policy analysis« selbst in ähnlicher, wenn auch nicht so verengter Weise wie das PPBS, letztlich doch nur auf eine Steigerung der Intelligenzfunktion des politischen Systems auf dem Sektor der Finanzplanung hinausläuft. Die Problematik dieser Konsequenz wird dann verdeutlicht, wenn man die meist implizit getroffenen Annahmen expliziert, bei deren Zugrundelegung eine derartige theoretische Analyse wie daraus abgeleitete Strategie erst sinnvoll erscheint: Erstens wird von einer Basisoptimalität des politischen und gesellschaftlichen Systems ausgegangen; zweitens sind die in der Analyse verwandten Rationalitätskriterien rein formaler Art; drittens wird von einer weitgehenden Autonomie des politischen Systems ausgegangen und viertens werden die beobachteten Dysfunktionalitäten in der Finanzplanung auf politische Kalkulationsfehler bzw. auf eine zu enge politische Kalkulationsbasis zurückgeführt.

Eine weitergehende Analyse hat in Anbetracht der thesenartig skizzierten Mängel im deutschen wie im amerikanischen Finanzplanungssystem gerade diese Annahmen in Zweifel zu ziehen. Schon aus heuristischen Gründen zur Erzielung eines »dialectic display« (Churchman), aber auch aus einer Vielzahl hier nicht näher ausgebreiteter Gründe [19] empfiehlt sich zur Aufdeckung der kritischen Variablen, gegenteilige Annahmen zu treffen: (1) Es bestehen weitgehende Ungleichgewichtigkeiten, Disparitäten u. a. im politischen und gesellschaftlichen System. (2) Formale Rationalitätskriterien sind zur Beurteilung der Finanzplanung unzureichend, denn »das Prinzip der formalen Rationalität kann kein Optimum der gesellschaftlichen Effizienz definieren. Im Gegenteil, durch systematische Vernachlässigung der außermarktmäßigen Phänomene der social costs und social benefits gerät formale Rationalität grundsätzlich in Konflikt mit und in Gegensatz zu substantieller Rationalität.«[20] Das politische System ist in starkem Maße außengesteuert durch das ökonomische und soziale System. (4) Die beobachteten Dysfunktionalitäten in der Finanzplanung sind vorwiegend auf grundlegende Mängel der politischen Entscheidungsstrukturen zurückzuführen.

Die Annahme eines derartigen Bezugsrahmens wird zum einen Drors Forderung nach der Einbeziehung der Finanzplanung in einen möglichst weiten Bezugsrahmen eher gerecht, zum anderen bietet dieser ein sicher noch sehr grobschlächtiges Erklärungsschema, das die oben skizzierten Dysfunktionalitäten besser erfassen kann. Denn die für die Finanzplanung kritischen Variablen sind dann weniger in der Intelligenzfunktion des Systems, als vielmehr in den zentralen politischen Entscheidungsstrukturen, im Leitungsgefüge des politischen Systems und in seiner Beziehung zur Umwelt zu sehen. Die Steigerung der Intelligenzfunktion stellt sicherlich eine wichtige strategische Variable dar, sie wird aber erst im Zusammenhang mit den entscheidenden struktursensiblen Variablen wie dem »policy formation process« der Inputstrukturen des politischen Systems und dem Grad der machtmäßigen und statistischen Kontrolle der Umwelt relevant. Eine formale wie materiale Rationalitätssteigerung der Finanzplanung hat dann zunächst von der Frage auszugehen, welche gesellschaftlichen Bedürfnisstrukturen in der Finanzplanung abgebildet sind. Weiterhin ist zu berücksichtigen, daß gesellschaftliche Bedürfnisse nur sehr bedingt über artifizielle Wohlfahrtsfunktionen, durch autonome Außensteuerung des politischen Systems oder durch staatlich-bürokratischen Substitutionalismus[21] zu erfassen sind, sondern letztlich nur über eine Demokratisierung der Entscheidungsstrukturen einer politisierten Gesellschaft. Den zentralen Ansatzpunkt hierfür bildet jedoch nicht die Intelligenzfunktion des Systems, sondern dessen Inputstrukturen sowie dessen Beziehung zur Umwelt. Daß eine derartige Konsequenz gewaltige theoretische wie strategische Probleme aufwirft, ist offenkundig. Eine Reform der Finanzplanung wird sich jedoch gerade diesen Fragen stellen müssen.

1 Vgl. H.-J. Arndt: West Germany-Politics of non-planning, Syracuse 1966.
2 Siehe A. Shonfield: Geplanter Kapitalismus, Köln 1968.
3 Dieser Teil der Ausführungen stützt sich auf eine Weiterentwicklung der Ana-

lyse von F. Naschold: Anpassungsplanung oder politische Gestaltungsplanung, in: W. Steffani, Parlamentarismus ohne Transparenz, im Druck.

4 Vgl. Anm. 3 sowie Naschold: Demokratie und Komplexität, in: PVS 1968.

5 Siehe dazu P. K. Feyerabend: Problems of empiricism, in: R. Colodny, Beyond the edge of certainty, Englewood Cliffs 1965.

6 Siehe z. B. H.-G. Zavelberg: Die mehrjährige Finanzplanung, in: Finanzpolitik von morgen, Bonn 1969, S. 116.

7 Vgl. J. Klementa: Die Haushaltsreform in der Bundesrepublik, ebd., S. 71 ff.

8 Vgl. u. a. A. Schick: The road to PPB: The stages of budget reform, in: PAR 1966.

9 E. Rühli: Integriertes Planungs-, Programmierungs- und Budgetierungssystem, in: NZZ vom 14. 6. 1969, S. 16.

10 Siehe J. Carlson: The status and next steps for planning, programming, and budgeting, in: The analysis and evaluation of public expenditures: The PPB System, Washington 1969.

11 Siehe u. a. A. Schick: Systems for analysis, ebd.

12 Vgl. u. a. J. A. Jernberg: Information change and congressional behavior, in: Journal of Politics 1969.

13 Vgl. F. Naschold: Systemsteuerung, Stuttgart 1969, S. 78 ff.

14 A. Wildavsky: The political economy of efficiency, in: PAR 1966.

15 Siehe P. Diesing: Reason in society, Urbana 1962.

16 Vgl. A. Wildavsky: Rescuing policy analysis from PPBS, in: PAR 1969.

17 Y. Dror: Policy Analysts, in: PAR 1967.

18 Siehe Anm. 16.

19 F. Naschold: Vernachlässigte Aspekte der Regierungs- und Verwaltungsreform in der BRD, in: Kommunikation 1969/4.

20 Siehe K. W. Kapp: Social costs and social benefits, in: Probleme der normativen Ökonomik und der wirtschaftspolitischen Beratung, Berlin 1963.

21 Vgl. E. Altvater: Gesellschaftliche Produktion und ökonomische Rationalität, Frankfurt 1969, S. 193.

Gerhard Lehmbruch

Die Wahlreform als sozialtechnologisches Programm

Die lebhafte öffentliche Diskussion über das Programm einer Wahlreform, wie sie seit der Bildung der großen Koalition im Jahre 1966 geführt worden war, ist nach dem Auseinanderbrechen dieses Bündnisses fürs erste verstummt. Aber damit ist ihr Gegenstand gewiß nicht endgültig zur bloß »akademischen« Frage geworden. Weit über die politikwissenschaftlichen Schulen hinaus, die im präzisen Sinne einer Sozialtechnologie die Einführung eines »mehrheitsbildenden« Wahlsystems empfohlen haben, ist die Vorstellung verbreitet, daß solche Maßnahmen ein hervorragendes Instrument zur Beeinflussung des politischen Systems sein könnten; so könnte das Programm unter veränderten innenpolitischen Konstellationen durchaus neue Aktualität gewinnen. Dies um so eher, als in politischer Öffentlichkeit und Publizistik nicht immer zur Kenntnis genommen wird, wie sehr bestimmte Lehrmeinungen wissenschaftlich kontrovers und wie unzureichend die zugrundeliegenden methodischen Gegensätze überbrückt sind [1]. Unter diesen Umständen erscheint es sinnvoll, die Frage nach den voraussichtlichen Konsequenzen der Einführung eines mehrheitsbildenden Wahlrechts unter den in der Bundesrepublik Deutschland gegebenen spezifischen Bedingungen im Hinblick auf die komplexen Systemzusammenhänge zu erörtern und nicht bloß, wie es vielfach und hinreichend geschehen ist, unter analytischer Isolierung einiger Variablen die Vor- und Nachteile von Wahlsystemen generell zu konfrontieren.

I

Der wissenschaftliche Streit hat sich in der Vergangenheit zunächst auf die Auswirkungen der Verhältniswahl, dann auf die methodischen Voraussetzungen für die Analyse der Auswirkungen von Wahlverfahren überhaupt konzentriert. In der ersten, der Proporzkontroverse, ist mittlerweile insofern eine gewisse Klärung eingetreten, als deutlich geworden ist, daß hier nicht die »Persönlichkeitswahl« im Gegensatz zur Wahl von Parteien zur Debatte steht. Die ältere Polemik gegen das Verhältniswahlsystem, wie sie sich insbesondere an der Listenwahl der Weimarer Republik entzündet hatte, war ja teils von antiparlamentarischen Affekten konservativer Provenienz, teils von altliberaler Neigung zum individualistischen Repräsentationsprinzip der bürgerlichen Honoratiorenparlamente inspiriert worden. Beide Versionen der anti-parteienstaatlichen Proporzkritik – die liberale zuletzt noch von Dolf Sternberger eine Zeitlang vertreten [2] – können heute als obsolet gelten [3], mit ihnen übrigens auch die korrespondierende Identifikation von »Parteienstaat« und Verhältniswahl in Gerhard Leibholz' »phänomenologisch«-idealtypischer Deutung der modernen Demokratie [4]. Nicht bloß, daß die parallele Entwicklung des britischen Parlamentarismus zum »Parteienstaat« von diesen Hypothesen aus schwer zu erklären war – es hatten auch Vorgänge wie der Zusammenbruch des bürgerlichen Honoratiorenparlamentarismus der französischen Dritten Republik deutlich gemacht, daß offenbar nicht die disziplinierenden Konsequenzen der Listenwahl die Quelle allen Übels waren. Bezeichnenderweise hat ein so prominenter Gegner der Verhältniswahl wie F. A. Hermens, in dessen früheren Äußerungen noch die anti-parteienstaatliche Kritik an der Listenwahl eine wichtige Rolle spielte [5], in seinen neueren Arbeiten durchaus »parteienstaatlich« argumentiert [6]. Damit stehen nicht mehr so sehr die Auswirkungen des Wahlverfahrens auf die Struktur der (einzelnen) Parteien zur Diskussion, sondern vor allem die Auswirkungen auf das Parteiensystem als die strukturierte Gesamtheit der Interaktionsbeziehungen zwischen den Parteien, und zwar vornehmlich unter dem Gesichtspunkt der Stabilität des politischen Systems. Die »mehrheitsbildende« Qualität des Wahlverfahrens wird daher zum entscheidenden Kriterium, und die Kritik an der Verhältniswahl konzentriert sich auf die ihr zugeschriebene Tendenz zur Aufsplitterung des Parteiensystems mit der Konsequenz des Zwanges zur Koalitionsbildung.

Damit in Zusammenhang steht die genauere Unterscheidung zwischen den Konsequenzen verschiedener Majorzsysteme. War die Gegenüberstellung von Persönlichkeits- und Parteiwahl vielfach mit der ziemlich undifferenzierten Konfrontierung des Mehrheits- mit dem Verhältniswahlsystem einhergegangen [7], so setzte sich vor allem mit den Arbeiten von Duverger und von Unkelbach [8] die – freilich schon ältere [9] – Auffassung durch, daß hinsichtlich der Konsequenzen für die Struktur des Parteiensystems insbesondere zwischen der »relativen« Mehrheitswahl der angelsächsischen Tradition und den verschiedenen Formen der »absoluten« Mehrheitswahl unterschieden werden müsse. Ob modifizierte Proporzverfahren (wie sie z. B. in der Bundesrepublik eingeführt sind) ihrerseits eine geringere Desintegrationswirkung hätten als die reine Verhältniswahl (etwa im Sinne des Reichswahlgesetzes vom 27. 4. 1920), ist kontrovers geblieben. Aber daß eine deutliche Korrelation zwischen dem Verhältniswahlrecht und Vielparteiensystemen besteht, ist schließlich von Douglas Rae auch statistisch belegt worden [10].

Nun ist es freilich eine (von Rae vernachlässigte) statistische Alltagsweisheit, daß sich aus der bloßen Korrelation zweier Variablen noch nichts über die Richtung eines etwaigen Abhängigkeitsverhältnisses ableiten läßt. Die landläufige Interpretation, wie Rae sie ungeprüft übernimmt, sieht im Wahlrecht die Ursache und in der Struktur des Parteiensystems die Wirkung. Sie ist aber als historisch fragwürdig angegriffen worden: Eine parteienzersplitternde Wirkung der Einführung von Proporzverfahren lasse sich im allgemeinen nicht nachweisen; vielmehr habe sich überall dort, wo bereits stabile Parteiidentifikationen ausgebildet waren, die Struktur des Parteiensystems und vor allem die Parteienzahl nach Änderungen des Wahlverfahrens nicht nennenswert gewandelt und vielfach sei die Verhältniswahl gerade mit dieser Intention eingeführt worden, die Struktur der (schon bestehenden) Vielparteiensysteme zu erhalten. Das Verhältnis von Ursache und Wirkung wäre also eher umgekehrt [11].

Das ist freilich insofern kein Einwand gegen das Programm eines mehrheitsbildenden Wahlrechts, als die Konzentrationswirkung der Mehrheitswahl damit keineswegs bestritten wird: Gerade um dieser Wirkung (und nicht zuletzt einer möglichen sozialistischen Mehrheit) zu entgehen, haben ja die bürgerlichen Parteien in Ländern wie Schweden und Belgien die Verhältniswahl gewollt [12]. Immerhin mag es zur Skepsis gegenüber allzuhoch gespannten Erwartungen in eine Sozialtechnologie der Wahlreform Anlaß geben: Da unter den Bedingungen der parlamentarischen Demokratie mit den »vested interests« der Parteien Änderungen des Wahlverfahrens im allgemeinen eher die Stabilisierung eines bestehenden Parteiensystems bewirken, ließen sich system*verändernde* Wahlreformen nur im Wege des Staatsstreichs einführen [13] oder (wie 1958 in Frankreich) in seiner Folge. Daher muß beispielsweise die Empfehlung einer Wahlreform für die Niederlande problematisch erscheinen [14]. Aber dieser Einwand schlägt in unserem Falle nicht durch, denn in der Bundesrepublik (wie übrigens auch in Österreich [15]) würde die Einführung eines »mehrheitsbildenden« Wahlrechts in der Tat das Parteiensystem insoweit befestigen, als sie die für dieses System charakteristische Vorherrschaft zweier Großparteien akzentuieren und stabilisieren würde [16].

II

Die Diskussion ist durch die skizzierten Präzisierungen und Klärungen jedoch nicht abgeschlossen. Daß summarische und ungenaue Pauschalbehauptungen über historische Zusammenhänge zwischen Wahlverfahren und Parteiensystemen zunehmend verdrängt worden sind durch präzise Hypothesen über die spezifischen Konsequenzen je eigentümlicher Wahlverfahren, hat vielmehr die Auseinandersetzung verschoben auf die Problematik der methodischen Tragweite so formulierter Hypothesen. In der internationalen Forschung sind vor allem die von Duverger formulierten »Gesetze« Gegenstand herber methodologischer Kritik geworden [17]. Aber diese Einwände lassen sich weitgehend auch auf die scharfsinnigen Untersuchungen von Unkelbach und auf die (freilich weit weniger rigoros formulierte) Position von Hermens beziehen. Hermens hat gelegentlich die Modellbildung der Volkswirtschaftstheorie als methodisches Vorbild für die Politikwissenschaft bezeichnet [18], und in der Tat ist die methodische Verwandtschaft der Ansätze unverkennbar. Auch der Ansatz, auf dem die Empfehlung des mehrheitsbildenden Wahlrechts beruht, konstruiert von bestimmten Rationalitätsvoraussetzungen aus abstrakte Modelle, aus denen dann Prognosen und sozialtechnologische Anweisungen deduziert werden. Man isoliert nämlich einige Variablen (das Wahlsystem allein oder in Verbindung mit der Variable parlamentarisches/Präsidialsystem) und unterstellt (analog zur Modellannahme des Homo oeconomicus) das Streben nach Maximierung von Einfluß als rationale Handlungsmotivation; außerdem wird die übliche ceteris-paribus-Bedingung gemacht. Mit Hilfe dieser Prämissen werden dann verallgemeinernde Sätze mit empirischem Geltungsanspruch abgeleitet, wie: die Mehrheitswahl verhindere Parteispaltungen, weil sie diese durch den Verlust an Einfluß sanktioniere und dadurch Lernprozesse induziere; sie erlaube nur die Fusion von Sezessionisten mit der anderen Partei, wie im Falle der Liberal Unionists (bei Verhältniswahl dagegen, so wird aus dem Modell abgeleitet, würde Joseph Chamberlain eine neue Partei gegründet haben [19]). Es werden auf diese Weise also die Hypothesen vom Polarisierungs- und Konzentrationseffekt der Mehrheitswahl einerseits, dem Zersplitterungseffekt der Verhältniswahl andererseits entwickelt.

Ihrer logischen Struktur nach sind diese Ansätze den abstrakt-rationalen Entscheidungstheorien verwandt, die demokratische Entscheidungsprozesse nach Analogie ökonomischer Marktmodelle [20] oder als Prozesse der Koalitionsbildung im Sinne der Spieltheorie [21] interpretieren und die (wie übrigens auch manche Ansätze in der Theorie der internationalen Politik) damit jener gelegentlich postulierten normativ-analytischen Theorie des politischen Handelns nahekommen, die dieses als abstrakt-rationalen Kalkül begreifen will [22]. Solche deduktiv verfahrenden Entscheidungstheorien sind zweifellos heuristisch fruchtbar; doch ihr erklärender und prognostischer Ertrag ist begrenzt, weil sie mit stark vereinfachenden Annahmen arbeiten müssen, die der Komplexität eines offenen Systems nur mangelhaft gerecht werden können [23].

Nun ist die Komplexitätsproblematik in der Diskussion über Wahlsysteme durchaus geläufig; auch die deduktiv verfahrenden Befürworter der Wahlreform haben eingeräumt, daß neben dem Wahlsystem und anderen institutionellen Faktoren auch gesellschaftliche und kulturelle Bedingungen das Wählerverhalten beeinflussen [24]. Aber dieses Zugeständnis bleibt ohne wesentliche Folgen, wenn die Komplexitätsproblematik mit einer methodischen Petitio principii alsbald wieder eskamotiert wird. Das krasseste Beispiel haben wir in Hermens' Hauptwerk vor uns, indem hier auf das (bekanntlich höchst beliebig verwendbare) aristotelisch-thomistische Form-Materie-Schema rekurriert wird: Die Institutionen, vorab das Wahlsystem, seien »politische Form« und »gestalteten« folglich die übrigen, »materiellen« Faktoren[25]. Dieser fragwürdige Kunstgriff, der in der Terminologie der Hermens-Schule häufig durchschimmert, macht natürlich die Hypothese gegen empirische Falsifikation von vornherein immun. Unkelbach hat sich darüber hinaus auf die analytische Methode der klassischen Mechanik berufen (die er allzu vereinfachend *den* Naturwissenschaften« zuschreibt), die auf Isolierung einzelner Kausalfaktoren ausgeht[26]. Doch auch wenn man einmal von der Frage absieht, ob – was zum Beispiel Anatol Rapoport unlängst bestritten hat – die analytische Methode für die Erklärung biologischer und sozialer Systeme überhaupt ausreicht[27], ist es wohl ein anderes, ob man isolierend z. B. die Schwerkraft untersucht oder (um ein Bild bei Unkelbach aufzugreifen) den Fall eines Blattes voraussagen oder gar beeinflussen will. Hermens argumentiert einmal, die Nationalökonomie habe »gezeigt, daß ein gewisses Resultat einem bestimmten Faktor zugerechnet werden kann in dem Sinne, daß ohne sein Hinzutreten alle anderen Faktoren zusammen das Endergebnis nicht herbeigeführt hätten«[28]. Gewiß – nur daß eben in der Nationalökonomie im allgemeinen mit weniger komplexen Sachverhalten gearbeitet wird[29]. Dagegen ist hinlänglich bekannt, daß z. B. die Machtübernahme des Nationalsozialismus ohne das »Hinzutreten« einer *Mehrzahl* von Faktoren nicht erklärt werden kann, so daß gerade die von Hermens herangezogene methodische Regel zu einem multikausalen Ansatz zwingt. Will man derartige Fragen analytisch (nach dem Vorbild der klassischen Mechanik) angehen, dann handelt es sich darum, den Anteil der institutionellen Bedingungen an der Gesamtheit der das Wählerverhalten bedingenden Faktoren (wie der Sozialstruktur, spezifischen historisch-kulturellen Traditionen, verfestigten Organisationsbindungen) zu ermitteln. Die Aufgabe entspricht also der in der empirischen Sozialforschung geläufigen Problemstellung einer Mehrfaktorenanalyse[30], wobei (statistisch gesprochen) der Anteil der einzelnen Parameter an der Gesamtvarianz zu erfragen wäre – nur mit dem Unterschied, daß wir es bei der vergleichenden empirischen Untersuchung von Wahlsystemen jeweils mit so wenigen Fällen zu tun haben, daß von statistischer Signifikanz keine Rede sein kann, wir uns folglich mit mehr oder minder großer Plausibilität der Ergebnisse begnügen müssen.

Deduktiv gewonnene Hypothesen sind in diesem Zusammenhang sinnvoll, wenn man sie mittels der in den Sozialwissenschaften heute weithin üblich gewordenen Strategie der Falsifikation überprüft. Die älteren, deduktiv verfahrenden Theoretiker sind demgegenüber eher den Weg der »Verifikation« gegangen, indem sie ihre Hypothesen mit empirischen Fällen belegt oder genauer: illustriert haben. Denn als empirischen Test im Sinne moderner Methodologie kann man dieses Verfahren nicht eigentlich bezeichnen. Es kommt denn auch zu den charakteristischen Bruchstellen in den deduktiven Theorieansätzen, wie sie von der Kritik überzeugend aufgewiesen worden sind: Erstens ließen sich zentrale Hypothesen (z. B. daß Mehrheitswahl zum Zweiparteiensystem führe) bei genauerer Betrachtung gar nicht aus dem bei Duverger und anderen verwendeten Modell ableiten, sondern nur mit Hilfe zusätzlicher Annahmen, die den Ansatz problematisch machen. Zweitens sei zu fragen, ob die Modellannahmen (insbesondere hinsichtlich der Motivation) realistisch sind. Schließlich liege die Gefahr logischer Erschleichungen nahe, indem dort, wo die Fakten nicht zu den Modellprognosen passen, von Fall zu Fall (statt systematisch und generell) modifizierende Erklärungsvariablen (die »materialen Faktoren« der Hermensschen Terminologie) eingeführt werden; vor allem Duvergers Vorgehen ist unter diesem Aspekt geradezu zum Musterbeispiel für den fehlerhaften Umgang mit sozialwissenschaftlichen Modellen und »soziologischen Gesetzen« geworden[31].

Daß die methodische Unzulänglichkeit der erwähnten Verifikationsstrategie vielfach nicht durchschaut wird, wird man übrigens auch aus einem der deutschen verfassungspolitischen Diskussion eigentümlichen Gedankengang erklären können: Hierzulande hat der ehrwürdige ideengeschichtliche Topos, daß es gleichsam prototypische Verfassungssysteme gebe, die als Vorbild für die Gestaltung einer politischen Ordnung zu dienen hätten (einst die griechische Polis oder die römische Republik, später vorzugsweise die englische Verfassung), ein besonders zähes Leben bewahrt. Denn da hier die Kontinuitätsbrüche der Vergangenheit die Entstehung einer stabilisierenden Verfassungstradition verhindert haben, liegt die kompensatorische Anlehnung an bewährt scheinende Vorbilder nahe – ein in »Entwicklungsländern« (hier im Sinne von diskontinuierlicher Verfassungsentwicklung) geläufiges Phänomen. In der deutschen Politikwissenschaft begegnet daher die Neigung, insbesondere das englische Regierungssystem als einen solchen Prototyp zu behandeln, wobei mitunter der bloße Hinweis auf die britische Praxis gleichsam als argumentum ex auctoritate zu genügen scheint[32]. Welche methodischen Schwierigkeiten sich für die Überprüfung der deduktiv gewonnenen Hypothesen über den Zusammenhang von Mehrheitswahlrecht, parlamentarischer Regierung und Zweiparteiensystem daraus ergeben, daß sich die empirische Basis im wesentlichen auf diesen einen Fall beschränkt, wird leicht übersehen, wenn man diesen Fall zugleich zum Vorbild hochstilisiert. Wird dann noch im Sinne der älteren Verfassungsrechtslehre ein essentialistischer Begriff des »echten« parlamentarischen Regierungssystems eingeführt[33], dann stützen dieser Wesensbegriff, der konkret-historische Prototyp und das abstrakte Modell sich gegenseitig ab.

Wird demgegenüber die neuere sozialwissenschaftliche Methodologie rezipiert, dann kann die Wahlsystemforschung empirisch befriedigender fundiert werden[34]. Freilich kann man von einem multidimensionalen empirischen Ansatz nicht generelle »Gesetze« im Sinne von Duverger oder Unkelbach erwarten, sondern nur einige allgemeine statistische Trendfeststellungen, die noch dazu nicht eindeutig interpretiert werden können [35]. Die kritische Überprüfung der aus abstrakten Modellen deduzierten oder vortheoretisch gewonnenen Hypothesen aber wird zweckmäßigerweise im komplexen Konfigurationszusammenhang eines konkreten politischen Systems geschehen [36]. Die wissenschaftliche Überlegenheit des Wahlrechtsgutachtens von 1968 gegenüber dem von 1955 kann unter anderem darin gesehen werden, daß hier die Prognosen auf den konkreten Systemzusammenhang der BRD bezogen sind [37]; die folgende kritische Untersuchung knüpft hier an.

III

Wird nun gefragt, welche Prognosen sich für eine Wahlreform in der BRD stellen lassen, so kann man davon ausgehen, daß das in erster Linie angestrebte Ziel die regelmäßige Mehrheit *einer* Partei im Bundestag ist und daß dieses Ziel unter den in der BRD gegebenen Ausgangsbedingungen nicht nur durch die relative Mehrheitswahl im Einerwahlkreis erreicht werden kann, sondern auch durch andere Verfahren wie z. B. Varianten der relativen Mehrheitswahl mit Ergänzungslisten (die freilich geringere politische Realisierungschancen haben dürften) [38] oder – wenngleich mit etwas geringerer Wahrscheinlichkeit – durch den zeitweise in der SPD favorisierten Proporz in kleinen Wahlkreisen [39]. Es können darum einige spezifische Einwände gegen die relative Mehrheitswahl im Einerwahlkreis vernachlässigt werden, wie sie das Gutachten des Wahlrechtsbeirats von 1968 aufgezählt hat, nämlich (1) die Möglichkeit einer systembedingten Begünstigung einer Partei durch den sog. accidental bias, (2) die Gefährdung der oppositionellen Sperrminorität durch übergroße Mehrheiten, (3) die Gefahr einer »Regionalisierung« der Parteien und (4) das Problem der »Rivierawahlkreise« ohne echten Wahlkampf [40].

Vielmehr sollen im folgenden nur die den »mehrheitsbildenden« Wahlverfahren allgemein zugeschriebenen Konsequenzen für das Funktionieren des politischen Systems kritisch erörtert werden. Grundlegend ist natürlich die Prognose der Ausbildung eines kompetitiven Zweiparteiensystems, wobei man eine schwächere Version von einer stärkeren unterscheiden könnte: Nach jener führt die Wahlreform zum *Wettstreit* der beiden großen Parteien um das Monopol der Regierungsausübung, nach der stärkeren darüber hinaus auch zu *effektivem Alternieren*. Der Unterschied liegt konkret darin, daß nach der schwächeren Version auf absehbare Zeit ein Wahlsieg der SPD nicht zu erwarten wäre – eine Überlegung, die, wie erinnerlich, zur Vertagung der Wahlreform auf dem Nürnberger Parteitag der SPD im Jahre 1968 geführt hat. Die kontroverse empirische Problematik, die dahinter steht, soll hier offengelassen werden⁴¹. Ebenso soll offenbleiben, inwiefern etwa die Bildung der SPD-FDP-Koalition im Jahre 1969 die konkurrierende Hypothese bestätigt hat, daß Alternieren in der Regierungsausübung eher auf der Grundlage des bestehenden Verhältniswahlrechts zu erwarten sei; das zukünftige Wählerverhalten wird deutlich machen, ob in der BRD eine unbeschränkte »Koalitionsfähigkeit« der Parteien nach allen Seiten⁴² tatsächlich festgestellt werden kann und ob die FDP als »Scharnierpartei« (oder womöglich als Linkspartei) zu überleben vermag⁴³.

Für unseren Zusammenhang mag genügen, daß empirisch hierzulande auch für die schwächere Version der Prognose des Zweiparteiensystems eine so starke *Erwartung* effektiven Alternierens unterstellt werden kann, daß zumindest ein Teil der dem Zweiparteienwettbewerb zugeschriebenen Konsequenzen eintreten müßte. Solche Konsequenzen könnten einmal dadurch zustande kommen, daß die Parteien (entsprechend der oben erwähnten Rationalitätsannahme) ihre Strategie so einrichten, daß die unter den spezifischen Bedingungen des Zweiparteiensystems denkbare Maximierung von Einfluß erfolgen kann; die Parteien würden also das angemessene Verhalten »lernen«. Zum andern wären mittelbare Konsequenzen denkbar, die daraus resultieren, daß im Zweiparteiensystem keine Koalitionsregierungen mehr gebildet werden müssen. Es sind diese unmittelbaren und mittelbaren Konsequenzen, die im folgenden interessieren (denn es wird ja nicht das Zweiparteiensystem als solches, gleichsam als ästhetischer Wert, sondern es werden seine funktionalen Konsequenzen für das Gemeinwesen angestrebt). Man kann die in der Literatur verstreuten Hypothesen über solche Konsequenzen großenteils zu vier Hauptgesichtspunkten zusammenfassen: (1) Das Zweiparteiensystem bewirke politische Mäßigung; (2) das Zweiparteiensystem stelle einen überlegenen politischen Koordinierungsmechanismus dar; (3) das Zweiparteiensystem werde die demokratische Kontrolle verstärken; (4) Stabilität und Flexibilität des Systems als Funktionsbedingungen des Regierens würden befördert. Diese Prognosen interessieren im folgenden, insofern sie in konkrete sozialtechnologische Empfehlungen für die BRD umgesetzt werden. Dabei ist nicht eine globale Bestätigung oder Widerlegung beabsichtigt, sondern zunächst eine Klärung von logischen und empirischen Implikationen und sodann eine Überprüfung der Tragfähigkeit dieser Hypothesen.

IV

Zweiparteienwettbewerb soll nach einer verbreiteten Hypothese die Parteien dazu veranlassen, sich am sogenannten »mittleren Wähler« zu orientieren, der nicht fest an eine Partei gebunden ist. Das soll zu einer Mäßigung der politischen Gegensätze und zur Ausschaltung politischer Extremisten führen. Auf diese Weise wäre also jene μεσότης, jene mittlere Lebensform erreicht, die schon nach Aristoteles die Politie charakterisieren sollte und deren Garanten er in einem starken Mittelstand sah.

Diese Hypothese findet ihren klarsten theoretischen Ausdruck in einer Modellkonstruktion, die aus der ökonomischen Oligopoltheorie übertragen ist. Nach deren ursprünglicher Fassung bei Hotelling, der den Zweiparteienwettbewerb als Analogie in eine Untersuchung über duopolistischen räumlichen Wettbewerb einführte, gleicht sich infolge des Wettbewerbs das Angebot der Duopolisten (bei den Parteien also das Programm) an; Smithies hat die Hypothese später dahingehend modifiziert, daß es nicht zu Identität, sondern bloß zu einer starken Konvergenz der Angebote (oder Programme) komme [44]. Der empirische Realitätsgehalt des Modells hängt unter anderem davon ab, inwieweit der Wähler das Parteiensystem als eindimensionales räumliches Kontinuum perzipiert, auf dem er die Parteien nach ihren »Entfernungsbeziehungen« (Unkelbach) einordnet [45]; das ist wohl bei europäischen Parteiensystemen eher der Fall als in den USA, und es kann auch für die BRD als weitgehend gegeben unterstellt werden.

Problematischer ist eine andere empirische Bedingung. Anthony Downs hat in Fortentwicklung des Modells von Hotelling-Smithies gezeigt, daß dies eine unimodale Verteilung der Wählerschaft voraussetzt, mit anderen Worten, daß die Mehrzahl der Wähler gemäßigt eingestellt sein muß, nicht extremistisch (bimodale Verteilung), und daß die Existenz extremistischer Wähler insbesondere bei Ungewißheit und unvollständiger Information nicht ausgeschlossen werden kann [46]. Wollte man aus dem Modell folgern, daß Mehrheitswahl die Entstehung von Extremismus verhindert, dann liefe das auf einen Zirkelschluß hinaus. Es handelt sich hier vielmehr um eine empirische Frage, deren Beantwortung von einem komplexen Zusammenhang von Bedingungen abhängt. Zwar handelte Goldwater als Kandidat zu den amerikanischen Präsidentschaftswahlen von 1964 irrational, aber nur im Hinblick auf die »Ratio« des Zweiparteiensystems bei Mäßigung der Wählermehrheit, also einer damals gegebenen empirischen Voraussetzung [47]. Diese kann aber nicht als konstant unterstellt werden: Es sind Krisensituationen denkbar, in denen entweder die Mehrzahl der Wähler einseitig radikalisiert wird (»J-Kurve«), so daß beide Parteien eine Strategie des gegenseitigen Sich-Überbietens einzuschlagen versucht sein können, oder in denen eine extremistische Polarisierung der Wählerschaft erfolgt (»U-Kurve«), wobei dann die Mehrheitswahl den Konflikt verschärfen würde (wie in den dreißiger Jahren in Spanien) [48]. Zwar würde in solchen Situationen ein mehrheitsbildendes Wahlrecht die Ausnutzung einer radikalisierenden Krisenstimmung durch extremistische Flügelparteien hemmen und insofern den Führungsgruppen der Großparteien (falls diese gemäßigt bleiben sollten [49]) größeren Bewegungsspielraum verschaffen. Man könnte von seiner Einführung also die weitgehende Ausschaltung der NPD erwarten [50], aber nicht unbedingt die fortdauernde Mäßigung der Großparteien selbst.

Die Mäßigung der Wählerschaft hängt unter anderem von außenpolitischen und von konjunkturellen Bedingungen ab. Unter Bedingungen eines wachsenden Sozialprodukts mag die Mehrheitswahl die viel beredete Neigung der Parteien, sich mit verteilungspolitischen Anreizen an ein relativ breites Spektrum von Grenzwählergruppen zu richten, und die damit zusammenhängende Einebnung ihres spezifischen ideologischen Profils befördern. Aber der Umstand, daß die SPD unter Verhältniswahl das Godesberger Programm beschlossen hat, während die britische Arbeiterpartei trotz Mehrheitswahl am Nationalisierungsprogramm (»Clause Four«) festhält, deutet darauf hin, daß man in diesem Zusammenhang dem Wahlsystem keine übermäßige Bedeutung wird beilegen dürfen. Es erscheint wenig wahrscheinlich, daß sich in der BRD durch die Einführung der Mehrheitswahl hier Wesentliches ändern würde. Im übrigen ist eine Voraussetzung dieser Strategie die Möglichkeit von »paretooptimalem« Wandel, d. h. von Veränderungen, die keine Gruppe in ihrem Besitzstand beeinträchtigen; bei einem rückläufigen Sozialprodukt wäre diese Voraussetzung hinfällig.

Mit der Hypothese von der Orientierung am mittleren Wähler steht das Problem der fluktuierenden Wählerschaft (»floating vote«) in Zusammenhang. Nach einer in der amerikanischen Wahlforschung verbreiteten Auffassung sind diese Wechselwähler tendenziell schlechter informiert, politisch weniger engagiert und ideologisch geringer artikuliert als die konsistenten Parteianhänger (Stammwähler). Würde diese Hypothese generell zutreffen, dann könnte die Orientierung der Parteien an den Wechselwählern problematische Konsequenzen für das Funktionieren des politischen Systems haben. Nun ist die erwähnte Auffassung, der u. a. eine zu enge Operationalisierung des Begriffes »Wechselwähler« zugrunde liegt, in solcher Allgemeinheit sicherlich fragwürdig[51]. Doch wird sich andererseits die früher gelegentlich anzutreffende Meinung, Wechselwähler schlechthin seien ein besonders »rationaler« und gemäßigter Teil der Wählerschaft, ebensowenig halten lassen. Vielmehr dürfte die Struktur der fluktuierenden Wählerschaft variabel sein, und unter bestimmten konjunkturellen Bedingungen (wie sie etwa zu Anfang der dreißiger Jahre gegeben waren) könnte auch unter Mehrheitswahlrecht der Wettbewerb der Parteien um nicht festgelegte Grenzwähler womöglich radikalisierend wirken.

Schließlich ist allgemein zu bemerken, daß man unter »Mäßigung«, »Extremismus« oder »Radikalisierung« höchst unterschiedliche und in gewissem Maße auch beliebige Sachverhalte subsumieren kann; eine präzise Operationalisierung wird man in der Diskussion meistens vermissen. Der zeitgenössische Sprachgebrauch läßt es durchaus zu, eine Partei je nach politischem Sachgebiet als gemäßigt oder extremistisch einzuordnen – so waren die Nationalsozialisten gewiß in wirtschaftspolitischen Fragen im herkömmlichen Sinne »gemäßigt«. Mit anderen Worten, Extremismus und Mäßigung müßten operational auf verschiedene, je spezifische politische Dimensionen bezogen werden, und Downs hat argumentiert, daß bei überlappenden Dimensionen der politischen Orientierung jede Partei dazu neigen werde, ihre (im ganzen) »gemäßigte« Politik »mit ein paar extremen Standpunkten zu sprenkeln«, um ihren außenstehenden Wählern zu gefallen [52].

V

Als überlegener Koordinierungsmechanismus wird das Zweiparteiensystem entweder deshalb angesehen, weil die für Regierungskoalitionen charakteristischen Prozesse des Aushandelns wegfallen, oder aber, weil (nach mitunter vertretener Auffassung) der Zweiparteienwettbewerb die Parteien im Hinblick auf ihre Erfolgschancen zu stärkerer Kohäsion und Disziplin veranlaßt. Obwohl diese Gedankengänge in der Literatur vielfach unabhängig voneinander vorgetragen werden, zeigt doch eine genauere Betrachtung, daß der letztgenannte eine notwendige empirische Bedingung für die Tragfähigkeit des ersteren darstellt.

Denn wenn man die Implikationen der ersten Hypothese überdenkt, so ergibt sich, daß hier offenbar eine bestimmte Annahme über Parteien als politische Akteure vorausgesetzt werden muß: die nämlich, daß in Parteien eine so starke, konsistente und transitive Aggregation individueller Präferenzen stattfindet, daß sie analytisch als Handlungseinheiten ähnlich einem Entscheidungen treffenden Individuum behandelt werden können. Demzufolge wäre das »Aushandeln« von Kompromissen, in denen mehr oder weniger intransitive Präferenzen nur schwach, inkonsistent und unzusammenhängend aggregiert werden, ein charakteristischer Entscheidungsmodus speziell von Parteikoalitionen.

Dieser Auffassung verwandt ist das oligopolistische Marktmodell der Parteienkonkurrenz bei Downs und anderen: Eine Partei ist hier ein »team«, d. h. eine »coalition« (im Sinne der Entscheidungstheorie), deren Mitglieder über alle Ziele übereinstimmen. Diese Modellannahme der einheitlichen und konsistenten Präferenzordnung erlaubt es, die Partei als einen einzigen »decision maker« zu behandeln; Aushandeln wird erst bei der Bildung einer Parteienkoalition angenommen [53]. Damit ist dieses Modell nach dem Vorbild der ökonomischen Individualwahltheorien aufgebaut, in denen das Unternehmen als ein einzelner »decision maker« fungiert [54]. Schon diese Ausklammerung des Aggregationsproblems innerhalb der Partei setzt der empirischen Brauchbarkeit des Ansatzes Grenzen; die unbestreitbare Fruchtbarkeit der Individualwahlmodelle im geschlossenen System der ökonomischen Theorie nimmt eben mit der Übertragung auf offene Systeme ab. Im übrigen wäre zu bemerken, daß neuere deskriptive Theorien der Organisationsentscheidung das Unternehmen als Koalition (von Individuen bzw. Subkoalitionen) auffassen [55]; wenn nun zur selben Zeit in der Politikwissenschaft theoretische Ansätze beliebt werden, die das empirisch so geläufige Faktum vernachlässigen, daß Parteien sich durch komplexe innere Entscheidungsprozesse auszeichnen, dann entbehrt das nicht der Merkwürdigkeit. Muß man Entscheidungen innerhalb des Unternehmens als »Aushandeln« (bargaining) interpretieren, dann erst recht in der politischen Partei. Das bürokratisch-hierarchische Modell der Parteiorganisation, wie es der Michelsschen Oligarchiehypothese zugrunde lag, ist in der neueren Forschung ja auch in Frage gestellt worden zugunsten eines Modells der Partei als instabiler Koalition, die nicht eine Hierarchie, sondern eine »Stratarchie« darstellt[56]. Zwar ist diese Hypothese am empirischen Beispiel der amerikanischen Parteien, die Michelssche an dem der alten deutschen Sozialdemokratie gewonnen worden, und es liegt nahe, beide jeweils als Extremtypen auf einer kontinuierlichen Skala unterschiedlich stark integrierter Parteien anzusehen. Doch es ist evident, daß die Parteien in der BRD sich vom Typus der hierarchisch-bürokratisch integrierten Organisation mehr oder weniger weit entfernt haben und insbesondere die CDU dem Eldersveldschen Typus der lockeren Koalition und »stratarchy« viel näher steht.

Daraus ergibt sich, daß in der hier erörterten Hypothese das Phänomen der Koalitionsverhandlungen ungebührlich stark isoliert gesehen wird. Aushandeln ist eine verbreitete Strategie der politischen Konfliktregelung in hochdifferenzierten politischen Strukturen, zumal dort, wo es auch durch die institutionalisierten Rollenzuweisungen erzwungen wird. Das ist insbesondere in den USA der Fall, aber auch in der BRD[57]. Das Wahlrechtsgutachten von 1968 nimmt auf diesen Sachverhalt Bezug, wenn es darauf hinweist, daß hierzulande eine Parlamentsmehrheit auf die Schranken der Verfassungsänderung und des bundesstaatlichen Systems stößt[58]. Es wäre hinzuzufügen, daß gerade die große Koalition die Tendenzen zu einem polyarchischen System des Aushandelns beträchtlich gefördert hat, etwa in der Finanzreform (man denke an den Finanzplanungsrat) und in der Konzertierten Aktion: Hier wurde gleichsam mit der anderen Hand wieder genommen, was die eine Hand (mit der beabsichtigten Wahlreform) an parlamentarischem Mehrheitsregime erst geben sollte. Und Loewenberg hat unlängst hervorgehoben, daß unser Parlamentsverfahren aus der Zeit des Vielparteiensystems stark auf Aushandeln hin angelegt ist und daß sich diese Tendenz zur kooperativen Konfliktregelung in der Bundesrepublik eher noch verstärkt hat[59].

In diesem polyarchischen System fallen die Koalitionsverhandlungen gewiß am stärksten ins Auge, was andererseits vielfach auch mit größerer Transparenz im Vergleich zu anderen Ebenen des »national bargaining« (Dahl/Lindblom) verbunden ist. Man wird deshalb fragen müssen, ob es wirklich so anstößig ist, daß in Regierungskoalitionen kleine Parteien unter Ausnutzung ihrer »Grenznutzenposition« einen Einfluß auf die Regierungspolitik ausüben können, der ihrem proportionalen Anteil an den Parlamentssitzen nicht angemessen erscheint [60]. Gewiß ist es verständlich, wenn die betroffene größere Partei an Vorgängen wie der Rolle der FDP bei der Regierungsbildung 1969 Anstoß nimmt. Davon abgesehen ist aber nicht ganz leicht zu sehen, worin hier das Kriterium für Angemessenheit (oder Unangemessenheit) des Einflusses zu suchen ist. So unentbehrlich der Mehrheitsentscheid als fundamentale Entscheidungs- und »Friedensregel« (Eschenburg) für das Funktionieren demokratischer Systeme auch ist, so wird sich doch andererseits nicht gut bestreiten lassen, daß die Identifikation des Mehrheitswillens mit einem fiktiven »Gemeinwillen« als theoretische Grundlegung der Demokratie zumindest fragwürdig ist. Wird das aber anerkannt, dann wird damit das Problem des Minderheiteneinflusses alsbald in seiner Bedeutung relativiert: Der überproportionale Einfluß einer kleineren Partei ist nicht schon als Verletzung »demokratischer« Prinzipien zu verwerfen. Denn diesem Verdikt müßte dann ja auch das Zweiparteiensystem verfallen, insofern nach der zuvor referierten Hypothese dort die marginale Gruppe der »mittleren Wähler« ebenso überproportionalen Einfluß auf die Politik hat wie im Koalitionssystem die kleinen Parteien [61]. Richtiger wird man sagen müssen, daß hier die Frage nach dem rationaleren politischen Koordinierungsmechanismus zur Diskussion steht.

Nach verbreiteter Auffassung wird im Zweiparteiensystem das klassische Postulat der Homogenität und Solidarität der Regierung und zugleich die Geschlossenheit der sie tragenden Mehrheit eher erreicht als in einem Koalitionssystem [62]. Die Regierung würde dadurch zum »zentralen Koordinator« im Sinne Lindbloms [63]. Dieser Autor hat aber nachzuweisen versucht, daß zentrale Koordination mit dem Ergebnis konsistenter und umfassender Problementscheidungen ein sowohl unerreichbares als auch unzweckmäßiges Ideal darstellt, daß vielmehr rationale Problementscheidungen in einem Prozeß der »gegenseitigen Anpassung« durch Aushandeln und verwandte Praktiken eher zustande kommen, daß solche Entscheidungen wegen der Begrenztheit der menschlichen Fähigkeiten zur Problemlösung, infolge der zwangsläufigen Inkonsistenz von Werteskalen und infolge des sozialen Konfliktes über Werte notwendig zusammenhanglos sind und daß sie im Wege marginaler Veränderungen geschehen (»disjointed incrementalism«) [64]. Er hat daraus unter anderem den Schluß gezogen, daß die lockere amerikanische Parteistruktur dem britischen System disziplinierter Parteien funktional überlegen sei [65]. Nun steckt darin gewiß viel polemische Übertreibung und mancher fundamentale Mangel (so wird die Bedeutung ungleicher gesellschaftlicher Machtverteilung ganz vernachlässigt). Doch ist mindestens dies richtig, daß die hohe Bewertung der Funktionstüchtigkeit des britischen Systems als Koordinierungs- und Entscheidungsmechanismus empirisch höchst unzulänglich fundiert ist; stellt man einmal die Unterschiede in den sozialen, kulturellen und geographischen Voraussetzungen in Rechnung, dann kann sehr wohl bezweifelt werden, daß das britische System sich tatsächlich dem französischen in den letzten Jahrzehnten als so überlegen erwiesen hat, wie es die *idées reçues* einer landläufigen Anglomanie meinen.

Damit soll nicht bestritten werden, daß dem britischen Parteiensystem gewisse, wenngleich begrenzte, funktionelle Vorzüge eigen sind. Dem stehen andere, ebenso begrenzte Nachteile gegenüber; so könnten zum Beispiel Koalitionen unter Umständen die Komplexität von inkonsistenten und konfligierenden Werteskalen in der Gesellschaft besser berücksichtigen als disziplinierte, straff geführte Mehrheitsparteien. Die Verlagerung des Aggregationsprozesses aus dem Parlament in die konkurrierenden Parteien, die gemeinhin als ein Charakteristikum des Zweiparteiensystems angesehen wird, kann zu bedenklichen Verkürzungen bei der Berücksichtigung solcher Werte führen, wenn nicht zugleich für eine stärkere Transparenz und »Demokratisierung« des innerparteilichen Entscheidungsprozesses gesorgt wird [66].

Davon abgesehen bleibt aber die empirische Frage, ob tatsächlich die konkurrierenden Parteien im Zweiparteiensystem regelmäßig straffer diszipliniert sind, also die ihnen zugeschriebene Koordinierungsfunktion tatsächlich besser wahrnehmen können als Parteikoalitionen. Die ältere, heute – wie gesagt – als obsolet anzusehende Bewertung der Mehrheitswahl als einer »Persönlichkeitswahl« implizierte eher das Gegenteil. Doch begegnet auch die Auffassung, daß Zweiparteienkonkurrenz eine stärkere Kohäsion der Parteien zu Folge habe, weil die Parteien gezwungen seien, im Hinblick auf ihre Erfolgschancen in der Wahl dem Wähler ein konsistentes Programm – und damit womöglich klare Alternativen – zu präsentieren, und demzufolge divergierende Präferenzen vor der Wahl stärker zu aggregieren [67]. Diese Hypothese leitet sich vor allem vom britischen Beispiel her [68]. Nun gibt es freilich ebenso plausible Hypothesen, welche die starke Kohäsion der Parteien in Großbritannien auf andere, beispielsweise kulturelle Bedingungen zurückführen, etwa auf die Vorherrschaft von »deferential values« in den Autoritätsbeziehungen und die daraus resultierende starke Bereitschaft zur Ein- und Unterordnung in straff geführte Gruppen [69]. Denkbar wäre auch, daß solche Faktoren und die vom Wahlsystem gegebenen Bedingungen sich gegenseitig verstärken; außerdem muß berücksichtigt werden, daß es in Großbritannien (sieht man einmal von den keltisch geprägten Randgebieten ab) keine starken regionalen Gegensätze gibt, sondern der Klassengegensatz für das Wählerverhalten eine dominierende, durch keine überkreuzenden Konflikte gebrochene Bedeutung hat [70]. Im übrigen werden in der Literatur häufig zwei unterstützende institutionelle Bedingungen genannt, nämlich einmal die angeblich bestehende Konventionalregel, daß die Regierung bei einer Abstimmungsniederlage zurücktreten müsse [71], zum andern das Auflösungsrecht des Premiers als Druckmittel gegenüber der eigenen Partei.

Daraus folgt aber, daß die starke Parteienkohäsion in Großbritannien wohl eher das Resultat eines komplexen Satzes von Bedingungen ist und daß die Übertragung bloß einer einzigen von ihnen nicht notwendig eine ähnliche starke Koordinierungswirkung haben muß. Das auch in Großbritannien keineswegs unbekannte Phänomen, daß innerparteiliche Faktionen ihre marginale Position ähnlich ausnutzen wie kleinere Partner in einer Parteienkoalition, ist bei Mehrheitswahlrecht speziell im Falle der CDU/CSU erst recht zu erwarten; ist eine Partei derart locker gefügt, so werden Minderheiten hier immer wieder ihre Vetomacht geltend machen können. In Österreich hat die »monocolore« Regierung nach Auflösung der großen Koalition im Jahre 1966 Praktiken des internen Aushandelns entwickelt, die denen der Koalition nicht unähnlich waren[72]; so war der sogenannte Fünferausschuß (bestehend aus dem Kanzler, dem ÖVP-Fraktionsvorsitzenden im Nationalrat und den Vorsitzenden der drei ÖVP-»Bünde«) in seinen Funktionen dem früheren Koalitionsausschuß verwandt. Es ist zwar in begrenztem Maße richtig, daß der »bündische Proporz« in Österreich auch dem Listenwahlsystem zu verdanken war[73]; dagegen kann kein Zweifel sein, daß die Eigenständigkeit der bayerischen CSU, deren Rolle in den Regierungen Erhard und Kiesinger wohl in Erinnerung ist, dank ihrer regionalen Verankerung durch die Wahlreform kaum beeinträchtigt werden würde[74]. Nimmt man, wie dies gelegentlich geschieht, die Dauer der Regierungsbildung als Indikator für die Kohäsion einer Mehrheit[75], dann zeigt ein Vergleich der Regierungsbildung von 1969 (SPD-FDP-Koalition, 25 Tage) mit der von 1957 (CDU-DP-Koalition mit absoluter CDU-Mehrheit, 40 Tage), daß die Interessenaggregation in einer Mehrheitspartei keineswegs leichter sein muß als in einer Koalition mit einem Partner in »Grenznutzenposition«; die dafür ausschlaggebenden Bedingungen sind offensichtlich wesentlich komplexer. Damit soll nicht bestritten werden, daß die Wähler innerparteiliche Konflikte sanktionieren und daß diese Erwartung das Verhalten der Parteien bestimmt; aber jeder aufmerksame Zeitungsleser weiß, daß das auch unter dem geltenden Wahlsystem der Fall ist, und die Prognose, daß eine Wahlreform solche Tendenzen beträchtlich verstärken werde, erscheint wenig plausibel.

Es drängt sich im übrigen zu diesem ganzen Zusammenhang die Frage auf, ob nicht in der gerade in Deutschland verbreiteten Perhorreszierung von Koalitionen ein Nachklang des traditionellen »Antiparteienaffekts« mitschwingt – bezeichnenderweise hat Hermens das aus jener Tradition geläufige Wort vom »Kuhhandel« wieder aufgenommen. Wir haben hier offenbar die letzte Spielart jener Auffassung vor uns, daß in der wechselseitigen Anpassung von Interessen eine Gefährdung des Gemeinwohls und der politischen Einheit liege. Offensichtlich ist auch das Demokratieverständnis, welches der Qualifizierung des Zweiparteiensystems als »demokratisch« zugrunde liegt, durch die Identitätsfiktion Rousseauscher Provenienz bestimmt; davon ist jetzt zu reden.

VI

Wir berühren hier die Problematik der Behauptung, daß im Zweiparteiensystem der Wähler unmittelbar über die politische Grundorientierung entscheide, während er im Vielparteiensystem auf die Koalitionsbildung keinen Einfluß nehmen könne und so gleichsam mediatisiert sei. Diese Hypothese ist nicht ganz eindeutig. Sie könnte im Sinne der »Mandatstheorie« gemeint sein, die in der englischen Parlamentarismusdoktrin eine gewisse Rolle gespielt hat [76]. Diese verlangt freilich, daß sich die Mehrheitspartei vor neu auftauchenden Fundamentalentscheidungen dem Votum der Wähler stellen und daher Neuwahlen ausschreiben müsse. Die englische Regierungspraxis folgt dem bekanntlich nicht, wie sich mit dem Antrag der Regierung Macmillan auf Aufnahme Großbritanniens in die EWG noch einmal deutlich gezeigt hat, und auch in der BRD wird der Zwang zu Sachplebisziten, wie er aus dieser Doktrin folgt, von der vorherrschenden Lehre für untunlich gehalten. Es bleibt also nur die Vorstellung eines periodischen Personalplebiszits, zum Beispiel im Sinne des bekannten Schumpeterschen Demokratiemodells, übrig [77], das heißt, eine Verkürzung des klassischen Demokratiebegriffs auf Elitenkonkurrenz um Wählerstimmen [78]. Was als »Entscheidung über Grundorientierungen« bezeichnet wird, ließe sich dann wohl besser als legitimierende Akklamation verstehen.

Zudem kollidiert die Behauptung, der Wähler entscheide bei Mehrheitswahl über politische Grundorientierungen, mit der zuvor erörterten Hypothese, daß unter diesem Wahlsystem die Parteien sich am mittleren Wähler, also an einer Minderheit, ausrichten. Durch eine solche Ausrichtung wird die Mehrheitsentscheidung über Grundorientierungen sicher nicht erzielt, und Anthony Downs hat aus seiner Modellkonstruktion geradezu gefolgert, daß bei Zweiparteienwettbewerb der rationale Kurs für Parteien darin bestünde, ihre Plattform vag und zweideutig zu halten [79]. Gerade bei Mehrheitswahl werden die Wahlergebnisse häufig nur nach ganz vagen Richtungskriterien (z. B. mehr oder weniger konservativ) ausgelegt werden können und teils so unbestimmt, teils so heterogen motiviert sein, daß sie zwangsläufig vieldeutig sind. Es ist schwer zu sehen, wie man hier empirisch einen nennenswerten Unterschied zu der – unbestreitbaren – Vieldeutigkeit von Wahlergebnissen im Vielparteiensystem konstatieren sollte.

Der empirische Test auf die Richtigkeit der hier erörterten Hypothese müßte darin gesehen werden, daß bei Zweiparteiensystem und Mehrheitswahl ein Wechsel der Regierung auch einen Wechsel der politischen Grundorientierung bedeutet. Richard Rose hat demgegenüber darauf aufmerksam gemacht, daß in Großbritannien seit 1885 – in einem Zeitraum von knapp acht Jahrzehnten – nur noch zweimal (nämlich 1906 und 1945) solche Veränderungen der Grundorientierungen durch Wahlen herbeigeführt worden sind, während sonst dafür eher Spaltungen innerhalb der Regierungsparteien im Laufe der Legislaturperiode verantwortlich waren[80]; das ist offensichtlich kein ins Gewicht fallender Unterschied gegenüber Vielparteiensystemen.

Nimmt man also die Hypothese zum Nennwert, dann stellt sie offenbar eine ideologische Verhüllung dar, die in der von Rousseau herkommenden Tradition der Identifizierung des Mehrheitsentscheids mit einem fiktiven »Gemeinwillen« steht. Als rationaler Kern bleibt die wesentlich bescheidenere Hypothese übrig, daß im Zweiparteiensystem die Wähler die dem Wahlausgang folgende Regierungsbildung leichter ihrem eigenen Handeln als Wählende zurechnen und sich darum mit dem System des Herrschaftswechsels identifizieren, diesem also Legitimität zusprechen können[81]. So werden beispielsweise Situationen vermieden, wo eine Partei trotz Stimmenverlust die Regierung bilden und eine andere, erfolgreiche Partei mit Hilfe eines kleineren Koalitionspartners in die Opposition verweisen kann – wie dies 1954 in Bayern, 1960 in Baden-Württemberg und 1965 in Nordrhein-Westfalen geschah.

Obwohl solche Vorgänge mit den institutionellen Spielregeln des parlamentarischen Regierungssystems durchaus vereinbar sind und seine Legitimität in der BRD nicht erkennbar beeinträchtigt haben, ließe sich argumentieren, daß die dadurch möglicherweise bewirkte Frustration oppositioneller Gruppen in Krisenzeiten doch zur Folge haben könnte, daß die Zustimmung zu den institutionalisierten Verfahren der Herrschaftsbestellung schwindet. Man muß jedoch die Einschränkung machen, daß auch die relative Mehrheitswahl (zumindest dort, wo sie nicht als Bestandteil der politischen Tradition stark verankert ist) ihre eigentümlichen Frustrationswirkungen haben kann[82], wie wir es im übrigen auch aus der Geschichte anderer Majorzsysteme kennen. So wird man auch das Argument, die Verhältniswahl sei »gerechter«, nur dann richtig bewerten können, wenn man es nicht zu seinem – in der Tat recht fragwürdigen – »Nennwert« nimmt, sondern auf den Gesichtspunkt reduziert, daß sie in einer konkreten historischen und gesellschaftlichen Lage stärkere Zustimmung zu dem Verfahren der Herrschaftsbestellung bewirken konnte. Die Legitimationswirkung eines Wahlsystems ist, wie dieses Beispiel zeigt, von variablen, gesellschaftlich und kulturell bestimmten Erwartungen abhängig und keine feste Größe. Ob heute ein mehrheitsbildendes Wahlsystem in diesem Sinne legitimierend wirken oder ob es – weil von einem beachtlichen Teil der Wählerschaft vielleicht als eine gegen Minderheiten gerichtete Manipulation empfunden – eher den gegenteiligen Effekt hätte, läßt sich spekulativ schwer beantworten. Ein dringendes Bedürfnis nach einer Wahlreform scheint aber unter diesem Gesichtspunkt nicht zu bestehen.

Man muß jedenfalls deutlich sehen, daß eine solche Legitimationswirkung der Wahl nicht einfach mit der Entscheidung des Wählers über politische Orientierungen als einer Erfüllung des normativen Demokratiepostulats gleichgesetzt werden kann. Ohne daß – wie schon früher gesagt – die fundamentale Bedeutung des Mehrheitsprinzips als Entscheidungsregel bestritten werden soll, muß doch gefragt werden, ob es nicht sowohl empirisch als auch unter dem Gesichtspunkt der normativen (und nicht elitär revidierten) Demokratietheorie fragwürdig ist, wenn demokratische Bestimmung über politische Orientierungen so sehr auf den Wahlakt eingeengt wird, wie es diese These impliziert. Demokratische Aggregation von Präferenzen muß vielmehr als ein höchst komplexer Prozeß verstanden werden, in dem die Wahl nur ein Rückkopplungsmechanismus unter anderen (wie z. B. innerparteilicher Demokratie) ist.

Damit soll nicht behauptet werden, das Wahlsystem sei für den demokratischen Entscheidungsprozeß irrelevant. Vielmehr muß eine weitere Hypothese in diesem Zusammenhang behandelt werden, nämlich die Behauptung, daß Verantwortlichkeit und Kontrolle der Regierung bei Mehrheitswahl und Zweiparteienwettbewerb besser gewährleistet wird, weil hier die Wähler die von ihnen wahrgenommene Leistung der Parteien besser (insbesondere nicht durch Koalitionserfordernisse gehemmt) sanktionieren könnten, was wiederum das Verhalten der Parteieliten insofern beeinflussen würde, als diese lernen, solche Sanktionen zu antizipieren. Zwar stellen sich in diesem Zusammenhang wiederum gewisse empirische Probleme. Einmal ist zu fragen, inwieweit die Wähler die Leistung der Parteien tatsächlich und zutreffend perzipieren. Damit hängt die weitere Frage zusammen, welche zusätzlichen Faktoren (außer dem Wahlsystem) etwa die Parteieliten dazu veranlassen könnten, mit möglichen Sanktionen zu rechnen oder nicht zu rechnen. Gerade in der BRD werden politische Strategien offenbar in nicht geringem Maße von der Annahme bestimmt, daß die Wählerschaft langfristig »vergeßlich« sei, so daß es auf das jeweils richtige »timing« unpopulärer Maßnahmen einerseits, populärer andererseits ankomme; es ist fraglich, ob derartige Erwartungen von einer Wahlreform beeinflußt werden können.

Desungeachtet können Wahlen durchaus einen wichtigen Mechanismus für Kontrolle und Geltendmachung von Verantwortlichkeit darstellen, wenn hinreichend eindeutige Zurechnungen von Verantwortung und ausreichende Sanktionsmöglichkeiten vorhanden sind. Und es dürfte jedenfalls nicht zu bestreiten sein, daß diese Voraussetzungen im alternierenden Zweiparteiensystem weit eher gegeben sind als etwa in einem System »oszillierender« Zentrumskoalitionen, wie es für die französische Dritte und Vierte Republik und ähnlich auch für die Weimarer Republik charakteristisch war. Denn erstens haben es in einem solchen Vielparteiensystem die Wähler schwer, sich sinnvoll zu orientieren [83] und bestimmten Parteien – statt allgemein dem »System« – die Verantwortung zuzurechnen, zweitens sind die Sanktionsmöglichkeiten dadurch beeinträchtigt, daß hier eine Wahlniederlage zwar für einzelne Parteien einen Verlust an Einfluß innerhalb der Regierungskoalition zur Folge haben kann, ihre Verdrängung aus der Macht aber viel weniger wahrscheinlich ist.

Es fragt sich nun, inwieweit das auch für das der BRD eigentümliche Parteiensystem zutrifft. Wie verschiedentlich gezeigt worden ist, haben die Wähler es weitgehend als ein auf die zwei großen Parteien konzentriertes Wettbewerbssystem verstanden, und insofern konnte auch hier die Verantwortung der dominierenden Mehrheitspartei zugerechnet werden. Aber es gibt einige Beispiele dafür, daß solchen Zurechnungen keine effektiven Sanktionen folgten, weil unzufriedene Wähler auf kleinere Parteien auswichen (bei den Bundestagswahlen von 1961 auf die FDP, bei den Landtagswahlen gegen Ende der Regierung Erhard auf die NPD) und ein Wechsel in der Regierungsverantwortung infolgedessen ausblieb. Führt dies zu der Folgerung, daß ein mehrheitsbildendes Wahlsystem in der Tat dem Kontrollprozeß zugute kommen könnte, so spräche zusätzlich für die relative Mehrheitswahl (statt des Proporzes in kleinen Wahlkreisen), daß diese Stimmenverschiebungen bei der Umsetzung in Mandate zu verstärken pflegt.

VII

Der Mehrheitswahl und dem Zweiparteiensystem werden schließlich bestimmte Auswirkungen auf die Stabilität oder die Flexibilität, also auf Funktionsbedingungen des Regierens zugeschrieben. Dabei wird insbesondere ihre stabilisierende Wirkung vielfach hervorgehoben. Diese Akzentsetzung ist vor allem für jene liberale Politikwissenschaft und Publizistik charakteristisch, die ihre gedanklichen Antriebe besonders aus der Erfahrung der Krise der Demokratien in der Zeit zwischen den beiden Weltkriegen bezogen hat. Es erübrigt sich in unserem Zusammenhang, auf die damit zusammenhängende Kontroverse über die Konsequenzen der Verhältniswahl näher einzugehen. Wie immer man im einzelnen die historischen Bedingungen jener Krise bestimmen mag, wenn man nach den Konsequenzen einer Wahlreform unter den heute speziell in der BRD gegebenen Bedingungen fragt, dann hat die Prognose, daß ein mehrheitsbildendes Wahlsystem jedenfalls eine stabile, dauerhafte Regierungsmehrheit hervorbringen würde, die Plausibilität für sich.

Nun ist Stabilität natürlich kein Wert an sich, sondern muß im Hinblick auf ihre Funktionen für das politische System gesehen werden. Das ist – was bei allzu summarischer Behandlung dieses Gegenstandes vielfach nicht deutlich genug gesehen wird – eine komplexe Problematik, die hier nicht systematisch und ausführlich behandelt werden kann. Schwierigkeiten ergeben sich schon im Hinblick auf die operationale Definition des Begriffes und sodann bei der nötigen Abwägung funktionaler und dysfunktionaler Konsequenzen einer – wie auch immer definierten – Stabilität. Bleiben wir zunächst bei der einfachen Bestimmung von Stabilität als Dauerhaftigkeit der Regierungsmehrheit über die Legislaturperiode. So verstandene Stabilität kann zunächst den schon im vorigen Abschnitt behandelten Effekt einer Erleichterung der legitimierenden Systemidentifikation verstärken. Die Instabilität der Mehrheiten unter den Koalitionssystemen der Weimarer Republik, Frankreichs bis 1958 und Italiens seit 1945 mußte die schon erwähnten Schwierigkeiten der Wähler, sich in bezug auf das Parteiensystem sinnvoll zu orientieren, vergrößern, also ihre Systemidentifikation schwächen und sie für neu auftauchende extremistische Bewegungen tendenziell disponibel machen. In der BRD kann dagegen allen anderslautenden Voraussagen zum Trotz bisher von ausreichender Stabilität gesprochen werden.

Stabilität hat jedoch einen weiteren funktionalen Aspekt, der in der Diskussion auch immer wieder berührt worden ist: Sie soll die Kontinuität des Regierungshandelns, die Langfristigkeit der Koordination garantieren, wie sie gerade im Hinblick auf die erforderliche Anpassung des politischen Systems an raschen gesellschaftlichen und technologischen Wandel offenbar erforderlich ist. Längerfristige Koordination, beispielsweise Finanzplanung, ist aber in einem instabilen Koalitionssystem, das häufig von kurzfristigen Kompromissen lebt, zweifellos erschwert.

Nun mag es für die legitimierende Funktion von Stabilität vielfach ausreichen, wenn sie im Sinne eines bloßen Überdauerns der Regierungsmehrheit oder des Regierungschefs verstanden wird, solange die Entscheidungslast für das System begrenzt ist. Als Garantie langfristiger Koordination kann Stabilität aber von vornherein nur unter einer zusätzlichen Bedingung wirken, nämlich der Parteienkohäsion. Inwieweit diese (und damit die Koordinierungsfähigkeit des Parteiensystems) unabhängig vom Wahlsystem ist, wurde weiter oben schon erörtert. Die Dauerhaftigkeit der Mehrheit oder auch die Amtsdauer des Regierungschefs ist in diesem Zusammenhang kein ausreichender Indikator. Dauerhaftigkeit der Mehrheit kann mit mangelnder Stabilität in der Regierungsführung einhergehen, und Langlebigkeit des Ministerpräsidenten oder Premiers schließt Instabilität in wichtigen Ressorts nicht aus. Berücksichtigt man andererseits, daß z. B. im Frankreich der Dritten Republik der »instabilité ministérielle« eine nicht unbeachtliche »stabilité des ministres« entsprach [84], dann gewinnt das Argument an Gewicht, daß der Regierungskrise im traditionellen französischen Parlamentarismus die Auswechslung einzelner Minister im britischen Regierungssystem entsprach [85]. So konnten zum Beispiel der Rücktritt des Ministers Cousins und die Degradierung des Ministers Callaghan im Kabinett Wilson wohl als Anzeichen für eine eingeschränkte Handlungs- und Koordinationsfähigkeit der Labourmehrheit gewertet werden. Erst recht wäre für die BRD kritisch zu fragen, ob angesichts der schon erörterten Probleme der westdeutschen Parteienstruktur (insbesondere im Hinblick auf die CDU/CSU) von der Mehrheitswahl tatsächlich – um jene formelhafte Wendung aufzunehmen, die

die Ambivalenz des Stabilitätsbegriffs andeutet – »Stabilität ohne Stagnation« unbedingt zu erwarten wäre. Insofern scheint die Stabilitätsprognose also der Relativierung bedürftig zu sein.

Überhaupt ist zu bedenken, daß Langfristigkeit der Koordination auch dysfunktionale Aspekte haben kann, insbesondere wenn sie sich vorwiegend in Fortschreibung vergangener Daten erschöpft. Zu den Funktionsbedingungen des Regierungshandels gehört auch Innovationsfähigkeit, und diese setzt ein Mischungsverhältnis von Stabilität und Flexibilität voraus. Zwar ist argumentiert worden, daß unter bestimmten Bedingungen ein alternierendes Zweiparteiensystem innovative Funktionen habe, indem die jeweilige Minderheitspartei neue Allianzen schließen müsse, um wieder die Mehrheit zu erlangen [86]; aber schon der Umstand, daß aus derselben Modellkonstruktion mit der Orientierung an marginalen Wählergruppen sowohl die Hypothese vom mäßigenden Effekt des Zweiparteiensystems als auch die von seiner Innovationsfunktion abgeleitet werden kann, deutet darauf hin, daß hier ein allzu vereinfachender Ansatz vorliegt. Die Bedingungen von Innovation im politischen System sind weit komplexer, und man wird von einer möglichen innovativen Funktion von Zweiparteienwettbewerb nur in Verbindung mit zusätzlichen restriktiven Bedingungen sprechen können.

VIII

Das Programm einer Wahlreform bekommt in der Bundesrepublik nicht selten eine charakteristische »entwicklungspolitische« Akzentuierung: Die Verwurzelung der – mehr auf Widerspiegelung politischer Strömungen als auf Herstellung arbeitsfähiger Mehrheiten ausgerichteten – Verhältniswahl im Wahlrechtsdenken sei »bestimmt durch die Orientierung an der Funktion des Parlaments in der konstitutionellen Periode, in der das Parlament im wesentlichen nur zur Gesetzgebung und Kontrolle, nicht aber zur aktiven Gestaltung der Politik berufen war«[87]. Aus dieser Sicht kann die Einführung der Mehrheitswahl als ein Schritt zur politischen Modernisierung erscheinen. Nun soll hier die Frage, inwieweit die höchst vieldeutigen Begriffe von Modernisierung und Entwicklung auf das politische System Westdeutschlands angewendet werden können, auf sich beruhen[88] – es sei nur dies als Zusammenfassung der vorangehenden Erörterung bemerkt, daß eine starke Veränderung der politischen Strukturen und Strategien, wie sie in den zweieinhalb Jahrzehnten nach dem Ende des Zweiten Weltkrieges hier dominant geworden sind, von einem solchen institutionellen Eingriff wohl nicht zu erwarten ist, daß also zu starkes Modernisierungspathos im Zusammenhang mit der Frage des Wahlsystems unerfüllbare Hoffnungen zu wecken geeignet ist. Gewiß wäre zum Beispiel eine Verstärkung von Wettbewerbs- gegenüber Kooperationsstrategien wohl wünschenswert, und einen gewissen Beitrag mag dazu auch die Einführung der Mehrheitswahl leisten können. Aber im ganzen haben derartige institutionelle Eingriffe in entwicklungspolitischer Perspektive mehr eine marginale Bedeutung.

Vielmehr läge das Hauptresultat einer Wahlreform wohl in der Stabilisierung des Parteiensystems, wie es sich in den zurückliegenden Jahrzehnten fortschreitend herausgebildet hat. »Eine Reform des Wahlrechts ist gegenwärtig bei der nie zuvor in der deutschen Geschichte dagewesenen Konzentration der Parteien möglich, sie ist aber nicht mehr möglich, wenn dieser Konzentrationsprozeß in bedeutender Weise einmal rückläufig geworden ist.«[89] Die Frage ist, wie man das Erfordernis der Stabilisierung der erreichten Parteienkonzentration einschätzt. Dabei ist gewiß auf der einen Seite die Möglichkeit zu bedenken, daß extremistische Parteien in Zeiten rückläufiger Wirtschaftsentwicklung oder auch außenpolitischer Krisen erfolgreich an autoritäre Einstellungen in der Wählerschaft appellieren. Auf der anderen Seite ist aber auch die Tendenz zu obrigkeitlicher Verfestigung und Abschließung der dominierenden Parteien zu berücksichtigen und damit die Frage, inwieweit eine institutionelle Konsolidierung des Parteiensystems durch eine Wahlsystemänderung die Verkümmerung demokratischer Kommunikationsprozesse innerhalb der Parteien befördern könnte[90].

Solche Ambivalenz möglicher Konsequenzen einer Wahlreform sollte freilich nicht zu dem Schluß führen, daß man am besten alles beim alten ließe. Doch sie weist auf die Problematik des sozialtechnologischen Programms, das gar zu oft zu vorschnellen und vereinfachenden Prognosen verleitet hat. Selbst wenn man von der Erwartung einer innenpolitischen Konstellation ausgeht, die es erlauben würde, die etablierten Interessen widerstrebender parlamentarischer Gruppen weitgehend zu überspielen[91], wird man von der Sache her keinen so weitgehenden Konsensus erwarten können, daß dieser sich als konsistente und hinreichend eindeutige Rangordnung möglicher Reformziele verstehen ließe. Die Frage des Wahlsystems kann darum nicht als »Optimierungsproblem« begriffen werden[92]; die Politikwissenschaft geriete damit allzuleicht in die Nähe technokratischer Prätentionen, die ihre Leistungsfähigkeit überfordern. Ihre Empfehlungen werden vielmehr berücksichtigen müssen, daß eine Systemänderung nur ein politischer Wahlakt sein kann zwischen Alternativen, die von den politischen Akteuren unter Berücksichtigung ihrer Wertsysteme einerseits, jeweils gegebener konkreter Bedingungen andererseits in eine Rangfolge mehr oder weniger »brauchbar« erscheinender Lösungen gebracht werden[93].

1 Einiges von diesen Kontroversen trat im Anschluß an die Arbeitstagung des Godesberger ›Instituts für empirische Sozialforschung‹ am 14./15. Januar 1968 zutage.

2 Dolf Sternberger, Die große Wahlreform. Zeugnisse einer Bemühung (1964), S. 13 ff. u. ö.

3 Während noch im ersten Wahlrechtsgutachten (Grundlagen eines deutschen Wahlrechts. Bericht der vom Bundesminister des Innern eingesetzten Wahlrechtskommission, 1955, S. 104) die »Persönlichkeitswahl« als ein »allgemein anerkannter« Vorzug der Mehrheitswahl bezeichnet wurde, ist im zweiten Gutachten (Zur Neugestaltung des Bundestagswahlrechts. Bericht des vom Bundesminister des Innern eingesetzten Beirats für Fragen der Wahlrechtsreform, 1968, S. 28) diese Auffassung aufgegeben.

4 Gerhard Leibholz, Das Wesen der Repräsentation (²1960), S. 113 ff.; ders., Strukturprobleme der modernen Demokratie (1958), S. 20 ff. u. ö.; vgl. aber Leibholz' spätere Stellungnahme (in: Das Wesen der Repräsentation, S. 235): »Für die eigenen Strukturgesetzen folgende parteienstaatliche Demokratie ist die Gestalt des konkreten Wahlverfahrens überhaupt nicht mehr von entscheidender Bedeutung.«

5 Ferdinand Aloys Hermens, Demokratie oder Anarchie? Untersuchungen über die Verhältniswahl (1951), S. 178 ff.

6 Siehe z. B. Ferdinand A. Hermens – Helmut Unkelbach, Die Wissenschaft und das Wahlrecht, in: PVS 8 (1967), S. 2 ff.

7 So etwa Sternberger, a. a. O. (Anm. 2), S. 25.

8 Maurice Duverger, L'influence des systèmes électoraux sur la vie politique (1950), S. 21 ff.; ders., Les partis politiques (²1954), S. 269 ff.; Helmut Unkelbach, Grundlagen der Wahlsystematik (1956), S. 80 ff. u. ö.

9 Hermens, a. a. O. (Anm. 5), S. 103.

10 Douglas W. Rae, The political consequences of electoral laws (1967), bes. S. 87 ff.

11 Herbert Tingsten, Majoritetsval och proportionalism (Riksdagens protokoll bihang, 1932); Enid Lakeman – James D. Lambert, Voting in democracies (1955), S. 149 ff.; J. G. Grumm, Theories of electoral systems, in: Midw. J. of Pol. Sci. 2 (1958), S. 357–376; Seymour M. Lipset – Stein Rokkan, in: Party systems and voter alignments (1967), S. 29 ff. Vgl. auch Duverger, Les partis politiques, S. 283.

12 Douglas Verney, Parliamentary reform in Sweden 1866–1921 (1957), VII. Kapitel; J. Gilissen, Le régime représentatif en Belgique depuis 1790 (1958), S. 126 ff.; vgl. auch Karl Braunias, Das parlamentarische Wahlrecht, 2. Bd. (1932), S. 201 ff.; Lipset – Rokkan, a. a. O. (Anm. 11), S. 32 f.

13 Vgl. Hermens, a. a. O. (Anm. 5), S. 145 f.

14 Vgl. meine Auseinandersetzung: Wahlreform und politisches System, in: NPL (1967), S. 146 ff., zu: Georg Geismann, Politische Struktur und Regierungssystem in den Niederlanden (1964).

15 Siehe dazu die Untersuchung des Hermens-Schülers Karl-Heinz Naßmacher, Das österreichische Regierungssystem (1968).

16 So argumentieren auch Hermens – Unkelbach, a. a. O. (Anm. 6), S. 10. Vgl. ferner: Zur Neugestaltung des Bundestagswahlrechts, S. 17 f.; Erwin Scheuch, Der deutsche Wähler und ein alternierendes Regierungssystem, in: Verfassung und Verfassungswirklichkeit, Jahrbuch 1967, Teil 2, Seite 210 ff.

17 Vgl. insbes. G. E. Lavau, Partis politiques et réalités sociales (1953); Aaron B. Wildavsky, A methodological critique of Duverger's ›Political parties‹, in: J. of Pol., 21 (1959), S. 303–318; Colin Leys, Models, theories, and the theory of political parties, in: Pol. Studies 7 (1959), S. 127–146.

18 So bei Hermens – Unkelbach, a. a. O. (Anm. 6), S. 5 u. 8, sowie in einer Diskussion mit dem Verfasser dieser Abhandlung.

19 Hermens, a. a. O. (Anm. 5), S. 76 f.

20 Harold Hotelling, Stability in competition, in: Econ. Journal 39 (1929), S. 41–

57; Anthony Downs, An economic theory of democracy (1957); James M. Buchanan – Gordon Tullock, The calculus of consent (1962).
21 William H. Riker, The theory of political coalitions (1962).
22 Jürgen von Kempski, Wie ist Theorie der Politik möglich?, in: Ztschr. f. d. gesamte Staatswissenschaft 106 (1950), S. 447–460. Vgl. übrigens noch Gordon Tullock, Towards a mathematics of politics (1968).
23 Dazu u. a. Frieder Naschold, Systemsteuerung (1969), S. 43 ff.
24 So z. B. Hermens – Unkelbach, a. a. O. (Anm. 6), S. 8 (mit Anm. 17).
25 Hermens, a. a. O. (Anm. 5), S. 154.
26 Siehe Hermens – Unkelbach, a. a. O. (Anm. 6), S. 4 f.
27 Anatol Rapoport, Foreword, in: Walter Buckley (ed.), Modern systems research for the behavioral scientist (1968), S. XIII ff.
28 Hermens – Unkelbach, a. a. O. (Anm. 6), S. 8.
29 Dabei arbeitet der von Hermens gemeinte Typ der ökonomischen Theorie mit Motivationsannahmen, die empirisch nicht als konstant gegeben unterstellt werden können, wie u. a. David C. McClelland, The achieving society (1961), gezeigt hat.
30 Dazu z. B. Paul F. Lazarsfeld – Morris Rosenberg (eds.), The language of social research (1955), S. 115 ff.
31 Für diese Einwände vgl. die in Anm. 17 erwähnten Arbeiten. – Douglas Rae will Ausnahmen von der Regel mitunter mit schlicht tautologischen Formulierungen »erklären«: So seien andere als Mehrheitswahlsysteme »... associated with two-party competition only where minority elective parties are very weak« (a. a. O. [Anm. 10], S. 95; hier ist Österreich gemeint).
32 So beispielsweise Wilhelm Hennis, Der deutsche Bundestag 1949–1965, in: Der Monat, August 1966, S. 35. – Über England als »Modell« (d. h. Prototyp) siehe Rudolf Wildenmann, Macht und Konsens als Problem der Innen- und Außenpolitik (1963), S. 3.
33 Daß man »echten« und »unechten« Parlamentarismus unterscheiden müsse, glaubte man bekanntlich (im Anschluß an Robert Redslob) im Verfassungsausschuß der Weimarer Nationalversammlung. Ähnlich essentialistisch wird im Wahlrechtsgutachten von 1968 gelegentlich das parlamentarische Regierungssystem gegen den Proporz ausgespielt: Es sei »auf eine Regierung der Mehrheit angelegt, die während einer gewissen Zeitdauer ihr politisches Programm verwirklicht ...« (Zur Neuordnung des Bundestagwahlrechts, S. 17; in klarem Widerspruch dazu heißt es aber auf S. 24 desselben Gutachtens, daß das parlamentarische System des GG »in seiner politischen Erscheinung ... verschiedene Formen annehmen kann«).
34 Als ein Beispiel empirisch fundierter Behandlung von Wahlsystemen: Erwin K. Scheuch, Die Bedeutung sozialer Faktoren für die Wirkung von Wahlsystemen in: Horst Zilleßen (Hrsg.), Mehrheitswahlrecht? Beiträge zur Diskussion um die Änderung des Wahlrechts (1967), S. 66 ff., und ders., Der deutsche Wähler und ein alternierendes Regierungssystem, in: Verfassung und Verfassungswirklichkeit, Jahrbuch 1967, Teil 2, S. 197 ff.
35 Vgl. die in Anm. 10 genannte Arbeit von Rae und die kritischen Bemerkungen dazu im Text.
36 Sidney Verba hat für einen »disciplined configurative approach« in den »comparative politics« plädiert, der »allgemeine Gesetze« in spezifischen komplexen Kombinationen untersucht und der logischen Struktur der Mehrfaktorenanalyse entspräche (Some dilemmas in comparative research, in: World Politics 20, 1967/68, S. 111 ff.). Eben das ist auch hier gemeint.
37 Zur Neuordnung des Bundestagswahlrechts, S. 21; vgl. auch Wilhelm Hennis, Große Koalition ohne Ende? Die Zukunft des parlamentarischen Regierungssystems

und die Hinauszögerung der Wahlrechtsreform (1968), S. 50. Freilich finden sich in dem (naturgemäß »synkretistischen«) Gutachten nicht wenige generalisierende Formulierungen, die dieser Intention zuwiderlaufen.

38 Vgl. hierzu Hermens – Unkelbach, a. a. O. (Anm. 6), S. 13 ff., sowie Ferdinand A. Hermens, Zur Wahlrechtsdiskussion in der Bundesrepublik, in: Verfassung und Verfassungswirklichkeit, Jahrbuch 1968, Teil 1, S. 18 ff. – Hermens' Vorschlag, unter Rückgriff auf die sog. Poissonsche (»Kubus«-)Regel das geltende Wahlverfahren so zu ändern, daß in das d'Hondtsche Höchstzahlenschema »statt der Stimmenzahlen die dritten Potenzen derselben eingesetzt werden« (Hermens – Unkelbach, a. a. O., S. 19), ist wohl allgemein als weltfremd empfunden worden. Inzwischen ist Hermens übertrumpft worden: Nachdem ein niederländischer Autor (Frans Grosfeld, in: Vrij Nederland, 30. 12. 1967) für die Niederlande analog die Sitzverteilung nach dem *Quadrat* der Stimmen empfohlen hatte, wurde in einer kritischen Erörterung dieses Vorschlags der Nachweis versucht, daß es eine aus der Informationstheorie ableitbare mathematische Optimierungstechnik zur Bestimmung des (bei Hermens wie bei Grosfeld willkürlich festgelegten) Parameterwertes gebe, der sich als »politische Entropie« definieren lasse. Es sei aber wünschenswert, zugleich mit der Stimmabgabe für eine Partei die Wähler über den gewünschten Wert der »parlamentarischen Entropie« abstimmen zu lassen, was »natürlich den Unterricht in Logarithmen in einem frühen Stadium erfordern werde«. Das wäre – wenn ich recht verstehe – das Ei des Kolumbus, weil ein solches Wahlsystem sowohl mehrheitsbildend (»funktional« im Sinne von Hermens) als auch konsequent demokratisch wäre und weil es zudem hohe Anforderungen an die Intelligenz des Wählers stellen würde – »which has its merits in and by itself«. So Henri Theil, The desired political entropy, notabene in: APSR 63 (1969), S. 521 ff., bes. S. 524 f.

39 Siehe dazu Werner Kaltefleiter, Zur Wirkungsweise von Wahlsystemen, in: Zilleßen, a. a. O. (Anm. 34), S. 42 f., sowie die vergleichenden Simulationen von relativer Mehrheitswahl und Verhältniswahl in kleinen Wahlkreisen bei Rudolf Wildenmann – Werner Kaltefleiter – Uwe Schleth, Auswirkungen von Wahlsystemen auf das Parteien- und Regierungssystem der Bundesrepublik, in: Rudolf Wildemann – Erwin K. Scheuch (Hrsg.), Zur Soziologie der Wahl (1965), S. 74 ff.; Thomas von der Vring, Reform oder Manipulation? Zur Diskussion eines neuen Wahlrechts (1968), S. 65 ff. Vgl. im übrigen Hermens, Zur Wahlrechtsdiskussion..., a. a. O. (Anm. 38), S. 25 ff., und Werner Kaltefleiter, Zur Chancengleichheit der Parteien in der Bundesrepublik, in: Verfassung und Verfassungswirklichkeit, Jahrbuch 1968, Teil 2, S. 214–236.

40 Zur Neuordnung des Bundestagswahlrechts, S. 32.

41 Kontrovers ist insbesondere, welche Schlüsse sich jeweils aus den Verfahren der Parteidistanzmessung (›Kölner Wahlstudie 1961‹ und Folgeuntersuchungen) oder aus der Analyse von »sozialökonomischen Bereichen« und »Kommunikationsstruktur« (Infas) ziehen lassen. Vgl. dazu Frieder Naschold, Zur prognostischen Kontroverse über die Dynamik des Wählerverhaltens in der Bundesrepublik (erscheint in den Veröffentlichungen des Instituts für empirische Sozialforschung).

42 Dazu Theodor Eschenburg, Das Zweiparteiensystem in der deutschen Politik, in: Forschungen zu Staat und Verfassung. Festgabe für Fritz Hartung (1958), S. 403 ff.

43 Daß alternierende Koalitionen mit der FDP dem Zweiparteiensystem vorzuziehen seien, ist u. a. die These von Erich Küchenhoff, Volkslegitimität, Stabilität und Kontrolle des Regierens unter Mehrheitswahlrecht und Verhältniswahlrecht, bei Zilleßen, a. a. O. (Anm. 34), S. 54 ff

44 Hotelling, a. a. O. (Anm. 20); Arthur Smithies, Optimum location in spatial competition, in: J. of Polit. Econ. 49 (1941), S. 423–439.

45 Zur Problematik des eindimensionalen räumlichen Modells s. Donald E. Stokes, Spatial models of party competition, in: APSR 57 (1963), S. 368–377; über »Entfernungsbeziehungen« Unkelbach, a. a. O. (Anm. 8), S. 36 f., und Philip E. Converse, The problem of party distances in models of voting change, in: M. Kent Jennings – L. Harmon Zeigler (eds.), The electoral process (1966), S. 175–207.
46 Downs, a. a. O. (Anm. 20), S. 117 ff.
47 Vgl. Philip Converse – A. Clausen – Warren Miller, Electoral myth and reality: The 1964 election, in: APSR 59 (1965), S. 321–336.
48 Dies räumt – mit Bezugnahme auf Spanien – auch Unkelbach ein (a. a. O. [Anm. 8], S. 25 und S. 74, Anm. 27): »Wenn aber bei Einführung der relativen Mehrheitswahl die gemäßigten Flügel der Parteien... fehlen, dann erfordert die Auflockerung der Parteienstruktur und der Ausgleich der Gegensätze eine gewisse Zeit, *sofern ein Ausgleich auf verfassungsmäßigem Wege überhaupt noch möglich ist*« (S. 74; Hervorhebung von mir, G. L.).
49 In den USA sind die Parteieliten in Fragen der konkreten Anwendung der Bürgerrechte im allgemeinen »liberaler« als der Wählerquerschnitt. Vgl. u. a. Herbert McClosky, Consensus and ideology in American politics, in: APSR 58 (1964), S. 362–382.
50 Das Wahlrechtsgutachten von 1968 hat allerdings auf dieses Argument aus verfassungsrechtlichen Bedenken verzichtet. Vgl. Zur Neuordnung des Bundestagswahlrechts, S. 25, und Sondervotum Dürig, ebd., S. 59, Ziff. 8.
51 Vgl. dazu u. a. Hans Daudt, Floating voters and the floating vote (1961); V. O. Key, Jr., The responsible electorate: Rationality in presidential voting 1936–1960 (1966); Max Kaase, Wechsel von Parteipräferenzen (1967).
52 Downs, a. a. O. (Anm. 20), S. 135. Vgl. v. d. Vring, a. a. O. (Anm. 39), S. 145, über den ideologischen Charakter der Begriffe »Radikalisierung« und »Mäßigung«.
53 Downs, a. a. O. (Anm. 20), S. 24 ff. und 142 ff.
54 Vgl. Joseph L. Bower, Descriptive decision theory from the »administrative« viewpoint, in: Raymond A. Bauer – Kenneth J. Gergen (eds.), The study of policy formation (1968), S. 103 ff.
55 Richard M. Cyert – James March, A behavioral theory of the firm (1963), S. 27 u. ö. – Der hier verwendete Koalitionsbegriff der Entscheidungstheorie ist natürlich weiter als der Begriff der Parteienkoalition.
56 Samuel J. Eldersveld, Political parties. A behavioral analysis (1964), S. 47 ff.
57 Vgl. Robert A. Dahl – Charles E. Lindblom, Politics, economics and welfare (1953), S. 324 ff. und 498 ff.; Charles E. Lindblom, The intelligence of democracy. Decision making trough mutual adjustment (1965); Aaron Wildavsky, The politics of the budgetary process (1964).
58 Der Begriff »Polyarchie« wird hier in dem in Deutschland durch Joh. Popitz und Carl Schmitt eingeführten Sinne verwendet (anders Dahl – Lindblom, a. a. O. [Anm. 57], S. 272 ff., und Robert A. Dahl, A preface to democratic theory, 1956, S. 63 ff.).
59 Gerhard Loewenberg, Parliament in the German political system (1966).
60 Eschenburg, a. a. O. (Anm. 42), S. 413 (im Anschluß an Theodor Heuss).
61 So auch v. d. Vring, a. a. O. (Anm. 39), S. 135. – Zur empirischen Vieldeutigkeit des Mehrheitsprinzips vgl. u. a. Lindblom, a. a. O. (Anm. 57), S. 250 ff., 326 f.
62 Vgl. z. B. Hermens, a. a. O. (Anm. 5), S. 42 ff.
63 Lindblom, a. a. O. (Anm. 57), S. 25 ff., 103 ff.
64 Vgl. auch David Braybrooke – Charles E. Lindblom, A strategy of decision. Policy evaluation as a social process (1963), S. 61 ff., und Wildavsky, a. a. O. (Anm. 17), S. 145 ff. u. ö.
65 Lindblom, a. a. O. (Anm. 57), S. 311 ff.

66 Scheuch hält deshalb im Zusammenhang mit der Wahlreform die Einführung von Vorwahlen für wünschenswert (Der deutsche Wähler und ein alternierendes Regierungssystem, S. 216 f.; vgl. auch das Sondervotum Dürig–Ellwein–Scheuch in: Zur Neuordnung des Bundestagswahlrechts, S. 63 ff.).

67 So z. B. Rudolf Wildenmann, Konsensus und Machtbildung. Analysiert am Beispiel der englischen Unterhauswahlen vom 8. Oktober 1959, in: ZfP 7 (1960), S. 210. Doch sagt das Wahlrechtsgutachten von 1968, Parteientyp und innere Parteistruktur würden »stärker durch die gesellschaftlichen Kräfte und die allgemeine politische Tradition geformt als durch die Folgen eines Wahlsystems« (Zur Neuordnung des Bundestagswahlrechts, S. 18).

68 Eine differenziertere Analyse bei Richard Rose, Parties, factions and tendencies in Britain, in: Political studies 12 (1964), S. 33–46.

69 Dies würde besonders für die konservative Partei gelten, deren Kohäsion ja auch stärker ist als die von Labour.

70 Vgl. dazu Robert R. Alford, Party and society. The Anglo-American democracies (1963), S. 123 ff.

71 Kritisch dazu Klaus von Beyme, Die parlamentarischen Regierungssysteme in Europa (1970), S. 679 ff.

72 Vgl. Naßmacher, a. a. O. (Anm. 15), S. 142 ff.

73 Ebd., S. 172 f.

74 Das Abkommen, auf dem die Fraktionsgemeinschaft beider Parteien beruht, ist den zeitweise heftig umstrittenen Koalitionsabkommen in mancher Hinsicht vergleichbar, wurde freilich im Zusammenhang dieser Diskussion nicht zur Kenntnis genommen. Dem Vernehmen nach beabsichtigte die CSU, für den Fall eines CDU/CSU-Wahlsieges im Jahre 1969 das geltende Abkommen aufzukündigen und unter Ausnutzung ihrer »Grenznutzenposition« eine Verstärkung ihres Gewichts in der Fraktionsgemeinschaft durchzusetzen.

75 So z. B. Georg Geismann, Politische Struktur und Regierungssystem in den Niederlanden (1964), S, 214.

76 Dazu vgl. H. P. Birch, Representative and responsible government (1964), bes. S. 116 ff.

77 Joseph A. Schumpeter, Capitalism, socialism and democracy (41954), S. 269 ff.

78 Zur Kritik vgl. u. a. Peter Bachrach, The theory of democratic elitism (1967); Jack L. Walker, A critique of the elitist theory of democracy, in: APSR 60 (1966), S. 285–295.

79 Downs, a. a. O. (Anm. 20), S. 115, 135 ff., 141.

80 Vgl. Rose, a. a. O. (Anm. 68); ders., Party government vs. administrative government, in: Party systems, party organizations and the politics of new masses, hrsg. von Otto Stammer (Manuskriptdruck 1968), S. 209 ff.

81 Vgl.: Zur Neuordnung des Bundestagswahlrechts, S. 18. Im übrigen noch: Erwin K. Scheuch, Zur Irrelevanz des Wählerwillens. Eine Untersuchung der Landtagswahl 1966 in Nordrhein-Westfalen und ihrer politischen Konsequenzen, in: Verfassung und Verfassungswirklichkeit, Jahrbuch 1966, S. 63 ff.

82 Es sind dies die im zweiten Wahlrechtsgutachten erwähnten Nachteile; vgl. oben Anm. 40 und Text.

83 So Philip E. Converse – Georges Dupeux, Politicization of the electorate in France and the United States, in: POQ 16 (1962), S. 1–24.

84 Dazu Auguste Soulier, L'instabilité ministérielle sous la Troisième République (1939), S. 576 f. u. ö.; Jacques Ollé-Laprune, La stabilité des ministres sous la Troisième République (1962).

85 Philip Williams, Crisis and compromise. Politics in the Fourth Republic (1964), S. 425 f.

86 Theodore Lowi, Toward functionalism in political science: The case of innovation in party systems, in: APSR 57 (1963), S. 570–583; vgl. auch Downs, a. a. O. (Anm. 20), S. 70.

87 Zur Neugestaltung des Bundestagswahlrechts, S. 22.

88 Die These vom deutschen Modernitätsrückstand hat am eindringlichsten Ralf Dahrendorf: Gesellschaft und Demokratie in Deutschland (1965) vertreten; aber über den dort zugrunde gelegten Modernitätsbegriff wird man streiten können. Zur Vielfalt möglicher Bedeutung der Begriffe »Modernisierung« und »politische Entwicklung« vgl. Lucian W. Pye, Aspects of political development (1966), S. 31 ff.

89 Hennis, a. a. O. (Anm. 37), S. 47.

90 Vgl. Anm. 66.

91 Das ist die Hoffnung, die Autoren wie Hermens in die Formel der »großen Koalition« gesetzt haben und wohl weiterhin setzen. Unter anderen Bedingungen haben Befürworter von Wahlreformen nicht selten die Ausschaltung des Parlaments durch Staatsstreich erwogen; vgl. oben Anm. 13.

92 So Werner Kaltefleiter, Zur Chancengleichheit..., a. a. O. (Anm. 39), S. 236.

93 Im Sinne einer empirischen Entscheidungs-Theorie, die das dem Optimierungskonzept zugrundeliegende Rationalitätspostulat reduziert; vgl. Herbert A. Simon, Models of man (1957), bes. S. 241 ff.

Friedrich Karl Fromme
Gesetzgebung und Bundesverfassungsgericht
Interessenkonflikte bei der Novellierung des Gesetzes

I

Wie in der zweiten, dritten und vierten Legislaturperiode des Bundestages sollte auch in der fünften (1965–1969) das Gesetz über das Bundesverfassungsgericht[1] – eines der wichtigsten »verfassungsrechtlichen Nebengesetze« – einer Änderung unterzogen werden. Anders als in den drei vorausgegangenen Wahlperioden[2] kam die im fünften Bundestag geplante Gesetzesänderung nicht zustande. Der Versuch wird in der laufenden, in der sechsten Legislaturperiode wiederholt, mit ungefähr gleichen Zielsetzungen, unter scheinbar ungünstigeren Umständen (eine Koalition mit knappster Mehrheit statt der eine breite Skala von Innerkoalitions-Kompromissen ermöglichenden großen Koalition aus dem fünften Bundestag) und dennoch mit besseren Aussichten auf Erfolg[2a]. Der in sich abgeschlossene, nur eine relativ kurze Zeit in Anspruch nehmende Versuch der Novellierung des Gesetzes über das Bundesverfassungsgericht im fünften Bundestag erlaubt es, die bei einem Gesetzgebungsvorhaben dieser besonderen Art unter den Bedingungen der Endphase einer großen Koalition auftretenden Interessenkonflikte und Kompromißschwierigkeiten relativ übersichtlich darzustellen.

Im fünften Bundestag kam der ›Entwurf eines Vierten Gesetzes zur Änderung des Gesetzes über das Bundesverfassungsgericht‹[3] über die erste Lesung nicht hinaus und versandete im Rechtsausschuß. Die Novelle unterschied sich in wesentlichen Punkten von ihren erfolgreichen Vorgängerinnen. Erstens enthielt der Entwurf – anders als die früheren Novellen – nicht Regelungen, die akuten Schwierigkeiten, in denen sich das Bundesverfassungsgericht befand, abhelfen sollten. Bei den ersten beiden Novellen[4] ging es um die Neuregelung der Verteilung der Zuständigkeiten zwischen den beiden Senaten des Gerichts, die dringlich schien, da sich ein ausgesprochenes Mißverhältnis in der Belastung herausgestellt hatte, um die Einführung einer aus- oder wenigstens nachhelfenden Lösung für den – in der Praxis zutage getretenen – Fall, daß die Wahlen von Nachfolgern ausgeschiedener Richter auf große Schwierigkeiten stießen, die sich in langen Verzögerungen bemerkbar machten, und um eine Verringerung der Richterzahl, die zu-

Gesetzgebung und Bundesverfassungsgericht

nächst bei der Begründung des Gerichts im Jahre 1951 zwölf in jedem Senat betragen hatte. Von der Reduzierung der Richterzahl versprach man sich eine Steigerung der Arbeitseffektivität des Gerichts. Hinzu trat als eine wesentliche Änderung die Einführung eines abgekürzten Verwerfungsverfahrens bei Verfassungsbeschwerden, die sich als ein besonders arbeitsträchtiges Gebiet unter den vielfältigen Zuständigkeiten des Gerichts herausgestellt hatten; die Möglichkeit einer »Frivolitätsgebühr«[5] nach § 34 Abs. 4 des Gesetzes über das Bundesverfassungsgericht hatte sich als Steuerungsinstrument nicht als ausreichend erwiesen. Die dritte Novelle[6] wandelte lediglich das Verwerfungsverfahren in ein Annahmeverfahren um.

Die vierte Novelle hatte im Gegensatz zur ersten und zur zweiten sowie zur dritten wenigstens in zwei Punkten Änderungen zum Ziel, die nicht nur verfassungs- und rechtspolitisch große Tragweite besaßen, sondern vor allem nicht aus dem Streben entstanden waren, unmittelbar zutage getretenen Unzuträglichkeiten abzuhelfen[7]. Die vierte Novelle sollte die Möglichkeit für bei der Urteilsabstimmung überstimmte Richter bringen, ein »Sondervotum« abzugeben, wie es aus dem angelsächsischen Rechtskreis als »dissenting opinion« oder »dissenting vote« vertraut ist[8]. In Verbindung damit war eine Änderung des Status der Richter (genauer: ihrer Wahlperioden) geplant, und schließlich sollten die Folgen neu geregelt werden, die die Feststellung der Nichtigkeit von Gesetzesbestimmungen durch das Bundesverfassungsgericht für die Wirksamkeit des fraglichen Gesetzes in der Zeit vor der Nichtigerklärung hat.

Eine für das Geschick der vierten Novelle sicherlich nicht bedeutungslose, mit ihren Intentionen eng zusammenhängende Eigentümlichkeit, die sie von den vorangegangenen Novellen unterschied, war die, daß nicht das Bundesverfassungsgericht selbst als Initiator oder Anstoß-Geber hervorgetreten war, sondern daß, jedenfalls soweit die Vorgänge jetzt bereits aktenkundig sind, das Bundesjustizministerium initiativ geworden ist. Alle denkbaren Formen des Zusammenspiels zwischen einzelnen Richtern und dem Ministerium in den früheren Fällen und in dem der vierten Novelle außer acht gelassen, ist dieser Richtungswechsel im Geben des Anstoßes insofern bedeutsam, als es ein besonderes Problem darstellt, daß das Bundesverfassungsgericht, wiewohl oberstes Verfassungsorgan gleich Bundespräsident, Bundestag, Bundesrat und Bundesregierung, in Gestalt und Verfahren und auch hinsichtlich der Wirkungen seiner Tätigkeit vom Gesetzgeber abhängig ist[9]. Diese Abhängigkeit[10] muß den Gesetzgeber (Bundestag und Bundesrat wie auch die Bundesregierung als möglichen und berechtigten Initianten) ebenso zu besonderer Vorsicht veranlassen (wobei gelegentlich heimliche Wünsche nach Eindämmung der den gesetzgeberischen Willen einengenden verfassungsgerichtlichen Instanz inbegriffen sein mögen) wie dem Gericht besondere Empfindlichkeit eingeben. In der parlamentarischen Behandlung vor allem der zweiten, aber auch der dritten Novelle zum Bundesverfassungsgerichtsgesetz war eindringlich versichert worden, daß das Eingreifen in die organisatorischen Grundlagen des Bundesverfassungsgerichts sein Ende haben müsse, wobei der Ruf nach der großen und »abschließenden« Reform [11] (als ob es die je geben könnte) bereits ebenso ertönte, wie er auch einem Schlußchoral vergleichbar über dem Grab der vierten Novelle am Ausgang der fünften Legislaturperiode erklungen ist – zugleich mit dem Wiederauferstehens-Bekenntnis, daß die große und umfassende, aber dann auch letztmalige Reform vom neuen Bundestag – für den Versprechungen abzugeben so unverbindlich wie über eigene Versäumnisse hinwegtröstend ist – alsbald in Angriff zu nehmen und zu Ende zu bringen sei [11a].

II

Der ›Entwurf eines Vierten Gesetzes zur Änderung des Gesetzes über das Bundesverfassungsgericht‹ wurde am 5. 2. 1969 dem Bundestag zugeleitet. Der Bundesrat hatte den – am 13. 11. 1968 vom Bundeskabinett verabschiedeten [12] – Entwurf am 19. 12. 1968 im ersten Durchgang behandelt. Die Vorarbeiten im Bundesministerium der Justiz reichen bis in den Anfang der 5. Wahlperiode zurück. Damals ist im Bundesjustizministerium ein Referentenentwurf vorbereitet worden, der im wesentlichen auf eine Angleichung des nach § 4 des Gesetzes über das Bundesverfassungsgericht unterschiedlich geregelten Richterstatus abzielte. Zu diesem Referentenentwurf wurde dem Bundesjustizministerium unter dem 6. 4. 1967 eine Stellungnahme des Plenums des Bundesverfassungsgerichts zugeleitet, die im wesentlichen ablehnend gelautet haben muß und zum vorläufigen Sistieren der Vorarbeiten führte [13].

Neben den genannten großen Änderungsabsichten und einer Reihe von Folge-Änderungen, die sich zumal aus der beabsichtigten Neuregelung der Rückwirkung von Nichtigkeitserkenntnissen gegenüber Gesetzen ergaben, sowie einigen redaktionellen Änderungen wollte die vierte Novelle einige Probleme geringeren Ranges bereinigen. Die nach dem bisherigen Wortlaut des Gesetzes (§ 3 Abs. 4) sanktionsfreie Bestimmung, daß die Tätigkeit als Bundesverfassungsrichter derjenigen als »Lehrer des Rechts an einer deutschen Hochschule« – der einzige Beruf, der neben dem Richteramt ausgeübt werden darf – »vorgeht«, sollte mit einem Hauch von Nachdruck versehen werden. Das Plenum sollte im Falle des Zweifels, ob »eine Tätigkeit als Hochschullehrer ihrem Umfange nach mit den richterlichen Aufgaben vereinbar ist«, entscheiden [14]. Ob die Bestimmung praktische Bedeutung erlangt hätte, ist zu bezweifeln. Ein Gericht, dessen Plenum einem Professoren-Mitglied das Ausmaß seiner Hochschultätigkeit im Beschlußwege hätte zumessen wollen, dürfte einen Grad der Zerstrittenheit erreicht haben, der wesentlich stärker die Arbeitsfähigkeit beeinträchtigt hätte als eine noch so

Gesetzgebung und Bundesverfassungsgericht 205

ausgedehnte Vorlesungstätigkeit eines professoralen Mitglieds des Gerichts [15].

Weiter wollte der Entwurf Abhilfe schaffen für den Fall, daß der Erlaß einer einstweiligen Anordnung des Bundesverfassungsgerichts, also eine ihrem Wesen nach eilbedürftige Sache, daran scheitern kann, daß der zuständige Senat nicht beschlußfähig ist. Nach § 15 Abs. 2 des Gesetzes über das Bundesverfassungsgericht ist die Beschlußfähigkeit gegeben, wenn mindestens sechs Richter anwesend sind; mehr als zwei Abwesende machen den Senat beschlußunfähig. Es wird von Fällen berichtet, in denen die Voten für eine einstweilige Anordnung von abwesenden Richtern telefonisch eingeholt werden mußten. Der Entwurf hatte für solche Fälle das Institut einer gleichsam vorläufigen einstweiligen Anordnung schaffen wollen. Sie zu erlassen, sollten bei Beschlußunfähigkeit des Senats und in Fällen besonderer Dringlichkeit mindestens drei anwesende Richter berechtigt sein, wobei drei Richter für die Anordnung stimmen mußten. Diese Vor-Anordnung sollte nach einem Monat außer Kraft treten, wenn sie nicht bis dahin durch eine ordentliche einstweilige Anordnung durch den Senat abgelöst worden wäre.

Weiter enthielt der Entwurf eine Reihe von versorgungsrechtlichen Bestimmungen, die zum Teil mit der geplanten Statusänderung der Richter zusammenhingen, zum Teil früher aufgetretenen Auseinandersetzungen für die Zukunft den Boden entziehen sollten. Hierher gehörte eine Regelung, wonach die nur teilweise Anrechnung von Bezügen aus einem Dienstverhältnis als Hochschullehrer (Anrechnung auf die Verfassungsrichter-Bezüge nur in Höhe von zwei Dritteln) nach § 101 Abs. 3 des Gesetzes über das Bundesverfassungsgericht auch auf Ruhegehälter zu erstrecken sei. In ähnlicher Weise war, wie es in der Begründung des Entwurfs heißt, »in der Vergangenheit in einem Einzelfall zur gütlichen Beilegung von Meinungsverschiedenheiten« verfahren worden [16]. Ferner sollte klargestellt werden, daß Hinterbliebene von Bundesverfassungsrichtern an den Verbesserungen der Besoldung der Richter teilhaben, auch wenn die Richter, die den Anspruch erdient hatten, vor der Einführung der jeweiligen Verbesserung gestorben sind. Die in dieser Sache anhängigen Verfassungsrechts-Streitigkeiten sind, obwohl die Novelle nicht verabschiedet wurde, im Vergleichswege erledigt worden. Schließlich wollte die Novelle den Bundesverfassungsrichtern parlamentarierähnliche Privilegien verleihen, wie die freie Benutzung der staatlichen Verkehrsmittel, wobei die Begründung in etwas mißverständlicher Weise darauf abhob, daß die Verfassungsrichter »in ständiger Fühlung mit allen Kreisen bleiben« müßten, die »sich um die Auslegung und Fortbildung des Verfassungsrechts bemühen«. Die von den relevanten politischen Vorgängen rein räumlich isolierte Plazierung des Bundesverfassungsgerichts in Karlsruhe ist in der Tat nicht problemfrei, so daß es oberflächlich wäre, den Freifahrtschein allein in einer ironischen Beziehung zu dem etwas pompös scheinenden Satz in der Begründung zu sehen, der Vorschlag seiner Gewährung unterstreiche »deutlich die Beziehung des Bundesverfassungsgerichts zur Öffentlichkeit«[17].

III

Einer der Kernpunkte der Novelle war aber die Einführung der »dissenting opinion« für Bundesverfassungsrichter. Das Gesetz über das Bundesverfassungsgericht sollte in § 30 um folgende Formulierung ergänzt werden: »Ein überstimmter Richter kann seine in der Beratung vertretene abweichende Meinung zu der Entscheidung oder deren Begründung in einem Sondervotum niederlegen; das Sondervotum ist der Entscheidung anzuschließen. Die Senate können in ihren Entscheidungen das Stimmverhältnis mitteilen.« Der letzte Satz der vorgeschlagenen Ergänzung zielte auf eine vom Zweiten Senat des Bundesverfassungsgerichts im Frühjahr 1967 begonnene Übung, die Abstimmungsverhältnisse regelmäßig bekanntzugeben[18], und zwar unter Umständen sogar getrennt nach den einzelnen bei der Urteilsfindung zu beantwortenden Fragen, insbesondere geschieden nach den Fragen der Zulässigkeit und der Begründetheit. Diese Bekanntgabe der Abstimmungsverhältnisse ist vom Senat unzweifelhaft als ein Vorgriff auf die Einführung der »dissenting opinion« verstanden worden. Zwei gegenwärtige oder ehemalige Mitglieder des Zweiten Senats – Hans Georg Rupp und Julius Federer – haben in jüngerer Zeit sich in wissenschaftlichen Beiträgen für die Einführung der dissenting opinion (auch Sondervotum genannt, in einem sich einbürgernden Versuch der »Eindeutschung« des Begriffs) beim Bundesverfassungsgericht ausgesprochen, ebenso das ehemalige Mitglied des Ersten Senats, Hugo Berger[19, 20].

Ein weiteres Mitglied des Zweiten Senats, Willi Geiger, hatte in seinem 1952 erschienenen Kommentar zum Gesetz über das Bundesverfassungsgericht Sondervoten als gesetzlich zulässig erklärt: Rechtliche Bedenken könnten lediglich aus § 30 des Gesetzes (über das Beratungsgeheimnis) hergeleitet werden. Jedoch träfen solche Bedenken für die Bundesrepublik ebensowenig zu wie offenbar in allen den Ländern, die gesetzliches Beratungsgeheimnis und Sondervotum kennen. Daß die gesetzliche Zulassung des Sondervotums bei den parlamentarischen Beratungen über das Gesetz umstritten war und schließlich unterblieb, könne, »nachdem die Entscheidung im Gesetz keinen Ausdruck gefunden hat, nicht entscheidend sein«[21]. In der neueren, ziemlich reichhaltigen Literatur zum Thema »dissenting opinion«[22] wird deutlich, daß für die strikte Auffassung vom Beratungsgeheimnis, für die strenge Aufrechterhaltung der Fiktion von der schließlich erreichten und auch in jedem Fall zu erreichenden einheitlichen richterlichen Überzeugung in allen kollegialen Spruchkörpern, das Argument der Tradition nur sehr bedingt gilt. Diese Tradition reicht in Deutschland allenfalls 100 Jahre zurück[23]; der Zusammenhang mit dem Vordringen des Positivismus – nach dessen idealer Auffassung bei der Tatbestandssubsumtion unter Rechtsnormen kein Zweifels-Rest bleiben kann – sowie soziologisch mit dem Hineinwachsen der Richterschaft in ein bürokratisches Selbstverständnis (»richterliche Behörde«) liegt nahe. In der neueren Literatur und in der nach Bekanntwerden der gesetzgeberischen Pläne sich des Themas bemächtigenden Tagespublizistik überwiegt eindeutig die positive Tendenz, meist mit der vorsichtigen Einschränkung, daß bei den Obergerichten zu beginnen sei, jedenfalls beim Bundesverfassungsgericht, allenfalls auch bei den Obersten Bundesgerichten. Eine solche Beschränkung würde auch dem Gefälle von mehr zu weniger »freier« Rechtsgestaltung durch die jeweiligen Gerichte entsprechen; je mehr Rechtsgestaltung, desto weniger Gewicht kann das Argument haben, daß bei gehöriger Anspannung eine zweifelsfreie, »richtige« und insofern den Dissens ausschließende Subsumtion gelingen könne.

Die Argumente für und wider die dissenting opinion finden sich zunächst auf dem Gebiet der Rechtsvergleichung, wobei Einwendungen gegen das im angelsächsischen Rechtskreis heimische Institut aus der unterschiedlichen Legitimation und Technik der Rechtsprechung hergeleitet werden [24], andererseits das bei uns in den letzten hundert Jahren gültige Dogma des »ein Gericht – ein Spruch« als ein zu überwindender Fehlweg bezeichnet wird. Die Argumentation bewegt sich dann auf dem Gebiet der Abwägung, welches Verfahren die Qualität der Rechtsprechung stärker fördere. Für die dissenting opinion wird geltend gemacht, daß sie einmal der Fortentwicklung des Rechts diene, zum anderen der Rechtsprechung helfe, zu klareren und in der offenen Auseinandersetzung mit Gegenmeinungen besser fundierten Entscheidungen zu kommen. Gegen die dissenting opinion wird ins Feld geführt, daß der Zwang, zu einem einheitlichen, von allen Mitgliedern eines Kollegialgerichts mit einem unter der Grenze des Unzumutbaren bleibenden Widerspruch zu akzeptierenden Urteil zu kommen, der Ausgewogenheit der Urteile diene, indem nach dem möglicherweise in der Tiefe liegenden, die unterschiedlichen Auffassungen versöhnenden Element hartnäckig gesucht werde, während die Möglichkeit der dissenting opinion die Vertreter der verschiedenen Auffassungen rasch auseinanderführe und die Urteile damit an Tiefgang verlören. Schließlich wird rechtspolitisch von den einen argumentiert, die Spaltung von Urteilen in eine Mehrheits- und eine oder gar mehrere Minderheitsmeinungen werde die Autorität der Rechtsprechung schwächen und die Bereitschaft der Betroffenen, Urteile entgegenzunehmen und sich in sie zu fügen, mindern. Dem wird entgegengehalten, daß die Auffassung von der unteilbar-einheitlichen Gerechtigkeit ohnedies im Schwinden sei und daß es darüber hinaus nützlich sei, wenn der – die Gefahr um so schwererer Enttäuschungen bergende – Irrglaube abgebaut werde, im Entscheid von Rechtsstreitigkeiten könne im Wege der Anwendung strenger Denkgesetze schließlich, wenn ein Urteil »richtig« sein solle, nur *ein* Ergebnis erzielt werden. Die Tatsache, daß verschiedene Gerichte in allem Anschein nach gleich gelagerten Fällen und unter Anwendung der gleichen Rechtsnormen zu verschiedenen Ergebnissen kommen, werde solange als Argument gegen die Qualität der Rechtsprechung empfunden, wie jeder einzelne Spruchkörper die Fiktion der Einheitlichkeit der in ihm vertretenen Auffassungen wahre.

Die Begründung des Regierungsentwurfs führt für das Sondervotum insbesondere die »Fortentwicklung des Rechts«[25] an. Gerade im Verfassungsrecht seien auch bei strenger Bindung an das Grundgesetz häufig »recht verschiedene Beurteilungen« möglich. Es werde durch Sondervoten »frühzeitig die Möglichkeit einer Änderung der Rechtsprechung... angezeigt«. Diese Änderung erscheine dann »nicht mehr als so einschneidend«. Vor allem aber führe »die Zulassung des Sondervotums zu einer Verstärkung der Offenheit bei der Rechtsfindung, die von demokratischen Prinzipien her erwünscht ist... hinsichtlich des Rechtsfindungsvorgangs selbst wird der vielfach falschen Vorstellung entgegengewirkt, als ob die Findung des wahren Rechts ein schlichter logischer Erkenntnisvorgang sei, der außerhalb jeder Meinungsverschiedenheit stehe«[26].

Bei Justizgesetzen wird im Gesetzgebungsverfahren der Auffassung der Rechtsanwender im weiteren Sinne besondere Rücksicht zuteil. Sie, die Juristen, sind nicht Interessenten im üblichen Sinne des »Betroffenseins« – wie etwa der Güterfernverkehr von einer Änderung der Straßenverkehrs-Abgabengesetze –, sondern in dem Sinne, daß sie neue oder erneuerte Bestimmungen anzuwenden haben und ihnen in erheblichem Maße die tatsächliche Gestalt geben. Ihrem Urteil über die Anwendbarkeit wird besonderes Gewicht zugemessen; es mag sich auch eine gewisse Sorge des Gesetzgebers vor den Möglichkeiten nachträglicher Einwirkung auf die allgemeine Überzeugung vom Sinn oder Unsinn einer gesetzlichen Neuerung mit hineinmischen, die in der Art der Handhabung der Gesetze durch die »Juristen« (verstanden als Richterschaft, Staatsanwälte, Anwaltschaft sowie Rechtslehrer) erfolgt. Die besondere Rücksicht auf in dieser spezifischen Art betroffene Kreise umfaßt sicherlich ein Rudiment ständischer Ordnung; es wird spürbar bei der Art und der besonderen Selbstgewißheit, in der die Angehörigen des Juristen-»Standes« ihre Auffassungen geltend machen und auf Gehör beim Gesetzgeber pochen, wie auch in der Neigung des (freilich in Regierung wie Parlament stark »artverwandten«) Gesetzgebers zur Rücksicht[27].

Den Plänen zur Einführung des Instituts der dissenting opinion hatte besonders fühlbaren Auftrieb gegeben ein Beschluß des 47. Deutschen Juristentages von 1968, der die Zulassung dieser Form der Urteilsausfertigung beim Bundesverfassungsgericht mit großer Mehrheit nach ausführlichen Diskussionen[28] und auf Grund eines Gutachtens von Konrad Zweigert[29] empfohlen hatte; Zweigert nannte die Einführung der dissenting opinion – zu beschränken auf Rechtsfragen und Berufsrichter – »ein Stück großer

Justizreform mit kleinen Mitteln«[30]. Vorausgegangen war allerdings eine Umfrage unter den Bundesrichtern, nach der von 235 Befragten 158 sich gegen die dissenting opinion ausgesprochen hatten[31]. Besonders mochte sich der Gesetzgeber ermutigt fühlen durch ein am 23. 5. 1967 ergangenes Votum des Plenums des Bundesverfassungsgerichts für die Zulassung der dissenting opinion[32], bei dem sich eine Mehrheit von neun gegen sechs Stimmen ergeben hatte, sowie durch die zahlreichen literarischen »Einzelvoten« von Mitgliedern des Gerichts.

Dem Unterausschuß des Rechtsausschusses des Bundesrates, der am 5. 12. 1968 den Entwurf beriet, lag eine Stellungnahme des Bundesverfassungsgerichts zu dem Entwurf vor. Sie ist datiert vom 8. 11. 1968 und konnte bei den Beratungen im Kabinett noch nicht berücksichtigt werden. Diese Stellungnahme des Bundesverfassungsgerichts – die auf einen Beschluß seines Plenums zurückgeht – verwies hinsichtlich des Sondervotums auf den früheren, bejahenden Plenarbeschluß vom 23. 5. 1967. Die Mehrheit des Unterausschusses erhob keine Einwände gegen die Einführung des Sondervotums beim Bundesverfassungsgericht; Niedersachsen sprach sich dagegen aus – mit der Begründung, daß die Nennung der Abstimmungsverhältnisse genüge, und zwar in Verbindung damit, daß die in der Beratung auftretenden abweichenden Meinungen in der Urteilsbegründung erörtert würden. Der Vertreter Niedersachsens befürchtete, daß eine einem Urteil beigegebene abweichende Meinung über Gebühr beachtet werden und gleichsam das eigentliche Urteil in der Öffentlichkeit überlagern könnte. Der Vertreter Bayerns erklärte sich von den niedersächsischen Bedenken beeindruckt, meinte aber, die Einführung der dissenting opinion sei bei einem Gericht von der besonderen Art des Bundesverfassungsgerichts vertretbar. Im Unterausschuß wurde deutlich gemacht, daß es sich um eine strikt auf das Bundesverfassungsgericht zu beschränkende Neuerung handeln solle. Diesem Standpunkt trat der Vertreter des Bundesjustizministeriums bei; die Betonung, daß es sich bei der Einführung des Sondervotums beim Bundesverfassungsgericht nicht um einen Erprobungsfall mit Präzedenzcharakter handele – was im Gegensatz steht zu der Tendenz der Beschlüsse des 47. Deutschen Juristentages[33] und auch zu einem Teil der publizistischen Erörterungen des Problems –, dürfte einer Beimengung von Taktik nicht entbehrt haben; mit dem Herausstellen des Ausnahmecharakters konnten Widerstände beschwichtigt werden. Im Rechtsausschuß des Bundesrates wurden am 11. 12. 1968 gegen die Einführung der dissenting opinion keine Einwendungen erhoben, während sich der Finanzausschuß zu diesem Teil des Entwurfes nicht geäußert hat. Im ersten Durchgang beim Bundesrat[34] traten hinsichtlich der Einführung der dissenting opinion keine neuen Gesichtspunkte zutage.

Bei der ersten Lesung des Entwurfs im Bundestag am 12. 2. 1969[35] – spätabends, vor einem schwach besetzten Plenum, das seine Kräfte an diesem Tage in einer ausgiebigen Debatte über den Fremdenverkehr in Deutschland erschöpft hatte – wurde von den Rednern der CDU/CSU (Süsterhenn) und der SPD (Claus Arndt) die Einführung der dissenting opinion begrüßt. Der FDP-Sprecher Rutschke meldete Zweifel an: Es werde in der Bevölkerung an Verständnis für die neue Einrichtung fehlen, wenn Sprüche des obersten Gerichts gleichsam in gespaltener Form aufträten. Man werde sich fragen: »Habe ich nun eigentlich recht, oder habe ich nicht recht?«[36] Von Claus Arndt wurde, zum erstenmal in den protokollarisch festgehaltenen Beratungen der Novelle, die Einführung der dissenting opinion mit dem Status der Bundesverfassungsrichter, ihrer Bestellungsweise und ihrer Amtszeit, in Verbindung gebracht. Arndt sagte, daß von der Möglichkeit, eine dissenting opinion abzugeben, zumal gegen Ende der Wahlperiode eines Richters Versuchungen zum Anwenden oder Vermeiden dieses Ausdrucksmittels ausgehen könnten. »Wir werden also nur entweder das Sondervotum oder Wiederwahl haben können. Die Sozialdemokraten haben sich für das Sondervotum und gegen die Wiederwahl entschieden.«[37]

Mit dieser Äußerung von Arndt, die offensichtlich das Ergebnis von Beratungen im Arbeitskreis Rechtswesen der SPD-Fraktion, wenn nicht einen Beschluß der Fraktion selbst wiedergibt, war die Einführung der dissenting opinion mit der Frage einer Reform des Richterstatus verbunden, was der Absicht zur Einführung des Sondervotums eine schwere Last ins Schlepp brachte, denn die Regelung von Wahl und Amtsdauer von Verfassungsrichtern ist insofern ein heikler Punkt, als sich in ihm der Einfluß des Gesetzgebers auf die personelle Zusammensetzung des Bundesverfassungsgerichts als desjenigen Organs, dessen Tätigkeit zu einem guten Teil darin besteht, die Arbeit des Gesetzgebers nachzuprüfen, konkretisiert und dem Anschein jedenfalls der Mißdeutung stets ausgesetzt ist. Gleichsam die sichtbare Spitze dieses Eisberges von Empfindlichkeiten war ein in der öffentlichen Erörterung und auch in der parlamentarischen Beratung immer wieder auftretender ziemlich fruchtloser, also nur als Stellvertretung für ungesagt Bleibendes zu deutender Streit darüber, ob es die Verfassungsrichter kränke oder eine nicht entsprechend hohe Meinung vom Verfassungsgericht verrate, wenn man einen Zusammenhang zwischen der Möglichkeit der Wiederwahl und der Einführung der dissenting opinion annehme. In der ersten Lesung im Bundestag hatte der Abgeordnete Dichgans (CDU), der sonst eher dem Bundesverfassungsgericht kritisch gegenübersteht, gemeint, er teile die Befürchtung nicht, »daß die Bundesverfassungsrichter bei Ende ihrer Amtsperiode auf die Wiederwahl schielen« könnten[38]. Die Positionen in diesem Streit wurden praktisch bereits in der Wortwahl abgesteckt; natürlich wird niemand Verfassungsrichter des »Schielens« nach Wiederwahl verdächtigen, was bedeuten würde, daß von einem bestimmten Punkt der Wahl-Nähe an die auf Rechtserkenntnis gerichteten Bemühungen des betroffenen Richters vom »Schielen« auf die Wiederwahl irritiert wer-

den und dies durch die Möglichkeit der dissenting opinion gleichsam in
»offener« Form zutage tritt. Etwas ganz anderes ist die moralischer Bewertbarkeit entzogene Frage, ob Bindung an Loyalitäten, eine innere Bequemlichkeit, die Neigung zum In-Einklang-Bleiben unter dem Einfluß des existentiellen Bewußtseins des sich nähernden Moments der Wahl eine im
Subjektiven absolut redliche oder unbewußt bleibende Neigung zur Konformität mit dem Wahlkörper herstellen könnte, die von der Möglichkeit
gefördert würde, dies im Abgeben oder Unterlassen von dissenting opinions
sichtbar zu machen [39]. Eine tiefergehende Frage ist die, ob in dem Maße, in
dem die dissenting opinion eine gewisse »Radikalität« der Urteile des Bundesverfassungsgerichts fördern würde (weil eben der unter den Motiven der
Gegner der dissenting opinion zu findende Zwang zum Herstellen eines
Konsensus im Senat fehlt), die Tendenz zur »politischen« Besetzung der
Richterbank steigen könnte und damit auch die Intensität der politischen
Bindung der Richter zunehmen müßte, was dann von ihnen selbst als legitime oder mindestens »natürliche« Status-Einstellung empfunden würde. Als Rechtfertigung für eine von den Wahlkörpern gewählte stärkere
parteipolitische Tönung der einzelnen Richter würde sich das Argument des
Pluralismus anbieten, und die Folge wäre eine weitgehende Fernhaltung
des Gerichts von seinen Kontrollaufgaben.

Andererseits läßt sich die Prämisse nicht mit Sicherheit aufstellen, daß
die Einführung des Sondervotums die Folge eines »Auseinanderfallens« der
– zumal politisch empfindliche Gegenstände betreffenden – Urteile in Mehrheits- und Minderheitsmeinung zur regelmäßigen Folge haben müßte [40].
Gerade bei einer die dissenting opinion als das Außergewöhnliche [41], als
das nur durch den äußersten Fall des vom Gewissen und der Rechtsüberzeugung Gerechtfertigte stempelnden Rechtsüberlieferung könnte die Neigung zum Vermeiden einer Situation, in der die dissenting opinion den Ausweg bietet, stark sein, womit die vom – erhalten bleibenden – Zwang zur
Übereinkunft bewirkte Abgewogenheit der Urteile ungefährdet bliebe. Mit
einer solchen Annahme wäre aber bereits ein Teil der auf den Richterstatus bezogenen Überlegungen, die eine Veränderung dieses Status in Richtung »Unabhängigkeit« als wenn nicht unvermeidliche, so doch äußerst
dringlich erwünschte Vorbedingung für die Einführung der dissenting opinion sahen, hinfällig. Zudem gibt es bereits seither keine Entscheidung des
Bundesverfassungsgerichts von politischem Gewicht, bei der die politischen
Instanzen nicht angestrengt nachgedacht hätten, wie es mit dem Abstimmungsverhältnis und dem Abstimmungsverhalten bestellt gewesen sei, und
in den meisten Fällen dürfte sich wenigstens eine subjektiv intensiv geglaubte Vorstellung hierüber gebildet haben. An solche lassen sich »Sanktionen«, zu denen man nicht legitimiert ist, die aber auch nicht institutionell
begrenzt sind (Verweigerung der Wiederwahl von Amtsträgern, die auf die
Wiederwahl keinen Anspruch haben), ebenso leicht oder leichter knüpfen

als an klar zutage getretenes und aktenkundiges Verhalten der Wahlkandidaten. Die Wiederwahl von Verfassungsrichtern tatsächlich wegen eines vermuteten Votierens im Gericht zu verweigern, sie aber anders zu begründen, könnte den politischen Instanzen leichter werden als die Nichtwiederwahl, die direkt und offenbar an eine abgegebene oder unterlassene dissenting opinion geknüpft oder wenigstens von der Öffentlichkeit hiermit in Verbindung gebracht werden würde. Dennoch hat bereits der Regierungsentwurf – wenn er auch einen direkten Zusammenhang mit der Einführung der dissenting opinion herzustellen vermied – die Tendenz gezeigt, das Ausmaß der Wahlabhängigkeit der Bundesverfassungsrichter zu vermindern.

IV

Die vom Regierungsentwurf vorgeschlagene Änderung des Richter-Status ging dahin, daß sämtliche Richter des Bundesverfassungsgerichts auf eine Amtszeit von zwölf Jahren gewählt werden sollten. Wiederwahl sollte zulässig sein, allerdings nur einmal. Die zweite Amtszeit sollte variabel jeweils bis zur Altersgrenze dauern, die mit der Vollendung des 68. Lebensjahres – wie bei den Bundesrichtern – gezogen werden sollte. Die Zusammensetzung jedes der beiden Senate des Bundesverfassungsgerichts aus je drei Richtern, die aus dem Kreis der Richter an den obersten Bundesgerichten zu wählen sind, während je fünf Richter zwar die Befähigung zum Richteramt haben müssen, aber aus beliebigen Berufen kommen können, sollte erhalten bleiben, ebenso die hälftige Wahl der Bundesverfassungsrichter durch Bundestag und Bundesrat [42]. Was beseitigt werden sollte, war der Unterschied, daß die bundesrichterlichen Mitglieder des Bundesverfassungsgerichts jeweils für die Dauer ihres Amtes am obersten Bundesgericht, also bis zu einer bei 68 Jahren liegenden Altersgrenze gewählt werden, während die »anderen« Mitglieder des Gerichts für – beliebig oft wiederholbare und auch an einer Altersgrenze nicht endende – Wahlperioden von je acht Jahren berufen werden. Die geplante »Angleichung der Rechtsstellung« wurde vom Regierungsentwurf damit begründet, daß »die Zugehörigkeit zu einem höchsten Gericht, das zugleich Verfassungsorgan« sei, »den grundsätzlich gleichen Status aller richterlichen Mitglieder« erfordere. Mit der vorgeschlagenen Regelung, die die beiden Richtergruppen in ihrer Rechtsstellung aneinander angleiche, werde eine »Stärkung, keineswegs eine Minderung der richterlichen Unabhängigkeit verbunden« sein [43].

Für die vom Abgeordneten Claus Arndt (SPD) in der ersten Lesung der Novelle im Bundestag aufgestellte Bedingung des Verzichts auf Wiederwahl bei Einführung der dissenting opinion, die auch in der Publizistik regelmäßig vertreten worden war [44], sind verschiedene Variationen denkbar. In der Wahl der Verfassungsrichter auf Lebenszeit (mit Altersgrenze) ist als Nachteil zu erkennen – abgesehen davon, daß diese Form politisch kaum zu verwirklichen ist –, daß die politischen Wahlkörper bei der Berufung ihrer »Kontrolleure« die Verkürzung ihres Einflusses dadurch auszugleichen trachten würden, daß vorzugsweise ältere Personen zu Verfassungsrichtern gewählt würden. Dafür hätte sich auch das rationale Argument anbieten lassen, daß die Wahl eines jüngeren Richters ein zu großes Risiko bedeute, wenn der Betreffende für die richterliche Tätigkeit nicht geeignet sei und dann für lange, unter Umständen Jahrzehnte, einen unter nur acht Plätzen in einem von nur zwei Senaten blockiere. Auch das (etwas zweifelhafte) Argument, daß aus gesellschaftspolitischen Gründen eine zu stabile Besetzung gerade dieses Gerichts zu vermeiden sei, ist denkbar. Dem Hinweis auf die schon bisher auf Lebenszeit (bis zur Altersgrenze) berufenen bundesrichterlichen Mitglieder hätte sich leicht entgegenhalten lassen, daß es sich hier um Personen handle, die mit ihrem bisherigen Berufsgang den Beweis für die Beherrschung der richterlichen Tätigkeit erbracht hätten, während dieses eben bei den »anderen« Mitgliedern nicht gegeben sei. Neben dem Ausweichen auf ältere Kandidaten (zwecks Verkürzung der Lebenszeits-Amtszeit) hätte sich auch die – größere – Gefahr einer Verdeutlichung des richtungspolitischen Moments bei der Richterauswahl ergeben können, und zwar aus dem Gefühl der Wahlkörper für die relative Endgültigkeit ihrer Entscheidung.

Beiden Tendenzen waren Vorschläge entgegenzuwirken geeignet, die Verfassungsrichter nur für eine bestimmte Amtszeit – zwölf Jahre (wie im Regierungsentwurf vorgesehen) oder auch für länger (etwa 15 Jahre) – wählen zu lassen und nach dieser Amtszeit eine Wiederwahl auszuschließen. Hierbei hätte freilich die Gefahr ebenfalls bestanden, daß die Wahlkörper – wobei nicht an bewußtes Kalkül, sondern an unbewußte »soziale Anpassung« zu denken ist – immer mehr zur Wahl von älteren Personen geneigt hätten, die bei fester Amtsperiode und Altersgrenze jene nicht würden voll ausschöpfen können; auf diese Weise wären die Möglichkeiten der Wahlkörperschaften, Einfluß auf die Besetzung des Gerichts zu nehmen, zahlenmäßig gesteigert worden[45]. Andererseits hätte sich die Tendenz herausbilden können, das Ende der Amtszeit mit der Altersgrenze zu koordinieren, so daß sich den ohnedies hinlänglich schwierigen Auswahlkriterien für Verfassungsrichter ein weiteres hinzugesellt hätte, nämlich das, daß das Alter möglichst genau für den Anschluß an den Ruhestand paßt. Dem hätte sich durch ein Heraufsetzen des Mindestalters von jetzt 40 Jahren auf etwa fünfzig Jahre bei 15 Jahren Amtszeit entsprechen lassen; eine Steuerung gegen eine Neigung zum Höhergehen im Alter der zu Wählenden wäre nur durch das Festsetzen eines Höchstalters möglich gewesen, wogegen vielerlei spricht, darunter der Gesichtspunkt, daß man eine Entwicklung zum altersmäßigen Einpassen der Verfassungsrichter ins Bezugssystem von Amtszeit und Altersgrenze nicht gesetzlich fördern sollte. Diese Entwicklung zu einer altersmäßigen Fixierung der Verfassungsrichterwahl wäre nach den in Deuschland jedenfalls in den oberen sozialen Schichten noch herrschenden Vorstellungen von »Berufsverpflichtung« und »Lebensstellung« sehr wahrscheinlich gewesen; selbst bei ganz ausgesprochenem politischem Führungspersonal, den Ministern, findet man es anstößig und dem Betroffenen eigentlich unzumutbar, wenn das als »Altersgrenze« allgemein akzeptierte Alter oder wenigstens die für Minister bei 55 Jahren liegende Pensionsgrenze[46] nicht im Amt erreicht wird. So wäre es äußerst unwahrscheinlich gewesen, daß die Verfassungsrichter, die trotz der Existenz der als »Außenseiter« zu verstehenden Zeitrichter viel mehr als die Minister als Absolventen einer »normalen« Karriere angesehen werden[47], als legitime Ruheständler in ihren Fünfzigerjahren angesehen worden wären, noch daß sie selbst sich damit abzufinden bereit gewesen wären. Lediglich die Bundesrichter wären, da potentielle Rückkehrer ans jeweilige oberste Bundesgericht, als »versorgt« zu denken[48]. Möglicherweise hätte sich eine verstärkte Neigung zur Berufung von Beamten (einschließlich Hochschullehrern) herausgebildet, weil so das Problem des »danach« als prinzipiell gelöst erschienen wäre.

Das Bundesverfassungsgericht selbst hat sich in seiner Stellungnahme vom 8. 11. 1968 für die Wahl aller Richter auf Lebenszeit als beste Lösung ausgesprochen, aber anerkannt, daß die im Entwurf vorgeschlagene Neuregelung ein wesentlicher Fortschritt auf die Lebenszeitwahl hin und insoweit tragbar sei. Der Verfassungsrechtsausschuß des Deutschen Anwaltvereins hat unter dem 7. 5. 1969, unter Bezugnahme auf die Ausführungen des Abgeordneten Claus Arndt, im Hinblick auf die geplante Einführung der dissenting opinion die Lebenszeitwahl der Bundesverfassungsrichter als die »angemessene Lösung« bezeichnet[49]. Den vermittelnden Vorschlag der Ernennung auf Zeit unter Ausschluß der Wiederwahl lehnte der Anwaltverein deshalb ab, weil dies in »den meisten Fällen den Verzicht auf wertvolle Erfahrungen und großes Können der nicht wiederzuwählenden Richter bedeuten« würde[50].

Ein ähnliches Argument hatte das Bundesverfassungsgericht bereits in seiner Äußerung vom 6. 4. 1967[51] vorgebracht und sich dafür ausgesprochen, daß alle Richter unter Einführung einer Altersgrenze auf Lebenszeit gewählt werden, da dies dem Rang des höchsten deutschen Gerichts entspreche, dem Interesse an der möglichst langen Erhaltung eingearbeiteter richterlicher Kräfte genüge und der Unabhängigkeit der Richter am besten diene[52]. Es ist anzunehmen, daß die Modifizierung der gedachten Amtszeitregelung im Regierungsentwurf im Hinblick auf die erste Stellungnahme des Bundesverfassungsgerichts erfolgt ist; die mögliche Amtszeit wurde – bei Beibehaltung des Mindestalters von 40 Jahren und Einführung der allgemeinen Altersgrenze von 68 Jahren – von 16 im ersten Referentenentwurf auf immerhin 28 Jahre erhöht, und der Sorge über ein mögliches Ausscheiden von Richtern im Aktiv-Alter nach einer zweimaligen Amtszeit wurde durch die Erstreckung der zweiten Amtsperiode bis zur Altersgrenze begegnet.

Dieser Vorschlag fand auf dem kurzen Weg des Entwurfs durch die gesetzgeberischen Instanzen weitgehende Billigung. Im Bundesrat spielte die Status-Frage beim ersten Durchgang des Gesetzentwurfs am 19.12.1968 keine kontroverse Rolle. Der Rechtsausschuß des Bundesrates hatte sein Einverständnis bekundet; im Unterausschuß des Rechtsausschusses wie im Rechtsausschuß hatte sich allein das Saarland für eine Wahl der Verfassungsrichter auf Lebenszeit ausgesprochen. Die Mehrheit befand, daß die vorgeschlagene Regelung »sachlich nicht zu beanstanden« sei. Bei der ersten Lesung im Bundestag am 12.2.1969 bezeichnete der CDU-Abgeordnete Süsterhenn die Angleichung des Richterstatus im Bundesverfassungsgericht als »notwendig und gut«, und er nannte die von der Regierung vorgeschlagene Lösung »akzeptabel«[53]. Für die SPD begrüßte es der Abgeordnete Claus Arndt, daß es »nicht mehr zwei Sorten von Richtern« geben solle[54].

Die erwähnte Einführung des Zusammenhangs zwischen der Möglichkeit zur dissenting opinion und dem Richterstatus – im Sinne der Forderung nach Abschaffung der Wiederwahl – hat im Rechtsausschuß, dem der Entwurf als federführendem Ausschuß (bei Mitberatung durch den Finanzausschuß) überwiesen wurde, eine gewichtige Rolle gespielt. Der Abgeordnete Claus Arndt (SPD) hat seine bereits im Plenum vorgebrachte Forderung in dieser Richtung in der Sitzung des Rechtsausschusses vom 16.5.1969, und zwar mit ausdrücklichem Bezug auf die Auffassung seiner Fraktion, bekräftigt. Die dissenting opinion solle eingeführt werden unter Streichung der Möglichkeit der Wiederwahl. Hierbei brachte Arndt die Option seiner Fraktion für die Lebenszeitwahl zum Ausdruck, und er nannte die einmalige Wahl für eine begrenzte Amtszeit – etwa zwölf Jahre – als zweitbeste Lösung.

V

In der Frage der Einführung der dissenting opinion, für die sich zunächst sämtliche Redner im Rechtsausschuß aussprachen – wobei der stellvertretende Vorsitzende Reischl (SPD)[55] sein Unverständnis für die von seiner eigenen Fraktion forcierte Koppelung von dissenting opinion und Streichung der Wiederwahl-Möglichkeit zum Ausdruck brachte –, hatten die Vertreter des Bundesverfassungsgerichts als des von dem Gesetzgebungsplan betroffenen Verfassungsorgans ein gewichtiges Wort. Es waren bei der Sitzung des Rechtsausschusses vom 16.5.1969, in der er sich zum erstenmal mit dem Entwurf befaßte, der Präsident und der Vizepräsident des Bundesverfassungsgerichts, Müller und Seuffert, erschienen, die zugleich die Vorsitzenden des Ersten bzw. des Zweiten Senats des Gerichts sind. In den Äußerungen der Präsidenten zeigte sich eine unterschiedliche Neigung zur Einführung der dissenting opinion. Präsident Müller berichtete über die mit neun gegen sechs Stimmen zustande gekommene Empfehlung des Plenums des

Bundesverfassungsgerichts für eine Einführung der dissenting opinion[56], erwähnte beiläufig seine Auffassung, daß die Bekanntgabe der Abstimmungsergebnisse durch den Zweiten Senat gesetzwidrig sei, und meinte, die Vorteile der dissenting opinion überwögen die mit ihr verbundenen Nachteile nicht. Durch die Bekanntgabe von Sondervoten leide die Autorität, mit der das Gericht streitentscheidend auftrete. Die Funktion, den Rechtsfrieden herzustellen, werde gestört. Präsident Müller sah in der Einführung der Möglichkeit zur dissenting opinion einen gewissen Zwang, von dieser Möglichkeit auch Gebrauch zu machen, was auf eine Gefährdung der richterlichen Unbefangenheit hinauslaufe, die Gruppenbildung im Gericht fördere und der Zusammenarbeit in den Senaten nicht dienlich sei.

Auch Vizepräsident Seuffert äußerte sich nicht gerade als ein Befürworter der dissenting opinion; allerdings bestehe für ihn kein Grund, angesichts des vorliegenden Votums des Plenums dagegen zu sprechen. Als seine persönliche Meinung nannte Seuffert, daß es bei Einführung der dissenting opinion keine Wiederwahl geben solle. Zur Statusfrage verwies er im übrigen auf die Stellungnahme des Gerichts, wonach die Lebenszeitwahl der Richter die erwünschteste Lösung sei, doch bedeute der Vorschlag des Entwurfs einen wesentlichen Fortschritt und sei tragbar. Präsident Müller hatte – was möglicherweise im Zusammenhang mit seiner Ablehnung des Sondervotums zu sehen ist – einen strikten Zusammenhang zwischen dessen Einführung und der Ausschließung der Wiederwahl behauptet und den Vorschlag zur Diskussion gestellt, daß die Lebenszeitwahl insofern den politischen Instanzen akzeptabler gemacht werden könne, als das Mindestalter von jetzt vierzig Jahren erheblich heraufgesetzt würde. Auf diese Weise hätte nicht nur durch den Zwang der politischen Interessen[57], sondern auf institutionell gesicherte Weise eine Begrenzung der Lebens-Amtszeit der Verfassungsrichter zustande kommen können. Diesen Vorschlag aufzugreifen, zeigte sich der stellvertretende Vorsitzende Reischl (SPD) bereit.

Die wohl mit unterschiedlicher taktischer Zielrichtung in die Debatte gebrachte Verknüpfung von dissenting opinion und Ausschließung der Wiederwahl, was auf eine in ihren politischen Folgen weitreichende Änderung des Regierungsentwurfs hinauslief, war eine Bremse für die parlamentarische Behandlung des Entwurfs. Sie wirkte zusammen mit der Zurückhaltung der beiden Vertreter des Bundesverfassungsgerichts in Sachen dissenting opinion. Dazu ist zu bedenken, daß die Beratung des Entwurfs in den letzten parlamentarischen Arbeitswochen der großen Koalition aus CDU/CSU und SPD stattfand, also in deren vom Wahlkampf gleichsam unterwanderter Endphase. Beim zweitenmal, an dem der Rechtsausschuß sich mit dem Entwurf beschäftigte – am 27. 6. 1969 –, ist nicht mehr auf die Einführung des Sondervotums, den Richterstatus und die zwischen beidem bestehenden oder auch gesehenen Zusammenhänge eingegangen worden. Vielmehr dominierte die schon bei der ersten Behandlung des Entwurfs im Rechtsausschuß zu erkennende Absicht, die Beschlußfassung über den Entwurf zu vertagen, das heißt, ihn für diese Wahlperiode aufzugeben. Eine dritte wesentliche im Entwurf vorgeschlagene Neuregelung bot den eigentlichen Anlaß, aber auch wegen ihres besonders kontroversen Charakters einen hinreichenden und damit den nach außen ausschlaggebenden Grund für die Vertagung. Dieser Komplex bestand in der vorgeschlagenen Neuregelung für die Wirkung der Nichtig-Erklärung von Gesetzesbestimmungen durch das Bundesverfassungsgericht.

VI

In einer Reihe von Verfahrensarten – bei der abstrakten und der konkreten Normenkontrolle und bei Verfassungsbeschwerden – kann das Bundesverfassungsgericht auf die Nichtigkeit von Gesetzen erkennen; diese Entscheidungen haben Gesetzeskraft [58]. Das zunächst theoretische Problem, das aber evidente praktische Auswirkungen hat, besteht darin, welche Qualität einer als verfassungswidrig und daher nichtig erklärten Norm für die Zeit zwischen ihrem Inkrafttreten und ihrer Nichtigerklärung zuerkannt werden soll. Die Theorie steht hier ganz überwiegend auf dem Standpunkt, daß die als nichtig erklärte Norm von Anfang an nichtig sei, daß sie, grob gesagt, nie existiert habe. Herrschende Lehre ist die »ex-tunc-Nichtigkeit« einer solchen Norm, wobei es relativ belanglos ist, ob man von einer Von-Anfang-an-Nichtigkeit spricht, die das Bundesverfassungsgericht feststelle, oder davon, daß der Spruch des Gerichts die Norm rückwirkend »vernichte« [59].

Von dieser Theorie der ex-tunc-Nichtigkeit verfassungswidriger Normen geht das Gesetz über das Bundesverfassungsgericht in seinen §§ 78, 79 aus. Diese Theorie – die von Christoph Böckenförde mit treffender Ironie als, wollte man sie rigoros in die Praxis umsetzen, Ergebnis einer »Palmström-Logik des ›Nicht sein kann, was nicht sein darf‹« [60] bezeichnet wurde – bedarf der Einschränkungen unter dem Gesichtspunkt der Praktikabilität. Das Gesetz über das Bundesverfassungsgericht geht in § 79 den Weg, daß einmal die Nichtig-Erklärung einer Strafvorschrift hinreichender Grund für die Wiederaufnahme einschlägiger Verfahren ist, zum anderen bleiben – »vorbehaltlich einer besonderen gesetzlichen Regelung« – nicht mehr anfechtbare »Entscheidungen«, wie das Gesetz sich in wohl beabsichtigter, umfassender Deutung zulassender Unschärfe ausdrückt, von einer Nichtig-Erklärung unberührt. Die Vorschrift sucht einen mittleren Weg zwischen dem unmittelbar einleuchtenden Satz, daß eine verfassungswidrige Norm unter dem Gesichtspunkt einer Rangordnung der Rechtssätze, in der die Verfassung den obersten und bestimmenden Platz innehat, prinzipiell nie bestanden haben dürfte [61], und dem ebenso einleuchtenden Grundsatz, daß ein Zurückspulen aller auf Grund der als nichtig erklärten Norm ergangenen Verwaltungsakte oder abgeschlossenen Rechtsgeschäfte mit allen dazugehörigen

Folgewirkungen ganz unmöglich wäre, in bestimmten Fällen auch die staatliche Ordnung zerstören würde. Willi Geiger hat darauf hingewiesen, daß hier »zwei Maximen mit einander in Widerstreit« geraten: »die Rücksicht auf die Rechtssicherheit und die Rücksicht auf die Gerechtigkeit«[62]. Dem Grundsatz, daß die nichtige Norm, wenn sie schon nicht gehindert werden kann, Wirkungen vor der Nichtig-Erklärung gesetzt zu haben, doch nicht über den Tag der Nichtig-Erklärung hinaus Wirkungen entfalten soll, entspricht, daß zu diesem Zeitpunkt noch nicht unanfechtbar gewordene »Entscheidungen«[63] nicht mehr zu Ende gebracht werden. Einer gleichen Erwägung folgt auch die Vorschrift, daß Zwangsvollstreckungen, die auf einer als nichtig erklärten Norm beruhen, ausgeschlossen sind.

Beides weist auf eine Schwäche der Regelung hin, die darin besteht, daß (um die Darlegung auf den hoheitlichen Bereich zu beschränken), wer Rechtsmittel eingelegt hat (zum Beispiel gegen einen Steuerbescheid), belohnt wird, indem die Nichtigkeitserkenntnis ihm zugute kommt, während derjenige, der im Vertrauen auf die Verfassungsmäßigkeit gesetzlicher Regelungen seinen ihm von diesen auferlegten Verpflichtungen nachgekommen ist, dieses Vertrauen mit materiellen Nachteilen büßt. Ganz deutlich wird diese Diskrepanz zwischen Praktikabilität und »Moral« bei dem Schutz des Säumigen (oder Störrischen) vor der Zwangsvollstreckung, wenn er, zum Beispiel, das Rechtskräftigwerden eines Steuerbescheides nicht hindern konnte und sich danach der Zahlungspflicht entzog.

Auf diese Probleme hat der Bundestag bereits in einer am 23. 6. 1963 angenommenen Entschließung[64] aufmerksam gemacht, mit der die Bundesregierung aufgefordert wurde, Möglichkeiten vorzuschlagen, um den nachteiligen Wirkungen zu begegnen, die § 79 Abs. 2 des Gesetzes über das Bundesverfassungsgericht speziell auf dem Gebiet des Steuerrechts mit sich bringt[65]. Die Bundesregierung betonte in ihrem Bericht vom 15. 3. 1964, daß ein Abweichen von der ex-tunc-Nichtigkeit aus verfassungsrechtlich zwingenden Gründen nicht möglich sei: »Sie dient unmittelbar der Verwirklichung der materiellen Gerechtigkeit.« Eine Verbesserungsmöglichkeit der im geltenden Recht gefundenen vermittelnden Lösung zwischen den »notwendig miteinander im Widerstreit« liegenden Prinzipien der Gerechtigkeit und Rechtssicherheit sei nicht zu erkennen[66].

Die Bundesregierung der Großen Koalition sah eine solche Möglichkeit dann doch. In ihren Entwurf einer vierten Novelle zum Gesetz über das Bundesverfassungsgericht wurde »in einem begrenzten Umfang eine Einschränkung des § 79 Abs. 2 BVerfGG« vorgeschlagen[67]. Diese Einschränkung sollte für die Folgen der Nichtig-Erklärung eines Gesetzes gelten, das, »für den einzelnen öffentlich-rechtliche oder privatrechtliche Geldleistungspflichten begründet oder erweitert«. Für nichtig erklärte Gesetzesbestimmungen solcher Art sollten mit dem Ende des Jahres, das der Verfassungsgerichtsentscheidung vorhergeht, als außer Kraft getreten gelten; bis dahin sollte das als nichtig erklärte Recht angewendet werden. Im übrigen sollte auch über diesen an die Gegenwart herangerückten Zeitpunkt des Außerkrafttretens einer nichtigen Norm hinaus unanfechtbar gewordene »Entscheidungen« bestehen bleiben, andererseits sollte die Zwangsvollstreckung nach der Entscheidung des Bundesverfassungsgerichts ausgeschlossen sein.

Von dieser eingeschränkten ex-nunc-Regelung (mit der variablen Differenz zu einem echten ex-nunc-Prinzip, die sich aus dem Zeitpunkt ergibt, in welchem das Bundesverfassungsgericht seine Entscheidung gefällt hat – je später im Jahr, desto mehr wird das ex-nunc-Prinzip eingeschränkt) sollte es indes wiederum Ausnahmen geben, neben der schon nach bisherigem Recht bestehenden Möglichkeit für den Gesetzgeber, eine Regelung für die »Übergangsfälle« zu treffen. Das Bundesverfassungsgericht selbst sollte einen »früheren Zeitpunkt für das Außerkrafttreten bestimmen« können, »sofern dies bei Abwägung zwischen den schutzwürdigen Rechten der Betroffenen, der Rechtssicherheit und anderen schwerwiegenden öffentlichen Belangen zwingend geboten scheint«. Diese Ausnahme von dem modifizierten ex-nunc-Prinzip sollte besonders gemacht werden können zugunsten derjenigen, die die Verfassungsbeschwerde erhoben hatten, die zur Nichtigkeitsfeststellung führte, oder die Beteiligte in einem Verfahren waren, das ein Gericht zum Anlaß für eine Vorlage beim Bundesverfassungsgericht nahm.

In der Begründung führte die Bundesregierung vor allem drei Gründe für ihren Vorschlag an. Einmal habe sich die nachteilige Wirkung der Bevorzugung der Einspruch-Einleger etwa bei Steuerbescheiden vor denen, die von der Verfassungsmäßigkeit der Steuerregelung ausgehen, durch erhöhte »Publizitätswirkung verfassungsgerichtlicher Verfahren« in letzter Zeit verstärkt. Bei privatrechtlichen Leistungspflichten sei der Schuldner oft nicht imstande, nachträglich erhöhten Forderungen zu entsprechen. Die rückwirkende Nichtig-Erklärung von öffentlich-rechtlichen Leistungspflichten könne zu unvorhersehbaren Haushaltsbelastungen führen, »die eine auf längere Sicht ausgerichtete Finanzplanung ernsthaft gefährden können«. Unter dem Einfluß größerer Publizität von verfassungsgerichtlichen Verfahren könne es – durch große Zahlen vorsorglich eingelegter Einsprüche gegen Steuerbescheide [68] – selbst bei einer späteren verfassungsgerichtlichen Bestätigung der angegriffenen Vorschriften zu einem »Verwaltungsstau« kommen, der für die Haushaltsführung schwerwiegende Folgen habe [69]. Die Begründung wies ferner darauf hin, daß ein Rechtsbewußtsein des Inhalts bestehe, daß der Staat die Leistungspflichten des Einzelnen nicht rückwirkend vergrößern dürfe. »Es sollte aber auch anerkannt werden, daß die staatliche Gemeinschaft ihrerseits gleichfalls in dem unabdingbaren Maße darauf vertrauen können muß, daß insbesondere die haushaltsmäßige Grundlage nicht durch eine rückwirkende Nichtigkeitserkenntnis erschüttert oder ausgehöhlt wird.« Das gelte insbesondere für einen »sozialen Rechtsstaat mit seinen vielfältigen Leistungsverpflichtungen«. Es sei mit dem Jahres-End-Termin vor der Verfassungsgerichtsentscheidung (die dem Besteuerungszeitraum angelehnt sei) sichergestellt, daß nach der Entscheidung des Bundesverfassungsgerichts jedenfalls verfassungskonformes Recht angewandt werde. In Grenzen habe das Bundesverfassungsgericht die Möglichkeit, eine Vorverlegung des Zeitpunktes des Außerkrafttretens zu bestimmen. Davon könne besonders für die »Anlaßfälle« Gebrauch gemacht werden, damit das Einlegen von Verfassungsbeschwerden und das Vorlageverfahren durch Gerichte nicht »leerlaufe«, dergestalt, daß derjenige, der Verfassungsbeschwerde einlegt oder der Beteiligter in einem Verfahren ist, in dem vorgelegt wird, praktisch nicht in den Genuß der eventuellen Folgen seines eigenen oder des ihn betreffenden rechtlichen Schrittes kommt [70]. Schließlich führte die Begründung das wohlverstandene Interesse des Bundesverfassungsgerichts selbst ins Feld. Hier spielt die Begründung darauf an, daß der im geltenden Recht nur mit gewissen Begrenzungen versehene Grundsatz der ex-tunc-Nichtigkeit das Gericht selbst besonders hart in das Dilemma des Konflikts zwischen Rechtssicherheit und Gerechtigkeit bringt; bei besonders gelagerten Verfahren kann sich das Gericht veranlaßt sehen, in für ein Verfassungsgericht etwas strapaziöser Weise die Rechtssicherheit in den Vordergrund zu stellen. »Die Funktion des Bundesverfassungsgerichts, Rechtsnormen auf ihre Vereinbarkeit mit dem Grundgesetz zu überprüfen, wird durch die Rückwirkung seiner Nichtigkeitserkenntnis erschwert, je größer die zeitliche Distanz zwischen der Verabschiedung eines Gesetzes und dem Erlaß der verfassungsgerichtlichen Entscheidung ist«, heißt es in der Begründung des Entwurfs [71]. Für eine in der Entscheidung zum Ausdruck kommende Überzeugung des Gerichts von der Verfassungswidrigkeit einer Norm und der damit konkurrierenden und obsiegenden Erkenntnis, daß der Ausspruch dieser Verfassungswidrigkeit mit der Folge der ex-tunc-Nichtigkeit staatspolitisch nicht vertretbar sei, gibt es eine Reihe von Beispielen. Unter ihnen ragen hervor das Umsatzsteuerurteil vom 20. 12. 1966 [72] und die Wahlkreis-Entscheidung vom 22. 5. 1963 [73,74]. Die Begründung formuliert es so: »Es läßt sich nicht ausschließen, daß die weitreichenden Folgen der Rückwirkung verfassungsgerichtlicher Entscheidungen über die Nichtigerklärung von Gesetzen auf die Rechtsfindung selbst einwirken können.« [75]

VII

Der Rückwirkungs-Vorschlag des Entwurfs hat nahezu allenthalben eine ablehnende Beurteilung gefunden. Das Bundesverfassungsgericht selbst hat in seiner Stellungnahme vom 8. 11. 1968 einen Gegenvorschlag gemacht, nämlich den umgekehrten Weg zu gehen, es bei der ex-tunc-Nichtigkeit zu belassen, aber dem Gericht die Möglichkeit zu geben, »aus schwerwiegenden Gründen des öffentlichen Wohls« anzuordnen, daß ein für nichtig erklärtes Gesetz erst zu einem gegenüber seinem Inkrafttreten späteren, vom Gericht zu bestimmenden Zeitpunkt außer Kraft tritt. Die Beschränkung der reduzierten ex-tunc-Nichtigkeit auf Gesetze, die öffentliche oder privatrechtliche Geldleistungspflichten begründen, werde zu Abgrenzungsschwierigkeiten führen. Nur die »Anlaßfälle« in den Genuß der Vorteile einer rückwirkenden Nichtigkeit kommen zu lassen, werde aus Gründen der Gerechtigkeit nicht angehen. Das Gericht werde veranlaßt sein, nicht nur dem Einleger der Verfassungsbeschwerde, die zur Grundlage des Verfahrens geworden ist, eventuelle sich aus der rückwirkenden Nichtig-Erklärung ergebende Vorteile zukommen zu lassen, sondern allen denjenigen, die entsprechende Verfassungsbeschwerden eingelegt haben, und darüber hinaus denjenigen Betroffenen, die zum Beispiel gegen einen Steuerbescheid Rechtsmittel eingelegt hätten. Damit würde sich aber an der jetzigen Rechtslage praktisch nichts ändern, es würde nur ein vermehrter Anreiz zum Einlegen von Rechtsmitteln und auch zum vorsorglichen Erheben der Verfassungsbeschwerde zu verzeichnen sein. Auf die Andeutung in der Begründung des Entwurfs, daß dem Bundesverfassungsgericht der Konflikt zwischen Rücksicht auf die Funktionsfähigkeit des Staates und der eigentlich als solche empfundenen Pflicht zum Ausspruch des Verdikts der Verfassungswidrigkeit gegenüber einer Norm erleichtert werden solle, ist das Gericht begreiflicherweise nicht eingegangen. Man darf aber davon ausgehen, daß das Gericht die ihm nach dem Entwurf zu übertragende Möglichkeit, unter Umständen nur besondere Fälle oder Fallkategorien in den Genuß der Vorteile einer ex-tunc-Nichtigkeit zu setzen, als schwereren oder mindestens um nichts erleichterten politischen Druck empfunden hätte; das Gebot der »Staatsraison«, hier engherzig zu sein, würde unvermindert bestanden haben, das Begehren der Betroffenen, das Gericht möge großzügig sein, wäre angesichts der in der Hand des Gerichts liegenden Möglichkeiten massiv geworden, und die Versuchung, sich durch das Negieren der Verfassungswidrigkeit – bei gleichzeitig gesetztem Warnzeichen für den Gesetzgeber, daß schwerwiegende Bedenken nur mit Mühe unterdrückt worden seien (à la Umsatzsteuer-Urteil oder Wahlkreisurteil) – der heiklen Antwort auf die Frage zu entziehen, ob und für welchen Personenkreis eine Ausnahme von der modifizierten ex-nunc-Regelung angeordnet werden solle, wäre gegenüber dem geltenden Recht nicht vermindert worden. Es hätte sich sogar psychologisch eine Verschärfung der Konfliktlage für das Gericht ergeben können, da eine populäre Überzeugung, das Gericht habe doch das Instrumentarium, Rechtssicherheit (und Staatsraison) gegenüber der Gerechtigkeit auszutarieren, dem Verständnis für ein Ausweichen in eine von den Urteilsgründen kaum gedeckte Bestätigung der Verfassungsmäßigkeit einer angefochtenen Regelung kaum noch Raum gelassen haben würde.

Was das Bundesverfassungsgericht vorsichtig Abgrenzungsschwierigkeiten zwischen Gesetzen, die finanzielle Leistungspflichten privat- oder öffentlich-rechtlicher Art begründen, und anderen Gesetzen genannt hatte, wurde von den verschiedensten Interessentengruppen in dem Sinne aufgefaßt, daß die im Fall der Verfassungswidrigkeit nach geltendem Recht gegebene Form der rückwirkenden Nichtigkeit bei öffentlich-rechtliche Geldleistungspflichten begründenden Gesetzen, sprich bei Steuergesetzen, eingeschränkt werden solle – um dem Staat um jeden Preis, darunter um den Preis des Verstoßes gegen das Prinzip der Verfassungsbindung der Gesetze, den Besitz auf Grund verfassungswidriger Normen erhaltenen Geldes aus einer möglichst lang bemessenen Periode (nämlich bis zum Ende des der verfassungsgerichtlichen Nichtigkeitserkenntnis vorausgehenden Jahres) zu sichern. Vom interessenpolitischen Kaliber her gesehen, war eine gemeinsame Eingabe am gewichtigsten, die der Deutsche Industrie- und Handelstag, der Bundesverband der Deutschen Industrie, der Bundesverband Deutscher Banken, die Bundesvereinigung der Deutschen Arbeitgeberverbände, der Gesamtverband der Versicherungswirtschaft, der Bundesverband des Deutschen Groß- und Außenhandels und die Hauptgemeinschaft des Deutschen Einzelhandels am 21. 2. 1969 an den Rechts- und Finanzausschuß des Bundestages gerichtet hatten. In dieser Eingabe wurde ein Verstoß der geplanten Neufassung des § 79 Abs. 2 des Gesetzes über das Bundesverfassungsgericht gegen Art. 1 Abs. 3, 19 Abs. 4 und 20 Abs. 3 GG behauptet [76] und gebeten, von den betreffenden Änderungen abzusehen. Die Eingabe erkannte an, daß »verfassungsgerichtliche Nichtigkeitserklärungen insbesondere von Abgabenvorschriften weitreichende Folgen haben können und dadurch eine Beeinflussung der Rechtsfindung des Bundesverfassungsgerichts selbst nicht auszuschließen ist«[77]. Doch überwiege der Einwand aus verfassungsrechtlichen und verfassungspolitischen Gründen, daß mit der geplanten Neuregelung »die verfassungsgerichtliche Kontrolle für den heute besonders wichtigen Bereich der öffentlichen Abgaben entscheidend eingeschränkt wird«[78].

Das Institut »Finanzen und Steuern« bezeichnete in einem im Februar 1969 veröffentlichten Gutachten die geplante Änderung als »verfassungsrechtlich nicht haltbar«, und zwar abermals vor allem wegen Verstoßes gegen die in Art. 1 Abs. 3 und Art. 20 Abs. 3 des Grundgesetzes niedergelegte »unabdingbare Bindung des Gesetzgebers an die Grundrechte und die verfassungsmäßige Ordnung«[79]. Das Institut meint, der von der Bundesregierung in Anspruch genommene »Vertrauensschutz« auch für den Staat, daß seiner Finanzplanung und Haushaltsgesetzgebung nicht mit rückwirkender Kraft die Grundlage geschmälert werde, bestehe nicht [80]. Folge einer Neuregelung nach dem Entwurf werde eine »Einschränkung der Kontrollfunktion des Bundesverfassungsgerichts« sein, was dazu führen könne, »daß in Zukunft Abgabengesetze vor der Verabschiedung nicht mehr mit der nötigen Sorgfalt auf ihre Verfassungsmäßigkeit untersucht werden«[81]. Die Unvereinbarkeit der geplanten Regelung mit dem Grundgesetz behauptete auch

Gesetzgebung und Bundesverfassungsgericht 223

der Bund der Steuerzahler[82], und er betonte mit besonderer Schärfe, es gehe der Bundesregierung »weniger um eine Beseitigung von Mängeln der bisherigen Lösung, als um fiskalische Erwägungen, nämlich die Freistellung des Fiskus vom Risiko der Rückzahlung rechtswidrig erhobener Steuern«[83]. Bemerkenswert ist, daß der Bund der Steuerzahler (er fügt das Beispiel eines auf die Vermögenssteuer bezogenen Urteils vom 7.5.1968[84] der Liste an, in dem das Bundesverfassungsgericht trotz offenbar überwiegender Auffassung, eine angegriffene Norm sei verfassungswidrig, aus übergeordneten Rücksichten davon absah, dies auszusprechen[85]) eine vom Bundesverfassungsgericht stillschweigend praktizierte Einschränkung der ex-tunc-Nichtigkeit erkennt[86]. Der Bund der Steuerzahler sieht in dem Gegenvorschlag des Bundesverfassungsgerichts einen Weg, diese Form ausdrücklich zu legitimieren, die das Gericht in Konfliktsituationen schon jetzt praktiziere, für die es aber »um eine klare Begründung verlegen« sei[87]. Darüber hinaus fordert der Bund der Steuerzahler, daß der mißtrauische Rechtsmittel-Einleger vor dem, der auf die Verfassungsmäßigkeit einer Regelung vertraut hat, nicht mehr unbedingt bevorzugt wird, indem eine Möglichkeit für das Gericht geschaffen wird, auch rechtskräftig abgeschlossene Fälle unter die Wirkung seiner Entscheidung zu stellen, »wenn es dies im Interesse der Gerechtigkeit für erforderlich hält«[88].

Vor dem Aeropag der wissenschaftlichen Kritik hat der Rückwirkungs-Vorschlag des Entwurfs gleichfalls wenig Gnade gefunden[89]. Die – mit unterschiedlicher Gewichtsverteilung – erhobenen Einwände lassen sich dahin zusammenfassen: Die vorgeschlagene Neufassung des § 79 Abs. 2 des Gesetzes über das Bundesverfassungsgericht sei verfassungswidrig oder verfassungsrechtlich bedenklich, und zwar wegen der mit ihr erfolgten Einschränkung des Rechtsschutzes, der integraler Bestandteil der Rechtsstaatlichkeit sei; mit ganz wenigen Ausnahmen (Umsatzsteuer-Fall) seien die nach geltendem Recht sich ergebenden Nichtigkeits-Folgen fiskalisch verkraftbar[90]; die ungleiche Stellung dessen, der Rechtsmittel eingelegt hat, gegenüber dem, der dies versäumt oder unterlassen hat, sei notwendiges Ergebnis unserer Rechtsordnung, die allgemein den Rechtsmittelbewußten bevorzugt, und es sei nicht einzusehen, wieso der bestehende Unterschied dadurch beseitigt werden müsse, daß man den bisher Bessergestellten nun auch schlechter stelle. Die Neuregelung werde verfassungsgerichtliche Rechtsmittel leerlaufend machen, da die vorgeschlagene Aushilfe, den »Anlaßfall« zu privilegieren, nicht praktikabel sei. Dem Bundesverfassungsgericht werde aus der nur gelegentlich aufkommenden Verlegenheit, zwischen überwiegender Verfassungswidrigkeit einer Norm und dem unverhältnismäßigen Schaden einer Nichtigerklärung für die Staatsordnung abzuwägen[91], insofern nicht geholfen, als die Möglichkeit eines noch dazu einzelfallweisen und in der Terminierung freien Abweichens von der quasi-ex-nunc-Nichtigkeit das Gericht unter einen Druck stelle, der schwerer sei als der, der aus der heutigen Regelung möglicherweise in einzelnen Fällen folge[92]. Schließlich durchzieht der Verdacht, gedachter Nutznießer der Neuregelung sei der Fiskus, und sei es im Sinne eines Dolus eventualis der Bundesregierung, auch die Äußerungen in der wissenschaftlichen Zeitschriftenliteratur; so heißt es, die Neuregelung würde zur Folge haben, »daß verfassungswidrige Steuergesetze kaum noch angegriffen und damit die verfassungsgerichtliche Normenkontrolle für das Gebiet des Steuerrechts weitgehend außer Funktion gesetzt würde«[93].

Auf diesen griffigen Vorwurf hat dann auch, während sich in der Frage der dissenting opinion – gelegentlich wohl auch einer verbreiteten Tendenz in der Publizistik folgend, Neuerungen um eben dieses Charakters willen als »Reformen« zu begrüßen – eine dem entlegenen Sachgebiet entsprechend matte Welle der Zustimmung in den Zeitungen verzeichnen ließ[94], die Presse, soweit sie sich mit der komplizierten Frage der Rückwirkung verfassungsgerichtlicher Nichtigkeits-Erkenntnisse befaßte, eindeutig den Ton gelegt. Es ist bemerkenswert, daß die Kritik an diesem Teil der Novelle in den Wirtschaftsteilen oder in Wirtschafts-Sonderausgaben der bedeutenderen Zeitungen oder überhaupt nur in Zeitungen mit eindeutigem Wirtschaftsschwerpunkt ihren Platz fand, was genau der in der heutigen Zeitungswelt zu beobachtenden und mit der politischen Schwerpunkt-Verlagerung in einem Staat drittklassiger Größenordnung zusammenhängenden Tendenz entspricht, die allgemeineren Deklamationen als Rudimente eines aussterbenden Gesinnungs-Journalismus den politischen Teilen der Zeitungen (die lediglich traditionsgemäß die vorderen Zeitungsseiten behaupten) zu überlassen, die Auseinandersetzungen um das Essentielle dagegen in den Wirtschaftsteil zu verlagern. Hans Schueler überschrieb seinen Aufsatz im Wirtschaftsteil der Zeitung ›Die Welt‹ mit »Im Zweifel für den Fiskus«[95], und in diesem Sinne wurde allgemein, wo überhaupt, kommentiert[96]. Insoweit war an der Stelle, wo die Interessenten-Kritik und, in eingeschränktem Maße, die wissenschaftliche Diskussion sich als wirkliche oder vermeintliche Stimmungen in der »Öffentlichkeit« zur Einwirkung auf den Gesetzgeber verdichten, die Novelle in dem hier in Rede stehenden Teil auf das Abgabenrecht und die Annahme einer geplanten Selbstbegünstigung des Fiskus reduziert.

VIII

Mit dieser Kategorisierung harmonierten bis zu einem gewissen Grade die Meinungen im Rechts- und im Finanzausschuß des Bundesrates. Der Unterausschuß des Rechtsausschusses hatte in seiner Sitzung vom 5. 12. 1968 gegen die Vertreter der Länder Baden-Württemberg, Hamburg, Hessen, Nordrhein-Westfalen und des Saarlandes die Streichung der Änderung der §§ 78 und 79 empfohlen; die vorgeschlagenen Änderungen seien mindestens

Gesetzgebung und Bundesverfassungsgericht

aus verfassungspolitischen Gründen, vor allem wegen der Einschränkung des Grundrechtsschutzes und damit des Instituts der Verfassungsbeschwerde, abzulehnen. Der Rechtsausschuß des Bundesrates selbst hat am 11.12. 1968 die Verfassungswidrigkeit des Entwurfes insoweit gegen die Stimmen der genannten Länder behauptet und die Streichung der §§ 78 und 79 des Entwurfs empfohlen. Demgegenüber hat der Finanzausschuß des Bundesrates am 12.12.1968 beschlossen, sich für die Entwurfsfassung einzusetzen; in der Debatte haben die in einzelnen Fällen eingetretenen und in anderen Fällen dringlich befürchteten fiskalischen Auswirkungen von Nichtigkeitserkenntnissen des Bundesverfassungsgerichts gegenüber Steuergesetzen eine eindeutig dominierende Rolle gespielt. Im Bundesrat ist am 19.12.1968 unter Vortrag der jeweils standortbedingten Argumente im hier in Rede stehenden Punkte die Empfehlung des Rechtsausschusses abgelehnt, die des Finanzausschusses angenommen worden [97].

In der ersten Lesung im Bundestag am 12.2.1969 zeichnete sich bei den Parlamentariern aller Fraktionen deutlich eine ablehnende Haltung gegenüber der Neuregelung der Rückwirkung verfassungsgerichtlicher Nichtigkeitserkenntnisse ab. Für die CDU/CSU meldete der Abgeordnete Süsterhenn Bedenken wegen einer »Begünstigungsklausel« »im Interesse des Fiskus« an [98]. Der Abgeordnete Dichgans (CDU) stellte die Frage der Rückwirkung in den Zusammenhang seiner generellen Kritik an manchen Positionen der Verfassungsgerichtsbarkeit und stellte die Frage, ob die Neuregelung nicht die Zahl der Aufhebungen von Gesetzen »wesentlich« vergrößern werde [99]; er sei nicht gegen eine Neuregelung der Rückwirkung, aber er sei »sehr dagegen, daß wir das isoliert vorwegziehen« [100], isoliert nämlich von einer generellen Reform der Bundesverfassungsgerichtsbarkeit. Der FDP-Abgeordnete Rutschke lehnte die Rückwirkungs-Neuregelung unter scharfer Kritik ab, wie es der Oppositions-Position seiner Partei entsprach; das Parlament werde »nicht bereit sein..., das ohne weiteres zu schlucken« [101]. Für die SPD schlug der Abgeordnete Claus Arndt in einer weit ausholenden und grundsätzlichen Rede zur Verfassungsgerichtsbarkeit vor, und zwar »namens der sozialdemokratischen Fraktion«, die Neuregelung der Rückwirkung für diese Legislaturperiode – wegen mangelnder Zeit für eine gründliche Diskussion – zu unterlassen und es mit Sondervotum und Änderung des Richterstatus sein Bewenden haben zu lassen [102]. Der damalige Staatssekretär im Bundesjustizministerium, Ehmke, verteidigte den Entwurf in diesem Punkte vor allem damit, daß er die bereits nach geltendem Recht nicht rein verwirklichte Rückwirkung der verfassungsgerichtlichen Nichtigkeitserkenntnisse unter Ausschaltung von Ungerechtigkeiten weiter modifiziere [103], bezeichnete – gegen Zwischenrufe aus dem SPD-Lager – die ungleiche Behandlung von solchen, die bei in der Schwebe befindlichen Steuerrechts-Normenkontrollverfahren Rechtsmittel eingelegt haben, und solchen, die das nicht getan haben, als »ungerecht« [104] und behauptete im übrigen, was im Lichte des in der 6. Wahlperiode alsbald wieder vorgelegten und erheblich modifizierten Entwurfs der Bundesregierung [105] besonders bemerkenswert ist, daß »das Bundesverfassungsgericht... in seinen Vorstellungen weit über die Vorstellungen des Bundesjustizministeriums hinausgeht, daß also diese Fassung, die hier vorliegt, von der Meinung des Gerichts her gesehen ungefähr die engste Fassung ist, die man sich vorstellen kann«[106]. In Verteidigung gegen den FDP-Abgeordneten Rutschke wehrte sich Ehmke (unter Berufung auf die »praktische Vernunft«) dagegen, daß die Begriffe »zweckmäßig« und »opportunistisch« gleichgesetzt würden [107].

In den Bundestagsausschüssen (Rechts- und Finanzausschuß) dominierte das von den Abgeordneten Claus Arndt (SPD) und Dichgans (CDU) angeschlagene Motiv, die Neuregelung der Rückwirkung zurückzustellen. Vor dem Rechtsausschuß – der in sehr schwacher Besetzung tagte – betonte der Präsident des Bundesverfassungsgerichts, Müller, am 16. 5. 1969, daß die Neuregelung der §§ 78 und 79 den wichtigsten Teil der Novelle bilde, daß diese Fragen aber so kurz vor dem Schluß der Wahlperiode nicht mehr behandelt werden könnten. Damit, und man wird sagen dürfen wegen einer hierfür aufnahmebereiten Stimmung im Ausschuß, war die Fragestellung dahin verschoben, ob sich unter dem Gesichtspunkt einer weithin akzeptierten Unmöglichkeit, die Rückwirkungs-Frage für diese Legislaturperiode anzugehen, die Verabschiedung der Novelle im übrigen lohne oder ob man sie insgesamt für diese Wahlperiode dem Grundsatz der Diskontinuität zum Opfer fallen lassen solle. Der Vertreter des Bundesjustizministeriums erklärte sich, da die Rückwirkungs-Neuregelung der Kernpunkt der Vorlage sei, für eine Verschiebung der Novelle; der SPD-Abgeordnete Claus Arndt suchte offenbar die Neuregelung des Richterstatus in Verbindung mit der Einführung der dissenting opinion für diese Wahlperiode zu retten. Die Beratung der Novelle wurde schließlich auf eine spätere Sitzung vertagt. In der Sitzung des Rechtsausschusses vom 27. 6. 1969 ging es nur noch um die Form des Aufgebens dieses Gesetzgebungsprojekts; es wurde beschlossen, daß der Vorsitzende des Rechtsausschusses einen Brief an den Bundesjustizminister schreiben möge, des Inhalts, daß die vierte Novelle zum Bundesverfassungsgerichtsgesetz in dieser Legislaturperiode nicht mehr verabschiedet werden könne und daß, nach weiterer Überlegung der strittigen Fragen, möglichst rasch nach Beginn der sechsten Legislaturperiode ein neuer Entwurf vorgelegt werden möge, der so geartet sein solle, daß sich für absehbare Zeit weitere Novellen zum Bundesverfassungsgerichtsgesetz erübrigten. Dieser Brief wurde unter dem 7. 7. 1969 geschrieben. Der Finanzausschuß des Bundestages hat seine Beratungen darauf beschränkt, sich dem Konsensus im Rechtsausschuß anzuschließen, daß die den Finanzausschuß betreffenden Fragen, also in erster Linie die Rückwirkungs-Regelung, im fünften Bundestag nicht mehr verabschiedet werden könnten; in diesem Sin-

Gesetzgebung und Bundesverfassungsgericht

ne hatte sich der Finanzausschuß in seiner Sitzung vom 23. 4. 1969, also noch vor der ersten Behandlung des Entwurfs im Rechtsausschuß, ausgesprochen.

IX

Das auf diese Weise besiegelte, in den Bundestagsausschüssen bestätigte und mit Gründen versehene Scheitern der Novelle in der fünften Wahlperiode ist unter dem Einfluß zweier politischer Komponenten eingetreten. Einmal gab es die bei jedem gesetzgeberischen Akt zu verzeichnende Rücksicht auf die Betroffenen. Sie hatten sich, nachdem die Formulierung des Entwurfs wahrscheinlich in bester Absicht lediglich bei den finanzwirksamen Gesetzen die Rückwirkung über das geltende Recht hinaus relativieren wollte (die lobenswerte Absicht, genau abzugrenzen, wurde als Ausplaudern politischen Hintersinns verstanden), soweit sie Steuerzahler von beachtlichem Ausmaß oder Vertreter von Steuerzahlern waren, in massiver Form gegen den Entwurf ausgesprochen. Die zweite Ebene war die gebotene Rücksicht des Gesetzgebers auf das Bundesverfassungsgericht als gleichgeordnetes Verfassungsorgan. Das in puncto Rückwirkung ablehnende Votum des Bundesverfassungsgerichts dürfte die Neigung des Gesetzgebers, sich gegenüber den Interessenten durchzusetzen, stark gedämpft haben. Für ein Einschwenken auf die Linie des Verfassungsgerichts-Vorschlags [108] war es zu spät in der Legislaturperiode; die Zeit war zu knapp für das Eröffnen einer neuen Diskussion mit den Interessenten, und es gibt für den Bundestag als Gesetzgeber eine gewisse Scheu, sich bei aller Bereitschaft zur Rücksichtnahme allzu unmittelbar in eine Rolle zu versetzen, die ihn bei der Verfassungsgerichtsgesetzgebung als formellen Vollzieher der Verfassungsgerichts-Wünsche erscheinen lassen könnte.

Bei der Bestätigung, daß die Novelle für die fünfte Wahlperiode als gescheitert anzusehen sei, und beim Verzicht auf ein »Ausklammern« der umstrittenen Rückwirkungs-Neuregelung, um wenigstens die dissenting opinion mit einer damit verbundenen Neuregelung des Richterstatus durchzusetzen, was nach dem Stand der ersten Lesung im Bundestag immerhin noch als möglich erscheinen konnte, hat im Rechtsausschuß sicherlich eine Rolle gespielt, daß Bundesverfassungsgerichtspräsident Müller, bekanntlich ein Gegner der dissenting opinion, im Effekt für das Gericht sprechend, ein ablehnendes Votum zum Ausdruck brachte. Das wäre sicherlich, da den Mitgliedern des Rechtsausschusses die Auffassungen im Bundesverfassungsgericht selbst bekannt gewesen sein dürften, nicht entscheidend gewesen, wenn nicht die Vorwahlkampfsituation unter den Bedingungen einer großen Koalition von CDU/CSU und SPD eine besondere Stellung zu einer – sicherlich allgemeinem Interesse nicht zugänglichen – Verfahrensform wie der dissenting opinion zur Folge gehabt hätte. Grob gesprochen, bestand die

Einschätzung in der Koalition, die Einführung der »dissenting opinion« werde als ein »Experiment«, als ein Abweichen von »bewährten Traditionen« begriffen und eingeordnet. Bei der Union folgte daraus die Sorge, eine zustimmende Haltung würde nicht als originäre Auffassung verstanden werden, sondern als eine Konzession an den Koalitionspartner und damit als eine Widerlegung der führenden Rolle in der Koalition, auf die sich die Union (»Auf den Kanzler kommt es an«) mit dem Beginn des Wahlkampfes als Wahlkampfmittel versteifte. Bei der SPD könnte es so gewesen sein (ohne daß derlei subtile Erwägungen den Akteuren immer bewußt gewesen sein müssen), daß man das beschränkte Guthaben an »Fortschrittlichkeit« (das beschränkt war durch die Spekulation auf ein gewisses Quantum von »bürgerlichen« Wählern und durch »konservative« Traditionen in der Partei) nicht zu sehr mit einer so esoterischen, aber offenbar als »progressiv« abgestempelten Angelegenheit wie der dissenting opinion belasten wollte. Bei der damals oppositionellen FDP, die schon durch ihre relative Kleinheit ohnedies zu a priori bezogenen Anti-Positionen zur Koalition veranlaßt war und sich den differenzierenden Luxus von »Gemeinsamkeiten«, die von Fall zu Fall herzustellen oder als Möglichkeit zu bekunden gewesen wären, nicht leisten konnte, gewann die Gegnerschaft zur dissenting opinion eine dominierende Position; in einer solchen Randfrage kam für die FDP nicht die Bekundung der Fortschrittlichkeit in Frage, sondern das Beziehen einer Gegenposition zur im Entwurf aktenkundigen Haltung der Koalition.

So war die Absicht der Einführung der dissenting opinion einerseits durch die von Präsident Müller vorgetragene Auffassung belastet, andererseits nur mit gedrosselter politischer Schubkraft versehen. Dazu kam die von der SPD in der ersten Lesung proklamierte Koppelung mit der Neuregelung des Richterstatus im Sinne des Ausschließens der Wiederwahl [109]. Es ist begreiflich, daß vor einer Bundestagswahl, die in besonderem Maße Erwartungen hinsichtlich der Veränderung der Konstellation weckte, die Frage des Bestellungsmodus und der Amtszeit von Richtern, die zugleich Angehörige eines Verfassungsorgans sind, nur ungern angefaßt wurde. Wenn man nicht weiß, was kommt und in welcher Rolle man sich demnächst findet, ist das Bewußtsein des eigenen Interesses an einem prinzipiell retardierend wirkenden Organ wie dem Bundesverfassungsgericht getrübt, und man wartet lieber ab.

Die Politiker fanden sich also in dem Dilemma, die eine wichtige Neuregelung (Rückwirkung) wegen des überwiegend negativen und von der Publizistik in starkem Maße widergespiegelten Echos nicht vornehmen zu können. Für die Große Koalition mußte zudem die Annahme besonders unangenehm sein, daß eine Art Verschwörung zum Zwecke des Sicherns ungerechtfertigter Einnahmen für den Staat stattfinde, da dies mit der verbreiteten Einschätzung der Großen Koalition zusammentraf, daß sie, aus der Gemeinsamkeit des nur von einer schwachen Opposition kontrollierten Machtbesitzes, das staatliche Interesse allgemein zu stark betone. Bei der zweiten

Gesetzgebung und Bundesverfassungsgericht

wichtigen Neuerung, der dissenting opinion, hatte man den berufenen Sprecher des Gerichts gegen sich und sah sich durch die Konstellation in der Entschlußkraft gehemmt. In der dritten großen Frage, der des Richterstatus, gab es Uneinigkeiten und die Tendenz, diese Frage aus gewichtigen Gründen in der Schwebe zu lassen. Es ist ein bewährtes Verkleidungsmittel, dann, wenn man kleinere Fragen nicht regeln will, die Notwendigkeit großer »Reformen« zu betonen, zu denen leider im Augenblick Zeit und Kraft fehle. Diese Beisetzung unter pompösen Willenserklärungen wurde der vierten Novelle zum Gesetz über das Bundesverfassungsgericht im fünften Bundestag zuteil. Dabei traf es sich gut, daß für eine für später zu proklamierende »Reform des Bundesverfassungsgerichts an Haupt und Gliedern«[110] ein gewisser Anlaß, eine Grundstimmung und sogar ein Sprecher vorhanden war.

Der Anlaß bestand in einer nicht lang zurückliegenden Entscheidung des Bundesverfassungsgerichts, die den Gesetzgeber in erheblichem Maße verärgert hatte: in dem Urteil vom 3.12.1968, das die im § 18 Abs. 2 Ziff. 1 des Parteiengesetzes vom 24.7.1967 (BGBl. I, S. 773) gesetzte Grenze von 2,5 Prozent der abgegebenen gültigen Zweitstimmen als Minimal-Erfordernis für die Beteiligung an der staatlichen Wahlkampfkostenerstattung verworfen hatte[111]. Das Urteil hatte, wenn auch nicht im Tenor, eine Grenze von 0,5 Prozent als verfassungsgemäß bezeichnet[112]; unter anderem, um Wahleinsprüchen vorzubeugen, die sich auf ein Abweichen von einem, allerdings nicht klar als solches zu definierenden, obiter dictum des Bundesverfassungsgerichts hätten berufen können, hatte sich der Gesetzgeber, schon in der langen Zeit, die er für die Anpassung brauchte[113] und die ihm eine neue Verfassungsklage[114] einbrachte, sein Mißbehagen zum Ausdruck bringend, dem dictum des Bundesverfassungsgerichts gefügt. In dem Abgeordneten Dichgans (CDU) – der dies in der ersten Lesung des Entwurfs im Bundestag und im Rechtsausschuß (dessen Mitglied er damals nicht war, aber im sechsten Bundestag ist) zum Ausdruck brachte – war ein engagierter Sprecher für eine umfassende Reform des Bundesverfassungsgerichts zur Stelle[115]. Und es bahnt sich, nach einer Zeit des ehrfürchtig-diskussionslosen Akzeptierens des Grundgesetzes und seines Organisationsschemas – was für die Einübung sicher von Vorteil war und eine Gegenreaktion dazu bildete, daß in den Weimarer Jahren die Verfassung übermäßig zur Diskussion und Disposition gestellt war, was oft mit dem »Verfassungsbruch« von 1933 in kausale Verbindung gebracht wird – eine Diskussion um das Verfassungsverständnis an. Dabei zeichnet sich ab, daß sich ein sehr absolutes Richtschnur-Verständnis von der Verfassung jedenfalls in Frage stellen lassen muß, daß ein bescheidenerer Verfassungsbegriff wenigstens zur Diskussion gestellt wird[116]. In dem Maße, in dem nicht mehr unbedingt alles staatliche Handeln, auch in mehr am Rande liegenden Fragen, an dem Maßstab des verfassungsrechtlichen »Auftrags« (mit möglichen Sanktionen) gemessen würde, wäre auch die Rolle des Bundesverfassungsgerichts betroffen. In diesem Sinne hat eine latente Ungewißheit über die künftige Funktion des Bundesverfassungsgerichts den Versuch der Novellierung des Gesetzes, das seine Organisation und sein Verfahren regelt, überschattet, und es ist insoweit nicht unbedingt nur als übliche parlamentarische Formel zu verstehen, wenn mit dem Hinweis auf die leider nicht mehr mögliche »Große Reform« das Ausbleiben der kleineren Änderung entschuldigt wurde [117]. Die »Große Reform« könnte unter dem Gesichtspunkt einer möglichen Wandlung des Verfassungsbegriffs tatsächlich eines Tages zur Debatte stehen [118].

1 Vom 12. 3. 1951 (BGBl. I, S. 288).
2 Siehe die eingehende, die Motivationen der Beteiligten einbeziehende Schilderung der Änderungen des Gesetzes über das Bundesverfassungsgericht bei Heinz Laufer, Verfassungsgerichtsbarkeit und politischer Prozeß. Studien zum Bundesverfassungsgericht der Bundesrepublik Deutschland, Tübingen 1968, S. 169 ff.
2 a Siehe unten Anm. 108. Das Manuskript wurde Anfang 1970 abgeschlossen.
3 BT Drucks. V/3816.
4 Gesetz zur Änderung des Gesetzes über das Bundesverfassungsgericht vom 21. 7. 1956 (BGBl. I, S. 662); Zweites Gesetz zur Änderung des Gesetzes über das Bundesverfassungsgericht vom 26. 6. 1959 (BGBl. I, S. 297).
5 Ausdruck bei Hans Lechner, Bundesverfassungsgerichtsgesetz. 2. neubearbeitete Auflage, München 1967, S. 210. – Über die Praxis hierzu vgl. z. B. die Notiz »Mißbrauch der Verfassungsbeschwerde« (o. Verf.), DRiZ 46 (1968), S. 174.
6 Drittes Gesetz zur Änderung des Gesetzes über das Bundesverfassungsgericht vom 3. 8. 1963 (BGBl. I, S. 589).
7 Vor der ersten Änderung des Gesetzes über das Bundesverfassungsgericht hatte Willi Geiger, Richter des Zweiten Senats des Gerichts (er war seinerzeit im Bundesjustizministerium maßgeblich an der Formung des Gesetzes beteiligt) folgendes geschrieben: »Die gegenwärtige Situation des Bundesverfassungsgerichts ist trostlos; die Bundesverfassungsgerichtsbarkeit kann im Augenblick ihre Funktion nicht mehr erfüllen. Eine Änderung der Verhältnisse, die nur durch den Gesetzgeber herbeigeführt werden kann, ist unaufschiebbar und unausweichlich geworden« (Willi Geiger, Zur Reform des Bundesverfassungsgerichts, in: Festschrift Nawiasky, München 1956, S. 211).
8 Zum Sprachgebrauch und ablehnend gegenüber dem Begriff »dissenting vote«: Hans Georg Rupp, Zur Frage der dissenting opinion, in Festschrift Leibholz, 2. Band, Tübingen 1966, S. 531, Anm. 1.
9 Hiermit hängt das – in seinen Stellungnahmen im Gesetzgebungsverfahren zum Ausdruck kommende – Interesse des Bundesverfassungsgerichts an der Berechtigung zum Erlassen einer Geschäftsordnung zusammen und die bisherige Abneigung, ihm dieses Recht zuzugestehen. Wenn auch die Absicht zur Regelung des Verhältnisses zwischen dem Plenum und dem Präsidenten mitspielt, wird beim Bundesverfassungsgericht in der Geschäftsordnungs-Kompetenz vor allem eine notwendige Gleichstellung mit den obersten Bundesorganen gesehen, die dieses Recht haben. Der Gesetzgeber zögert, und zwar mit Berufung darauf, daß hinsichtlich Bundestag, Bundesrat und Bundesregierung die Geschäftsordnungs-Autonomie in der Verfassung niedergelegt ist. Die Einführung der dissenting opinion wird indes die Zubilligung einer (begrenzten, aber wohl faktisch kaum strikt begrenzbaren) Befugnis

zum Erlaß einer Geschäftsordnung bedingen, weil das Verfahren beim Veröffentlichen von Sondervoten im einzelnen geregelt werden muß.

10 Laufer, a. a. O. (Anm. 2), S. 206, sieht in der Abhängigkeit des Bundesverfassungsgerichts vom Gesetzgeber ein Anzeichen dafür, daß dieses Gericht »nicht unabhängig« – wohl in dem für ein Gericht bedeutungsschweren Sinne des Wortes – sei. Er empfiehlt, die Verfassung dahin zu ändern, »daß das BVerfG selbst, ohne die Mitwirkung von Bundestag und Bundesrat, über seine Verfassung und seine Verfahren entscheidet«. Daß die Erfüllung dieser Forderung schwierig sein würde, räumt Laufer ein; wie sie zu erfüllen wäre, sagt er nicht. Zur Kritik an Laufer in diesem Punkt: Besprechung von Wilhelm Henke, Der Staat 8 (1969), S. 398. Laufer übersieht, daß eine solche Herauslösung des Bundesverfassungsgerichts aus dem »politischen Prozeß« praktisch unmöglich sein würde und daß das, was das Gericht durch eine weitgehende Verfahrens-Autonomie gewönne, ihm bei der Bestellung des Personals im Wege der (auch stillschweigenden) Wahlkapitulationen wieder entzogen würde. Das Verfassungsorgan Regierung ist in seinen Kompetenzen in der Verfassung grundsätzlich fixiert und im übrigen durch Traditionen ausgestaltet und festgeschrieben. So bleibt, was den »Status« angeht, dem Gesetzgeber nur übrig, über Unvereinbarkeiten und Pensionsansprüche in Ministergesetzen zu entscheiden. Darin sieht niemand eine Minderung der »Unabhängigkeit« des Verfassungsorgans Regierung, dem im übrigen gerade vom Begriff des Parlamentarismus »Abhängigkeit« vom Parlament gewünscht wird. Ein gutes Teil der Bedenklichkeiten über »Abhängigkeit« des Bundesverfassungsgerichts vom Gesetzgeber resultiert aus der vom Terminus »Gericht« suggerierten Notwendigkeit absoluter Unabhängigkeit, die, da es keine Verfassungsgerichts-Diktatur geben kann, für das Bundesverfassungsgericht nicht im Sinne voller Unabhängigkeit vom Gesetzgeber bestehen kann. Auch für die Gerichtsbarkeit im allgemeinen werden zudem Verfahrensregeln und Bestellungsmodalitäten der Richter vom Gesetzgeber vorgeschrieben, wobei lediglich dem Grundsatz Genüge getan werden muß, daß die Richter in ihrem Amt und nach den gesetzten Verfahrensweisen »unabhängig« fungieren können. Die Erfüllung dieser Forderungen muß auch für das Bundesverfassungsgericht genügen, wobei sich ein besonderes politisches Interesse des Gesetzgebers aus der Verfassungsorgan-Qualität dieses Gerichts ergibt.

11 Siehe Laufer, a. a. O. (Anm. 2), S. 202 ff.

11a Statt der »großen Reform« wurde eine in einigen Punkten veränderte, in der Grundlinie und in den wichtigsten angesteuerten Zielen dem Entwurf aus der fünften Wahlperiode entsprechende Vorlage von der Bundesregierung in der sechsten Wahlperiode neu eingebracht. Näheres dazu siehe unten Anm. 108.

12 Vgl. Bulletin des Presse- und Informationsamtes der Bundesregierung Nr. 146 v. 16. 11. 1968, S. 1280.

13 Man darf annehmen, daß bei der Ablehnung des Bundesverfassungsgerichts eine Rolle gespielt hat, daß im Jahre 1967 fünf Neuwahlen in Richterämter des Gerichts anstanden; vgl. Werner Billing, Das Problem der Richterwahl zum Bundesverfassungsgericht. Ein Beitrag zum Thema »Politik und Verfassungsgerichtsbarkeit«, Berlin 1969, S. 216 ff. Eine Änderung des Wahlmodus gerade in einer solchen Periode hätte den Manipulationsverdacht gegen sich gehabt und die erwähnten Empfindlichkeiten des Gerichts in besonderem Maße berührt. Außerdem war damals noch die parlamentarische Beratung der Notstandsgesetze im Gange, in der die Erhaltung der Funktionsfähigkeit des Bundesverfassungsgerichts eine erhebliche Rolle von hohem Beschwichtigungs-Wert spielte. Es wird berichtet, daß der damalige Justizminister Heinemann dringend von einer Diskussion um eine Verfassungsgerichts-Novelle abgeraten habe, weil eine solche Aussprache unvermeidlich komplizierenden Eingang in die Notstands-Debatte gefunden hätte.

14 Die Meinungen über die Zweckmäßigkeit der Ämterverbindung des Professors mit dem des Verfassungsrichters sind geteilt. Auf der einen Seite wird die Befruchtung der richterlichen Tätigkeit durch Forschung und Lehre begrüßt, auf der anderen Seite eine Versuchung für die Professoren gesehen, vorzeitige Äußerungen zu anhängigen Verfahren auf dem Umweg über den Hörsaal in die Öffentlichkeit gelangen zu lassen. Ein Vorbehalt gegen die Professoren wird gelegentlich auch damit begründet, daß deren außerdienstliche Verpflichtungen die Effektivität des Gerichts minderten.

15 Siehe zum Problem ein Schreiben des ersten Präsidenten des Bundesverfassungsgerichts, Höpker-Aschoff, an den Bundesminister der Justiz vom 13. 10. 1952, abgedr. JöR NF 6 (1957), S. 149 ff.; dort heißt es über die Professoren, ihre Mitarbeit sei »für das Gericht von besonderem Werte, und ich möchte sie unter keinen Umständen entbehren«. Es ergäben sich aber dennoch »Schwierigkeiten für die Abwicklung der Geschäfte und außerdem eine Mehrbelastung der übrigen Mitglieder des Gerichts« (S. 152). Die prinzipielle Vereinbarkeit von Professoren- und Bundesverfassungsrichteramt gehört zu den Punkten der beharrlichen Kritik des CDU-Bundestagsabgeordneten Dichgans an der derzeitigen Gestalt des Bundesverfassungsgerichts; vgl. Hans Dichgans, Zuviele Verfassungsrichter in Karlsruhe. Der Oberste Gerichtshof muß gründlich reformiert werden, ›Christ und Welt‹, Nr. 2 v. 10. 1. 1969, S. 3.

16 S. 12.

17 S. 13.

18 So erstmals in einer Entscheidung vom 11. 4. 1967 in einem Verfassungsrechtsstreit zwischen der hessischen Landesregierung und der Bundesregierung, über Kompetenzfragen der Wasserstraßen-Gebührenerhebung, BVerfGE 21, 312. Dieses Datum gibt Hugo Berger, Empfiehlt sich die Bekanntgabe abweichender Meinungen überstimmter Richter?, NJW 21 (1968), S. 962 an; Julius Federer, Die Bekanntgabe der abweichenden Meinung des überstimmten Richters, JZ 23 (1968), S. 519, nennt als erste Entscheidung eine unter dem Datum 23. 5. 1967 (BVerfGE 22, 21) ergangene; es handelt sich um eine Verfassungsbeschwerde wegen Vorladung zum Verkehrsunterricht nach § 6 StVO. Leibholz – Rupprecht, Bundesverfassungsgerichtsgesetz. Rechtsprechungskommentar, Köln 1968, S. 92, geben als Anfangs-Datum den 2. 5. 1967 an. Unter diesem Datum sind zwei Beschlüsse des Zweiten Senats ergangen (BVerfGE 21, 378; 21, 391). Beide tragen – wie die vom 11. 4. 1967 – den Vermerk »Diese Entscheidung ist einstimmig ergangen.« Die Entscheidung vom 23. 5. 1967 ist mit vier gegen drei Stimmen zustande gekommen; mit der gleichen Mehrheit ist die Entscheidung über das Bekanntwerden des Stimmverhältnisses getroffen worden (BVerfGE 22, 28). Für den 23. 5. 1967 als Anfangsdatum spricht, daß in dieser Bekanntgabe zum ersten Mal Mehrheit und Minderheit einander gegenübertreten.

19 Siehe Anm. 8 und 18.

20 Als eine Vor-Form der dissenting opinion wird häufig das sog. ›Spiegel‹-Urteil des Ersten Senats des Bundesverfassungsgerichts vom 5. 8. 1966 angeführt (BVerfGE 20, 162), in welchem die das Urteil tragende Auffassung der »anderen Auffassung« ausführlich gegenübergestellt wird. Diese Einordnung des ›Spiegel‹-Urteils in die jüngere Ahnenreihe der dissenting opinion nimmt z. B. Berger, a. a. O. (Anm. 18), S. 962 vor; dagegen wird (so vom Präsidenten des Bundesverfassungsgerichts, Müller, am 16. 5. 1969 vor dem Rechtsausschuß des Bundestages vorgetragen) eingewendet, daß es sich nicht um »abweichende« Voten gehandelt habe, sondern um die Ausbreitung von Gründen für eine Nicht-Feststellung der Verfassungswidrigkeit der in dem Verfahren angegriffenen Maßnahmen gemäß § 15 Abs. 2 Satz 4 des Gesetzes über das Bundesverfassungsgericht. Schon einmal zuvor, im

Plenarbeschluß über die Bindung der Senate an zu erstattende Gutachten vom 8. 12. 1952 war das Abstimmungsergebnis bekanntgegeben worden (BVerfGE 2, 79).

21 Willi Geiger, Gesetz über das Bundesverfassungsgericht vom 21. 3. 1951. Kommentar, Berlin/Frankfurt (M) 1952, S. 66 f. – Die Figur der dissenting opinion war in unterschiedlicher Form im Regierungsentwurf des Gesetzes über das Bundesverfassungsgericht enthalten und im Gegenentwurf der SPD; vgl. S. 106 f. und besonders auch Federer (s. Anm. 18), S. 516 f. Auch bei der Beratung des Deutschen Richtergesetzes vom 8. 9. 1961 (BGBl. I, 1665) ist, wie Federer im einzelnen nachweist, die Einführung der dissenting opinion gründlich diskutiert worden; zur Frage der Erstreckung des Richtergesetzes auf die Bundesverfassungsrichter vgl. JöR NF 6 (1957), S. 208 ff. In der von Federer zitierten 119. Sitzung des Bundestags-Rechtsausschusses vom 3. 11. 1960 hat sich Bundesverfassungsgerichtspräsident Müller in einem ausführlichen Referat gegen die Einführung der dissenting opinion ausgesprochen. Von den weiteren Kommentatoren des Gesetzes über das Bundesverfassungsgericht hält Lechner, a. a. O. (Anm. 5), S. 188, nicht dafür, daß der Gesetzgeber die Einführung der dissenting opinion »stillschweigend dem Gerichtsgebrauch überlassen wollte«. Franz Klein in: Maunz–Sigloch–Schmidt-Bleibtreu–Klein, Bundesverfassungsgerichtsgesetz mit Nebengesetzen, Kommentar, München/Berlin 1967, Rdnr. 4 zu § 30, hält beim Bundesverfassungsgericht wie bei den übrigen Gerichtsbarkeiten ein »Sondervotum« für ausgeschlossen. Leibholz–Rupprecht, a. a. O. (Anm. 18), S. 92, meinen, das »Erfordernis geheimer Beratung« hindere »nicht die Bekanntgabe des Stimmenverhältnisses bei der Abstimmung«.

22 Wolfgang Heyde, Das Minderheitsvotum des überstimmten Richters, Bielefeld 1966; Kurt Nadelmann, Die Geheimhaltung von Minderheitsvoten in den Verfassungsgerichten Italiens und der Bundesrepublik Deutschland, AöR 90 (1965), S. 440 ff.; ders., Das Minderheitsvotum im Kollegialgericht – Bekanntgabe oder Geheimhaltung? AöR 86 (1961), S. 39 ff.; Hans Peter Bull, Der Richter – »königlich«, »demokratisch« oder was sonst, ZRP 1 (1968), S. 69; weiter die bereits zitierten (Anm. 8, 18) Arbeiten von Rupp, Berger und Federer, besonders letzterer mit detaillierter Darstellung der Vorgeschichte und rechtsvergleichenden Betrachtungen. Zu Federer vgl. auch die Erwiderung von Ernst J. Cohn, Zur Bekanntgabe der abweichenden Meinung des überstimmten Richters, JZ 24 (1969), S. 330 ff.; zum oft beigezogenen amerikanischen Modell neuestens Charles Aikin, The United States Supreme Court: the Judicial Dissent, JöR NF 18 (1969), S. 467 ff. (mit praktischen Beispielen). Die Vorgenannten äußern sich sämtlich zustimmend; eine mittlere Position nimmt ein: Albrecht Wagner, Zur Veröffentlichung des Votums des überstimmten Richters, DRiZ 46 (1968), S. 253 ff.; er kommt zu dem Ergebnis: beim Bundesverfassungsgericht ja, bei den Revisionsgerichten bedingt ja, bei den übrigen Gerichten (zunächst) nein. Wohl überwiegend ablehnend: Egbert Paul, Für und Wider das Minderheitsvotum, DÖV 21 (1968), S. 513 ff.; mit Bezug auf die Verfassungsgerichtsbarkeit schließt Paul sibyllinisch mit dem Satz, sie dürfe »die Grenze zur Politik weder überschreiten noch verwischt erscheinen lassen..., will sie ihre Daseinsberechtigung und ihre Glaubwürdigkeit als Organ der rechtsprechenden Gewalt nicht selbst zerstören« (S. 515).

23 Zur Vorgeschichte siehe die in Anm. 22 angegebene Literatur mit jeweils weiteren Nachweisen, besonders Heyde, Rupp und Federer. – In den zwanziger Jahren hatte es erhebliche Beunruhigung darüber gegeben, daß in einem vom Gegenstand her belanglosen Schwurgerichtsprozeß Abstimmungsergebnisse an die Öffentlichkeit gedrungen waren. Vgl. Sling, Richter und Gerichtete. Neu eingeleitet und kommentiert von Robert M. W. Kempner, München 1969, S. 302 ff.

24 Vgl. hierzu die Angabe der Zahlenverhältnisse zwischen obersten Revisionsentscheidungen in Großbritannien und in der Bundesrepublik – im Zusammenhang

mit der Erörterung der Frage, ob, was überwiegend verlangt wird, die dissenting opinion auf Rechtsfragen beschränkt werden müsse, bei Cohn (Anm. 22) S. 331.

25 S. 7.

26 S. 7. – Gegen die Herleitung der dissenting opinion aus dem Demokratiebegriff wendet sich Berger, a. a. O. (Anm. 18), S. 964; er setzt Demokratie allerdings in Beziehung zu Geheimhaltung und vernachlässigt den Aspekt der Legitimität der Divergenz von Sichtweisen aus jeweiliger Standortgebundenheit.

27 Der spezifische Einfluß von Ärzten auf die Krankenkassen-Gesetzgebung ist von Frieder Naschold, Kassenärzte und Krankenversicherungsreform. Zu einer Theorie der Statuspolitik, Freiburg i. Br. 1967, herausgearbeitet worden. Eine vergleichbare Untersuchung über den – allerdings viel schwerer eingrenzbaren – Einfluß von Juristen auf die Justizgesetzgebung fehlt.

28 Empfiehlt es sich, die Bekanntgabe der abweichenden Meinung des überstimmten Richters (dissenting opinion) in den deutschen Verfahrensordnungen zuzulassen? Verhandlungen des 47. Deutschen Juristentages. Nürnberg 1968. Band II (Sitzungsberichte), Teil R, München 1968; das Ergebnis der Beschlußfassung über dissenting opinion bei den Verfassungsgerichten war 371 Ja- gegen 21 Nein-Stimmen (S. R 144). Die Richteramtsrechtskommission des Deutschen Richterbundes hat – beauftragt von der Vertreterversammlung am 25. 11. 1966 – im April 1968 vorläufige ›Leitsätze zum Richteramtsrecht‹ (veröffentlicht DRiZ 46 [1968], S. 189 f.) formuliert, in denen es unter I. 9. heißt: »Jeder Richter – auch der Laienrichter – hat das Recht, seine vom Ergebnis oder von der Begründung einer Entscheidung abweichende Meinung bekanntzugeben. Minderheitsmeinungen: a) Eine abweichende Meinung darf nicht bekanntgemacht werden. b) Die Bekanntgabe einer abweichenden Meinung ist nur in der Revisionsinstanz zulässig.« In DRiZ 46 (1968), S. 222 wird die Begründung dazu formuliert. Die Leitsätze des Deutschen Richterbundes sind auf der Vertreterversammlung vom 29. 11. 1968 in Wiesbaden zum Teil beschlossen worden; die Position »abweichende Meinung« war allerdings nicht darunter: siehe Bericht in DRiZ 47 (1969), S. 34. Die Position des Richterbundes zur dissenting opinion ist später vom Vorstand formuliert worden, der sich an die auf dem 47. Deutschen Juristentag beschlossene Stellungnahme angelehnt hat.

29 Empfiehlt es sich, die Bekanntgabe der abweichenden Meinung des überstimmten Richters (Dissenting Opinion) in den deutschen Verfahrensordnungen zuzulassen? Gutachten für den 47. Deutschen Juristentag erstattet von Konrad Zweigert. Verhandlungen des 47. Deutschen Juristentages Nürnberg 1968. Band I (Gutachten), Teil D, München 1968.

30 Zweigert, a. a. O. (Anm. 29), S. 39.

31 Bei damals 271 Bundesrichter-Planstellen. Das Ergebnis der Befragung wird mitgeteilt von Wagner, a. a. O. (Anm. 22), S. 257. In den Verhandlungen des 47. Deutschen Juristentages, a. a. O. (Anm. 28), S. 85 wurde von einer Anfang 1967 bei den Berliner Amtsgerichten und bei dem Landgericht Berlin veranstalteten Umfrage berichtet, die eine Mehrheit für die Zulassung des Sondervotums ergeben hätten.

32 Erwähnt in der Begründung des Regierungsentwurfs, S. 6.

33 Vgl. die Beschlußfassung des 47. Deutschen Juristentages, a. a. O. (Anm. 28), S. 144 f. und Zweigert (Anm. 29), S. 41: »Soll das Institut seine Funktionen erfüllen, so ist es bei allen Kollegialgerichten einzuführen, weil sie alle Recht sprechen.« In der ersten Lesung im Bundestag am 12. 2. 1969 sagte der Staatssekretär im Bundesjustizministerium, Ehmke, daß man »den Anfang einmal bei der Verfassungsgerichtsbarkeit machen sollte« (BT 5. Wahlperiode, 215. Sitz. v. 12. 2. 1969, S. 11 669 A).

34 BR 333. Sitz. v. 19. 12. 1968, S. 321 A ff.

35 BT 5. Wahlperiode, 215. Sitz. v. 12. 2. 1969, S. 11 667 B ff.

36 Ebd., S. 11 674 D.
37 Ebd., S. 11 674 A.
38 Ebd., S. 11 677 B.
39 Zweigert, a. a. O. (Anm. 29), S. 26 räumt ein, daß es in den Vereinigten Staaten – freilich unter den Bedingungen der Volkswahl der Richter – dissenting opinions gebe, »die wie Wahlreden klingen«.
40 Oberflächlich betrachtet, könnte man zu der Auffassung kommen, daß die vom Zweiten Senat des Bundesverfassungsgerichts seit Frühjahr 1967 (siehe o. S. 206) praktizierte Ersatz- oder Vorform der dissenting opinion zu einem Anwachsen der gespaltenen Urteile geführt habe. Dagegen ist einzuwenden, daß in der Abstimmung schließlich »dagegen« zu sein, relativ leicht ist, ein Sondervotum anzufertigen aber ein erhebliches Maß an Arbeit erfordert, zumal man mit diesem Sondervotum gerade als Befürworter der Einrichtung vor der wissenschaftlichen Kritik bestehen können muß. Auch die Behauptung, die gleichgewichtig gespaltenen Entscheidungen vier zu vier hätten zugenommen, erscheint nur auf den ersten Blick plausibel. Zwar sind im Zweiten Senat seither zwei solcher Entscheidungen zu verzeichnen: die über die Justitiabilität von Gnadenentscheidungen v. 23. 4. 1969, BVerfGE 25, 352; vgl. auch JZ 24 (1969), S. 736 ff. m. Anm. v. Maurer, und der Beschluß v. 4. 6. 1969 in der Frage, ob Art. 98 Abs. 1 GG eine besondere Richterbesoldung zwingend vorschreibe (BVerfGE 26, 141 [154]). Es wäre indes nur in einem subtilen quasi-philologischen Studium nachzuweisen, in wie vielen Fällen zuvor Vier-zu-vier-Entscheidungen von dem Zwang zu einem einvernehmlichen Tenor überdeckt worden sind; die ›Spiegel‹-Entscheidung in der besonderen politischen Brisanz ihres Gegenstandes ist die Ausnahme der – erzwungenen – Offenheit, die eine – in ihrer tatsächlichen Häufigkeit schwer nachweisbare – Regel bestätigt haben könnte.
41 Zweigert, a. a. O. (Anm. 29), S. 26, rechnet damit, daß sich die »in der Tat erwünschte Beschränkung von selbst einstellt ... der ›querulierende Dissenter‹ wird bald dessen inne werden, daß dieses Instrument nur bei mäßigem Gebrauch seine Schärfe und Schnittigkeit behält«.
42 Der Bundesrat wählt die Verfassungsrichter im Plenum; der Bundestag hat die Wahl einem zwölfköpfigen Wahlmännerausschuß übertragen (§ 6 des Gesetzes über das Bundesverfassungsgericht). Bedenken an der verfassungsrechtlichen Zulässigkeit dieses Verfahrens sind nie ganz zur Ruhe gekommen; vgl. Arthur Kreuzer, Zuständigkeitsübertragungen bei Verfassungsrichterwahlen und Immunitätsentscheidungen, Der Staat 7 (1968), S. 183 ff. Die politischen Instanzen scheinen indes derzeit nicht gesonnen, über dieses Problem nachzudenken, zumal es nach nahezu zwanzig Jahren Praxis wenig verlockend ist, jetzt eine Verfassungswidrigkeit zu entdecken oder auch sie durch eine Änderung des Verfahrens einzugestehen. Zur Beschreibung des – recht improvisiert vonstatten gehenden – Verfahrens siehe Billing, a. a. O. (Anm. 13), S. 124 ff.; auch Laufer, a. a. O. (Anm. 2), S. 219 ff. Das Problem ist, daß ein solcher nur mit dieser einen, also mit großen Intervallen auftretenden Aufgabe befaßter Ausschuß keine aufgabengerichtete Kooperation von einiger Permanenz zustande bringen kann.
43 S. 5.
44 Vgl. Friedrich Karl Fromme, Gleiche Zeit für alle Verfassungsrichter, FAZ, Nr. 236 v. 11. 10. 1967, S. 6; Ernst Müller-Meiningen jr., Des Richters abweichende Meinung, SZ, Nr. 195/196 v. 14. 8. 1968, S. 4; Peter Jochen Winters, Mehr Unabhängigkeit, FAZ, Nr. 296 v. 20. 12. 1968, S. 2.
45 Dieser Befürchtung steht entgegen, daß bisher die bundesrichterlichen – auf Lebenszeit zu berufenden – Mitglieder des Bundesverfassungsgerichts nicht regelmäßig in vorgerückteren Jahren berufen zu werden scheinen als die Zeitrichter.

46 § 15 des Bundesministergesetzes vom 17. 6. 1953 (BGBl. I, S. 848).

47 Mit der Auffassung vom Bundesverfassungsrichter als »Fachmann« mit »Laufbahn« hängt die Neigung eng zusammen, Eingriffe des Bundesverfassungsgerichts in die Politik als Übergriff von der einen Sphäre in die andere zu betrachten.

48 Für die in ihr – weiterhin beim Heimatgericht als Leerstelle geführtes – Bundesrichteramt Zurückkehrenden gibt es freilich auch Probleme. Das eine ist eine besoldungsmäßige Rückstufung; die Bundesverfassungsrichter erhalten Bezüge nach B 10, die Bundesrichter nach B 6. Das Einrücken des heimkehrenden Bundesverfassungsrichters in eine Senatspräsidentenstelle (B 8) hängt davon ab, ob eine solche gerade frei und er dafür als geeignet angesehen wird. Es ist durchaus denkbar, daß in dem jeweiligen Bundesgericht die Stimmung einer solchen Beförderung des »Heimkehrers« nicht immer günstig wäre.

49 Stellungnahme, S. 1; referiert auch in ZRP 2 (1969), S. 142.

50 Ebd.

51 Siehe o. S. 209.

52 Das Bundesverfassungsgericht bemängelt auch, daß die Regelung des § 5 Abs. 3 des Gesetzes über das Bundesverfassungsgericht aufgehoben werden sollte, wonach bei vorzeitiger Erledigung eines Verfassungsrichteramtes der Nachfolger für den verbliebenen Amtszeit-Rest gewählt wird. Damit würden Neuwahlen mit variierenden Intervallen notwendig und die Bündelung der Wahltermine allmählich aufgehoben. In der Stellungnahme des Bundesverfassungsgerichts vom 8. 11. 1968 findet sich dieses Argument nicht mehr. Das Gegenargument, daß der Verzicht auf die Lebenszeitwahl der bundesrichterlichen Mitglieder des Gerichts und die Gleichschaltung auf eine einheitliche Amtsperiode die Bündelung der Wahltermine noch verstärkt, hat inzwischen – unter dem Gesichtspunkt des Entwurfs in der 6. Wahlperiode, siehe u. Anm. 108 – an Gewicht gewonnen. Bei dieser künftig stärkeren Bündelung der Wahltermine wächst die Versuchung, ein parteipolitisches Tableau zu errichten, und die Kontinuität im Gericht, die der Arbeitsökonomie nützlich ist, erscheint bedroht.

53 BT 5. Wahlperiode, 215. Sitz. v. 12. 2. 1969, S. 11667 C.

54 Ebd., S. 11674 A. – Der Staatssekretär im Bundesjustizministerium, Ehmke, hatte in der Debatte (S. 11668 D) als Grund für den unterschiedlichen Richterstatus die Annahme genannt, daß das Gericht nicht in Permanenz tagen würde (Geiger, a. a. O. [Anm. 21], S. 18, meinte noch, der bundesrichterliche Richter sei verpflichtet, beide Ämter auszuüben). Ehmke nannte nicht das Motiv, der Kontinuität der Rechtsprechung in Gestalt der Bundesrichter eine feste Quote zu sichern; vgl. Hans Holtkotten in: Kommentar zum Bonner Grundgesetz (Bonner Kommentar), Hamburg 1950 ff., Erstbearbeitung zu Art. 94 unter II A 1 c, und Klaus Stern, ebd., Zweitbearbeitung zu Art. 94 Rdnr. 54.

55 Der Vorsitzende des Rechtsausschusses in der 5. Wahlperiode, der Abgeordnete Wilhelmi (CDU), war erkrankt und nahm in der fraglichen Zeit sein Vorsitzendenamt nicht wahr.

56 Siehe o. S. 209.

57 Siehe o. S. 213.

58 Gemäß § 31 Abs. 2 des Gesetzes über das Bundesverfassungsgericht.

59 Wobei der Sonderfall zu berücksichtigen ist, daß eine Norm durch tatsächliche Entwicklungen erst zu einem gegenüber ihrem Inkrafttreten späteren Zeitpunkt verfassungswidrig »wird«; anschauliches Beispiel hierfür ist die Wahlkreiseinteilung, gemäß § 2 Abs. 2 Bestandteil des Bundeswahlgesetzes v. 7. 5. 1956 (BGBl. I, S. 383), deren Ungleichheit im Rahmen des Wahlprüfungsverfahrens nach § 13 Ziff. 3 des Gesetzes über das Bundesverfassungsgericht zur Begründung eines Wahleinspruchs bezüglich der Bundestagswahl vom 17. 9. 1961 geltend gemacht worden

war. Das Bundesverfassungsgericht hat hierüber am 22. 5. 1963 entschieden (BVerfGE 16, 130). Siehe auch Anm. 73.
60 Christoph Böckenförde, Sicherung der Normenkontrolle – aber wie? ZRP 2 (1969), S. 132.
61 In diesem Sinne die Begründung des Regierungsentwurfs, S. 10; für zahlreiche Entscheidungen des Bundesverfassungsgerichts BVerfGE 7, 196. Umfassende Kritik an dieser Auffassung übt Christoph Böckenförde, Die sogenannte Nichtigkeit verfassungswidriger Gesetze. Eine Untersuchung über Inhalt und Folgen der Rechtssatz-Kontrollentscheidungen des Bundesverfassungsgerichts, Berlin 1966, passim, bes. S. 36 ff.
62 Geiger, a. a. O. (Anm. 21), S. 251.
63 Ob hierunter auch privatrechtliche Rechtsgeschäfte verstanden werden können, bezweifelt Lechner, a. a. O. (Anm. 5), S. 282 f., mit weiteren Nachweisen.
64 Vorgelegt vom Finanzausschuß, im Zusammenhang mit dem Bericht über einen Gesetzentwurf zur Änderung des Gewerbesteuergesetzes.
65 BT Drucks. IV/1343, S. 3, beschlossen in BT 4. Wahlperiode, 83. Sitz. v. 28. 6. 1963, S. 4078 C.
66 BT Drucks. IV/2126, S. 2.
67 Begründung, S. 11.
68 Wie etwa während des verfassungsgerichtlichen Verfahrens wegen Prüfung der Verfassungsmäßigkeit der Reduzierung der sog. »Kilometerpauschale«. Durch Art. 1 Ziff. 2 Buchst. b/aa des Zweiten Gesetzes zur Überleitung der Haushaltswirtschaft des Bundes in eine mehrjährige Finanzplanung v. 23. 12. 1966 (BGBl. I, S. 702) war der Pauschbetrag für Arbeitnehmer bei Fahrten zwischen Wohnung und Arbeitsstätte von 50 auf 36 Pennig pro Kilometer herabgesetzt worden. Die Automobilverbände hatten zum Einlegen von Einsprüchen gegen Steuerbescheide bzw. Lohnsteuer-Jahresausgleiche aufgefordert, nachdem die Verfassungsmäßigkeit der Senkung der Kilometerpauschale durch ein Finanzgericht im Wege eines Vorlagebeschlusses zur verfassungsrechtlichen Prüfung gestellt worden war; das Bundesverfassungsgericht hat mit Beschluß vom 2. 10. 1969 (BVerfGE 27,58) die Verfassungsmäßigkeit der Regelung bestätigt.
69 Begründung, S. 8.
70 S. 11.
71 S. 9.
72 BVerfGE 21, 12.
73 BVerfGE 16, 130. Im Leitsatz 1 der Entscheidung heißt es, das Bundesverfassungsgericht habe »auch im Wahlprüfungsverfahren das Wahlgesetz auf seine materielle Übereinstimmung mit der Verfassung zu prüfen«. Insofern ist die Problemlage für das Gericht der bei der Normenkontrolle und bei Verfassungsbeschwerden gegen Gesetze vergleichbar. Am vorliegenden Tatbestand sprach sehr vieles für einen Verstoß, dessen Feststellung mit der Folge der Ungültig-Erklärung der Bundestagswahl vom 17. 9. 1961 und der Nichtig-Erklärung der Wahlkreis-Bestimmung des Bundeswahlgesetzes unabsehbare und schwer erträgliche Konsequenzen gehabt hätte. Es wäre bei strenger ex-tunc-Auffassung noch nicht einmal ein Bundestag vorhanden gewesen, der neue Wahlgesetz-Bestimmungen, die der Neuwahl zu Grunde zu legen gewesen wären, hätte beschließen können. Vgl. zum Wahlkreis-Urteil Jochen Frowein, Gleichheit der Wahl und Größe der Wahlkreise, DÖV 16 (1963), S. 857 ff., zum hier in Rede stehenden Problem bes. S. 861.
74 Zur Kritik am Umsatzsteuerurteil: Christoph Böckenförde, Verfassungsinterpretation oder fiskalische Rücksichten, DÖV 20 (1967), S. 157 ff. Zum Problem grundsätzlich: ders., Sogenannte Nichtigkeit (Anm. 61), bes. S. 13 ff.; Hans H. Klein, Bundesverfassungsgericht und Staatsraison, Frankfurt/Berlin 1968, S. 12 ff.; summa-

risch mit Rechtsprechungs-Nachweisen des Bundesverfassungsgerichts: Konrad Hesse, Grundzüge des Verfassungsrechts der Bundesrepublik Deutschland, 2. ergänzte Auflage, Karlsruhe 1968, S. 248 f.

75 Begründung zum Entwurf, S. 8.
76 Stellungnahme, S. 3.
77 Ebd., S. 4 f.
78 Ebd., S. 2.
79 Institut »Finanzen und Steuern«, Zur Änderung des § 79 BVerfGG. Institut FSt., Brief 111, S. 27; vgl. auch das vom Institut Finanzen und Steuern (Institut FSt., Brief 67, November 1964) nach der Bundestags-Entschließung zu § 79 des Gesetzes über das Bundesverfassungsgericht (s. Anm. 65, 66) herausgegebene ausführlichere Gutachten zur Frage; dort Auseinandersetzung mit der Kritik an § 79 und der damals gelegentlich als Modell empfundenen österreichischen Lösung (ex-nunc-Regelung sogar mit Nachbesserungsfrist für den Gesetzgeber), von der sich auch der Entwurf der Vierten Novelle deutlich hat inspirieren lassen, siehe Begründung S. 9 f. – Zur österreichischen Regelung vgl. Gustav E. Kafka, Der gesetzgebende Richterspruch. Grundprobleme der verfassungsgerichtlichen Normenkontrolle in Österreich, Graz 1967, passim, bes. S. 53 ff.
80 FSt., Brief 111, S. 26.
81 Ebd., S. 24.
82 Karl-Bräuer-Institut des Bundes der Steuerzahler. Stellungnahme Nr. 4: Zur Wirkung verfassungswidriger Gesetze. Regierungs-Entwurf eines 4. Gesetzes zur Änderung des Gesetzes über das Bundesverfassungsgericht. Februar 1969, S. 10 f.
83 Ebd., S. 10.
84 Es handelt sich um die Entscheidung über eine Verfassungsbeschwerde, die sich gegen eine bestimmte Form der Bewertung bei der Veranlagung zur Vermögenssteuer wandte; BVerfGE 23, 242.
85 Karl-Bräuer-Institut, a. a. O. (Anm. 82), S. 5.
86 Ebd., S. 13.
87 Ebd., S. 12; ähnlich Böckenförde, ZRP 2 (1969), S. 132.
88 Karl-Bräuer-Institut, a. a. O. (Anm. 82), S. 13. Weitere auf der gleichen Linie liegende, aber weniger ausführlich begründete Eingaben kamen vom Deutschen Bauernverband unter dem 21. 4. 1969 und vom Zentralverband der Deutschen Haus- und Grundeigentümer unter dem 15. 4. 1969. Die bereits erwähnte Stellungnahme des Deutschen Anwaltvereins vom 7. 5. 1969 (s. Anm. 49) geht davon aus, daß »eine ex-nunc-Wirkung der Nichtigerklärung eines Gesetzes nur durch ein verfassungsänderndes Gesetz eingeführt werden könnte« (S. 2), und bezweifelt, ob dies (wegen Art. 20 Abs. 3 in Verb. mit Art. 79 Abs. 3 GG) selbst durch ein verfassungsänderndes Gesetz möglich wäre (S. 4 f.). Auch der Anwaltverein hält es für »nicht ausgeschlossen, daß der Gesetzgeber Verfassungsverstöße in Kauf nimmt, weil er in sein Kalkül einbezieht, daß die Regelung wenigstens einige Jahre in Kraft sein und bleiben werde, bis das Bundesverfassungsgericht entschieden hat« (S. 5). Der Anwaltverein schlägt vor, die Regelung »dieser Fragen zurückzustellen«, da sie »noch nicht hinreichend erörtert und geklärt worden sind«. Siehe zu den ablehnenden Äußerungen von Interessenten-Gruppen auch Böckenförde, ZRP 2 (1969), S. 131, Anm. 4.
89 Vgl. vor allem Erhard Bungeroth, »Kleine Rückwirkung« bei der Normenkontrolle? ZRP 2 (1969), S. 73 ff.; Hartmut Maurer, Nochmals: Zur geplanten Neuregelung des § 79 BVerfGG, ZRP 2 (1969), S. 100 ff.; Walter Schick, Verfassungswidrige, aber »gültige« Steuergesetze? JZ 24 (1969), S. 371 ff.
90 Schick, ebd., S. 373, weist darauf hin, daß die Konfliktlage zwischen Erklärung der Nichtigkeit einer offenbar verfassungswidrigen Steuernorm und Herbei-

führen des Staatsbankrotts eine »Ausnahmesituation« sei; von der Umsatzsteuer-Entscheidung abgesehen »konnten die Auswirkungen der Entscheidung auf jeden Fall haushaltsmäßig verkraftet werden«.
91 Weitere Literatur zu diesem Problem bei Schick, ebd., S. 373, Anm. 14.
92 Bungeroth, ZRP 2 (1969), S. 76.
93 Bungeroth, ebd., S. 75; ähnlich Maurer, ZRP 2 (1969), S. 102 und Schick, JZ 24 (1969), S. 373.
94 Sie o. S. 207.
95 ›Die Welt‹, Nr. 12 v. 15. 1. 1969, S. 9.
96 Lieselotte Funcke, Wider den Geist des Grundgesetzes, ›Handelsblatt‹, Nr. 29 v. 11. 2. 1969, S. 3; Walter Fredericia, Bundesverfassungsgericht. Prozeß gewonnen, Geld verloren, ›Industriekurier‹, Nr. 195 v. 17. 12. 1968, S. 2; Martin Scherer, Keine Steuerrückzahlung trotz günstiger Urteile, ›Blick durch die Wirtschaft‹, Nr. 34 v. 10. 2. 1969, S. 4.
97 BR 333. Sitz. v. 19. 12. 1968, S. 321 ff.
98 BT 5. Wahlperiode, 215. Sitz. v. 12. 2. 1969, S. 11668 C.
99 Ebd., S. 11677 B.
100 Ebd., S. 11679 A.
101 Ebd., S. 11676 A.
102 Ebd., S. 11674 B.
103 Ebd., S. 11669 D; gegen eine derartige Auffassung Maurer, ZRP 2 (1969), S. 103, Anm. 12.
104 Ebd., S. 11669 B.
105 Siehe Anm. 108.
106 BT 5. Wahlperiode, 215. Sitz. v. 12. 2. 1969, S. 11669 D.
107 Ebd., S. 11676 C, D.
108 Böckenbörde, ZRP 2 (1969), S. 132, meint: »Man wird eine Lösung wahrscheinlich in der Richtung suchen müssen, die das Plenum des Bundesverfassungsgerichts in seiner Stellungnahme vom 8. November 1968 zum Regierungsentwurf angedeutet hat.« Der Vorschlag des Bundesverfassungsgerichts lief auf eine Umkehrung des Regierungsentwurfs hinaus: ex-tunc-Nichtigkeit als Regelfall mit den bisherigen Einschränkungen; das Bundesverfassungsgericht kann aber unter besonderen, als Ausnahme zu umschreibenden Bedingungen das Außerkrafttreten einer nichtigen Norm zu einem späteren Zeitpunkt anordnen. – Dies wurde, anscheinend nahezu wörtlich, in den am 11. 12. 1969 von der Bundesregierung beschlossenen neuen Entwurf (BR Drucks. 678/69; erster Durchgang im Bundesrat in der 347. Sitz. v. 23. 1. 1970; BT Drucks. VI/388) aufgenommen. Ein neuer Abs. 1 des § 79 des Gesetzes über das Bundesverfassungsgerichts soll lauten: »Das Bundesverfassungsgericht kann aus schwerwiegenden Gründen des öffentlichen Wohles in seiner Entscheidung bestimmen, daß ein für nichtig erklärtes Gesetz erst zu einem vom Gericht festzusetzenden Zeitpunkt als außer Kraft getreten gilt. Dieser Zeitpunkt darf nicht nach dem Wirksamwerden der Entscheidung liegen.« Offenbar hatte es zuvor einen Referentenentwurf gegeben, der dem Bundesverfassungsgericht zur Stellungnahme zugeleitet worden war und nach dem der Gesetzgeber vom Bundesverfassungsgericht sollte ermächtigt werden können, den späteren Zeitpunkt des Außerkrafttretens einer nichtig erklärten Norm zu bestimmen. Das läßt sich aus der vom Wortlaut des veröffentlichten Entwurfs insoweit nicht gedeckten Stellungnahme des Bundesverfassungsgerichts (Beschlüsse des Plenums vom 13. 11. 1969) entnehmen, in der es heißt: »Die Bestimmung des Zeitpunkts, an dem unter den besonderen Voraussetzungen des § 79 Abs. 1 ein für nichtig erklärtes Gesetz als außer Kraft getreten gilt, sollte dem Bundesverfassungsgericht überlassen bleiben...« Dankenswerter Weise ist die Stellungnahme des Gerichts mit dem Ent-

wurf (BR Drucks. 678/69, S. 15 f.; BT Drucks. VI/388, S. 15 f.) veröffentlicht worden. – Der neue Entwurf bringt, neben zahlreichen teils aus dem vorigen Entwurf wiederholten, teils modifizierten und auch neu aufgenommenen Detailregelungen abermals die dissenting opinion (auch in der Form der concurring opinion) und schlägt folgenden Richterstatus vor: Wahl der bundesrichterlichen wie der »anderen« Mitglieder des Gerichts auf 12 Jahre bei Ausschluß der Wiederwahl und Altersgrenze von 68 Jahren. Der neue Entwurf ist am 13. 3. 1970 in erster Lesung im Bundestag behandelt und dem Rechtsausschuß – federführend – sowie dem Finanzausschuß – mitberatend – überwiesen worden (BT 6. Wahlperiode, 38. Sitz. v. 13. 3. 1970, S. 1901 D ff.). Der Rechtsausschuß hat in seiner 13. Sitzung am 23. 4. 1970 den Entwurf mit sechs Richtern des Bundesverfassungsgerichts in Karlsruhe durchberaten (Präsident Müller, Vizepräsident Seuffert, Verfassungsrichter Frau Rupp v. Brünneck, Geiger, Haager, Leibholz). In seiner 17. Sitzung vom 4. 6. 1970 und der 18. Sitzung v. 17. 6. 1970 hat der Rechtsausschuß die Professoren Frowein, Rupp und Friesenhahn zu dem Entwurf angehört. Die Ergebnisse der Ausschußberatungen lassen sich in den wesentlichen Schwerpunkten dahin charakterisieren: (1) Die dissenting opinion fand verbreitete Zustimmung. (2) Sowohl von seiten der Bundesverfassungsrichter wie von seiten der Professoren wurde die Wahl der Richter auf Lebenszeit gefordert, unter anderem mit Hinweis auf, die Unabhängigkeit möglicherweise tangierende, Überlegungen, die ein auf 12 Jahre gewählter, noch relativ junger Richter für die Zeit nach seinem Ausscheiden aus dem Verfassungsrichteramt würde anstellen müssen. (3) Von seiten der Verfassungsrichter wurde deutlich gemacht, daß die Neuregelung der Rückwirkung von Nichtigkeitserkenntnissen nicht einem Wunsch des Gerichts entspreche; der vom Gesetzgeber aufgenommene Vorschlag sei nur als der einer erträglicheren Lösung gegenüber der Fassung des Entwurfs aus der 5. Wahlperiode zu verstehen gewesen. Auch bei den Professoren, zumal bei Friesenhahn, fand die vorgesehene Neuregelung der Rückwirkung Kritik, ebenso in der Literatur (z. B.: Hans Brinckmann, Die fingierte Geltung. Anmerkungen zur Gesetzgebungstechnik bei der Änderung von § 79 BVerfGG, DÖV 23 [1970], S. 406 ff.). Der Rechtsausschuß des Bundestages hat im November 1970 seine Beratungen zu Ende gebracht. Das Ergebnis war im wesentlichen der Vorschlag, auf die Rückwirkungs-Neuregelung zu verzichten und den Entwurf in den beiden übrigen Hauptpunkten (Richterstatus, dissenting opinion) praktisch unverändert zu verabschieden. Die Professoren-Tätigkeit sollte mit dem Ausüben des Amts eines Bundesverfassungsrichters schlechthin unvereinbar werden. – An Interessenten-Äußerungen zur Rückwirkungs-Regelung sind eine Stellungnahme des Karl-Bräuer-Instituts des Bundes der Steuerzahler, ›Zum Regierungsentwurf eines Vierten Gesetzes zur Änderung des Gesetzes über das Bundesverfassungsgericht‹, April 1970 (ablehnend) und eine Stellungnahme des Verfassungsrechtsausschusses des Deutschen Anwaltvereins vom 16. 3. 1970 (unter starken Vorbehalten zustimmend) bekanntgeworden.

109 Siehe o. S. 210.

110 Abg. Claus Arndt (SPD) gebrauchte die Formel bei der ersten Lesung im Bundestag, BT 5. Wahlperiode, 215. Sitz. v. 12. 2. 1969, S. 11674 C.

111 BVerfGE 24, 300.

112 BVerfGE 24, 342.

113 Das Änderungsgesetz erging am 22. 7. 1969 (BGBl. I, S. 925).

114 Sie wurde von der DFU unter dem 22. 5. 1969 gegen den Bundestag erhoben, dieser habe gegen Art. 21 Abs. 1; 3 Abs. 1; 92 und 93 Abs. 1 Nr. 1 GG verstoßen, indem er unter Nichtbeachtung des Urteils des Bundesverfassungsgerichts vom 3. 12. 1968 das Parteiengesetz »bis heute« nicht dahingehend geändert habe, daß die Wahlkampfkostenpauschale und Abschlagzahlungen auch die Parteien be-

kommen, die mindestens 0,5 Prozent der gültigen Zweitstimmen erreicht haben. Die Klage wurde am 24. 10. 1969 zurückgenommen, da sich herausgestellt hatte, daß der DFU als einer Partei, die sich nicht mit eigenen Kandidaten an der Wahl beteiligte, aus diesem Grunde keine Wahlkampfkostenerstattung zustand.

115 Grundsätzliche Kritik am Bundesverfassungsgericht formuliert Hans Dichgans, Das Unbehagen in der Bundesrepublik. Ist die Demokratie am Ende?, Düsseldorf/Wien 1968, S. 260 ff. Vgl. auch ders. (Anm. 15); ders., Parlament und Verfassungsgerichtsbarkeit, Das Parlament, Nr. 35/36 v. 10. 8. 1969, S. 19; neuestens ders., Vom Grundgesetz zur Verfassung. Überlegungen zu einer Gesamtrevision, Düsseldorf/Wien 1970, S. 154 ff.

116 Vgl. hierzu etwa Heinz Wagner, Um ein neues Verfassungsverständnis, DÖV 21 (1968), S. 604 ff.; Wilhelm Hennis, Verfassung und Verfassungswirklichkeit. Ein deutsches Problem (= Recht und Staat 373/374), Tübingen 1968; Franz Ronneberger, Verfassungswirklichkeit als politisches System, Der Staat 7 (1968), S. 409 ff., bes. S. 426 f. Im Kontext hierzu sind auch, bei aller Unterschiedlichkeit der Diskussions-Ebene, die vorsichtig eingrenzenden Ausführungen des Vizepräsidenten des Bundesverfassungsgerichts zu sehen: Walter Seuffert, Die Abgrenzung der Tätigkeit des Bundesverfassungsgerichts gegenüber der Gesetzgebung und der Rechtsprechung, NJW 22 (1969), S. 1369 ff.

117 In dem das Verfahren im fünften Bundestag abschließenden Brief des Rechtsausschusses an den Bundesjustizminister ist – etwas salomonisch – von einer »umfassenderen gesetzgeberischen Entscheidung«, die im nächsten, dem 6. Bundestag fallen solle, die Rede.

118 Von daher droht der dem 6. Bundestag alsbald zugeleiteten Novelle (siehe Anm. 108) eine gewisse Gefahr. Im Jahre 1971 stehen sechs Verfassungsrichterwahlen an, und wenn nicht in gemessenem zeitlichen Abstand davor die Novelle verabschiedet sei, so wurde argumentiert –, würde der gleiche Fall eintreten wie bei den Bemühungen zu Anfang der 5. Wahlperiode – siehe o. S. 204; Anm. 13 –, die im Vorfeld der Verfassungsrichter-Wahlserie von 1967 eingestellt werden mußten.

Hans Rothfels

Theodor Heuss, die Frage der Kriegsorden und die Friedensklasse des Pour le mérite[1]

Vorbemerkung: Theodor Eschenburg hat gelegentlich bei Akademischen Festen seine Zuhörer durch Ausführungen überrascht und ergötzt, die unpolitisch-politischen Fragen wie der Rolle der »Tischordnung« oder der »Herrenkleidung« in der Geschichte galten. Es mag darin eine gewisse Rechtfertigung der Absicht liegen, für die ihm gewidmete Festschrift einen Beitrag zu liefern, der mehr nach der »protokollarischen« als nach der »institutionellen« Seite der Bundesrepublik gravitiert – eine Rechtfertigung auch insofern, als der zu Ehrende im Jahr 1968 zu dem von Heuss wiederbelebten Orden Pour le mérite für Wissenschaften und Künste hinzugewählt worden ist.

Die Frage des Tragens früher verliehener Tapferkeitsauszeichnungen stellte sich der Bundesregierung im September 1951 aus Anlaß der Stiftung des Verdienstordens der Bundesrepublik[2]. Eine Presse-Verlautbarung vom 12. September unterrichtete die Öffentlichkeit von dem Plan, einen Ausschuß unabhängiger Sachverständiger zur Prüfung dieser Frage zu bilden. Die Initiative zu ihrer Behandlung lag eindeutig bei Theodor Heuss. Sein erklärtes Motiv war der Wunsch, wie es in einem, auf den 15. September vordatierten, Schreiben vom 15. November heißt, »daß das im Gesetz Nr. 7 der Alliierten Hohen Kommission vom 23. 9. 1949 festgelegte Verbot des Tragens deutscher Tapferkeitsauszeichnungen aufgehoben und eine politisch tragbare Lösung gefunden wird, um diesen Teil der Diffamierung des deutschen Soldaten baldmöglichst zu beseitigen«. Man wird annehmen dürfen, daß darüber hinaus der Bundespräsident zu dieser Initiative sowohl von seinem ausgeprägten Sinn für Tradition wie von der Sorge vor dem Wiedererscheinen nationalsozialistischer Symbole und des sich damit ergebenden Zwanges zu strafrechtlicher Verfolgung bewogen wurde.

Angesichts des angedeuteten Dilemmas war der Verlauf der geplanten Beratungen langwierig und nicht frei von Komplikationen. Zunächst hatte Heuss den damaligen Minister für Wohnungsbau, Eberhard Wildermuth, gebeten, den Vorsitz des Ausschusses zu übernehmen. Dieser lehnte jedoch mit der einleuchtenden Begründung ab, daß die Leitung durch einen amtierenden Bundesminister unzweckmäßig sei. In einem Schreiben an den Bundeskanzler vom 13. September regte Heuss daraufhin an, den SPD-Bundestagsabgeordneten Helmut Bazille zu bitten, den Vorsitz der Sachverständigenkommission zu übernehmen. Dabei verband sich mit seinem einen Motiv, »wenigstens mit einem Teil der Verantwortung für diese heikle Frage auch die SPD sichtbar zu betrauen«, das andere, daß der Vorsitz von Bazille als dem Hauptgeschäftsführer des Verbandes der Kriegsbeschädigten, Kriegshinterbliebenen und Sozialrentner nach eingeholter Auskunft vom Verband deutscher Soldaten »lebhaft begrüßt« würde. Die Ablehnung dieses Vorschlages durch das Kabinett ist dem Bundespräsidenten offenbar nur mündlich mitgeteilt worden. Es gelang ihm dann in einer persönlichen Unterredung, den ihm befreundeten Reichsminister a. D. Otto Gessler zur Übernahme des Vorsitzes zu bewegen. In dem auf den 15. September 1951 vordatierten Schreiben vom 15. November[3] attestierte er ihm, »daß es keinen Geeigneteren für diese Aufgabe« gäbe. »Sie besitzen hierfür«, so fuhr der Brief fort, »nicht nur die erforderliche Erfahrung aus den langen Jahren Ihrer früheren politischen Arbeit und als ehemaliger Reichswehrminister, sondern verfügen vor allem auch über das menschliche und politische Gewicht, das notwendig ist, um in dem Streit der Meinungen den rechten Weg zu finden«.

Die Federführung und die Sammlung von Material zur Vorbereitung der ersten Sitzung lag zunächst bei der Ordenskanzlei im Bundespräsidialamt. Vom Verband deutscher Soldaten wurden für die Mitgliedschaft im geplanten Ausschuß namhaft gemacht: General a. D. Pape und der frühere Feldwebel Vollbracht als zweiter Vorsitzender des Schutzbundes deutscher Soldaten. Dazu trat noch der Minister a. D. Pohle, Vorsitzender des Bundestagsausschusses für Kriegsopfer- und Kriegsgefangenenfragen sowie ein Reg.-Ass. aus dem Bundesministerium des Innern als Schriftführer.

In dieser Zusammensetzung fand eine erste Sitzung in Kissingen am 23. und 24. Oktober 1951 statt. Ihr Zweck war zunächst, das Problem von der grundsätzlichen Seite her zu erörtern, wobei Gessler gleich zu Beginn die ihm vorschwebende Lösung dahin umriß, daß für die Orden eine neue Form ohne Hakenkreuz zu finden und die Trageberechtigung vom Besitz eines Zeugnisses abhängig zu machen sei. In beiden Richtungen brachten Pape und Vollbracht – mit Betonung, daß sie nur für ihre Person sprechen könnten – »sehr ernste Bedenken« vor... Sie bezogen sich u. a. auf den persönlichen Affektionswert, den nur der Originalorden verschaffen könne, auf die Gefahr, daß Ablehnung des Tragens abgeänderter Orden fälschlicherweise als nazistisch gedeutet werden könnte und so neuen Zwiespalt erzeuge, ferner auf die Tatsache, daß in den letzten Monaten des Krieges zahlreiche heldenhaft kämpfende Soldaten die verdiente Auszeichnung nicht mehr erhalten hätten und daß viele Ordensträger keinen Nachweis für die Verleihung erbringen könnten. »Der Deutsche« – so die Folgerung – »ist ein Soldat ohne Pathos geworden. Er wird es ertragen können, wenn er in einer euro-

päischen Armee mit leerer Brust neben den andern Kontingenten steht.«
General Pape schlug daher vor, die Träger der höchsten Tapferkeitsauszeichnungen sollten in einer gemeinsamen Erklärung zum freiwilligen Verzicht auf das Ordenstragen aufrufen. An durchschlagendem Erfolg zweifle er nicht.

Demgegenüber betonten Gessler und Pohle, zum Teil unter Berufung auf die schlechten Erfahrungen, die die Weimarer Republik mit »ihrer Nüchternheit« gemacht habe, den »staatspolitischen Charakter« der Angelegenheit. Die Diffamierung des deutschen Soldaten müsse sichtbar beseitigt werden, und eine Wiederzulassung der Kriegsauszeichnungen werde viel zur inneren Befriedung beitragen. Gewiß sei der Wert der Originalorden unersetzbar, insbesondere als »letzte teure Erinnerung« an einen Gefallenen. Niemand denke daran, an ihrem Besitz Anstoß zu nehmen. Aber die Wiederzulassung des Hakenkreuzes in der Öffentlichkeit sei untragbar. Ohne nach dem Ausland zu schielen, sollte das deutsche Volk tun, was es für richtig halte. Man könne auch den Bundespräsidenten in seinen dankenswerten Bemühungen nicht im Stich lassen. Nach dieser grundsätzlichen Erörterung wurden noch verschiedene Einzelfragen berührt, die Erweiterung des beratenden Gremiums, der Umkreis der wieder zuzulassenden Auszeichnungen, das Problem des Ehrensoldes und der an Ausländer verliehenen Kriegsauszeichnungen. Man kam überein, in etwa drei Wochen zur Ausarbeitung konkreter Vorschläge wieder zusammenzutreten, und zwar »auf der Grundlage, daß für die Orden eine neue Form ohne Hakenkreuz zu finden ist«. Ein Heraldiker sollte dazu noch befragt werden.

Dieser Plan ist nicht innegehalten worden, offenbar weil aus der Fühlungnahme mit verschiedenen der interessierten Verbände, die im allgemeinen eher für Vertagung der Angelegenheit waren, sich Schwierigkeiten ergaben (Brief Gesslers an die Ausschußmitglieder vom 29. Oktober 1952). Die Angelegenheit erhielt inzwischen jedoch erneute Dringlichkeit, einmal weil im Innenministerium der Entwurf eines Gesetzes über Titel, Orden und Ehrenzeichen beraten wurde, der das obsolet gewordene Reichsgesetz vom 1. 7. 1937 ersetzen sollte, und ferner weil möglicherweise mit Abschluß des Generalvertrages [4] das bisherige alliierte Verbot des Tragens von Kriegsauszeichnungen automatisch in Wegfall kommen würde. Ohne eine neue Regelung entstünde dann, wie der Chef des Bundespräsidialamtes Klaiber an Gessler am 25. April 1952 schrieb, »eine schwierige Lage«. Heuss nahm daher erneut die Initiative und drängte Gessler, sich mit Dr. Lehr, dem Bundesinnenminister, in Verbindung zu setzen. Beide einigten sich in einer Besprechung vom 19. Juni dahin, daß zur Vorbereitung eines im Innenministerium zu erstellenden Gesetzentwurfs dem Ausschuß bestimmte Fragen zur Stellungnahme unterbreitet werden sollten. Um die Voraussetzungen für ihre Beantwortung zu klären, hat Gessler nochmals Fühlung mit maßgeblichen Vertretern der Verbände genommen. Aus der darüber geführten Korrespondenz sei der Kompromißvorschlag des Admirals a. D. Hansen vom 12.9.1952 erwähnt. Er lautete: 1. Das Tragen der Kriegsauszeichnungen in der alten Form wird wieder gestattet. 2. Nach-Verleihungen werden in neuer Form ohne Hakenkreuz vorgenommen. 3. Neufertigung und Handel sind nur in neuer Form gestattet. Der Admiral fügte hinzu: «Da die Masse der Beliehenen ihre Auszeichnungen in der Gefangenschaft verloren hat, werden de facto die Auszeichnungen fast nur in der neuen Form in Erscheinung treten.»

Obwohl der näherrückende Zeitpunkt der Ratifizierung des Deutschlandvertrages und des geplanten EVG-Vertrages zur Eile drängte [5], kam es noch einmal zu längerem Aufschub der Ausschuß-Beratungen. Die Vorbereitungen lagen jetzt beim Innenministerium. Am 9. Juni 1953 endlich konnte Lehr die Liste der für den Ausschuß zur Verfügung stehenden Herren an Gessler übermitteln. Sie umfaßte außer dem bisherigen Mitglied Pohle drei »unabhängige Persönlichkeiten« (Generaloberst a. D. Stumpff, General Hasso von Manteuffel, Oberst a. D. Müller) sowie je einen Vertreter vom Bund deutscher Soldaten, vom Kyffhäuserbund, vom Verband der Heimkehrer, vom Verband der Kriegsbeschädigten, Kriegshinterbliebenen und Sozialrentner, vom Reichsbund der Kriegs- und Zivilgeschädigten und vom Bund deutscher Kriegsbeschädigter und Kriegshinterbliebener. Dazu für jeden der Verbandsvertreter einen Stellvertreter.

Die diesem Ausschuß zu stellenden Fragen konzentrierte Dr. Lehr jetzt auf vier: (1) Sollen alle Kriegsauszeichnungen wieder zugelassen werden oder nur bestimmte Orden und Ehrenzeichen, gegebenenfalls welche? (2) In welcher Form sollen sie getragen werden? Auf keinen Fall mit dem nationalsozialistischen Symbol, also unter Beseitigung des Hakenkreuzes oder unter Transponierung auf Bänder? (3) Soll innerhalb einer bestimmten Frist die Möglichkeit zu nachträglicher Verleihung bestehen? (4) Welcher Nachweis der Berechtigung zum Tragen früher verliehener Auszeichnungen soll verlangt werden? – Dem Schreiben war eine Aufstellung der seit 1933 gestifteten Auszeichnungen beigelegt; sie umfaßte 24 vor Kriegsausbruch und 7 nach Kriegsausbruch verliehene Auszeichnungen, dazu 35 Waffen- bzw. Kampfabzeichen, vom Narvikschild über das Tieffliegervernichtungsabzeichen bis zum Armband Afrika.

Zur Beratung der vier Fragen sollte zunächst der Sachverständigenausschuß am 28. und 29. Juli unter Vorsitz von Gessler in Bonn zusammentreten. Es wurden dazu außer Pohle, den drei unabhängigen Persönlichkeiten und den Vertretern der schon genannten Verbände noch einer des Stahlhelms, Vertreter der Dienststelle Blank und des Innenministeriums sowie Generalfeldmarschall a. D. Kesselring zugezogen, dessen Teilnahme, wie Gessler betonte, sich als besonders nützlich erwies (1. August an Klaiber). Die Verhandlungen verliefen so rasch und glatt, daß man mit einem Tag auskam. Es wurde einstimmig beschlossen, »daß aus allen Auszeichnungen, die künftig geschützt werden sollen, das Hakenkreuz unter allen Umständen ausscheiden soll«. Es sei, so betonte General von Manteuffel, »das Parteisymbol, unter dem die verabscheuungswürdigsten Verbrechen begangen wurden«. Im übrigen wurde ein kleiner Ausschuß unter Generaloberst Stumpff zur Ausarbeitung eines Gutachtens gebildet, das dann dem Gesamtausschuß vorgelegt werden sollte.

Nachdem das Gutachten erstattet war, trat das Plenum am 24. September 1953 zur Schlußsitzung in Bonn zusammen. Es erklärte in folgenden Punkten zu einstimmiger Auffassung gekommen zu sein: (1) »Kriegs- und Tapferkeitsauszeichnungen sind und bleiben ehrwürdig.« ...Es handle sich nur um die Wiederzulassung des *öffentlichen* Tragens der Auszeichnungen des Zweiten Weltkriegs, für die des Ersten bestehe kein Zweifel. (2) Ausschluß des Hakenkreuzes. (3) Einzelbestimmungen für die Form des Eisernen Kreuzes unter Rückgriff auf die Tradition von 1813. Die Wiederholungsspangen sollten entfallen. (4) Weitgehende Zulassung von Waffenabzeichen, soweit sie in einer Anlage aufgeführt wurden. (5) Abänderungen für die Trageform dieser Abzeichen gemäß eben dieser Anlage. (6) Berechtigung zum Tragen des Verwundetenabzeichens der entsprechenden Stufen. (7) Von Neuverleihungen und neuen Verleihungsurkunden ist abzusehen. (8) Die Berechtigung zum Tragen ist angesichts der Nachkriegsverhältnisse nicht vom Besitz einer Verleihungsurkunde abhängig zu machen, unberechtigtes Tragen unter Strafe zu stellen. (9) Originalausgaben aus den Jahren 1933–45 verbleiben den Beliehenen. Sie dürfen in der Öffentlichkeit nicht getragen werden. Handel mit ihnen ist verboten. (10) Nachverleihungen sind als undurchführbar anzusehen. Die Frage eines besonderen Abzeichens für Spätheimkehrer bleibt zu prüfen. Punkt 11 und 12 beziehen sich auf die Frage eines Ehrensoldes für die Träger höchster Kriegsauszeichnungen aus dem Ersten Weltkrieg und auf das Tragen ausländischer Kriegsauszeichnungen.

Nachdem dieses Gutachten Heuss zugegangen war, brachte er in einem Schreiben an Gessler vom 12. Oktober 1953[6] seinen besonderen Dank zum Ausdruck. Er griff dabei auf den Brief vom September 1951 zurück: »Sie haben mir damals keine Absage erteilt, sondern mit der mir aus Ihrer früheren langjährigen politischen Arbeit bekannten Tatkraft und dem besonderen Verständnis gerade für alle soldatischen[7] Fragen diese Aufgabe angepackt und damit entscheidend dazu beigetragen, diesen Teil der Diffamierung der deutschen Soldaten so rasch, wie es möglich war, zu beseitigen.« Heuss fuhr fort, daß er das Gutachten als geeignete Grundlage für die Gesetzesvorbereitungen betrachte, und stimmte dem Vorschlag zu, es im Bulletin der Bundesregierung zu veröffentlichen.

Das ist geschehen[8]. Die Angelegenheit konnte jedoch erst zum Abschluß gebracht werden, nachdem am 5. Mai 1955 mit der Souveränitätserklärung der Bundesrepublik von seiten der Alliierten das durch das Kontrollratsgesetz vom Oktober 1949 auferlegte Verbot vollends obsolet geworden war. Daraufhin wurde im Innenministerium ein Ordensgesetz vorbereitet. Sein

Entwurf ging im April 1956 dem Bundesrat, im Mai 1956 dem Bundestag zu. Kurz zuvor (am 8./9. Februar) hat Heuss nochmals in einer vierseitigen bemerkenswerten Aufzeichnung, die an das Bundesministerium des Inneren ging, zur Ordensfrage, zumal zur Frage der Kriegsauszeichnungen, sich geäußert. Nach entsprechender publizistischer Vorbereitung, »damit es kein zusätzliches Getöse gibt«, sollte die Angelegenheit jetzt »vorangetrieben« werden. Indem er irrtümlicherweise annahm, daß das Gutachten außer dem Hakenkreuz auch das schwarzweißrote Band habe fortfallen lassen wollen, bemerkte Heuss: »Manche der Abzeichen werden ohne Band getragen werden müssen – der Ersatz durch Schwarz-Rot-Gold ist natürlich unmöglich. Das Schwarz-Silber des EK scheint mir angemessen.« Im übrigen wandte er sich in charakteristischer Weise gegen die oft »greulich naturalistischen Abzeichen..., bei dem Versuch, den vielerwähnten Traditionswerten des Militärischen gerecht zu werden, kann ich nicht glauben, daß der künstlerische Miß-Geschmack von Adolf Hitler denen zuzurechnen ist... Gewiß waren diese Abzeichen für den, der sie erhielt, mit Affektionswerten angereichert, aber sie gehören in ein Museum der Geschmacksgreuel und nicht in die deutsche Tradition.«

Die Farbenfrage spielte auch bei der zweiten und dritten Lesung im Bundestag (27./28. Juni) eine gewisse Rolle [9]. Ein SPD-Abgeordneter schlug mit Rücksicht auf die Spaltung des Vaterlandes die Einführung eines schwarzen Bandes vor. Der Minister des Innern befürwortete, sich auf die Beseitigung des Hakenkreuzes zu beschränken. Was Schwarz-Weiß-Rot betreffe, so sei zu bedenken, daß es für sehr viele Menschen das Mittel gewesen sei, um vor der Hakenkreuzfahne ausweichen zu können. Auch Frau Lüders betonte, man habe nach 1933 bewußt nach diesem Mittel gegriffen. Im übrigen zeigte sich eine allgemeine Abneigung, eine »Flaggendiskussion« heraufzubeschwören. Das endgültige Gesetz vom 20. Juli 1957 [10] geht nicht ausdrücklich auf die Farbenfrage ein. In seinem Abschnitt II betreffend »Früher verliehene Orden- und Ehrenzeichen« entsprach es im wesentlichen den Vorschlägen des Gutachtens vom Oktober 1953.

*

Es ist ein kleiner zeitlicher Sprung zurück, freilich zugleich ein großer sachlicher Sprung, wenn an die Zitierung der Briefe des Bundespräsidenten an Gessler aus den Jahren 1951 und 1953, mit denen er die Frage der Kriegsorden in Gang brachte, ein Brief angeknüpft wird, den er am 10. Dezember 1950 an Friedrich Meinecke schrieb und der den ersten Anstoß zur Wiederbelebung des Ordens ›Pour le mérite für Wissenschaften und Künste‹ gab. Und doch fehlt es nicht an einer inneren Verbindung. Man wird sie in dem schon berührten Sinn des Bundespräsidenten für Tradition erblicken dürfen, der in diesem Fall verstärkt wurde durch das Bewußtsein einer durch kein Unrechtsregime zu unterbrechenden Kontinuität im geistigen und künstlerischen Bereich. Heuss wandte sich an Meinecke in der begreiflichen, freilich damals irrigen Meinung, daß er zu den übriggebliebenen Trägern des Ordens gehöre. Es beschäftige ihn seit einiger Zeit, so schrieb er, die Frage einer »Neuschöpfung von Orden«, vor allem unter dem Gesichtspunkt ihrer Verwendbarkeit im diplomatischen Verkehr. »In der Zeit der Weimarer Republik war das Fehlen solcher Möglichkeiten eine gewisse Behinderung, denn Porzellan-Service und ähnliches lassen sich ja nicht an den Frack hängen.« Neben solcher mehr politisch-technischen Überlegung, so fuhr der Brief fort, stehe auch die »einer Form der Auszeichnung, die eine große Tradition besaß, vielleicht neue Wirklichkeit und Wirksamkeit zu geben. Und hier möchte ich den Versuch machen, die Friedensklasse des Pour le mérite neu zu beleben. Ich weiß erstens, daß es ein preußischer Orden war, und zweitens, daß er eine Stiftung Friedrich Wilhelms IV. gewesen ist, der durch Alexander von Humboldt beraten war. Der Orden, der 30 ausgezeichnete Männer bei einer bestimmten inneren Aufteilung der künstlerischen und wissenschaftlichen Disziplinen umfaßte, ist ja, wie Sie wissen, durch Adolf Harnack nach 1918 erhalten geblieben. Auch nachdem die Weimarer Verfassung Orden und Ehrenzeichen abgeschafft hatte, war der Reichspräsident Ebert einsichtig genug, diesen Geistesaristokraten-Orden demokratischer Ordnung zu erhalten. Sie wissen, daß die personelle Zusammensetzung dieses Ordens wie auch das von den Staatsautoritäten unabhängige Verfahren der Selbstergänzung nicht in das System des Nationalsozialismus paßte. Hitler hat seine Weiterführung untersagt.«

Heuss erinnerte dann weiter daran, daß er 1942 bei der 100jährigen Wiederkehr der Stiftung – anonym – eine Geschichtsbetrachtung in der ›Frankfurter Zeitung‹ geschrieben habe, für die er archivalisches und privates Material habe durchsehen können. Er sei bei seiner Überbelastung und dem wahrscheinlichen Verlust der Unterlagen nicht imstande, die Rekonstruktion der Dinge in seinem Gedächtnis vorzunehmen. Er fuhr dann fort: »Ich möchte Ihnen folgende Idee unterbreiten, daß Sie mir einen Brief schreiben, in dem Sie mich bitten, die Friedensklasse des Ordens Pour le mérite wieder ins Leben zu rufen, um eine würdige und bedeutende Tradition nicht untergehen zu lassen. Ich würde Ihnen dann antworten, daß ich von mir aus die Anregung begrüße, aber nicht als Neustifter auftrete (was eine geschichtliche Geschmacklosigkeit wäre), sondern ich würde an Sie Bitte und Auftrag richten, mit den noch vorhandenen Trägern des Ordens Pour le mérite die Ergänzung auf die 30 Namen einzuleiten. Damit hätten wir die historische Kontinuität bewahrt und die geistige und sachliche Autonomie des Ordens neu gesichert. Bei dieser Neuergänzung würde am besten ein kleiner Kreis, an dessen Arbeit ich selbst gerne mitwirken würde, beratend auftreten. Wir würden uns auch überlegen, ganz wenige, aber wirkungsvolle Ausländer hereinzunehmen [11], mit denen natürlich auch vorher sorgfältig gesprochen werden müßte. Wenn es auf solche Weise gelingt – ich erbitte Ihr Mitdenken und Ihr Mitwirken –, den deutschen Orden vor den Deutschen selbst und der Welt wieder zur Gestalt zu bringen, so wäre es moralisch-psychologisch und geistig-politisch unzweifelhaft ein Gewinn...»

Unmittelbar nach Absendung dieses Briefes stellte Heuss seinen Irrtum fest. Er erfuhr auf dem Umweg über die Notgemeinschaft deutscher Wissenschaft, daß nur mehr drei Träger des Ordens am Leben seien: Enno Littmann, Wilhelm Furtwängler und General v. Kuhl. In einem Brief an Meinecke vom 14. Dezember bat er ihn, in seinem Irrtum nur ein Zeugnis dafür zu sehen, »welche Verehrung für Sie und Ihre Arbeit in meiner Seele immer lebendig war und lebendig geblieben ist«. Meinecke antwortete am 19. Dezember mit herzlichem Dank für die beiden so ehren- und vertrauensvollen Schreiben und einem bezeichnenden Stoßseufzer der Erleichterung, daß er das schon begonnene Antwortschreiben auf den ersten Brief nun beiseite legen könne. Selbstverständlich müsse die Erneuerung von den letzten drei noch überlebenden Ordensrittern ausgehen. Zusätzlich sandte er dem Bundespräsidenten Material zur Geschichte und zur früheren personellen Zusammensetzung des Ordens, das der Neffe des Ägyptologen Erman gesammelt hatte.

An dem gleichen Tag, an dem Heuss seinen zweiten Brief an Meinecke sandte, schrieb er an denjenigen unter den drei überlebenden Ordensrittern, der für die Übernahme der Initiative vor allem in Frage kam, an den Orientalisten Enno Littmann. Der Brief an diesen ist in großen Teilen gleichlautend mit dem ersten Brief an Meinecke. Er wiederholt die Bitte, an ihn die Bitte zu richten, die Friedensklasse wieder ins Leben zu rufen. Bei dem Passus, der die Zuwahl von Ausländern betrifft, fügte Heuss hinzu, er denke persönlich dabei an Albert Schweitzer, Benedetto Croce, Carl Burckhardt. In dem neu formulierten Schlußabsatz betonte er, daß Littmann der einzige sei, der für die Übernahme der Bitte an ihn »optisch« recht eigentlich in Frage käme. »So verehrungswürdig der 93jährige General v. Kuhl – wohl der bedeutendste Kriegshistoriker in der letzten Generation – auch ist, könnte es einen falschen Eindruck machen, ihn um die Initiative zu bitten, und ähnliches müßte bei Wilhelm Furtwängler befürchtet werden, so bedeutend und großartig seine Wirkung ist, daß deshalb die inner- und außerhalb noch beliebten Schießübungen neu einsetzen würden.«

Die Antwort von Enno Littmann liegt nicht vor. Daß sie nicht anders als sehr positiv ausgefallen ist, wird ohne weiteres anzunehmen sein und durch einen Brief des Bundespräsidenten vom 9. Januar 1951 bestätigt. In ihm dankt Heuss für die an ihn »gerichtete Anregung, die Friedensklasse des Ordens Pour le mérite wieder aufleben zu lassen«. Er setzt sich dann mit einer möglichen Einwendung gegen den »preußischen« Charakter des Ordens auseinander. Er habe »von Anbeginn an einen umfassenden Charakter besessen... indem wir auf diesen blicken, haben wir weder Hemmungen noch Bedenken, den Vorschlag, den Sie... an mich richteten, in dem Gefühl der sachlichen und moralischen Berechtigung aufzunehmen und zu beantworten: die Bundesrepublik Deutschland darf sich als Bewahrerin und, wo es nottut, als die Erneuerin von solchen Institutionen betrachten, die einen gesamtdeutschen, die einen übernationalen Sinn besaßen und heute heimatlos geworden sind.«

Indem Heuss sich dann zu praktischen Fragen wandte, sprach er zwei Anregungen aus, einmal die bisherige Aufteilung in 10 Geisteswissenschaftler, 10 Naturwissenschaftler, 10 Vertreter der Dichtung und der Künste beizubehalten, weiter ebenso die Zuwahl von Angehörigen fremder Staaten. »Gerade auch daran«, so schloß der Brief, »ist mir persönlich viel gelegen, nicht aus einer aktualisierenden Zweckhaftigkeit, sondern um in der Welt des geistigen und künstlerischen Schöpfertums die von der Machtpolitik zerrissenen Kräfte neu zu festigen, indem sie in den Strom einer ehrwürdigen Überlieferung gestellt werden.«

In weiteren Briefen an Littmann vom 12. und 21. Januar 1951 berichtete Heuss, daß Kuhl und Furtwängler der Erneuerungsabsicht freudig zugestimmt hätten, sowie von einem »vortastenden Versuch« bei Einstein, der bei der Auswanderung 1933 den Orden an Max Planck zurückgereicht hatte. Einstein lehnte jedoch den Wiedereintritt ab. Auch von gewissen Schwierigkeiten, auf die seine Initiative beim Kabinett und bei den Ministerpräsidenten der Länder getroffen sei, berichtete Heuss in einem Brief vom 13. März. Man befürchtete, der zu erneuernde Orden könne mit dem militärischen Pour le mérite verwechselt werden oder es werde damit die Gesamtfrage der staatlichen Auszeichnungen beiseite gesetzt. An die Gefahr einer Verwechslung glaubte Heuss nicht, und den Ordenskomplex im ganzen wollte er im Zusammenhang mit dem Innenministerium und den Ländern klären.

Kurz darauf setzte sich der Generalsekretär der Mainzer Akademie, der Orientalist Scheel, in der Frage der Erneuerung des Ordens mit dem Staatssekretär im Innenministerium Dr. Wende und auch mit Littmann in Verbindung (15. und 19. Februar 1951). Es wurden in der sich daran anschließenden Korrespondenz einige technische Fragen geklärt und auch Personalfragen angesprochen. Aber es dauerte ein volles Jahr, bis Wende am 19. Februar 1952 Littmann mitteilen konnte, daß jetzt, nachdem der Plan der Bundesauszeichnung Gestalt gewonnen habe, der Bundespräsident »seine Anregung wiederaufnehmen möchte. Dies auch im Hinblick darauf, daß am 31. Mai d. J. 110 Jahre seit der von Friedrich Wilhelm IV. erlassenen Urkunde über die Stiftung der Klasse für Wissenschaften und Künste vergangen sind. Der Herr Bundespräsident hält den 31. Mai d. J. für den geeignetsten Tag, um die Erneuerung des Ordens Pour le mérite zu verkünden.« Wende schlug in Übereinstimmung mit Heuss vor – und so ist dann auch bei der »Wiederbelebung« am 31. Mai verfahren worden –, daß die drei noch lebenden Mitglieder des Ordens zunächst nur je fünf Mitglieder für die drei

Gruppen wählen sollten, so daß dann ein erweiterter Kreis die übrigen Wahlen vornehmen könne. Es sei hierzu bemerkt, daß Heuss selbst kategorisch ablehnte, etwa zugewählt zu werden, und daß er daran auch nach Beendigung seiner Amtszeit festgehalten hat. Aber er war, wie Wende schrieb, unter Umständen bereit, »in einer noch näher festzustellenden Weise mitzuwirken, um dem Vorhaben einen rechtzeitigen und guten Erfolg zu sichern«.

Am 1. und 4. April 1952 schrieb der Bundespräsident dann selbst wiederum an Littmann. Er erklärte sich, von Badenweiler kommend, zu einem Umweg bereit, »damit wir die Geschichte mit dem Pour le mérite möglichst weitgehend zur Klärung bringen können«. Es sei dem lokalpatriotischen Interesse die Bemerkung nachgesehen, daß die für das weitere Vorgehen offensichtlich grundlegende Besprechung in Tübingen, im »Lamm«, stattgefunden hat. Auf Einzelheiten des Verfahrens soll indessen hier nicht eingegangen werden, es mag nur noch abschließend eine kurze Würdigung aus der Feder des Mannes zitiert werden, an den die erste Anregung ergangen war. Am 7. Juni 1952 schrieb Friedrich Meinecke an Heuss: »Deutsche Wissenschaft und Kunst schulden Ihnen einen ganz besonderen Dank für die Wiederherstellung der Friedensklasse des Ordens Pour le mérite, die auf Ihre Initiative erfolgt ist. Zugleich wurde der Welt damit gezeigt, daß es auch gute preußische Traditionen gibt, die es wert sind, wieder belebt zu werden. Es war mir eine hohe Freude, unter den neugewählten Mitgliedern zu sein, aber ich mußte dabei an die heimgegangenen Generationsgenossen Marcks, Hintze und Oncken denken, die es mindestens ebenso reichlich verdient hätten. Die Auswahl der neugewählten 15 Mitglieder fand – soweit ich höre – allgemeine Zustimmung, hoffentlich werden wir nun – bei der Zuwahl der noch fehlenden 12 Mitglieder – eine glückliche Hand haben.«[12]

---

1 Der Verfasser dankt Dr. Pikart vom Theodor-Heuss-Archiv, dem Ordenskanzler Percy E. Schramm und Frau Professor Littmann-Nöldeke, die das den folgenden Ausführungen zu Grunde liegende Quellenmaterial zur Verfügung gestellt haben. Vgl. Vorabdruck in Vjh. f. Zeitgeschichte, XVII, S. 414 ff.
2 Durch Erlaß vom 7. September 1951 (BGBl. I, S. 851).
3 Abgedruckt in: Otto Gessler, Reichswehrpolitik in der Weimarer Zeit (Stuttgart 1958), S. 533. Die Vordatierung ergibt sich aus dem Originalkonzept in den Akten des Theodor-Heuss-Archivs.
4 Am 26. Mai 1952 fand die feierliche Unterzeichnung des »Deutschlandvertrages« statt.
5 Im März und Mai 1953 nahmen der Bundestag bzw. der Bundesrat die Verträge an.
6 Vgl. Gessler, a. a. O. (Anm. 3), S. 535 ff.
7 So im Original. Im Abdruck steht: militärischen.
8 Der volle Wortlaut des Gutachtens nebst der Anlage ist gedruckt in: Bulletin der Bundesregierung vom 22. Oktober 1953 (Nr. 202, S. 168 ff.).
9 Stenographische Berichte, Bd. 37, 216. Sitzung und Bd. 38, 217. Sitzung.

10 Gesetz über Titel, Orden und Ehrenabzeichen vom 20. Juli 1957 (BGBl. I, S. 844 ff.).

11 In den Statuten war vorgesehen, daß der Orden 30 deutsche Mitglieder haben solle und bis zu 30 Ausländer zuwählen könne.

12 Im Jahre 1952 wurden gewählt:

a) in der geisteswissenschaftlichen Abteilung: Ernst Robert Curtius, Ludwig Curtius, Erich Hänisch, Erich Kaufmann, Theodor Litt, Friedrich Meinecke, Karl Reinhardt und Eduard Spranger;

b) in der naturwissenschaftlichen Abteilung: Walther Bothe, Gerhard Domagk, Karl von Frisch, Otto Hahn, Max Hartmann, Max von Laue, Otto Renner, Otto Warburg, Heinrich Wieland und Adolf Windaus;

c) in der Abteilung für Dichtung und Künste: Paul Bonatz, Paul Hindemith, Carl Hofer, Gerhard Marcks, Emil Nolde, Paul Schmitthenner, Reinhold Schneider, Rudolf Alexander Schröder und Renée Sintenis.

III
Parteien und Eliten

Klaus von Beyme

Regierungswechsel 1969

Zum Wandel der Karrieremuster der politischen Führung

1. Methodische Vorbemerkung

Zur Abgrenzung einer politischen Elite werden vornehmlich zwei Verfahren angewandt:

(a) die *positionelle Methode*, die funktionale Eliten an Hand der Inhaber der verfassungsrechtlich vorgesehenen Machtposition beschreibt;

(b) die *reputationelle Methode*, die durch Befragen wichtiger Decision Makers versucht, die Einflußreichsten zu ermitteln, die sich dann häufig nicht als identisch mit den Inhabern formeller Machtpositionen erweisen.

Beide Ansätze haben ihre Schwächen. Der erste Ansatz ermöglicht eine objektive Abgrenzung des zu untersuchenden Aggregats, ohne die subjektiven Trübungen des Meinens anderer, die bei dem behavioristischen Ansatz der reputationellen Methode – vor allem bei einem kleinen Sample – das Ergebnis stark verfälschen können. Es zeigte sich immer wieder, daß auch gut informierte Decision Makers häufig keine zutreffende Perzeption des Einflußprozesses hatten [1]. Die positionelle Methode erschwert jedoch durch die überwiegend quantitative Bearbeitung von sozialen Background-Daten eine Bewertung des Gewichts einzelner Teilnehmer an politischen Entscheidungsprozessen und droht die Hintergrunddaten unverbunden neben der eigentlich politischen Fragestellung zu erörtern. Für das Studium sozialer Mobilität im allgemeinen und politischer Mobilität im besonderen leistet diese Methode gute Dienste, solange sie nicht den alten institutionalistischen Ansatz, der durch die Elitenforschung im Rahmen der politischen Soziologie gerade überwunden werden sollte, durch die Hintertür wieder einführt, wenn Einfluß mit legalen politischen Machtpositionen identifiziert wird. Neben der verfassungs- oder satzungsmäßig begründeten Führung gibt es immer auch eine »interessenmäßig begründete, implizit autorisierte Einflußnahme« [2]. Einige Elitentheoretiker, wie Urs Jaeggi, betonen die Notwendigkeit, die »grauen Eminenzen« und »Drahtzieher« zu berücksichtigen, ohne jedoch genau anzugeben, wie diese empirisch zu ermitteln sind [3].

Die reputationelle Methode andererseits hat den Nachteil, daß sie kaum zu langfristigeren Aussagen kommt, da der behavioristische Ansatz einen großen Forschungsaufwand und mehr Geduld der Positionsinhaber mit Interviews erfordert, als diese gemeinhin aufbringen. Zudem sind die »key decisions«, in denen man Einfluß über längere Zeiträume hin testen könnte, nur schwer für alle Gruppen und Quasigruppen verbindlich festzustellen[4]. Außerdem wäre es einseitig, nur wichtige Entscheidungen auf die Einflüsse von entscheidenden Personen und Gruppen hin zu untersuchen. Einfluß kann auch auf Unterlassen zielen, wie bei fast allen Vetogruppen, und der »non-decision-making process« im politischen System müßte ebenfalls untersucht werden, wenn man zu zutreffenden Hypothesen über Einfluß und Durchsetzungsvermögen bei Entscheidungen kommen will[5]. Jede Studie über die politische Elite in der Bundesrepublik muß davon ausgehen, daß nicht einmal über die wichtigsten Entscheidungen hinreichende empirische Untersuchungen vorliegen. Die wenigen detaillierten Einflußstudien lassen den Schluß nicht zu, daß »key decisions« in der Bundesrepublik stets von einer kleinen festumgrenzten Gruppe von Drahtziehern durchgesetzt werden, vielmehr zeigt sich ein äußerst diffuses Bild von Einflüssen und Gegenpressures auf mehreren Ebenen[6].

Die durch die kritische Theorie wieder populär gemachte Vorstellung, das »Monopolkapital« entscheide letztlich im politischen Prozeß der Bundesrepublik, verdunkelt mehr, als sie erhellt, da detaillierte Einflußstudien zeigen, daß das Monopolkapital selten ein einheitlich handelndes Aggregat ist; das zeigt sich selbst in Ländern mit klareren politischen Klassenfronten, etwa in Italien vor einer wichtigen Entscheidung wie der Haltung des Großkapitals zu der »Öffnung nach links«[7].

Trotz der genannten Bedenken ist es für die Politikwissenschaft nicht völlig sinnlos, Karrieremuster einer eng umgrenzten Positionselite zu untersuchen. Die Auswahl von Ministern, Staatssekretären, Parteiführern und Ministerpräsidenten der Länder unterstellt keineswegs, daß die Angehörigen dieser Gruppe a priori die Mächtigsten und Einflußreichsten im System sind, sondern geht lediglich von einigen Hypothesen aus:

(a) daß diese Aggregate dank ihrer verfassungsmäßigen Kompetenzen und Ämterkumulation, die solche Positionseliten mit den gesellschaftlichen Machtzentren verbindet, eine größere Chance zur Durchsetzung ihrer Vorstellungen haben als andere Gruppen;

(b) daß die Addition dieser Positionen noch keine Gruppen schafft, die ein einheitliches Bewußtsein und Handeln zeigen oder gar insgesamt eine homogene politische Elite ausmachen, sondern durch die enge formelle und partiell auch enge informelle Kommunikation dieser Positionsinhaber die Chance einheitlichen Handelns im Vergleich zu allen anderen Einflußsuchenden steigt;

(c) daß der institutionelle Rahmen des politischen Systems solche Kommunikation im Vergleich zu anderen Aggregaten und Gruppen erleichtert und zugleich durch bestimmte Institutionen (z. B. die Einheit von Ministeramt und Abgeordnetenmandat im parlamentarischen System oder den Föderalismus) die Karrieremuster und die Führungsauslese determiniert. Die Tendenz zur Oligarchie, die von außen politische Entscheidungen determiniert, wird häufig unterschätzt, weil die Kommunikationsschwierigkeiten von potentiell mächtigen Gruppen und Individuen viel zu gering veranschlagt werden, wie man selbst für die lokalen Machtzentren in »community power studies« nachweisen konnte. Selbst auf lokaler Ebene wäre eine Unmenge von Meetings mit Vizepräsidenten, »branch managers supervisors«, Verbandsfunktionären und Wirtschaftsbossen nötig, um alle Teile eines lokalen »Establishments« zu einer einheitlichen Handlungsweise und Einflußnahme zu bewegen [8].

(d) Die Erforschung von Politikerkarrieren hat auch, abgesehen von ihrem mittelbaren Aufschluß über politischen Einfluß bei »key decisions«, ihren Wert für die Erforschung von Parteistrukturen, die Wirkungen von Institutionen auf politisches Verhalten, die Erhellung der Zusammenhänge von Bundes-, Landes- und Lokalpolitik, Kabinettsstabilität und Ämterrotation, die Wirkung von Ausbildungssystemen, die Interdependenz von Wirtschaft, Massenmedien, Kirchen, Verbänden und anderen gesellschaftlichen Bereichen und der Politik.

(e) Eine politikwissenschaftlich relevante Untersuchung von Eliten kann nicht dabei stehenbleiben, aus Background-Daten herauszufinden, wie man in der Politik avanciert, sondern muß die Chancen des Zugangs zu Führungspositionen in Beziehung zu den politisch Aktiven setzen und muß untersuchen, wer in einem politischen System Möglichkeiten sieht, an die Schalthebel der Macht zu gelangen.

Während die theorielose Sammlung von Background-Daten mit unsystematischen Potpourri-Klassifikationen [9] meist mehr Licht auf soziale als auf politische Vorgänge wirft, droht jedoch die »Theory of Ambition and Opportunity«, wie sie Joseph A. Schlesinger für die USA zum Ausgangspunkt der Analyse gewählt hat [10], einen universalen Willen zur Macht bei allen am politischen Leben Beteiligten zu unterstellen, der von der Häufigkeit der politischen Chancen gefördert und kanalisiert wird. Der Nutzen solcher Karrierestudien, die vornehmlich auf Informationen des »Who is who«-Typs basieren, kann nur dann erhöht werden, wenn sie nicht rein deskriptiv bleiben, sondern zu zeigen versuchen, daß die Background-Variablen mit dem politischen Verhalten der politischen Positionsinhaber zusammenhängen und daß einige der zahlreichen Background-Variablen, die studiert werden können, relevanter sind als die übrigen, um politisches Verhalten zu erklären [11]. Dieser Ansatz zwingt den Forscher, eine große Zahl von Daten zu korrelieren, und führt im Cross-national-Vergleich gemeinhin nicht zu einem einheitlichen Befund. Edingers Forschungsgruppe fand zum Beispiel, daß Alter und Klassen für Frankreich Variablen mit hoher prediktiver Kraft waren, während das für die Bundesrepublik nicht zutraf[12]. Vergleiche leiden zudem daran, daß nicht einmal die Background-Daten immer vergleichbar sind, wie z. B. Einteilungen von sozialen Schichten, Verbandszugehörigkeit, ja sogar Ausbildungssysteme[13]. Solche Korrelationen können jedoch nur vorgenommen werden, wenn die Kenntnis über politische Eliten aus Background-Daten durch Interviews ergänzt wird. Dies Verfahren zwingt jedoch dazu, nicht nur die manifesten, sondern auch die latenten Attitüden der Positionsträger mit in die Analyse einzubeziehen, und erfordert eine ungewöhnliche Geschultheit der Interviewer und Interviewfreudigkeit der Elite. Aber auch amerikanische Forschungsteams, denen es weder an geschulten Kräften noch an Geld fehlte, konnten bei der Untersuchung europäischer und vor allem der deutschen Eliten keine mechanische Fragebogenaktion unternehmen, sondern die Antworten wurden erst nach einem mehr oder weniger informellen Gespräch vom Interviewer aus dem Gedächtnis aufgezeichnet, was doppelte Fehlerquellen – bei den Aussagen der Interviewten und dem Gedächtnis und Perzeptionsvermögen des Interviewers – öffnete[14]. Die Ergänzung durch Interviews droht jedoch die Vorteile, die sie für die Einschätzung einzelner Background-Variablen haben, durch den statischen Charakter der Momentaufnahme wieder zu verlieren, weil die Positionsinhaber der Vergangenheit nicht in gleicher Weise studiert werden können wie die gegenwärtigen.

Vorliegende Case-Study beschränkt sich darauf, die sozialen Background-Daten im Hinblick auf den Machtwechsel von 1969 zu untersuchen, um zu ermitteln, ob sich die zwei Jahrzehnte an einen solchen Wandel geknüpften Erwartungen hinsichtlich politischer Führungsauslese erfüllen[15].

2. Soziale Daten der politischen Führung

Es wäre vermessen, nach einem Jahr einer neuen Koalitionsregierung bereits grundlegende Wandlungen in den Karrieremustern der politischen Führung des Landes zu erwarten. Dennoch lassen sich einige Entwicklungstrends – im Vergleich mit den Mustern der Führungsauslese in der Adenauer-Ära – bereits ausmachen.

a) Geschlecht der Spitzenpolitiker – Die Frauenfrage

Ein altes Gravamen der Führungsauslese ist die Benachteiligung der Frauen. Es hat vor dem Oktober 1969 nur vier Frauen in Spitzenpositionen gegeben: als Minister Elisabeth Schwarzhaupt, Änne Brauksiepe und Käthe Strobel sowie als Staatssekretär Gabriele Wülker. Bisher gab es keinen weiblichen Ministerpräsidenten in einem Bundesland – auch nicht im Zeitalter der Frauenpremiers Indira Gandhi, Golda Meïr und Frau Bandaranaike.

1969 bemühte sich die neue Bundesregierung, das frauenfeindliche Image der deutschen Politik etwas abzubauen. Angesichts der Auflösung mancher kleinerer Ressorts kam eine Vermehrung der Zahl der weiblichen Minister offenbar nicht in Betracht, und keines der wichtigsten Ressorts wurde bisher in der Bundesrepublik einer Frau anvertraut, auch in der neuen Regierung nicht. Neben Käthe Strobel, die das Gesundheitsministerium weiter führt, kamen drei Frauen in führende politische Stellungen: Hildegard Hamm-Brücher (FDP) als beamteter Staatssekretär und als parlamentarische Staatssekretäre Katharina Focke (SPD), die von der Presse als »Senkrechtstarterin« der SPD gefeiert wurde, im Bundeskanzleramt und Brigitte Freyh (SPD) im Ministerium der »unorthodoxen Karrieren«, dem Entwicklungshilfeministerium. Auch im Bundestag traten Frauen in das Rampenlicht der Öffentlichkeit: Liselotte Funcke (FDP) als Vizepräsidentin des Bundestages und die sieben weiblichen Abgeordneten in den Fraktionsvorständen (CDU/CSU und SPD je drei, FDP eine). Helga Wex ist die einzige Frau im Präsidium der CDU, Annemarie Renger parlamentarische Geschäftsführerin der SPD. Aber nur ein Bundestagsausschuß hat einen weiblichen Vorsitzenden, und es ist der am wenigsten gefragte Petitionsausschuß. Das Einrücken der Frauen in ein paar wichtige Positionen darf nicht darüber hinwegtäuschen, daß im ganzen die Zahl der weiblichen Repräsentanten zurückging. Der fünfte Bundestag hatte am Anfang 36 weibliche Abgeordnete, der sechste nur 34 (SPD 18, CDU/CSU 14, FDP 2). Erfahrungsgemäß steigt die Anzahl der weiblichen Abgeordneten gegen Ende der Legislaturperiode, wenn eine größere Anzahl von Abgeordneten ausgeschieden ist und einige Frauen, die auf schlechteren Listenplätzen plaziert waren, nachrücken: Im fünften Bundestag waren es am Ende 43 weibliche Abgeordnete. Die Bundesrepublik liegt mit einem Anteil von etwa 8 % über der Mitte des Spektrums von Parlamenten der Welt. Am stärksten ist der Anteil der Frauen in den machtlosesten Parlamenten der Welt (Oberster Sowjet rd. 30 %, Volkskammer der DDR 27 %). In westlichen Staaten variiert der Anteil weiblicher Abgeordneter von 13,5 % (Finnland) und 10,6 % bzw. 14,6 % (in den zwei Kammern, die in Schweden bis 1970 existierten) bis zu rd. 2 % in Frankreich und den USA. Bei den ministeriellen Posten hingegen führt England, das Mutterland der Frauenbewegung, mit sieben weiblichen Ministern, darunter einem mit Kabinettsrang [16].

Bei den Frauen ist es offenbar noch schwieriger, sich aus den unteren Schichten in politische Führungspositionen emporzuarbeiten. Außer Frau Strobel, deren Vater Schuhmacher, Gewerkschaftssekretär und USPD-Mitglied war, stammen die meisten weiblichen Spitzenpolitiker aus gutbürgerlichen Häusern, nicht wenige aus Beamtenhäusern (Brauksiepe: Reichsbahnbeamter, Schwarzhaupt: Oberschulrat, Wülker: Pfarrer). Katharina Focke ist die Tochter des bekannten Publizisten Ernst Friedländer. Auch die Forschung über weibliche Politiker auf parlamentarischer Ebene zeigt ähnliches: Juristinnen sind nicht in gleichen Anteilen wie Juristen unter männlichen Abgeordneten vertreten; Pädagoginnen, Philologinnen und soziale Berufe überwiegen unter den weiblichen Abgeordneten. Im Gegensatz zu den wenigen Fällen von Frauen in höchsten politischen Ämtern hat jedoch die Frau als Abgeordnete im Durchschnitt eher eine längere akademische Ausbildung hinter sich, woraus man geschlossen hat, daß die Frau qualifizierter und leistungsfähiger sein muß als der Mann, wenn beide dieselbe Position anstreben [17].

In neuerer Zeit zeichnet sich ein vielversprechender Wandel der Karrieremuster ab. Die ersten weiblichen Minister entsprachen ganz dem Bild der Frauenpolitikerinnen, die über Frauen- oder Kirchenorganisationen emporstiegen: Frau Schwarzhaupt war Oberkirchenrätin, Frau Brauksiepe Vorsitzende des katholischen Frauenbundes. Auch Frau Strobel hat in der Frauen- und Kinderarbeit begonnen. Nur Gabriele Wülker wich von diesem Muster ab durch ihre Tätigkeit als Leiterin der Studienstelle für Entwicklungsländer des Emnid-Instituts. Angeblich hat Adenauer ihr vorzeitiges Ausscheiden aus gesundheitlichen Gründen dem Geschlecht als ganzem angekreidet und das Vorurteil bestätigt gesehen, daß Frauen sich nicht für den Posten eines Staatssekretärs eigneten [18]. Die neue Generation der führenden Politikerinnen zeigt, daß die traditionelle Beschränkung der weiblichen Politiker auf Frauen- und Erziehungsfragen nicht unausweichlich ist: Katharina Focke studierte an der Philosophischen Fakultät (u. a. Politische Wissenschaft) und widmete sich weitgehend der europäischen und Verkehrspolitik, Brigitte Freyh studierte ebenfalls an der Philosophischen Fakultät und arbeitete in den Ausschüssen für Entwicklungshilfe und Publizistik mit, Hildegard Hamm-Brücher studierte Chemie, arbeitete als Publizistin und wurde erst später eine Spezialistin für Erziehungsfragen. Helga Wex legte in einem Interview Nachdruck auf die Feststellung: »Wir haben erst nach dem Krieg zusammen angefangen und kommen nicht aus Frauenorganisationen.«[19] Das Gros der weiblichen Politiker in den Parlamenten und Parteihierarchien hat es jedoch noch immer schwer, aus dem Getto der vorgeblich »fraulichen Domänen« auszubrechen; vor allem fehlen sie in den wirtschaftlichen und Verteidigungsausschüssen meist völlig.

Die Behandlung des Aufstiegs weiblicher Politiker in Presse und Literatur weist noch nicht den gleichen Grad der gelassenen Selbstverständlichkeit auf, mit dem die vier ranghöchsten weiblichen Politiker ihre Rolle spielen und auftreten. Sie versuchen in der Öffentlichkeit verdienstvoller Weise, das Problem der Frau in der Politik aus den üblichen Klischees herauszuführen, und betonen wie Hildegard Hamm-Brücher – im Gedenken an die kämpferisch-frauenrechtlerische Generation, die einst Elisabeth Lüders (FDP) verkörperte – : »Die Politikerinnen der ersten Stunde hatten es schwerer als wir. Weil sie sich den Männern anpassen mußten, mußten sie sich verhalten wie Männer. Sie mußten noch um Privilegien kämpfen, die uns als Selbstverständlichkeit zugestanden werden. Das ließ sie zuweilen härter scheinen, als sie wollten.« Katharina Focke ergänzte: »Wir brauchten keine Barrikaden mehr zu stürmen, weil sie längst abgebaut waren.«[20]

Widerstände gegen stärkere Karrieremobilität der Frauen sind heute weniger in der politischen Elite als in den mittleren und unteren Kadern der Parteien zu finden; am geringsten sind diese vielleicht bei der FDP, in manchem am stärksten – trotz Bebels ›Die Frau und der Sozialismus‹ – in der SPD. Die Partei hat den Aufstieg der Spitzenpolitikerinnen oft nicht erleichtert und nur gelegentlich aus optischen Gründen eine frauenfreundliche Rekrutierungspolitik betrieben. Die Widerstände zeigen sich vor allem auch im Kampf um die Listenplätze, bei dem häufig qualifizierte Frauen schlechter abschnitten als mittelmäßige männliche Politiker[21]. Katharina Focke erreichte den größten Wahlerfolg, den die SPD in einem Wahlkreis errang, durch eine unorthodoxe Wahlkampfführung, die ihr 10,2 % Zuwachs an Stimmen – von 37,8 % auf 48 % einbrachte, weniger mit Unterstützung der Partei als durch ihren persönlichen Einsatz. Hildegard Hamm-Brüchers Weg führte über scharfe Konflikte in der Landespartei und einen persönlichen Erfolg in Wahlkämpfen, der nicht der Unterstützung der örtlichen FDP zu danken war. Die tendenzielle Verbesserung der Lage der weiblichen Politiker schlägt sich jedoch auch in einem Wandel der Rollenerwartung und der Rollenauffassung der Politikerinnen nieder. Das Vorurteil, daß der weibliche Politiker überwiegend dem unverheirateten, kinderlosen Suffragetten-Typ entspreche, läßt sich heute weniger denn je zuvor in der Geschichte der Bundesrepublik halten. Schon für den zweiten Bundestag wurde ermittelt, daß die verheirateten weiblichen Abgeordneten nicht nur beruflich Ungewöhnliches geleistet hatten, sondern zum Teil auch einen umfangreichen Haushalt meistern mußten, mit im Durchschnitt etwas weniger als zwei Kindern[22]. Ähnliches läßt sich für die Spitzenpolitikerinnen in Exekutivämtern nachweisen. Die 6 verheirateten Spitzenpolitikerinnen in der Geschichte der Bundesrepublik (nur Frau Schwarzhaupt war unverheiratet) haben im Durchschnitt ebenfalls etwas weniger als zwei Kinder (drei ein Kind, zwei zwei Kinder und eine drei Kinder).

b) Regionale Herkunft

Die Föderalisten haben für den Fall einer Machtübernahme der SPD befürchtet, daß der regionale Proporz in der Führungsauslese gestört werde, obwohl es diesen in der Bundesrepublik nie in der ausbalancierten Form wie in anderen föderalistischen Ländern, besonders in der Schweiz, in Kanada und partiell auch in den USA gegeben hat. Die Sorge war weitgehend unbegründet. 1969 blieb Nordrhein-Westfalen – wie in der Zeit der CDU-Herrschaft – das Land, das die meisten Führungskräfte stellte. Proportional überrepräsentiert war das größte Bundesland – wie bisher – bei den Staatssekretären. Überrepräsentiert – pro Kopf der Bevölkerung gemessen – sind die Hansestädte.

Auch die Sorgen der Vertriebenen erwiesen sich als unbegründet. Als das Vertriebenenministerium 1969 abgeschafft und ins Innenministerium eingegliedert wurde, tauchten bei den Vertriebenen Besorgnisse auf, daß ihre Belange nicht mehr berücksichtigt würden. Die neue Regierung war in der guten Lage, auf diese Besorgnisse durch Ehmke im Bundestag antworten lassen zu können: »Der Herr Bundesinnenminister hat bereits bei der Debatte über die Regierungserklärung zum Ausdruck gebracht, daß er diese Interessen im Kabinett schon durch seine eigene Person vertritt, da er selbst in diese Personengruppe gehört.«[23] Das gilt auch von anderen Mitgliedern des Kabinetts. In der neuen Regierung ist das ostdeutsche Element durchaus angemessen vertreten: aus den Oder-Neiße-Gebieten gebürtig sind Ehmke (Danzig) und Schiller (Breslau), aus dem späteren Gebiet der DDR stammt Genscher. In der neuen Regierung erscheint der Regionalproporz sogar stärker beachtet als vermutlich angestrebt. Am stärksten vertreten ist – wie bisher – das volkreichste Land Nordrhein-Westfalen, aus dem Arendt, Heinemann, Möller und Scheel stammen. Diese Überrepräsentierung verstärkt sich noch bei den Staatssekretären. Unterrepräsentiert erscheinen Baden-Württemberg und Rheinland-Pfalz; Baden-Württemberg kann jedoch Alex Möller – ungeachtet seines Geburtsortes – als Repräsentanten des Landes ansehen, da er lange im Stuttgarter Landtag und in der Führung der Landespartei tätig gewesen ist, und auch Ehmke gehört in dieses Land.

c) Herkunftsschichten

Der größte Anteil an Politikern der Bundesrepublik seit 1949 entstammt Beamtenfamilien. Bei den Staatssekretären zeigt sich eine noch stärkere Tendenz zur Berufsvererbung im Beamtenstand. Die zweitstärkste Gruppe bilden die freien Berufe. Unter ihnen sind Elternhäuser mit Reichtum und großem Lebensstil relativ selten. Im Vergleich zu den Vereinigten Staaten und den Studien über »Civilian Federal Executives« von 1959 zeigt sich in der Bundesrepublik ein stärkerer Trend zur Mitte der Schichtungspyramide. In den Vereinigten Staaten haben Untersuchungen des sozialen Backgrounds ergeben, daß die Arbeiter mit 21 % stark vertreten waren, andererseits die »business owners« mit 20 % (verstärkt durch Männer der gehobenen »business executive« [4,6 %]) ebenfalls stärker hervortraten als in Deutschland. Die »professional men« (Ärzte, Rechtsanwälte, Pfarrer, Ingenieure) bildeten auch in den USA eine starke Gruppe mit 19 %[24]. Auch die Landwirtschaft ist in Amerika noch stärker repräsentiert als in Deutschland.

Arbeiterkinder sind bei den deutschen Staatssekretären kaum vertreten; eine Ausnahme bildet seit 1969 Staatssekretär Professor Karl Heinz Sohn im Ministerium für wirtschaftliche Zusammenarbeit, dessen Vater Wirkmeister in einer Wuppertaler Textilfabrik war. Von den CDU-Ministern stammten nur wenige vom linken und Gewerkschaftsflügel aus Arbeiterschichten wie J. Kaiser, Storch oder Blank. Unter den SPD-Politikern, die seit 1966 in die höchsten Ämter einrückten, trat hier ein spürbarer Wandel ein. Mehrere Minister können der Herkunft nach der Arbeiterschaft (Arendt und Wischnewski aus Bergarbeiterfamilien, Lebers Vater war Maurer) zugerechnet werden, andere der unselbständigen Handwerkerschaft (Lauritzen, Strobel, Wehner). Aber auch unter den Vätern der SPD-Minister gehören etwa die Hälfte zu den klassischen Honoratiorenberufen: Ärzte (Ehmke, Jahn, Heinemann), Studienrat (Schmidt), Beamter (A. Möller), Ingenieur (Schiller). Bei den parlamentarischen Staatssekretären der SPD sind die Herkunftsschichten eher noch bürgerlicher als bei den Ministern (mit Ausnahme von Börner) und werden daher durch ihre zunehmende Zahl in der Statistik der Politiker die Repräsentation der Arbeiterschaft in einem noch ungünstigeren Licht erscheinen lassen.

Die Aussage, daß die SPD im Unterschied zur Labourparty kaum Mitglieder der alten Oberschichten rekrutierte [25], ist nicht mehr ganz zutreffend, vor allem wenn man die jüngeren Amtsträger unter den parlamentarischen und den beamteten Staatssekretären (z. B. Duckwitz, v. Dohnanyi, L. v. Manger-König, K. Focke) in Betracht zieht. Angesichts der Protesthaltung großer Teile der Jugend aus den ehemaligen und den heutigen Oberschichten erscheint ein Engagement in der SPD sogar als das »kleinere Übel«, und die Gewöhnung an die SPD-Regierung – für den Fall, daß sie erfolgreich regiert – wird diesen Trend vermutlich verstärken.

d) Gruppenzugehörigkeit

Das Kabinett von 1969 weist in der Organisationszugehörigkeit und Gruppenbindung klare Unterschiede zu allen früheren Kabinetten auf. Die Hälfte der SPD-Minister war in den Gewerkschaften tätig (Arendt, Leber, Möller, Wehner, Wischnewski, die beiden ersten davon in führenden Stellungen). Neu ist, daß auch unter den Staatssekretären sich zunehmend Männer mit gewerkschaftlicher Karriere finden (wie Auerbach, Hein, Gscheidle, Sohn und Wittrock), weniger hingegen unter den parlamentarischen Staatssekretären (z. B. Börner). In der Arbeiterschaft zugewandten Organisationen arbeiteten jedoch Freyh, Herold und Westphal.

Die SPD-Minister bestätigen die These, daß die politische Sozialisation späterer Politiker der Arbeiterparteien überwiegend durch Einflüsse der Familie beeinflußt wird, in der nicht selten schon ein Familienmitglied Partei- oder Gewerkschaftsfunktionär oder militanter Anhänger war [26]. Die meisten sozialdemokratischen Spitzenpolitiker waren daher schon in ihrer Jugend in weit größerem Umfang politisch engagiert als die Politiker der CDU/CSU und der FDP. In der sozialistischen Arbeiterjugendbewegung standen Franke und Wehner, in sozialistischen Studentengruppen Lauritzen und Schmid. Führende Posten im SDS hatten Ehmke (in Göttingen), Jahn (in Marburg) und Schmidt (Bundesvorsitzender) inne. Alex Möller wurde in seiner Jugend aus dem ›Reichsbanner Schwarz-Rot-Gold‹ wegen »Linksabweichung« ausgeschlossen, und selbst erst später zur SPD Gestoßene waren in ihrer Jugend politisch engagiert, wie Heinemann in der Demokratischen Studentenbewegung. Mit Wischnewski, der 1959–1961 Bundesvorsitzender der Jungsozialisten war, zeigte sich, wie wichtig die Jugendarbeit als Feld der Rekrutierung für Nachwuchspolitiker bei der SPD ist, eine Rolle, die stark zugenommen hat, auch in den anderen Parteien (z. B. Genschers Rolle bei den Jungdemokraten) [27]. Die parlamentarischen Staatssekretäre weisen ähnliche Werdegänge wie die Minister auf. Einige waren in der sozialistischen Arbeiterjugend (Berkhan), andere bei den Jungsozialisten (Arndt, Rohde), bei den ›Falken‹ (Ravens, Westphal) oder im SDS (Freyh) aktiv. Die wenigen bisherigen parlamentarischen Staatssekretäre der beiden anderen Parteien entsprechen jedoch dem Bild, das die SPD-Rollenträger vermitteln: Dorn (FDP) war Vorsitzender der Jungdemokraten in Nordrhein-Westfalen, Benda (CDU) hatte führende Posten in der Jungen Union und Köppler (CDU) in der Katholischen Jugendbewegung. Leicht (CDU) war im CV korporiert. Bis auf die gewerkschaftlichen Karrieren unter den beamteten Staatssekretären ließen sich für diese Gruppe nicht ebenso häufig Aktivitäten in politischen Jugendorganisationen ermitteln.

e) Ausbildungsgänge

Die Werdegänge der SPD-Minister weisen klare Unterschiede zu den bisherigen Kabinetten auf. Führende Kabinettspolitiker haben nicht studiert (Wehner, Möller [Dr. h.c.], Wischnewski, Leber, Franke, Strobel; Brandt [Dr. h.c.] hat in Oslo einige Zeit an der Universität gehört). Auch Vizekanzler Scheel (FDP) hat nicht studiert, sondern nach dem Abitur eine Laufbahn in der Wirtschaft begonnen. Die Juristen im Kabinett sind erstmals in der Minderheit (Genscher, Ehmke, Jahn und Lauritzen); Volkswirte (Schiller, Schmidt), ein Ingenieurwissenschaftler (Leussink), ein Landwirt (Ertl) ergänzen das Spektrum. Auch bei den parlamentarischen Staatssekretären zeigt sich ein ähnlicher Trend zum vorübergehenden Gleichgewicht zwischen drei Gruppen: denen, die Jurisprudenz studiert haben (Bayerl, Benda [CDU], Dohnanyi, Jahn, Reischl, Leicht [CDU]), denen, die andere Fächer studiert haben (Adorno, Arndt, Berkhan, Dahrendorf, Focke, Freyh), und denen, die über Fachschulen oder eine Lehre ihren Berufsgang machten (Börner, Dorn, Logemann, Moersch, Ravens, Rohde, Westphal). Die beamteten Staatssekretäre folgen hingegen noch älteren Mustern. Über die Hälfte sind Juristen, und nur einzelne haben Volkswirtschaft (Emde, Haller, Harkort, Schöllhorn, Sohn), philosophische Fächer (Auerbach) oder Naturwissenschaften bzw. Medizin (Hamm-Brücher, v. Manger-König), Technik (Pausch) oder Landwirtschaft (Griesau) studiert. Selten führt ein Werdegang ohne Universitätsstudium bis zum Staatssekretariat, wie bei Duckwitz oder bei Gscheidle.

Mit dem Abbau des Juristenmonopols in der Führungsspitze wird die Untersuchung der Lernberufe der Politiker interessanter als früher, obwohl der Trend zur Professionalisierung der Politik vor allem bei Rollenträgern, die in ihren Vierzigerjahren bereits in die höchsten Ämter kamen, wenig Zeit zur Ausübung ihres Lernberufs ließ. Neben den Politikern, die in verschiedenen Stationen der Verwaltung aufstiegen (H. Schmidt und Lauritzen), und den ehemaligen Rechtsanwälten (z. B. Genscher und Jahn) – Karrieren, die dem traditionellen Gang der Honoratiorenpolitik durchaus entsprachen – wächst die Zahl derer, die als Juristen, Volkswirte, als Bank- oder andere Kaufleute und sogar als Gewerkschafter wirtschaftliche Karrieren machten. Bei den gewerkschaftlich engagierten Politikern waren die wirtschaftlichen Positionen relativ niedrig in der Hierarchie (z. B. Leber, Strobel, Wehner). Mit Heinemann, Leussink, Möller, Scheel oder Schiller aber kamen Politiker auch mit wirtschaftlichen Management-Erfahrungen an die Macht, was sich auf den Verwaltungsbetrieb positiv auswirkte. Stoltenberg, Ehmke, Heinemann, Leussink und Schiller haben sich gerade auch um die Reformierung des Verwaltungsbetriebs in und außerhalb ihres Ressorts stark verdient gemacht. Bei der Rekrutierung der parlamentarischen Staatssekretäre (z. B. Arndt, v. Dohnanyi, Dorn, Westphal) wie der beamteten Staatssekretäre (v. Braun, Duckwitz, v. Dohnanyi, Rohwedder, Mommsen) wurden ebenfalls zunehmend Männer mit wirtschaftlichen Management-Erfahrungen herangezogen. Selbst bei den Staatssekretären sind die Männer mit einer überwiegenden Verwaltungslaufbahn oder die Richter heute schon in der Minderheit (Auerbach, Birckholtz, Hartkort, Hartkopf, Maassen, F. Schäfer, H. Schäfer, Wetzel).

Zwei weitere Karrieremuster häufen sich unter den jüngeren Führungskräften: der Aufstieg von Politikern, die (oft nach einer anderen Ausbildung) über journalistische Tätigkeit zur Politik stießen, wie Brandt und Wehner oder Arendt, der als Bergmann begonnen hatte, unter den Ministern, Frau Hamm-Brücher (nach einem Studium der Chemie) und Conrad Ahlers unter den Staatssekretären, Katharina Focke, Moersch und Rohde unter den parlamentarischen Staatssekretären. Die Bedeutung von Wissen und Kommunikation für den politischen Aufstieg schlägt sich auch in der wachsenden Zahl der Politiker nieder, die mit einer wissenschaftlichen Karriere begonnen hatten, die praktisch abgebrochen wurde (z. B. Mende, Gerstenmaier, Stoltenberg, cum grano salis auch Erhard, Oberländer, Schmid, auch wenn einige, wie Carlo Schmid, einen Lehrstuhl behielten), oder ihre wissenschaftliche Karriere im Zenith ihres Erfolges mit der Politik vertauschten, wie Ehmke, Dahrendorf, Leussink, v. Manger-König, Schiller). Die Annäherung von Wissenschaft und Politik – die nach althergebrachtem Topos nirgends als so feindlich in Westeuropa angesehen wurden wie in Deutschland – bewährte sich auch in umgekehrter Richtung: Eine wachsende Zahl der Minister, Exminister und Politiker bemühte sich um Lehraufträge und Professuren (Lohmar, Majonica, Mende, v. Merkatz, F. Schäfer) oder ging vor Erreichen des höchsten Amtes gelegentlich wissenschaftlicher Dozententätigkeit nach, wie Ertl 1968/69 an der Hochschule für Politik in München oder Heinemann mit einer Dozentur für Bergrecht. Der Kampf um »brain trusts«, der in Amerika eröffnet wurde, beschränkt sich nicht mehr auf die Heranziehung von Professoren und Wissenschaftlern zu Beratungstätigkeiten [28], sondern führt zur verstärkten Rekrutierung von Wissenschaftlern selbst. Niemals gab es einen so starken Andrang von Professoren bei der Kandidatenaufstellung wie 1969, und zu keiner Zeit wären politische Blitzkarrieren von Wissenschaftlern ohne große Umwege über parteiliche Kleinarbeit, wie bei Dahrendorf und Ehmke, in Deutschland denkbar gewesen.

Bei der Analyse der Lernberufe und der später ausgeübten Tätigkeiten der Spitzenpolitiker muß man versuchen, sich von altmodischem Bildungsdünkel freizumachen, der auch in der neuesten Literatur nicht ganz ausgestorben ist. Vor allem bei der Errichtung des Amtes des parlamentarischen Staatssekretärs wurde vielfach über die Bildungsqualifikationen der neuen Amtsträger nachgedacht [29]. Heinz Laufer [30] war am striktesten in seinen Postulaten an die berufliche Qualifikation der Anwärter, er verlangte: »Abgeschlossene Berufsausbildung, unabhängig vom schulischen Weg und unabhängig von Berufstypen. Demokratische Politik und ihre Amtsträger kommen in Verruf, wenn gescheiterte Existenzen beschließen, Politiker zu werden, und dabei Karriere machen – abgesehen davon, daß derjenige, der nicht über die charakterliche Disziplin, die intellektuellen oder praktischen Fähigkeiten verfügt, eine berufliche Ausbildung erfolgreich abzuschließen, in der Regel nicht in der Lage ist, wirkungsvoll politisch handeln zu können. Politische Parteien, die ungelernte Gelegenheitsarbeiter, berufslose Funktionäre, Nur-Abiturienten, verkrachte Studenten als Kandidaten für das Parlament aufstellen, handeln funktionswidrig.«

Diesem Begriff von Funktionalität der Führungsauslese liegen eine Reihe von Vorurteilen zu Grunde:

(a) Abgebrochene Berufsausbildung wird mit moralischen Mängeln der charakterlichen Disziplin und der intellektuellen Fähigkeiten identifiziert. Selbst wenn wir einmal die Schwächen des bisherigen Bildungssystems – gerade für junge Menschen, die an praktischer Politik interessiert waren – ausklammern, so kann ein frühes politisches Engagement zum Abbruch von Studien zwingen. Korreliert man die Studiengänge der Politiker mit dem hohen Grad von Engagement in politischen Jugendorganisationen, so ist eigentlich gerade die »charakterliche Disziplin« erstaunlich, die relativ wenig abgebrochene Ausbildungsgänge beklagen läßt. Der Ambition-Ansatz der Elitenforschung hat den Zwang, angesichts vorübergehender politischer

Chancen auf den Abschluß von Ausbildungen, auf gutes Leben und Konsum zu verzichten, bisher überhaupt nicht berücksichtigt [31].

(b) Der Nur-Abiturient oder der verkrachte Student wird schlechter bewertet als der »drop-out« auf höherer Stufe. Ist selbst ein Mann, der zwei Promotionen durchkämpft, um später in anderen Gebieten als den studierten zu arbeiten, höher zu bewerten als einer, der aus Gründen politischer Aktivität früher zum Berufspolitiker wird? Ein gerechtes Werturteil könnte sich allenfalls ergeben, wenn man den Abbruch von Studiengängen bei Politikern mit der späteren politischen Leistung im allgemeinen und dem sichtbaren Nutzen des speziellen Studiengegenstandes für die spätere politische Tätigkeit im besonderen in Beziehung setzte. Die Vorstellung, daß Politik in erster Linie mit Sachverstand und ordentlichem Berufswissen gemeistert werden könne, ist in solcher Konzeption noch verborgen. Es wurde bis 1969 häufig eine Verjüngung der politischen Spitze verlangt. Man muß sich darüber im klaren sein, daß eine solche Verjüngung den Zwang zur frühen Professionalisierung der Politiker und die Chance zum Aufstieg von jungen Leuten ohne abgeschlossene Berufsausbildung fördert.

(c) Den Parteien wird zugemutet, die Führungsauslese primär nach dem Ausbildungsgesichtspunkt vorzunehmen. Bei den überwiegend konservativen Rollenerwartungen, welche Delegiertenkonferenzen und die Gremien, welche die Landeslisten aufstellen (gerade auch bei der SPD), an die Bewerber herantragen, kann man sicher sein, daß die Frage nach der beruflichen Qualifikation von Bewerbern immer stark diskutiert wird und daß die Parteien gerade in diesem Punkt am wenigsten nachlässig vorgehen. In einer konkreten Konfliktsituation aber kann die Superiorität der beruflichen Ausbildung im Zweifelsfall nicht den Ausschlag geben, weil andere Kriterien (Einsatz für die Partei, ideologische Linie, Gruppenzugehörigkeit, Wirkung auf die Wähler usw.) [32] ebenso wichtige Auslesekriterien darstellen. Laufers Sorgen bezogen sich in erster Linie auf die parlamentarischen Staatssekretäre. Selbst wenn man seiner Wertung zustimmen könnte, ließen sich seine Bedenken zerstreuen. Die bisherigen parlamentarischen Staatssekretäre werden den antiquiertesten deutschen Berufsideologien gerecht:

Abgeschlossenes Studium	13
Mittlere Reife oder abgeschlossene Mittelschule und Lehre	2
Volksschule, Lehre und Meisterprüfung	1
Landwirtschaftliche und Fachschulausbildung	2
Facharbeiterausbildung	2

Allenfalls Baron Guttenberg, den auch Laufer als einzigen ohne Berufsausbildung nennen konnte, könnte als »Nur-Abiturient« klassifiziert werden, da er nach der Gymnasialausbildung und dem Kriegsdienst unmittelbare berufliche Tätigkeit in der Verwaltung des Familienbesitzes angibt.

Die frühere berufliche Tätigkeit der parlamentarischen Staatssekretäre kann zwar nicht gerade als Spiegelbild der Erwerbsstruktur in der Bundesrepublik angesehen werden, ist aber im Vergleich zu früheren und zu einigen ausländischen Rekrutierungsmustern ein erfreulicher Anfang zu einer Pluralisierung der Karrieremuster:

Handwerker:	Bäckermeister (Herold)	1
Facharbeiter:	(Börner, Ravens)	2
Landwirtschaft:	Landwirte (Adorno, Guttenberg, Logemann)	3
Wirtschaft:	wirtschaftliche Tätigkeit (Arndt, v. Dohnanyi, Dorn, Rosenthal, Westphal)	5
Erziehung u. Massenkommunikation:	Professor (Dahrendorf)	1
	Lehrer (Berkhan, Freyh)	2
	Publizistik (Focke, Moersch, Rohde)	3
Rechtswesen:	Verwaltungsjurist (Köppler)	1
	Richter (Bayerl, Leicht, Reichl)	3
	Rechtsanwalt (Benda, Jahn)	2

Da sich das neue Amt erst feste Rollenmuster schaffen muß (und diese werden nicht zuletzt von der Entwicklung des politischen Beamtentums abhängen), läßt sich kein abschließendes Urteil über das Karrierevehikel des parlamentarischen Staatssekretärs fällen. Selbst unter den SPD-Politikern fällt die hohe Zahl der Studierten auf. Von 28 wichtigen neueren Politikern der SPD hatten 17 studiert, einer hatte ein abgebrochenes Studium. Bei den Ministerpräsidenten der SPD hatten 13 von 22 studiert, was nur leicht unter dem Durchschnitt liegt, der annähernd durch die CDU repräsentiert wird, während die Akademiker in der FDP auch in den führenden Posten überrepräsentiert sind im Vergleich zum Durchschnitt der Führungspositionen. Deutschland liegt hier etwa in der Mitte in Vergleich zu den romanischen Ländern, besonders zu Italien, wo der Ausbildungsgrad der sozialistischen Führer (und auch ihre soziale Herkunft) der der »bürgerlichen« Politiker sehr ähnlich ist[33], und zu England und den skandinavischen Ländern Schweden und Norwegen, wo eine große Anzahl der Führer der Arbeiterpartei nicht studiert hat. In England hatte ein großer Teil der Labourpolitiker zwischen 1935–55 keine Universitätsbildung (etwa die Hälfte)[34], und zur Zeit des ersten Regierungseintritts der Labourparty lag der Prozentsatz der Akademiker noch niedriger. Gleichwohl muß man sich davor hüten, die englische Labourparty deshalb für demokratischer zu halten, weil sie einen größeren Anteil von Männern der Unterschichten ohne höhere Bildung in die höchsten Ämter bringt. Diese Eigenart ist vor allem durch die engen Bande der Labourparty mit den Gewerkschaften zu erklären, die rd. 90 %

(als kollektive Mitglieder) der Mitgliedschaft stellen, und Gewerkschaftskarrieren ohne Hochschulbildung in größerem Maße auch für eine politische Laufbahn in der Labourparty als Voraussetzung dienen können, als das bei der SPD heute der Fall ist, vor allem seit der DGB um seiner Einheit willen eine gewisse Neutralität gegenüber der SPD an den Tag legen mußte. Schon an der Kandidatenaufstellung und Unterstützung in der Labourparty wird diese Eigenart Großbritanniens ersichtlich. 1951–64 fielen 47 % der Labour-Kandidaturen von Leuten, die noch kein Mandat hatten, an Kandidaten, die von Gewerkschaften oder von den Kooperativen unterstützt wurden [35]. Ähnlich ist die Entwicklung in Norwegen und Schweden, wo Gewerkschaften – wenn auch in geringerem Maße als in England – kollektive Mitglieder der Arbeiterparteien sein können. Aber auch in diesen Ländern macht sich ein Trend in den Arbeiterparteien bemerkbar, Akademiker im Amt zu bevorzugen, und mit der Demokratisierung und Egalisierung der Bildungschancen wird jene Dominanz der Akademiker – selbst in sozialistischen Parteien –, die ursprünglich ein Zeichen einer undemokratischen Gesellschaft war, genau mit dem Gegenteil zu erklären sein.

f) Militärdienst

Die neue Bundesregierung von 1969 ist als die Generation der »Flakhelfer« bezeichnet worden. In der Tat sind nur wenige der Minister den ganzen Krieg über eingezogen gewesen, wie Schmidt (zuletzt: Oberleutnant), Schiller (zuletzt: Oberleutnant) oder Leber (zuletzt: Unteroffizier). Die jüngeren wie Arendt, Ehmke, Ertl, Genscher, Jahn haben noch etwa zwei Jahre gedient und als Luftwaffenhelfer oder Arbeitsdienstmänner begonnen. Rund ein Drittel der SPD-Minister hatte keinen Militärdienst, weil sie in der Emigration (Wehner, Brandt) oder in der Wirtschaft waren (Heinemann, Möller, Leussink). Bei den 25 Politikern der neuen Regierung, die eingezogen gewesen sind, wurde im Durchschnitt nur eine Dienstzeit von etwas unter drei Jahren ermittelt. Die Variable Militärdienstzeit verspricht in vergleichender Betrachtung wenig Erhellung. Die durchschnittlich lange Zeit erklärt sich nicht nur durch die beiden Weltkriege – in die auch andere Länder verwickelt waren –, sondern auch aus dem ungewöhnlich hohen Mobilisationsgrad der Deutschen in der Armee in beiden Kriegen. In einigen Fällen kann diese Variable erklären, warum eine akademische Ausbildung abgebrochen wurde. Es ist anzunehmen, daß die Zahlen über Ausbildungsgänge durch die langen Dienstzeiten atypisch für den Durchschnitt der Politiker werden. Zum anderen könnte die Variable Militärdienst zur Erklärung herangezogen werden, warum Karrieremuster, die in der NS-Zeit als »systemaffirmativ« bezeichnet wurden, die Karriere nach 1945 nicht behinderten. Der Militärdienst in den schlimmsten Jahren des NS-Regimes bewahrte viele Mitläufer vor einem stärkeren Engagement oder einer Kompromittierung in der Verwaltung des Systems. Schließlich läßt sich der späte Eintrittspunkt in das höchste Amt damit erklären, obwohl ein Vergleich zeigt, daß andere Länder – mit geringerer Partizipation am Krieg – nicht eben sehr viel jüngere Politiker in die höchsten Ämter bringen.

g) Parlamentarische Erfahrungen

Es wäre wenig sinnvoll, die parlamentarischen Erfahrungen aller Minister der Bundesrepublik quantitativ zusammenzuzählen, um einen Durchschnitt zu errechnen. Nach der Gründung der Bundesrepublik gelangten relativ wenige erfahrene Politiker der Weimarer Republik in die höchsten Exekutivämter, so daß die Zahl der parlamentarischen Dienstjahre nicht repräsentativ für die Bundesrepublik und sinnlos im Vergleich mit anderen Ländern mit größerer politischer Kontinuität wäre. Mit der Regierung Brandt kam erstmals zum Teil eine Generation ins Amt, der nur wenige Jahre durch Kriegs- und Nachkriegszeit von einer potentiell »normalen« politischen Karriere verlorengingen. Die bisherigen SPD-Minister haben im Durchschnitt knapp 10 Jahre im Bundestag gesessen, ehe sie ein Ministeramt erlangten. Zählt man die parlamentarische Erfahrung in Landtagen hinzu, so erhöht sich der Zeitraum durchschnittlicher parlamentarischer Aktivität fast um die Hälfte. Bei CDU-Ministern ergibt sich schon deshalb eine geringere Spanne parlamentarischer Tätigkeit, weil es im Vergleich zum Ambitionspotential zwanzig Jahre lang mehr Posten zur Verteilung gab und in den ersten Jahren die Spitzenpolitiker gar keine lange parlamentarische Tradition haben konnten. Die parlamentarischen Staatssekretäre waren im Durchschnitt 7,2 Jahre im Bundestag. Zählt man die wenigen Fälle ab, in denen keine Bundestagstätigkeit und meist nur geringe Landtagsabgeordnetentätigkeit vor dem Eintritt in das Amt vorlag (Dahrendorf, v. Dohnanyi, Focke), so reicht der Durchschnitt ohne die »Senkrechtstarter« (zu denen auch Köppler und Bayerl mit zwei Jahren und Rosenthal mit nicht einmal einem Jahr Bundestagserfahrungen gezählt werden können) nahezu an die Aufstiegszeiten der Minister heran, und es kann angenommen werden, daß der jetzige Trend die Durchschnittsdauer einer politischen Spitzenposition in der Zukunft etwa widerspiegelt. Da bei parlamentarischen Staatssekretären überwiegend nur SPD-Politiker gezählt werden konnten, muß man sich beim Vergleich mit England auf Labourpolitiker mit vergleichbaren Karrieremustern beschränken. In Großbritannien – wo das Amt des parlamentarischen Staatssekretärs erstmals entstand – gelangten zwischen 1935 und 1955 nur 3 Labour-Minister direkt in ein Kabinettsamt, während es zwischen 1916 und 1935 noch 24 gewesen waren. 18 hingegen hatten ein »Junior Office«, das dem parlamentarischen Staatssekretariat vergleichbar wäre, ehe sie ins Kabinett kamen, und 9 hatten sowohl ein »Junior Office« als auch die Leitung eines Ressorts vor dem Eintritt ins Kabinett [36]. Wenn man unterstellt, daß sich das Amt in der Bundesrepublik im gleichen Maße wie in Großbritannien zur nahezu obligatorischen Zwischenstufe zwischen Abgeordnetenmandat und Ministeramt entwickelt, dann wird sich die Zeit von zehn Jahren Vorbereitung auf ein Ministeramt vermutlich noch verlängern.

Ein weiterer neuer Trend, der sich nach der Kabinettsbildung von 1969 erstmals deutlich zeigte, war die zunehmende parlamentarische Erfahrung vieler Staatssekretäre. Von 22 Staatssekretären der Regierung Brandt und den der SPD nahestehenden Staatssekretären der Regierung Kiesinger hatten 8 parlamentarische Erfahrungen – oder sich (wie v. Dohnanyi) noch vor Eintritt in das Amt in den Bundestag wählen lassen. Einige Staatssekretäre waren sogar ungewöhnlich erfahrene Parlamentarier, wie Frau Hamm-Brücher mit 16 Jahren Tätigkeit im Bayerischen Landtag (1950–1966), F. Schäfer und Wittrock mit 10jähriger und Emde und Gscheidle mit 8jähriger Erfahrung im Bundestag. Von den Gegnern des politischen Beamtentums wird diese Entwicklung ebenso bedauert wie die Entlassung bewährter Beamter beim Regierungswechsel (vgl. S. 275 ff.). Im Sinne der Grundsätze der parlamentarischen Regierung, die auf einer engen Verklammerung von Parlamentsmehrheit und Exekutive beruht, und im Sinne einer guten Zusammenarbeit zwischen Bundestag und Regierung (die allenfalls den Anhängern einer konstitutionell-dualistischen Theorie des Parlamentarismus suspekt sein muß) ist diese Entwicklung jedoch durchaus zu begrüßen.

Der Regierungswechsel von 1969 hat klarer hervortretende parteiliche Konturen in den Staatssekretariaten deutlich werden lassen, obwohl eine Reihe von Staatssekretären sich nicht mit einer Partei öffentlich identifiziert hat (z. B. Harkort, v. Heppe, Mommsen, Schöllhorn). Einige gelten als »Nahesteher« (z. B. Duckwitz). Von den 12 Staatssekretären der neuen Regierung, deren parteipolitisches Engagement öffentlich bekannt ist, konnte nur in 10 Fällen das Datum des Parteieintritts ermittelt werden. Diese 10 Fälle zeigten eine durchschnittliche Parteimitgliedschaft vor Erreichung des Amtes von 13 Jahren. Aber im Gegensatz zu den Politikern gehörten auch die langjährigen Parteimitglieder nicht zur Führungsspitze der Partei, am ehesten noch Friedrich Schäfer. Eindeutig ist der Zusammenhang zwischen Parteizugehörigkeit und Karrieremobilität unter den Staatssekretären. Parteimitglieder wurden vor 1969 im Durchschnitt drei Jahre früher als andere Staatssekretär, und sie konnten sich in der Regel länger in diesem Amt halten.

Die SPD ist durch die Entlassung vieler Staatssekretäre der ehemaligen CDU-Ressorts im Jahre 1969 in den Geruch gekommen, Staatssekretäre, die Politiker sind, zu bevorzugen. Aber schon bei der Bildung der großen Koalition stellte die SPD mindestens drei ausgesprochene Parteipolitiker als Staatssekretäre an, wie Ehmke, Schäfer und v. Dohnanyi[37]. Von ihnen hat nur Friedrich Schäfer 1969 keinen politischen Aufstieg erlebt, sondern mußte sich mit einem Ausschußvorsitz und dem Posten eines stellvertretenden

Fraktionsvorsitzenden zufrieden geben. In der Literatur wird bereits gefragt, ob eine Funktionalisierung des Amtes im Sinne eines Durchgangsstadiums für Ministeranwärter bevorsteht und wünschenswert ist[38]. Bis 1969 konnte sich die SPD noch immer mit einem gewissen Personalmangel entschuldigen, der entstand, als die Partei wider Erwarten rasch Führungsposten zu besetzen hatte, und der auch bei der Bildung der Regierung Brandt noch nicht ganz behoben war. Ob diese Entwicklung jedoch einen dauerhaften Trend einleitet, wird sich erst nach einigen Jahren SPD-Herrschaft beurteilen lassen.

Etwa die Hälfte der Staatssekretäre zwischen 1949 und 1969 waren Laufbahnbeamte, 16 % waren stark von einer Partei gefördert, 34 % galten als »Experten«, die in erster Linie auf Grund ihrer Sachkenntnisse Karriere machten und bei denen die Stellung in einer politischen Partei keine Rolle spielte. In den von der SPD besetzten Ressorts seit 1966 und in der neuen Regierung war der berufliche Werdegang, soweit feststellbar:

Verwaltungslaufbahn	9
Richter	2
Anwalt	1
Wirtschaftliche Tätigkeit	4
Professoren	2
Publizistik	2
Gewerkschaftskarriere	2

Schon die (im Vergleich zu früher) unorthodoxeren Karrieren der Staatssekretäre leisten einer gewissen Politisierung des Amtes Vorschub.

i) Parteiarbeit

Der Erreichung der höchsten politischen Ämter geht in der Regel eine langjährige Mitgliedschaft voraus. Am längsten ist diese bei den Amtsträgern der SPD. Es ist wiederum nicht sinnvoll, die Parteimitgliedschaften der Parteien quantitativ gegeneinander aufzurechnen. Einmal, da die CDU erst seit 1945 besteht, während einzelne SPD-Minister, wie z. B. Möller, schon auf eine langjährige Mitgliedschaft vor 1945 zurückblicken können. Möller hält den Maximal-Rekord mit 47 Jahren vor Amtsantritt, Heinemann mit 9 Jahren den Minimal-Rekord, der nur aus dem Umweg von der CDU über die GVP zur SPD zu erklären ist. Zum anderen kamen SPD-Minister später ins Amt, und durch die lange Wartezeit wurden eine Reihe von älteren Politikern Minister, deren Wartezeiten mit den CDU-Politikern nicht zu vergleichen sind. Bei den neueren FDP-Ministern ergibt sich ein Durchschnitt von über 17 Jahren Parteimitgliedschaft vor Erreichung des höchsten Amtes. Bei den bisherigen SPD-Ministern betrug die Zeit der Parteimitgliedschaft vor Übernahme eines Ressorts etwas über 24 Jahre. Parallel zu dem Befund über parlamentarische Erfahrungen läuft die Entwicklung der parlamentarischen Staatssekretäre. Die SPD-Mitglieder unter ihnen waren im Durchschnitt etwas über 17 Jahre in der Parteiarbeit.

Die meisten Politiker hatten seit langem Parteiführungsämter inne. Bei der CDU mit ihrem stärkeren Faktionalismus spielte der Rückhalt in Gruppen und Flügeln eine Rolle (Protestanten, z. B. Schröder, Ehlers, Gerstenmaier oder Stoltenberg), bestimmte Erwerbsgruppen wie Mittelstand (Schmücker) oder Gewerkschaftsflügel (z. B. Blank, Katzer), regionale Gruppen oder die jüngere Generation (z. B. Kohl, Wörner). In der SPD spielten die Flügel bis vor kurzem eine geringere Rolle, abgesehen von den »Kanalarbeitern« (z. B. Franke), und in der FDP waren sie meist nur von vorübergehender Bedeutung, weil es entweder zur Spaltung kam (wie bei der Verselbständigung der FVP) oder eine dauerhaftere Umorientierung vorgenommen wurde, wie unter dem Vorsitz Scheels; wobei mit Ertl und einigen anderen in den niederen Rängen sogar die Integration der potentiellen konservativen Fronde gelang, wie sie von Mende (bis zu seinem Austritt im Oktober 1970) und v. Kühlmann-Stumm repräsentiert wurde. Auf Landesebene dagegen hat dieser Konflikt zum Teil zu Personalverlust der Partei geführt. Bei der SPD waren die wichtigsten organisatorischen Karrierevehikel:
(1) die Jugendorganisationen;
(2) die gewerkschaftliche Hausmacht (z. B. Arendt, Börner, Gscheidle, Leber);
(3) die Arbeit in wichtigen Ausschüssen (Schiller) und die Profilierung als Spezialist;
(4) die führende Rolle in Landesverbänden (Ehmke, Franke, Möller).

Vor allem unter den parlamentarischen Staatssekretären finden sich eine Reihe von Politikern, die nur auf Kreis-, Bezirks- oder Unterbezirksebene Ämter innegehabt haben (Börner, Berkhan, v. Dohnanyi, Focke, Herold, Ravens, Reischl u.a.) und erst nach dem Aufstieg in Exekutivämter in die parteilichen Spitzengremien gewählt wurden. Es ist jedoch keineswegs sicher, daß diese Karrieremuster sich nicht in Zukunft ändern, da die parlamentarischen Staatssekretäre in den ersten Jahren ihres Bestehens teilweise noch ziemlich individuell von einzelnen Ministern außerhalb Bonns gesucht wurden und in Einzelfällen eine Ernennung auf starken Widerstand von Teilen der Partei stieß, denen die Kandidaten in der Parteiarbeit auf Bundesebene nicht hinreichend profiliert erschienen.

k) Eintritt in das höchste Amt

Das Durchschnittsalter der Positionsinhaber bei Eintritt in das höchste erreichte Amt liegt bis 1969 bei 53 Jahren. Bei den Politikern war es im Durchschnitt geringfügig höher (53,3 Jahre) als bei den Staatssekretären (52,9).

Staatssekretäre, die Parteimitglieder waren, traten im Durchschnitt drei Jahre früher in ihr Amt ein. Die Parteizugehörigkeit förderte ganz offensichtlich die Karrieremobilität (vgl. S. 271). Das etwas höhere Alter der Politiker bei Eintritt in das höchste Amt ist nicht für alle Parteien typisch. Bei der CDU-CSU, mit der größten Anzahl von politisch führenden Funktionen, liegt das Eintrittsalter in das höchste Amt mit 50 Jahren deutlich unter dem Durchschnitt der SPD (53,3 Jahre). Die geringere Karriereakzeleration bei der SPD deckt sich mit den Befunden in anderen Ländern. Etwa für Großbritannien wurde nachgewiesen, daß die ersten Labourregierungen durchschnittlich ältere Politiker aufwiesen als die konservativen Kabinette, ein Unterschied, der sich jedoch mit häufigerem Machtwechsel verlor. Einen ähnlichen Entwicklungstrend könnte man für die SPD vermuten, falls sie einmal für längere Zeit die führende Partei im Kabinett bliebe [39]. Die neue Bundesregierung insgesamt spiegelt einen leichten Trend zur Verjüngung wider. Sie war bei Amtsantritt 1969 im Durchschnitt 51 Jahre, obwohl bei einigen der Kabinettsmitglieder ihr Eintritt in diese Regierung nicht in der Rubrik »Alter bei Eintritt in das höchste erreichte Amt« geführt werden konnte. Bei einer längeren Phase der Regierung durch die SPD könnte jedoch auch ein ähnlicher Fall eintreten wie bei den Unionsparteien, daß man an bewährten Politikern aus Gründen der Image-Pflege festhält und dadurch dem Drang nach Verjüngung der Führungsposten zuwiderhandelt.

Obwohl die Bundesrepublik – im Gegensatz zu Italien – weniger auf Führungspersonal zurückgriff, das schon vor der Diktatur im Amt gewesen war, erschien das Durchschnittsalter der Nachkriegspolitiker relativ hoch. Zum Teil waren gerade die Jüngeren belastet, und die entscheidenden Jahrgänge waren durch den Krieg stark dezimiert. Im internationalen Vergleich zeigt sich jedoch, daß die deutschen Politiker nicht überdurchschnittlich alt sind, wenn sie in das höchste Amt eintreten. Auch in den USA – wo es keine Kontinuitätsbrüche seit Beginn des Staates gab – werden die höchsten administrativen Posten Ende 40 oder Anfang 50 erreicht. Die Truman- und die Kennedy-Administration taten sich durch die jüngsten Equipes hervor (46 bzw. 47 Jahre im Durchschnitt). Die CDU-Regierungen könnten jedoch im Amtsverständnis eher mit den Eisenhower-Regierungen verglichen werden, in denen der Durchschnitt 51 Jahre alt war – ein wenig älter noch, als der Durchschnitt der CDU-Politiker in Deutschland [40]. Warner u. a. geben das Durchschnittsalter amerikanischer Politiker mit 49 Jahren an, was nur geringfügig unter dem deutschen Durchschnitt liegt und nicht recht zu dem Image einer mobilen Gesellschaft mit verjüngtem Management passen will, das man sich in Deutschland häufig von den USA macht [41].

3. 1969 – eine personalpolitische Revolution?

In großem Umfang mußte ein Wechsel der Partei, die den Kanzler stellte, sich auf die personelle Besetzung der Staatssekretariate auswirken, noch dazu, wenn die Regierungsneubildung zu einer drastischen Verkleinerung der Ressortanzahl führte. Die rechtskatholische Presse verstieg sich teilweise bis zu der Behauptung, daß selbst beim Amtsantritt Hitlers nicht so viele Beamte ausgewechselt wurden. Die neue Koalition wurde zugleich von einigen Blättern als »Katholikenschreck« aufgebaut, die bewährte katholische Sachbearbeiter zu »Dezernenten für Bekämpfung von Lärm- und Luftverschmutzung oder für Seuchen und Gift« degradiere [42]. Ende Dezember 1969 wurden von Genscher 72 höhere Beamte genannt, die nach der Regierungsbildung versetzt oder mit anderen Aufgaben betraut wurden [43]. Am schärfsten kritisiert wurde die Personalpolitik im Finanzministerium unter Alex Möller, wo gern von einem »Blutbad« gesprochen wurde. Möller entließ die beiden Staatssekretäre Grund und Hettlage, die beide als engagierte Verteidiger von Strauß auch im Wahlkampf hervorgetreten waren. Grund hat noch nach den Wahlen der Hoffnung Ausdruck gegeben, daß Strauß nur für kurze Zeit außer Amtes sein werde. 4 von 7 Abteilungsleitern (Ludwig Falk, Hans Clausen Korff und Aegidius von Schönebeck) wurden in den einstweiligen Ruhestand versetzt. Ministerialdirektor Horst Vogel nahm freiwillig seinen Abschied, ließ sich aber umstimmen [44] und trat erst im Herbst 1970 zurück. Gerade die scharf kritisierte Personalpolitik von Alex Möller hatte jedoch bei weitem nicht die weittragenden Folgen für die Karrieren der Betroffenen. Im Februar 1970 war nur noch Schönebeck nicht wiederbeschäftigt – wenn man einmal von Hettlage absieht, der die Ruhestandsgrenze überschritten hatte. Vogel wechselte lediglich die Abteilung. Falk wurde Generalsekretär für die Reformgruppe »Steuerreform«, Korff bekam einen Sonderauftrag für haushaltssystematische Fragen von Möller, und der Leiter der Zollabteilung, Schädel, arbeitet an einem Sonderauftrag für Fragen des Zolls in Verbindung mit den deutschen Seehäfen [45]. Ähnlich scharf wurden die Umbesetzungen im Auswärtigen Amt und im Bundeskanzleramt kritisiert. Die Versetzung von 26 Diplomaten (davon 11 Botschaftern und 8 Generalkonsuln) in den einstweiligen Ruhestand wurde nicht politisch begründet, aber politisch verstanden, trotz Scheels Erklärung, daß eine Verjüngung des Personalbestandes angestrebt würde. Der Außenminister erklärte, er halte eine Altersgrenze von 60 Jahren für nötig, was jedoch als Vorwand verdächtigt wurde und in den Augen vieler Kritiker gegen den Grundsatz der Gleichbehandlung verstieß [46], obwohl man bei Diplomaten, die unter den Strapazen der Lebensbedingungen ferner Länder leben mußten, eine solche Regelung wahrscheinlich rechtfertigen könnte. Ganz so revolutionär ist die Sechzigjahr-Grenze nicht, wie sie empfunden wurde, da auch der DGB diese anstrebt, soweit es der Wunsch eines Arbeitnehmers ist, und das für Chargen, die weit weniger mit Verantwortung belastet sind als die Politiker.

Die neuen Staatssekretäre und politischen Beamten sind weder alle Mitglieder der Partei des jeweiligen Ministers, noch sind sie überhaupt alle Angehörige einer der beiden Parteien der Koalition. Aber auch unter den Nichtparteimitgliedern lassen sich eine Reihe von »Nahestehern« ermitteln. So wurde der stellvertretende Regierungssprecher Rüdiger Freiherr von Wechmar im koalitionsinternen Posten-Proporz auf das Konto der FDP verbucht, obwohl er nicht Parteimitglied ist und diese Partei – nach eigenem Eingeständnis – bei den Bundestagswahlen nicht einmal gewählt hat[47].

Im ganzen war der Personalwechsel nicht so spektakulär, wie er bei einer solchen Wachablösung hätte erwartet werden können, weil die SPD bereits in der großen Koalition mit einer großen Anzahl von Amtsträgern vertreten war. Von den 26 beamteten Staatssekretären, die es am letzten Amtstag der alten Bundesregierung am 19. Oktober 1969 gab, mußten von den 15 Staatssekretären der Ministerien (einschließlich des Bundespresseamtes), die unter der großen Koalition von CDU-CSU-Politikern geführt wurden, 12 Staatssekretäre im Laufe des Oktobers und Novembers ausscheiden, zwei weitere (Barth, Gesundheitsministerium, und Lemmer, Postministerium) schieden bis Jahresende aus. In den einstweiligen Ruhestand versetzt wurden Carstens (Bundeskanzleramt), Gumbel (Inneres), Grund und Hettlage (Finanzen), Neef (Landwirtschaft), Kattenstroth (Arbeit), v. Hase (Verteidigung), Vogel (Schatz), Lemmer (Post)[48]. Nahm wurde mit der selbständigen Abteilung im Innenministerium betraut, die aus dem bisherigen Vertriebenenministerium gebildet wurde. Nahm wurde als einer der »bedeutendsten Staatssekretäre aus Adenauers und Erhards Zeiten« von der FAZ[49] gewürdigt, und seine Souveränität drückte sich auch in der Rede aus, die er bei der Übergabe des Hauses hielt, da Windelen und Benda nicht erschienen waren. Er charakterisierte die besonderen Schwierigkeiten des Ressorts in der Vergangenheit mit den Worten: »Wir mußten ohne den berühmten Schimmel arbeiten. Uns hat gegenüber den klassischen Häusern der legitime Stallgeruch gefehlt. Nehmen Sie es mir bitte nicht übel, wenn ich persönlich ihn bis heute nicht angenommen habe. Ich werde ihn allerdings respektieren und meinen alten Kameraden zu empfehlen wissen.«[50] Das Fehlen des typischen »Stallgeruches« wird dem Ex-Staatssekretär die Integration in ein »klassisches Ressort« in Zukunft zweifellos erleichtern.

Im Verkehrsministerium wurde Gerd Lemmer verabschiedet, der seit dem 1. August 1969 Staatssekretär im Postministerium war, und durch den bisherigen zweiten Vorsitzenden der Postgewerkschaft, Kurt Gscheidle, ersetzt, der sein Bundestagsmandat niederlegen mußte. Leber bekannte sich bei dieser Gelegenheit zur Wahrung der Kontinuität der ministeriellen Arbeit und wollte lediglich die politischsten Posten umbesetzen: den persönlichen Referenten, den Pressereferenten und die Posten der politischen Planung[51].

Durch die personelle Umbesetzung wurden gewisse Kosteneinsparungen möglich, die vom parlamentarischen Staatssekretär im Finanzministerium, Reischl, am 6. November 1969 mit 3,5 Millionen DM pro Jahr angegeben wurden. Übermäßige Hoffnungen auf Kosteneinsparungen konnte jedoch auch er nicht machen, da der Personalbestand auch durch die Auflösung von fünf Bundesministerien nicht wesentlich verringert werden kann. Die Projektgruppe für Regierungs- und Verwaltungsreform hat bei einer radikaleren Kabinettsverkleinerung um sieben Ressorts nur maximal 80 Beamtenstellen als einsparbar angesehen. Von den einzusparenden 3,5 Millionen werden 1,2 Millionen für die Gehälter der acht neuen parlamentarischen Staatssekretäre gebraucht. Das Amtsgehalt der parlamentarischen Staatssekretäre beträgt 1 $^{1}/_{3}$ des Grundgehalts eines beamteten Staatssekretärs (plus 300 DM Wohnungsgeldentschädigung). Grundgehälter: Minister (verheiratet, ohne Kind) 7993 DM, beamteter Staatssekretär 5770 DM, parlamentarischer Staatssekretär: rd. 5990 plus Grunddiäten als Abgeordneter von 2460 DM) [52].

Von den Staatssekretären der 1966–69 von der SPD geleiteten Ressorts schied nur Schornstein aus, der von der SPD übernommen worden war, und wurde durch den bisherigen Leiter der Abteilung Städtebau im Ministerium, Storck, ersetzt. Durch die Wahl zum Bundestagsabgeordneten schieden drei weitere Staatssekretäre aus: v. Dohnanyi (Wirtschaft), Hein (wirtschaftliche Zusammenarbeit) und Fritz Schäfer (Bundesrat), was bei der SPD einen stärkeren Trend zur politischen Betätigung von Staatssekretären zeigt.

Am 5. November wurde im Bundestag eine Fragestunde über die Personalpolitik der neuen Bundesregierung gehalten, in der Innenminister Genscher auf die Vorwürfe der Opposition einging und die Zahl der Entlassenen und der versetzten Referenten (18 Ministerialräte) bekanntgab. Besonders umstritten war die Frage, die der ehemalige Innenminister Benda aufwarf, ob er es mit dem Grundgesetz für vereinbar halte, daß ein beamteter Staatssekretär einen Beamten nach seiner Parteizugehörigkeit frage. Genscher hielt das ebenfalls nicht für zulässig und versprach, den Fall zu prüfen [53]. Genscher konnte keine Antwort auf die Frage geben, ob es stimme, daß bereits vor der Kanzlerwahl eine vom designierten Kanzleramtsminister Ehmke aufgestellte Liste der im Kanzleramt abzulösenden Beamten existiert hatte. Obwohl die Frage nicht beantwortet wurde, da Ehmke von seinem Rederecht keinen Gebrauch machte, sondern sich nur einer »zufriedenen Heiterkeit« [54] hingab, ist durchaus anzunehmen, daß diese Nachricht auf Wahrheit begründet war. Es ist jedoch nicht einzusehen, warum eine Partei sich nicht bereits vor der Kanzlerwahl Gedanken über die personellen Konsequenzen einer Übernahme des höchsten Amtes machen soll, und entspräche der ungerührten Einstellung Ehmkes in der Frage des Rollenwechsels. Auf den Vorwurf von Strauß vom »Köpferollen« soll Ehmke geantwortet haben: »Das Geschrei der CDU-Leute ist kindisch. Die haben doch 20 Jahre lang die Vorteile des politischen Beamten in vollen Zügen genossen. Dann sollen sie jetzt gefälligst auch die Nachteile schlucken.«[55]

Das war nur die saloppe Formulierung für den durchaus begründeten Standpunkt, daß die CDU selbst die Mitschuld daran trage, daß der Amtswechsel so tief herab in die Ministerialbürokratie sich auswirkte. Das Bundesbeamtengesetz von 1953, das durch eine CDU-Mehrheit geschaffen wurde, machte nicht nur die Staatssekretäre, sondern auch die Ministerialdirektoren und im Auswärtigen Amt die Beamten bis hinab zu den Botschaftsräten erster Klasse, die höheren Chargen im Bundesamt für Verfassungsschutz und im Bundesnachrichtendienst, den Generalbundesanwalt beim Bundesgerichtshof und den Oberbundesanwalt beim Bundesverwaltungsgericht zu politischen Beamten.

Die CDU griff mit diesem weiten Kreis auf eine Tradition zurück, die älter ist als das parlamentarische System in Deutschland. In Preußen wurden durch Gesetz vom 21. Juli 1852 Unterstaatssekretäre, Ministerialdirektoren, Oberpräsidenten, Regierungspräsidenten, die Vorsteher königlicher Polizeibehörden und die Landräte politische Beamte. Im Reichsbeamtengesetz vom 31. März 1873 wurde dieser Katalog von politischen Beamten noch erweitert um die »Direktoren und Abteilungschefs im Reichskanzleramt und in den einzelnen Abteilungen desselben, sowie im Auswärtigen Amte, die Militär- und Marine-Intendanten, die diplomatischen Agenten, einschließlich der Konsuln«. Durch Gesetz vom 17. Mai 1907 erhielt diese Bestimmung die Fassung: »Außer dem im § 24 bezeichneten Falle können durch Kaiserliche Verfügung die nachbenannten Beamten jederzeit unter Gewährung des gesetzlichen Wartegeldes einstweilig in den Ruhestand versetzt werden: der Reichskanzler, die Staatssekretäre, die Unterstaatssekretäre, Direktoren und Abteilungschefs in den dem Reichskanzler unmittelbar unterstellten obersten Reichsbehörden, in der Reichskanzlei und in den Ministerien, die vortragenden Räte und etatsmäßigen Hilfsarbeiter in der Reichskanzlei und im Auswärtigen Amte, die Militär- und Marine-Intendanten, die Ressortdirektoren für Schiffbau und Ressortdirektoren für Maschinenbau in der Kaiserlichen Marine, die Vorsteher der diplomatischen Missionen und der Konsulate, sowie der Legationssekretär.«[56] In einer Zeit, da das System noch nicht parlamentarisiert war, hatten solche Bestimmungen die Funktion einer »Gesinnungssperre«, damit die Beamten sich nicht zu weit nach links orientierten[57]. Bismarck wurde vorgeworfen, damit nach 1862 etwa 1000 Beamte entfernt zu haben, die liberaler Neigung verdächtig schienen[58].

Erst nach der Parlamentarisierung bekamen diese Bestimmungen eine modernere Funktion, die Übereinstimmung der politischen Linie zwischen dem Minister und seinen wichtigsten Beamten zu gewährleisten. Der Minister, der de jure für jede Handlung eines Beamten seines Ressorts verantwortlich ist, muß das Recht haben, sich politisch möglichst gleichgesinnte und loyale Mitarbeiter aussuchen zu können, um seine Verantwortlichkeit nicht mit übermäßigen Risiken, die aus offenem oder geheimem Dissens entstehen können, zu belasten, auch wenn de facto die Verantwortlichkeit der Minister für jede Handlung in ihren Ministerien immer geringer wurde und die Ministerverantwortlichkeit in den meisten Fällen nicht sehr extensiv interpretiert wurde. Aber das Problem der Verantwortung darf nicht nur von der Möglichkeit parlamentarischer Sanktionen her verstanden werden. Verantwortung verbindet sich mit dem Problem der »Unsicherheitsabsorption«, denn sie kommt nur zustande, »wenn ein gewisses Vertrauen in die Richtigkeit einer Kommunikation gewährleistet ist«[59]. Die Richtigkeit der Kommunikation ist jedoch von vornherein gefährdet, wenn es keinen politischen Konsens zwischen dem Minister und seinen wichtigsten Beamten gibt.

Obwohl die Presse im allgemeinen den Personalwechsel, der im Herbst 1969 vorgenommen wurde, für tragbar hielt, wurde dennoch gelegentlich gefragt, ob der Sinn des Beamtengesetzes bei den zahlreichen Versetzungen in den einstweiligen Ruhestand ganz richtig interpretiert wurde. Friedrich Karl Fromme sieht in der Beamtenablösung infolge von Koalitionsvereinbarung einen Mißbrauch in dem Fall, wenn eine Zusammenarbeit in einzelnen Fällen gar nicht erst versucht wird, sondern beim Regierungswechsel eine präventive Entlassung möglicher Dissenter vorgenommen wird. Außerdem sieht er die Gefahr, daß eine »besondere Sorte von Politik-Pensionären« entsteht: Parteifunktionäre, die als Ministerialdirektoren oder Staatssekretäre binnen vier Jahren eine staatliche Pension erdienen. Er empfiehlt daher eine Änderung des Beamtenrechts und eine Reduzierung der politischen Beamten auf ein Minimum. Er hält eine solche Initiative der neuen Regierung auch im wohlverstandenen Eigeninteresse geboten, weil ihre »Protektionskinder« dann dem Zugriff einer neuen Unionsregierung entzogen würden[60]. Diese Auffassung ist noch von dem konstitutionellen Gedanken eines unpolitischen Beamtentums getragen, wie er in der deutschen Publizistik bis zu Köttgen häufig anzutreffen war und der vor allem den angelsächsischen Ländern ziemlich fremd ist[61]: »Die Beamtenschaft muß jedoch im parlamentarischen Staat von diesen politischen Parteien so weit wie möglich ferngehalten werden.« Daß hohe Beamte politisch neutral bleiben können, ist gerade bei der heutigen Politisierung aller Bereiche undenkbar und entspricht auch nicht den Vorstellungen von der Übertragung nahezu parlamentarischer Verantwortlichkeitsformen, die heute von einer Avantgarde in der Verwaltungswissenschaft empfohlen wird, um Hierarchiedenken und Immobilismus in der Bürokratie zu überwinden[62]. Eine solche Auffassung ist auch angesichts der Parentela-Beziehungen, die sich zwischen organisierten Interessen vermittels etablierter Parteien – vor allem, wenn sie sehr lange herrschen – und der Bürokratie herausbilden, nicht sehr realistisch[63]. Mit einer zunehmenden Austauschbarkeit der Führungsfunktionen in der Spitzenbürokratie und in den politischen Laufbahnen, die von der SPD in Ansätzen demonstriert wurde, birgt auch der Rückzug von politischen Spitzenbeamten nicht mehr die gleichen Härten in sich wie in einer Zeit, da die hohen Beamten weder in die Politik gehen konnten und wollten noch Unterschlupf in Wirtschafts- und Verbandsmanagement erhoffen konnten, wie dies heute zunehmend der Fall ist (vgl. S. 275). Eine solche Erleichterung des Positionswechsels fördert nicht nur die vieldiskriminierte Politisierung des Beamtentums, sondern zugleich Planungsmethoden und Existenzformen aus den Bereichen von Wirtschaft und Politik, die dem hohen Beamtentum in der Zeit des Juristenmonopols nur allzusehr fehlten und das Scheuklappendenken in Bahnen der Normenanwendung konservierten.

Die Angst vor politischen Beamten ist um so ungerechtfertigter, als die Beamten in bezug auf politische Funktionen – vor allem auf parlamentarischer Ebene – im übrigen noch immer privilegiert sind. Ausgerechnet 1969 in den »politischsten« Wahlen seit 1949 ist die Zahl der Parlamentarier aus dem öffentlichen Dienst sprunghaft bis auf fast 40 % gestiegen. Dieser Anstieg wird nicht unwesentlich durch die Regelung gefördert, daß die Beamten-Abgeordneten während ihres aktiven Dienstes doppelte Bezüge aus der Staatskasse erhalten: Diäten und das Wartegeld, und wenn sie das Pensionsalter erreicht haben, können sie vom Staat sowohl die Abgeordnetenpension als auch die Beamtenpension beanspruchen. Obwohl manche Abgeordnete, die als Verbandslobbyisten Parlamentarier werden, nicht schlechter gestellt sind, sind sie doch nicht ein so massiver Block von Privilegierten [64].

Das Problem der politischen Beamten in einer komplexen Bürokratie läßt sich wahrscheinlich auch dadurch lösen, daß eine Reihe der aus ihren Posten Entfernten anderweitig wiederverwendet werden, und keineswegs nur als »Schmutz- und Lärmbekämpfungsdezernenten«, wie einige katholische Blätter ängstlich wähnten. Immerhin wurden angesehene Staatssekretäre, wie Diehl und v. Hase, im Auswärtigen Dienst als Botschafter eingesetzt, und die neue Regierung hätte auch Carstens gern gehalten. Einige Minister sind ungewöhnlich zurückhaltend mit Entlassungen gewesen, wie Helmut Schmidt, der eher dafür kritisiert worden ist, daß er personell zu wenig Änderungen vornahm. In seiner Partei hat er mit starken Vorwürfen gegen die Politik von »Schmidt-Noske« zu kämpfen.

Das Ausmaß des Personalwechsels kann nur dann gerecht beurteilt werden, wenn man die üblichen personalen Veränderungen, die auch bei Kabinettsumbildungen unter CDU-Kanzlern üblich waren, von der Endsumme abzieht. Gerade der Faktionalismus der CDU hat beim Übergang von Adenauer zu Erhard und von Erhard zu Kiesinger zu einer Reihe von personalen Veränderungen unter den politischen Beamten geführt, um den Ansprüchen der »Flügel« Rechnung zu tragen. Als die Bundesregierung in der Fragestunde vom 5. November 1969 scharf für ihre Personalpolitik kritisiert wurde, entschärfte der FDP-Abgeordnete Moersch die Stimmung durch die Heiterkeit auslösende Frage an Genscher: »Herr Minister, können Sie den

Kollegen von der CDU-CSU-Fraktion bestätigen, daß bei der Ablösung des Bundeskanzlers Erhard durch Bundeskanzler Kiesinger der CDU nahestehende Beamte aus der Umgebung des Bundeskanzlers Erhard nachher nicht mehr sachgerecht beschäftigt werden konnten, weil Bundeskanzler Kiesinger das nicht wollte?« Genscher antwortete darauf: «Herr Kollege, ich könnte den Kollegen der CDU auf jeden Fall bestätigen, daß Beamte im Bundeskanzleramt beim Kanzlerwechsel 1966 anders beschäftigt worden sind, als das vorher der Fall war. Hier sind ähnliche Vorgänge feststellbar gewesen, wie sie sich auch jetzt als notwendig erwiesen haben.«[65] Von den 110 Ministerialdirektoren haben nur wenige eine so politische Rolle, wie der Begriff »politische Beamte« vermuten läßt, und ein großer Teil von diesen wird loyal seine Arbeit verrichten können, ohne sich politisch so zu exponieren, daß sie beim nächsten Regierungswechsel eine Entlassung riskieren.

Im ganzen wird das Ende der 20 Jahre Vorherrschaft der CDU-CSU ohnehin eine moderierende Wirkung auf das Verhalten der Beamten ausüben. Wenn einmal internalisiert wird, daß ein Wechsel in der Regierungsspitze in der Bundesrepublik nicht nur möglich, sondern auch wünschbar ist, wird die unkritische Identifizierung und das Surplus-Engagement einiger Beamter vermutlich verschwinden. Außerdem könnte man sich vorstellen, daß einige Mißbräuche, welche die CDU-Herrschaft mit der Verfügung über Beamte getrieben hat, abgebaut werden, damit die Möglichkeiten zur politischen Exponierung von Beamten verringert werden, zum Beispiel die ungenierte Art, wie höhere Beamte in CDU-CSU-Fraktionssitzungen referierten, ohne daß die Opposition die gleichen Vorteile hatte, oder die hart am Rande der Legalität geübte Praxis, Beamte für den parteipolitischen Teil der Arbeit von Ministern einzusetzen, als »Ghostwriter« oder gar als Adjutanten im Wahlkampf. Kurt Becker hat in der ›Zeit‹[66] mit Recht davor gewarnt, den Versuch zu unternehmen, einen »beamtenrechtlich gesicherten Naturschutzpark« zu schaffen. Man könnte jedoch erwägen, die Grenze zwischen politischen Beamten und Berufsbeamten deutlicher zu ziehen durch Rückgriff auf das britische Modell des »Permanent Secretary«, der die Kontinuität der Administration verbürgt. Dienststellung wäre damit wichtiger als Dienstrang. In Großbritannien werden die höchsten Beamten nicht ausgewechselt, wenn eine neue Partei ins Amt gelangt, im Gegenteil, selbst parlamentarische Staatssekretäre haben manchmal weniger Kontakt mit dem Minister als die ständigen Beamten[67]. In Amerika hingegen ist trotz der zunehmenden Ablösung des alten Beutesystems durch das »merit system« jeder Regierungswechsel noch mit dem Wechsel Tausender von Beamten verbunden. Auch die eifersüchtige Wachsamkeit, mit der der Senat sein Bestätigungsrecht auszuüben versucht, und auch die gelegentliche Weigerung, einzelne Ernennungen des Präsidenten zu bestätigen, waren keine echte Barriere gegen umfangreichen Gebrauch der Patronagemacht des Präsidenten[68].

Die Ansätze zu einem Beutesystem im höheren politischen Beamtentum werden vielleicht zur Zeit milder beurteilt, als sie es vor einiger Zeit geworden wären, da das vorherrschende Auslese- und Senioritätsprinzip für die Beamtenförderung stark unter Kritik gekommen ist. Daher haben die Beamten die Bevorzugung jüngerer Kräfte zwar murrend, aber letztlich protestlos hingenommen, wie sich am umstrittenen Fall Claus Noé zeigte, der mit 31 Jahren Ministerialdirigent im Wirtschaftministerium wurde und in die Lage kam, Vorgesetzter wesentlich älterer Beamter zu werden. Schiller rechtfertigte diesen Aufstieg mit dem Hinweis, daß sich auch andere Ressorts für den jungen Mann interessiert hätten, und man daher eine unorthodoxe Lösung habe finden müssen [69]. Der Hinweis auf die Konkurrenz der Ministerien ist nur stichhaltig, wenn man davon ausgeht, daß die Ministerien nicht mehr ein Kartell bilden, das sich strikt an die gleichen Vorschriften hält. Davon konnte schon länger keine Rede mehr sein, da die Mobilität in den neueren Ministerien, die sich mit unorthodoxeren Materien befassen und kein so starkes Juristenmonopol kennen wie die klassischen Ressorts, bekanntlich größer ist. Das gilt vor allem für das Bundesministerium für wirtschaftliche Zusammenarbeit, in dem das Durchschnittsalter schon 1967 nur 34 Jahre betrug und Referatsleiter im Range eines Ministerialrats mit 35 Jahren existierten [70].

Das viel beschworene Leistungsprinzip, das angeblich unserer Gesellschaft zugrunde liegt, wird überwiegend nur bei der Einstellung berücksichtigt und dabei an veralteten Kriterien gemessen. Neuere Bestrebungen zielen darauf ab, es auch bei der Beförderung über das Anciennitätsprinzip zu stellen. Das Problem der politischen Beamten wird sich letztlich nur im Rahmen einer Neuorganisation der Beförderungs- und Einstellungsvorschriften regeln lassen. Dabei wird sich das Leistungsprinzip immer auch parteipolitischen Gesichtspunkten verbinden und vielen Karrierebeamten verdächtig bleiben, da die Leistung nicht auf allen Gebieten abstrakt abzuschätzen ist, sondern auch einen politischen Nutz- und Prestigewert hat, der bei der Karrieremobilität politischer Beamter zu Buche schlägt.

Zahlreiche Vorschläge zur Lösung der Frage des politischen Beamtentums wurden inzwischen gemacht. Vom Abgeordneten Dichgans (CDU) ist in einer Fragestunde des Bundestages ein Vorschlag wieder aufgegriffen worden, der auch Genscher diskutabel erschien, nach französischem Muster ein politisches Kabinett einzuberufen, das mit dem Minister kommt und geht, mit dem Ziel, dem Berufsbeamtentum die gesamte Beamtenlaufbahn bis zum beamteten Staatssekretär zu erhalten [71].

*

Ein abschließendes Urteil über das Ausmaß des Wandels in der Führungsauslese läßt sich nur im Vergleich mit anderen Ländern ziehen. An solchen Vergleichen sind jedoch die politischen Systeme Europas nicht reich, oder sie hinken. Kontinentale Länder wie Frankreich oder Italien haben einen solchen Wandel der Koalition nie erlebt. Der französische Machtwechsel von 1958 ist hier unvergleichbar, weil er zugleich einen Regimewechsel implizierte. Nur in England und in den Commonwealthstaaten hat das Prinzip des »alternative government« im Quasi-Zweiparteiensystem nach dem Krieg bisweilen einen echten Regierungswechsel herbeigeführt: in Großbritannien 1946, 1951, 1964, 1970, in Australien 1949, in Neuseeland 1949, 1957, 1961, in Kanada 1963. Auf dem Kontinent gibt es allenfalls zwei Beispiele für einen spektakulären Regierungswechsel: 1965 in Norwegen und 1967 in Dänemark mit dem Sieg »rechter« Koalitionen über die sozialdemokratischen Dauerregierungen. Beide Umschwünge hatten aber keine vergleichbaren personalpolitischen Konsequenzen, da in beiden Ländern ein »spoil system« nicht üblich ist und relativ altkonstitutionelle Auffassungen vom Beamtentum überwiegen [72].

Eine personalpolitische Revolution kann der Regierungswechsel von 1969 nicht genannt werden. Im linken Flügel der Partei wurde eher ein Murren laut, daß man noch einmal die Fehler von 1918 wiederhole und zu viele konservative Elemente in den wichtigen Ämtern beließ. Dies war keineswegs nur ein Murren von patronagehungrigen Amtsbewerbern, sondern – im Zeitalter der Vollbeschäftigung – klang bei vielen Kritikern eine echte Sorge um den innovatorischen Impuls der neuen Regierung mit. Von politischer Relevanz ist jedoch nicht nur der objektiv feststellbare Wandel, der sich in der Führungsauslese abzeichnet und der auf stärkere Beteiligung der bisher unterprivilegierten Gruppen (Arbeiter, Frauen), eine stärkere Pluralisierung der politischen Elite und eine horizontale Mobilität zwischen den Sektoren der Gesellschaft (vor allem Politik und Bildung, Politik und Wirtschaft) hindeutet. Relevant ist auch die subjektive Perzeption dieser Vorgänge in der Bevölkerung, und hier ist es der SPD kaum gelungen, den Unterprivilegierten bereits das Gefühl zu vermitteln, daß sie stärker als bisher an den politischen Entscheidungen partizipieren können. Von den Belohnungen (»rewards«) und Gratifikationen, die höheren Schichten und politischen Positionsträgern offenstehen – wie Geld, Macht, Wissen, Prestige –, haben die sozial Unterprivilegierten bisher in der Bundesrepublik überwiegend nach »Geld« gestrebt. Die Interdependenz der Chance zur Erreichung dieser »rewards« zeigte sich jedoch gerade am Phänomen der Macht am deutlichsten. Der Mangel an Information und Wissen über Politik – trotz oder wegen zwanzig Jahren verkrampfter politischer Bildung im Sinne von »reeducation«, das heißt vorgegebener, aus angelsächsischen Demokratien ungefragt übernommener Werte – hat bei vielen der sozial Schwachen nicht nur kein Wissen über die Möglichkeit der Partizipation am politischen Prozeß, sondern zum Teil auch kein Bewußtsein der Möglichkeiten, die den meisten fehlen, aufkommen lassen [73]. Mit zunehmender Politisierung ist daher keineswegs mit zunehmender Zufriedenheit der Machtlosen zu rechnen, sondern im Gegenteil, die wachsende Verbreitung politischen Bewußtseins wird vermutlich die Unzufriedenheit steigern.

Ob diese für eine Demokratisierung der Herrschaft fruchtbare Unruhe sich in pauschaler Ablehnung der parlamentarischen Demokratie erschöpft oder ob sie mit wachsender Kritikfähigkeit bei den Bürgern zur Verbesserung der Partizipation in allen Subsystemen des Staates, zum Abbau von überflüssiger Herrschaft und zur Demokratisierung des Zugangs zu politischer Macht führen wird, bleibt abzuwarten.

1 Vgl. Edward C. Banfield, Political Influence. New York, ³1964, S. 286 ff.
2 A. Ammon, Eliten und Entscheidungen in Stadtgemeinden. Berlin 1967, S. 21.
3 Urs Jaeggi, Die gesellschaftliche Elite. Bern/Stuttgart 1960.
4 Vgl. Robert A. Dahl, A Critique of the Ruling Elite Model. APSR 1958 (S. 463–469), S. 466 ff.
5 P. Bachrach – M. S. Baratz, Decisions and Nondecisions: An analytical Framework. APSR 1963 (S. 632–642), S. 641.
6 R. Fritz, Der Einfluß der Parteien und Geschädigtenverbände auf die Schadensfeststellung im Lastenausgleich. Diss. Berlin 1964; O. Stammer, Gesetzgebung und Interessenverbände. Berlin 1965.
7 St. Passigli, Party Finance. Italy. Journal of Politics, 1963 (S. 718–736), S. 732.
8 E. Banfield, Political Influence. New York 1961, S. 296.
9 Vgl. Searing, The Comparative Study of Elite Socialization. Comparative Political Studies, 1968/69, No. 4 (S. 471–500), S. 491.
10 Joseph A. Schlesinger: Ambition and Politics. Political Carreers in the United States. Chicago 1966, S. 15.
11 L. J. Edinger – D. D. Searing, Social Background in Elite Analysis: A Methodological Inquiry. APSR 1967 (S. 428–445), S. 431.
12 Ebd., S. 436.
13 Searing, a. a. O. (Anm. 9), S. 491.
14 K. W. Deutsch, Arms Control and the Atlantic Alliance. New York 1967, S. 91.
15 Es handelt sich dabei um Ausschnitte aus einer größeren Untersuchung über ›Die politische Elite in der Bundesrepublik‹, die 1971 im Verlag Piper & Co., München, erscheinen wird.
16 Kay L. Ulrich, Die Frauen im Bundestag. FAZ, 3. Dez. 1969.
17 M. Fülles, Frauen in Partei und Parlament. Köln 1969, S. 125 f.
18 Ulrich, a. a. O. (Anm. 16).
19 Zit. Werner Höfer, Gewählt, aber nicht gekrönt. Ein Gespräch mit drei Bonner Polit-Ladys. ›Die Zeit‹, 26. Dez. 1969, S. 4.
20 Ebd.
21 Heino Kaack, Wer kommt in den Bundestag? Abgeordnete und Kandidaten 1969. Opladen 1969, S. 63; Bodo A. Zeuner, Kandidatenaufstellung zur Bundestagswahl 1965, Den Haag 1970.
22 Charlotte Lütkens: Die Familienverhältnisse der weiblichen Bundestagsabgeordneten. Zschr. für Politik 1959, S. 58–61.
23 Deutscher Bundestag, 5. Nov. 1969, S. 254 C.
24 W. L. Warner u. a., The American Federal Executive. New Haven 1963, S. 29.

25 S. M. Lipset, Value patterns, class and the democratic polity. The United States and Britain. In: R. Bendix – S. Lipset (Hrsg.), Class, Status and Power, New York/London 1966, S. 164 (über die Labourparty). Über die SPD: Friedhelm Neidhardt, Soziale Schichtung und soziale Stabilität. Sanktionenverteilung und Unterschichtenverhalten in der Bundesrepublik. Habil.-Schrift München 1968, S. 127.

26 Für Österreich: Peter Gerlich – Helmut Kramer, Abgeordnete in der Parteiendemokratie. Eine empirische Untersuchung des Wiener Gemeinderates und Landtages. München 1969, S. 105. Für Italien: F. Alberoni (Hrsg.), L'attivista di partito. Bologna 1968.

27 Vgl. den Beitrag von Paul Ackermann in diesem Band (S. 298–315).

28 Vgl. Arnd Morkel, Politik und Wissenschaft. Hamburg 1967, S. 94 f.

29 Vgl. Arnd Morkel, Lehrjahre für Minister? Beilage zu ›Das Parlament‹, 1967, Nr. 12.

30 Heinz Laufer, Der parlamentarische Staatssekretär. München 1969, S. 35.

31 Vgl. Schlesinger, a. a. O. (Anm. 10).

32 Vgl. Zeuner, a. a. O. (Anm. 21).

33 J. Meynaud, Rapporto sulla classe dirigente italiana. Mailand 1966, S. 22 ff.

34 W. L. Guttsman, The British Political Elite. London 1965, S. 244.

35 A. Ranney, Pathways to Parliament. London 1965, S. 221.

36 Guttsman, a. a. O. (Anm. 34), S. 245.

37 Vgl. Th. Eschenburg. ›Die Zeit‹, 31. 3. 1967.

38 Rainer Wahl, Die Weiterentwicklung der Institution des parlamentarischen Staatssekretärs. Der Staat, 1969, H. 3 (S. 327–348), S. 331.

39 Guttsman, a. a. O. (Anm. 34), S. 212 ff.

40 D. T. Stanley – D. E. Mann – J. W. Doig, Men who govern. A biographical Profile of Federal Political Executives. Washington 1967, S. 27.

41 Warner u. a., a. a. O. (Anm. 24), S. 13.

42 Zit. ›Die Zeit‹, 21. Nov. 1969.

43 FAZ, 23. Dez. 1969.

44 ›Der Spiegel‹ 1969, Nr. 45, S. 42.

45 ›Südwest-Presse‹, 17. Febr. 1970.

46 FAZ, 25. Nov. 1969, S. 6.

47 ›Der Spiegel‹, 1969, Nr. 46, S. 46.

48 FAZ, 6. Nov. 1969.

49 FAZ, 3. Nov. 1969.

50 Ebd.

51 FAZ, 7. Nov. 1969, S. 5.

52 Ebd.

53 Deutscher Bundestag, 8. Sitzung, 5. Nov. 1969, S. 248 B.

54 FAZ, 6. Nov. 1969.

55 ›Der Spiegel‹, 1969, Nr. 47, S. 41.

56 E. R. Huber (Hrsg.), Dokumente zur Deutschen Verfassungsgeschichte. Stuttgart 1964, Bd. 2, S. 340.

57 F. K. Fromme, Kein Bedarf an Sonderzügen. FAZ, 5. Nov. 1969, S. 1.

58 Brian Chapman: The Profession of Government. London 31966, S. 31.

59 Niklas Luhmann, Funktionen und Folgen formaler Organisation. Berlin 1964, S. 175.

60 Fromme, a. a. O. (Anm. 57).

61 Vgl. Arnold Köttgen, Das deutsche Berufsbeamtentum und die parlamentarische Demokratie. Berlin/Leipzig 1928, S. 109.

62 Rolf-Richard Grauhan: Modelle politischer Verwaltungsführung. Konstanz 1969, S. 21 ff.

63 Falls es in der Bundesrepublik wirklich zu der skandinavischen Lösung käme, nach der die SPD für lange Zeit die führende Rolle bei der Regierungsbildung spielt, könnte das Parentelamodell, wie es La Palombara für die italienischen Christdemokraten entwickelte und wie es für die CDU partiell anwendbar ist, sich auch zwischen SPD, Verwaltung und einigen Interessen (z. B. Gewerkschaften) entwickeln. Vgl. Joseph La Palombara, Interest Groups in Italian Politics. Princeton 1964, S. 306 ff.

64 Vgl. Rolf Zundel, Ein Parlament der Regierungsräte? Fragwürdige Privilegien der Beamten-Abgeordneten. ›Die Zeit‹, 28. Nov. 1969, S. 12.

65 Deutscher Bundestag, 5. Nov. 1969, S. 249 C.

66 21. Nov. 1969, S. 1.

67 Hans Daalder, Cabinet Reform in Britain. 1914–1963. Stanford 1963, S. 256.

68 Peter Woll, American Bureaucracy. New York 1963, S. 153.

69 ›Der Spiegel‹, 1969, Nr. 48, S. 36.

70 Nina Grunenberg: BMZ-Haus der steilen Karrieren. ›Die Zeit‹, 8. März 1969, S. 72.

71 Deutscher Bundestag, 5. Nov. 1969, S. 249 D.

72 Vgl. J. A. Storing, Norwegian Democracy. Boston 1963, S. 108; K. E. Miller, Government and Politics in Denmark. Boston 1968, S. 168.

73 Vgl. dazu Neidhardt, a. a. O. (Anm. 25), S. 202 ff.

Friedrich Schäfer

Die Funktion von Bundesparteitagen im föderativen modernen Parteienstaat

Theodor Eschenburg stellt an einer Stelle seines Hauptwerkes im Zusammenhang mit der Darstellung der verschiedenen Herrschaftssysteme fest, daß »je größer der Staat, je differenzierter die Gesellschaft ist), desto mehr das Bedürfnis nach formbildenden Gruppen besteht«[1]. Seit den grundlegenden Untersuchungen von Gerhard Leibholz[2] ist es praktisch unbestritten, daß der Verfassungsstaat der Neuzeit seinen besonderen Charakter aus der Notwendigkeit der Existenz von politischen Parteien als Mediatoren der in einer pluralistischen Gesellschaft vorhandenen politischen Strömungen und Willensrichtungen gewinnt. Der Parlamentarische Rat hat dem Rechnung getragen, indem er in den zweiten Abschnitt des Grundgesetzes den Artikel 21 aufnahm, der die Mitwirkung der Parteien bei der politischen Willensbildung des Volkes verfassungsrechtlich institutionalisiert. Diese Institutionalisierung erhebt die Parteien selbst aber noch nicht in den Rang von Verfassungsorganen, sondern läßt sie, wie das Bundesverfassungsgericht in mehreren Entscheidungen dargelegt hat[3], lediglich Funktionen eines Verfassungsorgans ausüben[4]. Nur Einzelbereiche ihres Tätigwerdens erfüllen die Voraussetzungen staatlichen Handelns; im übrigen sind sie vorstaatlich, aber auch überstaatlich, soweit der gesamte Raum staatlicher Autorität angesprochen ist.

Diese Überstaatlichkeit kommt auch darin zum Ausdruck, daß Artikel 21 GG am Anfang des Abschnittes des Grundgesetzes steht, der sich allgemein mit Bund und Ländern, also mit dem gesamten territorialen und staatsrechtlichen Geltungsbereich der Verfassung ohne Rücksicht auf die Organisationsebene befaßt. Wie Artikel 20 GG die Generalmaximen des Staates Bundesrepublik Deutschland aufstellt, so legt Art. 21 GG die Aufgabe der Parteien für den Gesamtstaat fest. Was Artikel 20, wie Artikel 28 GG noch einmal deutlich macht, für den institutionellen Bereich ist, ist Artikel 21 GG für den dynamischen. Über die Parteien werden die Verfassungsgrundsätze mit Leben gefüllt; die Parteien stellen die Klammer für die Einheit der politischen Willensartikulation im gesamten Bundesgebiet dar. Sie sind das Instrument, durch das »alle«, nicht nur partikulare, Staatsgewalt im Sinne von Artikel 20 Abs. 2 GG vom Volk ausgeübt werden kann. Sie tragen deshalb auch eine Kollektivverantwortung gegenüber dem gesamten Volk.

Parteien sind aber in sich nicht vorgegebene, starre Institutionen, sondern lebendige Gebilde, die den Willen ihrer Anhänger – Mitglieder oder Wähler – zu einer gemeinsamen Generallinie verdichten. Weil sie insoweit Parallelen zur staatlichen Willensbildung aufweisen, muß ihre innere Ordnung nach Art. 21 Abs. 1 Satz 2 GG demokratischen Grundsätzen entsprechen. Das in Ausführung dazu am 24. Juli 1967[5] ergangene Parteiengesetz stellt Rahmenregelungen dafür auf, ohne damit allerdings etwas grundsätzlich Neues geschaffen zu haben. Vielmehr hat das Parteiengesetz in weiten Bereichen nur die in den Satzungen und Statuten der meisten deutschen Parteien, insbesondere der der Sozialdemokratie, niedergelegten und seit langem geübten Organisations- und Willensbildungsformen in Gesetzesrang erhoben.

Das gilt vor allem für die Bestimmungen über die zur generellen Festlegung der Ziele und Handlungen einer Partei berufenen Organe. Oberstes Organ des jeweiligen Gebietsverbandes einer Partei ist nach § 9 des Parteiengesetzes der Parteitag. Schon die Parteienrechtskommission stellte fest, daß die Parteitage deshalb oft als »Parteiparlamente« bezeichnet werden, die die eigentlichen »demokratischen« Repräsentationsorgane der Parteien darstellen[6]. Tatsächlich sind Parteitage für jede Art von Parteiaufbau nach »demokratischen Grundsätzen« innerhalb der Parteiorganisation unerläßlich, da sonst von innerparteilicher Demokratie als Parallele zu staatlicher Demokratie keine Rede sein könnte. Die »Kompetenzkompetenz« für alle Fragen innerhalb einer Parteiorganisation läßt sich praktisch nicht an einen anderen Ort verlagern[7]. Die Aufzählung der Parteitagszuständigkeiten im Parteiengesetz ist insoweit nur beispielhaft und erfaßt lediglich den formellen Bereich. So kann nur der Parteitag über Parteiprogramm, Satzung, Beitrags- und Schiedsgerichtsordnung, Auflösung und Verschmelzung mit anderen Parteien beschließen; nur der Parteitag kann den Parteivorsitzenden, seine Stellvertreter und die übrigen Mitglieder des Vorstandes, die Mitglieder etwaiger anderer Organe und die Vertreter in den Organen höherer Gebietsverbände wählen, und dieser Parteitag muß mindestens in jedem zweiten Kalenderjahr einmal zusammentreten.

Zum formellen Bereich gehören auch die Bestimmungen über die Zusammensetzung der ordentlichen, d. h. stimmberechtigten Mitglieder eines Parteitages. § 13 des Parteiengesetzes schreibt vor, daß die Zahl der Vertreter des Gebietsverbandes in erster Linie nach der Zahl der vertretenen Mitglieder zu bemessen ist. Die jeweilige Satzung der Partei kann nicht nur die absolute Zahl festlegen – bei der SPD sind es für den Bundesparteitag 300 gewählte Delegierte und die Mitglieder des Parteivorstandes und der Kontrollkommission[8] –, sondern auch bestimmen, daß die restliche Zahl, allerdings höchstens die Hälfte der Gesamtzahl, nach dem Verhältnis der im Bereich des Gebietsverbandes bei vorausgegangenen Wahlen zu Volksvertretungen erzielten Wählerstimmen auf die Gebietsverbände aufgeschlüsselt wird. Mitgliederparteien wie die SPD mit mehr als 700 000 eingeschriebenen Anhängern brauchen darauf nicht zurückzugreifen; reine Wählerparteien werden eher davon Gebrauch machen. Für sie ist auch die Bestimmung des Parteiengesetzes nicht relevant, daß die Ausübung des Stimmrechts von der Erfüllung der Beitragspflicht abhängig gemacht werden kann. Bei der SPD gehört zum Beispiel zur Aufgabe einer Mandatsprüfungskommission, zu Beginn jedes Parteitages an Hand der Parteibücher nachzuprüfen, ob die Beitragszahlung nachgewiesen ist.

Im Zeitalter moderner Massenparteien können Parteitage nicht im Wege direkter Demokratie agieren, sondern sind ebenso wie der moderne Staat auf Repräsentation angewiesen. Die personelle Beteiligung an Parteitagen beruht deshalb auf einem über mehrere Stufen – je nach der Organisationsebene – führenden System von Delegationskörperschaften, welchen Wahlen und weitere Delegationen obliegen. Anders als bei der staatlichen Repräsentation erfolgt die Wahl also nicht unmittelbar zu der jeweiligen Vertretung – bei den kommunalen Selbstverwaltungskörperschaften durch die wahlberechtigten Einwohner der Gemeinde zum Gemeindeparlament und des Kreises zum Kreistag, bei den Landtagen durch die wahlberechtigten Bewohner des Landes und beim Bundestag durch alle wahlberechtigten Bürger der Bundesrepublik –, sondern stets durch das entsprechende vorgeordnete Gremium hindurch. Delegierter zum Bundesparteitag kann ein Mitglied deshalb grundsätzlich nur werden, wenn das Mandat von anderen Delegaten niederer Gebietsverbände erteilt worden ist. Der Bundesparteitag besteht so aus von den Delegierten der einzelnen Landesparteitage gewählten Vertretern; diese sind wiederum von Delegierten der Konferenzen der Kreisverbände benannt worden, die schließlich ihrerseits aus der Mitte der lokalen Organisation gewählt worden sind.

Diese Formalien sagen aber noch nichts über den eigentlichen Charakter von Parteitagen, besonders Bundesparteitagen aus. Wo diese bisher untersucht worden sind, werden die eigentlich willensbildenden Elemente gering veranschlagt [9]. Sie werden als »Heerschau der Parteien« [10] bezeichnet, deren Funktion als vermittelndes und korrigierendes Medium zwischen der parlamentarischen Elite und der Parteimitgliedschaft [11] mit der Aufgabe, Kreations- und Revisionsorgan für die Führungsspitze und Integrationsmittel für die Partei als Ganzes zu sein, gesehen wird [12].

Gerade diese Integrationsaufgabe setzt aber voraus, daß es keine Frage gibt, die isoliert als Angelegenheit der Bundespartei oder lediglich der Organisationsgliederungen auf Landes- oder Lokalebene angesehen werden kann. Der föderalistische Aufbau der Parteien in der Bundesrepublik [13] mit der relativen Selbständigkeit der Landesorganisationen macht es erforderlich, daß es eine Instanz geben muß, die für die Gesamtpartei verbindliche Entscheidungen treffen kann. Bei der SPD hat zwar der Parteirat unter anderem die Aufgabe, »die Politik in Bund und Ländern aufeinander abzustimmen«[14], wozu er nach seiner Zusammensetzung auch besonders geeignet ist[15], er kann aber keine grundlegenden programmatischen Fragen regeln. Diese sind vielmehr, wie oben dargestellt, den Parteitagen vorbehalten. Ihre Funktion und Zusammensetzung macht daher jede Frage, die auf ihre Tagesordnung kommt, zu einer Angelegenheit der Gesamtpartei, auch wenn dies nicht sofort sichtbar wird. Und je größer die Bedeutung für die Gesamtpartei ist, um so höher muß die Organisationsebene sein, deren Parteitag darüber entscheidet. Das zeigte sich sehr deutlich in der Frage der Verfassungsergänzung für Fälle des Notstandes bei der SPD, wo ein erster, die Haltung der Gesamtpartei umreißender Beschluß 1960 auf dem Parteitag in Hannover[16] gefaßt wurde, der der Bundestagsfraktion für die gegenüber der Regierungsvorlage eingenommene Haltung dankte und für die Zukunft die Stellung der Partei festlegte. Auf dem Parteitag in Köln vom 26. bis 30. Mai 1962 wurde eine Entschließung, die Parteivorstand, Parteirat und Kontrollkommission am 17. März 1962 in Berlin angenommen hatten, ausdrücklich bekräftigt und die Stellungnahme der SPD zu den Fragen der Notstandsgesetzgebung in 7 Punkten zusammengefaßt[17]. Auf dem Parteitag in Karlsruhe 1964 erfolgte eine erneute Stellungnahme, die diesmal in zehn Punkten ihren Niederschlag fand[18] und auf dem Parteitag in Dortmund 1966 noch einmal bestätigt wurde[19]. Der Parteitag in Nürnberg im März 1968 stellte dann die fortdauernde Bindung der Gesamtpartei an diese Beschlüsse fest und gleichzeitig die Erfüllung dieser Beschlüsse durch die Bundestagsfraktion[20].

Gleiches gilt für die Frage einer Reform des Wahlsystems. Auf die Ankündigung Bundeskanzler Kiesingers in der Regierungserklärung der Großen Koalition vom 13. Dezember 1966, daß »während dieser Zusammenarbeit (in der Großen Koalition) ... nach Auffassung der Bundesregierung ein neues Wahlrecht grundsätzlich verankert werden (soll), das für künftige Wahlen zum Deutschen Bundestag nach 1969 klare Mehrheiten ermöglicht«[21], erwiderte der Sprecher der sozialdemokratischen Bundestagsfraktion, Helmut Schmidt: »Meine Fraktion – das habe ich hier zu erklären – wird auf einer sehr gründlichen Prüfung dieser schwierigen Materie bestehen, ehe sie überhaupt zu einer Entscheidung bereit ist. Meine Partei wird diese Frage auch auf einem Bundesparteitag behandeln.«[22] Damit war impliziert, daß der Entscheidung der Fraktion die Entscheidung des Bundesparteitages vorausgehen würde, aber auch vorausgehen müßte.

Die Entscheidung eines Bundesparteitages und ihre endgültige Durchsetzung schließt nicht aus, sondern geht geradezu davon aus, daß ursprünglich in den verschiedenen regionalen Gliederungen einer Partei unterschiedliche Auffassungen bestanden haben können, und zwar nicht nur aus Gründen der politischen Ausrichtung und Zusammensetzung wie etwa beim Notstand. In der Wahlrechtsfrage ist zum Beispiel die Interessenlage der bayerischen SPD mit der der Hamburger CDU identisch, divergiert aber grundsätzlich von der ihres dortigen Landesverbandes. Deshalb kann sich ein bayerischer Bezirk auf einem Bezirksparteitag aus pragmatischen Gründen durchaus gegen eine Wahlrechtsänderung aussprechen, während diese von Hamburg vielleicht bejaht wird. Auf einem Bundesparteitag mit dieser Frage als Tagesordnungspunkt geht es dann aber um die Willensbildung der Gesamtpartei, die als solche dann wieder alle Mitglieder bindet. Die Verpflichtung auf demokratische Grundsätze für die innere Ordnung der Parteien in Art. 21 Abs. 1 Satz 2 GG schließt deshalb die Bestimmung des Parteiengesetzes ein, daß bei Wahlen und Abstimmungen eine Bindung an Beschlüsse anderer Organe unzulässig ist. Parteitagsdelegierte verfügen nicht über ein gebundenes, sondern über ein sogenanntes freies Mandat, wenn auch nicht übersehen werden sollte, daß bereits in der Art der gestuften Delegation eine gewisse Bindung liegt, weil jeder Bezirk oder Landesverband bei der Entsendung darauf achten wird, daß seine Delegierten auch seine, auf eigenen Parteitagen gefundene Auffassung vertreten.

Wichtig ist diese Form der Willensbildung vor allem im Bundesstaat und bei Fragen, die aus der grundsätzlichen staatlichen Kompetenzverteilung zwischen Bund und Ländern entstehen. Dort gibt es – verfassungsrechtlich bereits aus Gründen des Art. 20 GG und der parlamentarischen Verantwortung sauber zu trennen – nur die voneinander unabhängigen Verfassungsebenen von Bund und Ländern. Eine einheitliche, beide Ebenen erfassende staatliche Willensbildung ist ausgeschlossen, denn vom Bundesgesetzgeber beschlossene Gesetze binden zwar die Landes- und Kommunalverwaltungen und über den Grundsatz des Art. 31 GG auch die Länderparlamente; politische Grundsatzentscheidungen werden aber im Bund und in den Ländern in jeweils eigener, durch die einzelnen Verfassungen geregelter Verantwortung getroffen. Kooperationsformen, wie sie das Stabilitätsgesetz und die im Rahmen der Finanzreform eingeführten Art. 91 a und 91 b GG vorsehen, erfassen nur Teilbereiche und setzen zudem einen bereits vorhandenen einheitlichen politischen Willen voraus, der über die staatlichen Verfassungsebenen hinweg nur von den politischen Parteien und dort eben in der Regel durch die Bundesparteitage als oberste Organe gebildet werden kann.

Deshalb ist es vollkommen legitim, wenn z. B. den Beratungen des Bundesrates, der als Bundesorgan die Verwaltungserfahrung der Länder in die Gesetzgebung und Verwaltung des Bundes einbringen soll, Vorbesprechungen im Kreise der eigenen Partei vorausgehen. Der Kanzler der im Bund regierenden Mehrheit wird bestrebt sein, für die von ihm und seiner Fraktion durchgesetzten politischen Entscheidungen, soweit sie in der Form von Gesetzen ergehen sollen und als solche die Mitwirkung des Bundesrates erfordern, auch in diesem eine Mehrheit zu bekommen, und die Ländervertreter seiner Partei entsprechend zu beeinflussen suchen. Andererseits wird die Opposition im Bund sich bemühen, derartige politische Entscheidungen, die sie im Bundestag nicht verhindern konnte, mit Hilfe ihrer Parteifreunde dann im Bundesrat scheitern zu lassen oder doch jedenfalls in ihrem Sinne zu ändern. Beide Seiten müssen zu diesem Zweck mit Hilfe der Parteiorganisation der staatlichen Willensbildung eine politische vorschalten.

Als besonders geeignetes Beispiel mag hier die Durchführung der Finanzreform erwähnt werden, weil sie den typischen Zwischenbereich betrifft. Sie geht Bund und Länder an und berührt Regierungen und Parlamente, die auf unterschiedlichen politischen Mehrheitsverhältnissen beruhen. Darüber hinaus ist innerhalb der Länder die Interessenlage noch je nach den infrastrukturellen Voraussetzungen verschieden. Es gibt »arme« sozialdemokratisch regierte Flächenstaaten, wie es »arme« Länder mit CDU- oder CSU-Regierungsmehrheiten gibt; sogenannte »reiche« Länder, ob sie nun Stadtstaaten sind oder größere Räume umfassen, haben SPD- oder CDU-geführte »kleine Koalitionen« oder werden evtl. sogar von großen Koalitionen geleitet. Primär bestimmt sich das Interesse dort aber immer von der Finanzlage her und damit von der Distanz oder Nähe zum Bund als möglichem Geldgeber[23]. Diese unterschiedlichen Auffassungen unter einen gemeinsamen staats- und gesellschaftspolitischen Aspekt zu bringen, muß integrierende Aufgabe der politischen Parteien sein und kann von diesen wieder nur auf einem Bundesparteitag erfüllt werden.

Nach der Erstattung des ›Gutachtens über die Finanzreform in der Bundesrepublik Deutschland‹[24] der durch gemeinsamen Auftrag des Bundeskanzlers und der Ministerpräsidenten der Länder eingesetzten sogenannten Troeger-Kommission bildeten die beiden größten politischen Parteien der Bundesrepublik deshalb auch sofort eigene Kommissionen, in denen verantwortliche Mitglieder aus den Regierungen und Fraktionen in Bund und Ländern die spezifisch parteipolitische Haltung zu diesem Gutachten und den in ihm enthaltenen Vorschlägen für die Revision der Finanzverfassung erarbeiten sollten. Die Kommission der SPD stand bezeichnenderweise unter dem Vorsitz des hessischen Ministerpräsidenten und wurde deshalb als »Zinn-Kommission« bekannt, obwohl sie Politiker gleicher Bedeutung aus Bund und Ländern umfaßte. Diese Kommission erarbeitete sodann eine sozialdemokratische Stellungnahme zu dem Troeger-Gutachten, die als solche auch auf dem Parteitag der SPD in Nürnberg ihren Niederschlag fand[25]. Der Vorsitzende der SPD, Willy Brandt, konnte deshalb in seiner Eröffnungsrede sagen: »Ob wir sie (die Finanzreform) schaffen, ob wir sie gut genug schaffen, hängt allerdings auch davon ab, ob der kooperative Föderalismus in der SPD funktioniert.«[26] Das gleiche gilt für die CDU/CSU, die ein ähnliches Verfahren wählte[27]. Kritiker der Schwierigkeiten bei der Verabschiedung der Finanzreform wiesen deshalb auch mit Recht darauf hin, daß eine Reform dieses Ausmaßes »in erster Linie Frage der innerparteili-

Bundesparteitage im föderativen Parteienstaat 293

chen Willensbildung bleibe, was die von den eigenen Genossen nicht eingehaltenen Beschlüsse des Nürnberger Parteitages z. B. der SPD zur Finanzreform klar bewiesen«[28].

Besonders wichtig ist diese innerparteiliche Willensbildung für den Bereich reiner Länderzuständigkeiten, also vor allem für das gesamte Kultur- und Bildungswesen. Ohne eine Koordinierung im politischen Raum bestünde hier die Gefahr größter Heterogenität, da die Individualinteressen der einzelnen Bundesländer nach Lage und äußeren und inneren Bedingungen verschieden sein müssen und auch verschieden sind. Hier hat die gesamtstaatliche Verantwortung der politischen Parteien ihr größtes Aufgabenfeld; hier werden Bundesparteitage zum eigentlichen Instrument politischer Willensbildung und Willensvorformung, ohne daß die im Föderalismus enthaltene Möglichkeit zur Entwicklung von Initiativen und Alternativen beeinträchtigt würde. Indem nämlich eine Partei auf einem Bundesparteitag Grundsätze, Leitgedanken oder vielleicht sogar Richtlinien zu bestimmten Sachkomplexen oder Fragenbereichen, z. B. zur Hochschulpolitik, in Form von Kundgebungen und Entschließungen festlegt, verpflichtet sie sich zunächst einmal nur selbst als politische Organisation. Sie legt aber darüber hinaus auch ihre Mitglieder als Träger staatlicher Funktionen in den Regierungen und Parlamenten fest. Daß in den einzelnen Bundesländern auch in den Bereichen reiner Länderzuständigkeiten trotzdem – mit der Maßgabe der naturbedingten Möglichkeiten – eine politisch in die gleiche Richtung zielende Staats- und Gesellschaftspolitik betrieben wird, ist deshalb auf die Bindung der dortigen Regierungen und Fraktionen an eine Gesamtpartei zurückzuführen. Abweichungen von den Beschlüssen dieser Gesamtpartei, wo die Verwirklichung politisch möglich gewesen wäre, sind dann auch gegenüber der Gesamtpartei zu vertreten, wollen Regierungen und Fraktionen nicht den Anspruch verlieren, politisch im Sinne dieser Partei tätig geworden zu sein und über der Regelung von Landesfragen das Gesamtwohl im Auge behalten zu haben. Hinzu kommt, daß die politische Identifizierung durch den Wähler nicht nach Aufgaben und Zuständigkeiten unterscheidet, sondern – vollkommen berechtigt – den Erfolg bzw. Nichterfolg eines Funktionsträgers stets der Gesamtpartei zurechnet und auch dort wieder kritisch abwägt, inwieweit ein Verhalten der von der Gesamtpartei gefundenen und gesetzten Linie entspricht. Gerade auf der Ebene der Länder sind die Parteien deshalb ständig gezwungen, sich an bereits formulierten Parteitagsbeschlüssen orientierend oder derartige zukünftige Beschlüsse vorbestimmend ihre gesamtpolitische Verantwortung nicht aus dem Auge zu verlieren. Das setzt sich fort bis in die Bereiche, in denen die Länder ihr Vorgehen mit Hilfe von Konferenzen der Ministerpräsidenten und Fachminister koordinieren. Es ist deshalb vollkommen legitim, daß solchen Konferenzen Treffen im Kreise der eigenen Partei vorausgehen, in welchen die eigene Haltung nach politischen und sachlichen Gesichtspunkten abgestimmt wird. Allerdings sollte diese Koordinierung – durch Parteitagsbeschlüsse oder Ad-hoc-Einigungen – nicht überschätzt werden. Sanktionen von oben, d. h. von der Parteispitze, bei Nichteinhaltung gibt es nur in geringem Umfang. In diesem Zusammenhang machen sich nämlich die unmittelbaren Auswirkungen der bundesstaatlichen Struktur auf die innere Ordnung der Parteien bemerkbar, auf die zuletzt Konrad Hesse aufmerksam gemacht hat. Der bundesstaatliche Aufbau schafft in der für den Bund – nicht nur wegen Art. 79 Abs. 3 GG – unangreifbaren Eigenstaatlichkeit der Länder Positionen, aus denen heraus die regionalen Parteigremien gegenüber Tendenzen straffer Zentralisierung und Unterordnung unter die Gesamtparteiführung eine sehr viel größere Unabhängigkeit und Selbständigkeit entfalten können [29]. Als Instrument dient dabei vielfach die Institution des Bundesrates, die es ermöglicht, auch abweichende politische Auffassungen im Gewand von Sachinteressen zur Geltung zu bringen. Es mag zwar rechtliche, politische und tatsächliche Loyalitätskonflikte geben, in die Mitglieder von Länderregierungen im Verhältnis zur Gesamtpartei durch Parteitagsbeschlüsse gebracht werden können; gerade aus der Regierungsverantwortung heraus gewinnen sie aber auch eine größere Freiheit gegenüber dieser Gesamtpartei. Verfassungsrechtlich sind sie nämlich lediglich ihren Landtagen und dort vor allem den Abgeordneten der Regierungspartei bzw. Regierungskoalition verpflichtet und müssen diesen gegenüber ihre Politik vertreten. Unter Berufung auf diese Abhängigkeit können sie sich der Bindung an Parteitagsbeschlüsse entziehen. Solange eine Einparteienregierung besteht, ist es zwar schwieriger, diese möglichen Konflikte auszutragen. Da aber in der Mehrzahl auch der Bundesländer Koalitionen die Regierungen tragen, können sie sich politisch darauf berufen, daß sie Rücksicht auf den jeweiligen Partner nehmen müssen, für den die strikte Durchführung eines Parteitagsbeschlusses nicht akzeptabel sei. Im Gegensatz zu der stärker auf einen solchen Beschluß verpflichteten Bundestagsfraktion haben sie dann die Möglichkeit, unter Hinweis auf derartige »Sachzwänge« im Bundesrat eine andere Haltung einzunehmen. Diese Haltung braucht nicht auf eigenen Landesparteitagen artikuliert worden zu sein, wird aber selten ohne den Rückhalt der Parteiorganisation im Lande eingenommen werden.

Die bundesstaatliche Ordnung ist auf diese Weise, wie schon Karlheinz Neunreither festgestellt hat [30], von unmittelbarem Einfluß auf die Parteien, indem sie die sonst starren organisatorischen Linien auflockert. Sie muß aber auch die Formulierungen des politischen Gesamtwillens einer Partei auf Bundesparteitagen beeinflussen, wenn sie die verschiedenen eigenen Wirkungsebenen nicht in unlösbare Konfliktsituationen bringen will. Das gilt nicht nur für Inhalt und Form der Beschlüsse, sondern auch für deren Wirkungsgrad.

Ob im Falle der Beteiligung an einer Koalitionsregierung in einem Land auf einem konkreten, nicht weiter auslegbaren Parteitagsbeschluß bestanden werden muß und als Folge der Zerfall der Koalition einem Nachgeben aus landespolitischen Gründen vorzuziehen ist, dürfte in der Regel zugunsten der Landespolitik entschieden werden. Parteitagsbeschlüsse können also für Regierungsmitglieder und Fraktionen aller Ebenen immer nur generelle Bindungen sein, die ein Bemühen fordern, im Sinne des Beschlusses zu wirken. Ein Scheitern dieser Bemühungen, ja selbst der Verzicht darauf, um in einer konkreten Situation eine Koalition nicht erfolglos und unnötig zu gefährden, kann und darf deshalb grundsätzlich nicht zu einem subjektiven Vorwurf führen. Die Eingangsformel für Parteitagsbeschlüsse trägt dem meist bereits Rechnung: Parlamentarische Mandatsträger, Fraktionen oder von der eigenen Partei getragene Regierungen werden – lediglich – »aufgefordert«, in einem bestimmten Sinn zu handeln.

Allerdings sind die auf Parteitagen für die Gesamtpartei gefaßten Beschlüsse im allgemeinen die Kriterien, an denen das Verhalten der Mandatsträger der Partei politisch gemessen wird. Nachdem zum Beispiel für die SPD Maßstäbe und Grenzen einer möglichen Verfassungsergänzung für den Notstandsfall auf mehreren Parteitagen gemeinsam erarbeitet und festgelegt waren [31], mußte die sozialdemokratische Bundestagsfraktion vor und nach der endgültigen Verabschiedung den Beweis dafür führen, daß sie insoweit den ihr von der Gesamtpartei gesetzten Rahmen nicht überschritten hatte. Mochte der einzelne Abgeordnete nach Art. 38 GG auch nur seinem Gewissen verpflichtet sein, so verpflichtete ihn in der Ausübung seiner Gewissensfreiheit doch wieder der Beschluß seiner Partei, auf deren Programm hin er gewählt worden war. Ähnliches gilt für den Beschluß der SPD-Bundestagsfraktion, die große Koalition mit der CDU einzugehen. Zu einem derart wichtigen Schritt holte sie sich im Herbst 1966 zunächst die Zustimmung von Parteivorstand, Parteirat und Kontrollkommission als den nach ihrem Organisationsstatut zuständigen Gremien, um auf dem nächsten Parteitag in Nürnberg die Billigung der Gesamtpartei zu suchen [32]. Die Landtagsfraktion in Baden-Württemberg wählte ein ähnliches Verfahren. Und die Entschließungen des Nürnberger Parteitages sind auf der anderen Seite der Maßstab, den sich sozialdemokratisch regierte Länder für ihr Verhalten im Bundesrat bei der Verabschiedung der Finanzreform politisch anlegen lassen müssen [33].

Wie politische Parteien die eigentliche und fast einzige Klammer in einem Bundesstaat sind, in denen das gesamtstaatliche Interesse politischen Gehalt gewinnt, so sind Parteitage der Ort, diesen politischen Gehalt aus den vielfältigen Auffassungen in der Mitgliedschaft herauszudestillieren und für die Gesamtpartei verbindlich zu machen. § 15 Abs. 3 des Parteiengesetzes bestimmt deshalb konsequent, daß das Antragsrecht zu Parteitagen so zu gestalten ist, daß eine demokratische Willensbildung gewährleistet bleibt, insbesondere auch Minderheiten ihre Vorschläge ausreichend zur Erörterung bringen können. Fragen und Anregungen, die zunächst nur lokalen Charakter haben oder eine kleinere Gruppe innerhalb einer Partei beschäftigen, können so über die Diskussion auf Parteitagen für die Gesamtpartei und damit die Gesamtpolitik an Bedeutung gewinnen.

Von der Gesamtkonzeption her im Bundesstaat verfehlt sind deshalb Parteien, die, ohne Splitterparteien oder landsmannschaftliche Regionalparteien zu sein, sich nur auf einen Teil des Bundesgebietes beschränken, sich aber im politischen Auftreten als Einheit mit einer anderen, auf einen anderen Teil des Gebietes beschränkten Partei verstehen. Parteitage der CDU, obwohl sie Grundlinien christlich-demokratischer Politik festlegen sollen, haben daher für eben diese Politik keine durchgreifende Verbindlichkeit, weil sie nicht auch die CSU erfassen. Der bayerische Ministerpräsident konnte so nach dem Beschluß des Bundesparteitages der CDU in Berlin über die Schaffung eines Bundesbildungsministeriums sofort gegen diesen Beschluß protestieren. Als Gesamtpartei, wie sie sich im Verhältnis zu anderen Parteien versteht, erfüllt daher weder die CDU/CSU noch ein Parteitag jeder der Schwesterparteien die im Bundesstaat erforderliche Funktion.

Deshalb ist es auch widersinnig, wenn in neuester Zeit in der SPD Erwägungen darüber angestellt werden, den bayerischen Landesverband aus der Partei zu entlassen und für den »Freistaat« eine eigene sozialdemokratische Organisation als Gegengewicht zur CSU zu gründen[34]. So verständlich dies aus der Überlegung heraus ist, wie man »dem entgegenwirken kann, daß die CSU je nachdem, wie es ihr paßt, eigenständig oder als Teil der CDU« auftrete, so gefährlich ist es, im oben dargestellten Sinne als Möglichkeit, »auch zu allgemeinpolitischen Fragen eine eigene Meinung sagen zu können«[35]. Die durch die bundesstaatliche Ordnung bewirkte begrüßenswerte größere Unabhängigkeit und Selbständigkeit der Parteiorganisationen auf Landesebene, die als Sicherung innerparteilicher Demokratie nach Auffassung Konrad Hesses wahrscheinlich wirksamer ist als die Bestimmung des Art. 21 Abs. 1 Satz 3 GG und des diese Bestimmung konkretisierenden Bundesgesetzes, wirksamer sogar als die Sicherung des Art. 38 Abs. 1 Satz 2 GG[36], würde dadurch ad absurdum geführt. Eine dann eben auf den Bereich des Freistaates Bayern beschränkte eigene sozialdemokratische Partei wäre einem Parteizentralismus und einer Oligarchisierung wieder stärker ausgeliefert, als ihr Landesverband es im Rahmen einer Bundespartei ist. Vor allem aber würde die Verpflichtung auf das Gesamtwohl entfallen.

Die bundesstaatliche Ordnung wirkt also auf die Parteien in gleichem Maße ein, wie diesen ihrerseits im Bundesstaat eine besondere Funktion zukommt. Der Ort, an dem beide Bereiche für den politischen Raum am deutlichsten und bei aller Allgemeinheit der Beschlußfassung am ehesten verbindlich zum Tragen kommen, sind Bundesparteitage einer Partei. Auf ihnen wird der große Rahmen der gemeinsamen politischen Verantwortung festgelegt. Ihre Bedeutung sollte daher zwar nicht über-, aber auch nicht unterschätzt werden.

1 Theodor Eschenburg, Staat und Gesellschaft in Deutschland, Stuttgart 1956, S. 277.
2 In: Strukturprobleme der modernen Demokratie, ¹1958, Karlsruhe ³1967.
3 Zum Beispiel BVerfGE 1, 225; 2, 73; 4, 28; 5, 133; 11, 241, 273.
4 Leibholz-Rinck, Grundgesetz für die Bundesrepublik Deutschland, Köln-Marienburg ³1968, Art. 21, Rdnr. 6.
5 BGBl. I, S. 773.
6 Rechtliche Ordnung des Parteiwesens. Bericht der vom Bundesminister des Innern eingesetzten Parteienrechtskommission, Frankfurt/Berlin ²1958, S. 45.
7 Ebd.; Ulrich Lohmar, Innerparteiliche Demokratie, Stuttgart 1963, S. 83.
8 § 17 des Organisationsstatuts vom 21. März 1968.
9 Zum Beispiel: Rechtliche Ordnung, a. a. O. (Anm. 6), S. 45; Ute Müller, Die demokratische Willensbildung in den politischen Parteien, Mainz 1967, S. 74.
10 Hans Schuster, Die Heerschau der Parteien. Theorie und Praxis der Parteitage, in: Politische Studien, München 1957, S. 57–72.
11 Erwin Faul, »Parteidemokratie«. Stil und Aufgabe der Bundesparteitage, in: Die Gegenwart 1956 (S. 339 ff.), S. 340.
12 Friedrich August Freiherr von der Heydte in: v. d. Heydte-Sacherl, Soziologie der deutschen Parteien, München 1955, S. 270.
13 Vgl. für die CDU die Darstellung bei Schulz, Die CDU – Merkmale ihres Aufbaues, S. 4 ff.; für die SPD bei Schütz, Die Sozialdemokratie im Nachkriegsdeutschland, S. 157 ff.; für die FDP bei Lange, Die FDP – Versuch einer Erneuerung des Liberalismus, S. 275 ff.; alle: Parteien in der Bundesrepublik, Stuttgart 1955.
14 § 31 Abs. 2 des Organisationsstatuts vom 21. März 1968.
15 Müller, a. a. O. (Anm. 9), S. 89.
16 Jahrbuch der SPD 1960/61, Hannover/Bonn o. J., S. 431 f.
17 Jahrbuch der SPD 1962/63, Hannover/Bonn o. J., S. 460.
18 Fritz Erler in seinem Referat, Prot. des Parteitages der SPD vom 23.–27. 11. 1964 in Karlsruhe, Hannover/Bonn o. J., S. 90.
19 Jahrbuch der SPD 1966/67, Hannover/Bonn o, J., S. 291.
20 Kundgebungen und Entschließungen des SPD-Parteitages in Nürnberg vom 17.–21. 3. 1968, Bad Godesberg o. J., S. 35 f.
21 Verhandlungen des Dt. BT, 80. Sitzung v. 13. Dez. 1966, Sten. Ber. S. 3657 A.
22 Ebd., S. 3722 B.
23 Vgl. zu diesen Grundfragen: Friedrich Schäfer, Verfassungsprobleme einer Finanzreform, in: Recht und Politik 2/1967, S. 31 ff.
24 Stuttgart/Köln/Berlin/Mainz 1966.
25 Kundgebungen ..., a. a. O. (Anm. 20), S. 12.
26 Prot. d. Parteitages der SPD v. 17.–21. 3. 68, Bad Godesberg o. J., S. 98.
27 Gerd Kübler, Prüfstein Finanzreform, in: Der Volkswirt, Nr. 50 vom 30. Dezember 1968, S. 13.
28 Zum Beispiel Kübler, ebd.
29 Konrad Hesse, Der unitarische Bundesstaat, Karlsruhe 1962, S. 29 f.
30 Karlheinz Neunreither, Der Bundesrat zwischen Politik und Verwaltung, Heidelberg 1959, S. 122 f.
31 Vgl. Anm. 16–20.
32 Kundgebungen ..., a. a. O. (Anm. 20), S. 5.
33 Kübler, a. a. O. (Anm. 27).
34 Vgl. den Bericht in ›Die Welt‹ vom 9. Juni 1969, S. 5.
35 Volkmar Gabert, zitiert ebd.
36 Hesse, a. a. O. (Anm. 29), S. 29 und ders., Die verfassungsrechtliche Stellung der politischen Parteien im modernen Staat, VVDStRL, Heft 17 (1959), S. 31 f.

Paul Ackermann

Die Jugendorganisationen der politischen Parteien

Die studentische Protestbewegung in der Bundesrepublik richtete sich nicht zuletzt gegen die politischen Parteien, die nach ihrer Ansicht nur noch »Plattformen für Karrieristen«[1] sind. Diesen Vorwurf machen die politischen Studentengruppen, die alle in einem sehr gespannten Verhältnis zu ihrer Mutterpartei stehen, vor allem den Jugendorganisationen der politischen Parteien[2]. Alle drei großen Parteien haben in der Nachkriegszeit versucht, ihr Nachwuchsproblem durch die Gründung von Jugendorganisationen zu lösen. Im folgenden Beitrag soll versucht werden, die Funktion der Jugendverbände innerhalb der Parteien darzustellen. Dabei geht es vor allem um ihren Einfluß auf die innerparteiliche Willensbildung und ihre Bedeutung für die politische Führungsauslese. Die vorliegende Untersuchung, die sich weitgehend auf die Bundesorganisationen beschränkt, kann jedoch nur eine erste Bilanz ziehen und gewisse Unterschiede zwischen den verschiedenen Nachwuchsverbänden herausarbeiten. Sie stützt sich vor allem auf deren Veröffentlichungen und Berichte der allgemeinen Presse. Außerdem wurden Informationsinterviews mit Funktionären und Abgeordneten der Jugendorganisationen geführt. Es konnten jedoch keine Umfragen bei ihren Mitgliedern gemacht werden, so daß genaue Aussagen über deren Verhaltensweisen und Leitbilder nicht möglich sind.

1. Organisationsstruktur

(a) Junge Union (JU)

Das Verhältnis der Jugendverbände zu ihren Parteien hängt nicht zuletzt von ihrer formalen Organisation ab. Die JU umfaßte bis 1969 Mitglieder vom 16. bis zum 40. Lebensjahr[3]. Ein Beitritt war bis zum 30. Lebensjahr möglich. Amtsträger konnten sogar bis zum 45. Lebensjahr Mitglied sein, so daß man kaum mehr von einer »Jugendorganisation« sprechen konnte. Auf dem Deutschlandtag 1969 wurde das Höchstalter der Mitglieder auf 35 Jahre herabgesetzt [4]. Insgesamt zählt die JU rund 120 000 Mitglieder [5]. Sie ist organisatorisch von der CDU relativ unabhängig, wenn auch 53,8 % ihrer Mitglieder der CDU angehören [6]. Die Führungskräfte sind in der Regel CDU-Mitglieder.

Oberstes beschließendes Organ ist der Deutschlandtag, der sich aus den Delegierten der Landesverbände zusammensetzt und einmal im Jahr zusammentritt [7]. Der Deutschlandtag, der in der Öffentlichkeit meistens stark beachtet wird, wählt den Vorsitzenden, dessen Stellvertreter und den Vorstand. Ein weiteres Führungsgremium bildet der Deutschlandrat, der aus dem Bundesvorstand und je einem Delegierten der Landesverbände besteht.

Innerhalb der JU haben die Landesverbände ein relativ großes Gewicht, vor allem Bayern, das sich im Gegensatz zur CSU in die Gesamtorganisation eingegliedert hat, und der Landesverband Rheinland. Die Gegensätze zwischen den großen und kleineren Verbänden und zwischen Nord- und Süddeutschland bilden Faktoren des Konflikts innerhalb der Gesamtorganisation, ohne jedoch ihren im Vergleich zur Partei hohen Kohäsionsgrad zu gefährden [8].

(b) Jungsozialisten (JS)

Wie die Bezeichnung »Jungsozialisten in der SPD« vermuten läßt, handelt es sich bei ihnen um eine Arbeitsgemeinschaft junger Parteimitglieder, die das 35. Lebensjahr noch nicht überschritten haben [9]. Den Jungsozialisten können auch junge Leute, die der Partei nahestehen, angehören. Ihr Anteil beträgt etwa 20 % [10]. In der Satzung wird aber ausdrücklich vermerkt, daß sie sich nicht an Wahlen beteiligen und keine Führungsfunktionen ausüben dürfen.

Der Organisationsaufbau der JS entspricht dem der Partei. Die Vorsitzenden der Bezirksausschüsse bilden den Bundesausschuß, der mindestens viermal im Jahr zu Arbeitstagungen zusammenkommt. Die Organisation der JS wurde zunächst von einem Bundessekretär, der im Einvernehmen mit dem Bundesausschuß vom Parteivorstand ernannt wurde, geleitet. Seit 1959 wird alle 2 Jahre ein Bundeskongreß veranstaltet, dessen Delegierte den Vorsitzenden und dessen Stellvertreter wählen [11]. Obwohl diese satzungsgemäß vom Parteivorstand bestätigt werden müssen, erreichten die JS durch diese organisatorische Änderung eine größere Selbständigkeit gegenüber der Partei. Allerdings bestimmt auch heute noch der Parteivorstand im Einvernehmen mit dem Bundesausschuß den Bundessekretär für die JS-Arbeit [12]. In den letzten Jahren, vor allem auf dem Bundeskongreß 1969 in München, drängten die JS nach stärkerer Unabhängigkeit von der Partei. In den Beschlüssen des Bundeskongresses 1969 artikulierte sich diese Absicht unter anderem in der Forderung nach unzensierter Öffentlichkeitsarbeit, dem Recht, Vertreter und Funktionäre selbst bestimmen zu dürfen, und schließlich, eigene Verfügungsgewalt über die Finanzmittel zu haben[13].

Da die JS bisher noch keine selbständige Organisation, sondern fester Bestandteil der SPD sind, haben sie auch keine eigenen Mitglieder. Die Zahl der jungen Sozialdemokraten unter 35 beträgt etwa 180 000[14]. Man kann jedoch nicht von einer Identität von jungen SPD-Mitgliedern und Jungsozialisten sprechen. Höchstens ein Drittel von ihnen sind in der Jugendorganisation aktiv[15].

(c) Deutsche Jungdemokraten (DJD)

Die »Deutschen Jungdemokraten«, die Jugendorganisation der FDP, haben einen ähnlichen Aufbau wie die JU. Auch hier können Nichtmitglieder der FDP den DJD angehören. Der Anteil der Parteimitglieder beträgt etwa 50 %[16]. Altersmäßig erfassen sie »Jugendliche« vom 16. bis zum 35. Lebensjahr. Die DJD haben zur Zeit etwa 23 000 Mitglieder. Oberstes Organ ist satzungsgemäß der Bundesjugendtag, der den Vorsitzenden und den siebenköpfigen Vorstand wählt. Der Hauptausschuß besteht aus den Mitgliedern des Bundesvorstandes und je einem Delegierten der Landesverbände. Den Führungsgremien dürfen nur FDP-Mitglieder angehören[17].

2. Mitgliedersoziologie

Die Frage, aus welchen sozialen Gruppen sich die Mitglieder der Jugendorganisationen rekrutieren, läßt sich auf Grund der vorliegenden Daten nicht genau beantworten. Die Altersstruktur der Nachwuchsverbände der Parteien zeigt, daß man nur mit Einschränkung von Jugendorganisationen sprechen kann. Bei der JU sind mehr als die Hälfte der Mitglieder über 25 Jahre alt[18]. Dieser Teil der Mitglieder gehört meistens der Partei an und benützt diese Doppelmitgliedschaft teilweise dazu, seinen Einfluß in der Partei zu verstärken. Auch bei den Jungsozialisten und Jungdemokraten, die eine niedrigere Altersgrenze haben, bilden die 25- bis 35jährigen die Mehrheit, wenn sich auch in letzter Zeit eine Tendenz zur Verjüngung bemerkbar macht[19]. Der in allen politischen Jugendorganisationen geringe Anteil der weiblichen Mitglieder entspricht der in allen politischen Organisationen feststellbaren Überrepräsentation der männlichen Mitglieder.

Über die berufliche Struktur ihrer Mitglieder kann nur die JU genaue Angaben machen[20]:

Angestellte	25,87 %	Landwirte	9,76 %
Arbeiter	22,15 %	Beamte	7,50 %
Handwerker	9,66 %	Schüler	7,65 %

Die Jugendorganisationen der Parteien

Studenten	6,99 %	Freie Berufe	1,78 %
Kaufleute	2,95 %	Ohne Angaben	7,54 %
Unternehmer	1,40 %		

Auch bei den DJD überwiegen nach den Angaben ihrer Geschäftsstelle die Angestellten. Die zweitstärkste Gruppe bilden die Schüler. Vor allem der Liberale Schülerbund führt den DJD neue Mitglieder zu. Seit der großen Koalition und den Auseinandersetzungen um die Notstandsgesetzgebung konnten die Jungdemokraten auch unter den Arbeitern Fuß fassen.

Die Mitgliederstruktur der JS entspricht weitgehend der der Partei. Zum Teil kommen ihre Mitglieder aus der Gewerkschaftsjugend und den ›Falken‹. Seit dem Mainzer Bundeskongreß 1967 soll der Anteil der jungen Arbeiter an der Mitgliederzahl zugunsten der Schüler und Studenten zurückgegangen sein [21].

Bei der JU spielt wie bei der CDU die Konfession der Mitglieder noch eine gewisse Rolle. Mit 21,5 % ist der Anteil der Protestanten noch geringer als in der Partei [22]. Diese Überrepräsentation der Katholiken ist unter anderem darauf zurückzuführen, daß die JU in einigen Ländern sehr eng mit den katholischen Jugendverbänden verbunden ist.

3. Apparat und Finanzierung

Die Wirksamkeit der Jugendorganisationen hängt nicht zuletzt von den ihnen zur Verfügung stehenden Mitteln ab. Die JU beschäftigt in ihrer Bundesgeschäftsstelle sieben Personen. In 17 Landesverbänden arbeiten 12 Landessekretäre hauptberuflich, 5 nebenberuflich [23]. Bei den JS ist das Bundessekretariat Teil der Parteizentrale; es ist zur Zeit mit dem Bundessekretär, dem Sachbearbeiter und 2 Sekretärinnen besetzt [24]. In sieben Bezirken haben die JS eigene hauptamtliche Sekretäre, in den übrigen können sie zum großen Teil auf den Apparat der Partei zurückgreifen. In der Bundesgeschäftsstelle der DJD arbeiten zwei Angestellte. Fünf Landesverbände haben eigene Geschäftsführer [25].

Zur Finanzierung ihrer Arbeit erheben die Ortsgruppen bzw. Kreisverbände der JU und der DJD Beiträge von ihren Mitgliedern, die in der Regel gering sind. Dieses Geld bleibt auf der untersten Organisationsstufe. Da die Jungsozialisten keine selbständige Organisation sind, können sie auch keine Beiträge verlangen: »Die Verwaltung der materiellen und finanziellen Zuwendungen obliegt den zuständigen Vorständen der Partei.« [26]

Die Landesorganisationen der Jugendorganisationen finanzieren sich zum großen Teil aus Mitteln der Landesjugendpläne. Auf Bundesebene erhalten alle drei Verbände für ihre Arbeit Zuwendungen aus folgenden Quellen: Bundesjugendplan, Deutsch-Französisches Jugendwerk und Ministerium für innerdeutsche Angelegenheiten [27]. Dazu kommen noch die Zuschüsse der

Parteien, die bei der JU und den DJD etwa 20% ihres Haushaltes betragen[28]. Der Apparat der JS ist so eng mit dem der Partei verflochten, daß ihr Anteil an der Finanzierung der Jugendorganisation nicht festzustellen ist. Insgesamt gesehen spielen die Mitgliederbeiträge kaum eine Rolle. Die politischen Jugendorganisationen werden weitgehend durch Staats- und Parteigelder finanziert.

4. Bildungsarbeit

In der Aktivität der drei Jugendverbände nimmt die politische Schulung ihrer Mitglieder einen breiten Raum ein[29]. Alljährlich führen die unteren Gliederungen der Organisationen eine Vielzahl von Bildungsveranstaltungen – Seminare, Diskussionsabende, öffentliche Jugendforen, Filmveranstaltungen, Besichtigungsfahrten und vieles mehr – durch. Dazu kommen noch zentrale Wochenseminare auf Bundesebene. Gegenstand dieser Arbeit sind aktuelle und prinzipielle politische Probleme. Der politischen Aktivierung der Mitglieder dienen auch die Publikationen, vor allem die Zeitschriften: ›Die Entscheidung‹ (JU), ›JS-Magazin‹ (Zeitschrift der Jungsozialisten in der SPD), ›Stimmen der jungen Generation‹ (Monatszeitschrift der DJD). Die genannten Organisationen sind im ›Ring politischer Jugend‹ zusammengeschlossen, der die Belange der parteipolitischen Jugendgruppen auf der kommunalen, Landes- und Bundesebene vertritt und zum Teil ihre Bildungsarbeit koordiniert[30].

5. Programmatik und politische Aktivität

Ausgehend vom Selbstverständnis der Nachwuchsorganisationen soll nun ihre politische Wirkungsweise, vor allem ihr Verhältnis zu den Mutterparteien aufgezeigt werden.

(a) Junge Union

Nach ihren ersten programmatischen Äußerungen sah die JU ihre Aufgabe darin, als Opposition innerhalb der Partei zu wirken. So erklärte ihr erster Vorsitzender Six auf dem Parteitag der CDU der Britischen Zone im Jahre 1947: »Eine Generation, die zweimal Krieg und Frieden verloren hat, hat keinen Anspruch darauf, zum drittenmal ein Reich allein zu gestalten. Das mag hart sein für sie, es mag bitter hart sein, aber es hat keinen Sinn, sich der Wirklichkeit zu verschließen. Die junge Generation erkennt sie nicht an, und wenn sie sich dagegen stemmt, dann wird man auf Grund der biologischen Tatsachen über sie zur Tagesordnung hinweggehen... Aus dem, was ich gesagt habe, wollen Sie erkennen, daß die Verhältnisse ganz und gar anders sind, daß die Junge Union etwas total anderes ist und daß es der schlimmste Fehler eines Politikers sein kann, diese Junge Union nicht ernst zu nehmen.«[31]

Die JU sollte nach den Worten von Six »Motor und Gewissen«[32] der CDU sein. Diese Formel wird auch heute noch von Vertretern der JU benützt, wenn es darum geht, die Funktion ihrer Organisation zu propagieren[33].

Die politische Aktivität der JU wurde jedoch vor allem dadurch geprägt, daß die CDU von 1949 bis 1969 Regierungspartei war und den Kanzler stellte. Nichts charakterisierte »Stellung und Selbstverständnis der Unions-Jungen so treffend wie die Tatsache, daß Bundeskanzler Kiesinger wie einst Adenauer ihr heimlicher Vorsitzender«[34] war. Von Adenauer wurde sie vor allem während der Auseinandersetzung um den Wehrbeitrag als treue und schlagkräftige Hilfstruppe geschätzt. Auch unter Erhard galt sie als Mannschaft des Kanzlers. Ihr Vorsitzender Klepsch gehörte zu seinem Beraterstab. So bildete die JU innerhalb der Partei nicht so sehr eine Oppositionsgruppe, sondern einen wichtigen Integrationsfaktor. Vor allem gegen Ende der Adenauer-Ära und während der Kanzlerschaft Erhards wurde diese Aufgabe von ihrem Vorsitzenden Klepsch in den Vordergrund gestellt[35]. Die JU sollte die auseinanderstrebenden Kräfte der Partei zusammenhalten und den Übergang der Generationen erleichtern. Da der Kanzler der wichtigste Integrationspunkt der CDU war, wurde sie immer mehr zu dessen natürlichem Verbündeten[36].

Es ist schwierig, den Einfluß der JU auf den Kurs der CDU genau festzustellen. Gegenstand ihrer Diskussionen auf den Veranstaltungen im Bundes- und Landesrahmen waren vor allem außenpolitische Probleme und Fragen der Kultur- und Jugendpolitik[37]. In ihren Entschließungen versuchte die JU immer wieder, eigenes Profil zu gewinnen. Ihre Stärke liegt nicht in der politischen Ideenproduktion; »sie trug jedoch in der Vergangenheit mehrmals zur Belebung und zur Manifestierung latenter Interessen in der programmatischen Diskussion bei«[38]. Daß es dabei kaum zu Konflikten mit der CDU kam, liegt nicht zuletzt daran, daß ihre führenden Vertreter schon auf den verschiedenen Ebenen der Partei tätig sind. In der öffentlichen Meinung gelten sie zum Teil als »Dreiviertelarrivierte«, die »das letzte Viertel ihrer Karriere nicht durch unangebrachte Ketzereien verderben«[39] möchten. Der Bundestagsabgeordnete Wörner, ein Vertreter der Jungen Union, betonte nach der Bundestagswahl 1969 selbstkritisch: »Die Junge Union verstand sich zu sehr als ein Bündnis junger Leute mit dem Streben zur Macht.«[40]

Es entspricht dem machtorientierten Denken der JU, daß ihr Hauptinteresse der Organisation und der Personalpolitik gilt[41]. Von der Partei werden besonders ihre Dienstleistungen in Wahlkämpfen auf Bundes- und Landesebene geschätzt und zum Teil durch Führungspositionen honoriert. Die Reform der Parteiorganisation gehört zu den gängigen Forderungen der JU [42], die viel dazu beitrug, die CDU zu einer Partei zu machen. Wenn es um die Effektivität der Parteiorganisation geht, scheut sie auch den Konflikt mit dem Kanzler nicht. So versuchte sie gegen den Willen Kiesingers einen hauptamtlichen Generalsekretär durchzusetzen. Im übrigen wenden sich die CDU-Junioren gegen alles festgefahrene Funktionärs- und Honoratiorentum und fordern immer wieder eine Verjüngung der Parteispitze. Bei den Wahlen für die verschiedenen Parteigremien haben sie oft eine Schlüsselposition und bilden für bereits arrivierte Mitglieder eine nicht zu unterschätzende Hausmacht [43].

Der Deutschlandtag 1969 wurde als Zäsur in der Entwicklung der JU interpretiert [44]. Sie war zum erstenmal nicht mehr die Nachwuchsorganisation einer Regierungspartei. Das Höchstalter der Mitglieder wurde auf 35 herabgesetzt, was nicht ohne Auswirkungen auf die Politik der JU sein dürfte. Ihr Bestreben, aus einer typischen Nachwuchs- und Wahlhelferorganisation wieder zu einem »Antriebsmotor der CDU« [45] zu werden, wurde vor allem in der Rede des neuen Bundesvorsitzenden Echternach deutlich: »Wir wollen in der Partei dafür eintreten, daß sie sich nicht mit diesem Zustand von Staat und Gesellschaft zufriedengibt, sondern bereit ist, ihn weiterzuentwickeln. Die Diskussion über Reformen muß, wenn sie ehrlich geführt wird und wenn sie für andere glaubhaft sein soll, bei uns beginnen.« [46] Er wandte sich auch gegen ein in der Partei zum Teil noch bestehendes überholtes Demokratieverständnis und forderte: »Die Weiterentwicklung der Demokratie muß ... die wichtigste Aufgabe der Jungen Union sein.« [47]

(b) Jungsozialisten

Die Arbeit der JS innerhalb der SPD ist durch historische Reminiszenzen belastet. Auf dem Leipziger Parteitag im Jahre 1931 war nach längeren Konflikten der Beschluß gefaßt worden, die jungsozialistischen Arbeitsgemeinschaften aufzulösen [48]. Die Mehrheit der Delegierten war der Ansicht, die JS hätten den Kontakt zur Partei verloren. Die Erinnerung an diese Vorgänge mag zur engen organisatorischen Verknüpfung der Jungsozialisten mit der Partei beigetragen haben.

»Jungsozialistenarbeit ist keine Sonderarbeit, und Jungsozialisten sind keine Sonderorganisation, sondern oberstes Prinzip der Jungsozialistenarbeit ist Parteiarbeit, und die Jungsozialisten wollen die aktivsten Funktionäre der Partei werden.« [49] Diese Richtlinien gab der erste Zentralsekretär der JS, Hans Hermsdorf, auf dem Nürnberger Parteitag 1947. In der ersten Nachkriegszeit ist auch kein Fall einer unterschiedlichen Auffassung zwischen der Bundesorganisation der JS und der Partei bekanntgeworden. Auf dem Bundeskongreß im Jahre 1963 wies der Bundessekretär Klaus Seefeldt, ohne auf Protest zu stoßen, darauf hin, die JS seien keine »Ersatzpartei«

und hätten sich nach den Beschlüssen der Partei zu richten [50]. So blieben die JS aus Südhessen mit ihrer Forderung nach Aufhebung der Ächtung der Ostermärsche und des Sozialistischen Deutschen Studentenbundes (SDS) weitgehend isoliert [51]. Die JS hatten zwar seit 1959 eine größere organisatorische Unabhängigkeit erreicht, in Sachfragen wahrte man aber Parteidisziplin [52]. »Die Jungsozialisten haben für Grundsatzerklärungen, für ideologische Richtungskämpfe nichts übrig... Sie sind Praktiker der politischen Arbeit« [53], hieß es in einem Bericht über den Bundeskongreß 1963. Einen gewissen Stilwandel brachte im Jahre 1963 die Wahl des Münchner Historikers Günther Müller zum Bundesvorsitzenden. Er kam gegen den Willen des Parteivorstandes in sein Amt [54]. Bisher waren die führenden Vertreter der JS meistens hauptamtliche Funktionäre, die sich im Apparat der Partei oder zum Teil auch in den Gewerkschaften hochgedient hatten. Auf dem Bundeskongreß im Jahre 1965 kam es zu Auseinandersetzungen mit der Partei. Unter der Führung des Hamburger ›Stern‹-Redakteurs Ludz wandten sich die Landesverbände Hamburgs und Hessens »gegen die große Koalition des Konformismus zwischen Jungsozialisten und Parteiführung« [55]. Sie warfen der Parteiführung vor, sie nehme dem Nachwuchs jegliche Bewegungsfreiheit und unterdrücke abweichende Meinungen.

Die große Koalition und die Unruhe unter der Studentenschaft führten endgültig zu einer Kursänderung der JS. Während auf früheren Bundeskongressen der Eindruck vorherrschte, die Parteijugend übe sich bereits fleißig im Gebrauch der Macht, so standen 1967 eindeutig politische Grundsatzfragen im Vordergrund. Der neue Bundesvorsitzende, Peter Corterier, wandte sich dagegen, den JS »allenfalls noch die Rolle von Plakatklebern und Wahlhelfern sowie die Stelle einer parteiinternen Volkshochschule für junge Mitglieder« [56] zuzuweisen. Die JS forderten eine verstärkte innerparteiliche Demokratie [57]. Im Mittelpunkt der Diskussionen stand jedoch die Deutschlandpolitik. Mit ihrer Entschließung, »Abkommen mit der DDR dürften nicht an der Frage der völkerrechtlichen Anerkennung scheitern« [58], wichen die JS vom Kurs ihrer Partei ab. Darauf verließen die Delegierten Berlins, Braunschweigs und der Pfalz den Kongreß, der dann nach Frankfurt vertagt wurde.

Im November 1968 wurden Pläne der SPD-Führung bekannt, das Höchstalter der JS auf 30 oder sogar auf 25 Jahre herabzusetzen. Sie begründete diese Änderung mit der Forderung, auch das Wahlalter auf 18 herabzusetzen. Teile der JS sahen darin einen geschickt getarnten Versuch, die innerparteilichen Opponenten mundtot zu machen [59]. In dieser Rolle traten die JS vor allem bei der Kandidatenaufstellung zur Bundestagswahl 1969 auf. Als »programmorientierte Gruppe« [60] wandten sie sich gegen Kandidaten, die die Notstandsgesetze befürwortet hatten, unter anderem gegen Georg Leber und Hermann Schmitt-Vockenhausen [61].

Die Übernahme der Regierung durch die SPD-FDP-Koalition begrüßten die JS mit skeptischem Wohlwollen, ohne sich jedoch stark mit ihr zu solidarisieren [62]. Entscheidender für die Politik der JS war das Bemühen, Gedankengut und Fragestellungen der Außerparlamentarischen Opposition, deren »Notwendigkeit« sie »angesichts der Erstarrung des politischen Lebens in der BRD«[63] anerkannten, aufzunehmen. Auf personellem Gebiet erhielt der linke Flügel eindeutig das Übergewicht, wie vor allem der Bundeskongreß 1969 in München zeigte[64]. Der Vorsitzende Peter Corterier, der in seinem Rechenschaftsbericht die »Vermittlung zwischen JS und der Partei« als seine Aufgabe bezeichnet hatte, wurde abgewählt. Er warf der Mehrheit des Kongresses vor, sie wolle die JS zu einem »Brückenkopf der APO«[65] machen. Sein Nachfolger wurde Karsten Voigt, ein Vertreter der linken Mitte. Der Münchner Kongreß der JS forderte unter anderem von der SPD die Aufgabe der »Ideologie der Volkspartei«, die Demokratisierung aller Lebensbereiche, die konsequente Wahrnehmung der Interessen der Lohnabhängigen und die Überführung der Industriezweige, in denen kein Wettbewerb mehr stattfinde, in Gemeineigentum[66]. Nach Gert Börnsen, einem Vertreter des linken Flügels innerhalb der JS, ist für »1970/71 der Ausbau des Jungsozialistenapparates zu einem relevanten demokratisch-sozialistisch orientierten Korrektiv der Parteiführung zu erwarten«[67].

(c) Deutsche Jungdemokraten

»Wesentlich schneller als die Alt(en)-Liberalen einigten sich die Jungliberalen auf die in allen Landesverbänden zu führende Bezeichnung ›Deutsche Jungdemokraten‹.«[68] Ihre Organisation blieb jedoch in den ersten Nachkriegsjahren sehr locker. Schwerpunkte bildeten Nordrhein-Westfalen und Baden-Württemberg.

Die DJD sehen sich »nicht nur als geistige Unruhe, sondern – wenigstens bis zu einem gewissen Grade – auch als Gewissen der FDP«[69] an. In ihrer politischen Aktivität sind sie relativ selbständig. Ihr Verhältnis zur Partei war je nach Landesverband verschieden. In Nordrhein-Westfalen nannten sie sich zeitweise ›Junge FDP‹, stießen dabei aber auf kein allzugroßes Verständnis bei den südwestdeutschen und hanseatischen Jungdemokraten[70].

Eine einheitliche politische Stoßkraft entwickelten die DJD auf der Bundesebene erst Ende der fünfziger Jahre. Auf Landesebene sind sie zur Zeit vor allem in Baden-Württemberg, Schleswig-Holstein, Nordrhein-Westfalen und Berlin von politischer Bedeutung[71]. Der Schwerpunkt der Tätigkeit der Jungdemokraten liegt eindeutig bei der programmatischen Diskussion. Daß bei ihnen die Personalpolitik nicht so im Vordergrund steht wie bei der JU, liegt nicht zuletzt daran, daß die FDP als relativ kleine Partei wenig Stellen zu vergeben hat. Die DJD wandten sich vor allem gegen eine zu enge Bindung ihrer Partei an die CDU. Hauptangriffspunkt war die Deutschlandpolitik[72].

Die Jugendorganisationen der Parteien

Die DJD gehörten zu den ersten, die Verhandlungen mit der DDR und schließlich ihre Anerkennung forderten. Außerdem traten sie für eine aktive Ostpolitik ein und nahmen Kontakt zu den Jugendorganisationen der Ostblockstaaten auf. Ihre programmatischen Anliegen verbanden sie zum Teil mit personalpolitischen Forderungen, die sich vor allem gegen den Bundesvorsitzenden der FDP, Erich Mende, richteten. Dessen Ablösung und die Kursänderung der FDP, wie sie sich auf den Parteitagen in Hannover 1967 und in Freiburg 1968 zeigte, ist nicht ohne den Einfluß der DJD zu denken [73]. Im Bundestagswahlkampf 1969 sprachen sie sich eindeutig für eine Koalition mit der SPD aus.

Nach der Bundestagswahl verschärften sich die Auseinandersetzungen mit dem rechten Flügel der Partei. Erich Mende hatte nicht zuletzt die Jungdemokraten für die Wahlniederlage der FDP verantwortlich gemacht [74]. Nach der Deutschlandpolitik rückten sie nun die Gesellschaftspolitik in den Vordergrund ihrer Aktivität. Nach den Vorstellungen der Jungliberalen muß die FDP überdenken, »welche Form welchen Eigentums sozial gerecht oder gefährlich für die Freiheit und Demokratie ist oder werden kann«[75]. Diese Frage wurde zu einem wichtigen Faktor des Konflikts zwischen der Partei und den DJD und führte in Niedersachsen zur Trennung der Partei von ihrer Jugendorganisation [76]. Der linksliberale Kurs der FDP scheint die wichtigste Bedingung einer guten Zusammenarbeit mit den Jungdemokraten zu sein.

6. Die politischen Jugendorganisationen als Karrierevehikel

Auf Grund der vorliegenden Daten ist es nicht möglich, bestimmte Karrieremuster herauszuarbeiten; vor allem ist es schwierig, die Relation zu anderen Karrierebedingungen festzustellen. Es sollen hier nur einige Faktoren, die die Nachwuchsverbände der politischen Parteien zu einem politischen Sprungbrett machen, aufgezeigt werden.

(a) Junge Union

Die JU gibt jedes Jahr eine Art personalpolitischer Bilanz heraus [77]:

Mitglieder der JU, die politische Mandate in der Landes- und Kommunalpolitik innehaben:

	1967	1968
Landtag	79	74
Landschaftsverband – Bezirkstag	44	37
Kreistag – Rat einer kreisfreien Stadt	1673	1636
Gemeinde- und Amtsvertretungen	3865	3660

Landesminister	5	5
Landräte	20	17
Oberbürgermeister	3	2
Bürgermeister	253	273
JU-Mitglieder, die Kreisvorsitzende der CDU bzw. CSU sind		52
JU-Mitglieder in CDU/CSU-Landesvorständen		61

Die personalpolitische Bilanz der JU fällt noch besser aus, wenn man bedenkt, daß viele ihrer Mandatsträger die Altersgrenze schon überschritten haben, sich aber immer noch mit ihr verbunden fühlen.

Die JU ist im Vergleich zur CDU relativ gut organisiert. Ihre Dienstleistungen in Wahlkämpfen werden zum Teil durch Stellen honoriert. Dazu kommt, daß ihre aktiven Mitglieder auch der CDU angehören und ein relativ starkes Gruppenbewußtsein entwickeln. Schließlich bietet die JU auch die Möglichkeit, in Parteikreisen bekannt zu werden. Innerhalb der Kreisverbände bildet sie einen wichtigen Machtfaktor. In 18 der von Bodo Zeuner untersuchten 36 Kandidatenaufstellungen für die Bundestagswahl 1965 hat die JU Einfluß zu nehmen versucht. Dabei wurde in 13 der 18 Wahlkreise der von ihr bevorzugte Kandidat nominiert[78]. Man darf jedoch ihre Bedeutung als Karrierevehikel auch nicht überschätzen. Um als Kandidat aufgestellt zu werden, müssen sich die CDU-Junioren mit anderen Gruppen in der CDU, wie z. B. den Sozialausschüssen, verbünden. Im übrigen bekommen die jüngeren Kandidaten oft unsichere Wahlkreise oder müssen sich bei freigewordenen sicheren Wahlkreisen einer Kampfabstimmung stellen, die bei der CDU als »typische Karriereprüfung«[79] gilt. Außerdem hat die JU bei den Bundestags- und Landtagswahlen in fünf Ländern feste Listenplätze[80].

Als Beispiel einer JU-Karriere wird immer wieder der Aufstieg des Ministerpräsidenten von Rheinland-Pfalz, Helmut Kohl, genannt[81]. Aus der JU hervorgegangen, kam er 1959 in den Landtag und wurde bereits zwei Jahre darauf stellv. Fraktionsvorsitzender und 1963 Fraktionsvorsitzender. Nach den Landtagswahlen im Jahre 1967 gelang es ihm, obwohl er noch nicht Ministerpräsident war, zwei Freunde aus der JU, den früheren Landesvorsitzenden der JU Baden-Württembergs, Heinrich Geißler, als Arbeits- und Sozialminister und den Heidelberger wissenschaftlichen Assistenten Bernhard Vogel als Kultusminister ins Kabinett zu bringen. Auch für die Karriere des jetzigen bayerischen Kultusministers, Ludwig Huber, war neben anderen Bedingungen seine Tätigkeit in der JU als Bezirksvorsitzender ein wichtiger Faktor[82]. Als Beispiel für einen Aufstieg in der Partei kann der derzeitige Generalsekretär der CSU, Streibl, gelten, der vorher Landesvorsitzender der JU gewesen war[83].

Von den 47 CDU-Abgeordneten, die 1965 neu in den Bundestag kamen, waren 40 in der JU aktiv [84]. Die meisten jungen Abgeordneten verfügen neben ihrer Tätigkeit in der JU noch über Erfahrungen in der Kommunalpolitik oder in Verbänden. Von den 7 JU-Abgeordneten Baden-Württembergs, die 1965 in den Bundestag kamen, waren vier persönliche Referenten von Bundes- oder Landesministern oder bei der Landtagsfraktion als Assistent tätig. Diese Kombination – hoher Funktionär in der JU und Patronage eines Ministers – scheint auch in der Kommunalpolitik ein sicheres Karrierevehikel zu sein [85].

Die jungen CDU-Abgeordneten des fünften Bundestages schlossen sich zur sogenannten ›Gruppe 46‹ zusammen [86]. Auch in früheren Bundestagen bestanden ähnliche informelle Gruppen junger Nachwuchspolitiker. Ihr Hauptanliegen war die Parlamentsreform und bessere Arbeitsmöglichkeiten für die Abgeordneten. Bekannt wurde auch ihre Große Anfrage zum Föderalismus. Der personalpolitische Einfluß der JU auf Bundesebene ist schwierig festzustellen, da hier der politische Aufstieg von sehr vielen Faktoren abhängig ist. Bundesforschungsminister Stoltenberg, der mehrere Jahre Bundesvorsitzender der JU war, gilt als ihr erster Minister. Auch die Ernennung Bendas und Köpplers zum Bundesminister bzw. zum parlamentarischen Staatssekretär wurde von der ›Gruppe 46‹ gefördert. Dasselbe galt für die Wahl des Bundestagsabgeordneten Windelen in den Fraktionsvorstand und Leisler-Kieps zum Vorsitzenden des Ausschusses für Entwicklungshilfe [87].

Da sich am Ende der 5. Legislaturperiode die Gründergeneration mehr oder weniger freiwillig aus dem Parlament zurückzog, brach nach den Worten des CDU-Sprechers Rathke die JU wie ein »reißendes Wasser« [88] über die Kandidatennominierungen herein. Dem 6. Bundestag gehören 45 JU-Abgeordnete unter 40 Jahren an; davon 10 unter 35 [89]. In Baden-Württemberg zum Beispiel wurden alle vier Regionalvorsitzenden neu in den Bundestag gewählt. Bei der Neuformierung des Fraktionsvorstandes der CDU, dem in der Opposition eine erhöhte Bedeutung zukommt, gelang es den jungen Abgeordneten, ihre Kandidaten, wie Stoltenberg, Wörner und Köppler, durchzubringen [90]. Der Aufstieg in der CDU über die JU kann daher als feste Laufbahn gelten.

(b) Jungsozialisten

Zu den Aufgaben der Jungsozialisten gehört es, »rechtzeitig ausreichenden Führungsnachwuchs heranzubilden« [91]. Es ist jedoch schwierig, die Bedeutung der JS als politisches Sprungbrett genau zu erfassen, da sie, wie wir gesehen haben, fest in die SPD eingegliedert sind. Jeder zweite, der in die SPD eintritt, ist im Jungsozialistenalter, d. h. unter 35 Jahren [92]. Auf dem Kongreß ›Junge Generation und Macht‹ im Jahre 1960 wurde darauf hingewiesen, daß sich unter 350 Delegierten zwischen 30 und 35 Jahren 14 Bundestagsabgeordnete, 20 Landtagsabgeordnete, 56 Stadt- und Gemeinderäte und über 30 Landräte, Bürgermeister und Oberbürgermeister befänden [93]. Die JS nehmen für sich in Anspruch, nicht unerheblich zu dieser Entwicklung beigetragen zu haben. Doch ist eine Karriere als junges SPD-Mitglied, ohne bei den JS tätig gewesen zu sein, durchaus möglich. So erwähnen von den 36 SPD-Abgeordneten des 5. Deutschen Bundestages, die unter 40 Jahren alt sind, nur 12 Ämter bei den JS [94]. In seiner Untersuchung über die Kandidatenaufstellung zur Bundestagswahl 1965 zeigt Bodo Zeuner, daß in der SPD »die Gruppe der Jüngeren nur selten ihren Einfluß auf dem Wege über die parteioffizielle Jugendorganisation, die Jungsozialisten, geltend machte... Während die Junge Union bei der CDU als ständig an Entscheidungen beteiligter Machtfaktor in Erscheinung trat, war der Einfluß der Arbeitsgemeinschaft der Jungsozialisten bei der SPD so gering, daß er selbst bei Alternativen zwischen Bewerbern mit großen Altersunterschieden nicht organisiert wirksam wurde.«[95] Der SPD-Nachwuchsverband stellt demnach keine so wirkungsvolle personalpolitische Pressure-group wie die JU dar. Ein wichtiger Grund dafür ist, daß die SPD im Gegensatz zur CDU eine gut ausgebaute Organisation hat und die JS daher nicht wie die JU als Organisationsmacht bzw. zum Teil als Organisationsersatz wirken können. Insgesamt gesehen dürfte der Aufstieg in der SPD gerade wegen ihrer guten Organisation und wegen ihrer traditionsbewußten Mitglieder etwas länger dauern als in anderen Parteien [96].

Trotz dieser Einschränkungen ist die Aktivität bei den JS ein wichtiges Karrierevehikel. Besonders älteren Genossen kann sie als Beweis dafür gelten, daß man schon lange in der Partei gearbeitet hat. Von den Bezirks- und Gruppenfunktionären der JS gehören 82,62 % Führungskörperschaften der Partei an und 16,45 % sind Mandatsträger auf der Kommunal-, Landes- und Bundesebene [97]. Vor allem die Bezirksvorsitzenden und Mitglieder des Bundesausschusses können sich durch ihre JS-Arbeit innerhalb der Partei profilieren. Ein Großteil junger prominenter SPD-Politiker rekrutiert sich aus diesen Kreisen. So wurden in der großen Koalition zwei ehemalige Bundessekretäre der JS, Jürgen Wischnewski und Holger Börner, Minister bzw. parlamentarischer Staatssekretär. Auf der Landesebene wären die früheren Bezirksvorsitzenden Klaus Schütz, Kurt Neubauer, Volkmar Gabert, Helmut Koschnik, Rudi Arndt und Jockel Fuchs, die inzwischen Landesvorsitzende bzw. Minister geworden sind, zu nennen [98]. Dazu kommen noch eine Reihe prominenter Bundestagsabgeordneter, wie Hans Hermsdorf, Günther Müller und Peter Corterier.

Wir haben gesehen, daß die JS in den letzten Jahren eine gewisse organisatorische und politische Selbständigkeit erlangt haben. Bei der Kandidatenaufstellung zur Bundestagswahl 1969 entwickelten sie ein stärkeres Gruppenbewußtsein. Dabei traten sie zum großen Teil als »programmorientierte

Die Jugendorganisationen der Parteien

Gruppe« auf, ohne jedoch dabei Erfolg zu haben[99]. Die von ihnen erzwungenen Kampfabstimmungen trugen jedoch zur Belebung der innerparteilichen Diskussion bei.

Erfolgreicher waren Kandidaten aus den Reihen der JS, wenn sie weniger ideologisch argumentierten und sich eher pragmatisch gegen die Selbstherrlichkeit des Parteivorstandes wandten. Langfristig dürfte jedoch die sich in der SPD allmählich artikulierende »innerparteiliche Opposition« der JS auch personelle Konsequenzen haben.

(c) Jungdemokraten

Den personalpolitischen Ambitionen der DJD sind durch die Struktur und Größe ihrer Mutterpartei gewisse Grenzen gesetzt. Bei einer relativ kleinen Partei wie der FDP werden nur in gewissen Abständen und dann nur wenige Mandate frei. Da die FDP auf Landes- und Bundesebene kaum Direktmandate erhält, ist es für jüngere Kandidaten nicht möglich, unsichere Wahlkreise durch größeren persönlichen Einsatz zu gewinnen; die Listenplätze aber sind sehr umkämpft[100]. Daß prominente FDP-Politiker wie Wolfgang Mischnick, der Bundesvorsitzender der DJD war, Walter Spitzmüller, Wolfgang Döring und Willi Weyer Mitglieder der DJD waren, deutet darauf hin, daß diese Tätigkeit auch für eine Karriere in der FDP nützlich sein kann, wenn auch die Bedeutung dieses Faktors nicht mehr genau festzustellen ist[101]. Außerdem muß man bei den DJD gewisse Phasen ihrer Entwicklung unterscheiden. Seit einigen Jahren hatten sie nicht nur organisatorisch, sondern auch politisch ein distanziertes Verhältnis zu ihrer Partei und waren für ältere FDP-Mitglieder zum Teil geradezu ein rotes Tuch. Das führte auch zu einer Stagnation in der politischen Karriere von Jungdemokraten. Im 5. Bundestag hatte die FDP mit nur vier Abgeordneten unter 40 Jahren die wenigsten jungen Politiker[102]. Die Kursänderung der FDP hatte natürlich auch personelle Konsequenzen und äußerte sich vor allem in einem verstärkten Eindringen der DJD in die Führungsgremien der Partei[103]. Bei der Kandidatenaufstellung zur Bundestagswahl 1969 versuchten die Jungliberalen vor allem die Nominierung von Vertretern des rechten Flügels, wie Erich Mende, zu verhindern. Im übrigen ging es ihnen eher darum, Vertreter ihrer politischen Richtung als der jungen Generation in den Bundestag zu bringen[104].

*

Die Jugendorganisationen bilden, wie wir gesehen haben, für die Parteien in der Bundesrepublik das wichtigste Nachwuchsreservoir. Die Mehrzahl der Politiker, die nach dem Zusammenbruch des Hitlerreiches ihre politische Karriere begonnen haben, rekrutiert sich aus ihnen. Die Wahl zum 5. Bundestag, wo zum erstenmal die Nachkriegsgeneration richtig zum Zuge kam, hat dies deutlich gezeigt. Allerdings sind die »jungen Politiker«, die aus den sogenannten Jugendorganisationen kommen, meistens schon 35 bis 40 Jahre alt. Der 5. Bundestag hatte sich mit 14,1 % Abgeordneten unter 40 Jahren gegenüber dem vierten mit 10,6 % etwas verjüngt, doch vollzieht sich der Generationswechsel relativ langsam [105]. Auch im 6. Bundestag sind die jungen Deutschen trotz fallender Alterskurve unterrepräsentiert: 40 % der Wähler, aber nur 15 % der Abgeordneten sind jünger als 40 Jahre [106]. Ein junger Politiker hat sein Unbehagen einmal so formuliert: »Es gehört zu den Ungereimtheiten der deutschen Wirklichkeit nach Kriegsende, daß Männer in einem Alter zwischen 30 und 50 Jahren mitten in ihrer Schaffenskraft als ›junge Leute‹, Lehrlinge des politischen Handelns angesehen werden, denen im Interesse des allgemeinen Wohls keine volle politische Verantwortung gegeben werden darf.«[107]

Die Tendenz, daß Politik immer mehr zum »Karriereberuf« wird [108], scheint sich verstärkt zu haben. Bei dieser überlangen »Lehrzeit« besteht die Gefahr, daß sich die jungen Politiker zu sehr die Verhaltensweisen und Leitbilder ihrer »Väter« aneignen und damit wertvolle Impulse für die Politik verloren gehen. Dazu kommt, daß das von den politischen Jugendorganisationen gebildete Nachwuchsreservoir bisher relativ klein blieb. Die studentische Protestbewegung scheint aber zu einer stärkeren Politisierung der jungen Generation in der Bundesrepublik geführt zu haben. Diese Bereitschaft zur politischen Aktivität kann von den Parteien nur dann genutzt werden, wenn in ihnen und in der Öffentlichkeit die Einsicht dafür wächst, daß die zum Teil durch die Generationsgegensätze bedingten innerparteilichen Konflikte notwendig sind. Bei den politischen Jugendorganisationen wiederum besteht, wie wir gesehen haben, die Gefahr, die Auseinandersetzung über politische Sachfragen zugunsten von Karriereproblemen zu vernachlässigen. Unter diesen Umständen ist zu fragen, ob die Schulung, die die Jugendorganisationen ohne Zweifel leisten, ausreicht, die kommende politische Führungsschicht auf ihre Aufgaben vorzubereiten. »Was dem System fehlt, ist, im zureichenden Minimum, auch eine geordnete Nachwuchspflege.«[109]

---

1 R. Dutschke, in: ›Der Spiegel‹, 1967, Nr. 29, S. 29.
2 Auf die Problematik der Studentengruppen wird hier nicht eingegangen.
3 Satzung der JU, 1963.
4 Vgl. Satzung der JU 1970, in: Beschlüsse des Deutschlandtages 1969 der JU Deutschlands, S. 3 ff.
5 JU, Organisationsbericht 1969.
6 Vgl. JU, Organisationsbericht 1968, S. 3. In Rheinland-Pfalz ist die Mitgliedschaft in der JU mit der Parteimitgliedschaft identisch.
7 Satzung der JU, 1970.
8 Interview.
9 Arbeits- und Organisationsrichtlinien der Jungsozialisten 1963.
10 Interview.

11 SPD-Jahrbuch 1958/59, Bonn, S. 370.
12 Arbeits- und Organisationsrichtlinien der JS.
13 Vgl. JS-Magazin, Sondernummer: Bundeskongreß der JS, München 1969, S. 44 ff.
14 Jungsozialisten in der SPD, Jahrbuch 1967/68, S. 25.
15 Vgl. JS in der SPD, Anlage zum Geschäftsbericht des Bundesvorstandes 1968/69, Jungsozialistenstatistik.
16 Satzung der Deutschen Jungdemokraten.
17 Interview.
18 JU, Organisationsbericht 1968, S. 3.
19 Interview. Für die JS vgl. Anlage zum Geschäftsbericht 1968/69, Jungsozialistenstatistik.
20 JU, Organisationsbericht 1968, S. 3.
21 Vgl. ›Stuttgarter Zeitung‹, 8. 12. 1969.
22 JU, Organisationsbericht 1967, S. 3.
23 JU, Organisationsbericht 1968, S. 4.
24 Geschäftsbericht des Bundesvorstandes der JS, 1968/69, S. 1.
25 Interview.
26 Arbeits- und Organisationsrichtlinien der JS, 1963.
27 Interview.
28 Interview.
29 Vgl. Organisationsberichte der genannten Jugendorganisationen.
30 Vgl. 15 Jahre Ring politischer Jugend, Bonn o. J.
31 JU, Handbuch 1957, S. 14.
32 Zit. in: Deutschlandtag der JU 1967, S. 13.
33 Vgl. z. B. ›Stuttgarter Zeitung‹, 16. 11. 1968, S. 1: »Die Junge Union will Motor und Gewissen der CDU bleiben«.
34 ›Christ und Welt‹, 24. 11. 1967, S. 2.
35 Vgl. E. Klepsch in: Deutschlandtag der JU 1967, S. 13.
36 Vgl. ›Christ und Welt‹, 24. 11. 1967, S. 2: »Des Kanzlers treueste Truppe. Zwanzig Jahre besteht die JU«.
37 Vgl. G. Reddemann, Zwei Jahrzehnte harter Arbeit, in: Deutschlandtag der JU 1967, S. 16 ff.
38 G. Schulz, in: Parteien in der Bundesrepublik, Stuttgart/Düsseldorf 1955, S. 136. Vgl. dazu auch Berichte über die Deutschlandtage der JU in der Presse: ›Sonntagsblatt‹, 4. 10. 1959: »Die alten Herren der Jungen Union«; ›Christ und Welt‹, 22. 11. 1963: »Wie jung ist die Junge Union?«; ›Frankfurter Allgemeine‹, 20. 11. 1967: »Nachwuchspolitiker mit wenig Schwung«.
39 ›Die Zeit‹, 15. 11. 1963, S. 2.
40 Zit. in: ›Der Spiegel‹, 1969 Nr. 42, S. 32.
41 Vgl. Anmerkung 38.
42 Vgl. Reddemann, a. a. O. (Anm. 37), S. 16 ff., und Presseberichte über die Deutschlandtage.
43 Interview.
44 Vgl. ›Die Entscheidung‹, 1969 Nr. 12, mehrere Beiträge; ›Stuttgarter Zeitung‹, 7. 11. 1969; ›Süddeutsche Zeitung‹, 10. 11. 1969; ›Die Zeit‹, 14. 11. 1969.
45 J. Echternach, in: Beschlüsse des Deutschlandtages 1969 der JU Deutschlands, S. 17.
46 Ebd.
47 Ebd.
48 Vgl. K. Schütz, in: Parteien in der Bundesrepublik, a. a. O. (Anm. 38), S. 187, und Gert Börnsen, Innerparteiliche Opposition, Hamburg 1969, S. 21.

49 SPD-Parteitag 1947, S. 109 f.
50 Mündliche Ergänzungen zum Geschäftsbericht der JS (16. 11. 1963), S. 10.
51 Vgl. ›Frankfurter Rundschau‹, 8. 11. 1963, und ›Frankfurter Allgemeine‹, 17. 3. 1964.
52 ›Christ und Welt‹, 22. 11. 1963: »Die junge Garde ist folgsam«. Vgl. auch ›Frankfurter Allgemeine‹, 18. 11. 1963: »Jungsozialisten stehen schon in der Mitte. Solide Werkmeister der Politik beherrschten das Feld beim Berliner Kongreß«.
53 ›Die Zeit‹, 22. 11. 1963, S. 2.
54 Vgl. ›Der Spiegel‹, 15. 12. 1965, S. 65 f.
55 Ebd.
56 P. Corterier, in: JS, Zeitschrift junger Sozialdemokraten 1968 Nr. 1/2, S. 6.
57 Ebd., S. 14.
58 Ebd. Vgl. auch ›Die Zeit‹, 18. 12. 1967, S. 11: »Willi Brandts junge Rebellen« und Börnsen, a. a. O. (Anm. 48), S. 42 ff.
59 Vgl. ›Der Spiegel‹, 18. 11. 1968, S. 82 ff.
60 B. Zeuner, Kandidatenaufstellung zur Bundestagswahl 1965, Untersuchungen zur innerparteilichen Willensbildung und zur politischen Führungsauslese, Diss. Freie Universität Berlin 1969.
61 Vgl. ›Der Spiegel‹, 1969, Nr. 28, S. 33 ff., und Börnsen, a. a. O. (Anm. 48), S. 77 ff.
62 JS-Magazin, Sondernummer, Bundeskongreß der JS, München 1962. Vgl. auch Berichte der ›Stuttgarter Zeitung‹, der ›Frankfurter Rundschau‹ v. 8. 12. 1969 und des ›Spiegels‹, 1969, Nr. 51, S. 31.
63 Entschließungen des Bundeskongresses der JS (Mainz 8.–10. 12. 1961 und Frankfurt 11.–12. 5. 1968), S. 17.
64 Vgl. dazu auch das unveröffentliche Arbeitspapier des früheren Bundessekretärs der JS, Ernst Eichengrün, der von einer »konsequenten Kaderpolitik der radikalen Linken« (zit. nach ›Frankfurter Rundschau‹, 8. 12. 1969) spricht. Siehe auch ›Der Spiegel‹, 1970 Nr. 8, S. 30 ff.
65 Zit. nach ›Frankfurter Rundschau‹, 8. 12. 1969.
66 JS-Magazin, Bundeskongreß der JS 1969, Sondernummer, S. 4 ff.
67 Börnsen, a. a. O. (Anm. 48), S. 45.
68 J. M. Gutscher, Die Entwicklung der FDP von ihren Anfängen bis 1961, Meisenheim a. G. 1967, S. 49.
69 G. Baum, Deutsche Jungdemokraten, in: 15 Jahre Ring politischer Jugend, a. a. O. (Anm. 30), S. 101.
70 Gutscher, a. a. O. (Anm. 68), S. 49.
71 Vgl. ›Spiegel‹-Interview mit dem Bundesvorsitzenden der DJD, in: ›Der Spiegel‹, 1970, Nr. 3, S. 22 f.
72 Vgl. Baum, a. a. O. (Anm. 69), S. 104 ff. und ›Süddeutsche Zeitung‹, 6. 5. 1967.
73 Vgl. dazu die Parteitagsdienste der DJD zu den FDP-Parteitagen in Hannover und Freiburg und ›Die Zeit‹, 7. 4. 1967, S. 3.
74 Vgl. Berichte der ›Stuttgarter Zeitung‹, 7. 1. 1970, über das Dreikönigstreffen der FDP und ›Der Spiegel‹, 1970, Nr. 3, S. 21 ff.
75 Zit. in: ›Der Spiegel‹, 1970, Nr. 4, S. 74 ff.
76 Ebd.
77 Organisationsbericht der JU, 1968, S. 4.
78 Zeuner, a. a. O. (Anm. 60), S. 96.
79 Ebd., S. 47.
80 Interview.
81 Vgl. ›Civis‹, 1965, H. 123, S. 11 f., und ›Christ und Welt‹, 24. 11. 1967, S. 2.
82 Vgl. J. O. Zöller, Immer der Jüngste, in: ›Civis‹, 1964, H. 115, S. 11.

Die Jugendorganisationen der Parteien 315

83 Vgl. ›Civis‹, 1967, Nr. 5, S. 5.
84 Vgl. Amtliches Handbuch des Deutschen Bundestages, 5. Wahlperiode, Darmstadt/Bad Homburg o. J., und ›Die Entscheidung‹, 1965, Nr. 10, S. 6 ff.
85 Vgl. ›Der Spiegel‹, 1968 (18. 4. 1968), S. 48 f.
86 Interview. Vgl. auch ›Stuttgarter Zeitung‹, 16. 11. 1965.
87 Vgl. ›Civis‹, 1966, Nr. 1, S. 5.
88 Zit. in: ›Der Spiegel‹, 1969 Nr. 3, S. 25.
89 Informationsdienst der JU, 6. 10. 1969, S. 6.
90 Vgl. ›Der Spiegel‹, 1969, Nr. 44, S. 49.
91 Peter Corterier, in: JS-Jahrbuch 1966, Bonn, S. 20.
92 H. Seefeldt, in: 15 Jahre Ring politischer Jugend, a. a. O. (Anm. 30), S. 73.
93 Junge Generation und Macht, hrsg. v. Vorstand der SPD, Hannover 1960, S. 199.
94 Amtliches Handbuch des Deutschen Bundestages, 5. Wahlperiode. Im Gegensatz zur CDU besteht bei der SPD kein Zusammenschluß junger Abgeordneter.
95 Zeuner, a. a. O. (Anm. 60), S. 97.
96 Interview.
97 Vgl. Jungsozialisten in der SPD, Berichte 1954/55, S. 2. Neuere Angaben liegen nicht vor.
98 Vgl. JS-Jahrbuch 1967/68, S. 88 ff.
99 Vgl. ›Der Spiegel‹, 1969, Nr. 28, S. 32 ff.
100 Interview. Vgl. auch Zeuner, a. a. O. (Anm. 60), S. 186 ff.
101 Vgl. Gutscher, a. a. O. (Anm. 68), S. 49, Anm. 24.
102 Amtliches Handbuch des Deutschen Bundestages, 5. Wahlperiode.
103 Diese Wachablösung durch die DJD vollzieht sich besonders in den Ländern. Vgl. für die FDP Baden-Württembergs ›Stuttgarter Zeitung‹, 7. 1. 1969, S. 1 u. 3.
104 Vgl. ›Der Spiegel‹, 1969, Nr. 28, S. 43.
105 Amtliches Handbuch des Deutschen Bundestages, 5. Wahlperiode.
106 Vgl. ›Der Spiegel‹, 1969, Nr. 43, S. 38.
107 H. Kohl, in: ›Civis‹, 1966, Nr. 3, S. 14.
108 Vgl. W. Zapf, Wandlungen der deutschen Elite – Ein Zirkulationsmodell deutscher Führungsgruppen 1919–1961. Studien zur Soziologie 2, München 1965.
109 E. Kogon, Gesucht: eine politische Klasse, in: ›Die Zeit‹, 26. 1. 1968, S. 3.

Peter Seibt

Die Wahlwerbung der FDP im Bundestagswahlkampf 1969

Vorbemerkungen

Die empirische Wahlforschung beschäftigt sich mit mehr oder weniger theoretischen politikwissenschaftlichen Ansprüchen mit einer Fülle von Problemen und Ausschnitten der Wahlkämpfe in demokratischen Systemen [1]. Mit der Wahlpropaganda der FDP greift diese Studie einen Aspekt heraus: die Darstellung einer Partei nach außen, in erster Linie Inhalt, Methode und Strategie der zentralen Wahlwerbung. Die regionale, lokale und individuelle Selbstdarstellung wird hingegen nicht berücksichtigt, obwohl nicht auszuschließen ist, daß sie zu Unterschieden im Zweitstimmenergebnis beigetragen hat.

Möglicherweise würde ein eingehender Vergleich mit Programm, Strategie und Methode früherer Wahlkämpfe der Partei zu interessanten Ergebnissen, vor allem hinsichtlich der Rolle der Partei im politischen System der BRD, der thematischen Struktur der Selbstdarstellung und der Veränderungen der Ideologie und des Selbstverständnisses der Partei führen.

Indes soll dieser parteigeschichtliche Ansatz hier nicht verfolgt werden. Es wäre auch nur dann von wissenschaftlichem Interesse, wenn den Ursachen und Folgen früherer Selbstdarstellungen und Veränderungen nachgegangen würde. Diese Studie geht jedoch von der Annahme aus, daß die Führung der Partei bei zunächst kaum veränderter Struktur der Mitgliedschaft und relativ geringfügiger Wandlung der Wählerschaft seit 1961 [2] zumindest zeitweise versuchte, eine Änderung des Partei-Image, der Wählerstruktur und der Mitgliederstruktur [3] herbeizuführen, wobei ihr Veränderungen in der Umwelt, vor allem im politischen System und insbesondere in der Parteienkonstellation, Anreize für einen Innovationsprozeß boten. Diese Studie gilt daher nicht nur der Darstellung nach außen, sondern in gleichem Maße dem Willensbildungsprozeß und dessen Grundlagen.

Sind diese Annahmen richtig, so ergibt sich schon daraus, daß Wahlkampf – also auch Selbstdarstellung – mehr Ziele haben kann als ein maximales Stimmaufkommen per se oder als Voraussetzung für andere Ziele. Er zielt vielmehr auf optimalen Stimmengewinn und andere Ziele als den Resultanten einer Vielzahl von Faktoren. Es wird daher zu untersuchen sein, welche Ziele die FDP im Wahlkampf mit Hilfe der Selbstdarstellung anstrebte und mit welchen Ergebnissen sie Zielkonflikte löste.

Es soll daher zunächst versucht werden, die möglichen Ziele systematisch zu ordnen. Dazu gehört vornehmlich die Integration und Motivation der Mitglieder, die Motivation der Stammwähler, Jungwähler, Neuwähler und Wechselwähler. Eine Neuorientierung mußte in dieser Hinsicht fast zwangsläufig zu Konflikten mit den traditionsorientierten Teilen der Mitglieder- und Wählerschaft führen, vermutlich um so stärker, je mehr die Erfolgsaussichten zweifelhaft wurden und der band-wagon-Effekt für die traditionellen Elemente verlorenging.

Nun wäre es verfehlt, die Selbstdarstellung einer Partei allein unter dem Gesichtspunkt der intendierten Wahlentscheidung zu sehen – auch wenn diese im Vordergrund steht – oder aber als das Ergebnis eines isolierten innerparteilichen Willensbildungsprozesses. Die Selbstdarstellung und die vorangegangene Willensbildung dazu sind Teile eines politischen Prozesses. Sie stehen im Wirkungszusammenhang mit der Politik vor dem Wahlkampf, bis zur Wahl und nach der Wahl.

Die Politik einer Partei vor dem Wahlkampf prägt das Image der Partei. Sie schafft Präzedenzien und Bezugspunkte für Entscheidungen und Tendenzen und motiviert Mitglieder und Wähler. Die politische Umwelt während des Wahlkampfes kann Entscheidungen erzwingen, die die intendierte Selbstdarstellung berichtigen, widerlegen oder gar deren ausdrückliche Korrektur erfordern. Umgekehrt kann die intendierte Selbstdarstellung die Entscheidungen der Partei bei Zugzwang mitbestimmen. Die politische Umwelt des Wahlkampfes bietet zugleich Chancen, das öffentliche Interesse zu wecken, die Partei zu profilieren, neue Wähler zu gewinnen und die eigenen Mitglieder zur Identifikation zu motivieren – und Risiken: in einer polarisierten Situation zu verlieren, als kleinere Partei gar unterzugehen, durch Widersprüche unglaubwürdig zu werden.

Die Selbstdarstellung steht zugleich in einem variablen Zusammenhang mit der Politik nach der Wahl. Die Festlegung auf bestimmte Koalitionen oder deren Ausschluß, programmatische, thematische, u. U. selbst personelle Elemente der Selbstdarstellung können die künftige Rolle als Regierungs- oder Oppositionspartei präjudizieren. Sie kann zugleich durch programmatische Festlegungen, durch Argumentation und durch emotionale Fixierung künftige Veränderungen erschweren bzw. erleichtern. Das heißt: die potentiellen Spannungsverhältnisse zwischen der eigenen Geschichte, den aktuellen Anforderungen, den künftigen Zielen und den Koalitionsabsichten – also Konflikte zwischen den einzelnen Zielen und zwischen Mitteln und Zielen insoweit regeln, als die Chancen der Partei durch Konflikte beeinträchtigt werden. Die Selbstdarstellung einer Partei kann ein Indiz für derartige Regelungen, der Willensbildungsprozeß zur Selbstdarstellung ein Instrument dazu sein. Wir werden zunächst die Angaben der FDP über das Wählerpotential und deren Funktionen (1), dann die Zielgruppen der FDP untersuchen, wie sie von der Partei gesehen und welche tatsächlich angesprochen wurden (2). Daran schließt sich eine analytische Darstellung der Werbekonzeption und ihrer Entwicklung an (3) sowie ein Exkurs über die Personalisierung im FDP-Wahlkampf (4). Abschließend wird das Verhältnis der FDP zur Oppositionsrolle und zur großen Koalition bzw. zur Koalitionsfrage behandelt (5).

1. Wählerpotential

Die FDP operierte in ihrer Werbung mit Daten zu Wählerpotential, Parteisympathien, liberalen Einstellungen, Parteipräferenzen und Mobilität. Sie dienten als Grundlage für die Strategie und Taktik der Wahlwerbung, über parteiinterne Informationsdienste als Werte zugunsten der Identifikation und Motivation der Mitglieder, vor allem aber der Kandidaten und Wahlhelfer und schließlich zur Beeinflussung der Wahlberechtigten mittels Informationen in und über die Massenmedien. Sie sollten bei Kandidaten, Mitgliedern und Wählern bereits vor Beginn des »heißen« Wahlkampfes einen band-wagon-Effekt erzielen und über die Aufmerksamkeit und Sympathien zu einer frühzeitigen Identifikation und Wahlentscheidung führen. Die Daten dienten später dazu, die zunehmende Diskrepanz zwischen den implizierten oder verkündeten Maximalzielen und -ansprüchen und der harten Wirklichkeit sinkenden Anteils am potentiellen Stimmaufkommen durch Nachweis eines Reservoirs wenigstens bei den Unentschiedenen zu überspielen. Die Veröffentlichung von Umfrageergebnissen konnte der FDP zunächst ihres steigenden Anteils, also der Tendenz wegen nur förderlich sein. Später zog sie die Diskrepanz zwischen früheren Umfragen und tatsächlichen Wahlergebnissen heran, um sich und ihren Anhängern Mut zu machen angesichts der sonstwo publizierten sinkenden Anteile. Gegen Ende des Wahlkampfes nannte sie nur noch die höchsten Schätzungen und reaktivierte die Zweifel an der Zuverlässigkeit von Meinungsumfragen, speziell des Allensbacher Instituts.

Die tatsächlichen Erwartungen der Parteiführung lagen bis in den April und Mai 1969 hinein bei 10–12 %[4], bei optimistischen Schätzungen bis 20 %[5]. Die Führung rechnete mit einem Zustrom von enttäuschten »kritischen« Wählern der beiden großen Parteien. Unter dem Eindruck der kritischen Stimmen gegen die große Koalition, der Kritik vor allem an und in der SPD[6] und des Reservoirs kritischer Jungwähler schien dieser Zustrom fast zwangsläufig.

Eine Kalkulation auf 10–12 % Stimmenanteil bewegte sich unter diesen Umständen an der untersten Grenze der Möglichkeiten. Die Erwartung einer Zunahme von 1, 2 bestenfalls 3 % reflektierte eine zurückhaltende Einschätzung der eigenen Attraktivität, aber vermutlich auch die Abneigung gegen eine Wahlwerbung, die die Hinwendung zu kritischen Wählern von CDU und SPD und aus den Reihen der Neuwähler [7] mit dem Verlust kritischer Wähler der FDP zu erkaufen bereit war. Sie berücksichtigte vermutlich auch die zu erwartende Wiederannäherung kritischer Wähler der SPD an diese Partei und die praktisch zwangsläufige Polarisierung zwischen SPD und CDU/CSU vor der Wahl, die ja ihrerseits den Frieden der Kritiker mit der Strategie und Taktik Herbert Wehners nur fördern konnte.

Die Anhänger der höheren Schätzungen dagegen gingen von ganz anderen Zielen und Prämissen aus, und ihre Kalkulationen reichten weit über die Wahl 1969 hinaus. Sie erwarteten die fortdauernde Stagnation der fortgesetzten großen Koalition und einer unbeweglichen, technokratisch-bürokratischen, im Wählerpotential und politischen Impuls erschöpften SPD [8].

Demgegenüber sollte die FDP sich – zunächst und vorzugsweise auch mittelfristig als Oppositionspartei – zu einer konsequent programmierten und praktizierenden Konzeptionspartei der Reformen, der offenen Gesellschaft entwickeln. In dieses Konzept paßte weder ein weniger anspruchsvoller Wahlkampf noch eine baldige Regierungsbeteiligung. Durch klare Alternativen könne eine Partei auch aus der Opposition Veränderungen erreichen [9].

Trotz dieser Unterschiede, die ja fundamentale Differenzen über die Rolle, die Ziele und die Struktur der FDP, ihrer Mitglieder und Wählerschaft ausdrückten, konnten sich die Gruppen auf den Anspruch der Teilhabe an der Macht, auf die Werbung mit dem mobilen, unzufriedenen, kritischen, liberaldenkenden Drittel der Wählerschaft und wenigstens um einen Teil dieses Potentials einigen. Ohne den so hoch angesetzten und begründeten Anspruch war weder die Wahlrechtsdrohung zu unterlaufen noch eine Wahlrechtsänderung zu konterkarieren, war überhaupt keine Rolle zu begründen, die über das »Zünglein an der Waage« hinausging, auch keine »dritte Kraft«, wie sie der FDP unter Mendes Führung ja vorgeschwebt hatte [10].

Das allmählich gewonnene Verhältnis und Vertrauen zur Oppositionsrolle – die freilich von den Konservativen und von taktischen Realisten wie Genscher kaum als langfristig stimmträchtig und exekutierbar angesehen wurde –, das neugewonnene Selbstvertrauen und der Elan der Partei, vor allem der Progressiven, sowie der Rollenzwang der Opposition förderten die Einigung auf diesen Anspruch, den jeder anders interpretieren konnte.

Ein Wahlkampf nach dem Motto »klein, aber fein« lag unterhalb des Selbstverständnisses, eine Omnibuswerbung als Volkspartei aller Schichten und Stände zusätzlich jenseits der Glaubwürdigkeit. Statt sich ausschließlich an bestimmte Gruppen zu wenden, zielte die Partei auf ein unterschiedlich definiertes heterogenes Drittel der Wählerschaft.

»Die Wahlkampfexperten der Partei mit Professor Dahrendorf und die Agentur-Denker entwarfen eine Taktik: Die Partei solle den Wahlkampf so führen, als sei rund ein Drittel der fast 39 Millionen Wähler auf das liberale Parteiprogramm ansprechbar, selbst wenn man selbst nicht davon überzeugt sei.«[11]

Die eine Berechnung des maximalen Wählerpotentials ging von den Wechselwählern aus. Von 17,2 Millionen Wählern der CDU/CSU 1965 seien nur 77 %, also 13,2 Millionen Stammwähler, von den 15,2 Millionen der SPD nur 70 %, also 10,6 % Millionen. Von 39 Millionen Wählern seien mithin nur 23,8 Millionen auf die Parteien der großen Koalition festgelegt, 15 Millionen, also 40 % könnten als Reservoir der FDP gelten. Nach Abzug der 2 Millionen Stammwähler der FDP[12] verblieben noch 12,5 oder 13 Millionen als offenes Potential, bereit, »etwas anderes zu wählen als die Regierungsparteien«[13].

Eine zweite Berechnung legte die Zahl der Kritiker der großen Koalition zugrunde: »Das Wählerpotential der FDP stecke nicht in bestimmten Gruppen, die man den beiden Parteien abjagen könne, sondern im Kreis der von der Großen Koalition enttäuschten, oder, wie die FDP lieber sagte, der ›kritischen‹ Wähler. Man glaubte in der FDP, daß die Große Koalition bereits an die Grenzen ihrer Möglichkeiten gestoßen sei und daß ihre Schwierigkeiten von Monat zu Monat offenkundiger werden würden. Dabei meinte man, bisher habe die SPD in der Großen Koalition größere Opfer bringen müssen als die CDU, so daß auch die Unzufriedenheit unter den SPD-Wählern größer sei. Dazu könne erwartet werden, daß der ›Katzenjammer‹ der CDU sich zwar etwas später, aber immer noch rechtzeitig für die FDP bemerkbar machen werde.«[14]

In einer Musterrede vom 12.8.69 teilte die Parteileitung nach langem Schweigen über oppositionell eingestellte Wähler mit: »Nur noch 46 % der wahlberechtigten Bürger... sind mit einer Großen Koalition einverstanden[15]... Die Zahl der Gegner der Großen Koalition steigt unablässig. Sie stieg von 25,3 % Anfang vorigen Jahres auf 38,6 % im Mai dieses Jahres.«[16] Aber damit war ja noch nichts über das Wählerreservoir der Partei unter den kritischen Wählern von CDU und SPD gesagt. Es ist eher anzunehmen, daß der neuerliche Anstieg der Kritik auch ein Ergebnis der Polarisierung zwischen CDU und SPD war, die der FDP nur Nachteile bringen konnte.

Die dritte Berechnungsbasis war die Einstellung der Wähler zu bestimmten Fragen. »Der Berliner Professor Haseloff weist in einer Untersuchung nach, daß sogar über 40 %[17] der Wähler liberal eingestellt sind. Das wird beispielsweise an der Einstellung zu folgenden Problemen deutlich.«[18] Es waren für:

Kritisches Denken statt Fügsamkeit	92 %
Abbau der Konfessionsschulen	90 %
Laden öffnen, wann man will	55 %
Weniger kirchlichen Einfluß auf Rundfunk und Fernsehen	63 %

| Erleichterung der Ehescheidung | 57 % |
| Straflosigkeit der Homosexualität | 64 % |

Auch diese Angaben dienten vorrangig der Werbung. Liberal eingestellte FDP-Leser konnten sich zum erstenmal mit der Mehrheit einig fühlen und auf ein großes Reservoir hoffen. Für die Sympathie oder das Wahlverhalten der für die FDP erreichbaren Wähler konnte keiner dieser Punkte und auch alle zusammen nicht mehr als eine bestätigende Rolle spielen, für »liberale« Wähler anderer Parteien überhaupt keine [19]. Dagegen fehlten in der Aufstellung alle Einstellungen zu »issues«, die im FDP-Potential zugleich hochrangig und kontrovers waren und dann konsequenterweise eine verbindliche Definition der Haltung der Partei erfordert hätten. Für die Planung des Wahlkampfes konnten die positiven Einstellungen also nur punktuell eine Rolle spielen.

2. Zielgruppen

Die Werbung um die »kritischen«, oppositionellen Wähler und um die »liberal« eingestellten Wähler, insgesamt also eine einstellungsorientierte Werbung, läßt noch keine Schlüsse zu, ob und wieweit eine Partei explizit oder implizit, gewollt oder ungewollt soziale Schichten oder Gruppen anspricht. Selbst eine ideologisch bestimmte Konzeption, die auch ihre Aussagen zu den einzelnen Problemen aus einem grundsätzlichen Verständnis und den entsprechenden Wert- und Verhaltensmustern ableitet, wendet sich ja im Maße ihrer thematischen Breite und inhaltlichen Stringenz wenigstens an die Mitglieder der Gesellschaft, deren soziale Position und Rolle dieser Konzeption entspricht, soweit das nicht durch »cross-pressures« und Dissonanzen in Kognition und Perzeption oder Apperzeption ausgeschlossen ist. Eine solche Werbung unterscheidet sich damit aber mehr oder weniger von einer Wahlwerbung, die auf die materielle Interessenlage bestimmter Gruppen ausgerichtet ist, die politischen Einstellungen der Angehörigen dieser Gruppe aber nicht berücksichtigt.

Ob und welche sozialen Zielgruppen die FDP im Auge hatte, läßt sich freilich schlüssig weniger aus den offiziellen und inoffiziellen Bekundungen erkennen als daraus, auf wen die Werbung nach Inhalt, Methode und Mittel zielte oder nicht zielte – wobei nicht auszuschließen ist, daß sie in Wirklichkeit andere Gruppen ansprach.

1967 hatte eine Untersuchung für die FDP ergeben, »daß 60 % der Wähler der FDP aus nur 25 % der Gesamtwählerschaft kämen, nämlich aus dem Bereich des gehobenen Mittelstandes. Damit sei zugleich die Sozialstruktur der FDP umschrieben und ihr eine bestimmte Potentialgrenze gesetzt«[20].

Ob sich die FDP mit diesem Potential bescheiden sollte oder nicht, war umstritten. Dahrendorf sah in der FDP den »Wortführer für die Bürgerrechte der Zukurzgekommenen« und forderte von ihr die entschiedene Vertretung der Bürgerrechte der »Unbequemen«[21]. Präziser und begrenzter sah er das Wählerreservoir in den Gruppen und Gruppierungen der opponierenden Jugend und kritischen Intelligenz[22]. Ersteres konnte die Vertretung von Minderheiten, der durch das Bildungssystem und am Arbeitsplatz in ihren Entwicklungschancen und Mitspracherechten Benachteiligten und der Oppositionellen aller Altersgruppen und sozialen Schichten bedeuten. Letzteres konnte der Appell an die jüngeren Mitglieder der Mittelschicht als dem Hauptreservoir der opponierenden Jugend sein. Der Inhalt seiner Vorstellungen legt schließlich nahe, daß er beides meinte und die älteren Angehörigen der kritischen Intelligenz mit einbezog. Vom traditionellen mittelständischen Wählerstamm der FDP mit seinen nur partiellen Aufstiegschancen, seiner vermutlich plastischen Haltung zur großen Koalition und deren Politik und seiner kritischen Einstellung zur opponierenden Jugend war nicht die Rede.

Die Gegenposition dazu, die Fürsprache für die traditionellen Wählerschichten und der Verzicht auf die Werbung um Opponenten und Kritiker wurde von ihren Anhängern in der Führungsgruppe kaum öffentlich vertreten. Scheel wich in der Öffentlichkeit aus: »Im Herbst hoffen die Freien Demokraten endlich das zu erreichen, was ihnen bei den letzten Wahlen mißlang: Durch linksliberale Politik neue Wähler zu gewinnen, ohne Stammwähler zu verlieren. So wendet sich die FDP diesmal betont an Freiberufliche und Selbständige, an Angestellte und Beamte, an Intellektuelle und Großbauern, an die, wie Scheel es nannte, ›Jugend jeden Alters‹.«[23] Wozu anzumerken wäre, daß die FDP 1961 oder 1965 gewiß keinen linksliberalen Kurs steuerte und dieses Etikett die Konservativen auch nicht für den neuen Kurs gewinnen konnte – und daß die FDP die genannten Gruppen ja stets speziell angesprochen hatte, diesmal aber gerade darauf verzichten wollte.

Einen anderen Weg wählte Genscher: »Es wäre falsch, wenn irgend jemand in der FDP der Meinung wäre, man sollte Wählerschichten wechseln. Es kann nur darum gehen, unser Fundament in der Wählerschaft zu verbreitern... Die Aufgeschlossenheit der Menschen in unserem Land für fortschrittliche Vorstellungen im Bereich der Gesellschaftspolitik, im Bereich der Staatspolitik, aber auch im Bereich der Außenpolitik wird immer größer.«[24] Das war ein Kompromiß, der beide Seiten befriedigen konnte, aber das Dilemma der Wahlwerbung auch nicht löste.

Hinweise darauf, wie das Dilemma zu lösen sei, entweder eine konsequente Konzeptionswerbung zu betreiben, die die kritischen, opponierenden, unbequemen, in ihren Bürgerrechten zu-kurz-gekommenen und aufstiegswilligen Wähler ansprach (und damit wenigstens partiell auch soziale Gruppen), oder aber eine wesentlich auf den traditionellen Wählerstamm ausgerichtete Werbung zu betreiben, konnten nur Untersuchungen des Wählerpotentials der verschiedenen Alternativen geben. Das Potential für eine konsequente reformerische Konzeptionspolitik war nicht festzustellen, schon weil diese Konzeption nur in Umrissen vorhanden und in der Öffentlichkeit bekannt war. Immerhin war erkennbar, daß die potentiellen FDP-Wähler unter den Gegnern der großen Koalition zwischen anfänglich etwa 6 und im Frühjahr 1969 rund 8 % der Gesamtwählerschaft ausmachten. Aus dem Kreis der »liberal« Eingestellten waren kaum zusätzliche Wähler zu erwarten, die als Anhänger oder Indifferente der großen Koalition zur FDP übergehen würden. Damit blieben zusätzlich nur diejenigen Stammwähler der FDP, die gegenüber der großen Koalition positiv oder indifferent eingestellt waren.

»Es gab zwei Kisten Untersuchungsmaterial über Wahlentscheidungen und Wählerverhalten. Tausende Zahlen mußten zu einem Mosaik der Wählerstruktur zusammengefügt werden...«[25] Die FDP hat erkennbare Zielgruppen, bei denen ihre Stammwähler und ihr wichtigstes Potential liegen. Das sind vor allem die freien Berufe, die Angestellten, die Beamten, die Selbständigen, die Studenten, die jüngeren Wähler unter 40 Jahren. Die FDP hat weniger Chancen bei den Arbeitern, bei den Hausfrauen, bei den älteren Wählern über 60 Jahren. In der politischen Aussage sollen die letzten Gruppen jedoch nicht ausgeklammert werden, weil sonst der politische Führungsanspruch nicht glaubhaft ausgedrückt werden kann[26]. Der Informationsdienst Baden-Württemberg nannte bei der positiven Gruppe zusätzlich die städtische und großstädtische Bevölkerung und die Ober- und Mittelschicht, in der negativen Gruppe die Unterschicht[27].

Die freien Berufe und selbständigen Akademiker machten 1961 und 1965 weniger als 0,5 %, 1969 aber 4 % der FDP-Wähler aus[28]. Von früheren Wahlergebnissen her war also die positive Nennung dieser Gruppe nicht gerechtfertigt. Diese Gruppe zu nennen gehörte aber traditionell zum Selbstverständnis der Partei und reflektierte zugleich die Hoffnung auf kritische, liberale Wähler aus dieser Gruppe.

Die Angestellten brachten der FDP 1961 31 %, 1965 25 % und 1969 34 % ihrer Wähler. Sie zu nennen war schon von daher gerechtfertigt, ebenso wie die Beamten, die zwar 1961 nur 5 %, 1965 aber 16 % der FDP-Wähler stellten und somit Hoffnungen erweckten, die dann 1969 mit 4 % enttäuscht wurden.

Die Selbständigen im nichtlandwirtschaftlichen Bereich rangierten nach ihrem Anteil von 26 %, 29 % und 28 % und nach dem Selbstverständnis der Partei eigentlich an erster Stelle. Studenten bestritten 1965 weniger als 0,5 % der Wählerschaft der FDP, gehörten aber zweifellos nach den Vorstellungen aller Gruppen in der Partei als kritische, opponierende Wähler zum Potential der FDP (sie stellten dann 6 % der Wähler).

Eine ähnliche Zielvorstellung bestimmte vermutlich auch die Nennung der

Wähler bis zu 40 Jahren. Tatsächlich lag das Reservoir der FDP bei den 21 bis 29jährigen mit 20 % 1965 und 26 % 1969, die damit gegenüber ihrem Bevölkerungsanteil von 16 % bzw. 15 % weit überrepräsentiert waren, und bei den 30–44jährigen, die mit 32 % bzw. 31 % jeweils leicht unterrepräsentiert waren. Sehr viel ausgeprägter war die Unterrepräsentation bei den über Sechzigjährigen.

Die städtische und die großstädtische Bevölkerung zu nennen war gleichfalls gerechtfertigt. Im Gegensatz zu Orten bis 4999 Einwohnern mit 35 % der Wahlberechtigten und 28 % der FDP-Wähler 1965 (1969: 32 : 34 %) waren die Orte bis zu 100 000 Einwohnern mit 34 : 40 % (1969: 35 : 25 %) und die mit über 100 000 Einwohnern mit 31 : 32 % (1969: 33 : 41 %) überrepräsentiert.

Die Nennung der Ober- und Mittelschicht war praktisch nur eine zusammenfassende, ansonsten nichtssagende Charakterisierung der genannten Gruppen außer den Wählern unter 40 und in den Städten.

Dagegen fehlten die Facharbeiter in der Liste ganz, die 1961 10 %, 1965 11 % und 1969 15 % der FDP-Wähler stellten und damit einen größeren Anteil am Wählerstamm als die Beamten hatten. Dabei galten die Facharbeiter in der Partei selbst als ansprechbare Aufsteiger, und die Vorschläge zur innerbetrieblichen Mitbestimmung zielten auch auf diese Gruppe, die daran in besonderem Maße interessiert war.

Ebenso fehlten die selbständigen Landwirte, die 1961 noch 10 %, 1965 nur noch 5 % und 1969 ein einziges Prozent der FDP-Wähler stellten und erkennbarerweise zwar zu den Opponenten zählten, aber für die neue Linie der FDP kaum zu gewinnen waren und eine Argumentation erfordert hätten, die entweder kontraproduktiv oder abweichend von den sonstigen Aussagen sein konnte bzw. mußte.

Die Frauen stellten 1965 44 % und waren bei einem Bevölkerungsanteil von 53 % erheblich unterrepräsentiert. Sie planmäßig zu gewinnen widersprach vielleicht dem allgemeinen Selbstverständnis und hätte eine kostspielige Sonderwerbung wie bei früheren Gelegenheiten erfordert. Das frühere Ergebnis und Geldmangel sprachen dagegen. Trotzdem blieben die Frauen 1969 mit 51 : 55 % unterrepräsentiert, aber sie machten nun 51 % der Wähler aus und zeigten damit eine festere Bindung an die FDP.

Ein etwas anderes Bild ergab die mediabedingte Planung der Anzeigenkampagne. Sie mußte sich zwangsläufig an den Wählern orientieren, die mit den geringsten finanziellen Mitteln, also Anzeigen, von Anfang an zu erreichen waren, sowohl technisch als auch in der Aufnahmefähigkeit. Am 7. 11. 1969 legte TEAM eine angeforderte Mediaplanung mit drei Streuvorschlägen auf der Basis von 3,5 Mio. DM, 5,2 Mio. DM und 7,5 Mio. DM vor [29].

Frankfurter Allgemeine Zeitung, Welt, Süddeutsche Zeitung, Welt am Sonntag, Sonntagsblatt, Capital, Spiegel, Eltern, Zeit und Stern wurden als Werbeträger ausersehen [30], ein vierzehntägiger Erscheinungstermin mit

Streubeginn ab 30.12.1969 wurde vorgesehen. Ziel der Mediaplanung war es, folgende, als Meinungsbildner definierte Berufsgruppen anzusprechen:
– Inhaber und Leiter größerer Unternehmen
– freie Berufe (Ärzte, Rechtsanwälte, Steuerberater, Architekten)
– selbständige Geschäftsleute, Inhaber kleiner Firmen, selbständige Handwerker
– leitende Angestellte (Abteilungsleiter, Prokuristen, Vorstände usw.)
– leitende Beamte (Studienräte, Richter, ab Regierungsrat einschl.)
– selbständige Landwirte

PAP machte für die FDP-Führung im Dezember 1968 eine andere, hinsichtlich der Zielgruppen aussagekräftigere Rechnung auf [31]. Aus dieser Untersuchung ergibt sich ein etwas schärferes Bild. Der gehobene Mittelstand, die protestantischen Arbeiter mit schwacher religiöser Bindung, die kleinen protestantischen Angestellten und Beamten mit Volksschulbildung, die kleinen protestantischen Selbständigen, die Katholiken mit höherer Schulbildung und schwacher religiöser Bindung in Großstädten, die Katholiken mit Volksschulbildung, schwacher religiöser Bindung und hohem Einkommen sowie die Katholiken mit höherer Schulbildung in Nicht-Großstädten versprachen jeweils mehr als 7,5 % der FDP-Stimmen. Mit Ausnahme der protestantischen Arbeiter mit schwacher religiöser Bindung waren die FDP-Wähler in diesen Gruppen überrepräsentiert, ebenso bei den protestantischen Landwirten. In den gleichen Gruppen überwogen auch die Zuwanderer zur FDP die Abwanderer. Im sozialen Spektrum fiel danach die Oberschicht gegenüber anderen Berechnungen heraus, dafür gehörten die protestantischen Arbeiter mit schwacher religiöser Bindung als zweitstärkste Wählergruppe zu den Ansprechbaren. Es fällt ferner auf, daß das Potential der FDP eher bei den Protestanten lag und eine prononciert laizistische Haltung der FDP angesichts der schwachen religiösen Bindung der wichtigsten Gruppen nicht schaden, sondern eher nutzen konnte. Die Kirchensteueranzeige ist mit Sicherheit auch daraus zu erklären.

Der Gesamtüberblick ergibt das Bild einer Wählerschaft mit geringer religiöser Bindung, gutem Aufstiegspotential und mittlerem bis gehobenem Einkommen und Sozialstatus [32]. Er zeigt aber auch eine Verstärkung der Polarisierung zwischen Selbständigen (gehobener Mittelstand, kleine Selbständige) einerseits und kleinen protestantischen Angestellten und Beamten mit Volksschulbildung sowie protestantischen Arbeitern mit schwacher religiöser Bindung andererseits, was klare Stellungnahmen zu Vermögensverteilung und Mitbestimmung erschwerte, unter Umständen aber auch eine Werbung, die relativ hohe geistige Ansprüche stellte.

Die Werbung um die Gegner der großen Koalition und die »liberalen« Wähler in den Definitionen der genannten Einstellungen implizierte – ganz abgesehen von der wahrscheinlich vorrangigen Aufmunterung der Kandidaten,

Wahlhelfer, Mitglieder und Stammwähler – bereits bestimmte Gruppen. Zumindest der gewerbliche Mittelstand wurde durch ein bevorzugtes Thema angesprochen: die Aufhebung des Ladenschlußgesetzes. Die Werbung um die Gegner der großen Koalition zielte zwar auf die kritischen früheren Wähler von CDU und SPD, aber da bis Mai 1969 im Durchschnitt 37,6 % der Gegner frühere SPD-Wähler waren gegenüber nur 25,7 % CDU-Wählern (und 11 % FDP-Wählern sowie 20 % Gegnern ohne Parteipräferenz), richtete sich dieser Appell eher an frühere SPD-Wähler und Indifferente [33]. »Von den Gegnern einer großen Koalition bevorzugen durchschnittlich ein Viertel die Wahl der FDP als Ausdruck des Protests gegen dieses Regierungsbündnis.«[34]

Nach einer Äußerung von Dahrendorf [35] sollten Gruppen und Gruppierungen der opponierenden Jugend und kritischen Intelligenz angesprochen werden. Aber nur durchschnittlich etwa 36 % der Gegner der großen Koalition waren bereit, eine der oppositionellen Parteien zu wählen. Rund 16 % wollten gar nicht wählen, etwa 19 % hielten Protestieren für sinnlos und 24 % machten keine Angaben. Aus diesem Reservoir zu schöpfen hätte in der Tat eine gezielte Werbung vorausgesetzt, die die Wahl der FDP als sinnvolle Alternative zur Wahlenthaltung und als sinnvollen Protest darstellen mußte.

Wenn mit dem Protest gegen die große Koalition das Unbehagen über die Verwischung der Verantwortlichkeit, der Mangel an starker Opposition, die Entschlußlosigkeit der Koalitionsregierung und die politische Stagnation in der BRD, wenn grundsätzlich das Fehlen von Alternativen im Rahmen des Systems oder auch zu diesem gemeint war – und davon ging die FDP aus –, dann mußte die FDP durch das Angebot einer Alternative oder wenigstens von Positionen zu werben versuchen, die diesem Protest gerecht werden konnten.

Man wird mit einiger Sicherheit davon ausgehen können, daß die »kritischen« Wähler unter den Leitmotiven »Schluß mit den alten Zöpfen« und, ab Juli, »FDP – die treibende Kraft«[36] mit folgenden Sachverhalten, Slogans oder Themen angesprochen werden sollten: »Unser Schulsystem ist ein alter Zopf. Ihre Kinder müssen ihn tragen« (11.1); »Unsere Sicherheit darf nicht an alten Zöpfen hängen« (25.1.1969); »Zu viele Bundesländer tun zu wenig für unser Land. Das ist ein eulenalter Zopf« (22.2.); »Die FDP hat gehandelt. Handeln jetzt Sie« (Wahl Heinemanns, 7.3.1969); »Wir haben nicht für die DDR zu sprechen, sondern mit der DDR. Schluß mit dem Alleinvertretungszopf« (22.3.1969); »Schluß mit den alten Zöpfen, sagt Walter Scheel« (5.4.1969). Damit war ein reformfreudiger, kritischer Tenor mit Themen angeschlagen, auf die die Öffentlichkeit bereits durch Diskussionen vorbereitet war. Die Anzeigen, die sich planmäßig anschließen sollten, aber nach der Kurskorrektur nicht mehr herausgestellt oder überhaupt behandelt wurden, hätten dieses Leitmotiv und damit die Werbung um kritische Wähler noch schärfer artikuliert und präzisiert [37]. Aber selbst die dann erschienenen Anzeigen lagen tendenziell auf der gleichen Linie: »Zweiter Wahltrick der großen Koalition: Das Kambodschieren« (14. 6. 1969); »Dritter Wahltrick der großen Koalition: Einfach weiterregieren« (21. 6. 1969); »Die FDP ist die treibende Kraft« (5. 7. 1969; Gesundheit der DM; Deutschlandpolitik; Bildungsreform; mehr Bürgerrechte); »Politische Information vor der Wahl« (30. 8. 1969; polemischer Vergleich der Politik von CDU/CSU und FDP zur Deutschland- und Sicherheitspolitik, Europapolitik, Wirtschaftspolitik, Vermögensbildung, Bildungspolitik); »Sie können Deutschland verändern« (6. 9. 1969; Kritik an CDU, SPD und großer Koalition, Machtwechsel durch Wahl der FDP); »Die Politik der FDP« (13.9. 1969; Anzeige und Großplakat mit positiven Forderungen der Partei); »Die FDP ist für den Staat, für die Kirche, aber gegen die staatliche Kirchensteuer« (20. 9. 1969); »Partnerschaft für den Fortschritt« (26. 9. 1969).

Vermutlich sprachen die anderen Anzeigen (und Plakate) je nach Thematik bestimmte Gruppen mehr oder weniger an als andere. Aber keines der Wahlmotive betraf in der positiven Wirkung ausschließlich auch nur annähernd bestimmbare soziale Gruppen, sondern ein soziologisch diffuses, in der Zusammensetzung vermutlich von Thema zu Thema teilweise unterschiedliches Publikum, für das Veränderungen im Vordergrund standen und die einzelnen Motive konkrete Aufhänger waren. Eine ganze Reihe von Anzeigen enthielt ja jeweils sogar mehrere Themen, die in ihrer Zusammensetzung von Anzeige zu Anzeige nur geringfügig schwankten.

Dagegen ist anzunehmen, daß sich die FDP der negativen Auswirkungen einzelner Anzeigenaussagen bei bestimmten sozialen Gruppen bewußt war. Dazu dürften Teile der Lehrerschaft, der Bundeswehrangehörigen, der Vertriebenen, Flüchtlinge und DDR-Flüchtlinge sowie die klerikalen Mitglieder der Kirchen gehört haben.

Es ist aber bereits hier anzumerken, daß die FDP bei der Motivwahl eine Reihe von Themen von vornherein trotz ursprünglicher Absicht nicht aufgriff, die kritische Wähler ansprechen konnten, oder sie nur in den Anzeigentexten behandelte. Dazu gehörten vor allem Themen der Eigentums-, Mitbestimmungs- und Wirtschaftspolitik. Mit 23 % »konservativ« orientierten FDP-Wählern im ökonomischen Bereich gegenüber 17 % bei CDU-Wählern und 10 % bei SPD-Wählern und nur 55 % »sozialistisch« orientierten gegenüber 59 % bei der CDU und 74 % bei der SPD lag Vorsicht nahe [38]. Daß im April 1960 nur 37 % der FDP-Wähler gegenüber 42,5 % bei CDU/CSU und 47,9 % bei SPD Wirtschafts- und Sozialpolitik als wichtigste Probleme der Bundesrepublik bezeichneten, aber 56,2 % der FDP-Wähler diesen Bereich als den persönlich wichtigsten nannten, unterstreicht dies [39].

Die Tatsache, daß die Sicherung durch das Bündnis mit den USA, die Europapolitik und die Entwicklungspolitik nur in den Texten auftauchen und auch dort nur kurz, fällt gegenüber der Betonung der Deutschland- und Ostpolitik auf. Diese Diskrepanz ist aber mit einiger Sicherheit aus dem geringen Gewicht dieser Probleme zu erklären. Dazu ist anzumerken, daß 6,9 % der Befragten die EWG als wichtigstes Problem für die BRD bezeichneten, 12,7 % aber die Amerikapolitik als das persönlich wichtigste. Zur Vorsicht mag aber insbesondere auch die starke Polarisierung der FDP-Wähler in Fragen der Westpolitik mit 39 % national Orientierten gegenüber 13 % bei SPD und 20 % bei CDU gegen 48 % integrativ Orientierten (gegenüber 53 % bei SPD und 59 % bei CDU) beigetragen haben.

Unsere Erörterung hat sich bisher im wesentlichen auf die Anzeigenwerbung und, soweit inhaltlich identisch, die Werbung mit Plakaten bezogen, ferner auf die mit Ausnahme der individuellen Kandidatentexte einheitlichen Kandidatenprospekte sowie auf die Flugblätter, die auf der Vorderseite die Anzeigen wiedergaben und auf der Rückseite nähere Ausführungen zum Motiv enthielten.

Die FDP erreichte damit 77 % (Anzeigen) bzw. 92–94 % der Wahlberechtigten (Plakate)[40]. Geldmangel, der argumentative Stil und der frühe Beginn führten zur Konzentration auf Anzeigen und die wenigen Plakate, die die FDP nach dem vorhersehbaren Scheitern ihrer Bemühungen um vertraglichen Verzicht auf Plakatierung kleben ließ[41].

Wenn somit davon ausgegangen werden kann, daß die zentrale Werbung – Anzeigen, Plakate und Broschüren – einerseits über allgemeine Aussagen hinausging und spezifische Fragen behandelte, dabei auch prononciert positiv und kritisch Stellung bezog, andererseits aber insbesondere Fragen der Wirtschaftspolitik, der Mitbestimmung und der Protestbewegung nur kursorisch behandelte, jedoch zugleich darauf verzichtete, Gruppeninteressen direkt und eindeutig anzusprechen, so bleibt zu fragen, ob die Partei eine gruppenspezifische Werbung auf andere Weise betrieb.

Diese Frage ist nicht leicht zu beantworten. Die Wahlkampfkonzeption schloß ja das Ansprechen von Gruppeninteressen aus, und die Parteileitung wies die Unterorganisationen und Kandidaten wiederholt darauf hin, derartige Werbung zu unterlassen, zuletzt am 23.7.1969[42] und am 5.9.1969[43]. Dies sollte jedoch nicht ausschließen, »daß in Werbebriefen die Teile der FDP-Wahlplattform hervorgehoben werden, die für einen bestimmten Kreis von besonderem Interesse sein dürften...«[44]. »Machen Sie jedoch diese Fachaussagen beispielhaft für die gesamte Haltung der Partei.«[45] Inwieweit sich die Unterorganisationen und Kandidaten an diese Weisungen hielten, war nicht festzustellen. Immerhin ist anzumerken, daß die Parteileitung durch die Lieferung einheitlichen Materials – von den Musterreden, Plakaten und Flugblättern über die Kandidatenprospekte und Anzeigenmatern bis hin zu Aufnahmeanträgen und Büromaterial – versuchte, die optische und inhaltliche Einheit zu wahren. Das dürfte ihr mit wenigen Ausnahmen und bis auf die Flugblätter kurz vor der Wahl auch weitgehend gelungen sein. Außerdem wurde das Bild der Partei praktisch von der Bundespartei und deren Aktionen bestimmt.

Gebunden an die eigene Politik im Bundestag und an die Kompromisse in Wahlplattform und Werbekonzeption schlossen diese Anweisungen eine Werbung nicht aus, die Gruppeninteressen entgegenkam und konkurrierende Aussagen der Partei vernachlässigte. Die Parteileitung selbst formulierte für Kandidatenbriefe an die Angehörigen bestimmter Gruppen Vorspann und Schluß mit Kritik an der großen Koalition und Betonung der FDP als treibender Kraft, aber das konnte ihr eigentlich nur bei standfesten Anhängern der Koalition schaden. Der Textvorschlag für Jungwählerwerbung enthielt dann zwar die Motive und Vorschläge der Gesamtwerbung, soweit sie Jungwähler berühren konnten, aber in der Jugend- und Bildungspolitik hatte die Partei auch kaum Kompromisse machen müssen.
Eines der Hauptthemen der Sonderwerbung war die Lohnfortzahlung. Sie konnte sich – anders als die sonstigen Motive der Anzeigenwerbung – positiv an bestimmte Gruppen richten. Die Weisungen der Parteileitung lassen erkennen, daß sich die Werbung gezielt an die Arbeitgeber wenden sollte, und zwar mittels Diskussionsveranstaltungen, Verbandsveranstaltungen, Briefaktionen und Podiumsdiskussionen mit den anderen Parteien, an Handwerker und Angehörige des Mittelstandes [46]. Die Bundesparteileitung selbst versandte Anfang Juli 1969 einen Brief zur Lohnfortzahlung an 311 630 mittelständische Betriebe, dem Branchenschlüssel nach hauptsächlich an Handwerksbetriebe. Darin begrüßte sie die Lohnfortzahlung selbst, lehnte aber die arbeitsrechtliche Lösung ab – »ein Sieg des Katzer-Flügels der CDU und ein Nachteil vor allem für ältere Arbeiter« – und begründete ihre eigene Position. Sie sprach also weder die großen Unternehmen an, bei denen die FDP eher Kenntnis ihrer eigenen Position voraussetzen konnte, noch die Arbeitnehmer, denen gegenüber ein wesentlich höherer Werbeaufwand nötig gewesen wäre und die eher skeptisch waren.

Eine andere Sonderaktion galt den Angestellten, die ja ohnehin zu den Hauptzielgruppen der FDP-Werbung gehörten. Mit Schreiben vom 28. 8. 1969 [47] wurden die Kreisverbände und Kandidaten zu einer Briefaktion aufgefordert. Der Entwurf 1 dafür richtete sich gegen die NPD und sollte mit der Darstellung von Eigenschaften werben, die zugleich den FDP-Wähler und den Angestellten charakterisieren (oder schmeicheln) sollten und auf eine Untersuchung zurückgingen. Genannt wurden: Bereitschaft und Neigung, sich um andere Menschen Sorgen zu machen; Mut zu Mitbestimmung und Mitverantwortung; Zuversicht, im Leben zu bestehen; Bildungsstreben;

Gedankenreichtum und Phantasie; Sicherheit, etwas zu leisten und Wertschätzung zu genießen. Angestellte und FDP-Wähler seien Aufsteiger, NPD-Wähler seien Absteiger. Der Alternativentwurf warb wesentlich nüchterner mit der Haltung der FDP zur Versicherungspflichtgrenze und zum gesetzlichen Anspruch auf Arbeitgeberanteil zur Versicherung, mit dem positiven Urteil der DAG über die FDP-Politik und dem steigenden Anteil der Angestellten unter den Wählern der Partei. Von Fachaussagen, die beispielhaft für die gesamte Haltung der Partei sein sollten, war hier also nicht die Rede, und selbst ein allgemeiner Rahmen fehlte. Möglicherweise sprach die Heterogenität der Angestellteninteressen gegen jede Differenzierung, aber Mitbestimmung und Vermögensbildung, Fortbildung und Mobilität lagen als Rahmenargumente nahe. Es ist im übrigen fraglich, ob den Unterorganisationen die Adressen von Angestellten verfügbar waren oder ohne großen Aufwand festzustellen waren.

Einem alten Brauch wie gegenüber den Handwerkern folgend, bemühte sich die FDP auch wieder um die Bauern, deren Anteil unter den FDP-Wählern von 11 % 1961 auf 5 % 1965 gefallen war und 1969 auf 1 % sank [48]. Abgesehen von der Streuung ihres ›Agrarpolitischen Rundbriefes‹ durch Zusendung und Verteilung in Versammlungen, versuchte sie, durch 6 ganzseitige Anzeigen in der Fachpresse zu werben. Da sie die Anzeigen nicht im gewünschten Umfang plazieren konnte, kam sie auf einen früheren Plan zurück und versandte zwischen dem 10. und 15. September den ›Agrarpolitischen Rundbrief Nr. 3‹ an 700 000 Schlepperbesitzer [49]. Alle Aussagen bezogen sich auf die Agrarpolitik. Wie schon im Rundbrief Nr. 2 versuchte die FDP gleichwohl, ihre Zustimmung zu einer Aufwertung auch gegenüber den Bauern zu vertreten, und versprach Ausgleichszahlungen. In der Argumentation betonte sie die Wettbewerbsverzerrungen gegenüber den strukturellen Schwächen, ihren Kampf um höhere Getreidepreise und gegen Preissenkungen, eine aktive Preispolitik zugunsten kostendeckender Preise, den Strukturwandel im Rahmen des Generationenwechsels und eine bessere Agrarsozialpolitik sowie eine mehr national orientierte Agrarpolitik. Von einem thematisch breiteren und in den Aussagen grundsätzlichen Rahmen war auch hier nicht die Rede.

Außerdem ließ die Partei Fachprogramme für Sport, Verteidigung, Verkehr und Frauen als Beilagen in Fachzeitschriften vertreiben. Die Texte dafür lagen uns nicht vor. Schließlich leitete die Partei den Kandidaten Entwürfe für Antworten auf die Fragen des Bauernverbandes, der Hauptgemeinschaft des Deutschen Einzelhandels, des Bundes der Vertriebenen, des Bundes der Steuerzahler und des Verbandes der Wehrpflichtigen zu. Dabei erwies sich schon die Parteiöffentlichkeit der Antworten, mithin ein potentielles Feedback, als eine Barriere gegen eine ausschließlich interessenorientierte und von sonstigen Aussagen divergierende Werbung wie im Falle der

Agrarpolitik, bei deren Formulierung die bäuerlichen MdBs und Vertreter praktisch über ein Vetorecht verfügten – gegenüber mäßig informierten und interessierten, aus Abneigung abstinenten Nichtagrariern.

Es mag darüber hinaus Sonderaktionen einzelner Landesverbände gegeben haben. So richtete der Landesverband Baden-Württemberg bereits Ende 1968 in Zusammenarbeit mit den FDP-Abgeordneten des Landes eine »Kontaktstelle Bonn« ein. Das Büro sollte »die Bearbeitung der Unternehmen und Unternehmer, die aus wirtschaftlichen und finanziellen Gründen für unsere Partei von besonderem Interesse sind, übernehmen. Unter Federführung des Bundestagsabgeordneten Karl Moersch hat die Kontaktstelle für die Werbung wichtiges wirtschafts- und sozialpolitisches Material zusammengestellt und in Form von Briefen an einen Verteiler gesandt, der von den Kreisverbänden... festgelegt werden sollte...«[50] Dabei handelte es sich um einen Informationsdienst für potentielle Spender. Wieweit die Aktion durchgeführt wurde und welche Informationen usw. geboten wurden, ist uns nicht bekannt.

3. Werbekonzeption

»Daß die freien Demokraten die Neigung haben, früh in den Wahlkampf hineinzugeraten, entspricht ihrer Rolle als Opposition: sie ist, leicht übertreibend gesagt, immer im Wahlkampf; und die FDP mag es außerdem verlockend finden, das Bündnis der Großen in die ihm ohnehin drohende Bewußtseinsspaltung zwischen Kooperation und dem Streben, sich voneinander abzusetzen, durch Betätigung des Wahlkampf-Eröffnungsgongs eher als gewünscht hineinzutreiben...«[51] Die Anzeigenkampagne lief am 31. 12. 1968, lange vor Wahlkampfbeginn der anderen Parteien, an. »Wir haben einen Zeitvorteil. Das ist gerade für eine Partei wie die F.D.P. wichtig. Sie ist doch in der Lage eines Mannes, der von der Position, die er erreichen möchte und auch erreichen kann, noch ein ziemliches Stück entfernt ist. Ein solcher Mann muß sozusagen früher aufstehen. Außerdem brauchen die Freien Demokraten den Vorsprung auch noch aus einem andern Grund: Parteien, die in der Regierung sitzen, machen ja praktisch dauernd für sich Reklame.«[52] »Die F.D.P. muß ihre Wähler gewonnen haben, bevor in der Schlußphase des Wahlkampfes die F.D.P.-Werbung im Trommelfeuer der SPD- und CDU-Kampagnen untergeht. Referatsleiter Bunkenburg versicherte: ›Im Herbst können wir nur noch verteidigen, nicht mehr angreifen.‹«[53]

So früh zu beginnen war riskant und chancenreich zugleich. Blieb die große Koalition beisammen und führte sie nur einen gedämpften Wahlkampf gegeneinander, so versprach eine frühzeitige und konsequente Profilierung der Partei als reformerische Alternative erhebliche Gewinne bei mäßigen Verlusten. Dann konnte selbst der materiell aufwendige Wahlkampf von CDU und SPD die FDP nicht mehr wesentlich beeinträchtigen. Eine bloße Verteidigung der erreichten Position mochte dann genügen.

Das Risiko lag in einer (vorhergesehenen) Polarisierung zwischen CDU und SPD. Dann konnte die FDP sich mit den verbliebenen Mitteln und Slogans kaum noch Geltung verschaffen, dann mußte selbst ihre »Produktenwahrheit« als glaubhafte Alternative zur stagnierenden »Koalition der Angst« fragwürdig werden. Dann konnten gerade die kritischen, opponierenden Wähler, insbesondere aus den früheren Reihen der SPD, wieder abwandern, weil eben diese mobilen Wähler ihre Entscheidung in hohem Maße situationsbedingt treffen [54]. Andererseits war dann auch der Anreiz für die konservativen Wähler der FDP größer, die CDU gegen die SPD zu stärken und von der FDP abzuwandern. Hielt die FDP dagegen ihren neuen Kurs ohne existentielle Bedrohung durch Polarisierung durch, dann konnte sie mit einer gewissen Solidarität und dem band-wagon-Effekt eines konsequenten Kurses rechnen.

Die Parteiführung beschloß zunächst, die Chance zu nutzen und ein Risiko einzugehen, das zumindest deshalb erträglich schien, weil Information aus der SPD und der CDU auf einen gedämpften Wahlkampf hindeuteten. Eine Bundestagsrede des SPD-Abgeordneten Hermsdorf galt als Bestätigung dieser Annahme [55]. Es erschien auch deshalb erträglich, weil die Alternative in der Wahlkampfführung unakzeptabel war: Ein Wahlkampf alten Stils mit Interessenappellen und ohne die Ansprache des kritischen Potentials mußte die Partei zur CDU hinneigen lassen, und das beschwor die Spaltung herauf.

Die Werbekonzeption ging von der Grundkonzeption aus, die Führungsrolle der FDP anzumelden und dabei politische Lösungen für alle entscheidenden Fragen anzubieten, im Gegensatz zu früheren Wahlkämpfen alle Schichten und Gruppen anzusprechen (was Schwerpunkte für die FDP-nahen Gruppen nicht ausschließen sollte) und insgesamt als Partei der neuen Gesellschaft aufzutreten [56]. Das war eine zukunftsorientierte Markenartikelwerbung. Dagegen war einzuwenden, daß eine Partei mit ihrer Vergangenheit und dem Bild ihrer Vergangenheit, also auch mit den Anhängern dieser Vergangenheit leben muß, im übrigen auch mit ihrer aktuellen Politik und nicht als ein völlig neues Produkt erscheinen kann. In einer Besprechung am 7.11.1968 vertraten die FDP-Vertreter daher »grundsätzlich die Meinung, daß nicht allein Wahlversprechen für die Zukunft zu betonen seien, sondern stets auch die Leistungen der Vergangenheit und Gegenwart. Sollten in dem einen oder anderem Fall keine Argumente zur Verfügung stehen, ist die Anzeigenwerbung mit den parlamentarischen Aktivitäten zu koordinieren«[57] – was eine partiell wahlkampforientierte Politik bedeutete [58].

Nach mehreren Besprechungen im Präsidium und mit TEAM, die nach

Wahlwerbung der FDP 1969

mehreren Revisionen zur Einigung über Inhalt und Aufmachung der Startanzeige »Schluß mit den alten Zöpfen« als Leitmotiv und den Anzeigen zur Bildungspolitik (»Unser Schulsystem ist ein alter Zopf«) und zur Verteidigung (»Unsere Sicherheit darf nicht an alten Zöpfen hängen«) geführt hatten, wurde am 31.1.1969 die weitere Auswahl unter den vorgeschlagenen Themen getroffen und die Reihenfolge festgelegt [59]:

Nr.	Thema geplant / erschienen [60]	Datum geplant [61]	erschienen [60]
1	Startanzeige (Schluß mit den alten Zöpfen)	31.12.68	31.12.68
2	Bildungspolitik I (Schulsystem) [62]	11. 1.69	11. 1.69
3	Sicherheit I (Unsere Sicherheit darf nicht an alten Zöpfen hängen)	25. 1.	25. 1.
4	DDR I [63] (Wir haben nicht für die DDR zu sprechen, sondern mit der DDR) (oder: Föderalismus)	8. 2.	22. 3.
5	Föderalismus (Zu viele Bundesländer tun zu wenig für unser Land) (oder: DDR I)	22. 2.	22. 2.
6	Sozialpolitik I (Hausfrauenversorgung) [64]	7./8. 3.	–
	Die FDP hat gehandelt (Wahl Heinemanns) [65]	–	7. 3.
7	Bildungspolitik II (Bildungsurlaub, Erwachsenenbildung usw.)	22. 3.	–
	DDR I		22. 3.
8	F.D.P.-Appell (zum Bundesparteitag) [66]	5. 4.	–
	Personalisierung (Schluß mit den alten Zöpfen, sagt Walter Scheel)		5. 4.
9	Personalisierung (zum Bundesparteitag) und Mitgliederwerbung	19. 4.	5. 4.
10	Parteiprogramm (nach Bundesparteitag) mit Mitgliederwerbung	3. 5.	
	Appell mit Programmauszügen (Die F.D.P. ist die treibende Kraft)		5. 7.
11	Sozialpolitik II [67] (Mitbestimmung oder Vermögensbildung / Altersversorgung)	17. 5.	
	Erster Wahltrick: Lohnfortzahlung		10. 5.
12	Wirtschaftspolitik I [68]	31. 5.	–
13	Demokratische Grundrechte [69]	14. 6.	–
	Zweiter Wahltrick: Kambodschieren		14. 6.
14	Sozialpolitik III (Vermögensbildung oder Mitbestimmung)	28. 6.	–
	Dritter Wahltrick: Einfach weiterregieren		21. 6.
15	Wirtschaftspolitik II	12. 7.	–
16	Sicherheit/Verteidigung II	Juli/Aug.	–
	Appell mit Programmauszügen (Die F.D.P. ist die treibende Kraft)		5. 7.
17	Personalisierung	6. 9.	–
	Politische Informationen vor der Wahl (Punktueller Vergleich mit CDU/CSU und SPD)		30. 8.
18	Zusammenfassung, F.D.P.-Programm (Hauptpunkte positiv formuliert, plakativ)	13. 9.	13. 9.
19	Wahlappell	20. 9.	

Nr.	Thema		Datum	
	geplant	erschienen [60]	geplant [61]	erschienen [60]
	Kirchensteuer (und Koalitionskritik)			20. 9.
20	noch offen (ursprünglich Rechtspolitik)		26./27. 9.	(–)
	Wahlappell (Partnerschaft für den Fortschritt) und Personalisierung Scheel			26. 9.

Darüber hinaus wurden bis Ende April Anzeigen zu folgenden Themen erwogen:
  Sport [70]
  Frauen (vgl. Anzeige in den ›Bremer Nachrichten‹ vom 24. 9.,
    Thema: Wahlverhalten der Frauen)
    Das Motiv Sozialpolitik I (Hausfrauenrente) war gleichfalls
    auf weibliche Wähler gemünzt.
  Forschung und Entwicklung
    (Vergleich der Budgets der BRD dazu mit denen Frankreichs und der USA;
    Freigabe patentierter Erkenntnisse ohne Nutzung für Verteidigung [71])
  Stellung der Richter [72]
  Vorbeugehaft (Erst für Nr. 20 erwogen, dann für Lücke im Februar [73])
  Finanzreform [74]

Die geplante Anzeigenkampagne war erkennbar in vier Phasen eingeteilt, die mit dem Drei-Phasenplan (Aktualisierung, Orientierung, Meinungsbildung) zeitlich nicht übereinstimmten und in der erreichten Wirkung mit Ausnahme der ersten Phase wahrscheinlich nur so weit, als der Wechsel zwischen Problem- oder Positionswerbung und Partei/Personenwerbung diesen Effekt hatten.

1. Phase: Problem- oder Positionswerbung   7 Anzeigen   31. 12. 68–22. 3. 69
2. Phase: Partei- und Personenwerbung   3 Anzeigen   5. 4.–3. 5. 69
3. Phase: Problem- oder Positionswerbung   6 Anzeigen   17. 5.–Ende August
4. Phase: Partei- und Personenwerbung   4 Anzeigen   September

Vergleicht man dann den Themenplan mit der Anzeigenkampagne, so ist festzustellen:

(1) Statt der geplanten 20 Anzeigen erschienen nur 16. Zwei der Anzeigen zum Bundesparteitag im April und Mai fielen ersatzlos aus, eine davon, nämlich die mit Programmanzeigen (»Die F.D.P. ist die treibende Kraft«) wurde am 5. 7. nachgeholt. Dabei trat die Mitgliederwerbung hinter der Stimmenwerbung zurück. Sie litt ohnehin unter der Kurskorrektur. Es entfielen außerdem Anzeigen im Februar und in der Ferienzeit. Die Streichungen bzw. der ersatzlose Ausfall ist nur durch innerparteiliche Auseinandersetzungen und durch den schlagartigen Rückgang der Spenden nach der Bundespräsidentenwahl zu erklären.

(2) Soweit der Inhalt der ursprünglich oder später geplanten Anzeigen im Text vorlag oder nach Thema bzw. sonstigen Unterlagen wenigstens in der Tendenz erkennbar war, plante die FDP tatsächlich weder eine Werbung mit Privilegien für bestimmte Gruppen noch auch nur eine Kampagne,

die inhaltlich ausgesprochen oder gar exklusiv die Ober- und Mittelschicht, besser: deren etablierte Mitglieder ansprach.

Nichts, was die FDP zu sagen, zu kritisieren oder vorzuschlagen plante, ging über den Rahmen des politisch-gesellschaftlich-ökonomischen Systems der Bundesrepublik hinaus. Die Aufklärung und Emanzipation sollte innerhalb dieses Systems stattfinden. Das Spannungsverhältnis zwischen individueller Selbstbestimmung und einem auf ökonomische und soziale Leistungen abgestellten System sollte durch Sicherung und Förderung der materiellen und gesellschaftlichen, aber auch der rechtlichen Chancengleichheit sowie durch stärkere Mitbestimmung am Arbeitsplatz, über den Bildungsgang und an grundlegenden politischen Entscheidungen erträglicher gemacht werden, das ganze System offener, reformfreudiger, mehr auf die Zukunft orientiert.

Bereits dieses Werbeprogramm, das ja mit der Plattform übereinstimmen sollte, war wie diese – auch in der »Godesburg-Fassung« vom März 1969 – ein Kompromiß. In der Sozialpolitik fehlten Anzeigenmotive zu so bevorzugten Themen wie Rentenversicherung, Lohnfortzahlung (später aufgenommen), Krankenkassenreform und dynamische Rente, die als komplizierte Materien wahrscheinlich in ihrer Wirkung von Bildungsvoraussetzungen bestimmt wurden, mit ihren Lösungsvorschlägen also eher die auf Selbstvorsorge eingestellten konservativen Wähler ansprechen mußten. In der Wirtschaftspolitik fehlten die Schwenkung der FDP von der Stabilitätsorientierung zur Wachstumsorientierung sowie die Position gegen Machtkonzentration und staatliche Einheitsgesellschaften zugunsten staatlicher, wettbewerbsorientierter Strukturmaßnahmen. Es fehlte auch eine Anzeige zur Aufwertung, einem Thema, dessen Aktualität längst gegeben war und bei dem die FDP zunächst auch nicht die Konkurrenz der SPD und Schillers und die Ablehnung durch die Konsumenten fürchten mußte, dafür aber die Mißbilligung durch die exportorientierte Industrie (vielleicht mit finanziellen Auswirkungen) und die Bauern, die die FDP in Sonderwerbungen (Agrarpolitischer Rundbrief) ja doch durch Hinweise auf Ausgleichszahlungen zu besänftigen suchte. Insbesondere die erste und die dritte dieser Positionen wichen von der traditionellen Haltung der FDP tendenziell ab. Sie zu Motiven zu machen hätte den Eindruck einer gewissen Schwenkung verstärkt.

In der Gesellschaftspolitik tauchte das Erbrecht nicht auf, das Scheel in einer Fernsehsendung am Jahresende noch als wichtiges Thema, auch der FDP, behandelt hatte, und das aktuelle Thema der Städtebauförderung. Es fehlten damit zwei Themen, die gleich der Mitbestimmung und der Vermögensumverteilung sowohl allgemein aktuell als auch in Mitglieder- und Wählerschaft kontrovers waren, wie auch immer die Haltung der FDP sein mochte. In das neue Konzept der Partei hätten ohne Bruch oder Ausweichen nur redistributive Vorschläge gepaßt. Zwar war das persönliche Interesse der FDP-Wähler an Wirtschafts- und Sozialpolitik im April 1969 mit 56,2 % höher als an allen anderen Fragen [75], gleich groß wie bei CDU-Wählern (56,7 %)

und geringer als bei SPD-Wählern (61,8 %), dagegen hielten nur 37 % gegenüber einem Durchschnitt von 43,8 % die Wirtschafts- und Sozialpolitik für das wichtigste Problem der BRD [76], aber die Polarisierung der FDP-Wählerschaft im ökonomischen Bereich war stärker als die bei CDU/CSU und SPD [77]. Noch viel ausgeprägter war die Polarisierung in der Frage der Mitbestimmung [78]. Dabei stärkten die Zuwanderer jeweils den progressiven Flügel.

Die überproportional nationale Orientierung der FDP-Wählerschaft bei durchschnittlicher Neigung zur westeuropäischen Integration und unterdurchschnittlicher Indifferenz sowie Neigung zur Kooperation mit den USA [79] mag auch erklären, daß kein Thema der Westpolitik als Anzeigenmotiv auftauchte. Aktuell waren ohnehin nur komplizierte Währungsfragen und Probleme der EWG-Politik – also Motive, die kaum attraktiv waren und eher in den wirtschafts- und agrarpolitischen Bereich gehörten. Dagegen verzichtete die FDP erstaunlicherweise auch darauf, den EWG-Beitritt Englands herauszustellen, den sie seit langem befürwortete und der in ihr Europakonzept paßte. Es ist allerdings anzumerken, daß die Westpolitik in der Wählerschaft wohl gegenüber Problemen der Deutschland-, Friedens- und Ostpolitik eine sekundäre Rolle spielte [80]. Diese nationale Orientierung steht im deutlichen Kontrast zur Mobilität der FDP-Wählerschaft in der Deutschland- und Ostpolitik [81], ohne daß erkennbar wäre, daß die mobile Haltung von Partei und Wählerschaft noch der nationalstaatlichen Wiedervereinigung diente wie früher.

Mit der Haltung der Wählerschaft ist es also nicht zu erklären, daß die FDP auf eindeutige Aussagen zur Anerkennung von DDR und Oder-Neiße-Grenze verzichtete; parteiinterne Widerstände und außenpolitische Motive mögen dafür den Ausschlag gegeben haben. Meinungsumfragen dürften ohnehin nur dann eine Rolle im Willensbildungsprozeß zur Werbekonzeption gespielt haben, wenn Thema und Aussagen parteiintern kaum kontrovers waren, aber auf ihre Wirksamkeit hin überprüft oder von Umfragen inspiriert waren. Sie dürften auch für die Konzeption der Werbeagentur als Anhaltspunkte eine Rolle gespielt haben. Daß sich die FDP im übrigen weder vor noch nach der Kurskorrektur scheute, in der Öffentlichkeit kontroverse Themen aufzugreifen, zeigten nicht nur die Anzeige zur Deutschlandpolitik und die Texte zur Ostpolitik, sondern auch die ambivalente Lohnfortzahlung.

Ungleich gewichtiger für Konzeption – und vermutlich auch Wahlausgang – als die Kompromisse im Planungsstadium war der Verzicht auf eine Reihe von geplanten Anzeigen. Es wurden gestrichen: »Bildungsurlaub«, »Hausfrauenrechte«, »Mitbestimmung«, »Vermögensbildung/Altersversorgung«, die gesamte »Wirtschaftspolitik«, »demokratische Grundrechte« und eine zweite Anzeige zur »Sicherheits- und Verteidigungspolitik«. Nimmt man die später noch erwogenen Anzeigen hinzu, dann fehlten auch noch Sport und Frauen, Forschung und Entwicklung, Finanzreform und Vorbeugehaft. Statt dessen wurden situationsbedingt die Wahl Heinemanns, das Kambodschieren, die Lohnfortzahlung und die Stagnation der Regierung sowie ohne aktuellen Anlaß die Kirchensteuer als Motiv aufgegriffen.

Zu den Streichungen ist vorab anzumerken, daß die Polarisierung zwischen CDU und SPD thematisch akzentuierte Angriffe auf die große Koalition erforderte und daß – wie schon im Plan – bei maximal 20 Anzeigen gar nicht alle Themen als Motive verwendet werden konnten. Vielfach mußten die Anzeigentexte genügen, auch andere Themen als die der Motive zu behandeln. Tatsächlich tauchten ja Grundmotive und andere Themen in fast allen Anzeigen auf. Andererseits fiel auch eine der geplanten Parteitagsanzeigen weg. Umstände und Ergebnis des Parteitages waren kaum dazu geeignet, zum Motiv zu werden.

Als Fazit bleibt demnach, daß die FDP in Verfolgung ihrer Kurskorrektur ab März zwar nicht dazu überging, wieder ihren mittelständischen Wählerstamm anzusprechen, daß sie aber gerade auf die Anzeigen verzichtete, die weniger allgemein kontrovers waren als vielmehr Haltung und Interessen dieses Wählerstamms negativ berührten, für ihn vielleicht teilweise auch einzeln uninteressant waren, gehäuft aber den Eindruck eines »Linksrutsches« verstärken konnten. (Dabei ist zu vermuten, daß Ost- und Bildungspolitik eher geeignet sind, das System der BRD durch Veränderungen an der Basis zu reformieren, als auf dem direkten Wege der affirmativen Mitbestimmung.) Die FDP wandte sich also auch nach der Kurskorrektur nicht wieder ihren besitzbürgerlichen Wählern zu und gegen ihre kritischen, opponierenden, reformgewillten, sondern wählte den Kompromiß und schwieg. Sie machte damit zugleich auch Abstriche an ihren emanzipatorischen Tendenzen und Zielen, deren Reichweite und Wirkungen ja gar nicht auf ihre potentiellen Wähler beschränkt waren. Anzeigen und Wahlplattform zeigten die gleiche Entwicklung. Der politischen und der Werbekonzeption waren damit Konsequenz und Schwung genommen. Für die Öffentlichkeit freilich waren die konkreten Konsequenzen kaum erkennbar, und sie wurden durch Polarisierung und Materialaufwand der Regierungsparteien überlagert.

Wenn die Werbung mit und um das »kritische«, opponierende »liberale« Drittel der Wählerschaft auch vor allem den Kandidaten und Wahlhelfern Mut machen sollte, so hatte dieser Ansatz doch auch noch einen anderen, vielleicht realeren Kern. Die Erweiterung des Spektrums der FDP-Wählerschaft um die opponierende Jugend und die qualifizierten, aufstiegswilligen und selbstwertbewußten Wähler aus den Kreisen der Unselbständigen und der freien Berufe war zugleich eine Frage der Grundstruktur und Spezialität nicht nur des Inhalts, sondern auch der Art und Höhe der Ansprüche, die an die Fähigkeit zum offenen Mitdenken in politischen Fragen, zur kritischen Überprüfung gewohnter Positionen gestellt wurden. Die Werbung wirkte auch aus diesem Grunde selektiv und galt vielfach als zu intellektuell

– ohne nach Kurskorrektur und verschobenem Plattform-Parteitag die geweckten Erwartungen noch befriedigen zu können.

Hinzu kam, daß die Mediastreuung mit ihrem Vorrang in der meinungsbildenden überregionalen Presse zusätzlich eine Selektion zugunsten der Meinungsbildner, also gehobener Positionen bewirkte. Die breitere Streuung erst in mittleren Tageszeitungen und in der Endphase auch in kleineren sowie auf Plakaten, in Versammlungen, Straßendiskussionen und vor allem Fernsehen und Rundfunk sowie durch die Berichterstattung in den Massenmedien korrigierte diese Selektion nur geringfügig, weil zu spät. Davon ausgenommen war vermutlich die lokale Leserschaft der überregionalen Presse, also die breite Leserschaft in den Großstädten. Bedeutsam ist in diesem Zusammenhang, daß die breitere Streuung erst nach der Kurskorrektur einsetzte – dem ursprünglichen Media-Plan entsprechend – und die Leser der mittleren und kleineren Tageszeitungen dann nicht mehr im gleichen Maße mit den gleichen klaren Tendenzen und prononcierten Problemaussagen bekannt und konfrontiert wurden wie die Leser der überregionalen Presse. Die Kurskorrektur mag die finanziell und werbestrategisch begründete Werbekonzeption gegenüber der breiteren Leserschaft mit um die intendierte Werbewirkung gebracht haben.

4. Personalisierung

In einer Besprechung FDP-TEAM am 7. 11. 1968 [82] wurde die Frage einer personalisierten Werbung erneut behandelt und beschlossen, Prof. Haseloff, Berlin, mit einer Untersuchung dazu zu beauftragen und die Ergebnisse am 15. Dezember vorzulegen. Das Problem wurde aber bereits am 25. 11. in einer weiteren Besprechung aufgegriffen und sollte am 27. 11. 1968 vom Präsidium entschieden werden. »Zur Debatte stand, ob sich die Personalisierung auf den Parteivorsitzenden konzentrieren soll, oder ob die Darstellung einer Führungsgruppe zu empfehlen ist. Wesentliche Argumente und neue Gesichtspunkte (Maßnahmen S.P.D.) sprechen dafür, den Parteivorsitzenden als Leitbild herauszustellen.«[83] Das Präsidium entschied nach ausführlicher Diskussion – über die keine Unterlagen verfügbar waren – »daß sich die Personalisierung in erster Linie auf den Parteivorsitzenden konzentrieren soll. Ein erweitertes Führungsteam (Fachreferenten) wird in Werbemitteln vorgestellt, die sich besonders dafür eignen, z. B. F.D.P.-Broschüre, Kandidatenprospekt, vielleicht auch spezielle Anzeigen-Motive. TEAM und Prof. Haseloff treffen eine konzeptionsgerechte Fotoauswahl für die Personalisierung des Parteivorsitzenden.« Die FDP-Führung entschied außerdem, im Teil I des bundeseinheitlichen Kandidatenprospekts das Führungsteam als Fachreferenten zu personalisieren [84]. Mit der Beschränkung auf das Präsidium wurde Dahrendorf aus der Personenwerbung ausgeschlossen, also von den Großveranstaltungen und aus der Anzeigen-, Prospekt- und Fernsehwerbung, nicht aber vom Auftreten in einer Unzahl regionaler und lokaler Veranstaltungen, obwohl er weitaus bekannter war als die meisten Präsidiumsmitglieder. Persönliche Rivalitäten sowie Abneigungen des guten Mittelmaßes im Präsidium gegen den Senkrechtstarter ohne Nachweis praktischer parlamentarisch-parteiorganisatorischer Leistungen und Widerstände gegen Richtung und Anhang Dahrendorfs waren dafür verantwortlich. Für Scheel und mit Scheel sollte in der Startanzeige, einer Anzeige zum Plattform-Parteitag und zur Mitgliederwerbung Ende April und mit einer Anzeige im September geworben werden, ferner durch Ankündigungsplakate für Großveranstaltungen, durch die Zusendung einer Broschüre mit einem Aufsatz Scheels an Interessenten und durch die Presse- und Bildberichte über Wahlreden an pressewirksamen Orten (Badereise), Pressekonferenzen und aktuelle politische Aktionen (Moskaureise) und Wahlgags (Zopf oder Schere des Monats) sowie Fernsehauftritte. Dazu kam die Popularisierung durch das 12seitige ›Konzept der treibenden Kraft‹ und einen 20seitigen Prospekt ›Walter Scheel – Deutschland verändern mit Vernunft‹, der vor allem in Scheels Wahlkreis und in Nordrhein-Westfalen vertrieben wurde. Dieser Prospekt war in seiner Kombination von FDP-Aussagen und Aufnahmen – stehend hinter dem Schreibtisch, mit in- und ausländischen Politikern sowie Studenten – das gelungenste Personalisierungsinstrument. Es kam aber wohl zu spät und war zu teuer, um noch bundesweit eingesetzt zu werden.

Die engere Mannschaft – Scheel, Genscher, Mischnick und Friderichs – wurde im Zwölfseiter und durch den Hauptanteil an Großveranstaltungen vorgestellt. Das gesamte Präsidium präsentierte sich in einer Gruppenaufnahme im Zwölfseiter sowie als Sprecher in den Fernsehwerbesendungen. Außer im Vierseiter wurde es stets als ein Team von Fachleuten mit prononcierten Meinungen und einem human touch durch persönliche Angaben vorgestellt.

Die gesamte gemischte personalisiert-argumentative Werbung war ein Kompromiß zwischen ausschließlicher Sachaussage und der Notwendigkeit, die politische Position auch personell glaubhaft zu machen bzw. um schlichtere Gemüter gerade angesichts der Personalisierung bei CDU und SPD mit Persönlichkeiten von menschlicher und politischer Anziehungskraft zu werben. Sie war zugleich ein Kompromiß zwischen der Propagierung eines Teams sachlich qualifizierter Spitzenpolitiker und der einer Gegenfigur zu Kiesinger und Brandt. Beides hätte vielleicht dem Anspruch auf Macht oder Teilhabe daran, auf die Führung des kritischen, liberalen Drittels der Wählerschaft entsprochen, aber weder war dieser Anspruch glaubwürdig, noch waren Scheel und die Präsidiumsmitglieder bekannt und als Schattenkabinett glaubhaft genug, um diesen Anspruch selbst zu tragen. Die »Produktwahrheit«, das heißt das gegebene und das erstrebte Image der Partei, verboten eine primär personalisierte Werbung, auch wenn nicht auszuschließen ist, daß eine stärkere Betonung der FDP-Kandidaten und ihrer Persönlichkeiten insgesamt vielleicht manche Barrieren gegen die Zustimmung zu den Aussagen der Partei gemindert hätte.

5. Koalition und Opposition

Die Oppositionsrolle der FDP – nicht mehr neben einer größeren Oppositionspartei und mit der großen Koalition als Widerpart – zwang die FDP zu einer Ausformung dieser Rolle, wenn sie im Parteiensystem und in der Wählerschaft noch eine eigene Aufgabe haben wollte. Eine glaubwürdige Oppositionsrolle bedingte personelle, sachliche und taktische Konsequenzen, für die die studentische Protestbewegung, das Unbehagen über die große Koalition in Teilen der Wählerschaft und die zunehmende Aktivität jüngerer, progressiver Kräfte in der FDP zugleich Anreiz und Voraussetzung waren.

Es lag daher nahe, daß sich die FDP-Führung bereits bei der Vorbereitung des Freiburger Bundesparteitages im Januar 1968 Gedanken über eine Strategie in Hinsicht auf die Bundestagswahlen 1969 machte. Sie ging dabei von der Annahme aus, daß die große Koalition kaum das bieten werde, was sie sich vorgenommen habe und wozu sie mit 90 % der Abgeordneten rechnerisch fähig sei. Angesichts der Unzufriedenheit besonders in der Anhängerschaft der SPD, aber auf lange Sicht auch der CDU/CSU rechnete die FDP-Führung im Herbst 1967 mit einem Wählerpotential von bis zu 20 % aus der FDP-Wählerschaft und den »kritischen« Wählern der beiden großen Parteien[85]. In dieser Situation einigte sich die Führungsspitze sehr schnell, die Partei im Wahlkampf und in der Politik der Fraktion auf keine bestimmte Koalition festzulegen – vermutlich auch deshalb, weil Teile der Fraktion und Mitgliederschaft eine Koalition mit der SPD noch nicht akzeptierten. Man war sich auch darüber einig, die Oppositionsrolle nach der Wahl als eine für Partei und politisches System gleichermaßen akzeptable Alternative darzustellen[86]. Weiter ging die Einigung nicht. Dahrendorf sah ja in der SPD eine nach Ansatz, Aussagekraft, innerer Struktur und Wählerpotential erschöpfte Partei, die weniger flexibel sein würde als eine in der Opposition gewandelte, flexiblere, reformfreudigere CDU. Für ihn und wenigstens auch für Scheel war die Koalition mit einer solchen CDU so etwas wie eine Traumkoalition. Zugleich sah Dahrendorf aber, daß die FDP nur in der langfristigen Opposition das konsequente, liberale Programm für eine offene Gesellschaft entwickeln könne, nicht im Tagesgeschäft und im Rollenzwang der Regierungspartei. Die überwiegende Mehrheit der Parteiführung sah dieses langfristige Oppositionskonzept mit mehr oder weniger großer Skepsis. Ob die FDP als eine solche Oppositionspartei das traditionell geringe Prestige der Opposition heben konnte, ob das Konzept für die skeptische Wählerschaft annehmbar sein würde, ob nicht ein Mehrheitswahlrecht das Ende bringen oder die Spendenquellen gänzlich versiegen würden – die Oppositionsrolle über den Wahltag hinaus galt nicht als verlockend. Sie hätte auch eine vehemente innerparteiliche Diskussion herausgefordert, deren Ergebnis die konservativeren Kräfte wegen des Verlustes alter Wähler und des Zustroms neuer, progressiver Mitglieder und Wähler nur mit Schrecken erfüllen konnte, die progressiveren aber auch nur mit unsicherer Hoffnung, weil sie nicht wußten, ob die Rolle mit einer vermutlich doch nur gemischten Fraktion und gegen eine taktisch geschickte Parteiführung sehr lange durchzuhalten war. Fast zwangsläufig spiegelte sich diese Diskussion auch in der Auseinandersetzung um ein Parteiprogramm [87]. Man einigte sich aber bereits im Sommer 1968 darauf [88], den Wahlkampf mit einem tendenziell reformerischen, in den einzelnen Aussagen aber mehr auf den Wahlkampf zugeschnittenen Schwerpunktprogramm zu bestreiten, dafür auch programmatische Vorarbeiten zu leisten, ein Grundsatzprogramm aber mehr nebenher zu entwickeln – zum Mißvergnügen der Progressiven, die aber unter den gegebenen Umständen nachgaben, in der Hoffnung später weniger Kompromisse machen zu müssen als im letzten Jahr vor der Wahl [89]. Die Parteiführung schloß eine kleine Koalition nach außen ebensowenig aus wie eine fortdauernde Opposition [90]. Die Entscheidung über eine künftige Koalition sollte allein davon abhängen, in welchem Maße Einigung über ein Sachprogramm und die politischen Forderungen der FDP erzielt werden könne [91]. Anzustreben sei dabei nicht ein Kompromiß in den einzelnen Programmpunkten der Koalitionspartner, sondern die Übernahme einiger wesentlicher Punkte der FDP ohne Abstriche [92]. Die FDP habe sich von der CDU freigeschwommen und denke nicht daran, im gleichen Zuge von der SPD abhängig zu werden. Sie sei selbständig und von beiden Parteien gleich weit entfernt [93], überdies näherten sich beide einander so sehr, daß eine Unterscheidung schwerfalle [94].

Die große Koalition war während des ganzen Wahlkampfes Hauptthema und Hauptangriffspunkt der FDP. Das entsprach der Oppositionsrolle, es reflektierte die neugewonnene kritische Position gegenüber der Politik in der Bundesrepublik, gegenüber der Stagnation statt der erstrebten Reformen. Es zielte zugleich auf die wahl- und beitrittsberechtigten Kritiker eben dieser Koalition und ihrer Politik. Für die Koalition oder ihr gegenüber indifferent konnte die FDP nicht sein, wenn sie glaubwürdig bleiben und eine Existenzberechtigung nachweisen wollte.

Zunächst bereitete diese Position auch keine Schwierigkeiten. Je mehr sich die beiden Parteien einander annäherten, anpaßten, durch Kompromißzwang gegenseitig lähmten, desto größer war die Chance der FDP, aus einem immer größer werdenden Kreis von Kritikern neue Wähler zu gewinnen. Es war nicht einmal unrealistisch, mit einer Fortsetzung der Koalition nach der Wahl zu rechnen, denn alle Informationen deuteten wenigstens darauf hin, daß die CDU zugunsten des Machterhalts weiter mit der SPD zusammenarbeiten wolle [95] und die SPD vorerst keine Chance sah, die absolute Mehrheit zu erringen oder führende Regierungspartei zu werden und dementsprechend zu kämpfen [96]. Das Wahlrecht schreckte die FDP im Rahmen dieser Aussichten kaum. Sie hoffte, es durch Nachweis der Existenzberechtigung und durch einen relativen Wahlerfolg bzw. mit Hilfe von Protestwählern zu unterlaufen oder wenn schon, dann kämpfend unterzugehen – eine Aussicht, die die gemäßigten und die konservativeren Mitglieder schreckte. Langfristig war eine Polarisierung zwischen CDU und SPD sicher zwangsläufig, aber vorerst hoffte die FDP, von den kritischen Wählern der SPD zu profitieren – was praktisch einen weniger CDU-freundlichen Kurs der FDP erzwang und eine Koalition mit der SPD präjudizierte oder doch wahrscheinlicher machte.

Nach ihren Präferenzen für eine grundsätzlich und alternativ nie ausgeschlossene kleine Koalition befragt, konnten die FDP-Vertreter zunächst durchaus gelassen antworten. »Aus verschiedenen Äußerungen Scheels gewannen Beobachter den Eindruck, daß die FDP nach der Wahl die Beteiligung an einer Kleinen Koalition anstrebt ... Auf diese Möglichkeit angesprochen sagte Scheel, ein Bündnis zwischen SPD und FDP sei nicht die einzige erstrebenswerte Lösung. ›Selbstverständlich würde auch eine Koalition zwischen CDU/CSU und FDP mehr leisten können als die Große Koalition.‹«[97] Solange jedenfalls bei Stimmgewinn der FDP und ungenügenden Stimmgewinnen der SPD gar keine große Aussicht auf eine Koalition der beiden bestand, lag für die FDP kein Zwang vor, sich für die parteiintern schwierige Koalition zu entscheiden und die intern noch schwierigere Koalition mit der CDU auszuschließen. Die FDP konnte es sich zumindest aus der Einschätzung der Nach-Wahl-Alternativen heraus kaum leisten, eine positive Entscheidung zu treffen, die in jedem Fall Wähler verprellt hätte. Später versuchte sie verzweifelt, im Rahmen der Kurskorrektur die Äquidistanz zu betonen, um sich gegen den Verlust konservativer Wähler zu sichern. Von der optimistischen Gelassenheit war nichts mehr zu spüren.

Diese Äquidistanz von beiden Parteien – der »CDSPU« – hinderte die FDP nicht, beide Parteien in ihren Angriffen verschieden zu behandeln – ganz zu schweigen vom implizierten Hinneigen zur SPD in den Sachaussagen und Grundsätzen. »Es ist doch ganz normal, daß eine Oppositionspartei, die ihre Wahlkampagne gegen die Regierung richtet, sich dabei in erster Linie der führenden Regierungspartei annimmt.«[98] Es ist fraglich, ob dieser Satz bei vertauschten Rollen in der Koalition auch gegolten hätte. Jedenfalls griff die FDP zwar die SPD zunächst und dann gelegentlich wegen ihrer Haltung zu den Notstandsgesetzen, Vorbeugehaft und Lohnfortzahlung an, kritisierte sie aber je länger desto ausschließlicher wegen ihrer Fügsamkeit gegenüber der CDU [99]. Die SPD bot ja gemäß Strategie und Verhalten auch alle Voraussetzungen dafür, bis Schiller das Konzept partiell durchbrach. In der Endphase war die SPD kaum noch ein Gegner für die

FDP. An der CDU hingegen kritisierte die FDP nicht nur Ansichten, Eignung und Führungsstil Kiesingers, sondern auch eine Fülle von Einzelentscheidungen, die konservative Grundlinie der Partei und deren erstarrte Formeln [100]. Das schonte die SPD vergleichsweise, und die Forderung nach einem Machtwechsel [101] galt praktisch ausschließlich der CDU. Die Entscheidung war damit negativ angedeutet. Sie galt sowohl dem Stimmengewinn bis zur Wahl als auch der Politik nach der Wahl.

Am Ende, nach der Wahl, ergab sich »daß die Gründe für Zu- und Abwanderung fast ausschließlich in der Einstellung zur Koalitionsfrage zu suchen sind. Bereits vor der Wahl sprachen sich die F.D.P.-Wähler, die später zur CDU/CSU abwanderten, eindeutig für eine Koalition aus CDU und F.D.P. aus... Andererseits haben sich die Zuwanderer von der SPD bereits vor der Wahl, als sie noch SPD wählen wollten, eindeutig zugunsten einer Koalition zwischen SPD und F.D.P. entschieden... Berücksichtigt man, daß in der konstanten F.D.P.-Wählerschaft eine deutliche Präferenz für eine SPD/F.D.P.-Regierung vorhanden war (von diesen Wählern gaben zwei bis drei Wochen vor der Wahl fünf von sechs... einer Koalition mit der SPD den Vorzug), dann läßt dies den Schluß zu, daß die F.D.P.-Wähler vom 28. September 1969 die F.D.P. nicht trotz, sondern wegen der erwarteten Koalition mit der SPD gewählt haben.«[102] Berücksichtigt man dazu noch, daß 44 % der FDP-Wähler sich erst in den letzten drei Monaten vor der Wahl entschieden haben [103], zu einer Zeit also, in der die Koalitionsfrage immer mehr in den Vordergrund drängte, so liegt der Schluß nahe, daß die Haltung der FDP zur Koalitionsfrage für den Wahlausgang vor allem der FDP, aber auch der SPD entscheidend war. Neben der Vermutung einer gewissen Regelmäßigkeit später, d. h. vor allem konstellationsbedingter Wahlentscheidungen der FDP-Wähler liegt damit auch der Schluß nahe, daß der Frühstart der FDP kaum Gewinn brachte. Hier ist dazu zunächst nur einzuwenden, daß damit noch nicht gesagt sein kann, daß die FDP-Kampagne ohne Einfluß auf das Ergebnis war. Die Kritik an der großen Koalition, die Alternativvorschläge der oppositionellen FDP und deren Grundansatz und Detailpositionen dürften das kritische Bewußtsein artikuliert, verschärft und präzisiert haben, zugunsten von FDP und SPD.

Die Entscheidung für eine Koalition mit der SPD wurde indes nie eindeutig ausgesprochen. Sie war in den Äußerungen gegen die CDU, in der Forderung nach einem Machtwechsel und in Programm und Wahlaussagen der FDP stets nur impliziert. Diese Implikation genügte offensichtlich den konservativen Wählern, um abzuwandern. Sie genügte aber vermutlich einem Teil der potentiellen Zuwanderer nicht, die teils aus ihrem formelhaften, undifferenzierten Denken und Wünschen heraus Sicherheit haben wollten, teils der FDP in der Polarisierung keine große Chance gaben oder angesichts der Landeslisten, der Kurskorrekturen, der vielfach erst induzierten und dann enttäuschten Hoffnungen auf konkrete Reformvorschläge und des früheren Verhaltens der FDP skeptisch waren und somit in der SPD doch eher eine Chance für den Machtwechsel sahen.

Selbst die Wahl Gustav Heinemanns zum Bundespräsidenten war kein sicheres Indiz. Sie wies erstmals eindeutig die Fähigkeit der FDP nach, mit der SPD zu kooperieren, und dokumentierte dabei eine relative Geschlossenheit. Per Saldo unterstrich die Wahl zunächst tatsächlich nur den gleichen Abstand zu beiden großen Parteien. Die Wahl konnte sowohl als Indiz des Hinneigens zur SPD wie als Absicherung einer Koalition mit der CDU verstanden werden. Die öffentlichen Reaktionen sahen die Koalition mit der SPD am Horizont [104], die Progressiven in der Partei sahen eher einen Trick zugunsten der Koalition mit der CDU. Die nachfolgende Kurskorrektur der FDP schien die Befürchtungen der Progressiven zu bestätigen.

Die Wahl Heinemanns, der Tenor der FDP-Werbung und -Verlautbarungen mit ihrer Tendenz gegen die CDU, der Zustrom progressiver Mitglieder und die Entscheidungen oder Vorentscheidungen gegen Erich Mende, Carlo Graaf und andere Konservative bei der Aufstellung der Landeslisten sowie bei Vorstandswahlen (Baden-Württemberg, Niedersachsen) führten zum Aufstand der Konservativen und vielfach auch der Gemäßigten in der Partei. Insbesondere die Übertritte niedersächsischer Landtagsabgeordneter und Parteigeschäftsführer sowie ein leichter Rückgang der Stimmen für FDP und SPD »brachten die Partei außer Tritt« [105], Listenentscheidungen in Niedersachsen und -vorentscheidungen in Baden-Württemberg wurden zu Lasten der Progressiven korrigiert, in anderen Landesverbänden führte die Mobilmachung zum Durchfall progressiver Kandidaten auf den vorderen Plätzen. Die Plattform wurde an die Dreierkommission Bahner–Dahrendorf–Genscher zurückverwiesen und später durch das Parteipräsidium noch weiter entschärft [106]. »Der stellvertretende FDP-Vorsitzende Genscher setzte sich mit dem Argument durch, im Wahljahr komme es nicht auf die Verkündung möglichst fortschrittlicher Thesen an, sondern darauf, Wähler zu gewinnen [107]... Demgegenüber bemängeln linksliberale Kreise, daß das scheinbare Zurückweichen der FDP in der Wahlplattform dem Gesamtbild der Entwicklung in der FDP nicht gerecht wird. Hier wird wenig Rücksicht auf die wahltaktischen Überlegungen Genschers genommen. Wenn es nach den Progressiven geht, sollte eine Koalition CDU/CSU-FDP durch ein radikalliberales Programm unmöglich gemacht werden.« [108] Zugleich wurde das geplante Anzeigen-Motivprogramm aller prononcierten gesellschaftspolitischen, wirtschaftspolitischen, ostpolitischen und auf demokratische Grundrechte zielenden weiteren Aussagen beraubt [109]. Die Partei begnügte sich mit teilweise formelhaften Andeutungen über die Lösung der langen Liste von Problemen, die auch im Zuge der Kurskorrektur nicht geändert wurde.

Die Parteiführung brachte die progressive Opposition gegen die Kurskorrektur mit dem Argument der Einheit im Wahlkampf weitgehend zum Schweigen. Zwar kündigte der Bundesjugendtag der Deutschen Jungdemokraten den Bruch mit der Partei im Falle eine Koalition mit der CDU an, aber Dahrendorf, der nichts unversucht gelassen hatte, um die Revision zu verhindern, kündigte an, »Politik werde nach der Wahl gemacht«. Mit Hilfe eines formalen, scheindemokratischen Verfahrens der maximalen Beteiligung der Mitglieder, Kreisverbände und Delegierten an Bundeshauptausschuß und Bundesparteitag innerhalb kurzer Frist manipulierte die Führungsspitze, insbesondere Genscher, die Zustimmung zur Plattform. Der Schwung einer konsequent progressiven Politik und damit auch einer gewissen Euphorie bei Progressiven und Gemäßigten war damit gebrochen.

Bei näherem Hinsehen zeigte sich freilich, daß die Plattform auch jetzt noch nicht den gleichen Abstand zu beiden Parteien herstellte. Zwar fehlten nun die Konsequenzen aus den Andeutungen vor und um die ursprüngliche Plattform, die ja auch Heinemann-Wahl und Anzeigen sehr viel werbewirksamer angekündigt hatten, aber eine Tendenz zur SPD war nach wie vor erkennbar. Die Plattform bedeutete selbst nach der Reduktion auf einen vorwiegend verbalen Reformismus im Grundtenor einen erheblichen Fortschritt gegenüber früheren Programmen. Die Wirkung nach außen wurde praktisch ausschließlich durch die Berichterstattung über Entwicklung und Bundesparteitag bewirkt. Für die innerparteiliche Diskussion bedeutete die Plattform Burgfrieden bis zur Wahl.

Zum Nachteil der FDP begann parallel dazu im April und Mai, vorangetrieben durch den Alleingang Schillers in der Aufwertungsfrage, der Prozeß der Polarisierung, der Konfrontation zwischen SPD und CDU/CSU, die ab Juni zum offenen Kampf gegeneinander antraten.

In dieser Situation, die durch die Unsicherheit über die Chancen der NPD noch kompliziert wurde, war die FDP weitgehend gelähmt. Der Aufmerksamkeit für die Auseinandersetzung zwischen den Regierungsparteien und deren Materialaufwand hatte sie außer Angriffen gegen die Koalitionsregierung [110] und besonders die CDU [111] weder materiell noch thematisch viel entgegenzusetzen. Eine Verteidigungsstrategie für die inzwischen gebrochene progressive Position genügte nicht mehr. Die erstrebte Ablösung der Koalition erforderte nun ein Votum der FDP für eine bestimmte Koalition, wenn die Forderung nach einem Machtwechsel noch glaubhaft sein und insbesondere die Wähler für die FDP gewinnen oder bei ihr halten sollte, die sich enttäuscht von der SPD abgewandt hatten, aber nun plötzlich doch wieder eine kämpfende SPD sahen, die dann schon eher geeignet schien, den Machtwechsel herbeizuführen, als eine zögernde FDP.

Die FDP versagte sich diesem Zugzwang, um konservative Wähler zu halten und eine Koalition mit der CDU notfalls nicht auszuschließen [112] oder zuminded die Verhandlungsposition in Koalitionsgesprächen nicht zu präjudizieren [113]. Die Neigung zur Koalition mit der SPD war jedoch unverkennbar, und die Erfahrungen von FDP und SPD in CDU-geführten Regierungen machten selbst Konservative skeptisch, aber ausgeschlossen wurde auch sie nicht. Die erste praktische Konsequenz der Situation war die Forderung aus Kreisen der SPD und der CDU, aber auch seitens einer Reihe von FDP-Kandidaten, bei einem vermuteten oder angeblichen Kopf-an-Kopf-Rennen der Wahlkreiskandidaten – das die Gegenseite nicht zu leugnen wagte – die Erststimme den Kandidaten der großen Parteien zu geben, die Zweitstimme der FDP. Die Parteileitung wehrte sich gegen das Splitting und jede Propaganda dafür und betonte den gleichen Abstand zu beiden.

Die FDP erklärte darüber hinaus, die Koalitionsfrage sei umgekehrt an CDU und SPD zu stellen, die sich weder eindeutig gegen eine Neuauflage der großen Koalition noch ein Bündnis mit der FDP erklärt hätten [114] und schon gar nicht für das fortschrittliche Programm der FDP [115]. Aber selbst ein ob dieses Argumentes zunächst verblüffter Wähler konnte kaum an dem Eindruck vorbei, daß dieses Argument die Größenverhältnisse übersah und ebenso die Unsicherheit von CDU und SPD über die Konstellation nach der Wahl mit dem möglichen Einzug der NPD ins Parlament und damit zur großen Koalition.

Die FDP forderte dann ihrerseits erstmals am 12. 8. 1969: »Sie können Deutschland verändern«, also einen Machtwechsel. Gleichzeitig deutete Scheel an, daß dafür auch die Mehrheit von einer Stimme ausreichen würde, die FDP aber nur mit einer Partei koalieren werde, die eine Politik der Reformen auf der Grundlage des FDP-Programms akzeptiere. Das deutete auf eine Koalition nun mit der SPD hin, aber zu diesem Programm gehörten neben einer entspannungswilligen Deutschland- und Ostpolitik auch der Verzicht auf die Ausweitung der Mitbestimmung nach dem Montanmodell, wie es die Gewerkschaften forderten und die SPD als Gegenleistung für das Stillhalten der Gewerkschaften gegenüber den Notstandsgesetzen vertrat. Tatsächlich war dieses Essential der FDP kein großes Problem. Das Montanmodell war erkennbarerweise für die SPD kein Essential. Es konnte ausgeklammert und gegenüber den Gewerkschaften kompensiert werden, unter anderem durch den Verzicht auf das Depot-Stimmrecht der Banken, den die FDP anbot. Andererseits war auch nicht sicher, ob die CDU zugunsten des Machterhalts und unter Verzicht auf Kiesinger nicht doch wenigstens hinreichend auf die ohnehin schwammig formulierten FDP-Forderungen zur Ostpolitik eingehen konnte. Auch die Tatsache, daß Scheel im Zuge des Hinneigens zur SPD – aber aus eigenen grundsätzlichen Motiven heraus – Anfang September Bildung und Vermögensbildung als weitere wichtigste Fragen bezeichnete [116], läßt und ließ keinen anderen Schluß zu, als daß die Führung das Bündnis mit der SPD anstrebte.

Um den Anschein der Einseitigkeit sofort zu korrigieren, sollten die Redner der Partei darauf verweisen, daß auch in den von der SPD regierten Bundesländern ein Machtwechsel nötig sei [117]. Andererseits stellte die Bundesgeschäftsstelle die CDU inzwischen als eine Partei dar, die sich in ihrer Bewegungsfreiheit immer stärker einschränke und damit allmählich koalitionsunfähig werde [118]. Und Scheel erklärte, die Vorstellungswelt der CDU werde sich erst in der Opposition ändern. Sei der Machtwechsel möglich, dann müsse er auch herbeigeführt werden [119]. Den Kandidaten war bereits Anfang September wenigstens in Baden-Württemberg freigestellt worden, notfalls ihre persönlichen Koalitionspräferenzen bekanntzugeben [120]. Das alles bedeutete praktisch eine Absage nicht nur an die CDU, sondern auch an die freiwillige Oppositionsrolle [121]. Diese war ein Schreckgespenst, das den Einzug der NPD in den Bundestag implizierte und mit Mehrheitswahlrecht sowie finanziellem und personellem Ruin drohte. Am Ende des stolz und zuversichtlich begonnenen Wahlkampfes stand die Bitte, der FDP die Zweitstimme zu geben, und nicht mehr nur die Zustimmung, daß FDP-Wähler ihre Erststimme dem Kandidaten einer anderen Partei gaben [122].

1 Übersicht und Kritik der Ansätze bei Nils Diederich, Empirische Wahlforschung, Konzeptionen und Methoden im internationalen Vergleich. Staat und Politik, Band 8, Köln/Opladen 1965.
2 Die Landwirte hatten schon von 1961 auf 1965 von 10 % auf 5 % der FDP-Wählerschaft abgenommen, die Angestellten von 31 % auf 25 % (PAP, Wahlanalyse 1969, S. 1 f.).
3 »Eine wesentliche Schwierigkeit in diesem Wahlkampf haben wir selbst gewollt: Die Umstrukturierung einer Bundestagspartei mitten in diesem Wahlkampf. Wir wollten mit diesem Abschneiden ›alter Zöpfe‹ unseren kritischen Wählern glaubhaft machen, daß... wir auch in der Partei selbst die alten Zöpfe abgeschnitten haben...« (Referatsleiter Bunkenburg, ›Kölner Stadtanzeiger‹, 9. 9. 1969).
4 Die Landtagswahlen in Baden-Württemberg im April 1968, die der FDP eine Zunahme von 13,1 auf 14,4 % brachten, bestätigten vorsichtig optimistische Schätzungen, allerdings unter der Voraussetzung, daß die Stimmenverluste der SPD eine permanente und bundesweite Begleiterscheinung des Regierungsbündnisses mit der CDU sein würden und möglicherweise sogar die Grenzen des Wählerpotentials der SPD markierten.
In einem parteiinternen Informationsdienst berichtete die Parteileitung im September 1968 über eine nicht genannte Umfrage, die 11 % für die FDP ergeben habe. Erfahrungsgemäß seien wenigstens 2 % hinzuzurechnen (Argumente, September 1968). Im Oktober und November 1968 wurde der Anteil mit 10–12 % angegeben (Schnelldienst, 24. 10. 68; Argumente, November 1968). Im April 1969 teilte die Parteileitung mit, es sei mit 13 % zu rechnen (Schnellbericht, 25. 4. 69). Im Mai 1969 referierte sie eine Untersuchung Wildenmanns, in der der FDP die Chance einer Zunahme um 2 % gegenüber 1965 eingeräumt wurde.
Aufgrund von DIVO-Umfragen kam PAP dagegen zu folgenden Angaben über potentielle FDP-Wähler (PAP 9, Tab. I, ohne Unentschiedene):

Februar	April	Juni/Juli	September	Oktober	November	Februar	März	April	(Sept.)
1968	1968	1968	1968	1968	1968	1969	1969	1969	(1969)
5,6	5,5	5,9	4,8	5,0	5,0	5,1	5,2	4,6	(3)

(Die PAP-Analysen des Instituts für Politische Planung und Kybernetik, Bad Godesberg, stehen regelmäßig nur Präsidium und Landesvorsitzenden sowie Bundes- und Landesgeschäftsstellen zur Verfügung. Die Ergebnisse wurden auch Kandidaten und Wahlhelfern nicht kontinuierlich mitgeteilt.)

5 FAZ 8. 11. 1967. Dahrendorf, ›Hamburger Abendblatt‹, 31. 7. 68. Scheel und Dahrendorf nannten gelegentlich sogar 30 % als ein Fernziel. Vgl. Günter Gaus (Hrsg.), Zur Wahl gestellt. rororo aktuell, S. 76

6 ›Rheinische Post‹, 11. 4. 1969; Genscher, ›Süddeutsche Zeitung‹, 16. 12. 68.

7 Gemäß einer EMNID-Jugendumfrage nach dem 21. 8. 1968 sprachen sich 24 % der befragten Oberschüler, Abiturienten und Schüler dafür aus, die FDP zu wählen, 24 % für die SPD, 22 % CDU, 8 % NPD (fdk, 11. 10. 68).

8 Dahrendorf, ›Welt‹, 26. 7. 1968.

9 Dahrendorf, in: Gaus, a. a. O. (Anm. 5), S. 76 f.

10 In einem internen Informationsdienst nannte die Parteileitung das Image der FDP als Minderheitenpartei neben dem hohen Anteil an Stammwählern bei CDU und SPD und einer zeitweiligen Unzuverlässigkeit der Partei als besonders wichtigen Grund dafür, daß ihr der Durchbruch trotz großen Potentials an liberalen Wählern nicht gelungen sei. »Arbeitgeberpartei«, intellektueller Club, CDU-Anhängsel, dritte Kraft, »Zünglein an der Waage« wurden angeführt (Informationsdienst Baden-Württemberg, 7. 2. 1969; im folgenden abgekürzt Info BW).

11 ›Rheinische Post‹, 11. 4. 1969.

12 Info BW, 7. 2. 69. In Wirklichkeit waren es 1965 nur noch 3 096 739 Zweitstimmen, 1961 dagegen 4,028 Millionen.

13 ›Welt‹, 15. 3. 69. Vgl. auch »Wir schaffen die alten Zöpfe ab«, Text- und Bildprospekt zur Tonbildschau für Kandidaten und Wahlhelfer.

14 FAZ, 8. 11. 67.

15 In Wirklichkeit entsprach diese Zahl dem mittleren Wert seit Oktober 1968. Einstellung zur großen Koalition vgl. PAP 9, Tab. VII; FDP als Protestalternative vgl. PAP 9, Tab. VIII. Danach stieg der Anteil derjenigen, die aus Protest gegen die große Koalition FDP wählen wollten, von 26,5 % im Durchschnitt der ersten Jahreshälfte 1968 über 25,4 im Oktober 1968 und 23,5 im November auf 30,3 % im Februar 1969.

16 Anlage zum Schnellbericht 23, 12. 8. 69; ›Welt‹, 15. 3. 69. Im November 68 waren es nur 23,5 %. Der Anstieg über das Jahresmittel 1968 von 25 % hinaus setzte erst um die Jahreswende ein.

17 Scheel sprach im März sogar von 50 % (›Welt‹, 15. 3. 69).

18 Info BW, 7. 2. 1969 (der die beiden letzten Punkte wegließ); ›Frankfurter Rundschau‹, 12. 4. 1969.

19 TEAM erkannte das natürlich (›Frankfurter Rundschau‹, 12. 4. 1969).

20 PAP, Wahlanalyse 1969, S. 1.

21 ›Welt‹, 26. 7. 1968.

22 ›Hamburger Abendblatt‹, 31. 7. 1968.

23 ›Westdeutsche Allgemeine Zeitung‹, 24. 1. 1969. Vgl. auch ›Welt‹, 15. 3. 1969.

24 Interview mit dem Deutschlandfunk, Schnelldienst, 20. 12. 1968.

25 Baums, Die Story von den Punkten, Manuskript, S. 2.

26 Baums, ebd., S. 7.

27 Info BW, 7. 2. 1969.

28 Die Angaben entstammen der PAP-Wahlanalyse 1969.

29 Besprechungsbericht, 12. 11. 1968.

30 Da von diesen Meinungsbildnern 15 %, von den meinungsbildenden Lesern der überregionalen Tageszeitungen aber nur 9 % in Baden-Württemberg leben, beschloß das FDP-Präsidium am 7. 1. 1969 endgültig das Defizit durch Einbeziehung

der ›Stuttgarter Zeitung‹ als Werbungsträger abzudecken. ›Handelsblatt‹ und ›Industriekurier‹ entfielen wegen starker Überschneidung. ›Christ und Welt‹ wurde mit Beschluß vom 7. 1. 1969 nachträglich aufgenommen. Am 10. 2. 1969 entschied die FDP, in der ›Quick‹ mit einer einmaligen Anzeige zu werben, und am 25. 2. 1969, den ›arbeitgeber‹ nicht zu berücksichtigen und die Werbung in ›konkret‹ erneut zu diskutieren.

31 »Zur Feststellung von sozialen Gruppen mit besonders hohem und extrem niedrigem Potential an FDP-Wählern wurde eine mehrstufige Varianzanalyse... durchgeführt. Die folgenden für das Wahlverhalten wichtigen sozialstrukturellen Merkmale wurden auf ihre Aussagekraft... überprüft: Geschlecht, Alter, Konfession, Bindung an Religion, Schulbildung, Beruf, Einkommen und Ortsgröße... Durch die mehrstufige Varianzanalyse konnte diese große Anzahl sozialer Gruppen auf 11 ... reduziert werden, die das Wählerverhalten im Hinblick auf die FDP optimal voraussagen. Aus praktischen Gründen wurde die für die FDP günstige Gruppe: protestantische Nicht-Arbeiter noch genauer nach dem Beruf des Haushaltsvorstandes unterteilt« (PAP, Folge 6, Dezember 1968). Man erhält dann die folgenden Gruppen (Dezember 1968):

Veränderung in der FDP-Wählerschaft

Soziale Gruppen	Konstante FDP-Wähler %	FDP-Abwanderer %	FDP-Zuwanderer %	FDP-Wählerschaft 1965 %	FDP-Wählerschaft 1968 %
Protestantische Landwirte	7,8	–,–	–,–	5,1	4,4
Protestantische kleine Selbständige	13,7	14,3	15,0	13,9	14,3
Protestantischer gehobener Mittelstand	21,6	14,3	20,0	19,0	20,9
Protestantische kleine Angestellte und Beamte mit höherer Schulbildung	7,8	7,1	7,5	7,6	7,7
Protestantische kleine Angestellte und Beamte mit Volksschulbildung	2,0	7,1	5,0	3,8	3,3
Protestantische Arbeiter mit schwacher Bindung an Religion	13,7	7,1	17,5	11,4	15,4
Protestantische Arbeiter mit starker Bindung an Religion	2,0	10,7	–,–	5,1	1,1
Katholiken mit höherer Schulbildung in Großstädten mit schwacher Bindung an Religion	3,9	7,1	15,0	5,1	8,8
Katholiken mit höherer Schulbildung in Großstädten mit starker Bindung an Religion	–,–	–,–	–,–	–,–	–,–
Katholiken mit höherer Schulbildung in Nicht-Großstädten	7,8	7,1	7,5	7,6	7,7
Katholiken mit Volksschulbildung, schwacher Bindung an Religion, hohem Einkommen	9,8	7,1	5,0	8,9	7,7
Katholiken mit Volksschulbildung, schwacher Bindung an Religion, niedrigem Einkommen	2,0	3,6	5,0	2,5	3,3

Soziale Gruppen	Konstante FDP-Wähler %	FDP-Abwanderer %	FDP-Zuwanderer %	FDP-Wählerschaft 1965 %	FDP-Wählerschaft 1968 %
Katholiken mit Volksschulbildung, starker Bindung an Religion	2,0	3,6	2,5	2,5	2,2
Keine Zuordnung zu einer sozialen Gruppe möglich	5,9	10,7	–,–	7,6	3,3
N	51	28	40	79	91

32 Bei gehobenem protestantischem Mittelstand, Katholiken mit höherer Schulbildung in Nicht-Großstädten, protestantischen Landwirten und Katholiken mit Volksschulbildung, schwacher religiöser Bindung und hohem Einkommen und in geringerem Maße bei den kleinen protestantischen Angestellten und Beamten sowie den protestantischen Arbeitern mit schwacher religiöser Bindung war ein erhebliches NPD-Potential festzustellen. Möglicherweise deutet dies teilweise auf die Kehrseite der »Aufsteiger«-Medaille hin: das permanente Status- und Abstiegsrisiko des Ambitionierten und die labile Basis einer Partei der »Aufsteiger«.
33 PAP 9, Tabelle XI und XIII.
34 PAP 9, S. 9.
35 ›Hamburger Abendblatt‹, 31. 7. 1968.
36 Die beiden Slogans wurden erstmals in Anzeigen vom 31. 12. 1968 und vom 5. 7. 1969 verbreitet. Sie kehrten in einer Reihe anderer Anzeigen wieder. Sie wurden »nicht als Wahlkampfslogan, sondern (als) gedankliche Klammer für ein politisches Konzept, für Reformen und Abschaffung längst überfälliger Sachverhalte...« ausgegeben (vgl. Stichworte zur Vorstellung der FDP-Wahlkampfkonzeption am 18. 1. 1969, ohne Datum und Unterschrift).
37 Siehe 3. Abschnitt.
38 PAP 9, vgl. auch Tabelle XXIII.
39 PAP 9, S. 14 f.
40 Wahlanalyse 1969, Wahlwerbung der Parteien. Eine Untersuchung des Infas-Instituts im Auftrag der Bundesregierung; PAP-Auszug für die FDP.
41 Die insgesamt 12 1/2 Minuten Fernsehwerbung sowie die Hörfunkwerbung bleiben außer Betracht. Die Unterlagen waren nicht verfügbar. Überdies sind in der FDP-Wählerschaft Fernsehen und Hörfunk unterrepräsentiert, Anzeigen, Broschüren, Plakate und Wahlveranstaltungen dagegen als wirksamste Mittel überrepräsentiert (Wahlanalyse 1969). Hier sei der Vollständigkeit halber erwähnt, daß die Partei darüber hinaus »Das Konzept der treibenden Kraft« in vier- und zwölfseitigen Prospekten sowie in den einheitlichen Kandidatenprospekten streute. Abgesehen davon, daß der Zwölfseiter die meisten Themen etwas ausführlicher behandelte, unterstrich er auch die Leistungen und Prominenten der FDP in der Vergangenheit. Die Partei nutzte den Zwölfseiter im übrigen zur Mitgliederwerbung mit Hinweisen auf die Chancen der Mitarbeit und des Aufstiegs in der Partei.
Laut Briefen vom 20. und 22. 5. 1969 bestellte die FDP für die zentrale und regionale Plakatierung außer 168 000 Ankündigungsplakaten: 40 000 Sloganplakate A 0, 65 000 Sloganplakate A 1, 45 000 Kandidatenplakate A 0, 92 000 Kandidatenplakate A 1, 40 000 Kandidatenplakate A 2 sowie 1 Million vierseitige Prospekte, 1 Million Zwölfseiter und 1 730 000 Kandidatenprospekte.
42 Info BW, 23. 7. 1969. Sie verzichtet auch auf die ursprünglich geplanten Fachkongresse.

43 Schnellbericht, 5. 9. 1969.
44 Info BW, 23. 7. 1969.
45 Schnellbericht, 5. 9. 1969, Vgl. Brief Bunkenburg an TEAM, 20. 5. 1969.
46 Schnellbericht, 22. 5. 1969.
47 Info BW, 28. 8. 1969.
48 PAP, Wahlanalyse 1969, S. 2.
49 Info BW, 28. 8. 1969.
50 Info BW, 7. 5. 1969: 100–150 ausgewählte Anschriften pro Kreisverband zum Preis von 35,- DM pro Monat.
51 ›Frankfurter Allgemeine Zeitung‹, 6. 8. 1968.
52 Öffentlichkeitsreferent Bunkenburg in ›Frankfurter Rundschau‹, 12. 4. 1969.
53 ›Rheinische Post‹, 11. 4. 1969.
54 PAP, Wahlanalyse 1969, S. 7.
55 Bericht über die 1. Arbeitssitzung TEAM-FDP am 29. 10. 1968.
56 Besprechungsbericht vom 29. 10. 1968.
57 Besprechungsbericht vom 7. 11. 1968.
58 In welchem Maße dies der Fall war und welchen Einfluß die Fraktion hatte, kann hier nicht erörtert werden. Die Koordination war offensichtlich.
59 Besprechungsbericht vom 31. 1. 1969.
60 Nach ›Frankfurter Allgemeine Zeitung‹.
61 Geschätzt aufgrund des geplanten Rhythmus.
62 Vgl. dazu fdk 24. 10. 1968, Besprechungsbericht vom 25. 11. 1968, fdk 26. 11. 1968, den Entwurf für die Besprechung am 9. 12., Brief Bunkenburg vom 19. 12. 1968 und die Besprechungsberichte vom 31. 1. 1969 und 25. 2. 1969. Aus den verfügbaren Unterlagen ist erkennbar, daß zunächst an eine umfassendere Thematik in einer Anzeige gedacht war, später aber zwei Anzeigen zur Schulpolitik und zur Erwachsenenbildung (Bildungsurlaub, berufliche Fortbildung) geplant wurden. Die zweite Anzeige sollte im Falle eines ungünstigen Ausgangs der Bundespräsidentenwahl gebracht werden, erschien dann aber nie. Auch der Titel »Hirnlosigkeit heute – Arbeitslosigkeit morgen« wurde geändert wegen möglicher negativer Wirkungen.
63 Auch im Falle der Deutschlandpolitik waren offensichtlich zeitweise zwei Anzeigen geplant, doch wurde dann zunächst nur eine in den Plan aufgenommen. Zur Thematik, Politik und Aufmachung vgl. u. a. Besprechungsbericht vom 25. 11. 1968, fdk 13. 12. 1968, Brief Bunkenburg an TEAM vom 19. 12. 1968, fdk 7. 1. 1969, ›Frankfurter Rundschau‹, 11. 1. 1969, fdk 24, 1., 7. 2. und 11. 2. 1969, Besprechungsbericht vom 25. 2. 1969, fdk 4. 3. 1969, Besprechungsbericht 9. 3. 1969, fdk 24. 4., 30. 5. und 3. 6. 1969. Ob eine ausdrückliche oder mögliche Anerkennung der DDR je im Gespräch war, ist aus den verfügbaren Unterlagen nicht ersichtlich. Es ist zu vermuten, daß sich die Parteiführung relativ früh darauf einigte, eine Anerkennung nicht zum Dogma oder zu einer Ersatzformel zu entwickeln, sondern funktional zu sehen. Widerspruch selbst gegen diese Tendenz kam erkennbar nur vom Fraktionsassistenten Kühn. Hier weckte die parteiinterne, gelegentlich dogmatisch-formelhafte Diskussion Hoffnungen, die die FDP-Führung von vornherein nicht wecken wollte. Sie nahm aber auch die Beschlüsse des Bundesfachausschusses für Deutschland-, Sicherheits- und Außenpolitik vom 24. 1. 1969 nicht auf, notfalls die völkerrechtliche Anerkennung nicht zu scheuen und die polnische Westgrenze anzuerkennen, die zu einer Kontroverse des Autors mit dem bayerischen Landesvorsitzenden Bahner führten.
64 Vgl. dazu ›Argumente‹, Mai 1969. Die soziale Sicherung der Hausfrau durch eine eigene Rente – der Begriff galt als fragwürdig – war wohl neben der Aufforderung zur selbständigen Wahlentscheidung (Sonderanzeige ›Bremer Nachrichten‹, 24. 9. 1969) das einzige Motiv der Frauenwerbung, betrieben von Liselotte Funcke.

65 Siehe dazu u. a. Genscher, ›Bremer Nachrichten‹, 8. 8. 1968; Besprechungsbericht 7. 11. 1968; Genscher, ›Süddeutsche Zeitung‹, 16. 12. 1968; Scheel, ›Generalanzeiger‹ Bonn, 18. 12. 1968; Genscher, Deutschlandfunk (FDP-Schnelldienst 20. 12. 1968); Scheel, ›Kasseler Post‹, 11. 1. 1969; Besprechungsberichte vom 10. 2. 1969 und 25. 2. 1969; ›Welt‹, 14. 6. 1969; Friderichs, ›Stuttgarter Zeitung‹, 18. 7. 1969. Nach den verfügbaren Unterlagen war erkennbar, daß die FDP mit der Wahl Heinemanns im ersten Wahlgang rechnete, für den evtl. zweiten Wahlgang aber einen Kandidaten benennen wollte; für beide Fälle waren im wesentlichen textidentische Anzeigen vorgesehen. Sollte »keine der beiden Varianten aktuell sein«, so sollte das DDR-Motiv gebracht, im »ungünstigsten Fall« das Motiv Bildungspolitik wiederholt werden (Besprechungsbericht vom 25. 2. 1969). Nach Aussagen von Hans Friderichs schockierte die Heinemann-Wahl bestimmte Gruppen von Gönnern und Mäzenen und bedeutete für die FDP den »schwersten finanziellen Schlag« (›Stuttgarter Zeitung‹, 18. 7. 1969).

66 Der Appell unterblieb, weil die Entwicklung der Plattform und damit auch die Umstände des Parteitages keine große Werbung verlangten.

67 Zur Einkommensumverteilung vgl. vor allem Schnellbericht 29. 8. 1969 und Scheel, ›Spiegel‹, 8. 9. 1969. Zugrunde lag eine Auftragsarbeit des parteinahen Instituts für Politische Planung und Kybernetik, Bad Godesberg, vom Dezember 1968: ›Förderung der Vermögensbildung und personalen Vermögensstreuung – das Programm einer liberalen Vermögenspolitik‹ (Günter Köhler, Ernst Eggers, Paul Ostrop, Theo Schiller). Die Studie wurde vom Präsidium nicht zur parteiinternen Diskussion freigegeben. Zur Alterssicherung lag die freigegebene IPK-Studie ›Neugestaltung der Alterssicherung – Drei-Stufen-Plan zur Altersvorsorge und -versorgung‹ vor, die den Mischnickplan weiterentwickelte. Im Gegensatz zu Thematik und Inhalt der Einkommenstudie war sie kaum kontrovers. Zu den schärfsten innerparteilichen Auseinandersetzungen und öffentlichen Reaktionen aus Unternehmerkreisen führte aber die Diskussion über Mitbestimmungsmodelle. In der Anzeige dazu sollte hervorgehoben werden, daß nur wenige Betriebe betroffen sein würden, daß das Machtkartell Industrie–Gewerkschaft nicht gestärkt werden dürfe und daß Konfliktsituationen in den Betrieben bestünden. Anderweitig wurde ergänzend vorgeschlagen, das Depotstimmrecht der Banken abzuschaffen. Die Virulenz der parteiinternen Mitbestimmungsdiskussion deutet darauf hin, daß die Einbeziehung von Vermögensverteilung, Bodenrecht und Erbschaftssteuer zu einer noch viel stärkeren Belastung der Partei geführt und die Abgrenzung zu konfiskatorischen Maßnahmen erschwert hätte. Die Sozialstruktur der Partei und ihrer Wählerschaft setzte insbesondere während eines Wahlkampfes der Innovation unter Zeitdruck und ohne genügende vorhergehende interne und allgemeine Diskussion zentraler redistributiver Fragen einer bürgerlichen Partei enge Grenzen. Scheinbar rein distributive Probleme wie Bildung, Ostpolitik und Verfassungspolitik waren erheblich leichter zu bewältigen.

68 Vgl. dazu Genscher, ›Bremer Nachrichten‹, 8. 8. 1968; ›Welt‹, 19. 9. 1968; Schnelldienst 23. 9. 1968; ›Argumente‹, 7. 12. 1968 sowie eine Reihe von fdk-Artikeln. Insgesamt waren die wirtschaftspolitischen Werbebemühungen außerordentlich dürftig. Hauptthemen waren, soweit erkennbar, die Aufwertung, die Förderung der Kapitalbildung bei kleinen und mittleren Unternehmen, die Sicherung des Wettbewerbs und eine aktive Konjunkturpolitik. Die Vollbeschäftigung und das Wachstum traten an die Stelle der Geldwertstabilität als Hauptziele.

69 Vgl. dazu Moersch, fdk 2. 8. 1968 und Genscher, ›Bremer Nachrichten‹, 8. 8. 1968. Hauptziel war dabei die stärkere Beteiligung der Wahlberechtigten am politischen Prozeß: Volksbegehren bei Versagen des Parlaments, Volksabstimmung über die Anerkennung der Oder-Neiße-Grenze und Volkswahl des Bundespräsidenten

Wahlwerbung der FDP 1969

sowie Senkung des Wahlalters. Die Forderung Dahrendorfs nach Volkswahl des Bundeskanzlers fand dagegen keine Billigung. Erkennbar war zum ganzen Thema, daß die Partizipationsvorstellungen modellhaft-reformerisch waren und auf die kritische Wählerschaft zielten, aber kaum mit dem Verfassungssystem vereinbar sein konnten, sondern eher zum amerikanischen Präsidialsystem tendierten.

70 Besprechungsbericht vom 7. 11. 1968.
71 Ebd.
72 Ebd.
73 Ebd.
74 Notiz Bunkenburg vom 30. 4. 1969. Ein Text lag demnach vor. ›Bremer Nachrichten‹, 8. 8. 1969.
75 PAP 9, Tab. XVIII: Ostpolitik 28 % (Durchschnitt: 18,1), Schulpolitik 27,4 % (16,3), Außenpolitik gegenüber den USA 11 % (12,7) und Radikalismus in der BRD 5,5 % (8,5 %).
76 PAP 9, Tab. XIX: Ost-, Deutschland- und Friedenspolitik 58,9 % (45,1), Bildungs-, Kultur-, Justizpolitik, »Sauberer Wahlkampf«, Studentenproteste 28,8 % (17,9), EWG-Probleme 6,8 % (6,9).
77 PAP 7 (Februar 1969), Tab. 16 (vgl. auch Tab. 15 und 17):

	SPD	CDU	FDP	NPD	Insgesamt
konservativ	8,8	21,6	32,2	40,6	16,5
indifferent	15,4	27,0	21,1	25,0	24,0
sozialistisch	75,8	51,4	46,7	34,4	59,5

78 PAP 7 (Februar 1969):

	Einstellung gegenüber einer Mitbestimmung			
	der Arbeitnehmer		der Gewerkschaften	
	insgesamt	FPD-Wähler	insgesamt	FDP-Wähler
Zustimmung	68,2	67,0	59,5	46,7
indifferent	19,6	8,8	24,0	21,1
Ablehnung	12,2	24,2	16,5	32,2

79 PAP 7 (Februar 1969), Tab. 36:

Einstellung im außenpolitischen Bereich: West	SPD %	FDP %	CDU/CSU %	NPD %	insgesamt %
Nationale Orientierung	30,3	42,2	17,0	56,3	24,8
Indifferent	12,8	10,0	18,9	12,5	21,1
Westintegration					
a: EWG/Frankreich	23,7	20,0	21,1	15,6	20,3
b: USA	33,2	27,8	43,0	15,6	33,7

80 PAP 9, Tabelle XXXII.

81 PAP 7 (Februar 1969), Tab. 38:

Einstellung im außenpolitischen Bereich: Ost (Anerkennung der DDR als Indikator)	SPD %	FDP %	CDU/CSU %	NPD %	insgesamt %
Mobil	41,6	61,1	28,7	37,5	34,8
Immobil	48,1	32,2	51,6	53,1	46,8
Indifferent	10,3	6,7	19,8	9,4	18,4

82 Besprechungsbericht vom 12. 11. 1968.

83 Besprechungsbericht vom 27. 11. 1968.
84 Besprechungsbericht vom 2. 12. 1968.
85 FAZ, 8. 11. 1967.
86 Genscher, ›Süddeutsche Zeitung‹, 16. 12. 1968.
87 Dahrendorf, ›Welt‹, 26. 7. 1968, ›Hamburger Abendblatt‹, 31. 7. 1969.
88 Bundesgeschäftsführer Friderichs, ›Neue Westfälische Zeitung‹, 15. 8. 1968.
89 ›Neue Westfälische Zeitung‹, 15. 8. 1968.
90 Scheel, ›Hamburger Abendblatt‹, 31. 7. 1968.
91 Dahrendorf, ›Welt‹, 26. 7. 1968; Scheel, ›Hamburger Abendblatt‹, 31. 7. 1968, und ›Der Abend‹, Westberlin, 17. 1. 1969; Genscher, ›Süddeutsche Zeitung‹, 16. 12. 1968.
92 Scheel, ›Abend‹, 17. 1. 1969 – ein Vorschlag, der an die österreichischen Koalitionspraktiken erinnert.
93 Scheel, ›Westdeutsche Allgemeine Zeitung‹, 24. 1. 1969.
94 Ebd.
95 Heck, ›Frankfurter Neue Presse‹, 12. 2. 1969.
96 Als Signal galt eine Bundestagsrede des SPD-Abgeordneten Hermsdorf; vgl. Besprechungsbericht vom 29. 10. 1968.
97 ›Generalanzeiger‹, Bonn, 18. 12. 1968.
98 Scheel, ebd.
99 Vor allem in Reden und auf den Anzeigen.
100 Ebd.
101 So Scheel in Äußerungen nach der Präsidentenwahl.
102 PAP, Analyse des Ergebnisses der Bundestagswahl, S. 7 f.

103 Wählerbewegungen 1969	Gesamtwählerschaft		FDP		SPD		CDU	
Entscheidung erst wenige Tage vor der Wahl	4	(4)	14	(15)	5	(3)	3	(3)
Juli–August	8	(6)	30	(19)	9	(6)	5	(6)
Frühjahr	8	(3)	2	(6)	5	(4)	2	(2)
ist länger her	24	(17)	33	(27)	31	(21)	25	(18)
wähle schon immer so	41	(51)	18	(28)	45	(74)	59	(66)
	100	(100)	100	(100)	100	(100)	100	(100)

(in Klammern: Vergleichszahlen für 1965)
Nach: Wahlanalyse 1969, Wahlwerbung der Parteien (Eine Untersuchung des Infas-Instituts, Bad Godesberg, im Auftrag der Bundesregierung), Auszug für die FDP, S. 4.

104 Ein Indiz dafür war, daß die Partei die Wahl Heinemanns in ihrer Wahlwerbung mit einer einzigen Anzeige am 12. 3. 1969 nutzte, danach nicht mehr. »Die Wiederholung würde den Verdacht auf einseitige Koalition nähren« (›Welt‹, 14. 6. 1969). »Wir haben uns nicht freigemacht von der CDU, um nun blindlings in die Arme der SPD zu laufen. Daran hat auch die Bundespräsidentenwahl nichts geändert. Das war eine reine Persönlichkeitswahl...« (Briefe des baden-württembergischen Landesvorsitzenden Hermann Müller an die Mitglieder, 24. 7. 1969).
105 ›Hannoversche Allgemeine Zeitung‹, 23. 5. 1969.
106 Die Entwicklung der Wahlplattform und der Entscheidungsprozeß dazu werden Gegenstand einer gesonderten Untersuchung sein.
107 Dem Vernehmen nach bezweifelt er inzwischen, damit richtig gehandelt zu haben.

108 ›Allgemeine Zeitung‹, Mainz, 29. 4. 1969.
109 Vgl. S. 335 ff.
110 Anzeigen 21. 6. 1969, 5. 7. 1969. Vgl. auch die »Wahltrick«-Anzeigen.
111 Anzeige 6. 9. 1969.
112 Gerüchteweise verlautete, die Konservativen um Mende und Zoglmann seien zur Koalition mit der SPD, die Gruppe um Scheel, Genscher und Mischnick zur Koalition mit der CDU bereit.
113 So Genscher in seinen Wahldiskussionen.
114 Schnellbericht, 22. 8. 1969; InfoBW, 4. 9. 1969.
115 Scheel, ›Welt‹, 26. 8. 1969.
116 ›Frankfurter Neue Presse‹, 8. 9. 1969.
117 Musterrede, Anlage zum Schnellbericht vom 19. 9. 1969.
118 FDK, 19. 9. 1969.
119 Scheel, ›Westdeutsche Allgemeine Zeitung‹, 16. 9. 1969.
120 Hermann Müller, Info BW, 4. 9. 1969.
121 So auch Reinhold Maier, ›Stuttgarter Zeitung‹, 12. 9. 1969 in einem Interview, in dem er den Gerüchten über eine Opposition zum Kurs der FDP nach der Kurskorrektur entgegentrat.
122 Briefe des kommissarischen Bundesgeschäftsführers Marx vom 24. und 25. 9. 1969.

IV
Die Bundesrepublik im internationalen System

Waldemar Besson
Die Anfänge der bundesrepublikanischen Außenpolitik

I

Je mehr das Jahr 1945 zurückbleibt, um so klarer wird das Maß der Veränderung im Gefüge der internationalen Politik, das uns wahrhaft berechtigt, vom Beginn einer neuen Epoche der Weltgeschichte zu sprechen. Eine theoretischere Sprache erkennt ein neues System, das aus den Trümmern des vorausgegangenen entstanden ist. Das Konzert der europäischen Großmächte gab es nicht mehr. Der schweren Erschütterung durch den Ersten Weltkrieg folgte die Agonie der zwanziger und dreißiger Jahre, bis Hitlers irrationaler Ausbruch und brutaler Hegemonialkrieg der europäischen Staatengesellschaft den Todesstoß gab [1]. Was Generationen europäischer Politiker und Diplomaten an außenpolitischer Orientierung besessen hatten, war ungültig geworden. Das bedeutete auch für die Deutschen, deren Schicksale so eng mit der allgemeinen Entwicklung in Europa verbunden waren, eine gänzlich veränderte Ausgangslage. Jede Ausrichtung des eigenen Handelns an der vorausgegangenen Situation mußte jetzt fragwürdig erscheinen, da ihr keine Realität mehr entsprach. Je mehr sich ein neues internationales System konsolidierte, um so absurder wurde die Vorstellung, es gäbe für die deutsche Politik noch ein Normaljahr 1937, wie es einflußreiche Strömungen in der Bundesrepublik noch lange glaubten behaupten zu können.

Gerade unter dem Eindruck der Erfahrung von 1945 kann man die Weltgeschichte geradezu als Abfolge internationaler Lagen betrachten, deren jede für einen größeren Zeitraum stabile Machtverhältnisse ermöglichte. Die Garanten und Träger dieser Lage waren die jeweiligen Großmächte, deren Interessen und Ziele das internationale Geschehen dominierte. Wann immer eine neue Großmacht auf den Plan trat, zeigte dies allein schon an, daß sich Grundlegendes geändert hatte. Die Weltpolitik nach 1945 wurde das Aktions- und Machtfeld der USA und der UdSSR. Ihr Gegensatz, aber auch ihr Zusammenspiel beschrieben den Kreis, in dem die weniger Mächtigen sich bewegen mußten. Der Anfang der fünfziger Jahre zeigte eine fast völlige Teilung der Welt in zwei Blöcke und zwei Einflußsphären. Große Politik wurde nun offenbar ausschließlich in Washington und Moskau gemacht. Die

Bundesrepublik ist in dieser Konstellation entstanden. Das gab ihr das Gesetz des Anfangs, feste, tiefe Gleise, die zunächst alle Fahrt bestimmten.

Auch in allen früheren Staatssystemen hatte es Großmächte gegeben. Aber der Unterschied zwischen ihnen und den minder Mächtigen war stets fließend geblieben. Jetzt schaffte der Besitz bestimmter militärischer Mittel, die die anderen nicht haben konnten, eine Quantität politischer Macht, die in Wahrheit einen neuen Rang bezeichnete. Das militärische Potential der Großmächte bedrohte jetzt die Existenz der menschlichen Gesellschaft. Die neuen Großmächte waren die Träger universaler und gegensätzlicher Ideologien. Schon diese beiden Charakteristika lassen vermuten, daß das neue internationale System andere Spielregeln aufweisen wird als die vorausgegangene Konstellation.

Die Jahre von 1945 bis 1949 bilden die Inkubationsphase des neuen Systems. Die beiden neuen Großmächte beginnen, sich ihrer neuen Lage bewußt zu werden. Sie trennen Freunde von Feinden und erfahren vor allem, wer ihr großer Gegenspieler ist. Daraus ziehen sie die Konsequenz für ihr eigenes Verhalten und bestimmen ihre nationalen Interessen. Sie grenzen ihre Einflußsphären ab, indem sie definieren, wo sie sich engagieren werden, und indem sie zur Kenntnis nehmen, was dazu der Gegenspieler zu sagen hat. Jetzt erst, nicht schon in Jalta, wie de Gaulle meint, vollzog sich allmählich die Zweiteilung der Welt. In Jalta hatten die USA wie die UdSSR nur eine unzureichende Vorstellung ihrer zukünftigen Beziehungen gehabt. Ihr Bild der Nachkriegsentwicklung stand noch ganz im Banne der Ereignisse am Schluß des Krieges. Zu wissen, wie alles kommen mußte, können ohnedies nur die Historiker behaupten. Die Akteure sind viel zu sehr an die Perspektiven ihrer Situation gefesselt. Das galt vor allem für die Regierung Roosevelt, die naiv den bisherigen Isolationismus mit weltpolitischem Engagement verband und eine Revision traditioneller amerikanischer Denkweisen für nicht nötig hielt. Von der Verantwortung und der Last der Weltpolitik wußte sie wenig genug [2]. Die Sowjets hatten es leichter. Sie standen in der Tradition des russischen Imperialismus und besaßen darüber hinaus eine dezidierte, wenn auch einseitige Vorstellung von der Natur der weltpolitischen Entwicklung.

Auf den Konferenzen von Teheran bis Potsdam zeigte sich das neue System höchstens im Ansatz. Seine erste Phase begann erst in dem Augenblick, als alle anderen Mitspieler endgültig zurücktraten und der Dualismus der neuen Weltmächte spürbar wurde. Man muß es geradezu als ein Charakteristikum der Inkubation auffassen, daß der Dualismus nicht das einzige Modell am Anfang der amerikanisch-russischen Beziehungen war. Roosevelts Vorstellung der einen Welt schloß den Gedanken ihrer gemeinsamen Beherrschung durch die beiden Großmächte ein. Die Vereinten Nationen, so wie sie ursprünglich gedacht waren, wiesen in diese Richtung [3]. Die Idee, die große Allianz des Krieges auch als Grundlage des Friedens anzusehen, hatte zunächst viel Anziehendes. Aber ohne daß sie wirklich erprobt werden konnte, wurde sie von der Gegenkraft der feindlichen Bipolarität verdrängt. Erst nach einer langen Strecke fast tödlicher Feindschaft erfolgte ein Rückgriff auf jenen ersten Bilateralismus, als das Bewußtsein der Größe der Macht auf beiden Seiten zur Koexistenz zwang. Der Ost-West-Gegensatz aber entzündete sich nicht zuletzt an der Frage, was mit Mitteleuropa geschehen sollte.

Schon in der Inkubationsphase des neuen internationalen Systems wies die Außenpolitik der beiden neuen Großmächte vielfältige Ähnlichkeiten auf. Die Züge der einen wurden in hohem Maß zur Funktion der anderen. Das zeigt, wie im Selbstverständnis der beiden Partner ein System tatsächlich zu entstehen begann. Beide, so stellt Schwarz zu Recht fest, »entfernten sich nur zögernd aus der Zusammenarbeit in der Kriegskoalition. Beide waren sich während der Jahre 1945 und 1946 über die endgültigen Machtverhältnisse in Europa, über die letzten Ziele des Gegenspielers noch nicht im klaren. Beide zeigten sich spätestens seit Mitte 1947 davon überzeugt, daß nunmehr ein erbarmungsloser kalter Krieg eingesetzt hatte, auf dessen Erfordernisse alle außenpolitischen Züge – nicht zuletzt die Deutschland betreffenden – abgestellt werden mußten.«[4]

Es wird sich wahrscheinlich nie genau feststellen lassen, wann die Führungsgruppen auf beiden Seiten endgültig begriffen hatten, was ihnen von nun an gegeneinander abverlangt wurde. Wer die internationale Politik nicht isoliert betrachtet, sie also aus ihrer Geschichtlichkeit nicht heraushebt, wer sich stets gegenwärtig hält, daß politische Systeme immer nur in der Perspektive der beteiligten Staatsmänner existieren, wird eher einsehen, daß es lange dauern mußte, bis das politische Denken auf beiden Seiten an die neue Lage angepaßt war. Bis in die Anfänge der Bundesrepublik hinein war das amerikanische Verhalten in Deutschland nicht frei von der Pose des Siegers, dessen harte Hand sich von der der Sowjets nur durch eine andere Art der Psychologie der Strafe unterschied[5]. Erst die Verkündung der Truman-Doktrin und des Marshallplans zeigten an, daß die USA ihre weltpolitische Strategie zu wechseln begonnen hatten. Das Vakuum, das Hitler in Europa hinterlassen hatte und das beide Großmächte, gemäß den Potsdamer Beschlüssen, zunächst gemeinsam zu verwalten versuchten, füllte sich allmählich machtpolitisch auf. Den Anfang dazu hatte Stalin gemacht, als er seine Seite der Demarkationslinie abzusichern unternahm. Als eine der Hauptstädte Ostmitteleuropas nach der anderen unter kommunistische Herrschaft geriet und die östliche Hälfte Europas sowjetisiert wurde, war der erste entscheidende Schritt zur Ausbildung der Bipolarität getan.

Die Strategie der Eindämmung war die westliche Antwort: Eines ihrer wichtigsten Ziele verlangte die Schaffung eines westdeutschen Staates. Das erlaubt davon zu sprechen, daß sich in Deutschland eine Art Subsystem der neuen bipolaren Weltpolitik gebildet habe, die erste und wichtigste Unterabteilung des kalten Krieges. Eine solche Erwägung legt die Annahme nahe, daß der erste westdeutsche Regierungschef die Rolle schon vorgefunden habe, die er gespielt hat[6]. Das war wohl auch die Meinung Kurt Schumachers, als er Konrad Adenauer den Kanzler der Alliierten nannte, auch wenn dieses Wort vom November 1949 in der Erregung des Augenblicks gesprochen sein mochte. Aber freilich, das sich entwickelnde deutsche Subsystem des Ost-West-Konflikts begann schon bald sein Eigengewicht geltend zu machen. Auf der einen Seite ist eben das Ganze eines Systems immer mehr als die Summe der Teile, die jeder nur einen Ausschnitt bilden. Auf der anderen Seite gibt es im geschichtlichen Prozeß keinen absoluten Systemzwang, der alle Bewegungen der Teile kontrolliert. Der Begriff System ist in seinem Gebrauch für das Verständnis der Politik deshalb nicht ungefährlich[7]. Er täuscht eine Gesetzmäßigkeit vor, die die tatsächliche Geschichte nicht kennt. Adenauer hat nicht nur eine Rolle gespielt. Er hat auch selbst das Drehbuch mit geschrieben.

Die Inkubationszeit war zu Ende, als die Bewegungen der Großmächte in ihrer neuen weltpolitischen Umgebung kalkulierbar geworden waren. Damit hatten sich auch einige Konstanten der neu entstandenen internationalen Ordnung enthüllt. Sie bedürfen wenigstens einer knappen Charakterisierung, weil sie auch das Subsystem Deutschland bestimmten. Eine erste Feststellung läßt sich etwa so treffen: Kein Staat kann im System der Bipolarität jene Rolle mehr spielen, die England einst im europäischen Konzert besetzt gehalten hatte, indem es die Balance zwischen den divergierenden Kräften auf dem Kontinent hielt[8]. Franklin D. Roosevelt hatte sich wohl in der Rolle des Vermittlers zwischen Churchill und Stalin gesehen. Aber das war, wie sich bald zeigte, noch ganz isolationistisch gedacht, so als lebten die USA auch weiterhin in der Sicherheit des Schutzes durch den Atlantik. In Wahrheit war Washington nun selbst der eine Pol der Weltpolitik geworden, dem ein anderer gegenüberstand. Die Spannnung zwischen beiden zu regeln, vermochte von außen niemand mehr.

Aber auch die bewußte Absonderung vom System war nicht mehr erlaubt. Eine zweite fundamentale Tendenz der Bipolarität schien jedweden Neutralismus eliminieren zu wollen. Er mochte für die Großmächte dort erträglich sein, wo er nichts an den Einflußsphären änderte oder fest in die eigene Einflußsphäre eingeschnürt war, wie etwa die Schweiz. Ganz anders war Titos Kurs zwischen den Blöcken zu bewerten, da er die weltpolitische Demarkationslinie von 1945 in Frage stellte. Kein Wunder, daß Stalin und Dulles, die Repräsentanten der reinen Bipolarität, den Neutralismus auch als eine amoralische Haltung betrachteten. Eine dritte Tendenz hängt ebenfalls mit dem neutralitätsfeindlichen Charakter des Systems eng zusammen. Die Großmächte suchten nämlich ihre Einflußsphäre möglichst global zu organisieren. Sie begannen damit in Europa und fuhren im Fernen Osten fort, als der Koreakonflikt ausbrach. Südostasien folgte nach. Der Vordere Orient und Nordafrika wurden später zu wichtigen Streitpunkten der Abgrenzung.

Anfänge bundesrepublikanischer Außenpolitik

Nennen wir als viertes Charakteristikum die relative Stabilität des neuen Systems, nachdem einmal die Großmächte sein Funktionieren begriffen hatten. Die Stabilität war dort am ehesten gegeben, wo sich die neue Konstellation zuerst ausgeformt hatte, im Herzen Europas. Hier ergab sich der Ansatz eines neuen weltpolitischen Status quo, dessen Beharrungskräfte viele deutsche Politiker lange unterschätzten. Dort, wo es zu einem Gleichgewicht der Großmächte gekommen war, trat bald Ruhe in den Bewegungen der beteiligten Akteure ein. Angesichts der militärischen Machtmittel, über die Washington und Moskau verfügten, verminderte sich tatsächlich die Möglichkeit ihrer globalen Konfrontation. Das schloß den lokalen Konflikt keineswegs aus, obwohl selbst dieser nur noch dort wahrscheinlich war, wo die Interessen der Großmächte nicht direkt zusammenstießen.

Der fünfte Gesichtspunkt verweist auf die ideologischen Kräfte im Spannungsfeld der Bipolarität. Die Großmächte waren zugleich jede für sich die Vormacht einer bestimmten Gesellschaftsordnung. Sie folgten dem offenbar unwiderstehlichen Bedürfnis, ihre Klientel auch ideologisch gleichzuschalten. Militärallianzen waren jetzt keine Absprachen zwischen souveränen Staaten mehr; sie sollten auch die Gleichartigkeit der gesellschaftlichen und politischen Grundüberzeugungen garantieren. Kein Wunder, daß de Gaulles Rückversicherungsversuch bei Moskau am Ende des Krieges der Tendenz zur ideologischen Gleichschaltung nicht standhalten konnte. Daß dabei die USA in der Hinnahme ideologischer Abweichungen großzügiger waren als die UdSSR, will wenig besagen. An den gefährlichen Stellen der eigenen Position, so etwa in Deutschland, verlangten auch die Amerikaner unbedingte Loyalität zur Demokratie, so wie sie sie verstanden.

Eine letzte allgemeine Tendenz leitet schon zu den konkreten Fragen der neuen mitteleuropäischen Ordnung über. Überall dort, wo die Interessen der Großmächte in einem Lande direkt zusammenstießen, kam es zu einer Teilung historischer Staaten. Das galt für Deutschland ebenso wie für Korea und Vietnam. Damit entstanden besonders gefährdete Stellen der internationalen Politik, und die Frage stellte sich, inwieweit die gespaltenen Nationen durch den Rückgriff auf ihre nationalen Traditionen Gegenkräfte gegen die Teilung und damit die volle Ausbildung der Bipolarität mobilisieren konnten. Die Geschichte der Bundesrepublik zeigte, in welchem Maße die Chance eines neutralisierten Deutschland von der Kraft der deutschen Nationalbewegung abhing. Die Teilung des Landes war deshalb das Werk der neuen Herren Mitteleuropas, aber auch die Folge nationaler Erschöpfung der Deutschen.

II

Die These, der neue westdeutsche Staat sei eine Funktion des sich ausbildenden Systems der Bipolarität gewesen, bedarf der Konkretisierung im zeitgeschichtlichen Prozeß. Deshalb sollen die spezifisch mitteleuropäischen Absichten der beiden Großmächte genauer betrachtet werden. Die Forschungen von Hans-Peter Schwarz bieten das für unsere Perspektive Wichtigste. Die englische und französische Politik sind in diesem Zusammenhang weniger von Belang. Frankreich und England hatten ihrerseits in der Inkubationszeit der neuen Weltpolitik mühsam zu lernen, daß sie sich in Wahrheit von nun an im zweiten Rang der internationalen Politik befanden. Trotz ihrer Teilhabe am Sieg gegen Hitler gehörten sie nicht zu den Siegern. 1945 war auch die englische Großmachtstellung erschüttert, und die schon früher verlorene französische ließ sich nicht wiedererwecken. Spätestens seit dem Jahre 1947 hatten sich die beiden westeuropäischen Besatzungsmächte in Deutschland den amerikanischen Absichten völlig untergeordnet. Ihre wirtschaftlichen Schwierigkeiten im harten Winter des Jahres 1947 haben ihre Abhängigkeit von Washington um so fühlbarer gemacht.

Das zunächst praktizierte Modell der amerikanischen Deutschlandkonzeption war die Vorstellung eines karthagischen Friedens [9]. Sie operierte mit sozialpsychologischen Kategorien und ging von einer autoritären und damit aggressiven Disposition des deutschen Volkes aus. Dazu paßte die noch mit der Kriegspropaganda zusammenhängende Interpretation der deutschen Geschichte, die geradlinig von Luther über Friedrich den Großen und Bismarck bis zu Adolf Hitler geführt habe. Der Mangel an gewachsener Demokratie sollte deshalb durch eine umfassende Reeducation beseitigt werden. Im Vordergrunde stand jedoch die Vernichtung jedweden deutschen Machtpotentials und der Wille, gemeinsam mit den Sowjets das berechtigte Sicherheitsverlangen der europäischen Völker gegen die Deutschen durchzusetzen. Die Praxis der amerikanischen Besatzungspolitik zielte in ihrer ersten Phase auf ein Bündnis aller antifaschistischen Kräfte, das auch als Grundlage des deutschen Parteiwesens diente. Entnazifizierung und Entmilitarisierung gingen mit der Absicht einher, in langer Besatzungszeit und Bevormundung die Deutschen endlich zu Demokraten zu machen.

Eine entschieden andere Linie verfolgte die sogenannte realpolitische Schule der amerikanischen Deutschlandpolitik, die sich gegen den bei Roosevelt und seinen Erben vorherrschenden karthagischen Grundzug lange nicht durchsetzen konnte [10]. Sie erkannte schon früh die Bedeutung der Deutschen in einem möglichen Ost-West-Konflikt. In dem Maße, in dem sich dieser Konflikt tatsächlich ausbildete, gewann die realpolitische Betrachtung ein Übergewicht. Die Frage nach der deutschen Schuld erschien ihr zweitrangig. Sie wollte das deutsche Potential nicht vernichten, sondern es für die Zwecke der eigenen Politik nutzen. Diese Position hatte von vornherein eine antisowjetische Spitze, und man fand sie vor allem bei amerikanischen Konservativen, eher bei Republikanern als bei Demokraten, vertreten. Kritik übten die Realpolitiker in erster Linie an der ursprünglichen amerikanischen Wirtschaftspolitik in Deutschland. Der amerikanische Geschäftssinn beklagte die Verschleuderung von Steuergeldern, wenn man den Deutschen die Möglichkeit der Selbsthilfe nehme. Dieser Auffassung stand der amerikanische Militärgouverneur General Lucius D. Clay gewiß nicht fern. Unter dem Eindruck der Bedingungen am Ort zeigte er die frühesten Anzeichen der Abwendung von der Karthago-Konzeption [11].

Bis zur Moskauer Konferenz im Frühjahr 1947 suchte die amerikanische Politik die Entscheidung über die Zukunft Deutschlands hinauszuschieben (Policy of postponement) [12]. Auch dies war eine Nachwirkung der Rooseveltschen Strategie. Er hatte sowenig wie möglich unter dem Eindruck des Krieges selbst regeln wollen. Das sowjetische Verhalten stand dazu in scharfem Gegensatz. Stalin suchte soviel wie möglich Tatsachen zu schaffen, die keine Nachkriegszeit mehr revidieren konnte. Im Zeitraum solchen Abwartens zeigten die Vereinigten Staaten auf ihre Weise die harte Hand des Siegers, was sich mit der Bemühung um eine gemeinsame Politik mit der UdSSR verband.

Eine grundlegende Veränderung der amerikanischen Strategie in Deutschland ist durch die Entwicklung des internationalen Systems in Richtung auf die Bipolarität schließlich erzwungen worden, nachdrücklich unterstützt durch führende Offiziere der Besatzungsarmee. Der Entschluß, die amerikanische und englische Besatzungszone zu vereinigen, entsprang zunächst praktischen Gesichtspunkten. Dahinter verbarg sich aber schon ein neues Konzept einer nicht mehr primär deutschfeindlichen Besatzungspolitik. Dieses konnte sich vollends durchsetzen, als die Moskauer Konferenz die Unvereinbarkeit der Interessen der Großmächte im Hinblick auf Deutschland endgültig klargestellt hatte. Die politische Entwicklung der Bizone diente nun der neuen amerikanischen Deutschlandpolitik als Basis. Bis zum Frühjahr 1947 waren jedoch die langfristige Planung und die konkrete Besatzungspolitik für Deutschland unverbunden nebeneinander her gelaufen. Ständige Reibereien und Mißverständnisse zwischen den Ressorts in Washington und den Besatzungsbehörden waren die natürlichen Folgen gewesen [13].

Die zweite Phase der amerikanischen Deutschlandpolitik begann somit im Frühjahr 1947. Washington hielt jetzt eine zumindest vorläufige Teilung Deutschlands für unvermeidlich. Der westliche Teil Deutschlands, der unter westlicher Besatzung stand, wurde zum Hauptadressaten der neuen Eindämmungsstrategie. Der Wechsel im amerikanischen Außenministerium von James Byrnes zu George Marshall gab der neuen Tendenz entscheidenden Auftrieb [14]. Um die Jahreswende 1946/47 hatte noch der Gedanke eines neutralisierten deutschen Pufferstaates im Vordergrund gestanden [15]. Die Entscheidung für einen Weststaat fiel in Washington erst ein Jahr später, wobei man sich allerdings gegenüber der deutschen Öffentlichkeit zurückhielt, da man unsicher war, welchen Anhang der Weststaat in Deutschland selbst gewinnen würde. Die Amerikaner haben die Gründung der Bundesrepublik in den Jahren 1947 und 1948 recht vorsichtig und zögernd betrieben. Bis zuletzt schienen sie bereit, ihre Entscheidung zu revidieren, für den Fall, daß sich doch noch ein Kompromiß mit den Russen über ein neutralisiertes Gesamtdeutschland und eine Wiederbelebung der Viermächteverantwortung schließen lassen würde [16]. Erst die sowjetische Blockade Berlins im Frühjahr 1948 hat dann auch mit dem Anwachsen der antisowjetischen Stimmung in der deutschen Öffentlichkeit die Vereinigten Staaten veranlaßt, den Plan eines gemeinsamen westlich-deutschen Abwehrblocks gegen den Kommunismus beschleunigt zu verwirklichen. Die Erfahrungen der Berliner Blockade wurden zur psychologischen Grundlage der westdeutschen Staatsgründung. Deutsche und Amerikaner standen nun Seite an Seite in der Abwendung einer sie gemeinsam bedrohenden Gefahr.

Der unklare Punkt in dieser neuen amerikanischen Konzeption war von vornherein das Schicksal der östlichen Besatzungszone. Man war auf amerikanischer Seite zunächst keineswegs bereit, sie einfach den Sowjets zu überlassen, zumal es über die Stimmung der deutschen Bevölkerung keinen Zweifel gab. Aber das Konzept des Weststaates bedeutete eben doch zumindest eine vorläufige Teilung. Sie war im Lichte der amerikanischen Interessen der Neutralisierung in jedem Fall vorzuziehen, weil sie das westdeutsche Potential dem Zugriff der Sowjets entzog, selbst wenn man ihnen dafür das weniger gewichtige Potential der Ostzone überlassen mußte. Auf keinen Fall aber durfte die westdeutsche Staatsgründung als Diktat erscheinen. Es brauchte deshalb deutsche Partner, die das Angebot freiwillig annehmen würden.

Die Schaffung eines Weststaates war ein amerikanischer Entschluß, der die seit Mitte 1947 immer spürbarer werdende Überlegenheit der USA im westlichen Lager drastisch demonstrierte. Die französische Schaukelpolitik zwischen den USA und den UdSSR hatte endgültig aufgehört. Die französischen Kommunisten schieden 1947 aus der Pariser Regierung aus; die antifaschistische Front brach zusammen. Druck und Konzessionen durch die USA ließen Frankreich in der Deutschlandfrage einlenken: Die Bizone konnte zur Trizone erweitert werden. Frankreich mußte sein Stück deutscher Kriegsbeute in den amerikanischen Damm einbringen, da es nur so hoffen konnte, Einfluß in Deutschland zu behalten. Eine eigenständige französische Deutschlandpolitik gab es jedenfalls nach Aufgabe der eigenen Besatzungszone nicht mehr. Nur an der Saar behauptete Frankreich seine Position. Hier wie in der Schaffung einer internationalen Ruhrbehörde waren die Amerikaner zu Konzessionen bereit gewesen.

Die Motive der amerikanischen Entscheidung für einen Weststaat in Deutschland hat der Journalist William Henry Chamberlain, der im ›Wall

Street Journal‹ seit Jahren eine deutschfreundliche Politik verfochten hatte, so zusammengefaßt: »Wenn die siegreichen Mächte Deutschland als eine Kolonie behandeln, dann ist nichts anderes von den Deutschen zu erwarten als Indifferenz und Sabotage. In einem solchen Fall würde der Marshallplan von vornherein zum Scheitern verurteilt. Die kolonialen Methoden würden nur in die Hände der kommunistischen Propaganda spielen und zur Katastrophe führen. Aber wenn man Deutschland in ein vereintes Europa auf der Basis der Gleichberechtigung bringt, würde sich eine sehr andere und sehr viel hellere Perspektive eröffnen. Deutschland würde dann seine mittelalterliche Rolle wiedergewinnen und die östliche Grenze der europäischen Zivilisation sein. Deutschland könnte die Waage senken zugunsten einer erfolgreichen Föderation des Teils von Europa, der außerhalb des sowjetischen Einflußbereichs liegt. Das würde nur zur ökonomischen Gesundheit Europas beitragen.«[17] In anderen Worten: Ohne die Gleichberechtigung der Westdeutschen gegenüber den westlichen Alliierten könnte sich eine nationale Irredenta oder gar ein Partisanenproblem ergeben. Das wichtigste Motiv aber wird ganz klar: Westdeutschland hält im westlichen Damm gegen den Kommunismus die strategisch entscheidende Position besetzt.

Freilich, das Konzept eines antikommunistischen westdeutschen Staates und die praktische Politik der Amerikaner brauchten relativ lange, bis sie endgültig zusammenfielen. Selbst im Frühjahr 1949 bestimmte der Weststaat noch keineswegs unangefochten die Szene im Verhältnis der Westdeutschen zu den Westalliierten. Im Bonner Parlamentarischen Rat kam es bekanntlich zu schweren Spannungen mit den Militärgouverneuren, denen das Ergebnis der 3. Lesung des Grundgesetzes zu zentralistisch war. Das zeigt, daß auch auf amerikanischer Seite noch erhebliche Unklarheiten darüber bestanden, wie eigengewichtig eigentlich der neue Partner sein sollte. Washington gab schließlich den deutschen Wünschen nach, gerade noch so rechtzeitig, daß eine neue sowjetische Initiative von Anfang Mai 1949 schon auf das Faktum des fertigen Grundgesetzes stieß. Durch schnelle Beendigung der Berliner Krise hoffte die UdSSR wohl, einen Rückgriff auf die Viermächteverantwortung erreichen zu können. Die sechste Außenministerkonferenz, die am 23. Mai 1949 sozusagen in letzter Minute in Paris begann, hat an der Schaffung des Weststaates nichts mehr ändern können. In den USA war der Marshall-Nachfolger Dean Acheson noch entschiedener auf antisowjetischen Kurs gegangen, und die Sowjetunion versäumte es, substantielle Konzessionen anzubieten. Für die Zukunft war es bedeutsam, daß sich Acheson in seiner Antwort auf den östlichen Vorschlag, einen gesamtdeutschen Staatsrat ins Leben zu rufen, in Paris auf die Forderung nach freien Wahlen auch für die Ostzone festlegte. Die Ausgangsstellungen für spätere Ost-West-Dialoge in Sachen Deutschland waren bezogen. Zweifellos hat die UdSSR vor der Gründung der Bundesrepublik nicht alle Trümpfe ausgespielt, die sie tatsächlich besaß. Vielleicht hat sie zunächst den neuen westdeutschen Staat nicht allzu ernst genommen, dem ja auch die Probe auf seine Lebensfähigkeit erst noch bevorstand [18].

Die Sorge um die Einheit blieb das beherrschende Motiv in allen westdeutschen Befürchtungen. Als der amerikanische Militärgouverneur Clay sich von den Ministerpräsidenten seiner Zone verabschiedete, beschwor er die zukünftige Chance eines Anschlusses der Ostzone an die Bundesrepublik. Das war offenbar die Formel, die der Westen gefunden hatte: Westintegration und Wiedervereinigung seien ein und dasselbe, nur eben zeitlich getrennt. Das sollte später auch Konrad Adenauers These werden. Es galt anzustreben, was der Außenminister Acheson als Situation der Stärke bezeichnete: »Was wir tun müssen, ist eine Situation der Stärke zu schaffen. Wenn wir diese Stärke schaffen, dann beginnt sich die Weltpolitik zu ändern.«[19] Man sieht, die Grundlage von Adenauers Deutschlandpolitik ist schon vor der Bundesrepublik da. Sie bestand in der Hoffnung auf einen endlichen Triumph des Westens, in dem nun zu voller Härte sich entwickelnden Dualismus. Dann aber werde den Deutschen in Gestalt der Ostzone der Siegespreis zufallen, unter der Voraussetzung, daß sie sich rechtzeitig den stärkeren Bataillonen und der höheren Moral zugewandt hätten. Das amerikanische Angebot räumte selbstverständlich ein, daß dies alles Zeit brauchen werde. Zuerst müsse der Bau des antisowjetischen Dammes erfolgreich vollendet werden. Dafür war das westdeutsche Potential unerläßlich. Um so höher würde dann aber auch die Belohnung sein.

Die Entstehung dieser für die Ära Adenauer grundlegenden amerikanischen Perspektive Mitteleuropas muß man als einen Versuch werten, mit der Entwicklung der sowjetischen Zielsetzungen mitzuhalten. In der Politik der Sowjetunion unterscheidet Schwarz vier Möglichkeiten [20]. Die erste war die Parallele zum amerikanischen Karthago-Frieden, das heißt die Vernichtung und Ausbeutung des Deutschen Reiches im Bunde mit den USA. Die zweite Strategie zielte auf ein Arrangement der Sowjetunion mit einer in ihrem Willen unabhängigen, aber nicht sowjetfeindlichen neuen Reichsregierung. Dies setzte die Erhaltung der deutschen Einheit voraus, da Moskau in einer die nationale Unabhängigkeit betonenden deutschen Außenpolitik einen zukünftigen Partner zu finden hoffte. Die dritte Linie erstrebte die Unterwerfung und Sowjetisierung des ganzen Reiches. Die vierte und schließlich praktizierte Konzeption gab die Hoffnung auf eine Sowjetisierung Gesamtdeutschlands auf und hielt dafür um so fester an der eigenen Besatzungszone fest. Diese sollte revolutionär verändert und den eigenen Absichten dienstbar gemacht werden. Die Teilung Deutschlands bot dann gleichzeitig die Chance eines direkten Griffes nach Berlin.

Das sowjetische Konzept eines neutralisierten Gesamtdeutschland entsprach den Plänen von Byrnes und Clay, die halbwegs zwischen dem Vergeltungsfrieden und einem westdeutschen Staate an der Jahreswende 1946/7 in der amerikanischen Perspektive vorherrschten. Eine solche Deutschlandpolitik hätte natürlich eine Volksfrontregierung als Voraussetzung gebraucht, da nur so ein neutralisiertes, aber nicht sowjetfeindliches Gesamtdeutschland zu schaffen gewesen wäre. Diese Lösung hat die Sowjetunion bis in die Mitte der fünfziger Jahre nicht aus den Augen gelassen, wenn sie auch die Alternative der Lösung vier, d. h. der Teilung, schon früh und wesentlich energischer betrieb. Ein Geschäft mit der deutschen Nationalbewegung lag als Möglichkeit durchaus in der Moskauer Politik, so lange jedenfalls, bis sich herausgestellt hatte, daß es dafür keinen deutschen Partner gab, weil Konrad Adenauer dieser Partner nicht war und gegen ihn ein anderer keine Chance hatte.

Die weitverbreitete These also, daß die Sowjetunion im Gegensatz zu den USA zielstrebig und konsequent immer nur das eine gewollt habe, ist nicht zu halten. Auch für die Führung in Moskau gab es mehrere Wege. Sie standen vor allem gerade in den ersten Nachkriegsjahren offen, bis dann im Dezember 1947 mit der Absetzung Jakob Kaisers von der Spitze der CDU der Ostzone und damit der Ausschaltung des potentiellen Führers einer deutschen Nationalbewegung auch für die russische Deutschlandpolitik der erste entscheidende Einschnitt markiert war. Es ist nicht das geringste Verdienst des Buches von Hans-Peter Schwarz, daß es die Legende von der monolithischen sowjetischen Deutschlandpolitik der Nachkriegszeit zerstört hat. Auch die Moskauer Führung hatte ihre strategischen Probleme. Auch sie mußte zwischen sehr verschiedenen Interessen ausgleichen, auch wenn wir darüber aus einem totalitären Lande wenig wissen. Auch auf der östlichen Seite gab es wohl Spannungen zwischen den Besatzungsbehörden am Ort und der Moskauer Zentrale. »Tatsächlich«, so meint deshalb Hans-Peter Schwarz mit Recht, »gehört es denn auch zu den wichtigsten Merkmalen der sowjetischen Deutschlandpolitik, daß die genannten Alternativen zum Teil gleichzeitig nebeneinander verfolgt wurden, was vielleicht bewußter Taktik entsprang, bisweilen aber wohl auch mangelnder Klarheit über die eigenen Ziele.«[21]

Aus alledem muß daher der Schluß gezogen werden, daß die amerikanische Interpretation der Bipolarität im Jahre 1949, angewandt auf Mitteleuropa, weiter und konsequenter fortgeschritten war, als dies für die Sowjetunion galt. In Moskau wollte man sich wohl im Bewußtsein historischer Erfahrungen eine Chance auch jenseits der Elbe offenhalten. Für die Sowjetunion besaß Mitteleuropa traditionell einen anderen Stellenwert als für die Amerikaner. Washington verband keine Erinnerung mit Rapallo oder Tauroggen. Hier war man an Mitteleuropa nur unter dem Gesichtspunkt des weltpolitischen Dualismus interessiert, in den Deutschland einzufügen war. Dies machte die Entscheidung für den Weststaat unvermeidlich. Für seinen Erfolg aber war es wesentlich, ob und welche deutschen Befürworter er finden würde.

III

Wie die internationale Konstellation, so kennt auch die Bundesrepublik eine Inkubationsphase, in der die Weichen für die zukünftige westdeutsche Außenpolitik gestellt wurden. Die entscheidende Alternative wurde schon in den Jahren vor 1949 deutlich, als zwei verschiedene Wege offen zu stehen schienen. Der eine zielte gegenüber den Siegern in Ost und West auf deutsche Handlungsfreiheit in der Mitte Europas. Die andere Konzeption sah die unvermeidliche Konsequenz des weltpolitischen Dualismus für die deutsche Situation und suchte aus der Teilung zu retten, was zu retten war. Das bedeutete einen separaten Weststaat, dessen Entwicklung vom Grad seiner Bindung an den Westen abhängig sein würde.

Dieser Gegensatz erscheint im Rückblick in zwei Männern personifiziert, die der gleichen Partei angehörten: in Jakob Kaiser und Konrad Adenauer. Der Streit um die Grundsätze einer neuen deutschen Außenpolitik wurde in der Tat vornehmlich in der CDU ausgetragen, obwohl doch die SPD nach innen der Gegenspieler der Union war. Kurt Schumacher hat, wenn auch aus anderen Motiven, den Weststaat ebenso entscheidend gewollt wie Konrad Adenauer. Nur die Methoden der Integration in den Westen sollten andere sein. Aber der gesamtdeutsche Vorbehalt, auf den die SPD stets entschieden Wert legte, war doch prinzipiell etwas anderes als der Wille zur Blockfreiheit. Ihm stand der massive Antikommunismus Schumachers ebenso entgegen wie der für die SPD der Nachkriegszeit so charakteristische nationale Anspruch, der sich vom bürgerlichen Nationalismus der Weimarer Republik gerade durch seine Option für die Ideen der westlichen Demokratie unterscheiden wollte [22].

Jakob Kaiser, der Vorsitzende der CDU der Ostzone, mußte schon von seiner Berliner Ausgangslage her eine andere Perspektive haben als der Rheinländer Konrad Adenauer [23]. Der Repräsentant der Berliner CDU stand, unbeschadet seiner gleichgerichteten persönlichen Überzeugungen, schon deswegen dem Gedanken der Blockfreiheit nahe, weil dieser unter den Bedingungen der östlichen Besatzungsherrschaft die einzige Chance bot, die Sowjetunion zu Konzessionen und damit zu einem freieren Spielraum für die Politiker der Ostzone zu veranlassen. Kaiser neigte dazu, die deutsche Neutralität zwischen Ost und West als mitteleuropäische Brücke zu interpretieren. Dies mußte eine suggestive deutsche Aussicht in einem Moment sein, in dem das System der Bipolarität erst im Ansatz vorhanden war. Einer der wichtigsten Gründe, warum sie sich trotz vielfacher publizistischer Unterstützung nicht durchgesetzt hat, war wohl das Zögern der Sozialdemokratie. Von der späteren Ära Adenauer aus betrachtet, ist es schwer verständlich, daß die SPD nicht zum Bundesgenossen von Kaisers Brückentheorie geworden ist. Kein Wunder, daß die Haltung der SPD in der Frage der Neutralisierung Deutschlands auch später stets ambivalent blieb.

Anfänge bundesrepublikanischer Außenpolitik 371

In einem Neujahrsartikel am Beginn des Jahres 1947 hat Kaiser seine Konzeption der Mittlerfunktion Deutschlands zwischen Ost und West am klarsten ausgedrückt: »Deutschland hat eine Aufgabe als Volk der Mitte. Wer die Gesundung Deutschlands will, kann nur von der Tatsache ausgehen, daß Deutschland zwischen Ost und West gelagert ist. Die Konsequenz dieser schicksalhaften, aber auch aufgabenreichen Lage ist nicht das Entweder-Oder eines West- oder Ostblocks, sondern das Sowohl-Als-Auch der Verständigung eines Ausgleichs zwischen den Völkern und die Gesundung aus einem Geist heraus.«[24] Die Tradition der deutschen Mittellage fiel bei Kaiser mit den taktischen Erfordernissen der ostzonalen Situation zusammen und verband sich überdies mit strukturellen und gesellschaftspolitischen Erwägungen eines eigenständigen christlichen Sozialismus[25]. Kaiser war der festen Überzeugung, daß die Einheit Deutschlands nur erhalten werden könne, wenn die beteiligten Mächte ihre jeweiligen Besatzungszonen nicht völlig ihrem eigenen Gesellschaftszustand anglichen. Eine Neutralisierung und Blockfreiheit war für Deutschland nur denkbar, wenn in ihm auch den gesellschaftlichen Leitbildern der Großmächte Raum gewährt würde. Er hätte freilich seine Grenze darin finden müssen, daß ein selbständiger, mit nationalem Bewußtsein erfüllter deutscher Staat in der Lage geblieben wäre, die politischen Ideen der Sieger in Ost und West in die eigene nationale Tradition einzufügen. Eine gewisse Koexistenz der politischen Ordnungskonzeptionen der Siegermächte auf deutschem Boden war aber auf jeden Fall die innenpolitische Voraussetzung einer Außenpolitik der Neutralisierung und Blockfreiheit.

Mit alledem aber wollte Kaiser an die mitteleuropäische Ausgangslage vor 1945 anknüpfen. Er sah zwar die Brüche von 1945, aber er hielt dennoch nicht alle Tradition für erledigt. Der Vorsitzende der Ostzonen-CDU war ein Anhänger von Stresemanns Politik, auch wenn er diese, den neuen Umständen entsprechend, bescheidener fassen mußte. Das Vermeiden der Option war aber für Kaiser ebenso eine realpolitische Notwendigkeit, wie sie es einst für Stresemann gewesen war. Kaiser glaubte, aus der Not des verlorenen Krieges und der Gefahr der Spaltung des Vaterlandes eine Tugend machen zu können, gerade aus der eigenen Schwäche heraus mit dem Angebot der Koexistenz zwischen Ost und West erfolgreich zu sein. In theoretischer Sprache ausgedrückt: Das Subsystem Deutschland sollte nicht zum Hebel des Systems der Bipolarität werden. Deutschland sollte weder im Westen aufgehen noch vom Osten beherrscht werden. Kaiser zielte auf ein Drittes: Zwar gab es keine deutsche Großmacht mehr, aber die mitteleuropäische Aufgabe der Deutschen dauerte fort. Kaiser sah das Reich vor sich, durchaus nationalstaatlich und kleindeutsch geprägt. Die Gedankenwelt des älteren Reiches, von dem in Adenauers Umgebung später viel die Rede sein wird, war ihm fremd. Dabei hat sich Kaiser wohl nie gefragt, ob das Reich als nationalstaatlich zentralistische Größe nicht eher die Mittlerfunktion hemmen mußte. War es nicht gerade nach 1945 unvermeidlich, die Vergangenheit des einen und einheitlichen deutschen Nationalstaats radikal in Frage zu stellen? Welche traditionellen Leitbilder besaß die deutsche Außenpolitik überhaupt noch, nachdem mit 1945 eben nicht nur eine deutsche, sondern auch eine internationale Konstellation untergegangen war? Legte das nicht gerade, wie Konrad Adenauer instinktiv erfaßte, den Rückgriff auf ältere Traditionsbestände nahe, die ihrerseits im 19. Jahrhundert durch den Erfolg der Bismarckschen Lösung völlig verdrängt worden waren? Im größeren Zeitraum deutscher Geschichte in Mitteleuropa hat jedenfalls nicht jene Konzeption vorgeherrscht, die sich in der Dynamik der deutschen Großmacht seit 1890 zu verwirklichen gesucht hatte.

Kaiser zielte also im Grunde auf eine Neubelebung der deutschen Außenpolitik der zwanziger Jahre, die er von der Hitlers streng getrennt wissen wollte. Es ging darum, das noch immer vorhandene politische Potential Deutschlands, freilich unter entschieden ungünstigeren Bedingungen als damals, zu nutzen, um die Einheit des Reiches zu wahren und ein gewisses Maß an Handlungsfreiheit zurückzugewinnen. Dabei mußte man diesmal weit mehr die Grenzen öffnen als damals, Ost und West hereinströmen lassen und sie im eigenen Lande auch innerlich verkraften. Es liegt auf der Hand, daß in Kaisers Perspektive für eine Teilung der Welt in zwei Blöcke kein Platz war. Es ist erstaunlich, wie zäh Kaiser trotz des Tiefpunktes der nationalen Existenz an der Hoffnung auf eine eigenständige deutsche Position festhielt. Er hat dabei früh erkannt, daß, wer seine Lösung für Deutschland wollte, der westeuropäischen Einigung gegenüber mißtrauisch sein mußte. Er sah, daß Weststaat und westeuropäische Integration innerlich zusammengehörten, aber kaum vereinbar waren mit dem Gedanken der Wiederherstellung des Reiches in der Mitte Europas.

Kaisers Konzeption mußte scheitern, weil drei Vorbedingungen nicht erfüllt waren. Zum einen stand sein Bild des zukünftigen Deutschlands quer zur bipolaren Haupttendenz des neuen internationalen Systems. Zum anderen war die UdSSR trotz einigen Schwankens im Grunde nicht bereit, ein loyaler Partner für Kaisers Pläne zu sein, wie die schon früh einsetzende Sowjetisierung der russischen Besatzungszone deutlich macht. Eine Kriegsbeute kann keine Brücke sein. Schließlich war aber auch ein intaktes deutsches Nationalgefühl erforderlich. Gerade hier aber zeigt sich die innenpolitische Schwäche des Kaiserschen Ansatzes. Man konnte doch wohl Mittler und Brücke nur sein, wenn man noch an eine eigene deutsche Mission glaubte, die anderes wollte als Ost und West. Der Widerstandskämpfer Jakob Kaiser hat wohl, wie andere mit ihm, unterschätzt, daß der Bankrott Hitlers auch alle bisher geltenden nationalen Werte fragwürdig gemacht hatte. Die politische Lähmung der breiten Massen in Deutschland und ihrer Eliten war die Folge. Der Nationalsozialismus hatte all das zerstört, was bisher deutscher Orientierungsmaßstab in der Welt gewesen war. Deswegen gab es im

Elend nach 1945, in dem die Deutschen in die Geschichtslosigkeit zu versinken schienen, keinen Ansatz für eine neue deutsche Nationalbewegung. Kaiser hätte um erfolgreich zu sein, in den politischen Parteien, bei den Intellektuellen, bei Kirchen und Gewerkschaften zahlreiche Mitstreiter haben müssen. Aber schon im Sommer 1945 wurde spürbar, daß die politischen Tendenzen der außerdeutschen Mächte, die nun auf deutschem Boden die volle Macht besaßen, neue Bindungen, aber auch Chancen bedeuteten. Die schiere Notwendigkeit, die einfachsten Lebensbedingungen für die Bevölkerung sicherzustellen, zwangen zur Ausrichtung des eigenen Handelns an den Interessen der jeweiligen Besatzungsmacht. Viele sahen darin die jetzt im Augenblick allein mögliche gesamtdeutsche Verantwortung. Aber nicht wenige rationalisierten auch das, was sie taten, mit der Vorstellung einer Stunde Null, die von den Deutschen nun den Abschied von aller bisherigen Geschichte verlange.

Die Frage nach der Genese der westdeutschen Außenpolitik braucht die intensiven Auseinandersetzungen der unmittelbaren Nachkriegszeit und die Diskussion um die Bedeutung des Jahres 1945 nicht im einzelnen darzustellen. Es genügt festzuhalten, daß die Besatzungsmächte eine stärkere Kraft waren als ein alle Deutschen vereinigendes Nationalbewußtsein, dessen Energien das Dritte Reich offenbar völlig erschöpft hatte. Weder bei den Kommunisten noch bei bürgerlichen Demokraten herrschte deshalb der Wille zu unbedingter nationaler Politik vor. Den Nationalkommunismus hatte Stalin und die Deutschnationalen Hitler korrumpiert. Vor allem ist Kaisers Hoffnung auf einen deutschen Nationalkommunismus in der Ostzone in die Irre gegangen. In Pankow herrschten Stalins Apparatschiks, Bürokraten, die in Moskau auf ihre Aufgaben vorbereitet worden waren und die vor allem gelernt hatten, sich Stalins Führung zu unterwerfen. Die Gruppe Ulbricht besaß kein eigenes spezifisches nationales Gewicht. Sie bestand aus gebrochenen Leuten, die ihre Vergangenheit verdrängen mußten wie die übriggebliebenen Repräsentanten des alten nationalkonservativen Lagers, die bitter an der Zeit ihrer Kollaboration mit dem Nationalsozialismus am Beginn der dreißiger Jahre trugen. Ein Nationalkommunismus begann sich in der Ostzone erst wieder in dem Augenblick zu regen, da eine neue Generation herangewachsen war. Nationalkonservative Impulse spürte man in Westdeutschland in nennenswertem Umfang auch erst wieder 20 Jahre nach dem Ende des Krieges.

Gewiß ist, daß sich Kaisers Hoffnungen auf die politische Kraft eines deutschen Nationalbewußtseins unmittelbar nach 1945 nicht erfüllten. Die Zukunftserwartungen der deutschen Politiker fielen genau dort auseinander, wo auch die Interessen der beiden Weltmächte sich schieden. Das zeigte sich deutlich während der Münchener Ministerpräsidentenkonferenz im Juni 1947. Schon damals sprachen die Chefs der deutschen Länder keine gemeinsame Sprache mehr. Sie waren nicht mehr auf die Linie zu bringen, die Kaiser vorschwebte. Ihre Einigkeit wäre die Voraussetzung gewesen, daß sich von Deutschland her ein Widerstand erhoben hätte, Mitteleuropa in ein Subsystem der Bipolarität zu verwandeln und damit die ideologische und gesellschaftliche Teilung entlang der Demarkationslinie auch institutionell zu verfestigen.

Kaisers Konzeption stand gegen das internationale System, wie es sich entwickelte, und deswegen sind von ihm keine bleibenden Wirkungen auf die neue deutsche Außenpolitik ausgegangen. Kaiser fühlte sich in der Nachfolge Stresemanns, aber die Verhältnisse unter denen diese Nachfolge möglich gewesen wäre, existierten nicht mehr. Insofern hat er wohl auch die ganze Tiefe des Bruches von 1945 nicht ermessen, bei aller Bereitschaft zum moralischen, politischen und gesellschaftlichen Neubeginn. In gewisser Weise war der an Lebensjahren ältere und sicher auch von seinen gesellschaftlichen Zielsetzungen her konservativere Konrad Adenauer im Grunde doch der modernere, insofern er die deutschen Möglichkeiten wesentlich geringer und damit richtiger eingeschätzt hat. Kaiser sah im Jahre 1945 noch immer irgendwie eine Analogie zu Versailles, während Adenauer klarer erkannte, daß das Jahr 1945 gänzlich neue Kategorien für das weltpolitische Verhalten entwickelt hatte, auch wenn er diese wohl mehr instinktiv als intellektuell faßte. Adenauer entwickelte schon im Spätherbst 1945 die Konzeption eines Weststaates, wie wir aus seinen Memoiren wissen. Sie enthielt nach seiner Auffassung auch die Chance für eine erfolgreiche Anpassung der Deutschen an die neue Situation. Der Sieg Adenauers über Jakob Kaiser in der Führung der CDU ist auch der Sieg des neuen weltpolitischen Systems über die deutsche politische Tradition. Sie wiederzubeleben war offenbar nicht das Gesetz, dem die Bundesrepublik folgen konnte. Durch Adenauers Außenpolitik wurde vielmehr eine mit den älteren deutschen Vorstellungen rivalisierende neue Tradition der Westbindung und der Westintegration geschaffen. Es dauerte fast zwanzig Jahre, bis sich die neugebildete Adenauer-Tradition, mit der sich so viel erfolgreicher Wiederaufbau verband, durch den Wandel des internationalen Systems ihrerseits in Frage gestellt sah. Kaisers Mitteleuropagedanke erhielt erst dann eine neue Aktualität, als sich seit der Mitte der sechziger Jahre immer lauter die Forderung nach kritischem Überdenken der deutschen Möglichkeiten und Aussichten erhob.

---

1 Die Terminologie folgt hier Ludwig Dehio, Deutschland und die Weltpolitik im 20. Jahrhundert, München 1955, S. 11 ff.
2 Das bestätigen jetzt auch in besonders eindringlicher Weise die Memoiren von George Kennan.
3 Ich vertrete hier eine andere Auffassung als Hans-Peter Schwarz (Vom Reich zur Bundesrepublik, Neuwied 1966, S. 52 ff.), wobei das, was Schwarz als Begründung für Roosevelts globale Gleichgewichtspolitik anführt, auch durchaus anders

interpretiert werden kann. Gerade Roosevelts Präokkupation mit dem Kriegsgeschehen ist, wie auch Schwarz bestätigt, ein Indiz dafür, daß Roosevelt konkrete Nachkriegsziele fremd waren. Vgl. dazu auch die sich aus meinen terminologischen Untersuchungen über Roosevelt ergebende irrationale Perspektive der »one world« (Die politische Terminologie F. D. Roosevelts, Tübingen 1955, S. 155 und anderswo).

4 Schwarz, a. a. O., S. 209.

5 Wie sich das auf lokaler Ebene auswirkte, zeigt gut Peter Beyersdorff, Militärregierung und Selbstverwaltung, Erlanger Dissertation 1966.

6 Vgl. zu dieser Frage meinen Aufsatz über Prinzipienfragen der westdeutschen Außenpolitik, in: Politische Vierteljahresschrift, 1968/1, S. 28 ff.

7 Vgl. dazu Wolf-Dieter Narr, Systemzwang als neue Kategorie in Wissenschaft und Politik, in: Atomzeitalter, 1967, Heft 7/8, S. 400 ff.

8 Vgl. dazu Herbert J. Spiro, World Politics: The Global System, Homewood Ill. 1966, p. 103. Spiros Darstellung ist auch grundlegend für die methodische Diskussion der hier häufig verwendeten Begriffe System und Subsystem der internationalen Politik.

9 Vgl. Schwarz, a. a. O., S. 92 ff.

10 Ebd., S. 97 ff.

11 Dafür sind neben Clays eigenen Memoiren vor allem die seines Hauptberaters, des Botschafters Robert Murphy, von Belang. Vgl. vor allem Murphys Auseinandersetzung mit der Direktive JCS 1067: Diplomat among warriors, New York 1964, S. 285 ff.

12 Schwarz, a. a. O., S. 105 ff.

13 Dafür ist noch immer grundlegend der Aufsatz von Walter L. Dorn, Die Debatte über die amerikanische Besatzungspolitik für Deutschland, in: Vierteljahreshefte für Zeitgeschichte, 1958/IV, S. 60.

14 Für eine knappe Darstellung der Entstehung sowie der Ziele und Mittel der amerikanischen Containmentpolitik siehe meine eigene Darstellung der amerikanischen Außenpolitik von Roosevelt bis Kennedy (Frankfurt 1964). Vgl. neuerdings auch das aufschlußreiche Deutschland-Kapitel in George Kennans Memoiren.

15 Schwarz, a. a. O., S. 115.

16 Für die Einzelheiten siehe dazu die knappe, aber verläßliche Zusammenfassung durch Thilo Vogelsang, Das geteilte Deutschland, München 1966 (dtv-Weltgeschichte des 20. Jahrhunderts, Band 11), S. 25 ff.

17 Zitiert nach Schwarz, a. a. O., S. 139.

18 Zum Verlauf der Pariser Außenministerkonferenz siehe Hermann Volle, Der Verlauf der Pariser Außenministerkonferenz vom 23. 5. 49 – 20. 6. 49, in: Europa-Archiv 1949/4, S. 2391.

19 Zitiert nach Schwarz, a. a. O., S. 144.

20 Ebd., S. 217.

21 Ebd., S. 220.

22 Vgl. Klaus Erdmenger, Das folgenschwere Mißverständnis. Bonn und die sowjetische Deutschlandpolitik. 1949–1955, Freiburg/Breisgau 1967, S. 65 ff. Über den Zusammenhang von Schumachers Nationalismus mit seiner Europakonzeption siehe auch Wolf-Dieter Narr, CDU–SPD. Programm und Praxis seit 1945, Stuttgart 1966, S. 100 ff.

23 Vgl. die ausführliche Erörterung von Kaisers außenpolitischer Konzeption bei Schwarz, a. a. O., S. 299–346. In die gleiche Richtung weist der inzwischen erschienene 3. Band der Kaiser-Biographie von Werner Conze – Erich Kosthorst – Elfriede Nepgen (Werner Conze, Jakob Kaiser. Politiker zwischen Ost und West 1945–1949, Stuttgart 1969). Conzes Darstellung konzentriert sich auf Kaisers Auseinandersetz-

zung mit der SED und der sowjetischen Militärregierung, läßt dagegen den Gegensatz zu Adenauer vergleichsweise zurücktreten, wobei Conze im Kern zu den gleichen Schlüssen wie Schwarz kommt. Auch Narr, CDU–SPD, analysiert den Gegensatz Kaiser/Adenauer unter außenpolitischen Gesichtspunkten, er geht aber nur auf den letzteren ausführlicher ein (s. besonders S. 102 f.).

24 Zitiert bei Schwarz, a. a. O., S. 311.
25 Dazu Narr, a. a. O., S. 79 ff.

Hans-Peter Schwarz

Europa föderieren — aber wie?
Eine Methodenkritik der europäischen Integration

Wenn man von großen Dingen spricht, denkt man gern an die Wunderlampe, die Aladin nur zu reiben brauchte, um der Wirklichkeit entrückt zu werden. Doch es gibt keine Zauberformel, die es ermöglicht, etwas so Schwieriges wie ein geeintes Europa zu schaffen.
General de Gaulle
(Pressekonferenz v. 15. 5. 1962)

The judgements of many must unite in the work; experience must guide their labour; time must bring it to perfection, and the feeling of inconveniences must correct the mistakes which they inevitably fall into in their first trials and experiments.
David Hume
(The Ways of Arts and Sciences)

I. Einführung

1. Die Methodenlehre: Ein Stiefkind der Integrationsforschung

Unter dem üppig ins Kraut schießenden Schrifttum zur europäischen Integration ist die Zahl der Veröffentlichungen vergleichsweise gering, die sich in *systematischer* Weise mit den Integrationsmethoden befaßt. Zwar fehlt es nicht an verstreuten Äußerungen und Studien zu Teilproblemen, wohl aber an Untersuchungen, die die vielfältigen Konzepte darstellen und ihre Leistungsmöglichkeiten kritisch abhandeln. Angesichts der Prominenz der europäischen Integration im Prioritätenkatalog der westeuropäischen Politik ist der Mangel an derartigen Arbeiten ein erstaunliches Phänomen.

Der folgende Aufriß beansprucht nicht, diese Forschungslücke bereits zu schließen. Zu einem so ehrgeizigen Versuch fehlen die Vorarbeiten; er müßte auch sehr viel gründlicher, als es hier möglich ist, ins Detail gehen. Beabsichtigt ist nur ein erstes Abstecken des Forschungsfeldes und die Skizzierung einer Reihe recht vorläufiger Thesen.

Die Feststellung erübrigt sich, daß eine umfassende Methodendiskussion nicht auf die europäische Integrationspolitik beschränkt werden dürfte. Die Geschichte stellt jeder systematischen Forschung einen weitverstreuten Schatz an Beispielfällen zur Verfügung. Ihre Aufarbeitung steckt noch in den Anfängen. Karl Deutsch und seine Schule haben in einigen Studien demonstriert, wie sich sozialwissenschaftliche Integrationstheorien aus geschichtlichen Daten entwickeln lassen [1]. Etzionis Fallstudien sind gleichfalls einem historisch-komparatistischen Ansatz verpflichtet. Ebenso Lipsets Analyse der Entstehung der Vereinigten Staaten, die immer noch das Musterbeispiel einer geglückten Föderation darstellen². Von einer auch nur halbwegs gründlichen Erforschung weiter zurückliegender geschichtlicher Beispielfälle kann aber noch nicht gesprochen werden. Eine vergleichende Analyse der Paradigmata Belgien, Schweiz, Deutschland, Italien, Kanada, Australien im neunzehnten Jahrhundert, der Gründung der Südafrikanischen Republik, der Tschechoslowakei, Jugoslawiens im zwanzigsten wäre darum hoch an der Zeit.

Demgegenüber könnte sich eine an den *zeitgeschichtlichen* Integrationsvorgängen orientierte Methodendiskussion auf umfangreiche Vorarbeiten stützen. Das gilt sowohl für die Probleme des »nation-building« jener Staaten, die aus der Zerfallsmasse der Kolonialimperien geschaffen wurden, wie für die vielfältigen Versuche regionaler Integration, die wir gegenwärtig miterleben³.

Die folgende Untersuchung wird diese Paradigmata jedoch weithin außer acht lassen und sich auf die Erörterung jener Integrationsmethoden beschränken, die seit dem Ersten Weltkrieg in Westeuropa erörtert und ausprobiert worden sind.

Die Europa-Initiativen der Zwischenkriegszeit, vor allem aber die europäische Geschichte seit dem Zweiten Weltkrieg haben ein überreiches Erfahrungsmaterial abgelagert, das noch kaum systematisch bearbeitet worden ist; jedenfalls längst nicht so gründlich, wie man angesichts der Bedeutung des Themas wünschen würde.

Das hat verschiedene Gründe. Einige hängen mit Eigentümlichkeiten der europäischen Sozialwissenschaften zusammen, die Karl Kaiser unlängst pointierend mit dem Satz umschrieben hat: »L'Europe des savants« entspricht dem »Europe des patries«⁴. Politikwissenschaftliche Arbeiten sind – zumindest in Europa – generell nationalstaatlich orientiert und haben, wenn sie sich überhaupt mit anderen Staaten befassen, in erster Linie die intergouvernementalen Beziehungen im Auge. Die kontinentaleuropäische Geschichtswissenschaft – und zwar nicht nur die deutsche – weist gleichfalls diese Grundeinstellung auf⁵. Sieht man somit einmal von amerikanischen Forschungsarbeiten ab, so stammen die wichtigsten Beiträge zur europäischen Integration von Juristen und Wirtschaftswissenschaftlern, deren vorrangiges Interesse aber naturgemäß nicht den soziologischen und politischen Aspekten der Zusammenschlüsse gilt⁶.

Es dürfte zu einem guten Teil das Fehlen historischer Untersuchungen sein, aus dem sich die Lücke in der Theoriebildung zu den Integrationsmethoden erklären läßt. Eigentlich ist nur *eine* Integrationsmethode ausführlich dargestellt und theoretisch reflektiert worden – der in den europäischen Gemeinschaften praktizierte supranationale Funktionalismus⁷. Natürlich haben die Erfolge der Montan-Union und der Europäischen Wirtschaftsgemeinschaft auch das Forschungsinteresse verstärkt. Wahrscheinlich spielt dabei auch der Umstand eine Rolle, daß die Institutionen und Beamten der

Gemeinschaft für sozialwissenschaftliche Forscher leicht zugänglich sind; die Fülle der Informationen beflügelt die theoretische Phantasie.

Hingegen harrt die Europabewegung immer noch ihrer Historiker; es mangelt ebenso an zeitgeschichtlichen Untersuchungen zur Entstehung des Europarates und zur Arbeit der Ad-hoc-Versammlung wie zur Montan-Union oder zur Entstehung und Entwicklung von EWG und Euratom. Kein Wunder, daß es auch an systematischen praxeologischen Untersuchungen fehlt, in denen die einzelnen Konzepte mit ihren Vorzügen und Nachteilen dargestellt und erörtert werden.

Der Mangel an Vorarbeiten zwingt bei der folgenden Studie dazu, in erster Linie auf gedruckte Quellen zu rekurrieren. Dieses Material ist – nicht zuletzt bedingt durch die seinerzeitige Papierknappheit – für die besonders wichtige Anfangsperiode 1945–1949 ausgesprochen spärlich; erst die leidenschaftlichen und niveauvollen Debatten der beratenden Versammlung des Europarats und die Verhandlungen der Ad-hoc-Versammlung, die im Wortlaut vorliegen, erlauben ein genaueres Studium der Strömungen und Argumente. Mit dem endgültigen Scheitern der Anläufe in den frühen fünfziger Jahren endet auch schon die große Zeit der Methodendiskussionen; diese verlagern sich wieder – wie schon in den Jahren 1947 und 1948 – zurück in kleine Zirkel von Führungsgruppen, über deren Beratungen keine Wortprotokolle zugänglich sind. Seit Mitte der fünfziger Jahre werden die Beiträge der Politiker zur Thematik zusehends vage – offensichtlich eine Folge des Umstands, daß alle konstitutionellen Föderationsinitiativen gescheitert waren, während die Stunde des ebenso effektiven wie glanzlosen EWG-Funktionalismus erst noch kommen sollte – einer Methode, deren Praktiker die schmerzlose Geburt der Vereinigten Staaten von Europa versprachen, wenn auch erst am Ende einer ausgedehnten Gravidität. Dennoch kann ein Studium der Überlegungen und Verfahrenstechniken der politischen Praktiker eine Fülle von Einsichten vermitteln, vorausgesetzt, man erwartet kein Übermaß an Systematik.

Kritische Erörterungen, die das Ganze des Integrationsprozesses erfassen und als zureichende Zweck-Mittel-Analyse gelten können, begegnen kaum – nicht einmal bei den politischen Publizisten [8]. Es gibt Ausnahmen: ein Politiker wie Walter Hallstein zählt zu ihnen [9], ebenso Paul Henri Spaak oder Altiero Spinelli [10]. Alles in allem war aber der europäische Integrationsprozeß der vergangenen 25 Jahre auf seiten der führenden Persönlichkeiten durch einen auffälligen Mangel an systematischer und allgemein akzeptierter Theorie gekennzeichnet. In der Wissenschaft beschränkt sich die Methodendiskussion begreiflicherweise auf die Erörterung des Funktionalismus; und im ganzen gilt von der Theorie europäischer Integration, was Herbert Lüthy hinsichtlich der Wirklichkeit der Europa-Politik schon sehr früh festgestellt hat: »Das war ... das Schicksal aller europäischen Unternehmungen: daß sie nie reifen konnten, sondern stets auf halbem Wege von einem hastigen Neubeginn in ganz andere Richtung und mit anderen Methoden verschüttet oder an den Rand gedrängt wurden, so daß ›Europa‹ am Ende als ein chaotischer Bauplatz erschien, auf dem die Ansätze begonnener und halb- oder viertelfertig liegengelassener Baugerüste kreuz und quer durcheinander stehen...«[11] Die folgenden Ausführungen sollen umreißen, welche Entwürfe dem Grundriß dieser Ruinen und halbfertigen Gebäude zugrunde lagen und wo die Vorzüge und Mängel der Konstruktionspläne zu suchen sind.

2. Das Problem: Freiwilliger Zusammenschluß demokratischer Staaten

Die Methodenlehre politischer Föderation hat es mit der Frage zu tun, wie autonome Staaten miteinander vereinigt werden können, und zwar so, daß der Wandel kalkulierbar und kontrollierbar verläuft. Die Kernprobleme einer derartigen Theorie finden sich bereits bei Machiavelli formuliert, der, wie wenige andere Theoretiker, über die *Veränderung* als Grundgegebenheit der Politik nachgedacht hat. Er meinte im ›Principe‹: »Man muß sich nämlich darüber im klaren sein, daß es kein schwierigeres Wagnis, keinen zweifelhafteren Erfolg und keinen gefährlicheren Versuch gibt, als... eine neue Ordnung einzuführen; denn jeder Neuerer hat alle zu Feinden, die von der alten Ordnung Vorteile hatten, und er hat an denen nur laue Verteidiger, die sich von der neuen Ordnung Vorteile erhoffen. Diese Lauheit kommt... von dem Mißtrauen der Menschen, die wirkliches Zutrauen zu den neuen Verhältnissen erst haben, wenn sie von deren Dauerhaftigkeit durch Erfolg überzeugt worden sind.«[12] Was hier im Hinblick auf einzelne Neuerer formuliert wurde, gilt ebenso im Hinblick auf Neuerungsbewegungen, die aus bestehenden Staaten einen neuen schaffen wollen. Bürger und Politiker eines bestehenden Staates schätzen es im allgemeinen wenig, Verhältnisse, die vielleicht unbequem, ja unvorteilhaft, aber immerhin bekannt sind, mit einer ungewissen Zukunft in einem neuen Staat zu vertauschen. Die Notwendigkeit, langsam die wachsende Loyalität zum alten Staat auf einen neuen zu übertragen, würde beschwerliche Umstellungen im Seelenhaushalt jedes einzelnen Bürgers erfordern. Ein mehr oder weniger gut eingespieltes und reziprok angelegtes System von Erwartungen und Leistungen müßte völlig umstrukturiert werden. Schön verfestigte Gefüge und Machtpositionen würden durcheinandergebracht. Wenn Umfragen immer wieder zeigen, daß in wichtigen westeuropäischen Staaten eine imponierende Mehrheit die Fortführung der politischen Integration wünscht – eine Mehrheit gerade auch in politischen und gesellschaftlichen Führungsgruppen! – läßt sich die Frage nicht abweisen, ob sich die fraglichen Bürger und Politiker tatsächlich über den revolutionären Charakter dessen, was sie wünschen, im klaren sind. Wahrscheinlicher ist, daß die positive Einstellung zu den Vereinigten Staaten von Europa in die Kategorie jener politischen Sonntagsgedanken gehört, die rasch vergessen werden, wenn sich die Probleme der Praxis stellen. Die europäische Föderation hätte sonst schon festere Konturen angenommen. In einem bissigen Diktum David Mitranys, dessen Begeisterung für die internationale Zusammenarbeit nur noch von seiner Aversion gegen einen europäischen Bundesstaat übertroffen wird, steckt sicherlich mehr als ein Körnchen Wahrheit: »European federalism has been a blend of myth and some very mixed sentiments.«[13] Doch was auch immer die Gründe für die positive Einstellung zur Idee bei gleichzeitiger Vorsicht in der Praxis sein mögen, die Tatsache bleibt, daß der Versuch, unterschiedliche Systeme und Gesellschaften zur freiwilligen Föderation zu bewegen, eine der diffizilsten Aufgaben politischer Strategie und Taktik darstellt. Dies vor allem darum, weil die Foederandi souveräne Staaten und zugleich Demokratien sind.

Die Föderationswilligkeit einzelner Regierungen ist zu unterschiedlichen Zeiten verschieden groß oder gering – die Föderation kann aber nur zustande kommen, wenn *alle* ohne Zwang zustimmen. Schon die Koordination von Föderationsmaßnahmen zwischen autonomen Regierungen setzt eine günstige Konstellation und ein hohes Maß an außenpolitischem Geschick auf seiten der Kabinette voraus, die die Initiative ergreifen. Und die Interessenlage der einzelnen Staaten legt es nahe, für das eigene Volk die jeweils günstigsten Föderationsbedingungen herauszuschlagen. Opfernächte von der Art des 14. August 1789 in den États généraux pflegen in der Staatengesellschaft ebenso selten vorzukommen wie in der Innenpolitik.

Und was sich die westeuropäischen Staaten zu Recht als Vorzug anrechnen – daß sie Demokratien sind –, kompliziert jeden Föderationsversuch noch mehr. Die Führungsgruppen, die sich auf bestimmte Föderationsvorhaben einigen, müssen sich parlamentarische Mehrheiten sichern, in manchen Fällen auch Mehrheiten der Stimmbürger für die Annahme der Projekte zustande bringen. Sie müssen dazu die öffentliche Meinung, insbesondere die organisierten Gruppen für ihr Vorhaben gewinnen, alles wiederum im Gleichklang mit den anderen zur Föderation bereiten Regierungen.

Darum gehören freiwillig zustande gekommene, geglückte Föderationen von Verfassungsstaaten nicht zufällig zu den Rarissima der neueren und neuesten Geschichte. Die überwiegende Mehrzahl demokratischer Föderationen ist nicht – wie die Niederlande, die USA oder die Schweizer Eidgenossenschaft – durch freie Vereinbarung, sondern unter der steuernden Führung von Kolonialregierungen geschaffen worden[14]. Hinsichtlich der Errichtung des italienischen Einheitsstaates und des Deutschen Reiches fällt die Antwort nicht leicht, ob man diese Staatsgründungen mehr als freiwillige Föderationen oder als Ergebnisse dynamischer Hegemonialpolitik verstehen soll. Föderationsbildung durch Druck von seiten eines Hegemonialstaates ist jedenfalls häufiger als das Zustandekommen eines Zusammenschlusses auf Grund koordinierten Zusammenwirkens unabhängiger Staaten.

Im Falle der intendierten europäischen Föderation wäre die hegemoniale

Föderierung freilich ein Widerspruch in sich selbst: Hier soll ja nach dem Willen der Föderalisten ein »aequum foedus« (Grotius) demokratischer Staaten geschaffen werden. Niemand hat deutlicher darauf hingewiesen als General de Gaulle, der bei seiner großen Abrechnung mit der EWG-Kommission voll Sarkasmus das »wirklichkeitsfremde Projekt« einer europäischen Föderation kritisierte, wo in »Ermangelung eines Föderators, wie es im Westen – jeder auf seine Art – Cäsar und seine Nachfolger, Karl der Große, Otto, Karl V., Napoleon, Hitler und im Osten Stalin zu sein versuchten, ein technokratischer, vaterlandsloser und niemandem verantwortlicher Areopag regieren würde«[15]. Europäische Föderation durch Hegemonie und Föderation auf Kosten der Demokratie: beides wäre in der Tat ein Preis, den kein westeuropäischer Staat erlegen wollte.

Aber gibt es andere Methoden? Methoden, die einen freiwilligen, demokratischen und rational kontrollierbaren Föderationsprozeß ermöglichen? Einen Prozeß, an dessen Ende auch tatsächlich das Ziel erreicht ist, das die europäischen Föderalisten aus den verschiedensten Motiven heraus anstreben: der europäische Bundesstaat und nicht bloß eine enge Kooperation autonomer Völkerrechtssubjekte.

3. Grundbegriffe: Föderation, politische Integration, Föderator

Die Diskussion, die im vergangenen Jahrzehnt in Politik und Wissenschaft geführt wurde, war oft dazu angetan, die bundesstaatliche Zielvorstellung zu verwischen. So hat es kein Geringerer als Walter Hallstein in einem gewichtigen Vortrag für richtig gehalten, die Alternativen »Föderation« oder »Konföderation«, »staatliche Souveränität« oder »europäische Einheit« als »faux problèmes« zu bezeichnen[16]. Er hat es damit David Mitrany leichtgemacht, auf die Widersprüchlichkeit von Thesen hinzuweisen[17], die sich aus dem praktischen Bestreben erklären, hinter dem Rücken der europäischen Kabinette unwiderrufliche europäische Tatsachen zu schaffen. Denn tatsächlich hat gerade Hallstein immer wieder die Gründung eines Bundesstaates (einer »Vollföderation«) als Endziel proklamiert[18].

Wenn die Methoden der europäischen Integration im folgenden ausschließlich auf das Ziel eines bundesstaatlichen Zusammenschlusses hin diskutiert werden, so wird dabei der Umstand durchaus nicht übersehen, daß dieselben Methoden auch für *andere* Funktionen in Anspruch genommen werden können – für die intergouvernementale Konfliktregulierung, für die bloße Koordination der Wirtschaftspolitik, für bessere Kommunikation zwischen den Staatsbürokratien. Ernst Haas hat in seinen Beiträgen zur Integrationstheorie überzeugend herausgearbeitet, daß internationale Organisationen dann am besten gedeihen (und damit politische Integrationsprozesse voranbringen), wenn sie zahlreiche unterschiedliche Bedürfnisse unterschiedlicher Adressaten *zugleich* befriedigen. So gesehen kann es sogar nützlich sein, wenn einzelne Gruppen über dieselbe Organisation unvereinbare Endziele anstreben. Diese Feststellung sollte freilich nicht übertrieben werden. Tatsächlich muß sich trotz aller Listen des in internationalen Organisationen tätigen Zeitgeistes zeigen, ob sie bestimmten Zielsetzungen, sofern diese nur präzise genug gefaßt sind, entsprechen oder nicht.

Unter dem Aspekt politischer Taktik kann es zwar bisweilen klug erscheinen, die begriffliche Unterscheidung zwischen Staatenbund und Bundesstaat zu verwischen. Doch ein derartiges Auslöschen der Konturen verhindert jede sorgfältige Zweck-Mittel-Analyse und ist ein Hauptgrund für den gegenwärtig so unbefriedigenden Zustand der Methodenlehre. Aus diesem Grund wird im folgenden an der klassischen Unterscheidung zwischen Bundesstaat und Staatenbund festgehalten.

Als Minimalkriterium einer wie auch immer strukturierten Föderation bzw. eines Bundesstaates gilt ihr Charakter als Völkerrechtssubjekt, dem ein weitgehender Verlust der völkerrechtlichen Geschäftsfähigkeit auf seiten der Bundesstaaten entsprechen muß [19]. Dies bedingt, daß die einstigen Außenbeziehungen zwischen den Föderationspartnern zu Binnenbeziehungen werden. Von außen her betrachtet, ist die Föderation eine Handlungseinheit; hinsichtlich der Innenpolitik muß sie – wenn ein Auseinanderbrechen vermieden werden soll – Merkmale aufweisen, die Ernst Haas definiert hat als »a condition in which specific groups and individuals show more loyalty to their central political institutions than to any other political authority in a specific period of time and in a defineable geographic space«[20]. Politische Integration, wie sie im folgenden verstanden wird, bezweckt dementsprechend die Gründung eines neuen Staates. Auf die knappste Formel hat John Galtung dieses Integrationsverständnis gebracht: »Integration is a process whereby two or more actors form a new actor. When the process is completed the actors are said to be integrated.«[21]

Wenn sich auch die Erörterung der Integrationsmethoden im folgenden an einem klaren Zielkomplex (Föderation, Bundesstaat) orientiert, so wird dabei nicht übersehen, daß politische Integration einen Prozeß darstellt [22]. Die sozialwissenschaftliche Forschung des vergangenen Jahrhunderts hat dafür den Blick geschärft. Ein Integrationsprozeß beginnt zumeist längst vor Gründung einer Föderation und ist alles andere als abgeschlossen, wenn die politischen Zentralinstanzen geschaffen sind [23]. Darüber hinaus haben die Forschungen der neofunktionalistischen Schule auch die mit der politischen Integration korrespondierenden wirtschaftlichen und gesellschaftlichen Prozesse ins Blickfeld gerückt, deren Bedeutung gleichfalls nicht verkannt werden darf, wenn sich die Hauptaufmerksamkeit der Herausbildung politischer Zentralinstitutionen und Kräftezentren zuwendet.

Dennoch wäre es verkehrt, wollte man vor lauter Begeisterung über die Entdeckung des Prozeßcharakters politischer Integration die entscheidende Schwelle verkennen, die mit der Gründung eines Zentralstaates überschritten wird. Dieser Schritt bedeutet nicht nur eine qualitative Veränderung der außenpolitischen Bedingungen, er hat auch in den meisten der uns bekannten Fälle die Integration der zum Zusammenwachsen vorgesehenen Gesellschaften in einem Maß dynamisiert, das von jenen Forschern leicht unterbewertet wird, die den gleitenden Übergängen internationaler Integration ihr besonderes Augenmerk widmen.

Wenn von der Errichtung politischer Zentralinstitutionen die Rede ist, so klingt dies recht statisch. Tatsächlich sind nicht die Institutionen das entscheidende, sondern die Aktivitäten einer Zentralregierung, eines Bundesparlamentes und einer Bundesjudikative. Sie bilden Kräftezentren, die den zentrifugalen Kräften der Bundesstaaten entgegenwirken und allein in der Lage sein dürften, die heterogenen Gesellschaften miteinander zu verschmelzen.

In Max Hubers 1912 erschienenem Grundriß ›Soziologische Grundlagen des Völkerrechts‹ findet sich ein bemerkenswertes Kapitel, das die Überschrift trägt: »Integration der Staatengesellschaft«. Huber bemerkt dort: »Solange nur gouvernementale Interessen und gouvernementale Organe für die Weiterbildung des Völkerrechts in Betracht kommen, wird die Tendenz zur Hervorhebung internationaler, nicht bloß wirtschaftlicher, sondern ins politische Gebiet eingreifender Bindungen oder gar Organisationen äußerst gering sein. *Radikale Neuerungen* können nur dadurch ins Leben treten, daß Kräfte von *außen* die Regierungen und die sie unmittelbar beeinflussenden Gruppen der Gesellschaft nach jener Richtung drängen.«[24]

Hier sind die wesentlichen Probleme skizziert, die sich einer Methodentheorie der europäischen Integration stellen:

(1) Wie können Staaten, die durch ein enges Interdependenzverhältnis miteinander verknüpft sind, aber zugleich einen autonomen politischen Willensbildungsprozeß aufweisen, zur Föderation bewogen werden?

(2) Kann man sich dabei auf das Zusammenwirken von Regierungen verlassen, oder sind nicht-gouvernementale Kräfte und Organe unerläßlich?

(3) Wenn ja, wie müssen sie beschaffen sein?

Alle Erfahrungen der europäischen Integrationspolitik haben in der Tat gezeigt, daß es ohne die »von außen« kommenden Kräfte und Organe nicht geht. Andererseits mußten aber auch die größten Enthusiasten unter den europäischen Föderalisten erkennen, daß an den Regierungen kein Weg vorbeiführt. Das Kernproblem für jede Integrationsmethode besteht darin, die »von außen« kommenden Kräfte mit dem Regierungshandeln so zu verzahnen, daß radikale Neugestaltungen möglich sind.

Was Huber in vager Terminologie »politische Kräfte« nennt, sind u. a.: Parteien, politische und politisch relevante Verbände, Presse und Massenmedien, Bürokratien, autonome Körperschaften, Persönlichkeiten. Ihr mehr oder weniger organisiertes Zusammenwirken müßte die stärker auf Bestandsicherung als auf Innovation erpichten Regierungen zur Föderation veranlassen.

Die Erfahrung zeigt zwar, daß es keinen Methodenmonismus geben kann, wenn die politische Integration vorankommen soll. Dennoch neigten die Praktiker und Theoretiker der europäischen Integration bisher dazu, sich jeweils auf spezifische Kombinationen integrationswilliger Kräfte zu verlassen. Eine derartige Kräftekombination, die politische Integrationsprozesse initiiert, koordiniert und kraftvolle Impulse erteilt, wird im folgenden – in Weiterbildung eines von de Gaulle verwandten Terminus – Föderator genannt [25]. Die darauf bezogenen Theoreme und strategisch-taktischen Überlegungen nennen wir Föderator-Konzepte.

Formal betrachtet kann die politische Integration von zwei und mehr Staaten durch unterschiedliche Föderatoren initiiert, vorangebracht und vollendet werden:

(a) von einem überstarken oder sonstwie besonders günstig plazierten Staat, der sich an die Spitze der Föderation stellt. Dabei sind zwei Varianten denkbar: der betreffende Staat nimmt eine Führungsposition ein, deren Legitimität von den anderen Föderandi anerkannt wird, oder eine Hegemonialmacht bringt die Föderation durch Zwang zustande;

(b) von einem Staat, der die Föderation fördert, *ohne* sich daran zu beteiligen (externer Föderator);

(c) von politischen und gesellschaftlichen Gruppen, die im zwischenstaatlichen Bereich zusammenwirken (Europa-Bewegungen);

(d) von Gruppen, die sich auf internationale bzw. supranationale Institutionen und Organe stützen, auf deren Errichtung sich die Regierungen der fraglichen Staaten geeinigt haben (zwischen- und überstaatliche Föderatoren).

In der geschichtlichen Wirklichkeit wirken meist mehrere oder alle Faktoren zusammen; ihr Gewicht ist freilich unterschiedlich. Dennoch ist es zulässig, die Eigentümlichkeit der einzelnen Konzepte zu erörtern, wenn nur ihr Zusammenhang mit anderen Ansätzen nicht übersehen wird.

II. Föderatoren im europäischen Integrationsprozeß

1. Führungsmächte als Föderatoren

Hinsichtlich der europäischen Föderation wird generell die Auffassung vertreten, sie sei nur als Bund von Gleichen denkbar. Hegemoniale Föderatoren sind somit inakzeptabel. Hingegen ist es durchaus denkbar, daß *ein* Staat als legitime Führungsmacht die Rolle eines Föderators spielen kann. In den ersten Nachkriegsjahren hatte Großbritannien eine gewisse Chance, als Föderator – wenn auch nicht als Hegemonialmacht – akzeptiert zu werden. Tatsächlich fiel diese Rolle dann Frankreich zu, das ihr bis in die Mitte der sechziger Jahre gerecht zu werden versuchte.

Führungsrolle heißt aber eben nicht: Hegemonialposition. Die anderen westeuropäischen Staaten waren eifersüchtig und mit Erfolg bestrebt, französisches Hegemonialstreben abzublocken; das Scheitern der von de Gaulle vorgeschlagenen politischen Union bildet das Paradebeispiel dafür. Ohnehin gingen längst nicht alle Initiativen von der französischen Regierung aus. So ist beispielsweise die Gründung der EWG in nicht unerheblichem Maße dem Führungsgeschick einiger Politiker aus den Benelux-Staaten zu verdanken. Je mehr Deutschland und Italien in den fünfziger Jahren aus ihrer gedrückten Position herauswuchsen, desto weniger war ein Föderator-Konzept, das sich auf einen Führungsstaat gestützt hätte, akzeptabel. Daß auch die kleineren Staaten nicht bereit sind, einem Föderator-Konzept zuzustimmen, bei dem *ein* Staat die dominierende Kraft darstellt, bewies der zähe niederländische Widerstand gegen das de Gaullesche Europa-Konzept.

Staaten sind nun freilich keine Individuen, sondern komplexe Handlungseinheiten politischer Kräfte. Jedes diesbezügliche Föderator-Konzept müßte zugleich Aussagen darüber enthalten, unter welchen Bedingungen es den föderationsbereiten politischen Gruppen im *Inneren* des Föderator-Staates gelingt, die Regierungspolitik in ihrem Sinne zu dirigieren und nach *außen* jene Legitimität zu erringen, ohne die eine Föderation mit *einem* Staat als Föderationskern undenkbar ist.

Auch daß ein Staat, der selbst nicht Mitglied der Föderation wird, diese zustande bringt, ist für Westeuropa wenn nicht undenkbar, so doch unannehmbar. Es wird freilich von den Theoretikern des Föderalismus allzu häufig übersehen, daß die Föderationen in Afrika und Asien durch die Einwirkung externer Föderatoren entstanden sind – als Abschiedsgeschenke scheidender Kolonialmächte. Und schließlich hatte auch die europäische Integrationspolitik bis Mitte der sechziger Jahre einen potentiellen externen Föderator – die Vereinigten Staaten von Amerika.

Der amerikanische Beitrag ist zwar schon verschiedentlich beschrieben, aber bisher noch nicht systematisch gewürdigt worden. Seine Bedeutung kann gar nicht überschätzt werden[26]. Doch waren die Vereinigten Staaten nicht einmal auf dem Höhepunkt ihres politischen und wirtschaftlichen Einflusses – zwischen 1947 und 1958 – in der Lage, bestimmte Integrationsprojekte gegen den Willen der europäischen Staaten durchzusetzen. Weder gelang es ihnen, die OEEC zu einem Föderator-Instrument zu machen, noch konnte Washington die französischen Widerstände gegen die EVG überwinden.

Die amerikanische Bereitschaft, eine Rolle als externer Föderator Europas zu spielen, ist in den sechziger Jahren aus vielen Gründen geringer geworden. Die wirtschaftliche Konkurrenz der EWG wirkte sich dabei ebenso aus wie die Bemühungen um eine Verständigung mit der Sowjetunion und die neuesten Ansätze für eine regionalistische Weltpolitik.

Ein föderationswilliger Staat oder eine externe Weltmacht können somit

Europa föderieren – aber wie? 387

nur mit viel Takt und Selbstbeschränkung eine Föderatorrolle spielen. Ein Übermaß an Druck und Dynamik wäre für die anderen Föderanden inakzeptabel. Er würde sich nur kontraproduktiv auswirken. Die Erfolglosigkeit der amerikanischen Pressionen anläßlich der EVG-Debatten in Paris hat dies deutlich demonstriert. Das heißt aber, daß im westeuropäischen Raum Staaten höchstens subsidiär als Föderatoren in Frage kommen. Der Druck »von außen«, von dem Max Huber spricht, muß in erster Linie von anderen Kräftezentren erwartet werden. Diese Erkenntnis liegt den vielfältigen Strömungen der Europa-Bewegungen zugrunde.

2. Das Föderationspotential der Europa-Bewegungen [27]

Seit Graf Coudenhove-Kalergi in der Zwischenkriegszeit das erste derartige Föderator-Konzept propagierte und zu organisieren versuchte, konnten mit diesem Ansatz genügend Erfahrungen gemacht werden. Die Erfolgschancen und Schwächen des Konzepts lassen sich einigermaßen objektiv beurteilen.

An und für sich ist der Grundgedanke verführerisch einfach – die Europa-Bewegungen vereinigen alle Personen und Gruppen, die erkennen, daß die Föderationsidee das große Heilmittel für die Schwierigkeiten der europäischen Staaten darstellt. Alle großen Probleme, mit denen sich die europäischen Staaten im 20. Jahrhundert auseinandersetzen müssen, könnten – so meinen die Föderalisten – durch die Schaffung eines Bundesstaates gelöst werden: die Friedenssicherung untereinander, die Sicherung gegen die Sowjetunion, die Wiedergewinnung der europäischen Machtposition in der Weltpolitik, die Lösung des Deutschlandproblems in einer für die Deutschen und ihre Nachbarn gleicherweise annehmbaren Form, die Schaffung eines wirtschaftlichen Großraums, der im Innern Massenwohlstand und sozialen Fortschritt und nach außen Wettbewerbsfähigkeit mit den Vereinigten Staaten gewährleisten würde. Alle Europäer, die dies erkannt haben, müssen gemäß diesem Konzept in einer überstaatlichen Bewegung zusammenwirken. Diese Bewegung soll die Nationen durch konzentrierte Propaganda von ihren partikularistischen Vorurteilen befreien, soll konkrete Föderationsinitiativen planen und durchsetzen, soll vor allem aber die Regierungen durch Überredung und Druck auf den rechten Weg bringen.

Die Schwierigkeiten tauchen auf, sobald es um die Methoden und Modalitäten der politischen Integration geht. Es waren dann auch in erster Linie die programmatischen und methodischen Gegensätze, die die europäischen Bewegungen ihrer Schwungkraft beraubten. Diese programmatischen Entscheidungsfragen sind heute noch genauso kontrovers und kompliziert wie kurz nach dem Zweiten Weltkrieg: Soll die Föderation in einem großen ersten Anlauf erfolgen (Bildung einer Konstituante, Ausarbeitung und Annahme einer Verfassung, Bildung einer Regierung) – oder »auf Raten«? Und wenn man sich von vornherein auf den Gradualismus verläßt: Wo und wie soll begonnen werden (bei der Grundstoffindustrie, beim Verkehrswesen, bei der Verteidigung)? Und mit welchen Teilnehmern (mit oder ohne Osteuropa, mit oder ohne England)? Wie werden die Interessen der einzelnen Staaten in der Übergangszeit gewährleistet, ohne das Ziel bundesstaatlicher Einigung zu gefährden? Wie sind die Außenbeziehungen der Föderation zu konzipieren (die Beziehungen zu den Vereinigten Staaten, zur Sowjetunion, zu Asien und Afrika)? Und wie muß die *innere* Ordnung beschaffen sein (mehr oder weniger zentralistisch, sozialistisch, liberal, korporativ)?

Es ist ganz natürlich, daß die Antworten auf diese Grundfragen selbst bei den überzeugtesten Föderalisten sehr unterschiedlich ausfallen. Hinzu kommt das Problem der Durchsetzbarkeit der jeweiligen Programmatik in den einzelnen Staaten. Ist es nicht sinnvoll, im Interesse eines möglichst weiten Teilnehmerkreises darauf Rücksicht zu nehmen, daß einzelne Schlüsselstaaten nur zu einer vorsichtigen Politik der kleinen Schritte bereit sind? Wenn ja, so muß das Fortschreiten notwendigerweise im Schneckentempo erfolgen. Soll man umgekehrt auf das Konzept der Kernföderation zwischen den föderationswilligen Staaten setzen? In diesem Fall läßt sich das Integrationstempo forcieren.

Diese Fragen politischer Programmatik und Methodik tauchten an jeder Stufe des Kalvarienweges auf, den die Europa-Bewegung seit dem Zweiten Weltkrieg emporgezogen ist. Sie bewirkten – unvermeidlicherweise muß man hinzufügen – deren Zersplitterung in »Föderalisten« und »Unionisten«, in Befürworter eines »Karls-Bundes« und eines Zusammenschlusses unter Einschluß der Briten und Skandinavier, in Liberale und Sozialisten, in Technokraten und Peuplisten, in Antikommunisten und Verfechter einer vermittelnden Linie im »kalten Krieg«. Daß diesen Gegensätzen in der Sache zudem noch die Würze persönlicher Rivalitäten und nationaler Ranküne beigemischt wurde, versteht sich am Rande. Selbst in den einzelnen Nationen war es vielfach ein Ding der Unmöglichkeit, die divergierenden Bestrebungen organisatorisch zu einigen. Erst recht mußte dies auf europäischer Ebene mißlingen. Locker strukturierte Dachverbände und zäh ausgehandelte Resolutionskompromisse [28] konnten nicht darüber hinwegtäuschen, daß die sogenannte Europa-Bewegung nichts mit einem starken Motor der europäischen Einigung zu tun hatte, sondern viel eher einer Mechanik glich, in der sich viele kleine Rädchen miteinander und gegeneinander drehten.

Das Föderatorkonzept einer überstaatlichen europäischen Bewegung leidet aber nicht nur am programmatischen Pluralismus. Sie ist zudem darauf angewiesen, daß Parteien, Parlamente und Regierungen ihre Vorschläge aufgreifen und durchsetzen. Diese allein besitzen das politische Organisations- und Entscheidungsoligopol. Die Bewegungen als solche sind zum Lobbyismus verurteilt.

Die Protagonisten der europäischen Föderation haben diese ihre politische Machtlosigkeit mit den verschiedensten Methoden zu überspielen versucht. Aus der Vielzahl von Aktivitäten schälen sich zwei grundverschiedene Methoden heraus. Die Bewegungen konnten versuchen, ihre Vorstellungen in praktische Politik umzusetzen, indem sie maßgebende Politiker und Repräsentanten der einflußreichsten Parteien und Verbände von ihrem Programm überzeugten und sich ihrer Führung unterordneten. Der andere Weg bestand im Ausbau einer eigenständigen politischen Partei, die nicht darauf angewiesen war, sich der nationalen politischen Führungsgruppen zu bedienen, der diese vielmehr dienstbar sein mußten. Kooperation oder Konkurrenz mit den etablierten politischen Kräften der einzelnen Nationalstaaten lautete also die diesbezügliche Alternative.

Die typische Organisationsform der Kooperationsmethode ist das national bzw. überstaatlich organisierte Honoratiorenkomitee. Demgegenüber ist mit dem Konzept der Konkurrenz die Idee einer europäischen *Volksbewegung* bzw. einer *Europa-Partei* verbunden. Dem erstgenannten Typ entsprachen im großen und ganzen die Nationalräte und Kongreßpräsidien der Paneuropäischen Union [29], des United Europe Movement und der Europäischen Bewegung. Demgegenüber verfocht die aus den europäischen Widerstandsbewegungen hervorgegangene Union Européenne des Fédéralistes (UEF) den Gedanken einer von der Basis her organisierten Volksbewegung von »militants«. Die Theorie dieses Ansatzes ist vor allem von Altiero Spinelli entwickelt worden, der an der Absplitterung des peuplistischen Congrès du Peuple Européen (CPE) maßgebend beteiligt war. Die Erfahrungen zeigen, daß nur die Methode der Honoratiorenkomitees einigermaßen erfolgversprechend ist. Das Konzept der Volksbewegung ist bisher über ein sympathisches Sektierertum nicht hinausgekommen.

Freilich waren auch diejenigen, die sich realistischerweise vor allem darauf konzentrierten, überstaatlich operierende Gruppen von Politikern zu aktivieren, bestrebt, ihren Unternehmungen den strahlenden Mantel einer Volksbewegung umzuhängen. Im ganzen finden die Honoratiorenkomitees aber in den Führungsgruppen die eigentlichen Adressaten ihrer Aktivität, weniger in den Volksmassen. Ihre Öffentlichkeitsarbeit ist in erster Linie dazu bestimmt, allgemein eine positive Grundeinstellung zum Föderationsgedanken zu wecken oder zu pflegen, für spezifische Einigungsprojekte zu werben, konkrete Regierungsinitiativen zu unterstützen und gegenläufige Strömungen (beispielsweise die gaullistischen Europa-Initiativen) abzufangen. Versuche, die Parteien von der Bevölkerung her unter Druck zu setzen, liegen dem Föderator-Konzept des übernationalen Honoratiorenkomitees fern.

Sicher ist es nicht gering zu veranschlagen, daß die Räte der Europäischen Bewegungen über die mitwirkenden Partei- und Verbandsrepräsentanten so etwas wie eine »Hintergrundsideologie unantagonistischen Charakters« (Schelsky) aufbauen konnten. Eine europäische Föderation wird aus Bemühungen, die in erster Linie die Öffentlichkeit zum Adressaten haben, nicht herauswachsen. Fortschritte waren allein jenen Initiativen zu verdanken, die von vornherein auf ein Zusammenwirken der höchsten politischen und gesellschaftlichen Funktionseliten abgestellt waren. Es sind im wesentlichen zwei Ansätze, die gewisse Fortschritte erbracht haben: das überstaatliche Zusammenwirken von Parlamentariern und die Methoden des Action Committee.

3. Eine Parlamentarier-Bewegung als Föderator

Schon in der paneuropäischen Bewegung der Zwischenkriegszeit spielten Parlamentarier die maßgebende Rolle. Und nach dem Zweiten Weltkrieg war es wiederum Graf Coudenhove-Kalergi, der mit der Gründung der Europäischen Parlamentarischen Union diesen Weg beschritt. In seinen ›Lebenserinnerungen‹ skizziert er den Grundgedanken, der dieser Variante des Honoratiorenkomitees zugrunde lag: »... Die Parlamente sind überall Mittler zwischen Völkern und Regierungen. Die Regierungen sind von ihnen abhängig wie sie selbst von den Wählern. Ein Zusammenschluß der Parlamentarier für die Einigung Europas würde darum die Regierungen am schnellsten veranlassen, die Vereinigten Staaten von Europa zu verwirklichen.«[30]

Winston Churchill und Duncan Sandys zogen für das United Europe Committee gleichfalls in erster Linie Parlamentarier heran. Ähnlich war der Conseil Français pour l'Europe Unie konstruiert.

Dem Gedanken, eine überstaatlich kooperierende Parlamentarier-Gruppe als Föderator einzusetzen, lag allerdings noch mehr zugrunde als ein bloßer Methodenkalkül. Die wenigen gedruckten Protokolle vom Kongreß im Haag 1948 zeigen, daß damals vor allem die französischen Parlamentarier bestrebt waren, dieses Föderator-Konzept mit dem demokratischen Prinzip der Volkssouveränität zu verbinden[31]. Inwieweit in ihren Überlegungen damals auch die Vorstellung von einem Gegensatz zwischen den Regierungen als Hüterinnen der nationalen Souveränität und den friedenshungrigen Völkern eine Rolle spielte, der von den Volksvertretern zu überbrücken wäre, ist unklar[32]. Entscheidend aber war die Überzeugung, daß die Verantwortung für den Zusammenschluß Europas in erster Linie von Persönlichkeiten getragen werden sollte, die ein Mandat der Wähler haben.

Es entsprach der inneren Logik dieses Ansatzes, daß sich das Konzept einer Parlamentarierbewegung rasch zur Forderung nach einer europäischen Konstituante verdichtete. In einer überstaatlich und überparteilich operierenden Gruppe maßgebender Parlamentarier kann man in der Tat einen der wichtigsten Föderatoren erkennen – allerdings nur, wenn es ihr relativ rasch gelingt, eine Konstituante zu schaffen, zumindest aber ein supranationales Organ, dessen politische Kompetenzen genügend vage formuliert sind, so daß es die Ausarbeitung einer Verfassung und die Vorbereitung europäi-

Europa föderieren – aber wie?

scher Wahlen in Angriff nehmen kann. Wird die Bildung einer Konstituante nicht angestrebt, so dürfte ein überstaatliches Zusammenwirken von Parlamentariern zwar nützlich sein und den Boden für spätere Integrations-Initiativen lockern – weitertragende Impulse sind von einem derartigen Gremium dann nicht zu erwarten.

Zweimal sollte eine Konstituante die via regia zu einem europäischen Verfassungsstaat eröffnen. Der erste Versuch scheiterte mit der Gründung des Europarates, der zweite lief zusammen mit dem 1952/53 forcierten Vorhaben, die Europäische Politische Gemeinschaft zu gründen, auf Sand. Der Mißerfolg dieser Methoden des Alles oder Nichts zwang die föderalistischen Kräfte, sich hinfort einem pragmatischen Gradualismus zu verschreiben und das Konzept der Parlamentarierbewegung beiseite zu lassen. Dabei wurde ein neuer, ungemein effektiver Typ von Honoratiorenkomitee entwickelt: das »Action Committee« Jean Monnets.

4. Der Ansatz Jean Monnets: ein Aktionskomitee korporativer Repräsentation

Das Action Committee, über dessen Arbeitsweise ziemlich genaue Angaben vorliegen[33], ist ein Honoratiorenkomitee par excellence. Hervorgegangen aus dem reich verzweigten Netz von Verbindungen, die sich Jean Monnet persönlich geschaffen hatte, vereinigt es Spitzenpolitiker und Gewerkschaftsführer[34] in einem überstaatlich operierenden Komitee. Monnets Einladung zur Gründungsversammlung fixierte das dann von allen Mitgliedern bekräftigte Ziel: Gründung der Vereinigten Staaten von Europa[35]. Die Mitglieder waren als Repräsentanten ihrer Organisationen geladen und bekräftigten den Gedanken der korporativen Repräsentanz in der Gründungsresolution vom 18. Januar 1956 ausdrücklich: »Das Komitee wird die Einheit der Aktion der Organisationen, die zu seinen Mitgliedern zählen, gewährleisten, um durch konkrete, schrittweise Verwirklichungen zu den Vereinigten Staaten von Europa zu gelangen.«[36]

Alle Beobachter sind sich darin einig, daß die Unterstützung dieses Komitees für eine Reihe erfolgreicher Föderationsinitiativen – vor allem für die Durchsetzung der Römischen Verträge, aber auch für die Verschmelzung der Gemeinschaften – von entscheidender Bedeutung war.

Arbeitsfähigkeit und Erfolg dieses Gremiums beruhen auf einer Reihe von Faktoren:

(1) Von großer Bedeutung war das persönliche Prestige Jean Monnets, das ihn in die Lage versetzte, die erste Garnitur der Politiker und Gewerkschaftsführer zusammenzubringen.

(2) Die Gründung erfolgte in einem Moment, als die ideologische Ausrichtung westeuropäischer Parteipolitik einer mehr und mehr pragmatischen Grundeinstellung Platz zu machen begann. Ohne das – wie sich zeigen sollte, vorläufige – »Ende des ideologischen Zeitalters« (Daniel Bell) wäre die

Einigung auf problemorientierte, pragmatische Integrationsinitiativen schwer vorstellbar gewesen.

(3) Das im Komitee praktizierte Konsensus-Verfahren [37] läßt Abstimmungen und damit unersprießliche Majorisierungen vermeiden. Gründliche Vorbereitung der Sitzungen durch einen kleinen Stab, das Überredungstalent und die Geduld Jean Monnets, sein Fingerspitzengefühl in Verbindung mit dem exklusiven Wir-Gruppen-Bewußtsein des Komitees ermöglichen einstimmige Resolutionen.

(4) Die Selbstverpflichtung der Funktionseliten auf konkrete Integrationsprojekte sichert diesen auf nationaler Ebene ein hohes Maß an Unterstützung. Die Durchschlagskraft wird in erster Linie durch die konsequente Bejahung des korporatistischen Repräsentationsprinzips erreicht. Die unerläßliche Verbindung zu den hohen Funktionären und Beamten der Gemeinschaften wird von Jean Monnet und seinem Stab hergestellt.

(5) Der Umstand, daß die Mitglieder des Komitees (mit Ausnahme des Vorsitzenden) allesamt öffentliche Wahlämter bekleiden, verhindert den sonst schwer zu entkräftenden Vorwurf, das Komitee strebe die Errichtung eines Bundesstaates mit autoritären politischen Strukturen an.

Im Rahmen der gradualistischen Integrationsmethode ist das Action Committee der denkbar ideale Föderator. Es hat sich bisher – eingedenk der trüben Erfahrung zu Beginn der fünfziger Jahre – zu Recht gehütet, Verfassungsinitiativen zu starten. Monnet schwört auf die Methodik des Gradualismus. Aber auch wenn die Konstellation für Verfassungsimpulse geeignet wäre, dürfte eine Initiative dann am weitesten tragen, wenn sie von diesem oder einem ähnlichen Gremium unterstützt würde.

Auch ein derartiges Komitee ist freilich zur Erfolglosigkeit verurteilt, wenn seine Initiativen auf Regierungen stoßen, deren politisch tragende Kräfte nicht zur Mitarbeit bereit sind. Monnet hat zwar den Fehler des Europarats vermieden, Repräsentanten einzubeziehen, die die Bildung eines europäischen Staates im *Prinzip* ablehnen. Dadurch war ein Fundamental-Konsensus gesichert, aber eben um den Preis einer Abwesenheit der Gaullisten und anfänglich auch der Briten sowie der Repräsentanten anderer EFTA-Staaten. So kommt es, daß die starke Unterstützung des Komitees für den britischen EWG-Beitritt die Gaullisten völlig ungerührt ließ und darum wirkungslos verpuffte. Die Integrationsfähigkeit dieses ingeniösen Honoratiorenkomitees steht und fällt mit der Integrationsbereitschaft der Politiker in den relevanten Staaten.

5. Konzepte einer europäischen Volksbewegung

Das Konzept einer europäischen Volksbewegung als föderative Kraft ist so alt wie das der Föderation durch die politischen Führer. Schon Graf Coudenhove-Kalergi, ein Virtuose im Aufbau von Honoratiorenkomitees, zeigte

Europa föderieren – aber wie?

sich beflissen, seine elitären Föderationsmethoden mit dem demokratischen Öl einer Volksbewegung zu salben. Vor allem aber die europäischen Widerstandsgruppen, aus denen die UEF entstand, waren ernsthaft entschlossen, die Vereinigten Staaten von Europa *von unten* aufzubauen. Diese Gruppen, die den Traditionen der personalistischen Bewegung [38], eines populistischen Sozialismus [39], des Proudhonismus [40] oder christlich-konservativer Grundhaltung verpflichtet waren, erstrebten nicht nur eine revolutionäre Umgestaltung der »anarchischen« internationalen Ordnung, sondern ebenso eine tiefgreifende Gesellschaftsreform. Diesem gesellschaftspolitischen Reformismus entsprach der Nachdruck, der auf eine Mobilisierung der Basis gelegt wurde. Dabei hätten die Widerstandsgruppen ihre »militants« einbringen können. Denis de Rougemont behauptet, 1947 habe die UEF 28 Bewegungen mit über 100 000 eingeschriebenen Mitgliedern zusammengefaßt [41].

Das Mißtrauen gegen die politischen Parteien war bisweilen stark ausgeprägt. Viele sahen in ihnen die wirksamsten Instrumente des Nationalegoismus [42]. Doch war es anfänglich unklar, ob der Aufbau einer Konkurrenzbewegung zu den politischen Parteien versucht werden sollte oder ob es besser war, eine »Liga aufzubauen, die zur Aufgabe hat, jeder demokratischen und fortschrittlichen Partei das international-politische Programm zu liefern« [43]. De Rougemont berichtet von Plänen, aus den Repräsentanten aller »forces créatrices« europäische Generalstände zu beschicken. Die Vertreter der industriellen, agrarischen, genossenschaftlichen Vereinigungen, der Gemeinderäte, Parlamente, Jugendbewegungen, Kirchen könnten, so glaubten manche, nach dem Muster der États généraux von 1789 »Cahiers de revendications« vorlegen und sich im Lauf der Erörterungen in eine Konstituante verwandeln. Ihre Führer sollten den Kern einer zukünftigen europäischen Regierung bilden [44].

Bei Lichte betrachtet arbeiteten freilich auch die Führungsgruppen der UEF nach dem Prinzip von Honoratiorenkomitees, und als es zum Schwur kam, schlossen sie sich – zwar unter Bedenken, aber doch in klarer Erkenntnis der eigenen Schwäche – mit den anderen Europa-Bewegungen zusammen [45]. Auch die UEF mußte sich wohl oder übel darauf verlassen, die etablierten politischen Kräfte mit ihrem Ideengut zu durchdringen. Dieser Versuch blieb erfolglos. Als sich das Konzept der Einigung durch Honoratiorenkomitees deutlich als Sackgasse herausstellte, schien dies jenen radikalen Föderalisten recht zu geben, die von Anfang an den Aufbau einer Volksbewegung gefordert hatten. Ende der fünfziger Jahre versuchten Spinelli und andere Gleichgesinnte darum, in einer Reihe von europäischen Gemeinden einen europäischen Volkskongreß wählen zu lassen. Dieser sollte sich als Konstituante etablieren und gegebenenfalls zur Revolution schreiten. Der Versuch dokumentierte freilich bloß die Unfruchtbarkeit eines Ansatzes, der auf ein europäisches Volk abstellt, während sich die Völker nach wie vor als Nationen verstehen [46]. Der Gedanke der Widerstandsbewegungen, in der

Stunde Null der Befreiung nicht mehr die alten ineffektiven Staatsmaschinen zusammenzumontieren, sondern eine Föderation mit erneuerter innerer Struktur zu errichten, ließ sich in den fünfziger und sechziger Jahren nicht mehr beleben. Vom Mouvement Fédéraliste Européen (MFE), das ein Zusammenwirken zwischen überstaatlicher Führung und lokalen Basisgruppen beabsichtigte, splitterte darüber hinaus auch noch die anarcho-föderalistische Gruppe der »Föderalistischen Autonomie« ab und diskreditierte dieses Föderatorkonzept noch deutlicher als eine sektiererische Bewegung von Italienern und Franzosen, die sich bei der Lektüre Proudhons ihren Realitätssinn verdorben hatten.

6. Die Aussichten von Europa-Parteien und europäischen Partei-Internationalen

Der Vollständigkeit halber sei auch noch das Föderator-Konzept einer Europa-Partei erörtert. Der Gedanke, eine europäische Volksbewegung als Föderator aufzuziehen, hatte sich Ende der fünfziger Jahre durch das Experiment mit der »Volkskongreßbewegung« des MFE ad absurdum geführt. Wollte man unter Verzicht auf die revolutionäre Phraseologie an der Idee einer Organisation festhalten, die zu den etablierten Parteien in Konkurrenz stand, ohne auf die Parteidemokratie als solche zu verzichten, so blieb nur der Ausweg einer Europa-Partei. Anfang der sechziger Jahre sind in Österreich, in den Niederlanden und in der Bundesrepublik Parteien mit der Bezeichnung »Europäische Föderalistische Partei« gegründet worden, die sich aus Anhängern der Europabewegung rekrutieren [47].

Zusammenhänge zwischen dem Scheitern des CPE und dem Versuch mit Europa-Parteien sind nicht auszuschließen. Einmal mußten auch die glühendsten Föderalisten einsehen, daß von einer überparteilichen Bewegung keine entscheidenden Impulse mehr ausgehen konnten. Aber auch die Insuffizienz gouvernementaler Initiativen war unübersehbar geworden, denn die bestehenden Parteien schienen unwillig oder außerstande, mit den Kräften der Beharrung fertigzuwerden. Blieb in dieser Situation nicht als einziger Ausweg die Parteigründung und der Versuch, damit an die Macht zu kommen?

Die bisher erzielten politischen Erfolge der Europa-Partei lassen allerdings Zweifel daran aufkommen, ob von diesem Konzept viel zu erwarten ist [48]. Immerhin rechtfertigt der Ansatz die Überlegung, unter welchen Bedingungen die auf eine Europa-Partei gesetzten Erwartungen erfüllt werden könnten.

Alle Versuche, Europa-Parteien völlig aus dem Nichts einiger idealistischer Gruppierungen aufzubauen, dürften auch in Zukunft wenig bringen. Hingegen könnte dieser Methode mehr Erfolg beschieden sein, wenn eine Europa-Partei durch Parteispaltung aus einer der größeren etablierten Par-

Europa föderieren – aber wie?

teien entstehen würde. Doch, kann man annehmen, daß dies in absehbarer Zeit der Fall sein wird? Nichts deutet darauf hin, und keine Überlegung illustriert auch besser den zweitrangigen Stellenwert, den die europapolitischen Diskussionen in allen kontinental-europäischen Parteien einnehmen. Immerhin sind derartige Entwicklungen auch nicht völlig auszuschließen.

Wenn freilich in den Europa-Parteien zuweilen der Gedanke geäußert wird, eine Föderation könne erst dann geschaffen werden, wenn Europa-Parteien in allen Staaten parlamentarische Mehrheiten errungen hätten, so bedeutet dies faktisch ein Eingeständnis des utopischen Charakters der eigenen Zielsetzung. Die Wahrscheinlichkeit, daß eine primär außenpolitisch orientierte Partei in einem Staat eine Mehrheit gewinnt, ist gering. Der für moderne Demokratien kennzeichnende Primat der Innenpolitik würde erfordern, daß auch eine Europa-Partei ein attraktives innenpolitisches Programm anbieten könnte, vor allem aber überragendes Führungspersonal in Verbindung mit dem unerläßlichen Bukett von politischen Repräsentanten der verschiedensten Interessengruppen.

Gelänge ihr das, hätte sie in der Tat Erfolg, so würde das jedoch in erster Linie zum Ausdruck bringen, daß sie sich besonders gut in die pluralistische Gesellschaft des jeweiligen Staates integriert hat.

Es fehlt zwar nicht völlig an Beispielen von Parteien, die starke innenpolitische Assimilationskraft mit einer prononciert föderationswilligen Außenpolitik zu verbinden wußten. Die große Periode christlich-demokratischer Europa-Politik in den Jahren 1950–1953 war möglich, weil de Gasperis christliche Demokraten in Italien, das M.R.P. in Frankreich und Adenauers CDU in der Bundesrepublik für eine kurze Zeit dabei Erfolg hatten. Dennoch zeigt die Abschwächung der Föderationswilligkeit bei den genannten Parteien, wie rasch die Gegenkräfte erstarken, wenn die jeweilige Partei einen breiten politischen Konsensus herstellen muß.

Die eigentliche Crux des Europa-Partei-Konzepts liegt aber wiederum darin, daß ja Europa-Parteien in allen für die Föderation in Frage kommenden Staaten einen entscheidenden Einfluß ausüben müßten. Derartige Konstellationen sind kaum vorstellbar, und je größer der innenpolitische Erfolg einer föderalistischen Partei, um so größer auch die Schwierigkeiten, sich mit europäischen Schwesterparteien, die sich gleichfalls erfolgreich in die politischen Systeme *ihrer* Staaten integriert haben, zu verständigen! Selbst wenn die Sonderinteressen aller wichtigen Gruppen befriedigt würden, könnten auch zwischen Parteien, die im Prinzip föderationswillig wären, schwerwiegende Gegensätze bezüglich der inneren Ordnung einer Föderation, vor allem aber bezüglich des Teilnehmerkreises auftreten. Auch die Kontroversen über die Außenbeziehungen der Föderation würden sich wohl immer wieder bremsend auswirken.

Nun wird in diesem Zusammenhang stets auf den Erfolg der amerikanischen »Federalists« bei der Gründung der Vereinigten Staaten verwiesen.

Aber wie einfach war das damalige Feld der internationalen Politik strukturiert, in dem sich die amerikanischen Staaten zurechtfinden mußten, verglichen mit dem der fünfziger und sechziger Jahre dieses Jahrhunderts!

Immerhin wäre es falsch, dem Föderationskonzept einer Europa-Partei völlige Ineffektivität zu bescheinigen. Die wichtigste Funktion einer derartigen Partei könnte darauf beruhen, daß sie in die nationalen Parteiensysteme so etwas wie europapolitischen Extremismus hineinbringen würde. Selbst kleine extreme Parteien oder außerparlamentarische Gruppen sind unter bestimmten Bedingungen in der Lage, den Kurs großer Parteien stark zu beeinflussen. Das hängt vom »marginal vote« ab, auch von der Affinität der Extreme zu bestimmten Strömungen *innerhalb* der mehrheitlich nichtextremen Parteien. Es hängt auch ab von den parlamentarischen Mehrheitsverhältnissen. An den Schwierigkeiten überstaatlicher Kooperation zwischen den föderationswilligen Kräften ändert das freilich auch nichts.

Die heutigen EFP-Gruppen bekennen sich realistischerweise zum Grundsatz organisatorischer Unabhängigkeit der einzelstaatlichen Parteien, versuchen aber, ihre Politik in einer Föderalistischen Internationale zu koordinieren. Die Möglichkeiten derartiger Kooperation sind schon bei der Zusammenarbeit föderationsorientierter Schwesterparteien erprobt worden, die vor allem in der ersten Nachkriegszeit in Gang gekommen war.

Am wenigsten ergiebig erwies sich die Zusammenarbeit zwischen den großen sozialistischen Parteien[49]. Das Übergewicht der Labour Party und der skandinavischen Parteien ertötete in den entscheidenden Jahren alle Versuche, aus den regelmäßigen Kontakten der Parteiführer Föderationsimpulse hervorgehen zu lassen. Während der frühen fünfziger Jahre waren es in erster Linie Gegensätze über die Europa-Armee, die es nicht zuließen, daß sich aus der 1951 neu geschaffenen Sozialistischen Internationale ein europapolitisches Initiativ- und Kooperationszentrum entwickelte.

Die sozialistischen Föderalisten mußten sich in jenen Jahren außerhalb der tonangebenden Parteien organisieren: im Mouvement Socialiste pour les Etats-Unis d'Europe (MSEUE)[50]. Ursprünglich stützte sich diese Bewegung auf Aktivisten der extrem linken Gruppen im europäischen Sozialismus, vor allem auf die Independent Labour Party. Nach dem Anschluß der britischen Arbeiterpartei und nachdem die französischen Sozialisten die persönliche Mitgliedschaft freigestellt hatten, erfolgte unter André Philip und Paul Henri Spaak eine ideologische Umorientierung. Dabei bewährte sich insbesondere die Beratende Versammlung des Europarates als Plattform für die Zusammenarbeit sozialistischer Föderalisten. Doch der Widerstand der SPD und der Labour Party konnte nicht überwunden werden. Das MSEUE hat zu keinem Zeitpunkt seiner Wirksamkeit den Idealvorstellungen von einer überstaatlich operierenden sozialistischen Europa-Internationale entsprochen.

Günstiger lagen die Verhältnisse bei den christlichen Demokraten. Wir wissen zwar über die frühen Kontakte in und im Umkreis der Nouvelles Equipes Internationales (NEI) relativ wenig, doch herrscht allgemein die Auffassung, daß diese übernationale christlich-demokratische Europabewegung in der Inkubationszeit der Integrationspolitik von ziemlicher Bedeutung war [51]. Ebenso wie die MSEUE erwuchs auch die NEI aus den Initiativen von Einzelpersönlichkeiten. Ihre größte Wirksamkeit für die Europapolitik fällt in den Zeitraum der Jahre 1947–1949, als die Kontakte zwischen den christlichen Parteien Westeuropas neu geknüpft werden mußten [52].

Man wird die Funktion der Parteigruppierungen der europäischen Bewegung in erster Linie darin sehen müssen, daß sie einen regen Kommunikationsprozeß zwischen den Schwesterparteien zustande brachten. In dem Maße, in dem sich zahlreiche andere Kontaktplattformen daneben schoben – die Beratende Versammlung des Europarates, das Europäische Parlament, die NATO-Parlamentarier-Versammlung, die Interparlamentarische Union u. a. –, wurde die NEI uninteressanter. Das galt auch für europäische Initiativen im engeren Sinne, für die sich die Beratende Versammlung des Europarates, die Kabinette oder überparteilichen Aktionsgruppen als geeigneter erwiesen.

Das ideologische Großwetterklima der späten fünfziger und frühen sechziger Jahre hat auch das Integrationspotential der christlich-demokratischen Parteien geschwächt. Diese wurden ebenso wie die Sozialisten eine Beute jener Kräfte, die auf eine Entideologisierung drängten. Während sich die Bindekraft des christlich-demokratischen Gedankens abschwächte, verstärkte sich die Bindung an die Interessengruppen des eigenen Staates. Ebenso wuchs die Affinität zu anderen Parteien im eigenen Staat, mit denen man um Grenzwähler konkurrieren und in Koalitionen regieren mußte. Dadurch eröffnete sich zwar gerade in europäischen Fragen ein weites Feld zwischenparteilicher Zusammenarbeit, sowohl im nationalen wie im übernationalen Rahmen. Demgegenüber trat die Bedeutung überstaatlicher Zusammenarbeit zwischen ideologisch gleichgerichteten Schwesterparteien zurück. Insofern ist ein überparteiliches Action Committee der nachideologischen Phase westeuropäischer Parteipolitik viel gemäßer als das Föderationskonzept einer ideologisch homogenen europäischen Partei. Hinzu kommt, daß die Aktivität der föderationswilligen europäischen christlichen Demokraten in besonders starkem Maße durch die Schwächung des M.R.P. betroffen worden ist – damit fiel die Partnerpartei in einem der Schlüsselstaaten aus. Den Platz des M.R.P. nahm General de Gaulle ein, der zwar die französische Initiativfunktion in der Europa-Politik fortsetzte, aber ohne föderalistische Zielsetzung.

Auch für die Zukunft wird sich die Prognose wagen lassen, daß das an und für sich attraktive Konzept einer übernationalen Zusammenarbeit von Schwesterparteien bei diesen ein primär ideologisches Selbstverständnis voraussetzt. Fehlt dieses, so sind ihm überparteiliche und überstaatliche Aktionsgruppen, in denen Repräsentanten der pluralistisch strukturierten und pragmatisch operierenden demokratischen Mittelparteien zusammenwirken, eindeutig überlegen.

Das Konzept einer Föderation mit Hilfe von Schwesterparteien, die ideologisch gleich ausgerichtet sind, hat somit – zumindest für die nächste Zukunft – keine Chance. Sein Wert an sich ist ohnehin problematisch. Denn ideologisch akzentuierte überstaatliche Zusammenarbeit korrespondiert ja gleichzeitig im innerstaatlichen Bereich mit einem scharfen Dissensus bezüglich der sozio-politischen Grundfragen. Nichts illustriert dies besser als die Gegensätze zwischen CDU und SPD in den frühen fünfziger Jahren. Es ist aber fraglich, ob ein auf die überstaatliche Ebene transponierter Parteienstreit den für ein Gelingen der Föderation unerläßlichen fundamentalen soziopolitischen Konsensus *zwischen* den demokratischen Parteien herbeiführen würde[53]. Man kann sich zwar vorstellen, daß eine Föderation gegen den erklärten Willen einer starken Partei zustande kommt, die nationalistisch, aber zugleich demokratisch ist. Doch die Aussichten für den inneren Frieden der Föderation wären düster, wenn zu den Gegensätzen über die Föderationspolitik auch noch grundlegende sozio-politische Differenzen ausgetragen werden müßten. Eine Integration der antidemokratischen kommunistischen Kräfte in eine Föderation, die ohnehin zu den drängenden Aufgaben gehören würde, wäre schon schwierig genug!

7. *Institutionalisierte Föderatoren*

Die Aktivität europäischer Bewegungen, Aktionskomitees oder Parteien ist unverzichtbar. Sie kann ein günstiges Klima für konkrete Integrationsprojekte schaffen und Regierungsinitiativen unterstützen. Doch sie reicht nicht aus. Honoratiorenkomitees und Volksbewegungen können nur initiieren, agitieren und lobbyieren, nicht verantwortlich verhandeln und entscheiden. Die Parteien und Regierungen der einzelnen Staaten sind nicht genötigt, die Forderungen und Anregungen der Bewegungen aufzugreifen. Darüber hinaus zeigt sich, daß jede konkrete Initiative nur realisierbar ist, wenn Kompromisse ausgehandelt werden, die den divergierenden Auffassungen und Interessen der Staaten und Gruppen gerecht werden. Das aber wird von den höchsten politischen Amtsträgern, die über ein politisches Mandat verfügen, zu Recht als ihre genuine Aufgabe betrachtet.

Die meisten der entschiedenen Föderalisten sind früher oder später von der Erfahrung belehrt worden, daß der kühne Sprung von der Europa-Bewegung zum fertigen Bundesstaat nur im Traum vollziehbar ist. In der Realität führt an den Staaten kein Weg vorbei. Die politische Integration kann nur vorankommen, wenn diese sich bereit zeigen, Formen *institutionalisierter Integration*[54] zu entwickeln. Diese stellen zwar alles andere dar als eine Föderation, sollen aber dorthin führen. Die gemeinsamen Organisationen und Organe könnten, so wird erwartet, als institutionalisierte Föderatoren wirken, von denen kräftige Impulse ausgehen.

Sollen Föderator-Institutionen dieser Erwartung entsprechen, so müssen sie verschiedenen Anforderungen genügen:

(1) *Legalität*. Regierungen und Parlamentsfraktionen lassen sich nur auf institutionalisierte Verfahrensweisen ein, die von ihnen gebilligt sind.

(2) *Legitimität*. Selbst wenn supranationale Organe mit Billigung der zuständigen Parlamente eingesetzt wurden, ist es ganz unerläßlich, daß ihre Aktivitäten – selbst wenn sie sich im Rahmen der statuarischen Vorschriften halten – auch von den Regierungen stets gebilligt werden. General de Gaulles Kritik an den Aktivitäten der EWG-Kommission zeigte, wie unentbehrlich es ist, daß die Partner eines Zusammenschlusses die aktuelle Tätigkeit der Integrations-Institutionen für legitim halten.

(3) *Autonomie*. Zum Erfordernis der Legitimität steht ein weiteres Desiderat in dialektischem Gegensatz: das nach Autonomie der institutionalisierten Föderatoren. Die politischen Kräfte, die im Rahmen zwischenstaatlicher Institutionen und Verhandlungsgremien wirksam sind, müssen über einen gewissen autonomen Handlungsspielraum verfügen, wenn von ihnen Integrationsimpulse ausgehen sollen. Dieser Handlungsspielraum muß weit genug sein, um eigene Föderationsinitiativen zu erlauben; es darf aber andererseits die Legitimitätsbasis der Föderator-Institution nicht unterminieren.

(4) *Transformationspotential*. Eines der wichtigsten Methodenprobleme politischer Integration besteht darin, überstaatlich konzipierte Föderationsstrategien auf die Entscheidungsprozesse und Kräfteverhältnisse in den einzelnen Staaten abzustimmen. Dafür ist ein Doppeltes unerläßlich: einmal ein Organ, das überstaatliche Föderationsstrategien entwickelt und taktisch voranbringt; zum anderen Kommunikation zwischen diesem Organ und den einzelstaatlichen Entscheidungsprozessen. Zwischenstaatliche Institutionen oder Verhandlungsgremien werden nur dann als Föderator-Organe funktionieren, wenn die föderationswilligen Kräfte dort Fuß fassen konnten. Diese aber werden nur dann Erfolg haben, wenn sie stark und zugleich elastisch genug sind, die divergierenden Impulse, die aus den einzelnen Staaten oder aus dem weiteren Feld des Weltstaatensystems kommen, in ihre Föderationsinitiativen mit einzubeziehen. Kontinuierliche Kommunikation der zwischenstaatlichen Integrationsgremien mit den innerstaatlichen Entscheidungszentren dürfte eine Hauptvoraussetzung für das Vorankommen jedes Föderationsprozesses darstellen.

Protagonisten der europäischen Föderation haben es manchmal für richtig gehalten, die Regierungen als Hauptfeinde der Integration zu brandmarken. Paul Henri Spaaks Forderung, »die Völker müssen ihre Regierung in Trab bringen«, verlieh dieser Einstellung sinnfälligen Ausdruck. Doch tatsächlich ist die politische Integration Westeuropas in einer Reihe intergouvernementaler Verhandlungsrunden, die zum Abschluß von Vertragswerken führten, ganz wesentlich vorangebracht worden. Dies allerdings um so intensiver, je stärker der Druck »von außen« her war.

Mit der Errichtung gemeinsamer Institutionen ist jedoch erst der Anfang gemacht. Anders als etwa beim Abschluß klassischer Militärallianzen ist hier das Beziehungsmuster noch nicht definitiv strukturiert, wenn der Ratifikationsvorgang abgeschlossen ist. Integration ist ja, nach der prägnanten Formulierung Walter Hallsteins, »kein Zustand, sondern ein Werden (création continue)«[55].

Im wesentlichen sind drei Arten von Integrationsinstitutionen ausprobiert oder vorgeschlagen worden:

(1) die regelmäßige Regierungskonferenz;
(2) das Europa-Parlament;
(3) die Europäischen Gemeinschaften.

Alle diese Methoden sind dazu bestimmt, den Integrationsprozeß im *Rahmen* von bereits institutionalisierten, völkerrechtlich abgesicherten Verfahrensweisen voranzutreiben. Bevor sie im einzelnen erörtert werden, ist aber noch auf die Frage einzugehen, welche Methoden geeignet sind, den Abschluß derartiger Verträge zu begünstigen. Spielen auch dabei Föderatoren irgendwelcher Art eine wesentliche Rolle?

War schon bei den europäischen Bewegungen eine stark vereinfachende, selektive Erörterung unerläßlich, so gilt dies freilich erst recht im Hinblick auf die nun folgende Diskussion der Vorschläge und Experimente mit intergouvernementalen und supranationalen Föderatoren.

8. Föderator-Elemente bei Integrationsverhandlungen

Integrationsverhandlungen sind zwischenstaatliche »Neuerungsverhandlungen« (F. Ch. Iklé). Als solche weisen sie einen typischen Rhythmus auf. Die erste Phase kann als *Inkubationsphase* bezeichnet werden. Eine Regierung läßt sich von den Vorzügen eines Integrationskonzeptes überzeugen. Dabei pflegen die Anregungen von den verschiedensten Seiten auszugehen. In Briands Europa-Initiative beispielsweise verdichten sich die Vorschläge der Pan-Europa-Bewegung. Die Einladungen Bidaults und Spaaks zur Aufnahme von Verhandlungen über die Bildung eines Europa-Rats wurden von den Europa-Bewegungen, vor allem aber von den föderalistischen Parlamentariern, ausgelöst. Der Schuman-Plan ging auf die Anregung eines hohen Beamten zurück – des Commissaire général au plan Jean Monnet. Die Verschmelzung der Gemeinschaften entsprach einem Vorschlag der EWG-Kommission und des Monnet-Komitees. Schon in dieser Phase ist es von entscheidender Bedeutung, *welche* Regierung für ein Projekt gewonnen wird und wie stark sie sich damit identifiziert.

Ist eine Regierung oder auch mehrere für ein konkretes Integrationsprojekt gewonnen, folgt in der Regel die zweite Phase der *Konferenzvorbereitung.*

Europa föderieren – aber wie?

Sie ist gekennzeichnet durch die Aktivität von Botschaftern, durch Reisen von Außenministern oder Sonderbotschaftern, meistens auch durch den Austausch von diplomatischen Noten. Am Ende dieser Phase steht eine internationale Konferenz oder aber die Beerdigung der Initiative. Briands Europa-Plan [56] war nur das erste in einer Reihe von Integrationsprojekten, die schon das Zeitliche segneten, bevor es überhaupt zur Konferenz kam. Gerade das Beispiel des Briand-Plans illustriert auch, daß in dieser Phase mehr oder weniger diskreter Verhandlungen so gut wie alles von den Regierungschefs, Außenministern und Staatssekretären abhängt. Ihre Entscheidungen werden unter dem Aspekt des nationalen Interesses und der innenpolitischen Opportunität getroffen.

Einflüsse von außerhalb der Regierung mögen wichtig sein. Tatsächlich aber liegt in dieser Phase das Schicksal eines Projekts weitgehend in der Hand der Regierungen.

Hat ein Integrationsprojekt auch diese Phase erfolgreich durchlaufen, so folgt als dritte Phase die *Eröffnungskonferenz,* bei der sich Regierungschefs oder Minister des Projekts annehmen. Wenn es gut geht, führt sie zur Bildung einer Expertenkommission und zur Beschlußfassung über Arbeitsrichtlinien.

Die Erfahrungen mit einer Reihe von Integrationsprojekten zeigen, daß die hier vereinbarten prozeduralen Modalitäten von entscheidender Bedeutung für den Fortgang der Verhandlungen sind. Sicherlich werden Regierungen, denen an einem Gelingen des Vorhabens liegt, dem in der Diplomatie selbstverständlichen Brauch folgen, nur solche Beamte mit den Verhandlungen zu beauftragen, von denen erwartet werden kann, daß sie sich mit dem Ziel des Projekts identifizieren. Der Erfolg der Verhandlungen über die Montanunion beispielsweise hing zu einem guten Teil von der Person des französischen Delegationsführers ab, der zugleich zum Vorsitzenden der Expertenkommission ernannt wurde – von Jean Monnet [57]. Besonders bewährt hat sich die Leitung der mit der Vertragsausarbeitung betrauten Regierungsdelegationen durch »eine politische Persönlichkeit« [58] von hohem Ansehen, erprobtem Verhandlungsgeschick, politischer Dynamik und eindeutig föderalistischer Grundeinstellung.

Viele Beobachter glauben, daß es ohne diese prozedurale Vorkehrung nicht zum Abschluß des EWG-Vertrages gekommen wäre. Damals war es Paul Henri Spaak, der die Verhandlungen sicher durch alle Klippen hindurchsteuerte. Die Delegiertenkonferenzen arbeiten zwar im Auftrag und nach Weisung ihrer Regierungen. Aber wenn Persönlichkeiten von starkem persönlichem Gewicht die Arbeit bestimmen, können diese Expertenkommissionen die Funktion wirksamer Föderatoren wahrnehmen. Persönlichkeiten wie Spaak und Monnet schmiedeten nicht nur die Kompromisse zwischen den Delegationen; sie verstanden es auch, politische Unterstützung für die Projekte zu mobilisieren und Gegenaktionen auszumanövrieren.

Den Sonderfall eines Gremiums, das im Auftrag und nach den Richtlinien einer Ministerkonferenz arbeitete, bildete die »Ad-hoc-Versammlung«. Sie war mit der Ausarbeitung des Statuts einer Europäischen Politischen Gemeinschaft gemäß § 38 des EVG-Vertrages beauftragt. Die Richtlinien sicherten der Versammlung eine gewisse Autonomie. Ihre Zusammensetzung (zur Hälfte Mitglieder des Montan-Parlaments, zur Hälfte von diesem kooptierte Parlamentarier aus den nationalen Parlamenten) verlieh diesem Gremium ein beträchtliches Transformationspotential. Es zeigte sich – unter der Leitung Paul Henri Spaaks – der Aufgabe gewachsen, zwischen den föderationsbereiten Parlamentarien der Sechsergemeinschaft einen fundamentalen Verfassungskonsensus herzustellen. Allerdings gelang es diesen Parlamentariern nicht, die heimischen Parlamente mitzureißen. Das Projekt der EPG ging zusammen mit der EVG in der französischen Assemblée Nationale unter. Das Verfahren selbst wurde aber dadurch nicht diskreditiert.

Wenn sich auf seiten der westeuropäischen Regierungen tatsächlich eines Tages die Bereitschaft zum Abschluß einer Föderations-Verfassung durchsetzen sollte, so dürfte deren Ausarbeitung durch eine ad hoc zusammentretende Versammlung einflußreicher Parlamentarier eine wesentliche Voraussetzung für den Erfolg des Ratifikationsprozesses bilden. Wahrscheinlich würden die maßgebenden Politiker der einzelnen Staaten einem derartigen Verfassungskonvent, in dem sie mitwirken oder den sie zumindest kontrollieren könnten, mit mehr Sympathie gegenüberstehen als dem Gedanken einer volksgewählten Konstituante.

Ob weitere Konferenzen bis zur Unterzeichnung eines Integrations-Vertragswerkes erforderlich sind oder ob sich die Außenminister – wie dies im Fall des EWG-Vertrages möglich war – den Entwurf der Verhandlungsdelegation ohne größere Abstriche zu eigen machen, hängt von den Umständen ab. Der Beispielfall der EWG/Euratom-Verträge zeigt, daß es von Vorteil ist, wenn zumindest der Verhandlungsleiter der Expertenkommission sein Mandat bis zum Abschluß beibehält. Hingegen gibt es kein sichereres Mittel, ein Projekt zu Fall zu bringen, als die Ausschaltung der Personengruppe, die einen Vertragsentwurf ausgearbeitet hat. So verfuhr beispielsweise der Ministerrat der Montanunion, als er am 8. August 1953 der Ad-hoc-Versammlung die Arbeit an der Satzung aus der Hand nahm und Regierungsvertreter mit einer weiteren Bearbeitung des Projektes betraute [59]. Die Courtoisie, mit der diese einige Vertreter der Ad-hoc-Versammlung »anhörten«, verhüllte nur mühsam, daß die Initiative ihrer treibenden Kräfte beraubt war und nur noch mit einer Beerdigung erster Klasse beehrt wurde.

Der gute Wille aller Regierungen, so zeigt dieser kurze Überblick, ist für ein Gelingen von Integrationsverhandlungen unerläßlich. Ihm müssen aber geistig und möglichst auch politisch unabhängige Initiatoren und Verhandlungsleiter voranhelfen. Allzuleicht ersterben die Initiativen sonst in den Mühlen einer routinierten Konferenzdiplomatie.

Europa föderieren – aber wie?

9. Ineffektiv, aber beliebt: Europäische Regierungskonferenzen

Die Idee der politischen Integration durch eine Regierungskonferenz ist im 20. Jahrhundert zuerst von Graf Coudenhove-Kalergi propagiert worden. Sein Phasenplan für die Errichtung der Vereinigten Staaten von Europa nahm sich wie folgt aus:

(1) Propagandafeldzug zur Gewinnung möglichst vieler bedeutender und möglichst einflußreicher Pan-Europäer; (2) Aufbau einer Pan-Europäischen Union; (3) Einberufung einer pan-europäischen Konferenz; (4) Bildung einer europäischen Gruppe innerhalb des Völkerbundes nach Artikel XXI der Völkerbundssatzung; (5) Bildung einer pan-europäischen Staatenorganisation mit periodischen Konferenzen; (6) Abschluß eines obligatorischen Schiedssystems, Bündnisses und Garantiepakts zwischen den europäischen Staaten. In Verbindung mit der Abschaffung strategischer Grenzen Einführung eines Minoritätenschutzes; (7) Wiedereinführung des pan-europäischen Freihandels. Ausbau Pan-Europas zu einem einheitlichen Wirtschaftsgebiet. (8) »Die Krönung der Pan-Europa-Bewegung soll einst die Umwandlung des Europäischen Staatenbundes in einen pan-europäischen Bundesstaat durch Einführung einer pan-europäischen Verfassung sein.«[60]

Der Briand-Plan vom 1. Mai 1930 übernahm im großen und ganzen dieses Konzept. Er sah eine Verpflichtung der Signatar-Regierungen vor, »in periodisch wiederkehrenden oder in außerordentlichen Tagungen regelmäßig miteinander Fühlung aufzunehmen, um gemeinsam alle Fragen zu prüfen, die in erster Linie die Gemeinschaft der europäischen Völker interessieren können«[61]. Dem vorsichtigen Vorschlag, der eine Entwicklung nach den verschiedensten Richtungen hin erlaubt hätte, lag die Auffassung zu Grunde, daß die institutionalisierte Kooperation von Regierungen »Bande der Solidarität« knüpfen und über Teileinigungen zu einer intensiveren Zusammenarbeit führen würde.

Seither ist dieser Ansatz häufig vorgeschlagen worden unter phantasievoller Einfügung von Elementen, die den Integrationsprozeß beschleunigen könnten. In Churchills Vorstellungen, die er in einer Radioansprache am 21. März 1943 zuerst entwickelte[62], spielte die Regierungskonferenz als Föderatorelement allem Anschein nach eine ebenso große Rolle wie im Denken General de Gaulles. Das Konzept setzte sich mit der Konstruktion des Europa-Rates teilweise durch. Es ist in den fünfziger Jahren immer wieder erörtert worden, hatte bei den Verhandlungen über eine Europäische Politische Union Anfang der sechziger Jahre echte Verwirklichungschancen[63] und wird jetzt wieder – nach dem Abgang General de Gaulles – als immer noch bläßliches, tüchtig angestaubtes Schemen aus der Tiefe diplomatischer Archive heraufbeschworen.

Die Philosophie dieses Ansatzes kommt in einem diesbezüglichen Plan Antoine Pinays sehr schön zum Ausdruck: »Die Schaffung des Rates wäre eine in die Augen fallende politische Konkretisierung der europäischen Idee. Die öffentliche Meinung würde sich mit dem Fortschreiten der praktischen Tätigkeit des Rates nach und nach Rechenschaft über die Interessengemeinschaft der europäischen Staaten geben. Auf diese Weise wäre das Werkzeug für eine langsame und andauernde Arbeit an der Herbeiführung der europäischen Einigung geschaffen... Die Föderalisten müßten darin logischerweise den ersten Schritt auf dem Wege zur europäischen Einigung erblicken... Die Anhänger der nationalen Souveränität müßten darin das praktische Mittel zur Herbeiführung der europäischen Zusammenarbeit unter Wahrung der nationalen Souveränitätsrechte erblicken. Die Entwicklung der internationalen Lage und der öffentlichen Meinung wird zwischen den beiden Richtungen entscheiden und bewirken, daß der Staatenbund ein solcher bleibt und (sic!) nach und nach zum Bundesstaat fortschreitet.«[64]

Die Ambivalenz dieser Methode ist in der Tat offenkundig. Das Verfahren institutionalisierter Kooperation durch regelmäßige Regierungskonferenzen stellt einen Minimalkompromiß zwischen den Kräften dar, die den Nationalstaat hinter sich lassen wollen und jenen anderen, die sein Gehäuse nur ungern oder gar nicht verlassen möchten. Regelmäßige Aussprachen der Regierungen präjudizieren nichts. Sie engen die Handlungsfreiheit nicht von vornherein ein, sondern stellen sie nur unter das sanfte Gesetz der Gruppendynamik. Im Rahmen dieses Instituts ist engere und lockere Zusammenarbeit ebenso möglich wie eine Festigung oder Lockerung der Verbindung[65].

Die Methode entspricht der pragmatischen Vorsicht, in der auch die meisten föderationswilligen Politiker die beste Form der Tapferkeit erblicken. Da es ungewiß ist, ob den bestehenden Staaten die Zukunft gehört oder einem wie auch immer gearteten europäischen Zusammenschluß, scheint es klug, die Föderationspolitik zweispurig anzulegen – so, daß sie in eine »Vollföderation« (Hallstein) führen kann, zugleich aber die nationalen Interessen der bestehenden Staaten fürs erste nicht kompromittiert. Was den überzeugten Föderalisten als erster, vielleicht weiterführender Schritt auf dem Weg zum Bundesstaat erscheint, ist in den Augen der Hüter nationaler Souveränität schon eine Art Endzustand. Staatsmänner wie General de Gaulle oder Winston Churchill haben in klarer Erkenntnis der Interdependenz moderner Außenpolitik in organisierter, aber von autonomen Regierungen vorsichtig gesteuerter intergouvernementaler *Kooperation* die eigentliche Alternative zur Anarchie nationalstaatlicher Rivalität gesehen. Der fundamentale Gegensatz dieses Kooperationskonzepts zu den Plänen der Föderalisten ist in den Diskussionen der Europa-Bewegung, vor allem in den großen Grundsatzdebatten zwischen Föderalisten und Unionisten der Beratenden Versammlung des Europa-Rats, deutlich erkannt worden.

Organisierte Regierungskooperation ist für die Skeptiker und die Hüter der nationalstaatlichen Souveränität kein Verfahren zur langfristigen Aufhebung der staatlichen Autonomie. Es soll die Politik der Staaten nicht verschmelzen, sondern diesen gerade umgekehrt erlauben, trotz der unentrinnbaren Einengung der Handlungsfreiheit die letzte Verfügungsgewalt über die inneren und äußeren Angelegenheiten beizubehalten. Dem beißwütigen Nationalstaat sollen nicht – wie die entschiedenen Föderalisten es wünschen – die Zähne gezogen werden; es reicht, wenn er an der langen Leine funktionalistischer Kooperationszwänge laufen muß, die in der Hand vorsichtiger Regierungen liegt.

Nicht nur traditionelle Nationalisten geben dem kooperativen Ansatz den Vorzug. Auch die Theoretiker[66] und Praktiker[67] eines globalen Funktionalismus sehen im kooperativen Verbund die bei weitem nützlichste und auf lange Dauer allein wünschenswerte Modalität der Zusammenarbeit. Dabei spielt es keine Rolle, ob sie stärker die wirtschaftspolitischen, sicherheitspolitischen oder kulturellen Funktionen betonen.

Je nach der Eigenart der Interessenmärkte, so rechtfertigen die Theoretiker des internationalen Funktionalismus ihren Ansatz, muß ein Staat mit unterschiedlichen Partnern kooperieren. So müßte etwa die Bundesrepublik den geeigneten funktionalistischen Rahmen der Sicherheitspolitik in der NATO erkennen, den der Währungspolitik in der »Zehnergruppe«, den der Entwicklungshilfe in der OECD usw. Die elastische Einstellung auf unterschiedliche Bezugsgruppen, die je nach der Art des Problems variieren, bedingt, daß »nicht eine geographisch bedingte Gemeinschaft mit unbegrenzten Kompetenzen zu wünschen wäre, sondern verschiedene geographisch unbegrenzte Verbände mit einem unterschiedlichen Mitgliederbestand und nur begrenzten Kompetenzen«[68].

In unserem Zusammenhang interessiert aber nicht dieses Grundsatzproblem des Integrationsziels, sondern lediglich die Frage, ob vom Institut regelmäßiger Regierungskonferenzen ein beachtlicher Föderationseffekt ausgehen könnte. Die Erwartungen, die man von föderalistischer Seite daran knüpfen kann, sind größtenteils in dem bereits erwähnten Pinay-Plan zusammengefaßt: Die Öffentlichkeit gewöhnt sich an die enge Kooperation einer Gruppe von Regierungen; in den beteiligten Staaten wird die Sensibilität für die Probleme der Nachbarländer geschärft (Verständnis ist aber eine Hauptvoraussetzung für künftiges gutes Zusammenleben!); mit dem Verständnis wächst das Vertrauen; schließlich führt der Versuch, gemeinsame Probleme gemeinsam und auf dieselbe Weise zu lösen, von selbst zur Angleichung der wirtschaftlichen und sozialen Strukturen in den einzelnen Staaten; allmählich wird so psychologisch und von den Sachgegebenheiten her das rechte Klima für eine Weiterentwicklung der institutionalisierten Integration bis zur Schwelle des bundesstaatlichen Zusammenschlusses geschaffen. Konsequenterweise enthielten verschiedene Vorschläge für die EPU auch die Bestimmung, nach drei Jahren sollten die Abmachungen im Sinne weitergehender Integration revidiert werden[69].

Gegenüber diesen optimistischen Erwartungen müssen aber zahlreiche Bedenken geltend gemacht werden, die sich auf die Erfahrung mit institutionalisierter Zusammenarbeit von Regierungen stützen:

(1) Die Regierungen können (und müssen!) auch weiterhin im Innern und Äußeren ihre einzelstaatlichen Sonderinteressen verfolgen, die sich nur teilweise mit denen der Vertragspartner zur Deckung bringen lassen. Versuche der Regierungen, die Union zur Stärkung der eigenen innenpolitischen und außenpolitischen Position zu benützen, sind nur allzu natürlich, führen aber häufig ebenso naturgemäß zu Konflikten mit den Partnern, denen im Interesse der Gemeinsamkeit Opfer zugemutet werden. Die Wahrscheinlichkeit dieser Konflikte läßt erwarten, daß eine Verschlechterung der Beziehungen bei einem System der Regierungskonferenzen mindestens ebenso wahrscheinlich ist wie eine Verbesserung. Das um so mehr, wenn man an die Kooperation besonders hochgespannte Harmonie-Erwartungen geknüpft hat.

(2) Besonders problematisch wird sich dabei das Verhältnis zwischen größeren und kleineren Partnern gestalten. Die größeren betreiben nicht selten – wie das Beispiel Frankreichs unter de Gaulle oder Ägyptens in der Arabischen Liga zeigt – eine Prestige-Politik, die dem eigenen Staat zugute kommen soll, aber zu einem guten Teil aus der Unterstützung durch die Partner der regionalen Verbindungen ihre Kraft ziehen muß. Die Situation verschärft sich, wenn eine Vormacht in der Union ihre Politik auch mit Großmächten außerhalb abstimmen möchte oder muß und den Sukkurs der Unionspartner erwartet. Staatsmänner vom Typ General de Gaulles, die in den Staaten nicht nur die am wenigsten unparteiischen und am meisten interessierten Gebilde, die es auf der Welt gibt, erkennen [70], sondern auch entsprechend handeln, werden somit gerade das Institut permanenter Gipfelkonferenzen zur Untermauerung ihrer Macht- und Prestigepolitik benützen, damit aber die Föderationsidee diskreditieren. Entsprechende Neigungen beschränken sich ja nicht nur auf den ehemaligen französischen Staatspräsidenten.

(3) Doch selbst wenn sich zwischen den Regierungen unter günstigen Bedingungen eine fruchtbare Kooperation entwickelt hat, können innenpolitische Veränderungen in einem Land, aber auch außenpolitische Vorgänge, den Konsensus auflösen. De Gaulle mit seinem untrüglichen Sinn für die Schwächen der supranationalen Gemeinschaften hat auf einer Pressekonferenz am 5. September 1960 festgestellt: »Solange sich nichts Ernsthaftes ereignet, funktionieren sie ohne viel Komplikationen. Sobald jedoch ein dramatisches Ereignis eintritt oder ein großes Problem zu lösen ist, da wird man gewahr, daß diese oder jene Hohe Behörde keine Macht hat über die verschiedenen Gruppen im Volk und daß nur die Staaten sie besitzen.«[71] Das Argument ist gut, es läßt sich aber mit noch mehr Berechtigung auf das von de Gaulle favorisierte Konzept der institutionalisierten Regierungskonferenzen anwenden.

(4) Sobald sich die Zusammenarbeit auf wichtige Bereiche ausdehnen und

intensivieren will, wird es unerläßlich sein, spezialisierte Behörden mit der Durchführung und Überwachung der Beschlüsse zu beauftragen. Dann aber ist die Frage zu lösen, wem diese Bürokratien gehören, wer sie leitet, nach welchen Rechtsregeln sie arbeiten dürfen und wie die nationale Rechtsordnung und Wirtschaftsordnung im Hinblick auf die Gemeinschaftsentscheidungen in kontrollierbarer Weise verändert werden kann. Das ganz anders angelegte supranationale Konzept der Europäischen Gemeinschaften enthält derartige bürokratische Apparaturen und die entsprechende Judikative.

Es ist nicht einzusehen, wie eine Regierungskonferenz ohne europäische Bürokratie und letzten Endes auch ohne eine supranationale Judikative viele praktische Integrationsfortschritte bewirken könnte. Will sie sich aber der Gemeinschaften bedienen und diese weiterentwickeln, so bleibt es wiederum unerfindlich, weshalb die mit der Regierungskonferenz intendierte Kooperation nicht in den eingespielten Apparat der Gemeinschaften hineingebaut werden sollte. Selbst die von Paul Henri Spaak lancierte Idee eines dialektischen Zusammenwirkens zwischen regelmäßigen Regierungskonferenzen und einer Kommission politischer Sachwalter des gemeinschaftlichen Interesses könnte in die Kooperation höchstens ein etwas dynamischeres Element hineinbringen, etwa vergleichbar der Rolle des NATO-Generalsekretärs, wie es Spaak wohl vorschwebte. Eine Exekutive läßt sich aber so nicht aus der Trickkiste hervorzaubern. Man muß befürchten, daß auch drei prominente Politiker, die – wie Spaak anregte – bei dem Unternehmen ihre heimatliche Machtbasis aufgeben müßten, dabei nicht viel mehr als zwischenstaatliche Kooperation nach dem ausgeleierten Vorbild der Westeuropäischen Union zustande bringen würden [72].

(5) Gegen das Konzept der Regierungskonferenz spricht auch der Umstand, daß dort nur die Repräsentanten der parlamentarischen Mehrheiten vertreten sind. Je nach der besonderen Situation in den einzelnen Staaten wäre es nicht auszuschließen, daß wichtige Parteien auf lange Zeit aus der Europapolitik herausgehalten würden. Ebenso könnten die gesellschaftlichen Verbände nur indirekt – über ihre jeweilige Regierung – mit dem Integrationsprozeß in Berührung kommen. Eines der produktivsten Föderator-Elemente – die institutionelle Orientierung der Interessierten auf zentrale überstaatliche Bürokratien hin – würde dadurch nicht genützt [73].

(6) Vor allem könnten diese Methoden das Hauptproblem jeder Föderationspolitik nicht lösen: den Aufbau eines übergreifenden politischen Kraftfeldes, das Parteien, Verbände und öffentliche Meinung erfaßt und aus dem Bannkreis der nationalen Entscheidungszentren hinausführt. Solange die Zuteilung politischer Positionen und staatlicher Leistungen weiter in den einzelnen Staaten entschieden wird, ist nicht mit einer Schwächung der Institutionen und sozio-politischen Strukturen zu rechnen, die die bestehenden Staaten am Leben erhalten. Zwar wird bei den Plänen für die Einrichtung von Regierungskonferenzen häufig die Inangriffnahme weiterer Integra-

tionsschritte vorgesehen. Doch damit schiebt man die Grundsatzentscheidung nur vor sich her.

Die institutionelle Integration durch Regierungskonferenzen, so läßt sich zusammenfassend feststellen, mag, wenn es gut geht, bei den Ministern, bei den hohen Regierungsbeamten und in der Öffentlichkeit das Integrationsklima verbessern und eine Angleichung der Politik bewirken. Dynamische Impulse können von diesem Konzept kaum erwartet werden. Deutsche und französische Politiker, die mit dem Konferenzmechanismus des deutsch-französischen Vertrages doch nun wahrlich ihre Erfahrungen gemacht haben, sollten eigentlich davor zurückschrecken, diese ineffektiven Prozeduren einem größeren Kreis anzupreisen, falls ihnen wirklich an Fortschritten zur Föderation gelegen ist und nicht bloß an anderen Zielen. Wäre letzteres der Fall, so mögen solche Konferenzen ihren guten Sinn haben. Man soll aber dann derartige Unternehmungen zur Förderung des nationalen Interesses nicht mit dem Heiligenschein föderalistischer Zielsetzungen schmücken.

Auch für zukünftige Versuche mit Regierungskonferenzen dürfte ein Ausspruch des französischen Parlamentariers Jaquet gelten, der 1950 in den Debatten der Beratenden Versammlung des Europarates meinte: Verhandlungen auf Regierungsebene seien so alt wie die Welt, daher von zweifelhaftem Erfolg, »denn die Welt ist schon ziemlich alt, und ein Vereintes Europa ist immer noch nicht geschaffen«[74]. An ein Vorankommen, so meinte Jaquet damals, sei nur zu denken, wenn man sich ohne weiteren Verzug an die Ausarbeitung einer europäischen Verfassung mache.

10. Möglichkeiten und Grenzen eines Europa-Parlaments

Der Gedanke, eine übernationale parlamentarische Versammlung zum Kristallisationskern der föderalistischen Kräfte zu machen, entwickelte sich mit innerer Folgerichtigkeit aus der europäischen Parlamentarierbewegung. Verschiedene Ansätze zur Verwirklichung der Idee sind versucht worden, doch ohne daß dieses Föderator-Konzept bisher besonders erfolgreich gewesen wäre.

Am Anfang stand die Forderung nach einer europäischen Konstituante. Sie tauchte im Jahre 1947 in der Europäischen Parlamentarierunion und in der UEF auf. Die Impulse verdichteten sich auf dem Haager Kongreß in einem Resolutionsentwurf, den so angesehene Persönlichkeiten wie der ehemalige französische Ministerpräsident Paul Ramadier und Edouard Bonnefous, Präsident des Auswärtigen Ausschusses der Assemblée Nationale, vorlegten. Der Kongreß lehnte zwar die sofortige Volkswahl der Deputierten zu einer »European Assembly« ab und beraubte dadurch das Konzept seines demokratischen Glanzes. Immerhin verlangten die Delegierten das Zusammentreten einer von den Parlamenten beschickten parlamentarischen Versammlung. Zu ihrer Zuständigkeit sollte auch, wie sich aus einer verschnör-

Europa föderieren – aber wie?

kelten Formulierung herauslesen läßt, die Beratung einer Verfassung gehören.

Bei den Beratungen des Exekutivausschusses der Europäischen Bewegung am 23.11.1948 wurde die Forderung noch weiter zurückgeschraubt. Punkt 3 des Memorandums lautete: »Um jedes Mißverständnis zu vermeiden, ist es erwünscht, daß die Versammlung einen Namen und Aufgaben erhält, die klar zum Ausdruck bringen, daß sie kein Bundesparlament und nicht einmal eine verfassunggebende Versammlung oder Vorversammlung ist und daß sie keinerlei gesetz- oder verfassunggebende Befugnis besitzt...«[75] Und die Regierungen stutzten durch Einführung des Ministerrates das Konzept einer Konstituante noch kräftiger zusammen. Das Statut des Europarates vom 5. Mai 1949 war so formuliert, daß allen Usurpationsgelüsten der Versammlung ein Riegel vorgeschoben war.

Dennoch entwickelte sich nach dem Zusammentreten der Beratenden Versammlung schnell eine *neue* Variante des Konzepts, Europa durch eine überstaatliche Parlamentarier-Versammlung zu integrieren. Das parlamentarische Gremium bemühte sich nämlich auf vielerlei Wegen, die Fesseln des Statuts abzustreifen und wenigstens einen Teil der Kompetenzen eines echten Parlaments zu erringen. Während sich das reine Konstituantenkonzept an dem historischen Vorbild der Philadelphia Convention orientierte[76], konnte sich die Methode *schrittweiser* Kompetenzausweitung an der Praxis des britischen Unterhauses und der États généraux von 1789 ein Vorbild nehmen. Diese Politik war nicht einmal völlig aussichtslos. In den ersten Sitzungsperioden stand dem Ministerrat eine große Zahl hervorragender und selbstbewußter Parlamentarier gegenüber. Zudem ließ die damalige Konstellation der internationalen Politik vieles als möglich erscheinen. Alle Einzelvorstöße der Versammlung zielten in dieselbe Richtung:
– Kampf gegen die ministerielle Genehmigungspflicht der Tagesordnung und gegen den Regierungseinfluß auf die Auswahl der Delegierten;
– Forderung nach Errichtung einer »europäischen Autorität« mit begrenzten Funktionen, aber wirklichen Vollmachten[77], durch die der Ministerrat zum Nukleus eines Bundesrats, die Beratende Versammlung zu einer Art Bundestag geworden wäre, dessen Zuständigkeit durch einstimmigen Beschluß der Minister Zug um Zug hätte erweitert werden können[78];
– schließlich, als dieses Konzept einer »politischen Behörde« gleichfalls nicht durchsetzbar war, die Forderung, die spezialisierten supranationalen Fachbehörden vom Typ der Hohen Behörde der Montanunion dem Europarat zu unterstellen, um ihn auf diese Art und Weise in ein supranationales Entscheidungsgremium zu verwandeln.

Doch die Gesamtheit der Versuche eines gradualistischen Sich-Vortastens zum Status eines echten supranationalen Parlaments führte nicht zum Ziel. Daß sich die Beratende Versammlung Anfang der fünfziger Jahre um »die Verwandlung Europas aus einer Vielzahl eifersüchtig auf ihre Unabhängigkeit bedachter Staaten in eine Völkergemeinschaft« Verdienste erworben hat, ist im einzelnen schwer wägbar, im ganzen aber sicher unbestreitbar. Die Versammlung war ein Clearing House der Einigungspolitik, zeitweise auch eine Operations- und Koordinationsbasis für die föderalistischen Parlamentarier und sicherlich ein großartiger Debattier- und Experimentierklub, in den europäische Parlamentarier ihre Erfahrungen einbrachten, um realisierbare Föderationspläne zu erörtern und in vielfältige statuarische Entwürfe einfließen zu lassen. Gewiß wird man auch die Bedeutung des Gremiums als überstaatliche parlamentarische Pressure-group positiv würdigen müssen. Aber ein dynamischer Föderator ist diese parlamentarische Versammlung nicht geworden. Sie war dazu verurteilt, in eine sympathische, nicht ganz nutzlose, aber als Föderator völlig ineffektive politische Subkultur zu degenerieren. Das Wort de Gaulles von der parlamentarischen Versammlung, »die, wie man mir sagt, am Rande der Ereignisse, wo man sie zurückließ, dahinsiecht«[79], ist böse, aber es trifft.

Die Methode gradualistischer Kompetenzerweiterung wird auch für die parlamentarischen Versammlungen der Sechsergemeinschaft immer wieder vorgeschlagen, wobei die statuarischen und die politischen Widerstände teilweise dieselben sind, an denen sich schon die Beratende Versammlung wundgerieben hat.

Muß somit das Konzept eines Europa-Parlaments, das als dynamischer Föderator die Vereinigung herbeizwingen könnte, als ineffektiv abgeschrieben werden? Dies wäre ein voreiliger Schluß.

Die Gründe für das Scheitern der bisherigen Versuche sind ziemlich eindeutig festzustellen. Sie liegen weniger, wie immer wieder behauptet wird, in der satzungsmäßigen Beschränkung der Kompetenzen[80]. Das schlimmste Handikap für den Europarat lag darin, daß der Kreis der Mitgliedstaaten von Anfang an zu weit gezogen worden ist. Die unerläßlichen Kompromisse, die mit den unionistischen Briten und Skandinaviern eingegangen werden mußten, lähmten den Schwung der Versammlung. Und als sich in den Jahren 1950 und 1951 zeigte, daß nur die Regierungen der späteren Sechsergemeinschaft für konkrete Integrationsversuche zu gewinnen waren, konnte die Beratende Versammlung wegen ihrer endgültig fixierten Zusammensetzung mit den Europäischen Gemeinschaften nicht institutionell verbunden werden. Die etwas künstliche personelle Verknüpfung zur Gemeinsamen Versammlung der Montanunion vermochte dem Europarat kein neues Leben einzuhauchen.

Die ungeeignete Zusammensetzung dürfte auch ein Hauptgrund für die Abneigung der Regierungen gewesen sein, dem Europarat weitgehende Kompetenzen zuzubilligen. Spätestens 1951 war es über allen Zweifel klar, daß die britische Regierung bei Initiativen für den europäischen Zusammenschluß zwar gerne dabei war, ohne aber mitzumachen. Das gradualistische Konzept der »politischen Behörde« war ingeniös, es krankte aber daran, daß es bei allen beteiligten Regierungen die zumindest prinzipielle Bereitschaft voraussetzte, sich auf einen Integrationsprozeß einzulassen, der im dialektischen Widerspiel zwischen parlamentarischer Versammlung und Ministerrat vorangetrieben worden wäre.

Die Frage stellt sich, weshalb es denn der Gemeinsamen Versammlung der Montanunion oder dem Europäischen Parlament nicht gelungen ist, jenen dynamischen Föderationsprozeß in Gang zu bringen. Hier wirkt sich die Spezialisierung der Aufgaben negativ aus. Die Beratende Versammlung kann sich mit »hoher Politik« befassen – erhält aber wegen des viel zu weiten Teilnehmerkreises in diesen Bereichen keine konkreten Aufgaben. Die erste Garnitur der europäischen Parlamentarier hat das bald bemerkt und ist weggeblieben. Von den gegenwärtig in Straßburg tätigen Abgeordneten können keine kräftigen Föderationsimpulse mehr erwartet werden. Demgegenüber weisen die Verträge über die Gemeinschaften den Parlamentariern praktische Aufgaben zu, aber sie sind zu spezialisiert, als daß die Führungsgruppen der nationalen Parlamente in Straßburg bisher ein lohnendes Betätigungsfeld gesehen hätten [81]. Von einer »europäischen Parlamentarier-Elite« konnte man noch mit gutem Recht im Hinblick auf die Beratende Versammlung Anfang der fünfziger Jahre oder auf die Ad-hoc-Versammlung von 1953 sprechen. Im europäischen Parlament sind vor allem Europa-Spezialisten mit nur durchschnittlichem Gewicht in den heimischen Fraktionen tätig. Und bisweilen gehören diese Abgeordneten nicht einmal mehr dem nationalen Parlament an!

Die Exempla europäischer parlamentarischer Versammlungen mit relativ geringem Föderationspotential lassen zu Recht die Frage aufwerfen, ob ein Europa-Parlament überhaupt die Rolle eines Föderators spielen könnte. Die Antwort wird kein einfaches Ja und Nein sein, sondern muß verschiedene Gegebenheiten im Auge behalten.

(1) Föderatordynamik ist nur zu erwarten, wenn viele maßgebende und föderationswillige Politiker der einzelnen Staaten mitwirken. Das setzt aber voraus, daß ein Europa-Parlament für die Creme der Abgeordneten aus den einzelnen Parlamenten *attraktiv* ist. Das ist nur der Fall, wenn es entweder weitgehende Kompetenzen besitzt oder aber, wenn die Parlamentarier Grund zur Vermutung haben, daß aus der supranationalen Versammlung binnen kurzer Zeit ein Entscheidungszentrum von höchster Bedeutung werden könnte. Tatsächlich sprach im Frühjahr 1949 bei Zusammentritt der Beratenden Versammlung manches dafür, daß aus diesem Gremium etwas werden konnte; so war es nicht schwer, eine große Zahl wichtiger Parlamentarier in Straßburg zu vereinigen.

Die weltpolitische Szenerie, vor deren Hintergrund die Versammlung in der Allée de la Robertsau zusammentrat, ließ dramatische Entwicklungen erwarten. Noch stand jedermann unter dem Eindruck des Prager Umsturzes, der mit der Berliner Blockade verbundenen Kriegsgefahr und einer kraftvollen amerikanischen Europa-Initiative. Mitte 1950 erschütterte der Korea-Krieg erneut das Sicherheitsgefühl, das sich in der zweiten Hälfte des Jahres 1949 langsam verbreitet hatte. Zudem entsprach die Bildung eines europäischen Parlaments dem echten Bedürfnis der westeuropäischen Parlamentarier, die durch den Krieg unterbrochenen internationalen Kontakte wieder aufzunehmen. Hinzu kam die innere Bedrohung der demokratischen Regime in Frankreich und Italien. Wenn irgendwann, dann waren die Voraussetzungen für eine europäische Konstituante damals günstig wie nie zuvor und danach.

Sollte ein zukünftiger Föderationsversuch mit einer parlamentarischen Versammlung Erfolg haben, dann dürften die weltpolitischen Bedingungen zumindest nicht ungünstiger sein als damals. Nur in einer dermaßen offenen Situation werden die maßgebenden Politiker der einzelnen Staaten bereit sein, in einem europäischen Parlament Zeit, Kraft und Prestige zu investieren. Parlamentarier verfolgen naturgemäß viele Ziele und müssen in erster Linie auf ein kompliziertes politisches Kräftefeld in nationalem Rahmen Rücksicht nehmen. Solange ihnen nicht auf übernationaler Ebene neue, interessante Machtpositionen mit sicherer Operationsbasis in Aussicht stehen, scheuen sie davor zurück, die Erwartungen und Aufgaben des nationalen Systems, dem sie angehören, außer acht zu lassen. Da die Interessen der europäischen Völker aber immer noch auf den jeweiligen Nationalstaat konzentriert sind, liegt es selbst für föderalistische Parlamentarier nahe, ihre Föderationspolitik vorsichtig auf die heimischen Gegebenheiten abzustimmen. Ein Musterbeispiel war die Europa-Politik Winston Churchills, die genau so weit ging, als es sein Interesse an einem Comeback in Großbritannien zuließ, und der andererseits die Europa-Bewegung virtuos benützte, um seine innenpolitische Position durch spektakuläre Auftritte auf der Europa-Bühne zu stärken. Dies war ganz natürlich. Wenn Spitzenpolitiker nicht darauf rechnen können, daß ihre Stellung im innenpolitischen Wettbewerb durch eine entschiedene Föderationspolitik gestärkt oder zumindest nicht geschwächt wird, können von ihnen keine weitgehenden Föderationsimpulse erwartet werden.

Europäische Aktivitäten sind zwar für Parlamentarier aus dem zweiten und dritten Glied ein hervorragendes Mittel, sich im heimischen Parlament nach vorn zu spielen oder der Gedrücktheit ihrer Stellung in der nationalen Fraktion zu entfliehen. Die Erfahrung zeigt aber, daß alle Impulse steckenbleiben, wenn sich die Spitzenequipe der Fraktionschefs oder der Regierungsmitglieder desinteressiert zeigt.

Ein modernes Föderator-Konzept müßte von einem Verständnis des »representative government« im weitesten Sinne ausgehen. Die in der Europa-Bewegung der vierziger Jahre so beliebte Unterscheidung in Parlament und Regierung brachte ein damals schon nicht mehr angemessenes Parlamentarismusverständnis zum Ausdruck. Eine Blickweise, die die Regierungen als

Hüterinnen nationaler Souveränität und die Volksvertreter als potentielle Partisanen europäischer Interessen versteht, übersieht nicht nur, daß die Gegensätze zwischen Regierungsmehrheit und Opposition verlaufen. Sie verkennt auch, daß Regierung und Parlament nur Teile eines zusammenhängenden konstitutionellen Entscheidungsprozesses sind, der als Ganzes erfaßt werden muß.

(2) Damit ist ein weiteres Zentralproblem des parlamentarischen Föderator-Konzepts angesprochen. Selbst wenn ein Europa-Parlament mit den brillantesten Köpfen beschickt wird, reicht dies nicht aus. Der Föderationsprozeß würde nur dann vorankommen, wenn dem Parlament eine echte Exekutive gegenüberstünde. Man wird David Mitrany recht geben müssen, der kritisiert, viele Föderalisten zeigten sich zwar darum besorgt, einem europäischen Parlament echte Befugnisse zu geben, wenige aber kümmerten sich darum, wie die Exekutive aussehen müßte[82].

Bei einem gradualistischen Integrationsprozeß würde natürlich auch die Exekutive anfänglich nur über begrenzte Befugnisse gebieten. Wesentlicher aber als das Ausmaß der Zuständigkeiten dürfte in der Anfangsphase die Arbeitsfähigkeit als solche sein. Alexander Hamilton, der sich in den ›Federalist Papers‹ über eben dieses Problem Gedanken machte, hat dazu alles Nötige gesagt: »Energy in the Executive is a leading character in the definition of good government... The ingredients which constitute energy in the Executive are, first, unity; secondly, duration; thirdly, an adequate provision for its support; fourthly, competent power.«[83]

Mit dem vielfach beliebten Institut eines Rats von Ministern und einzelstaatlichen Regierungen ist diese Forderung unvereinbar. Schon im einzelstaatlichen Rahmen machen Ressortegoismus und Koalitionsrücksichten eine Exekutive, die einig ist, zur Seltenheit. Die Schwierigkeiten werden aber in einem überstaatlichen Gremium weisungsgebundener Minister potenziert. Jede Regierung wird in erster Linie die Strömungen widerspiegeln, die sich im autonomen politischen Willensbildungsprozeß ihres Staates durchgesetzt haben. Und diesem in sich zerrissenen Ministerrat stünde ein Parlament gegenüber, das sich wohl wie alle parlamentarischen Versammlungen nicht durch Homogenität der Auffassungen auszeichnen würde! Die Vorstellung von einem in der föderalistischen Zielsetzung einigen Parlament, das eine widerstrebende Regierung auf den Pfad bundesstaatlicher Tugend bringt, ist mehr als abenteuerlich. Brächte man bei einem Europa-Parlament erst einmal das gemeinsame Ziel aller Parlamentarier, mehr Zuständigkeiten und Prestige zu erringen, in Abzug, so bliebe an Gemeinsamkeit nicht mehr viel übrig, was der gleichfalls uneinigen Exekutive entgegengesetzt werden könnte.

In welcher Richtung die Lösung liegt, erkannten die besten Köpfe der Beratenden Versammlung des Europarates sehr wohl. Der Satzungsentwurf der Ad-hoc-Versammlung für die europäische politische Gemeinschaft vom

10. März 1953 deutet an, welche Kombination von Regierungsorganen am ehesten erfolgversprechend sein dürfte: die Dreiheit von Parlament, Rat der nationalen Minister und europäischem Exekutivrat, aus der sich im Lauf der Zeit ein Zwei-Kammer-System des amerikanischen oder schweizerischen Typs herausbilden könnte! So sehr dies zutreffen mag, so klar ist andererseits, daß damit der Schritt zum konstitutionellen Bundesstaat schon getan wäre. Mit dem Gradualismus eines parlamentsbezogenen Föderator-Konzepts ließe sich diese Struktur des Entscheidungsprozesses nicht erreichen. Sie setzt den Entschluß zur Ausarbeitung und Ratifikation einer Bundesverfassung oder eines analogen Vertragswerkes voraus. *Ohne* die Dialektik von Exekutive und Parlament dürfte auch das einfallsreichste gradualistische Föderator-Konzept eines Europa-Parlaments zum Mißerfolg verurteilt sein.

(3) Die Forderung nach leistungsfähiger Exekutive enthält aber zugleich die Notwendigkeit einer europäischen Bürokratie, ohne die eine moderne Regierung den Erfordernissen des Sozialstaats und der wirtschaftlichen Planung nicht mehr gewachsen wäre. Nur Zentralbürokratien in Verbindung mit politischen Entscheidungsgremien, die auch über die nötigen Finanzen verfügen, sind in der Lage, die vielen Gruppen, die von der öffentlichen Hand gehegt und gepflegt zu werden wünschen, zur Umorientierung auf das neue politische Gravitationszentrum zu bewegen.

Die neuere Integrationsforschung hat deutlich gemacht, wie falsch die den Föderalisten einst so liebe Vorstellung von den souveränitätsbesessenen Regierungen ist. Es war vor allem Ernst B. Haas mit seiner epochemachenden Untersuchung ›The Uniting of Europe‹, der den Blick auf die gesellschaftliche Dimension politischer Integration gelenkt hat.

Minister, Parlamentarier, Staatsbürokratien operieren ja nicht im luftleeren Raum. Je offener sie für die Impulse der Gesellschaft sind, um so prompter müssen sie deren kurzfristige oder ideelle Wünsche zu befriedigen suchen. Eine Integrationsmethode, die nur auf die parlamentarischen Führungsgruppen setzen wollte, ohne diese gesamtgesellschaftlichen Aspekte zu beachten, wäre rasch am Ende. Nicht die Regierungen sind heute das Haupthindernis auf dem Weg zur Föderation, sondern die nationalstaatlich organisierten Gesellschaften! *Eine* Aufgabe, und sicher nicht die unwichtigste, ist die Umorientierung der einzelstaatlich orientierten Vorstellungswelt der Politiker. Ein Europa-Parlament und eine Exekutive könnten diesem Bedürfnis entsprechen. Damit verbinden müßte sich aber die Umorientierung der gesellschaftlichen Interessen, die ohne Zentralregierung mit Zentralbürokratien, ohne weitgehende legislative und budgetäre Kompetenzen der Zentralinstanzen nicht zu erwarten wäre.

Die Chancen für eine gradualistische Entwicklung, die von einem Europa-Parlament vorangetrieben werden könnte, sind also gering. Entweder werden in der Tat die unerläßlichen politischen zentralen Instanzen geschaffen, dann wird sich zeigen, daß das Parlament wie in allen modernen Staaten gegenüber den auf die Verwaltung gestützten Exekutiven nur die zweite Geige spielen kann. Oder aber die Bildung einer Exekutive wird versäumt, dann wird sich auch die parlamentarische Föderator-Methode als ungangbar erweisen.

Sternstunden wie die der Jahre 1949/50 und 1953, in denen die hervorragendsten Parlamentarier eine parlamentarische Versammlung zum Motor der Einigung machen wollen, sind selten, und wenn es wirklich gelingen sollte, sie auf das Ziel einer Föderation zu verpflichten, so dürfte der Durchbruch zum europäischen Verfassungsstaat doch nicht zu lange auf sich warten lassen. Verzögerungen veranlassen auch die föderationswilligen Abgeordneten, sich wieder dorthin zu wenden, wo ihre Machtbasis liegt und wo sie über echte Kompetenzen verfügen – zurück in die nationalen Parlamente.

11. Die Konzepte des supranationalen Funktionalismus

Mit den bisher erörterten Integrationsmethoden verbindet sich die Vorstellung, daß die politische Integration in erster Linie von der organisierten Aktivität überstaatlich operierender Gruppen vorangebracht werden muß. Es sind primär voluntaristische Föderator-Konzepte. Das gilt – allen Behauptungen eines scheinbaren »Automatismus« zum Trotz – auch für die Methoden, die mit den Europäischen Gemeinschaften erprobt werden. »Unser Erfolg ist eine Frage des Willens...«, wird Walter Hallstein zu wiederholen nicht müde [84]. Dem guten Willen der Staatsmänner und Beamten wird aber in den Europäischen Gemeinschaften zugleich durch anonyme Sachzwänge und institutionelle Mechanismen nachgeholfen. Ihre Kombination soll jenes gradualistische Fortschreiten zur Föderation hin ermöglichen, das sich bisher weder durch Regierungskonferenzen noch durch ein Europa-Parlament bewerkstelligen ließ. Gradualismus und kluge Nutzung von Sachzwängen – die Verbindung dieser beiden Ansätze fand sich in dem vielzitierten Satz der Regierungserklärung Robert Schumans vom 9. Mai 1950: »L'Europe ne se fera pas d'un coup, ni dans une construction d'ensemble: elle se fera par des réalisations concrètes créant d'abord une solidarité de fait.«[85] Einige Jahre später hat Robert Schuman in einem anderen Zusammenhang den Grundgedanken seines Integrationsprojektes auf eine Art und Weise charakterisiert, deren theoretische Fundierung zwar etwas krud, aber durchaus glaubhaft wirkt: »Wäre es nicht logischer gewesen, wenn man zuerst in politischer Hinsicht versucht hätte, ein organisiertes Europa zu schaffen?... Für den praktischen Politiker besteht eine andere Regel, nämlich die, daß man mit dem anfangen soll und muß, was am meisten Aussicht auf Erfolg hat und sich am schnellsten durchzusetzen verspricht. Wenn wir mit der Frage, ob Föderation oder Nichtföderation angefangen hätten, so hätten wir uns in eine uferlose Diskussion eingelassen, nun aber haben wir dieser Aussprache durch die Schaffung der Montanunion eine feste Grundlage geschaffen und bereits eine Vorstufe erreicht.«[86] Er rechnete mit einer »inneren Dynamik«, ohne aber genauer auszuführen, worin diese bestand[87]. Dabei fand er in Bundeskanzler Adenauer einen Geistesverwandten, der wie er auf pragmatisches Vorgehen schwor und auf den inneren Automatismus der Entwicklung vertraute. Adenauer schrieb beim Rückblick auf die EVG-Verhandlungen: »Es sollte durch diesen Vertrag *gleichsam automatisch* eine Angleichung der Teilnehmerstaaten in außenpolitischen und wirtschaftlichen Fragen herbeigeführt werden, die zusammen mit dem Schuman-Plan und anderen im Stadium der Beratung befindlichen Projekten sehr bald zu einer europäischen Föderation oder Konföderation führen sollte.«[88]

Adenauer, Schuman und ihre Gleichgesinnten hatten sich Anfang der fünfziger Jahre auf eine Föderationsmethode festgelegt, bei der es vor allem darauf ankam, für den Abschluß komplizierter Vertragswerke zur Sektorintegration parlamentarische Mehrheiten zu gewinnen. Welche Faktoren aber sollten nach Auffassung dieser führenden Politiker und ihrer Berater wie Walter Hallstein oder Jean Monnet das *Fortschreiten* der gradualistischen Teilintegrationen bewirken? Man stößt nur auf vage formulierte Erwartungen, findet aber keine auch nur halbwegs ausgebildete Theorie.

Viel wurde von der Verbesserung des psychologischen Klimas erwartet. In Umkehrung des Diktums von der bösen Tat, die fortzeugend Böses nur gebären muß, hoffte man auf die stimulierende, gute Wirkung, die von erfolgreichen guten Taten gemeinsamer, das wechselseitige Interesse berücksichtigender Problemlösung ausgeht. Die in der Ostpolitik der sechziger Jahre eine Zeitlang gängige Formel »Wandel durch Annäherung« hat auch die Integrationspolitik der fünfziger Jahre als Verhaltensmaxime durchwaltet. Weniger wichtig als das Wie war damals das Faktum der Zusammenarbeit an sich. Und so verging Anfang der fünfziger Jahre kein Jahr, in dem nicht von irgendeinem Minister ausgeheckte neue Pläne das Licht der Welt erblickten, bei deren Durchführung alle nur denkbaren Sektoren zum Experimentierfeld gemeinschaftlicher Problemlösungen im westeuropäischen Rahmen werden sollten: Montanindustrie, Verkehrswesen, Landwirtschaft und Energiesektor, Technologie und Verteidigung.

Mit der Erwartung einer psychologischen Kettenreaktion verbanden sich wenig durchdachte Interdependenzvorstellungen. Die Integration im Montanbereich sollte auf andere Sektoren der Wirtschaft ausstrahlen (eine Erwartung, die sich nie erfüllt hat). Die Integration der Verteidigung sollte auch alle übrigen Funktionen der »hohen Politik« affizieren. Und als dieser ambitiöse Plan scheiterte, erhofften sich viele von der horizontalen Wirtschaftsintegration ein »spill-over« in die Reservate der klassischen Außenpolitik.

Zur Bezeichnung dieser Methoden der Teilintegration hat sich in den Jahren, als die Montanunion und die EVG in Angriff genommen wurden, der Begriff »Funktionalismus« eingebürgert. Es lohnt, die Verbindung des damit angesprochenen Konzepts mit der Europaidee etwas näher zu betrachten.

Im Zusammenhang mit dem europäischen Zusammenschluß taucht der Terminus schon in den Grundsatzdiskussionen der beiden ersten Sitzungsperioden der Beratenden Versammlung auf, und zwar ursprünglich als Gegenbegriff zum Konstituanten-Konzept der Föderalisten. Während diese die Ausarbeitung einer Verfassung an den Anfang der Zusammenarbeit zu stellen wünschten, plädierte eine Reihe von Labour-Abgeordneten, unterstützt von den Skandinaviern, für ein funktionales Vorgehen. So formulierte beispielsweise der Abgeordnete Edelman: »There is, first of all, the *constitutional* approach, and then, there is the approach which occupies itself with extending and multiplying the working arrangement between the states of Europe. That has been called the *functional role*.«[89] Es fällt nicht schwer, in diesem besonders bei den Labour-Parlamentariern beliebten Ansatz einen Abklatsch der funktionalistischen Integrationstheorie David Mitranys zu erkennen, dessen Schriften gerade in jenen Jahren die englische Diskussion stark beeinflußt haben. Zeitlebens hat dieser Theoretiker pragmatischer internationaler Kooperation allen föderalistischen Integrationsbestrebungen mehr als nur Skepsis entgegengebracht. Sie sind für ihn ein gefährlicher Irrweg, vor dem er gelegentlich leidenschaftlich, immer aber entschieden warnt.

Internationale Zusammenarbeit muß nach seiner Auffassung den Funktionszusammenhängen gerecht werden – »binding together... those interests which are common, where they are common, and to the extent... they are common«[90]. In der inneren und äußeren Politik geht es, seiner Meinung nach, primär um die Befriedigung von Bedürfnissen und die Lösung von Problemen. Deren Vielfalt verbietet jede einseitige Festlegung eines Staates auf bestimmte Partner – etwa auf eine durch geographische Nachbarschaft oder ideologische Affinität gekennzeichnete Staatengruppe. »Once we accept the idea of the functional organization of government, those instances will become self-evident in which the regional or global extension of the service and of the attendent power would be claimed by the obvious needs of the case.«[91]

Mitranys Konzept internationaler Kooperation kann zwar auch zur Rechtfertigung nationalstaatlicher Einstellung dienen; tatsächlich geht aber seine Absicht genau in die entgegengesetzte Richtung. Er versucht, das für die moderne Machtpolitik charakteristische Denken in der Kategorie autonomer staatlicher Akteure zu überwinden, indem er der Gesellschaft, ihren »welfare-needs« und ihren vielfältigen arbeitsteiligen Funktionen die Priorität zuspricht. Gerade wenn die gesellschaftlichen Bedürfnisse ernst genommen werden, ist – so glaubt er – eine Organisation internationaler Problemlösung erforderlich, die den Staat relativiert. Angesichts der Beharrungskraft und Macht moderner Staaten ist aber eine funktionale Organisation der Weltgesellschaft nur möglich, wenn die funktionale Integration in jenen Funktionszusammenhängen ansetzt, in denen es um die Befriedigung von Bedürfnissen geht, die primär vorpolitisch sind oder nur peripher politischen Charakter haben. Dazu rechnen beispielsweise Kommunikationswesen, Gesundheitsdienst, Verbrechensbekämpfung, Rohstoffzufuhr usw.

Die Vermittlung der funktionalen Zusammenarbeit sollte nach Mitranys Auffassung in erster Linie durch spezialisierte internationale Organisationen erfolgen, deren Struktur der jeweiligen Aufgabe und dem Bedarf des Augenblicks elastisch angepaßt werden sollte[92]. Diese Verknüpfung von Gesellschaften durch spezialisierte Organisationen heißt für ihn internationale Integration. Dabei entwickelt er eine Stufentheorie, die wiederum auf der Überzeugung beruht, daß sich die staatlichen Funktionen in mehr technische, auf dynamische Wohlfahrt gerichtete einerseits und in mehr »politische« andererseits zerlegen lassen:

»1. *Within the same* group of functions probably there would have to be coordination either simply for technical purposes or for wider functional ends, and this would be the first stage toward a wider integration...

2. The next degree or stage might be, if found desirable, the coordination of *several groups* of functional agencies...

3. The coordination of such working functional agencies with any *international planning* agencies would present a third stage...

4. Beyond this, there remains the habitual assumption... that international action must have some overall *political authority* above it...«[93]

Es liegt in der Logik dieses Ansatzes, wenn Mitrany »conspicuous and partial transfers of authority to an international organ« für möglich und wünschenswert hält, wobei er das schöne Bild findet: »Specific functional arrangements... would not steel the crown of sovereignty, while they would promise something for the purse of necessity.«[94]

Mitranys viel beachtetes Werk ›A Working Peace System‹ ist 1943 erschienen. In der vierten Auflage aus dem Jahr 1946 widmete er dem Problem der schrittweisen Übertragung von Souveränität auf neue Behörden besonderes Augenmerk, zuerst im Hinblick auf die Innenpolitik: »Sovereignty cannot... be transferred effectively through a formula, only through a function. By entrusting an authority with a certain task, carrying with it command over the requisite powers and means, a slice of sovereignty is transferred from the old authority to the new; and the accumulation of such partial transfers in time brings about a translation of the true seat of authority. If that had been the considered process in the domestic sphere, it is not still more relevant in the international sphere, where even the elements of unity have to be built up laboriously by this very process of patient change?«[95]

Die ausführliche Darstellung der Überlegungen dieses einflußreichsten funktionalistischen Theoretikers dürfte deutlich gemacht haben, wem – zu-

Europa föderieren – aber wie?

mindest die englischen Mitglieder der Beratenden Versammlung – ein gut Teil ihrer Integrationstheorie verdanken. Die Begriffe und Grundgedanken dieser Theorie tauchen überall in den Debatten auf: das Konzept funktionaler Sektorintegration, das Institut staatenübergreifender »functional agencies«, die Hoffnung auf eine Koordination mehrerer »agencies«, auch – in Andeutungen – die Vorstellung, daß die funktionale Integration einer überwölbenden »political authority« bedarf, und schließlich die Idee partieller Souveränitätsübertragung auf internationale Behörden »by this very process of patient change«.

Aber nicht nur die britischen Unionisten in der Beratenden Versammlung waren Mitrany verpflichtet. Manches spricht dafür, daß auch die supranationale Variante des Funktionalismus von seinem Konzept ausging. Die Vermutung läßt sich nicht von der Hand weisen, daß der mit dem angelsächsischen Denken aufs beste vertraute Jean Monnet Mitranys Theorien gut gekannt und in großem Stil praktiziert hat. Sein Ruhm würde nicht geschmälert, wenn auch die biographische Forschung tatsächlich den Nachweis führen würde, daß das ursprüngliche Konzept des Schuman-Plans in der von Monnet vorgelegten Form ein Versuch war, die Konzepte Mitranys in praktischer Nutzanwendung zu erproben.

Das wäre wahrlich eine unfreiwillige Vaterschaft! Denn Mitranys Idee einer die Staaten im Prinzip transzendierenden, funktionalistischen Sektorintegration sollte alles zustande bringen, nur nicht eine regionale Föderation, einen neuen Staat! Man wird ohnehin fragen müssen, ob Jean Monnet, als er den Schuman-Plan konzipierte, dabei wirklich in erster Linie an eine europäische Föderation gedacht hat. Dieses Musterprojekt der Teilintegration sollte – getreu den Gedankengängen Mitranys – konkrete Bedürfnisse mit Hilfe einer überstaatlichen Hohen Behörde (authority) lösen. Kein Gedanke an eine parlamentarische Versammlung, einen Gerichtshof oder gar einen Ministerrat [96]! Mit dem Schuman-Plan sollte eine Lösung für die Ruhr-Kontrolle gefunden werden, die den französischen Sicherheitsinteressen Rechnung trug, ohne aber die zukünftigen Beziehungen zur Bundesrepublik zu belasten, deren rascher Nachkriegsaufstieg sich schon abzeichnete. Für die Beendigung des deutsch-französischen Antagonismus schien ein Anfang geboten, der ebenso von wirkungsvoller Symbolik wie von praktischer Bedeutung war. Und der durch Monnets ehrgeizige Industrialisierungsprojekte stark gestiegene Energiebedarf Frankreichs forderte gleichfalls weitreichende staatenübergreifende Planungen.

Man kann nur darüber spekulieren, ob der berühmte Einschub in der Regierungserklärung vom 9. Mai 1950, der die Montanunion als »die erste Etappe der europäischen Föderation« bezeichnet, möglicherweise nur den europäischen Aufputz an einem Projekt im Sinne Mitranys darstellte – eingefügt von Jean Monnet im Blick auf den »Europäer« Schuman oder von diesem selbst, und zwar nicht zuletzt mit Blick auf Washington und Bonn [97].

Tatsächlich hat erst der Entschluß, die beiden heterogenen Elemente – Föderalismus und Funktionalismus – miteinander zu verbinden, die eigentliche Originalität des Schuman-Plans ausgemacht. Sicher hieße es der Wirklichkeit Gewalt antun, wollte man die Erwartungen, die in Europa am Anfang der fünfziger Jahre mit der funktionalistischen Methode verbunden worden sind, bloß als Auswirkungen der Theorien Mitranys verstehen. Schließlich hat dieser ja nur Phänomene beschrieben und analysiert, die schon im 19. Jahrhundert, vor allem aber seit dem Ersten Weltkrieg zu beobachten waren. Gerade in der Nachkriegszeit waren mit UNRRA, OEEC und auch mit dem Ruhrstatut interessante Modelle geschaffen worden, deren Verbindung mit der Europaidee in der Luft lag. Eine historische Würdigung der Entstehung des supranationalen Funktionalismus müßte übrigens auch den Beitrag des britischen Abgeordneten in der Beratenden Versammlung, Ronald W. G. Mackay, eingehender würdigen.

Einige Monate nachdem Robert Schuman den nach ihm benannten Plan lanciert hatte, war jedenfalls ein Großteil der Föderalisten im Europarat für die mit föderalistischer Zielsetzung angereicherte funktionalistische Methode gewonnen, obschon es völlig unbewiesen war und blieb, ob die an den funktionalistischen Gradualismus geknüpften Erwartungen mehr waren als bodenlose Spekulationen.

Wie schon erwähnt, war die funktionalistische Methode auch nach den damaligen Vorstellungen Mitranys durchaus geeignet, den Integrationsprozeß über immer höhere Stufen emporzuführen. Die Bereitschaft zur Intensivierung der Beziehungen mußte seiner Auffassung nach in erster Linie aus dem Lernprozeß resultieren, den die erfolgreiche übernationale Zusammenarbeit in der Öffentlichkeit und vor allem bei den beteiligten Funktionären und Beamten in Gang setzte. Die Vorstellungen, wie dieser Prozeß die Entscheidungen der »hohen Politik« affizieren könnte, waren ziemlich unentwickelt. Sie paßten ohnehin nicht richtig in eine Theorie, die ja eben nicht auf die regionale Integration abzielte. Alles spricht auch für die Vermutung, daß sich die Montanunion nicht sehr erheblich von internationalen Organisationen des Typs OEEC, ILO usw. unterschieden hätte, wenn es bei der von Monnet ursprünglich allein vorgesehenen Hohen Behörde geblieben wäre. Entscheidend war, daß das Konzept im Lauf der Verhandlungen mit jener Vielzahl institutioneller Regelungen angereichert wurde, deren Gesamtheit erst eine Verzahnung zwischen den Behörden und dem politischen Willensbildungsprozeß in den einzelnen Staaten bewirkte.

Wie es im einzelnen dazu kam, ist noch längst nicht vollständig erhellt[98]. Verschiedene sachliche und politische Beweggründe wirkten zusammen:

(1) Wenn die Hohe Behörde mit eigenen Kompetenzen ausgestattet werden sollte, war das Problem der Kontrolle von kardinaler Bedeutung. Die Konstruktion des Ministerrates ist direkt aus diesem Sachzwang hervorgegangen. Demgegenüber ist nicht ganz deutlich, ob die Gemeinsame Ver-

Europa föderieren – aber wie?

sammlung in erster Linie dazu gedacht war, den Forderungen nach »parlamentarischer Kontrolle« oberflächlich zu genügen [99], oder ob damit von vornherein weitergehende Zielsetzungen verbunden waren. Auch die Einrichtung einer Judikative war ein zwingendes Sacherfordernis.

(2) Durch diese Organe wurde das ursprünglich rein funktionalistische Konzept mit Elementen angereichert, deren Analogie zum Bundesstaat offenkundig war. Sicher: die Hohe Behörde, die Gemeinsamen Versammlungen, der Besondere Ministerrat und der Gerichtshof wichen stark von den bekannten Modellen bundesstaatlicher Verfassungen ab, aber mit einiger Phantasie – und daran fehlte es den europäischen Föderalisten in Straßburg nicht [100] – konnte man in ihnen die vier klassischen Organe des Bundesstaates erkennen: Exekutive, Volksvertretung, föderatives Organ und Judikative.

Anfang der fünfziger Jahre war also mit dem funktionalistischen Konzept Mitranys ein Doppeltes geschehen. Es war mit einer ihm ursprünglich wesensfremden regionalistischen Zielsetzung verbunden und zugleich eminent politisiert worden. Denn nichts anderes bedeutete die Hereinnahme der Parlamentarischen Versammlung und vor allem des Ministerrates. Zwar war die Montanunion alles andere als ein Bundesstaat im Ebryonalstadium, aber sie gab den Föderalisten ein Modell in die Hand, das zur Übertragung auf andere Sektoren reizte und zugleich die Fortentwicklung zu einem Bundesstaat nahelegte.

Nach den vagen Vorstellungen jener Jahre sollte das »Vereinigte Europa« in einer ersten Phase durch die Integration verschiedener Schlüssel-Sektoren gekennzeichnet sein. Zu gegebener Zeit würde es sich dann als unerläßlich, aber auch als möglich erweisen, das Gefüge integrierter und noch nicht integrierter Bereiche mit einem »politischen Dach« in Form bundesstaatlicher Institutionen zu versehen [101]. Wie es im einzelnen dazu kommen sollte, blieb offen, und letztlich hing auch nach diesem Konzept doch wieder alles von den Beschlüssen der Regierungen und Parlamentarier ab.

Der Versuch mit der vertikalen Sektorintegration ist allerdings nur einmal wiederholt worden – mit dem Euratom-Vertrag. Und wie im Fall der Montanunion entsprach der erhoffte Spill-over-Effekt nicht den Erwartungen, so daß sich die spätere Fusion der Gemeinschaften als eleganteste Liquidation dieses wenig überzeugenden Konzepts empfahl.

Die beiden anderen Projekte supranationaler Gemeinschaften – EVG und EWG – entfernten sich noch weiter vom funktionalistischen Grundgedanken Mitranys. Die paraföderalen Entscheidungstechniken waren hier noch sehr viel stärker betont. Statt der funktionalen Integration durch internationale Institutionen unter Aussparung der Staaten entstanden unter den Händen der nunmehr funktionalistisch kalkulierenden Föderalisten supranationale Willensbildungsprozesse und Entscheidungsgremien, die aufs engste mit den einzelstaatlichen Regierungen verknüpft waren. Dieser supranationale Funktionalismus stellt das bisher effektivste aller praktisch erprobten Föderator-Konzepte dar.

Die bundesstaatliche Komponente war im EVG-Vertrag am deutlichsten ausgeprägt. Dieser entfernte sich auch am weitesten von dem ursprünglichen Grundgedanken der Sektorintegration. Artikel 38 konzipierte die Versammlung als Kern einer Konstituante und sah im Zusammenwirken von Rat und Versammlung ein Verfahren zur dynamischen institutionellen Weiterentwicklung vor [102]. Wohin diese nach dem Willen der Föderalisten führen sollte, zeigte der Satzungsentwurf der Ad-hoc-Versammlung. Der ursprüngliche funktionalistische Kerngedanke, ausschließlich »welfare«-Funktionen zu integrieren, war damit gleichfalls aufgegeben. Das entsprach nicht nur der föderalistischen Zielsetzung der vertragschließenden Regierungen, sondern auch der Sachgesetzlichkeit. Die Verteidigungspolitik als zentrale Komponente »hoher Politik« läßt sich nicht als Sektor isolieren. Die EVG hätte binnen kurzer Frist zu einem Bundesstaat weiterentwickelt werden müssen, oder sie wäre nicht in der Lage gewesen, ihre Funktionen zu erfüllen.

Auch in das EWG-Vertragswerk hat dieser für die EVG charakteristische doppelte Kalkül Eingang gefunden:

(1) Die Sachgesetzlichkeiten sollten früher oder später demonstrieren, daß es absurd wäre, einzelne Sektoren zu integrieren, andere aber nicht.

(2) Eingebaute institutionelle Mechanismen sollten sicherstellen, daß alle Entscheidungen zur Überwindung dieser Absurdität eine Intensivierung der Integration und ein spill-over auf andere Sektoren bringen mußten. Während man im EVG-Konzept die institutionelle Dynamik von der Dialektik zwischen Versammlung und Rat erwartet hatte – die Tauglichkeit dieses Instituts ist nie ausprobiert worden! –, wurde das neue Föderationsprojekt auf den Dialog von Kommission und Ministerrat abgestellt [103]. Die Kommission ist ein unabhängiges politisches Gremium, deren Aufgabe in der Arbeit für die Interessen der *ganzen* Gemeinschaft besteht. Der Ministerrat hingegen artikuliert und verteidigt die einzelstaatlichen Interessen, bevor eine Entscheidung gefällt wird [104]. Unterstützt wird diese eingebaute Dynamik durch zahlreiche andere institutionelle Regelungen, wie die Phasenbestimmungen, die Vorschriften über Mehrheitsentscheidungen und die wichtigen Regelungen über das Gemeinschaftsrecht. Ebenso bedeutsam ist der Umstand, daß der Vertrag, genauso wie vor ihm schon das politische System der Montanunion, soziopolitische Prozesse in Gang setzt: die Durchtränkung der nationalen Bürokratien mit überstaatlichem Geist [105], die Orientierung der Interessenorganisationen auf supranationale Zentralbürokratien und die Tätigkeit eines embryonalen Europa-Parlaments [106].

Als sich die EWG mit ihrem Ineinander supranationaler und nationaler Kompetenzen und Entscheidungsprozesse anfänglich als praktikabel erwies, schien die richtige Integrationsmethode gefunden. Selbst Skeptiker wie Altiero Spinelli bekehrten sich zum Konzept der Gemeinschaften. Die Aufgabe

Europa föderieren – aber wie?

schien darin zu bestehen, die »solidarité de fait«, auf die Robert Schuman seine Hoffnung gesetzt hatte, immer stärker zu machen, die embryonalen bundesstaatlichen Strukturen immer deutlicher hervortreten zu lassen.

Dieses Konzept ist nicht auf das Wirken *eines* Integrationsfaktors abgestellt. Es vereinigt ein ganzes Bündel von Föderatoren, deren Föderationspotential die verschiedensten Gruppen, Regierungen, Parlamente, Firmen, Verbände in einen Prozeß supranationaler Problemlösung hineinzwingt.

Vor allem Ernst B. Haas hat darauf aufmerksam gemacht, daß es recht oberflächlich wäre, im Wachstum der Gemeinschaften nur die Folge wirtschaftlicher Zwangsläufigkeiten zu sehen. Der Kalkül mit den Sachzwängen spielt zwar eine wesentliche Rolle. Die Eliminierung eines Sektors aus der Gesamtwirtschaft durch politisch-administrative Entscheidungen schafft ein künstliches Ungleichgewicht, denn sie steht »in einem inneren Widerspruch zu der Interdependenz aller wirtschaftlichen Zusammenhänge«[107]. Die »Sachlogik«[108] der wirtschaftlichen Interdependenz zwingt aber dazu, ein neues Gleichgewicht zu schaffen. Entscheidend ist nun, daß die Lösung in *verstärkter* supranationaler Integration gesucht wird. Immerhin bestünde ein denkbarer Ausweg aus den Schwierigkeiten ja auch darin, den Supranationalismus, der das Ungleichgewicht hervorgerufen hat, zu redressieren. Nur wenn alle Beteiligten lernen, diese Schwierigkeiten in einer Verstärkung der supranationalen Organisation, in einem absichtlichen spill-over der Integration zu suchen[109], hat diese Methode Aussicht auf Erfolg. Als Resultat der Verträge, der Gruppen-Interaktion und der wirtschaftlichen Sachzwänge hat sich in den Gemeinschaften die politische Praxis herausgebildet, die durch Teilintegration geschaffenen Spannungen nicht durch Einigung auf den kleinsten Nenner, sondern durch Ausweitung der Integration zu lösen, weil sich so die Möglichkeit von Kompensationen bot. Haas hat diese Methode »upgrading the common interest« genannt[110], also eine Überwindung der Differenzen, indem man die Lösung im Fortschreiten auf eine höhere Integrationsebene sucht.

Daß sich die maßgebenden Gruppen auf diesen Lernprozeß einlassen, ist jedoch alles andere als sicher. In den erfolgreichsten Jahren der EWG breitete sich da und dort die Illusion aus, man könne Europa dank der »List der funktionalen Idee«[111] hinter dem Rücken der Völker einigen. Die Erfolge dieser Methode hängen aber von verschiedenen politischen und auch organisationssoziologischen Komponenten ab. Entscheidend wichtig ist die Indoktrinierung der Funktionäre und hohen Beamten der Gemeinschaft mit der Föderationsideologie. Sie wird erfolgen, wenn eine gewisse Kontinuität und Unabhängigkeit der supranationalen Stäbe gesichert ist. Denn Bürokratien, gerade auch die internationalen, neigen erfahrungsgemäß dazu, sich mit der Ideologie ihrer Organisation zu identifizieren und der Stärkung ihrer Organisation eine hohe Priorität zuzumessen.

Zugleich müssen die Führungsstäbe der Gemeinschaften aber auch in der

Lage sein, eigene Initiativen zu entfalten und ihre Impulse in elastischem Verhandeln voranzutreiben. Ebenso ist eine denkbar enge Verbindung zu den nationalen Entscheidungsprozessen unerläßlich. Nur wenn diese Voraussetzungen gegeben sind, können die Regierungen davon überzeugt werden, daß sich die mit der wechselseitigen funktionalen Zusammenarbeit verbundenen Probleme am besten durch eine Stärkung der supranationalen Organisation lösen lassen [112]. Das ist, wie die Geschichte der EWG zeigte, nicht ausgeschlossen, falls eine längere ungestörte Entwicklung möglich ist, falls sich daraus für die Staaten und Interessengruppen sichtbare Vorteile ergeben, falls allgemein eine pragmatische Grundeinstellung vorherrscht und falls innerhalb der Staaten die Bereitschaft besteht, den hohen Funktionseliten, auf deren Zusammenwirken der Integrationsprozeß beruht, relativ freie Hand zu lassen.

Die Methode entspricht nicht eben den Neigungen derer, die sich an fundamentaldemokratischen Vorstellungen erbauen: »Vor allem müssen«, wie Ernst Haas ausführt, »die Sachentscheidungen, die bei allen wesentlichen Beschlüssen anfallen, den Technokraten vorbehalten bleiben.«[113] Sind diese Voraussetzungen erfüllt, so wird sich – der Theorie zufolge – »die Integration nahezu automatisch vollziehen«. Schlechthin ausschlaggebend für das Gelingen dieser Methode ist aber eben, daß alle wesentlichen politischen Kräfte in einer kontinuierlichen Stärkung der supranationalen Organisation die Grundvoraussetzung für ein Fortschreiten des Integrationsprozesses erkennen.

Die Erfinder dieses Verfahrens – in erster Linie Paul Henri Spaak – neigten gelegentlich dazu, »in einer Art historischem Fatalismus« [114] darauf zu vertrauen, daß die Differenzen bei fortschreitender Integration leichter überwunden würden. Alle Nachteile anderer Methoden schienen hier wie mit einem Zaubertrick aus der Welt geschafft. Man konnte es sich anscheinend sparen, die Widerstände der einzelnen Regierungen, oder überhaupt der auf den bestehenden Staat eingestellten Gesellschaft, frontal anzugehen. Wer innerlich widerstrebt, ohne aber der Salamitaktik funktionalistischer Integration große Hindernisse in den Weg zu legen, muß in einem bestimmten Entwicklungsstadium nolens volens vor der »solidarité de fait« kapitulieren, sobald nur erst der vielbeschworene »point of no return« erreicht ist [115]. Erst die im Jahr 1964 einsetzenden Krisen der Gemeinschaft führten auch unter den Föderalisten zu einem kritischen Überdenken des Konzepts. Die Diskussion, die aus den praktischen Erfahrungen resultierte, hat seither eine Reihe von Schwächen des Ansatzes beleuchtet.

Fortschritte hingen zu einem guten Teil davon ab, daß die Kommission als »die planende, vorwärtstreibende und vermittelnde Instanz«[116] von allen Regierungen unterstützt wurde. Die Eurokraten in Brüssel mögen sich zeitweise für eine westeuropäische Regierung in nuce gehalten haben. Inzwischen hat sich aber gezeigt, daß ihre bisherige Rolle sehr viel angemessener begriffen wird, wenn man sie als eine besonders mächtige Spezies von Funktionären internationaler Organisationen versteht. Die Aufgabe derartiger Diplomaten und Experten besteht generell darin, nicht den nationalen Interessen *eines* Staates zu dienen, sondern jenen staatenübergreifenden Zielen, deren Förderung die einzelnen Regierungen von der Organisation erwarten. Der politische Einfluß internationaler Funktionäre – man denke an den UN-Generalsekretär oder den Generalsekretär der NATO – kann immens sein. Bei Initiativen, Modifikationen, Vermittlungsbemühungen zwischen den beteiligten Staaten kommt ihnen vielfach eine Schlüsselposition zu, aber ihre Macht steht und fällt mit der Bereitschaft der Regierungen, sich der betreffenden Organisation zu bedienen und das nationale Interesse mit ihrer Hilfe zu optimieren. Internationale Spitzenfunktionäre können verlokken, überreden, hinter den Kulissen Koalitionen für ihre Projekte zusammenbringen und Lösungen vorbereiten – ihnen fehlt aber die Durchsetzungskraft. Der internationale Funktionär ist allmächtig, solange ihn die Regierungen gewähren lassen, er schrumpft zum Zwerg zusammen, wenn es zum Konflikt kommt. In eine besonders brenzlige Situation gerät er vor allem dann, wenn eine Mehrheit von Regierungen, die sich an der Arbeit der Organisation beteiligt, mit einer Minderheit oder einem einzelnen Staat über Methoden und Zielvorstellungen in Konflikt gerät. Die Kommission mußte diese bittere Erfahrung machen, als ihre große Initiative des Jahres 1965 von General de Gaulle in Stücke geschlagen wurde.

Je ausgeprägter das politische Profil der Kommissionsmitglieder, um so größer ihre Enttäuschung. Keiner hat die organische Schwäche der Kommission genauer erkannt als General de Gaulle: »Diese Einrichtungen haben ihren technischen Wert, aber sie haben und können keine Autorität und politische Wirkungskraft haben. Solange sich nichts Ernsthaftes ereignet, funktionieren sie ohne viel Komplikationen. Sobald jedoch ein dramatisches Ereignis eintritt oder ein großes Problem zu lösen ist, da wird man gewahr, daß diese oder jene hohe Behörde keine Macht hat über die verschiedenen Gruppen im Volk und daß nur die Staaten sie besitzen ...«[117]

(2) Der Spill-over-Prozeß im Rahmen der Gemeinschaften löst, eben weil er teilweise erfolgreich ist, einen Vorgang aus, den man mit einem treffenden Ausdruck als »spill-back-Effekt« bezeichnet hat[118]. Stanley Hoffmann hat eine derartige Entwicklung schon Anfang der sechziger Jahre vorausgesagt. Wenn alle Seiten sich Gewinne ausrechnen können, wenn die Interessen quantitativ kalkulierbar sind und wenn nur ein unerheblicher Teil der Ressourcen eines Staates auf dem Spiel steht, ist die Bereitschaft zur supranationalen Problemlösung erreichbar. Selbst wenn die für eine supranationale Integration in Frage kommenden Funktionszusammenhänge einen beträchtlichen Teil des Volkseinkommens erfassen und wenn gewichtige Gruppeninteressen auf dem Spiel stehen, dürfte die Methode des »upgrading the common interest« noch annehmbar sein. Dies schon deshalb, weil sie sich im Effekt

eben doch gar nicht erheblich von »Fifty-fifty-Kompromissen« unterscheidet. Anders aber, wenn es um staatliche Funktionen im Bereich der »hohen Politik« geht, von denen Prestige, Rangordnung, Sicherheit, Handlungsfreiheit abhängen. Hier kommt die zwischenstaatliche Interessenpolitik voll zu ihrem Recht. Die Objektivierbarkeit der Gewinne und Verluste ist nicht mehr möglich. Eine Methode, die auf dem feinen Austarieren der wechselseitigen Interessen beruht, wird hier überfordert. So gesehen läßt sich die These aufstellen, daß die Widerstände gegen eine »Vollföderation« bei zunehmender Integrationsdichte nicht abnehmen, sondern sich verstärken [119]. Hinzu kommt, daß beim Versuch, die Freihandelszone zur Wirtschaftsgemeinschaft weiterzuentwickeln, auch alle empfindlichen innenpolitischen Problembereiche betroffen werden: Sozialpolitik und Währungspolitik, Wirtschaftsordnung und Steuerwesen, Subventionswesen, Konjunkturpolitik und Investitionspolitik. Viele Beobachter glauben, daß nach der Herstellung einer Zollunion das Ungleichgewicht bald nach der einen oder anderen Seite ausbalanciert werden muß. Entweder wird der halbfertige Gemeinsame Markt weiter ausgebaut werden – dies dürfte ohne Zusammenschluß zu einem Staat schwer möglich sein –, oder aber die Rückentwicklung zur bloßen Zollunion ist unvermeidlich [120].

Die Weiterbildung zur politischen Föderation wäre aber in erster Linie ein Willensakt und als solcher nur mit großen Anstrengungen erreichbar. Hingegen würde ein Zerbröckeln der schon erreichten Ansätze zur Wirtschaftsunion weithin von selbst erfolgen, wenn sie nicht rasch zur politischen Föderation vorangetrieben werden. Das im Gefolge der Währungsumstellungen des Jahres 1969 erfolgte Auseinanderbrechen des gemeinsamen Agrarmarktes illustriert diese Zwangsläufigkeit. Sie ist eine logische Folge des Umstandes, daß die Währungspolitik der Sechsergemeinschaft noch nicht integriert werden konnte, wobei die dabei auftretenden Schwierigkeiten nur illustrierten, daß Binnenwirtschaftspolitik und Sozialpolitik weiterhin Reservate der einzelstaatlichen Regierungen geblieben sind, trotz aller Versuche im EWG-Rahmen.

Die voreiligen Hoffnungen auf einen »point of no return« hätten sich schon bei einem Blick auf die Staatengeschichte verboten. Eine beträchtliche Zahl von Bundesstaaten, die teilweise über Jahrzehnte hinweg bestanden und eine dichte wirtschaftliche Integration aufwiesen, sind schon auseinandergebrochen – man denke bloß an die Vereinigten Staaten im Sezessionskrieg, die Habsburgische Doppelmonarchie oder neuerdings Nigeria. Wenn selbst voll ausgebildete Föderationen vor der Desintegration nicht sicher sind, so ist es erst recht unwahrscheinlich, daß ein Integrationsprozeß zwischen autonomen Staaten unter dem Gesetz irgendeiner historischen Determiniertheit voranschreiten muß, das den »unvollendeten Bundesstaat« (Hallstein) der Vollendung zuführen müßte.

Angesichts der Ungewißheit, ob eine Föderation überhaupt erwünscht ist

Europa föderieren – aber wie? 427

und erreicht werden kann, zeigt sich verständlicherweise auf seiten der Regierungen die Neigung, die Beschränkung ihrer Innen- und Außenpolitik durch Kompetenzen der Gemeinschaft zu vermeiden oder zu lockern.

(3) Die Krise des supranationalen Funktionalismus geht aber auch zu einem Gutteil auf Rechnung der ungeklärten Zielvorstellungen. Nach wie vor stellt der Funktionalismus die Kompromißformel dar, auf die sich die Protagonisten eines europäischen Bundesstaates mit den Verteidigern nationalstaatlicher Gerechtsame geeinigt haben – jede Seite in der Hoffnung, daß die List der Geschichte ihr recht geben würde. Dabei hatten die Föderalisten ihre Forderung nach bundesstaatlichem Zusammenschluß als einzige Alternative zum Untergang europäischer Demokratie, Kultur und Prosperität präsentiert. Die Entwicklung der vergangenen fünfzehn Jahre scheint aber gezeigt zu haben, daß Wirtschaftsleistung, Sicherheit nach außen und Friedenssicherung untereinander – also alle großen Ziele westeuropäischer Außen- und Innenpolitik – auch im lockeren Verbund autonomer Staaten erreichbar sind und des bundestaatlichen Zusammenschlusses nicht bedürfen. Die Feststellung dürfte sogar berechtigt sein, daß es eben der Erfolg der funktionalistischen Methode war, der die europäischen Nationalstaaten mit am Leben erhalten hat – eine von den Föderalisten nicht erwartete kontraproduktive Nebenerscheinung der Teilintegration.

Zwar erkennen die meisten, daß die westeuropäischen Staaten den Bedürfnissen heutiger Großraumwirtschaft und Sicherheitspolitik nicht mehr entsprechen. Aber in einer Welt voller Unsicherheit scheint das Bekannte immer noch am sichersten: das sind aber die nun einmal bestehenden Staaten. Die meisten halten sich in dieser Hinsicht gern an die »inkrementalistische« Maxime Lichtenbergs: »Man reiße nicht gleich ein Gebäude ein, das etwas unbequem ist, und stecke sich dabei in größere Unbequemlichkeiten. Man mache *kleine* Verbesserungen.«[121]

Hat die Entwicklung, so fragt auch mancher einstige Föderalist, nicht den funktionalistischen Theoretikern wie Mitrany und den funktionalistischen Praktikern wie Churchill, Macmillan und de Gaulle recht gegeben? Kein Wunder also, daß die Protagonisten des Föderalismus heute ein Hauptargument hervorkehren, das auf die gegenwärtige weltpolitische Konstellation besser abgestellt ist: den Verweis auf die Gefahr hegemonialer Unterwerfung der zersplitterten europäischen Staatenwelt durch die beiden Weltmächte[122].

Auch die innenpolitischen Kosten einer Föderation werden klarer, nachdem sich die Regierungen über die Zollunion an den Versuch einer Wirtschaftsunion herangetastet haben. Theodor Eschenburg hat vor einigen Jahren ausgemalt, wie schwierig die administrativen, sozialen, innenpolitischen Probleme wären, die bei einer Wiedervereinigung Deutschlands bewältigt werden müßten. Auch für die europäische Föderationspolitik gilt, daß nicht wenige deswegen so entschieden dafür eintreten, »weil sie entweder deren

Verwirklichung für unwahrscheinlich halten oder die Probleme des Vollzuges nicht sehen, sei es, daß sie sie einfach nicht sehen wollen, sei es, daß es ihnen an praktischer Phantasie fehlt«[123]. Es wäre hoch an der Zeit, einmal ähnlich nüchtern die Kosten der revolutionären Umstellungen in der europäischen Innenpolitik zu kalkulieren, die anfallen könnten, wenn ein gesamteuropäisches Parteiensystem entstehen müßte, wenn Streikwellen in Frankreich, Italien oder Westdeutschland alle anderen Nationen direkt in Mitleidenschaft ziehen würden und wenn ein europäischer Bundesstaat – von Frankreich und Italien mit einer unwillkommenen Mitgift kommunistischer Wähler bedacht – seine Außenpolitik zu definieren hätte. Würde eine Föderation Westeuropa wirklich in dem Maße stärken, wie allgemein erwartet wird, oder müßte man nicht befürchten, daß die inneren Spannungen alle außenpolitischen Energien absorbieren, um vielleicht in schlimmen Wirren zu enden? Jedenfalls werden die innenpolitischen Risiken um so deutlicher sichtbar, je enger die Staaten aneinander heranrücken. Und da die Gegenwart mit dem heutigen westeuropäischen Staatensystem nicht unerträglich ist, die Kosten und Gewinne einer Föderation aber zweifelhaft sind, scheuen alle Regierungen vor schwer reversiblen Bindungen zurück. Dies um so mehr, als unter den Mitgliedern der Sechsergemeinschaft keine Einigung darüber besteht, ob nicht doch vor einem Ausbau der politischen Gemeinschaft die Chance zur Einbeziehung Großbritanniens in die EWG genützt werden sollte. Es ist ein offenes Geheimnis, daß nicht wenige Politiker, die einer Erweiterung der Gemeinschaft die Priorität vor dem inneren Ausbau zuschreiben, auf diese Art und Weise die endgültige Option für oder gegen eine »Vollföderation« vor sich herschieben möchten. Sicher gibt es auch andere, die Erweiterung und Ausbau *zusammen* durchführen möchten. Aber im ganzen ist die Beitrittsfrage doch eine bequeme Entschuldigung zur Perpetuierung der Methoden eines supranationalen Funktionalismus, der ein Waschen des Pelzes erlauben sollte, ohne daß man sich naß machen muß.

Daneben sind die gerade in der europäischen Linken lebendigen Bemühungen um eine Détente zwischen Ost und West gleichfalls dazu angetan, den Aufbau eines westeuropäischen Bundesstaates zu behindern. Bei Liberalen und Sozialisten hat das Mißtrauen gegen regionale Exklusivität auf Kosten universaler Verständigung und Zusammenarbeit eine ehrwürdige Tradition, die in den Jahren der Entspannungsperiode 1963 bis 1968 neu belebt worden ist und sowohl von den Vereinigten Staaten wie von der Sowjetunion gerne genährt wurde.

(4) Der Wirksamkeit der europäischen Gemeinschaften stehen aber auch zwei weitere Gegebenheiten im Wege, die eng miteinander zusammenhängen. Das Konzept erfordert, daß die beteiligten Regierungen und Gesellschaften in erster Linie an optimaler Befriedigung ihres wirtschaftlichen Bedürfnisses interessiert sind. Es setzt weiter voraus, daß die Entscheidungen gouvernementaler Führungsgruppen und supranationaler Beamter von der

Bevölkerung akzeptiert werden. Sobald politische Führer oder die maßgebenden Parteien immaterielle Werte, wie nationales Prestige, nationale Unabhängigkeit und so weiter, an die Spitze der Prioritätenskala rücken, wird das für den supranationalen Funktionalismus so charakteristische Geben und Nehmen bei gleichzeitiger Verdichtung der Integration erschwert oder – wie die Verfassungskrise der Gemeinschaft im Sommer 1965 zeigte – unmöglich gemacht. Das ist nichts Neues. Es war den Protagonisten der Europabewegung immer bewußt, daß nationalistische Grundeinstellungen und einzelstaatliche Machtpolitik mit ihren Zielen unvereinbar waren. Der Kommission sind die diesbezüglichen Idiosynkrasien des französischen Staatspräsidenten auch schon seit langem bekannt gewesen. Aber sie wagte die Auseinandersetzung im Vertrauen darauf, daß sich der General in der Falle der neofunktionalistischen Strategie des »upgrading the common interest« fangen würde. Um die von Frankreich gewünschte Regelung der Agrarpreisfinanzierung einzuhandeln, sollte er der Kommission eigene Finanzen, dem Europaparlament Haushaltsrechte im Zusammenhang mit der Agrarfinanzierung einräumen und damit einen wichtigen Schritt zur Föderation hin zulassen. De Gaulle entschied sich gegen diesen Handel und demonstrierte damit, wie Haas in einer eindrucksvollen Selbstkritik zu Recht betont, daß die Glut nichtutilitaristischer Überzeugungen stärker ist als die kleine Flamme wirtschaftlicher Erwartungen [124].

Während sich das Integrationskonzept der europäischen Gemeinschaften im Verlauf der sechziger Jahre in erster Linie an der nationalistischen Ideologie des französischen Präsidenten festlief (die zudem allen anderen EWG-Partnern einen vortrefflichen Schutzschild für eigene Unlust an einer raschen Weiterführung der Integration bot), droht heute eine andere Art von Irrationalismus den funktionalistischen Einigungsprozeß zu behindern. Mit der Bewegung der »neuen Linken« strömen Impulse in die westeuropäische Politik, die sich heute schon indirekt bemerkbar machen und in absehbarer Zeit auch direkt auf die Integrationspolitik einwirken dürften.

Der supranationale Funktionalismus setzt den pragmatisch-utilitaristischen politischen Stil voraus, der für die demokratischen Mittelparteien Westeuropas typisch war und immer noch ist. Er bedingt aber auch, daß die Entscheidungen höchster gouvernementaler und technokratischer Funktionseliten von der Bevölkerung akzeptiert werden. Die wiederentdeckten totalitären Ideologien, so heterogen ihre Herkunft und Zielsetzung auch ist, sprechen eben diesem Ziel vorsichtiger Interessenmaximierung die Berechtigung ab und postulieren wiederum den Vorrang absoluter immaterieller Werte. In dieser Hinsicht spielt es nur eine geringe Rolle, ob die Politik der neuen Bewegung von einer radikal-demokratischen Partizipationsideologie, von anarchistischen Utopien oder von neomarxistischen Klassenkampfparolen befeuert wird. In jedem Fall wird die Legitimität der gegenwärtigen Führungsgruppen bestritten, ebenso aber ihre administrativen und politischen Praktiken, die bisher den Integrationsprozeß getragen haben. Es gibt schlechthin keine Vermittlung zwischen den totalitären oder von Sehnsucht nach der Mitbestimmung kleiner Gemeinschaften getragenen Impulsen dieser Bewegung und der Entscheidungspraxis, die sich in den europäischen Gemeinschaften herausgebildet hat.

Alles spricht zwar dafür, daß sich die in den letzten Jahren bemerkbar gewordenen Impulse der unzufriedenen Gruppen in den Zwangsläufigkeiten der Industriegesellschaft ebenso totlaufen werden wie die wesensverwandten anarchistischen und faschistischen Bewegungen in der ersten Jahrhunderthälfte, die ihre Schwungkraft aus ähnlichen Frustrationen und Sentimentalismen bezogen haben. Die Frage ist nur, welcher Preis zu entrichten sein wird, bis die Lektion wieder einmal gelernt ist, daß niemand gegen den Geist einer bürokratisierten Industriegesellschaft ungestraft sündigt. Ein Teil dieses Preises könnte in einem empfindlichen Rückschlag für die europäische Integration bestehen. Die vollen Auswirkungen des neuen ideologischen Syndroms dürften sich erst noch zeigen. Somit spricht viel dafür, daß die radikale Kritik an der Legitimität des funktionalistischen Supranationalismus inskünftig eine nicht unwichtige Rolle in der Europapolitik spielen könnte. Ob es gelingt, diese kulturkritischen Impulse durch die wünschenswerte Parlamentarisierung der Gemeinschaften im föderalistischen Sinne zu fruktifizieren, sei dahingestellt. Jedenfalls wird man inskünftig nicht nur mit dem wohlbekannten Irrationalismus der Nationalisten, sondern ebenso mit demjenigen der bürokratie- und planungsfeindlichen westeuropäischen Fundamentaldemokraten und Kommunisten zu rechnen haben.

Diese neue Gefährdung freiheitlicher Demokratie, rationaler Politik und effektiven Wirtschaftens beeinflußt die Integration bereits direkt. Die Innenpolitik absorbiert zunehmend die Aufmerksamkeit und Energie der politischen Führungsgruppen. Ausbrüche von der Art der französischen Mairevolte gefährden die wirtschaftliche Stabilität, zwingen die Regierungen zu autonomem Handeln und gefährden so indirekt die schon erreichten Erfolge beim Ausbau des Gemeinsamen Marktes.

Ohnehin wird zu erwarten sein, daß die westeuropäischen Staaten von den mit der neuen Bewegung verbundenen inneren Erschütterungen in unterschiedlicher Stärke heimgesucht werden. Weder von den Regierungen, die besonders mit innerer Unruhe zu schaffen haben, noch von den einigermaßen verschont gebliebenen dürfte ein Übermaß an Föderationsbereitschaft mit anderen Staaten zu erwarten sein. Zeiten, in denen die bestehenden Staatsordnungen und Gesellschaften in Frage gestellt werden, eignen sich schlecht zur Herstellung einer neuen Föderation [125]. Eine Konstellation, wie sie nach Shay's Rebellion 1787 in Amerika bestand, wird unter den Bedingungen der Massendemokratie wohl kaum wiederkehren.

Wie alle schon früher diskutierten Föderatorkonzepte dürfte somit auch das mit den Europäischen Gemeinschaften gestaltete für sich allein nicht tragfähig genug sein, um zur Föderation zu führen. Es schafft zwar die unerläßlichen wirtschaftlichen und administrativen Voraussetzungen. Es hilft den Regierungen und ihren Verwaltungen, sich in der Kunst supranationaler Problemlösung zu üben. Ein gleitender Übergang zur Föderation über viele Einzelstufen pragmatischer Zusammenarbeit in den Gemeinschaften steht jedoch nicht zu erwarten. Wohl spräche vieles dafür, bundesstaatliche Organe aus denen der Gemeinschaften hervorwachsen zu lassen und die in Brüssel geschaffene Zentralbürokratie zu nützen. Walter Hallstein hat unlängst skizziert, wie ein derartiger Ausbau vor sich gehen müßte: Weiterentwicklung der Kommission zur europäischen *Exekutive* mit unitarischer Funktion, Investitur durch ein europäisches Parlament, eventuell Einführung der Ressortverantwortlichkeit; – schrittweise Umbildung des Ministerrats in eine *Staatenkammer* durch konsequente Durchführung des Mehrheitsprinzips und Erschwerung des Vetos; – Verstärkung des Gewichts des europischen *Parlaments* durch direkte Volkswahlen, Erweiterung der parlamentarischen Kontrolle gegenüber der Kommission und gegenüber dem Ministerrat; – Ausbau der Judikative [126]. Doch so sehr dies einleuchtet, so wenig ist mit der Erkenntnis des geeigneten institutionellen Ansatzpunktes schon die Kernfrage unserer Überlegungen beantwortet, die Bundeskanzler Erhard in guter Stunde einmal wie folgt formuliert hat: Über die Abtretung nationaler Zuständigkeiten zu Gunsten eines Vereinigten Europa könne man sprechen, aber die große Frage sei, wie man die Regierungen und Parlamente aller sechs Länder dazu bringen könnte, diesen Sprung zu tun [127].

Offenbar reicht das Vertrauen auf die »solidarité de fait« nicht aus. Das meiste hängt auch bei der Methode des supranationalen Funktionalismus von der Integrationsbereitschaft der politischen Spitzengruppen in den einzelnen Staaten ab.

III. Resümee

Die Erörterung der verschiedenen Konzepte hat verdeutlicht, daß das Kernproblem im organisierten Zusammenwirken der einzelnen nationalstaatlichen Führungsgruppen liegt. Sie hat aber auch klargemacht, daß der Stein der Weisen mit den bisher entwickelten Konzepten noch nicht gefunden worden ist. Jede der genannten Methoden hat ihre Vorzüge und ihre spezifischen Schwächen. Jede kann auch in Zukunft erneut eingesetzt oder fortentwickelt werden. So wird man sich von der Tätigkeit eines überstaatlich operierenden Gremiums von der Art des »Action Committee« auch weiterhin vieles versprechen können. Ebenso dürfte es möglich sein, einzelne Parteien auf Föderationskurs zu bringen, um so dem Integrationsprozeß neue Impulse zu verleihen. Das freilich nur, wenn die föderationswilligen Kräfte innerhalb der einzelnen Parteien bewußter als bisher organisierte Formen des Zusammenwirkens entwickeln. Weshalb sollten sich nicht in der einstmals so föderationsfreudigen CDU – aber auch in anderen Parteien – die Föderalisten in ähnlicher Weise als innerparteiliche Sonderorganisation organisieren wie die Kommunalpolitiker, der Mittelstand oder die Frauen? Carl Joachim Friedrich hat schon vor über zehn Jahren darauf verwiesen, daß hier noch ungenutzte Möglichkeiten liegen[128]. Modernisierte innerparteiliche Föderalistengruppen könnten interfraktionell und in zwischenparteilichen Arbeitsgemeinschaften mit ähnlich orientierten Politikern anderer Parteien des eigenen Landes oder mit ausländischen Parteiorganisationen zusammenwirken. So wäre eine Wiederbelebung der föderalistischen Parteiinternationalen vorstellbar. Wahrscheinlich würde dabei den Abgeordneten des europäischen Parlaments eine besondere Rolle zuwachsen.

Allerdings bringen die beste Organisation und die schönste Methode nichts, wenn über die Zielsetzungen keine Übereinstimmung besteht. Uniformität der Zielsetzungen kann aber angesichts der relativ zahlreichen Alternativen europäischer Integrationspolitik in keiner Partei erwartet werden. Selbst wenn über die Grundfrage der Europapolitik – Kooperation oder Föderation – Einigkeit zu erzielen wäre (sie ist es nicht), so ließe sich über den Kreis der Teilnehmer an einem Zusammenschluß, über deren Verhältnis zu den Vereinigten Staaten, der Sowjetunion, aber auch zu den europäischen Staaten im russischen Machtbereich kaum Übereinstimmung erzielen. Dieser Pluralismus der Meinungen und Interessen wiederum ist der beste Garant für den Status quo europäischer Nationalstaatlichkeit, verbessert um Arrangements zum Zwecke funktionalistischer Kooperation.

Daß nicht zuletzt das Föderator-Potential der Gemeinschaften verstärkt werden sollte, leuchtet ein. Hallsteins Forderung, für die Kommission sollten nur ministrable Politiker vorgeschlagen werden oder noch besser Regierungsmitglieder, kann des Beifalls aller Wohlmeinenden sicher sein[129]. Kommissionsmitglieder von hohem politischen Rang werden sich freilich nur finden lassen, wenn einige Gewähr dafür gegeben ist, daß der Ministerrat die Kommission als politische Initiativ- und Exekutivinstanz, nicht aber bloß als Gremium internationaler Funktionäre in dienender Funktion versteht. Das wird unter anderem zu einem Gutteil davon abhängen, ob es bald gelingt, das Prinzip der Mehrheitsentscheidungen im Rat rigoros durchzusetzen. Dann würde die Position der Kommission von selbst gestärkt.

Das Ergebnis der Überlegungen läßt sich in vier Thesen zusammenfassen:

(1) Alle subtilen und gradualistischen Methoden können nichts an dem Sachverhalt ändern, daß eine Föderation *nur dann* Wirklichkeit ist, wenn eine Zentralregierung regiert. Das heißt unter den Bedingungen einer freiheitlichen Demokratie: eine parlamentarisch verantwortliche Exekutive, verantwortlich einem volksgewählten Parlament sowie einem föderalistischen Organ und ausgestattet mit außenpolitischer Geschäftsfähigkeit. Selbst wenn vielschichtige Integrationsprozesse vorangegangen sind, bedeutet die Staatenbildung immer noch die schlechthin qualitative Innovation, die auf sei-

Europa föderieren – aber wie?

ten aller »foederandi« eine bewußte und unwiderrufliche politische Entscheidung voraussetzt.

(2) Gradualistische Integrationsmethoden können den Entschluß zur Föderation vorbereiten. Sie schaffen die administrativen und wirtschaftlichen Voraussetzungen, ohne die jede neu gebildete Föderation bald wieder auseinanderbrechen müßte. Aber ihre Schubkraft kann die Staaten nicht über die Schwelle zur Staatenbildung hervortragen.

Für die Ingangsetzung der Gemeinschaften war es zwar förderlich, daß sich manche Politiker in funktionalistischen Illusionen wiegten, aber diese drohen schon seit langem am Kernproblem vorbeizuführen.

(3) Alle Erfahrungen lehren, daß der Entschluß zur qualitativen Veränderung der zwischenstaatlichen Beziehungen von kleinen, überstaatlich operierenden politischen Führungsgruppen getragen werden muß. Europa ist nur »von oben« föderierbar, wenn überhaupt. Und es würde dazu einer unvorstellbar günstigen Konstellation bedürfen.

(4) Ein Konsensus zwischen den Führungsgruppen der einzelnen Staaten müßte wohl sehr rasch wieder zerbrechen, wenn ihm nicht unverzüglich durch Errichtung einer Zentralregierung Dauerhaftigkeit verliehen würde. Nur mit dem Instrument einer Regierung lassen sich die geschlossenen Gehäuse der nationalstaatlichen politischen Systeme aufbrechen. Nur dann, wenn politische Zentralinstanzen mit weitgehenden Befugnissen errichtet werden, findet auch jene Orientierung der politischen Führungsgruppen hin zu den Organen der Föderation statt, ohne die eine teilweise Entmachtung der Staaten zu Gunsten des Bundes nicht vorstellbar ist. Nur dann orientieren sich alle Gruppen, die von der öffentlichen Hand Leistungen erwarten, auf die neue Einheit hin. Und nur dann werden auch jene Umgruppierungen in den Parteiensystemen zustande kommen, ohne die jede weitergehende politische Föderation undenkbar wäre.

Die demokratische Legitimation einer europäischen Regierung ist also nicht bloß eine prinzipielle, verfassungspolitische Forderung. Sie wäre zugleich ein eminent praktisches Gebot. Nur, wenn ein neuer Staat von Anfang an demokratisch strukturiert wäre, das heißt, mit allen Kräften der Gesellschaft in lebendiger Wechselwirkung stünde, ließen sich die divergierenden Kräfte der zuvor einzelstaatlich verfaßten Gesellschaft ausmanövrieren. Nur so würde die Staatsgründung »von oben« die Legitimierung durch die Bevölkerung erwerben.

Die heutige Lage der europäischen Einigungsbewegung ist also paradox und alles andere als einfach. Um ihr Ziel, die politische Föderation zu erreichen, müßte sie es gewissermaßen schon erreicht haben. Nur um einen supranationalen Föderator könnte sich jenes überstarke politische Gravitationsfeld anlagern, das die zentrifugalen Tendenzen der nationalstaatlichen Regierungssysteme aufheben würde. Aber dieser Föderator kommt umgekehrt nur zustande, wenn die Zentrifugalkräfte der bestehenden Staaten schon überwunden sind. Ein Circulus vitiosus, aus dem bisher noch kein Ausweg sichtbar ist. Ein wenig gleicht die mit so hochfliegenden Erwartungen gestartete Europabewegung heute dem Mann, der im Sumpf steckt und sich am eigenen Schopf herausziehen müßte. Doch dies ist nur in der Lügengeschichte möglich.

Erst wenn man sich die eben diskutierten Erfordernisse klarmacht, läßt sich auch erkennen, wie weit wir noch von den Vereinigten Staaten von Europa entfernt sind. Insofern muß die Methodenanalyse notwendigerweise alle jene ernüchtern, die in einer europäischen Föderation die Erfüllung ihrer Träume sehen möchten. Aber in der Politik sind Träume meist nur dann Wirklichkeit geworden, wenn ihnen jene nüchternen Morgengedanken folgten, die den Realisierungsmethoden gelten.

1 Political Community and the North Atlantic Area: International Organization in the Light of Historical Experience, Princeton 1968; ebenso Karl W. Deutsch – William Foltz (eds.), Nation-Building, New York 1963.

2 The First New Nation, New York 1963.

3 Einen kritischen Forschungsbericht gibt Roger D. Hansen, Regional Integration. Reflections on a Decade of Theoretical Efforts, in: World Politics XXI (1969), S. 242–271. Der Sammelband: International Political Communities: An Anthology (New York 1966) enthält viele der wichtigsten Aufsätze zur Thematik.

4 L'Europe des Savants. Die europäische Integration und die Sozialwissenschaften, in: Integration I (1968), S. 12.

5 Eine Ausnahme macht Walter Lipgens, der die Europa-Bewegung, wie es erforderlich ist, zugleich als nationale und übernationale Bewegung begreift; vgl. Europa-Föderationspläne der Widerstandsbewegungen 1940–1945. Eine Dokumentation (= Schriftenreihe des Forschungsinstituts der Deutschen Gesellschaft für Auswärtige Politik, Bd. 26), München 1968.

6 Immerhin stammen mit die wichtigsten theoretischen Beiträge aus dem deutschsprachigen Raum von Juristen. Dabei ist nicht nur an das weitverstreute Schrifttum Walter Hallsteins gedacht, sondern auch an Studien wie Hartwig Bülck, Föderalismus als internationales Ordnungsprinzip, in: VVDStL, 21 (1964), S. 1–60; Raum und Zeit im Europarecht, in: Archiv des Völkerrechts, 12 (1964/65), S. 399–425; Josef H. Kaiser, Modi der Integration. Ökonomische Elemente und juristische Relevanz, in: Probleme des Europäischen Rechts (im folgenden: Hallstein-Festschrift), Frankfurt 1966, S. 266–274; Hans Peter Ipsen, Fusionsverfassung Europäische Gemeinschaften Bad Homburg/Berlin/Zürich 1969. Ebenso bedeutsam sind die Beiträge der Juristenzunft zur Zeitgeschichte, vgl. vor allem Hermann Moslers Darstellung: Die Entstehung des Modells supranationaler und gewaltenteilender Staatenverbindungen in den Verhandlungen über den Schumann-Plan, in: Hallstein-Festschrift, S. 355 bis 386, oder Carl Friedrich Ophüls' Untersuchung: Zur ideengeschichtlichen Herkunft der Gemeinschaftsverfassung, ebd., S. 387–413.

7 Vgl. die später zitierten Arbeiten von Ernst B. Haas, Leon Lindberg, Dusan Sidjanski. Auch an deskriptiven und problemorientierten Studien über die Organe und die Politik der Gemeinschaften fehlt es nicht.

8 Bücher wie Walter Kubys ›Provokation Europa‹ (Köln/Berlin 1965) sind selten. Auch in der Europa-Bewegung wird die systematische Methodendiskussion

nicht besonders gepflegt; immerhin gibt es Ausnahmen, so die Selbstdarstellung verschiedener Richtungen in einem Heft des Bulletin du Centre européen de la culture (Jahrg. 6, Mai 1958) ›Méthodes et mouvements pour unir L'Europe‹ mit Beiträgen von François Fontaine, Henri Brugmans, Altiero Spinelli und Denis de Rougemont.

9 Hallsteins Integrationstheorie findet sich in zahlreichen Reden und Aufsätzen, von denen nur ein Teil veröffentlicht ist. Sofern diese Arbeiten gedruckt vorliegen, vgl. das Schriftenverzeichnis der Hallstein-Festschrift. Dort fehlen aber einige wichtige, mimeographierte Ansprachen und die zum Verständnis seines Denkens gleichfalls wesentlichen Verlautbarungen der Jahre nach 1965. Jetzt: Der unvollendete Bundesstaat. Europäische Erfahrungen und Erkenntnisse, Düsseldorf/Wien 1969.

10 Vgl. Spinellis Denkschriften bei Lipgens, a. a. O. (Anm. 5), S. 36–60; Das Wachstum der Europa-Bewegung seit dem 2. Weltkrieg, in: C. Grove Haines (Hrsg.), Europäische Integration, Göttingen 1958, S. 35–59; Manifest der europäischen Föderalisten, Frankfurt 1958; Ein europäisches Europa – Föderation oder Konföderation, in: Gilbert Ziebura (Hrsg.), Nationale Souveränität oder übernationale Integration?, Berlin 1966; The Eurocrats. Conflict and Crisis in the European Community, Baltimore 1966.

11 Herbert Lüthy, Frankreichs Uhren gehen anders, Zürich/Stuttgart/Wien 1954, S. 285.

12 ›Der Fürst‹, 6. Kap.

13 The Prospect of Integration, in: Journal of Common Market Studies, 4 (1965/66), S. 135.

14 Das gilt für alle Commonwealth-Föderationen, wobei sich die Absichten der »externen Eliten« (Etzioni) mit denen der Führungsgruppen in den Kolonien und Dominions verbinden ließen. Insofern ist das Studium dieser Föderationsprozesse auch im Hinblick auf die Methodik der europäischen Integration ungemein lehrreich (vgl. zu den neueren Föderationen: R. L. Watts, New Federations. Experiments in the Commonwealth, London 1966. Literatur zu den älteren Commonwealth-Föderationen gibt K. C. Wheare, Federal Government, ⁴1963 (1946).

15 Pressekonferenz vom 9. 9. 1965, zit. nach: Europa-Archiv (im folgenden: EA) 20 (1965), D 490.

16 Einige unserer falschen Probleme, 14. Vorlesung in Erinnerung an Sir Daniel Stevenson, 4. 12. 1964, Chatham House, London (hektographiert: 13733/X/64-D).

17 David Mitrany, The Prospect of Integration, a. a. O. (Anm. 13), S. 130 f.

18 So z. B. vor dem Royal Institute of International Affairs in London am 4. 12. 1964 (EA 20 [1965], D 176), ebenso am 20. 1. 1968 in Rom vor dem Bundesrat der Europäischen Bewegung (EA 23 [1968], D 152).

19 Daß zumindest verfassungsrechtlich eine Konstruktion denkbar und praktikabel war, die sowohl dem Bund wie den Staaten die Vertretung der auswärtigen Angelegenheiten zubilligte, zeigte die Reichsverfassung von 1871. Allerdings wurden die Zuständigkeiten der Gliedstaaten durch das politische Übergewicht Preußens relativiert. Ein derartiges Übergewicht *eines* Staates wäre in einer westeuropäischen Föderation ausgeschlossen. Infolgedessen dürfte die konkurrierende Zuständigkeit ohne Kompetenz der Föderation unpraktikabel sein; die auswärtige Gewalt müßte mit einer gewissen Ausschließlichkeit auf die Föderation übertragen werden, sollte diese nicht von vornherein zur Ineffektivität verurteilt sein. Im übrigen herrscht hinsichtlich des Föderationsbegriffs im wissenschaftlichen Schrifttum zur europäischen Integration, aber auch in der politischen Diskussion Verworrenheit, die teilweise beabsichtigt ist. Der Terminus Föderation ist von den Föderalisten in der Regel als Kontrastbegriff zur geordneten Kooperation interdependenter, aber autonomer Staaten verwandt worden. In diesem Sinne wird er auch in der folgenden Untersuchung gebraucht.

20 The Uniting of Europe. Political, Social and Economic Forces 1950–1957, Stanford ²1968 (1958), S. 5.

21 A Structural Theory of Integration, in: Journal of Peace Research, 5 (1968), S. 377.

22 So spricht C. J. Friedrich vom »federalizing process« (International Federalism in Theory and Practice, in: Elmer Plischke [ed.], Systems of Integrating the International Community, Princeton 1964).

23 Seit Karl W. Deutsch und seine Schule sowie Ernst B. Haas ihre prozeßorientierten Integrationsanalysen vorgelegt haben, hat sich diese Betrachtungsweise in der amerikanischen Forschung weitgehend durchgesetzt. Vgl. Amitai Etzioni. Political Unification. A Comparative Study of Leaders and Forces, New York 1965; Leo N. Lindberg, The European Community as a Political System: Notes toward the Construction of a Model, in: Journal of Common Market Studies, 5 (1966), S. 344–387; Josef S. Nye, Comparative Regional Integration: Concept and Measurement, in: International Organization, 22 (1968), S. 355–380.

24 Zit. nach: Gesellschaft und Humanität. Gesammelte Aufsätze, Zürich 1948, S. 130. Hervorhebungen vom Verfasser.

25 So lehnte er zum Beispiel auf der Pressekonferenz am 15. 5. 1962 den Gedanken eines Bundesstaats der Sechs mit der Bemerkung ab: »Eine solche Einheit ... zu finden, ist unmöglich, da es heutzutage in Europa keinen Einiger gibt, der in ausreichendem Maße die Macht, den Kredit und die Fähigkeit besäße, sie herbeizuführen...« (zit. nach Weisenfeld, De Gaulle sieht Europa. Reden und Erklärungen 1958–1966, Frankfurt 1966, S. 61). Ebenso in dem Zitat Anm. 15.

26 Vgl. Max Beloff, The United States and the Unity of Europe, Washington 1963, und Ernst H. van der Beugel, From Marshall Aid to Atlantic Partnership, Amsterdam/London/New York 1966.

27 Eine historische Gesamtdarstellung existiert noch nicht; wertvoll ist Walter Lipgens' Dokumentation der Europapläne in der Widerstandsbewegung (vgl. Anm. 5); er hat auch eine Darstellung der Europa-Bewegung in den Jahren 1945–1950 angekündigt. In großen Zügen informieren Achille Albonetti, Vorgeschichte der Vereinigten Staaten von Europa (= Schriftenreihe zum Handbuch für europäische Wirtschaft, Bd. 22), Baden-Baden/Bonn 1961; Altiero Spinelli, The Eurocrats, a. a. O. (Anm. 8), und Henri Brugmans, L'idée européenne 1918–1966, Bruges ²1966 (1965; = Cahiers de Bruges, N. S. 12). Ein guter Überblick über die Organisationen bis 1958 findet sich in dem von Denis de Rougemont herausgegebenen Bulletin du Centre européen de la culture 6 (1958), S. 43–82. Die Zielsetzungen in den Jahren 1950–1953 haben in den Debatten der Beratenden Versammlung des Europarats und der Ad-hoc-Versammlung ihren Niederschlag gefunden; eine umfassende Untersuchung der Ansätze in diesen Jahren steht gleichfalls noch aus. Besonders reizvoll wäre ein systematischer Vergleich der Europa-Bewegungen mit analogen Einigungsbewegungen im 19. Jahrhundert, etwa der Società Nazionale oder dem Deutschen Nationalverein. Über die neuesten Entwicklungen in den Europa-Bewegungen informiert Karl-Heinz Koppe, Der Stand der programmatischen Diskussion in den europäischen Verbänden, in: EA 19 (1964), S. 569–580.

28 Vgl. die anschauungsgesättigte Darstellung der Kongreßbewegung von Denis de Rougemont, The Campaign of the European Congresses, in: Government and Opposition, 2 (1966/67), S. 329–349.

29 Das Ehrenpräsidium des Ersten Europäischen Kongresses der Pan-Europa-Union in Wien im Oktober 1926 setzte sich zusammen aus: Eduard Benesch, Josef Caillaux, Paul Löbe, Francesco Nitti, Nicola Politis, Ignaz Seipel. Präsidenten der im Oktober 1948 gegründeten Europäischen Bewegung waren Winston Churchill, Léon Blum, Paul Henri Spaak, Alcide de Gasperi.

Europa föderieren – aber wie? 437

30 Eine Idee erobert Europa. Meine Lebenserinnerungen, Wien/München/Basel 1958, S. 278.

31 Eine Zusammenfassung findet sich in: Europa Unites. The Story of the Campaign for European Unity, including a full Report of the Congress of Europe, held at The Hague, May 1948, London 1949, S. 23 ff.

32 Das vermutet Per Fischer, Europarat und parlamentarische Außenpolitik (= Forschungsinstitut der Deutschen Gesellschaft für Auswärtige Politik, Bd. 16), München 1962, S. 22, wobei er auf frühere Diskussionen über die Völkerbundssatzung und in der Interparlamentarischen Union verweist (S. 17 ff.). Die Idee hat bei den populistischen UEF-Gruppen eine besonders wichtige Rolle gespielt.

33 Die besten Darstellungen geben Walter Yondorf, Monnet and the Action Committee: The Formative Period of the European Communities, in: International Organization 19 (1965), S. 885–912, und Richard Mayne, The Role of Jean Monnet, in: Government and Opposition 2 (1966–67), S. 349–371. Dazu die Hintergrundsinformation bei Merry et Serge Bromberger, Les coulisses de l'Europe, Paris 1968. – Die Äußerungen Monnets zu seiner Methodik sind im ganzen wenig ergiebig (am aufschlußreichsten: Europe – why and how [= Adresses and Papers given at the Cotton Board Conference], Manchester 1957). Eine historisch-analytische Untersuchung seiner Beiträge zu Theorie und Praxis der europäischen Integration legt demnächst Alf Dieter Dobbertin in einer Hamburger Dissertation vor.

34 Im Mai 1960 gehörten dem Komitee u. a. an: Léopold Collard, Präsident der belgischen sozialistischen Partei; Guy Mollet, Präsident der S.F.I.O; Erich Ollenhauer, 1. Vorsitzender der SPD; Herbert Wehner, stellvertretender Vorsitzender der SPD; Guiseppe Saragat, Generalsekretär der italienischen Sozialdemokraten; J. A. Burger, Präsident der niederländischen Arbeiterpartei; Théo Lefèvre, Präsident der belgischen christlich-sozialen Partei; Charles Bosson, Vorsitzender der M.R.P.-Parlamentariergruppe; Kurt Georg Kiesinger, Ministerpräsident des Landes Baden-Württemberg; Heinrich Krone, Vorsitzender der CDU/CSU-Fraktion; Aldo Moro, Sekretär der italienischen christlichen Demokraten; J. A. H. J. S. Bruins-Slot, niederländische antirevolutionäre Partei; Maurice Faure; Antoine Pinay; René Pleven; Giovanni Malagodi, Generalsekretär der italienischen Liberalen; Ugo La Malfa; Willi Richter, Vorsitzender des Deutschen Gewerkschaftsbundes; Ludwig Rosenberg; Otto Brenner, Vorsitzender der IG Metall; Heinrich Gutermuth, Vorsitzender der IG Bergbau (nach Yondorf, a. a. O. [Anm. 33], S. 891–893).

35 Schreiben vom 14. 10. 1955, zit. nach Heinrich von Siegler, Europäische politische Einigung. Dokumentation von Vorschlägen und Stellungnahmen 1949–1968, S. 86.

36 Siegler, ebd., S. 86 f.

37 Es ist dargestellt bei Mayne, a. a. O. (Anm. 33), S. 369 f.

38 Denis de Rougemont, Alexandre Marc, Robert Aron stammten aus dem Zirkel um Emanuel Mouniers ›Ésprit‹ und um die Zeitschrift ›Ordre Nouveau‹; in Deutschland fühlen sich Eugen Kogon und Walter Dirks der sozialreformerischen christlich-demokratischen Erneuerungsbewegung verbunden, in Belgien Henri Brugmans.

39 Vor allem vertreten im ›Movimento Federalista Europeo‹ durch Altiero Spinelli und Ernesto Rossi.

40 Hauptexponent des integralen Föderalismus war André Voisin.

41 The Campaign of the Congresses, a. a. O. (Anm. 28), S. 338.

42 Vgl. den Offenen Brief der italienischen Föderalistenbewegung für Europa (MFE) an das französische Komitee für Europäische Föderation (CFFE): »Die Parteien sind heute zwangsläufig national. Die Erfahrung der Sozialisten und der Kommunisten zeigt es uns, die mehrfach in ihrer Geschichte versucht haben, eine inter-

nationale Partei zu schaffen, die aber zwangsläufig immer wieder auf die Ebene der nationalen Parteien zurückgefallen sind« (zit. nach Lipgens, Europa-Föderationspläne..., a. a.O. [Anm. 5], S. 91).

43 So das Manifest des MFE, ebd.

44 de Rougemont, a. a. O. (Anm. 28), S. 336.

45 Vgl. ebd., S. 337–347.

46 Die Spaltung der UEF läßt sich am besten verfolgen in der Zeitschrift ›Der Föderalist‹, Mitteilungen für europäische Föderalisten, Jahrgang 1–3, Frankfurt 1957–1959. Dazu die Schriften Spinellis, vor allem die Artikelsammlung ›L' Europa non cade dal Cielo‹, Bologna 1959. Vgl. auch Brugmans, L' idée européenne, a. a. O. (Anm. 27), S. 175–180, und Koppe, Die Reaktivierung der europäischen Bewegung, sowie: Der Stand der programmatischen Diskussion in den europäischen Verbänden..., in: EA 13 (1962), S. 473–476 bzw. 15 (1964), S. 569–580.

47 Wilhelm Hermes, der erste Präsident der deutschen Europa-Union, hat schon 1948 mit diesem Gedanken gespielt und damit das blanke Entsetzen des auf Überparteilichkeit eingeschworenen Vorstandes erweckt. Die österreichische Gründung im Jahre 1961 war das Werk von Otto Molden, der nach dem Kriege das »Europäische Forum« in Alpbach gegründet hatte. Die deutsche EFP ging auf eine Palastrevolution der Bremer Jugendorganisation der Europa-Union zurück. Frankreich besitzt gleichfalls eine – stark rechts gerichtete – Europa-Partei unter Führung von Jean Thiriart.

48 Die EFP erhielt bei den niedersächsischen Landtagswahlen 1967 2101 Stimmen. Die österreichische EFP konnte bei den Präsidentenwahlen 1963 für ihren Kandidaten, den Polizeigeneral a. D. Dr. Josef Kimmel, etwa 4 % der abgegebenen Stimmen gewinnen, sank aber bei den folgenden Regionalwahlen wieder auf 1 % herab (vgl. Archiv der Gegenwart 1963, 10546 D; 1964, 11191 B und 11500 A).

49 Siehe Encyclopaedia Britannica, Vol. 12. Chicago/London/Toronto 1959, S. 512.

50 Zur MSEUE vgl. Méthodes et mouvements..., a. a. O. (Anm. 8), S. 53 f.; ebenso Brugmans, L'idée européenne..., a. a. O. (Anm. 27), S. 104.

51 Vgl. Méthodes et mouvements..., a. a. O. (Anm. 8), S. 51 f. Die föderalistische Orientierung geht allerdings nicht unmittelbar aus den Statuten hervor, denen zufolge die NEI das Ziel hat, »regelmäßige Kontakte zwischen den Gruppen und politischen Persönlichkeiten der verschiedenen Nationen zu ermöglichen, deren politische Grundanschauung die der Christlichen Demokratie ist, um im Lichte dieser Prinzipien die nationalen und internationalen Situationen zu studieren, Erfahrungen und Programme auszutauschen und die internationale Harmonie im Rahmen der Demokratie und des politischen und sozialen Friedens zu suchen« (zit. nach Werner Allemeyer, Christliche Demokratie in Europa und Latein-Amerika. Geschichte, Strukturen, Programme, Bonn 1964, S. 212 f.).

52 Zur Bedeutung der NEI für die Frühzeit der westdeutschen Außenpolitik vgl. Arnulf Baring, Außenpolitik in Adenauers Kanzlerdemokratie, München 1969, S. 32 f.

53 Dagegen läßt sich argumentieren, daß beispielsweise die Gründung der Vereinigten Staaten im Zeichen heftigster innenpolitischer Gegensätze erfolgte und von den Föderalisten auch in der erklärten Absicht durchgesetzt wurde, durch Gründung einer Föderation ihre sozioökonomischen Interessen zu fördern (darauf ist seit Beard immer wieder hingewiesen worden, vor allem neuerdings von Douglas Adair, The Federalist Papers, in: William and Mary Quarterly 22 (1965), S. 131–139, und J. R. Pole, Political Representation and the Origins of the American Republik, New York 1966, passim.

54 Der Begriff wird verwandt wie bei Hans-R. Krämer, Formen und Methoden

der internationalen wirtschaftlichen Integration, Kiel 1969 (= Kieler Studien. Forschungsberichte des Instituts für Weltwirtschaft an der Universität Kiel, 95), S. 22: »Institutionelle Integration«.

55 Die institutionellen Probleme des Beitritts von Großbritannien zur Europäischen Gemeinschaft, hrsg. von Walter Hallstein, Bonn 1969 (= Zum Dialog. Schriftenreihe des Wirtschaftsrats der CDU, Nr. 20), S. 22.

56 Die bisher beste Darstellung dieser Verhandlungen gibt Walter Lipgens, Europäische Einigungsidee 1929–1930, und: Briands Europaplan im Urteil der deutschen Akten, in: Historische Zeitschrift 203 (1966), S. 46–89 und S. 316–363.

57 Vgl. William Diebold, The Schuman Plan, New York 1959, S. 60–77, sowie Mosler, a. a. O. (Anm. 6), S. 364.

58 Formulierung des Abschlußkommuniqués der Konferenz von Messina vom 3. 6. 1955.

59 Der Text des Kommuniqués ist abgedruckt in: Europa. Dokumente zur Frage der europäischen Einigung, Bd. 2, Bonn 1962, S. 982 f.

60 Kampf um Paneuropa, aus dem 1. Jahrgang von ›Paneuropa‹, Wien/Leipzig 1925, S. 27 f.

61 Europa. Dokumente..., a. a. O. (Anm. 59), Bd. 1, S. 33.

62 Text bei Lipgens, Europa-Föderationspläne..., a. a. O. (Anm. 5), S. 474–477.

63 Dazu Susanne J. Bodenheimer, Political Union: A Microcosm of European Politics 1960–1966, Leyden 1967.

64 Zit. nach Konrad Adenauer, Erinnerungen 1955–1959, Stuttgart 1967, S. 26.

65 Dazu Hans-R. Krämer, a. a. O. (Anm. 54), S. 22–28.

66 Von seiten der funktionalistischen Schule sind die bundesstaatlichen Europa-Pläne verschiedentlich kritisiert worden; vor allem von David Mitrany, The Prospect of Integration: Federal or Functional, in: Journal of Common Market Studies 4 (1965/1966), S. 119–149: »It no longer makes sense politically or economically, and certainly not historically« (S. 124).

67 So hat beispielsweise Bundeskanzler Erhard (stark beeinflußt von Wilhelm Röpke) politische Integration vorzugsweise als organisierte Regierungskooperation verstanden. Bei ihm wie bei Röpke spielte neben dem freihändlerischen Motiv die Idee der »atlantischen Gemeinschaft« eine entscheidende Rolle.

68 Norbert Kohlhase, Die europäische Gemeinschaft vor der Gefahr der Desintegration, in: EA 24 (1969), S. 266.

69 Vgl.: Entwürfe für einen Vertrag über die Gründung einer Union der europäischen Völker, in: EA 19 (1964), D 483, 488.

70 Mémoires de guerre. Le salut, 1944–1946, Paris 1961 (1959; = Livre de poche, 612/613), S. 234.

71 Zit. nach Ernst Weisenfeld, a. a. O. (Anm. 25), S. 54.

72 Rundfunkinterview des belgischen Außenministers Paul Henri Spaak, 10. 9. 1964, in: EA 19 (1964), D 495.

73 Die Literatur zum Problem der supranationalen Umfunktionierung der Interessenverbände ist ausgedehnt, vgl. neben dem bekannten Werk von Fritz Fischer, Die institutionalisierte Vertretung der Verbände in der Europäischen Wirtschaftsgemeinschaft, Hamburg 1965, auch Jean Meynaud–Dusan Sidjanski, L'Europe des Affaires. Role et structure des groupes, Paris 1967.

74 Council of Europe. Consultative Assembly. Official Report of Debates, III, 12. Sitzung, S. 365.

75 Europa. Dokumente..., a. a. O. (Anm. 59), Bd. 1, S. 165.

76 So sind z. B. Spinelli und Rossi, Protagonisten der Konstituanten-Idee, während ihrer Haft durch das Studium des ›Federalist‹ stark beeinflußt worden (vgl. Lipgens, Europa-Föderationspläne..., a. a. O. [Anm. 5], S. 36).

77 So der Wortlaut der Mackay-Resolution, auf die sich »Föderalisten« und »Unionisten« am 23. 11. 1950 geeinigt hatten (zit. nach Europa. Dokumente..., a. a. O. [Anm. 59], Bd. 1, S. 397).

78 Der entscheidende diesbezügliche Passus der Mackay-Resolution lautet: »Dem Europarat sollen im voraus keinerlei Exekutivvollmachten für eine legislative Betätigung gegeben werden. Diese Vollmachten soll er im Zusammenhang mit seinen verschiedenen Zielen und Funktionen jeweils zur gegebenen Zeit erwerben. Diese Vollmachten würden ihm durch besondere Gesetze für jede Angelegenheit einzeln erteilt werden, wenn diese Gesetzesvorlagen von der Versammlung und dem Ministerausschuß angenommen worden sind« (Europa, Dokumente..., a. a. O. [Anm. 59], Bd. 1, S. 398).

79 Pressekonferenz vom 15. Mai 1962. Zit. nach Weisenfeld, a. a. O. (Anm. 25), S. 61.

80 So Per Fischer, a. a. O. (Anm. 32), S. 93.

81 Nimmt man beispielsweise die Zugehörigkeit zu Partei- und Fraktionsvorständen als Indiz für politisches Gewicht im Herkunftsstaat, so zeigt sich beim Blick auf das Europäische Parlament im Jahr 1966, daß von 137 Mitgliedern nur 25 eine derart einflußreiche Position innehatten. Hingegen sind die ehemaligen Minister und Staatssekretäre mit 43 Abgeordneten stark vertreten. Zusammen mit der gleichfalls beachtlichen Kontinuität (70 Abgeordnete gehören dem Europäischen Parlament seit 1959 an!) zeigt dies, daß sich hier eine Versammlung europäischer Parlaments-Notabeln herausgebildet hat, deren Dynamik – so sie diese entwickeln wollen – von den nationalen Parlamenten durchaus absorbiert werden kann. Dazu demnächst die Hamburger Dissertation von Peter Reichel (Der Deutsche Bundestag und die europäische Integration).

82 David Mitrany, The Prospect of Integration, a. a. O. (Anm. 13), S. 132.

83 The Federalist, LXX.

84 Vor dem Bundesrat der europäischen Bewegung am 20. 1. 1968 in Rom, zit. nach EA 23 (1968), D 154. Hallstein war auch *vor* der Krisenperiode von 1965–1969 dieser Auffassung, vgl. sein: United Europe. Challenge and Opportunity. Cambridge/Mass. 1962, bes. S. 58 ff.

85 Année Politique 1950, S. 306.

86 Die politischen Aspekte, in: Die Integration des europäischen Westens (= Veröffentlichungen der Handelshochschule St. Gallen, Reihe B, Heft 11), Zürich/St. Gallen 1954, S. 77.

87 Origines et élaboration du Plan Schuman, Bruges 1953 (= Cahiers de Bruges, Nr. 3), S. 270.

88 Erinnerungen 1945–1953, Stuttgart 1965, S. 545; Hervorhebung vom Verf. Vgl. auch: Erinnerungen 1955–1959, Bonn 1967, S. 30.

89 Council of Europe. Consultative Assembly. Report, Straßburg 1949, S. 180. Zur bisher wenig untersuchten Begriffsgeschichte der Integrationskonzepte vgl. C. C. Walton, The Fate of Neo-Federalism in Western Europe, in: The Western Political Quarterly, 5 (1952), S. 366–390. Aufschlußreich für den Stand der Diskussion im Jahr 1951 ist D. U. Stikker, The Functional Approach to European Integration, in: Foreign Affairs 29 (1951), S. 436–444.

90 A Working Peace System, London 1943, S. 32. – Mitranys Theorien werden dargestellt und diskutiert von Ernst B. Haas, Beyond the Nation State, Stanford 1964, S. 1–25 und passim; Inis L. Claude, Swords into plowshares. The Problems and Progress of International Organization, New York ^{3}1964 (1956), S. 344–367, und James Patrick Sewell, Functionalism and World Politics. A Study Based on Nations Programs Financing Economic Development, Princeton 1966, S. 3–72.

91 The Progress of International Government, London 1933, S. 128.

92 A Working Peace System, a. a. O. (Anm. 90), S. 34.
93 Ebd., S. 35–37.
94 Ebd., S. 29. Unser Verständnis Mitranys ist an dieser Stelle besonders der Studie von Sewell, a. a. O. (Anm. 90), verpflichtet.
95 Mitrany, Einleitung zur 4. Auflage von ›A Working Peace System‹, London 1946, S. 9.
96 So Hermann Mosler, a. a. O. (Anm. 6), S. 360: »Die Durchführung des Plans war also, wenn man von der nur sehr unvollkommen angedeuteten Rechtskontrolle absieht, allein auf die Hohe Behörde abgestellt...«
97 Zur Entstehung des Schuman-Plans vgl. Pierre Gerbet, La genèse du plan Schuman. Des origines à la déclaration du 9 mai 1950, in: Revue Française de Science Politique 6 (1956), S. 525 ff. und Hermann Mosler, a. a. O. (Anm. 6), S. 355–386. Interessante Hintergrundhistörchen von freilich unüberprüfbarer Authentizität berichten Merry et Serge Bromberger, a. a. O. (Anm. 33), S. 116–131. Sie behaupten, alle Entwürfe des Memorandums vom 9. Mai 1950 seien vernichtet worden (S. 124). Daß die Hohe Behörde im Schuman-Plan ursprünglich rein funktionalistisch konzipiert war, berichtet auch Pierre Uri: »The Schuman-Plan had no intention of providing the prototype for integration brought about by the successive integration of sectors« (Economics and politics of the Common Market, in: J. P. Miller (ed.), Competition, Cartels, and their Regulation, Amsterdam 1962, S. 378).
98 Am aufschlußreichsten ist in dieser Hinsicht der schon öfter erwähnte Aufsatz von Mosler, ebenso verschiedene Studien von C. F. Ophüls, vor allem: Zur ideengeschichtlichen Herkunft..., a. a. O. (Anm. 6), S. 387–413.
99 Der Gedanke einer Art parlamentarischer Kontrolle ist Monnet auch von der britischen Regierung nahegelegt worden. Premierminister Attlee führte nach dem Scheitern der französisch-britischen Verhandlungen über den Schuman-Plan im Unterhaus aus: »We on this side are not prepared to accept the principle that the most vital economic forces of this country should be handed over to an authority that is utterly undemocratic and is responsible to nobody« (zit. nach Mosler, a. a. O. [Anm. 6], S. 369).
100 Parallel zu den Verhandlungen über die EGKS liefen die Initiativen im Europarat, die erst auf Schaffung einer »politischen Behörde« abzielten und später das bescheidenere Ziel von Fachbehörden unter Kontrolle eines Ministerrates und einer supranationalen Versammlung anpeilten (vgl. Empfehlung betreffend die Einrichtung von Sonderbehörden im Rahmen des Europarats bzw. die Empfehlung zur Bildung von europäischen Sonderbehörden, in: Europa. Dokumente..., a. a. O. [Anm. 59], Bd. 1, S. 497 f.).
101 Andere Metaphern waren: »politischer Hut« (Karlheinz Neunreither, Die politische Union [= Europäische Gegenwart. Schriften zur Europapolitik, Bd. 2], Köln/Opladen 1965, S. 7) oder »politischer Kopf«, der dem Wirtschaftskörper der EWG aufzusetzen wäre (Altiero Spinelli, Ein europäisches Europa – Föderation oder Konföderation?, a. a. O. [Anm. 8], S. 56).
102 Ein ähnlich eingebauter Föderatormechanismus war während der EGKS-Verhandlungen von deutscher Seite vorgeschlagen und abgelehnt worden (Mosler, a. a. O. [Anm. 6], S. 378).
103 Hallstein sieht in der Kommission »die planende, vorwärtstreibende und vermittelnde Instanz im Entscheidungsprozeß« (Die institutionellen Probleme..., a. a. O. [Anm. 55], S. 14). Die neueste Literatur ist verarbeitet von Robert Knöpfle, Organisation und Arbeitsweise der Gemeinsamen Kommission der Europäischen Gemeinschaften, in: Europarecht 3 (1968), S. 30–62.
104 John Lambert, Decision-Making in the Community: the Commission-Council-Dialogue, in: Government and Opposition 2 (1966/1967), S. 391–396.

105 Dazu besonders ergiebig Altiero Spinelli, The Eurocrats, a. a. O. [Anm. 8], S. 71–99.
106 Zum politischen Potential des Europäischen Parlaments vgl. Karl-Heinz Neunreither, Das parlamentarische Element im Entscheidungsprozeß der Europäischen Gemeinschaften, in: EA 21 (1966), S. 811–822. Allgemein zum Europäischen Parlament: Henri Manzanarès, Le parlement européen, Paris 1964.
107 Das zweckmäßigste Verfahren zur wirtschaftlichen Integrierung Europas, hrsg. von CEPES, Frankfurt o. J., S. 17.
108 Hallstein, Die echten Probleme der europäischen Integration (= Kieler Vorträge, N.F. 37), Kiel 1965, S. 18.
109 Vgl. dazu Ernst Haas, a. a. O. (Anm. 90), S. 79–81.
110 Ernst B. Haas, Die Einigung Europas, in: Sidjanski–Lindberg–Clapham–Schröder, Erfolge und Krisen der Integration. Zusammengestellt und eingeleitet von Beate Kohler (= Europäische Schriften des Bildungswerks Europäische Politik, Bd. 20), Köln 1969, S. 55.
111 International Integration. The European and the Universal Process, in: International Organization 15 (1961), S. 368.
112 Vgl. Haas, a. a. O. (Anm. 90), S. 51–125. Diese Föderationsstrategie ist im Ansatz schon von Jean Monnet skizziert worden, wenn er den Effekt supranationaler Institutionen wie folgt beschreibt: »Elles accumulent l'expérience collective et, de cette expérience et de cette sagesse, les hommes soumis aux mêmes règles verront non pas leur nature changer, mais leur comportement graduellement se transformer« (Les Etats-Unis d'Europe ont commencé, Paris 1955, S. 44).
113 Ernst B. Haas, a. a. O. (Anm. 110), S. 64.
114 Chancen einer konstruktiven Ostpolitik, in: Wege nach Gesamteuropa, 14. Ord. Kongreß der Europa-Union Deutschlands (= Schriftenreihe der Europa-Union Deutschland, Heft 17), Bonn o. J., S. 16.
115 Vgl. die abgewogenen Ausführungen von Fritz Hellwig, Die politische Tragweite der europäischen Wirtschaftsintegration (= Kieler Vorträge, N. F. 45), Kiel 1966.
116 Hallstein, Die institutionellen Probleme..., a. a. O. (Anm. 55), S. 114.
117 Pressekonferenz am 5. September 1960, zit. nach Weisenfeld, a. a. O. (Anm. 25), S. 54.
118 Vgl. Klaus F. Bauer, Spill-over oder spill-back, in: EA 21 (1966), S. 519–526.
119 Discord in Community: The North Atlantic Area as a Partial International System, in: Francis O. Wilcox–H. Field Haviland, The Atlantic Community, New York/London, 1963, S. 13.
120 So vor allem Andreas Sattler in der Studie: Das Prinzip der »funktionellen Integration« und die Einigung Europas. Die Übertragung von Hoheitsrechten und ihre Konsequenzen, untersucht am Beispiel der Europäischen Gemeinschaften, Göttingen 1967, S. 215–224.
121 Zit. nach Georg Chr. Lichtenberg, Aphorismen, hrsg. von Max Rychner, Zürich 1958, S.588.
122 Das Argument ist immer wieder im Gedankengut der Europa-Bewegung aufgetaucht, seit ihm Graf Coudenhove-Kalergi in der Programmschrift ›Pan-Europa‹ 1923 zum ersten Mal Ausdruck gegeben hat.
123 Theodor Eschenburg, Die DDR respektieren, in: Theo Sommer (Hrsg.), Denken an Deutschland. Zum Problem der Wiedervereinigung – Ansichten und Einsichten, Hamburg 1966, S. 162.
124 Die Einigung Europas, a. a. O. (Anm. 110), S. 60; ebenso Vorwort zur Neuauflage des Werkes ›The Uniting of Europe‹, a. a. O. (Anm. 20).
125 Diese Überlegung hat beispielsweise Bundeskanzler Kiesinger anläßlich des

Staatsbesuchs des französischen Staatspräsidenten in einer vielbeachteten Tischrede zum Ausdruck gebracht (Neue Zürcher Zeitung, 12. 9. 1969).

126 Die institutionellen Probleme... a. a. O. (Anm. 55), S. 8–22. Eine ausführliche Erörterung der Entwicklungsaussichten der Gemeinschaft in Richtung auf einen europäschen Bundesstaat gibt Sattler, a. a. O. (Anm. 120), S. 165–214.

127 Offener Brief des Präsidiums der Europa-Union an Bundeskanzler Erhard v. 17. 9. 1964, in: EA 19 (1964), D 498.

128 Der Weg zur europäischen Föderation, in: Der Föderalist, Heft 6 (1957), S. 7.

129 Rede am 20. 1. 1968, EA 23 (1968), D 153.

Rudolf Hrbek
Außenpolitische Gemeinsamkeit von Regierung und Opposition

I

Im politischen System der Bundesrepublik hat die auswärtige Politik den Charakter eines Arkanbereichs, der so gut wie ausschließlich der Regierung zur Ausgestaltung und Entscheidung zugeordnet ist, verloren. Dieser Befund [1] entspricht dem in vergleichbaren politischen Systemen. Er ist das – vorläufige – Ergebnis eines Prozesses, der vor allem von folgenden drei Faktoren bestimmt worden ist.

Der erste Faktor ist in der zunehmenden Komplexität des politischen Prozesses zu sehen. Die Herausbildung des parlamentarischen Regierungssystems mit der für dieses System bezeichnenden Frontstellung zwischen Regierung und der sie unterstützenden Parlamentsmehrheit einerseits sowie der parlamentarischen Opposition andererseits, verstärkt durch das gerade für die BRD entscheidende Faktum Parteienstaat und schließlich das Faktum Pluralismus, hat die Regierung ihrer Monopolstellung im Bereich der Außenpolitik beraubt. Selbst wenn die Regierung nicht als Ausschuß der Parlamentsmehrheit und als solcher von dieser gelenkt, sondern umgekehrt diese als Gefolgschaft der Regierung betrachtet wird, ergibt sich dieser Verlust. Die Regierung bleibt zwar der wesentlichste Inhaber der formellen auswärtigen Gewalt, ist aber als solcher »eingerahmt« von anderen politischen Faktoren, die als (Mit-)Entscheidungsträger nicht mehr ignoriert oder ausgeschaltet werden können. Die Regierung hat, was die Ausübung materieller auswärtiger Gewalt angeht, Teilhaber erhalten.

Der zweite Faktor, der die Bedeutung dieser Teilhabe gestärkt hat und so mit dem ersten in engem Zusammenhang steht, ist in der rapide wachsenden Komplexität des Bereichs der auswärtigen Politik und ihres Entscheidungsgefüges zu sehen. Wenn Fragen der Wirtschafts- und Währungspolitik, der technologischen Entwicklung und der Forschung, um wesentliche zu nennen, für Entscheidungen im Bereich der Außenpolitik an Bedeutung zunehmen, in Einzelfällen bereits dominieren, so führt das, gegenüber früher, zu einer breiteren Streuung des Interesses an außenpolitischen Entscheidungen und erklärt das Bemühen jener Interessenten um verstärkte Einwirkungs- und Mitentscheidungsrechte. Die zunehmende internationale Interdependenz, beispielsweise durch die Integration innerhalb der EWG herbeigeführt, intensiviert diese Komplexität noch.

Der dritte Faktor ergibt sich aus den beiden eben angeführten. Die Ausbildung durchorganisierter Parteien und die Existenz und Tätigkeit spezialisierter gesellschaftlicher Organisationen und Verbände, in Verbindung mit der Ausweitung des Bereichs Außenpolitik um spezielle, vielfach außerordentlich komplizierte Sachfragen aus Wirtschaft und Forschung, führten zu einem Verlust des Informationsmonopols der Regierung. Für diesen Verlust ist außerdem der Ausbau des Informationswesens seitens der Massenkommunikationsmittel verantwortlich. Das Informations-Monopol war für die so gut wie ausschließliche Wahrnehmung der auswärtigen Politik durch die Regierung maßgebend gewesen; sein Verlust hatte fast zwangsläufig auch eine Beschneidung des Initiativ- und Aktivitäts-Monopols der Regierung in der Außenpolitik zur Folge.

Dem Verlust an Ausschließlichkeit im außenpolitischen Entscheidungsprozeß, den die Regierung hinnehmen mußte, entspricht – das ergibt sich aus den drei obengenannten Faktoren nebst ihren Auswirkungen – eine wachsende Beteiligung anderer politischer Kräfte an diesem Entscheidungsprozeß. Das gilt in besonderem Maße für die politischen Parteien. Einmal wären die Regierungsparteien zu nennen, die man – gerade im parlamentarischen Regierungssystem – dem hauptsächlichen Träger der formellen auswärtigen Gewalt, der Regierung, zurechnen kann, ja zurechnen muß. Zum andern wären aber auch die Oppositionsparteien zu berücksichtigen, die eine Reihe von Möglichkeiten haben, sich in den Entscheidungsprozeß im Bereich der Außenpolitik einzuschalten. Diese Möglichkeiten ergeben sich aus ihrer in Art. 21 GG festgelegten Stellung und Funktion, in Verbindung mit anderen verfassungsrechtlichen Bestimmungen, insbesondere über die parlamentarische Mitwirkung im Bereich der Außenpolitik, sowie aus ihrer verbesserten und umfassenderen Informiertheit, ihrer Verflechtung mit anderen politischen Kräften (z. B. Verbänden, Öffentlichkeit, verwandten Gruppierungen in anderen Ländern). Daraus folgen dann konkrete Möglichkeiten der Wahrnehmung von Einfluß und Mitentscheidung im Bereich der Außenpolitik, beispielsweise anläßlich von Wahlen oder durch Parlamentsarbeit.

II

Wenn davon auszugehen ist, daß die Parteien – faktisch – zu Akteuren im Bereich des außenpolitischen Entscheidungsprozesses geworden sind, so stellt sich die Frage nach ihrem Verhältnis zueinander in diesem speziellen Bereich. Da die Regierungsparteien im parlamentarischen System mit der Regierung zu einer politischen Einheit verschmolzen sind, geht es um das Verhältnis zwischen Regierung und Parlamentsmehrheit einerseits sowie parlamentarischer Opposition andererseits.

Für dieses Verhältnis sind – gleichsam idealtypisch – zwei Konstellationen denkbar: Gegensatz oder Gemeinsamkeit. Gegensatz in außenpolitischen Fragen würde sich bei strikter Anwendung von Prinzipien und »Spielregeln« des parlamentarischen Systems, entsprechend der dreifachen Funktion der Opposition – Kritik, Kontrolle und Alternative – ergeben; die Opposition würde den Akzent vorwiegend auf Kritik und Alternative legen. Diese Konstellation stößt vielfach auf Widerspruch: sie eigne sich nicht für den Bereich der Außenpolitik, hier müsse es ein Miteinander, müsse es Gemeinsamkeit geben. Dabei könnte die Opposition ihre Kontrollfunktion auch im Rahmen enger Kooperation mit der Regierung wahrnehmen. Dieses Postulat der Gemeinsamkeit wird oft mit dem Hinweis auf die angeblich entsprechende – und als optimal angesehene – Praxis in den angelsächsischen Demokratien, Großbritannien und USA, unterstrichen.

Diesem meist ganz unreflektiert vorgetragenen Postulat wäre zunächst dreierlei einschränkend entgegenzuhalten. Erstens wäre darauf hinzuweisen, daß es sich um zwei durchaus unterschiedliche Regierungssysteme handelt, daß also die Übertragung amerikanischer Praktiken einer »bipartisan foreign policy« keinesfalls möglich oder selbstverständlich sein muß. Zweitens wäre genau zu prüfen, ob in beiden Fällen jeweils durchgehend von außenpolitischer Gemeinsamkeit gesprochen werden kann. Drittens schließlich wäre zu berücksichtigen, daß die Beurteilung solcher außenpolitischen Gemeinsamkeit keineswegs nur positiv ist.

Ziel der hier vorzutragenden Überlegungen ist es, zunächst einmal die Begründungen für bzw. gegen die eine oder andere Konstellation darzulegen, sofern sie für die Beurteilung der deutschen Verhältnisse relevant sein könnten. Danach sollen die Voraussetzungen für ein Funktionieren außenpolitischer Gemeinsamkeit, insbesondere für ihre Praktizierung erforderliche Verfahrensweisen aufgezeigt werden [2]. Dieser eher allgemeinen Übersicht soll eine Skizze der Diskussion über außenpolitische Gemeinsamkeit sowie der Praxis in der BRD folgen. Dabei wird auf die Einstellung zur Frage der Gemeinsamkeit nebst ihrer Begründung ebenso einzugehen sein wie auf das konkrete Verhalten der Akteure.

III

Der Begriff außenpolitische Gemeinsamkeit hat einen doppelten Bedeutungsinhalt. Erstens meint er ein Ziel, nämlich materielle Gemeinsamkeit. Zweitens meint er eine Methode, die zur Erreichung dieses Ziels angewandt werden muß, nämlich bestimmte gemeinsam angewandte Verfahren zur Erarbeitung materieller Gemeinsamkeit. Dabei ist es durchaus denkbar, daß

Außenpolitische Gemeinsamkeit

Gemeinsamkeit hinsichtlich des Verfahrens nicht zu materieller Gemeinsamkeit führt, daß trotz intensiver Kommunikation Gegensätze bleiben; dennoch wird man – mit dieser Einschränkung – von einem Verhaltensmuster Gemeinsamkeit sprechen.

Die Gründe, die für außenpolitische Gemeinsamkeit ins Feld geführt werden, lassen sich in drei größere Gruppen einteilen:

(1) Gemeinsamkeit, so lautet die wohl gewichtigste Argumentation, wirkt sich positiv auf die internationale Position eines Staates aus; sie fördert damit die Berücksichtigung und Durchsetzung nationaler Interessen und Ziele in der internationalen Politik. Diese These wird zunächst mit der Behauptung gestützt, Außenpolitik sei ein besonderer Bereich des Politischen, der – ganz anders als die Innenpolitik – keine Gegensätze unter den Parteien vertrage, weil solche Gegensätze außerordentlich negative Folgen haben müßten.

Im einzelnen wird ausgeführt:

– Ist ein Machtwechsel mit einem außenpolitischen Kurswechsel verbunden, beeinträchtigt dies die internationale Verläßlichkeit des Staates, das Vertrauen des Auslandes ihm gegenüber. Außenpolitische Gemeinsamkeit dagegen ist ein Garant für Kontinuität auch über solche Machtwechsel hinweg.

– Flexibilität und Anpassungsfähigkeit im Bereich der Außenpolitik werden erschwert und gegebenenfalls gar unmöglich gemacht, wenn die Parteien sich veranlaßt sehen würden, an einem bestimmten außenpolitischen Programm oder einzelnen Punkten deshalb festzuhalten, um sich vom innenpolitischen Gegner deutlich abzusetzen. Starrheit um der Profilierung willen – also wider besseres Wissen – könnte dann den Vorrang vor Anpassungsbereitschaft und -fähigkeit haben bzw. diese blockieren.

– Die Adaptierung extremer außenpolitischer Positionen seitens einer Oppositionspartei mit dem Ziel der Profilierung gefährdet die internationale Stellung des Staates, wenn diese Partei eine echte Machtchance hat, die ausländischen Partner des Staates also mit einer Realisierung dieser programmatischen Position rechnen müssen, die sie als zu extrem ablehnen.

– Gemeinsamkeit erlaubt den Vertretern eines Staates, sich gegenüber dem Ausland auf den einmütigen Rückhalt der wichtigsten politischen Gruppierungen zu berufen, was die Durchsetzungschancen in der Regel erhöht. Insofern erweist sich Gemeinsamkeit als außerordentlich zweckmäßig und dem nationalen Interesse förderlich.

– Gemeinsamkeit bedeutet das Vorhandensein einer breiteren Basis, damit die Chance stärkerer Rationalität bei der Formulierung – insbesondere auch hinsichtlich längerfristiger und detaillierter Planung – von Zielen und Wegen im Bereich der Außenpolitik. Stärkere Rationalität einer Position aber erhöht gegebenenfalls ihre Aussichten, international respektiert zu werden und sich zu behaupten bzw. durchzusetzen.

(2) Unter gewissen Voraussetzungen, so lautet eine weitere Begründung, ist außenpolitische Gemeinsamkeit unabdingbar, eine Selbstverständlichkeit. Zur Illustration, wann und warum den Parteien angeblich gar keine Alternative zur Gemeinsamkeit offensteht, wird im einzelnen auf folgendes verwiesen:

– Befindet sich ein Land im Krieg, so ergibt sich Gemeinsamkeit quasi von selbst, automatisch (Beispiel: das britische Kriegskabinett). Das gleiche sollte jedoch auch für einen durch Vorgänge und Gegebenheiten der internationalen Politik bestimmten sogenannten nationalen Notstand gelten; hier wird z. B. an Besetzung oder Teilung eines Landes, an die Aufgabe der Wiedergewinnung von Souveränität und außenpolitischer Handlungsfreiheit gedacht (Beispiel: Österreich nach 1945).

– Das internationale System kann so beschaffen sein bzw. als so beschaffen aufgefaßt werden, daß der außenpolitische Spielraum eines Landes sehr eng oder fast völlig reduziert ist; von einer offenen Situation, die verschiedene Optionen erlauben würde, kann dann keine Rede sein. In diesem Fall, wenn nämlich die Parteien in der Perzeption dieses Rahmens übereinstimmen, liegt der einzuschlagende außenpolitische Kurs auf der Hand; Gegensätze sind unmöglich bzw. unverantwortlich, Gemeinsamkeit ist die zwangsläufige Folge.

– Die Opposition ist in einem demokratisch-parlamentarischen System stets Alternative, potentielle Regierung. Verträge und Bindungen, die von der jeweiligen Regierung (-smehrheit) eingegangen werden, binden, da sie im Namen des Staates und für ihn eingegangen werden, auch eine nachfolgende Regierung. Aus beidem kann das Postulat außenpolitischer Gemeinsamkeit, im Sinne einer Mitwirkung und Mitverantwortung der Opposition bereits bei der Ausarbeitung und schließlichen Entscheidung solcher Bindungen, abgeleitet werden.

– Verfassungsrechtliche, gesetzliche oder Verfahrens-Bestimmungen können für Entscheidungen im Bereich der Außenpolitik ein bestimmtes Quorum vorschreiben. Erreicht die Regierungsmehrheit allein dieses Quorum nicht, wird die Gemeinsamkeit mit der Opposition unerläßlich. Diese außenpolitische Gemeinsamkeit ist auch vorstellbar, wenn sie – gleichsam im Sinne eines Do ut des, eines Kompensationsgeschäfts – von der Opposition als Preis für ihre Zustimmung in einer anderen Entscheidung, für die die Regierungsmehrheit allein ebenfalls nicht ausreicht, verlangt wird.

(3) Gemeinsamkeit kann, so lautet schließlich das Motto einer dritten Argumentationsreihe, für den demokratischen Charakter bzw. die weitere Demokratisierung eines politischen Systems außerordentlich positiv sein [3]. Dazu wird im einzelnen ausgeführt:

– Außenpolitische Gemeinsamkeit kann auch unter dem Kriterium demokratischer Partizipation gesehen und beurteilt werden. Die Einschaltung der Opposition in den außenpolitischen Entscheidungsprozeß bedeutet in dieser Sicht ein Mehr an demokratischer Partizipation. Diese Einschaltung würde sich auf bestimmte Verfahren und Praktiken gemeinsamer Diskussion und Entscheidung beziehen. Die Regierung, als der hauptsächliche Inhaber der formellen auswärtigen Gewalt, würde durch die Heranziehung der Opposition demonstrieren, daß sie diese als demokratische Alternative, als potentielle Regierung ansieht. Die Opposition wiederum, die sich heranziehen ließe, würde damit gewissermaßen erzogen, nichts Unverantwortliches zu fordern, also auf jeden Extremismus zu verzichten. So gesehen wäre außenpolitische Gemeinsamkeit ein Beitrag für die Internalisierung demokratischer Verfahrens- und Verhaltensweisen.

– Gemeinsamkeit im Bereich der Außenpolitik gibt der Opposition die Möglichkeit, den Nachweis der Loyalität gegenüber dem Staat, der konsequenten Vertretung nationaler Interessen, der Verantwortlichkeit in der Behandlung auswärtiger Angelegenheiten, der Erfahrung und – zusammengenommen – schließlich den Nachweis der Regierungsfähigkeit zu erbringen. Wenn die Opposition seitens bestimmter Teile der Bevölkerung aus irgendeinem Grunde als nicht regierungsfähig angesehen worden ist, würde dieser Nachweis zweifellos die Einstellung dieser Bevölkerungsgruppen dahingehend beeinflussen, daß ein vorher kaum denkbarer Machtwechsel in den Bereich des Möglichen tritt, irgendwelche »Sperren« für einen solchen Machtwechsel abgebaut werden. Insofern kann außenpolitische Gemeinsamkeit das demokratische Bewußtsein der Bevölkerung entwickeln bzw. stärken helfen, wäre also auch in bezug auf die Bevölkerung ein Beitrag für die Internalisierung demokratischer Einstellungen und Verhaltensweisen.

– Gemeinsam erarbeitete, gemeinsam durchgeführte und gemeinsam durchgehaltene und verantwortete außenpolitische Entscheidungen verhindern die Geburt von »Dolchstoß«-Legenden und das Aufkommen und die Verbreitung von Parolen wie »Verzichtpolitik«, »unverantwortliche Vorleistung«, »Ausverkauf nationaler Interessen«. Da sich solche Legenden und Parolen auf die innenpolitische Szenerie und das Verhältnis der Akteure vergiftend und zersetzend auswirken dürften, ist Gemeinsamkeit, die das zu verhindern verspricht, der demokratischen Entwicklung eines Staates förderlich, jedenfalls dann, wenn solche Legenden und Parolen zu entstehen drohen.

IV

Die Befürwortung der Konstellation »außenpolitische Gegensätze« wird sowohl mit dem Hinweis auf ihre positiven Folgen als auch mit dem auf negative Aspekte außenpolitischer Gemeinsamkeit begründet. Dabei können zwei Gruppen von Argumenten unterschieden werden: die Bejahung außenpolitischen Gegensatzes auf Grund der beiden Kriterien »Wirkung auf den demokratischen Charakter des politischen Systems« sowie »Wirkung auf die internationale Position des Staates bzw. auf die Möglichkeiten zur optimalen Vertretung nationaler Ziele und Interessen«.

(1) Im Zentrum der Argumentation gegen außenpolitische Gemeinsamkeit steht der Hinweis auf den demokratischen Charakter des politischen Prozesses und des politischen Systems; um seinetwillen wird das Bestehen und öffentliche Austragen außenpolitischer Gegensätze gefordert. Eine Reihe von Überlegungen werden dazu angestellt:

— Vorhandensein und Austragen von Gegensätzen erzeugen einen höheren Grad von Verantwortlichkeit der Parteien; bei Gemeinsamkeit ist die Verantwortlichkeit — besonders im Fall außenpolitischen Mißerfolgs oder Scheiterns — nicht eindeutig geklärt. Diese Eindeutigkeit erleichtert die demokratische Kontrolle; der Zwang der Regierung zur Präzisierung ihres Standpunktes, in erster Linie in der öffentlichen Debatte, bewußt von dem der Opposition abgesetzt, ist eine notwendige Voraussetzung für die Richtungskontrolle [4].

— Die Opposition läuft bei Praktizierung von Gemeinsamkeit Gefahr, zum Gefangenen der Regierung zu werden. Durch die Gewährung von gegebenenfalls umfassender Information, die unter Hinweis auf die notwendige Vertraulichkeit (Staatsschutz!) mit dem Gebot der Geheimhaltung verknüpft wird, schirmt sich die Regierung vor kritischen Interventionen der Opposition ab, erschwert oder verhindert damit deren Kontroll-Tätigkeit im Bereich der Außenpolitik. An die Stelle wirksamer Kontrolle würde unter Umständen nur ein unbefriedigendes Blockieren treten.

— Das Präsentieren gegensätzlicher Positionen — besonders vor Wahlen müssen die Parteien ihre außenpolitische Stellung festlegen und sich vom innenpolitischen Kontrahenten absetzen — wirkt erzieherisch auf die Wählerschaft. Die von ihr geforderte eindeutige und bewußte Entscheidung bedeutet die Möglichkeit zu einem Mehr an demokratischer Partizipation.

— Der demokratische Wettbewerb kann viel stärker als bei außenpolitischer Gemeinsamkeit zum Zuge kommen. Damit hängt auch zusammen ein Mehr an Öffentlichkeit, für viele ein entscheidendes Kriterium für den demokratischen Charakter eines politischen Systems. Die Bildung eines kleinen Kreises von außenpolitischen Entscheidungsträgern, der sich nach außen abkapselt und die öffentliche Debatte einmütig unterdrückt, wird nämlich verhindert; zumindest bedeutet der permanente Wettbewerb eine ständige Aufforderung zur öffentlichen Diskussion, die auch immer wieder erzwungen werden kann.

— Die Bereitschaft, gegensätzliche Positionen zu vertreten, macht Konzessionen an den Partner aus Rücksicht auf das angeblich höherwertige Gut außenpolitischer Gemeinsamkeit unnötig. Alternativen werden nicht aus Rücksicht auf den Partner zurückgehalten, sie können — und sie sollen — vielmehr öffentlich um Zustimmung werben. Die Opposition entgeht so der Gefahr der Devitalisierung, die Regierungsmehrheit der, Konzessionen um

Außenpolitische Gemeinsamkeit

der Gemeinsamkeit willen – vielfach gegen besseres Wissen – machen zu müssen.

– Das Austragen von Gegensätzen erleichtert es individuellen bzw. Minderheiten-Ansichten, sich offen zu artikulieren. Weder müssen sie damit rechnen, mit dem Hinweis auf die für außenpolitische Gemeinsamkeit wohl notwendige Disziplin innerhalb der Partei zur Zurückhaltung oder gar zum Schweigen aufgefordert zu werden, noch damit, als von der gemeinsamen – und das heißt im Verständnis der sie Vertretenden: richtigen – Linie Abweichende von vornherein geschmäht und verketzert zu werden. Das eine fördert also Lebhaftigkeit und gegebenenfalls Effektivität innerparteilicher Demokratie, das andere vermeidet eine sonst mögliche Frustration und, als ihre Folge, Radikalisierung von Minderheitenansichten.

– Da eine strikte Trennung von Innen- und Außenpolitik unmöglich ist, müßte außenpolitische Gemeinsamkeit zu einem Verzicht auf den Austrag von Gegensätzen im Bereich der Innenpolitik – wenigstens zu einem gewissen Teil – führen; die demokratische Auseinandersetzung liefe dann Gefahr zu verkümmern.

– Daraus folgt die Gefahr, daß Konsens, daß Gemeinsamkeit wegen der Interdependenz aller Bereiche für erreichbar, ja für wünschbar gehalten, der Konflikt dagegen, der Gegensatz von Positionen und das Austragen dieses Gegensatzes als störend empfunden wird. Wird aber Gemeinsamkeit als ein Wert an sich angesehen, laufen die Parteien Gefahr, als ein Übel zu erscheinen, weil sie ja Ausdruck gegensätzlicher Positionen sind.

– Da sich im Wahlkampf häufig gerade in außenpolitischen Fragen klare Fronten bilden können [5], stellt sich die Profilierung der Parteien in diesem Bereich als wichtige Basis, als Hebel für die Aktivierung der Wählerschaft dar. Somit fördert Vorhandensein und Austragung außenpolitischer Gegensätze die Chance eines Machtwechsels. Praktizierung außenpolitischer Gemeinsamkeit läßt die Opposition als bloßen Annex der Regierungsmehrheit erscheinen, zumal bei Erfolgen, die dann in der Regel der Mehrheit gutgeschrieben werden, was wiederum die Chance eines Machtwechsels beeinträchtigen muß.

– Das Vorhandensein und das Austragen außenpolitischer Gegensätze kann auch in einem anderen Sinne erzieherisch auf die Bevölkerung wirken. Sie lernt es, auch scharf ausgetragene außenpolitische Richtungskämpfe auszuhalten und als durchaus im Sinne eines demokratischen Systems anzuerkennen.

(2) Vorhandensein und Austragung außenpolitischer Gegensätze sind außenpolitischer Gemeinsamkeit, so lautet die zweite Begründung, auch im Interesse der internationalen Stellung des Staates sowie der Wahrung und Durchsetzung seiner Interessen vorzuziehen.

– Wird an Gemeinsamkeit, hier verstanden als Kompromiß, gleichsam um jeden Preis festgehalten, können Alternativen nicht zum Zuge kommen. Das ist deshalb negativ, weil *richtiger* Außenpolitik eindeutig der Vorrang vor *gemeinsamer* Außenpolitik gebührt. Dieser Aspekt kann sich etwa dahingehend auswirken, daß die Regierung durch das Insistieren der Opposition auf einer gegensätzlichen Position zur Korrektur bei der Festlegung oder Realisierung ihres eigenen Kurses veranlaßt, also gewissermaßen von der – zumindest partiellen – Richtigkeit der Oppositions-Haltung überzeugt wird.

– Das Vorhandensein einer außenpolitischen Alternative, von der Opposition dem Regierungskurs entgegengehalten, kann eine notwendig werdende Anpassung an veränderte Gegebenheiten erleichtern bzw. erst ermöglichen. Würde diese Alternative fehlen oder nicht zum Zuge kommen, wäre außenpolitische Stagnation, dem nationalen Interesse gegebenenfalls eindeutig abträglich, unvermeidlich. Um des Festhaltens an der gemeinsam erarbeiteten und vertretenen Politik willen würde die Anpassung nicht erfolgen.

– Bei Vorhandensein außenpolitischer Gegensätze würde sich ein Konsens, der nichts als ein fauler Kompromiß wäre, wenn dabei nämlich vieles bewußt ausgeklammert oder aufgeschoben werden müßte, was wiederum den nationalen Interessen des Staates in vielen Fällen abträglich sein dürfte, erübrigen.

– Als wesentlicher und gegebenenfalls existenzgefährdender Nachteil außenpolitischer Gemeinsamkeit wird schließlich angeführt, daß schnelles Handeln, sofortiges Reagieren unmöglich ist, weil eine gemeinsam erarbeitete Position das Resultat eines längeren Entscheidungsprozesses ist.

V

Außenpolitische Gemeinsamkeit kommt nicht voraussetzungslos zustande. Sie wird nicht überall das gleiche Aussehen haben, nicht überall die gleiche Ausprägung finden. Verschiedene Determinanten bewirken verschiedene mögliche Spielarten von Gemeinsamkeit, andere machen sie – unabhängig von ihrer je spezifischen Struktur – überhaupt erst möglich.

Eine Hauptvoraussetzung für die Ausbildung des Verhaltensmusters Gemeinsamkeit im Bereich der Außenpolitik ist das Vorliegen gewisser Grundübereinstimmungen. Dazu gehört Konsens über die Grundlagen des jeweiligen politischen Systems, Loyalität gegenüber dem Staat in seiner konkreten Gestalt. Als Partner außenpolitischer Gemeinsamkeit wird nicht akzeptiert werden, dessen Loyalität bezweifelt, dem sie gar abgesprochen wird; dabei spielt keine Rolle, ob diese Einschätzung zutrifft, ihr Vorhandensein – ganz subjektiv also – genügt als Sperre für Gemeinsamkeit.

Ein zweites Essentiale muß in der grundsätzlichen Zustimmung zum Machtwechsel gesehen werden. Sie bringt die Bereitschaft zum Ausdruck, dem Partner gegebenenfalls die Letztentscheidung zuzugestehen und ihm darin dieselbe Verantwortlichkeit und nationale Zuverlässigkeit zuzubilligen, die man für sich selbst in Anspruch nimmt.

Zu den Grundübereinstimmungen wird drittens gezählt, daß nationales Interesse absolute Priorität vor – augenblicklichem – Partei-Vorteil hat. Die Problematik dieses Postulats liegt in der Gegenüberstellung von nationalem und Partei-Interesse; jede Partei wird ihr außenpolitisches Programm als mit dem nationalen Interesse identisch ausgeben. Die Schwäche dieses Postulats liegt in der Annahme, das nationale Interesse sei gleichsam offenkundig, erkennbar und könnte so Vorzugs-Beachtung beanspruchen.

Grundübereinstimmung muß – das kann als eindeutig gelten – über Verfahrensweisen und Methoden herrschen, die für die Praktizierung außenpolitischer Gemeinsamkeit gelten und für alle an ihr Beteiligten verbindlich sein sollen. Als Grundelemente außenpolitischer Gemeinsamkeit können Information, Konsultation und Kooperation genannt werden [6].

Eine erste Verfahrens-Frage betrifft die Auswahl der Kollaborateure aus der Opposition, also die Adressaten von Information, Partner der Konsultation und (Mit-)Akteure bei der Kooperation. Die Opposition muß grundsätzlich das Recht haben, ihre Vertreter selbst auszusuchen. Das Regierungslager wird daher von sich aus nur solche Oppositions-Politiker zu irgendeinem Akt von Gemeinsamkeit einladen oder auffordern, die als kompetente und anerkannte Repräsentanten der Opposition gelten können.

Eine zweite Verfahrens-Bedingung betrifft den Kreis der für Information und Konsultation in Frage kommenden Sachprobleme. Hier kann als Regel gelten, daß alle Probleme erfaßt werden müssen, sofern nicht Konsens über ihre Ausklammerung vorhanden ist, was vielfach nur nach Information möglich sein dürfte.

Eine ganz entscheidende Verfahrensfrage ist die des Zeitpunkts von Information und Konsultation. Die bloße Information über eine bereits gefällte Entscheidung ist mit Gemeinsamkeit zweifellos unvereinbar. Es muß aber auch Einigkeit herbeigeführt werden, ob Information und Konsultation – zugespitzt ausgedrückt – erst kurz vor der Entscheidung, wenn also der Rahmen und die Richtung weitgehend fixiert sind, oder bereits vor der ersten Initiative zu erfolgen haben. Als Regel kann gelten: Je früher Kommunikation, desto eher kann von Gemeinsamkeit gesprochen werden.

Eine Verständigung muß über das Initiativrecht erzielt werden. Es ausschließlich der Regierung vorzubehalten ist mit Gemeinsamkeit nicht vereinbar. Die Frage ist vielmehr, ob Initiativen nur gemeinsam – was der Gemeinsamkeit am weitesten entgegenkommen würde – oder auch je einzeln ergriffen werden dürfen.

Sehr wichtig ist auch die Frage nach dem Ort für Information und Konsultation. Das kann zum Beispiel der zuständige Parlaments-Ausschuß sein, aber auch ein der Kommunikation für diesen Bereich vorbehaltenes besonderes Gremium, vielleicht gar die informelle, in ihrer Funktion als Kontakt-

Möglichkeit allgemein anerkannte und geschätzte und als solche »regelmäßig« angesetzte Begegnung, schließlich auch das Spitzen-Gespräch, etwa zwischen Regierungschef und Oppositionsführer oder auch zwischen Außenminister und »Schatten«-Außenminister.

In diesem Zusammenhang spielt auch die Frage der vertraulichen Behandlung einer Angelegenheit eine Rolle. Zeigen sich hier gegensätzliche Überzeugungen, dürfte die Gemeinsamkeit zum Erliegen kommen; der Informationsfluß seitens der Regierung wird spärlicher, die Bereitschaft der Opposition zur Kooperation sinkt.

Auch die Frage der Behandlung außenpolitischer Fragen in der Öffentlichkeit spielt in diesem Zusammenhang eine wesentliche Rolle. Das betrifft zum Beispiel die Ansetzung von Tagesordnungs-Punkten zur Außenpolitik im Plenum des Parlaments, die Art der öffentlichen Behandlung eines solchen Punktes, vor allem aber das Verhalten der Parteien im Wahlkampf. Die Frage ist, ob die öffentliche Auseinandersetzung im Wahlkampf anschließende Gemeinsamkeit verhindert oder beiderseits als temporäre Ausnahme von ansonsten beizubehaltender Gemeinsamkeit geduldet wird.

Schließlich sollte über Art und Umfang der Kooperation Einvernehmen bestehen. Eine, allerdings außerordentlich bescheidene Form ist eine im Parlament gemeinsam angenommene Resolution. Sehr viel weiter geht die gemeinsam entworfene und gemeinsam vertretene Initiative. Als besonders hochentwickelte Form außenpolitischer Gemeinsamkeit gilt die Heranziehung von Oppositions-Politikern bei internationalen Gesprächen bzw. Verhandlungen; die Beteiligung kann sich auf eine bloße Beobachter-Rolle beschränken, sie kann als Berater-Tätigkeit sehr viel weiter gehen, und sie wird, wenn der Oppositions-Politiker offizieller (Mit-)Unterhändler ist, ihre höchste Stufe im Sinne von Gemeinsamkeit erreichen.

Über alle diese vorgenannten Verfahrensfragen muß zwischen potentiellen Partnern außenpolitischer Gemeinsamkeit Übereinstimmung herrschen, sie müssen bestimmte Wege und Verfahren als für sich verbindlich ansehen. Das weist auf eine nächste Bedingung für die Praktizierung außenpolitischer Gemeinsamkeit hin, auf verschiedene psychologische Faktoren, deren Fehlen Gemeinsamkeit sehr erschweren, wenn nicht unmöglich machen müßten.

Unabdingbar ist zweifellos gegenseitiges Vertrauen, das, was man gutes »Betriebsklima« nennen könnte; Unterstellungen, Verleumdungen zerstören jede Bereitschaft zur Gemeinsamkeit. Daß dem Partner außenpolitischer Gemeinsamkeit sachliche Kompetenz und Urteilsvermögen zugeschrieben werden müssen, versteht sich als Bedingung ebenfalls von selbst.

Ein anderer Punkt wird von den Partnern viel Disziplin und Fairneß verlangen. Keiner darf Verdienste und Erfolge ausschließlich oder auch nur überwiegend sich selbst zuschreiben, Versagen und Mißerfolge ausschließlich oder überwiegend dem anderen anlasten.

Schließlich müssen verschiedene, in der »politischen Kultur«[7] liegende

Außenpolitische Gemeinsamkeit

Einstellungen zum politischen Handeln als Determinanten außenpolitischer Gemeinsamkeit berücksichtigt werden, in denen die Partner übereinstimmen müssen. Wenn wir der Anwendung dieses Begriffs durch Dahl [8] folgen, so geht es um folgende Einstellungen:

– erstens zum politischen System; hier kann es sich um Ergebenheit, Indifferenz oder Ablehnung handeln. Für die Ausbildung des Verhaltensmusters Gemeinsamkeit in einem demokratischen System wird von allen Partnern Ergebenheit gefordert werden müssen;

– zweitens zu Mitmenschen, womit sowohl Angehörige anderer Parteien als auch anderer Völker gemeint sind; hier kann es sich um Vertrauen und Mißtrauen handeln. Mißtrauen gegenüber dem innenpolitischen Partner sowie eine unterschiedliche Einstellung zu anderen Völkern und ihren Regierungen werden Gemeinsamkeit verhindern;

– drittens zu Kooperation und Kompromiß; lehnt ein Partner Kompromisse ab, beharrt er auf der Reinheit und Unbedingtheit der eigenen Position, wird Gemeinsamkeit nicht zustande kommen können, es sei denn durch Kapitulation des anderen;

– viertens zur Lösung von Problemen; hierbei lauten die beiden Einstellungspole empirisch-pragmatisch und rationalistisch. Der erstere wird das Zustandekommen von Gemeinsamkeit wesentlich begünstigen, ideologische Starrheit wird ein Hindernis dafür sein.

Dieser letzte Punkt lenkt den Blick auf eine weitere Bedingung für das Verhaltensmuster Gemeinsamkeit: Charakter und Struktur der Parteien sowie das Parteiensystem [9]. Was den Parteicharakter angeht, so erleichtert ein Zurücktreten ideologischer Fundamente und Fixierungen zweifellos die Gemeinsamkeit. Eine Partei mit dogmatisch fixierten Programm-Punkten wird diese auch in der Außenpolitik zur Geltung zu bringen versuchen, kann aber, da es sich, überspitzt ausgedrückt, um unverrückbare Dogmen bzw. deren Ausflüsse handelt, keinen Kompromiß eingehen.

Was die Parteistruktur angeht, so dürfte Homogenität, mindestens aber Disziplin nach außen, jeder Gemeinsamkeit förderlich sein, da »Abweichler« aus dem Lager einer Partei der anderen Partei Anlaß geben können, jener den Vorwurf mangelnder Zuverlässigkeit bei der Vertretung der gemeinsam zu tragenden Außenpolitik zu machen.

Was schließlich das Parteiensystem angeht, so dürfte die Ausbildung des Gemeinsamkeits-Musters bei einer geringen Zahl von Parteien leichter sein als bei sehr vielen Parteien. Im letzteren Falle könnte das Interesse an der Profilierung gerade im Bereich der Außenpolitik besonders ausgeprägt sein. Andererseits läßt sich natürlich auch der Fall denken, daß für ein Miteinander mehrerer Parteien ein gemeinsamer außenpolitischer Nenner die Basis darstellt.

Die Art des außenpolitischen Problems kann als letzte Determinante für die Möglichkeit außenpolitischer Gemeinsamkeit gelten.

Eine plötzlich und überraschend auftretende Situation, die sofortiges Handeln erfordert, wird die Anwendung von Gemeinsamkeit hinsichtlich des Verfahrens in der Regel nicht erlauben. Gemeinsamkeit wäre dann allenfalls als materielle Übereinstimmung möglich, allerdings in der Form der nachträglichen Zustimmung der Opposition zu Entscheidungen der Regierung. Gemeinsamkeit auch im Verfahren zu praktizieren, wenn die Entscheidung unter Zeitdruck erfolgen muß, würde das Bestehen sehr hoch entwickelter und lange bewährter Verfahrensweisen voraussetzen. Eine eingehende vorherige Planung würde es der Regierung in einem solchen Falle ermöglichen, auf die Resultate gemeinsamer Planungsarbeit zurückzugreifen; die Funktion der Regierung wäre dann die Anwendung gemeinsam entworfener Maßnahmen.

Außenpolitische Probleme, die große innenpolitische Verzweigungen haben, eignen sich, so wird gesagt, denkbar schlecht für Gemeinsamkeit, weil ein Konsens auch im innenpolitischen Bereich unwahrscheinlich ist. Diese Begründung der These ist zugleich ihre Prämisse. Das bedeutet, daß die innenpolitische Annäherung von Parteien, was Zielsetzung und Methode ihrer Realisierung angeht, diese These gegenstandslos macht.

VI

Versuchen wir nun, einen groben Überblick der Diskussion über außenpolitische Gemeinsamkeit in der BRD sowie ihrer Praxis seit 1949 zu geben [10]. Dieser Überblick wird sich auf das Verhältnis der großen Parteien CDU/CSU und SPD beschränken, weil ihre Beziehungen zueinander und ihr Verhalten Diskussion und Auseinandersetzung über außenpolitische Gemeinsamkeit bestimmt haben.

(1) Mit dem Hinweis auf den – pauschal gesagt – nationalen Notstand und die bevorstehende Aufbauarbeit, auch im Sinne der Wiedererlangung außenpolitischer Handlungsfähigkeit und der Gestaltung der Außenbeziehungen der BRD, sowie die Aufgabe der Überwindung der deutschen Teilung wurde 1949 vielfach eine große Koalition gefordert. Sie hätte eine Institutionalisierung außenpolitischer Gemeinsamkeit hinsichtlich des Verfahrens bedeutet und sicherlich auch materielle Gemeinsamkeit, sollte diese Verbindung von Dauer sein, gebracht. Nachdem diese Lösung wegen der Polarisierung im wirtschaftspolitischen Bereich und aus persönlich-politischen Gründen (Schumacher contra Adenauer) nicht zustande gekommen war, plädierten Regierungskoalition und sozialdemokratische Opposition jedoch für außenpolitische Gemeinsamkeit. Diese Forderung, während der gesamten Legislaturperiode aufrechterhalten, war zunächst ein reichlich unreflektiertes Postulat. Beschwerden der Opposition über das eigenmächtige außenpolitische Vorgehen des Bundeskanzlers, seine einsamen Entschlüsse [11], ver-

bunden mit der sozialdemokratischen Weigerung, von ihm herbeigeführte vollendete Tatsachen nachträglich nur einfach zu billigen, sich also auf die Rolle des Akklamierenden reduzieren zu lassen, führten bereits ab November 1949 zur Formulierung von Verfahrens-Bedingungen, deren Anwendung als unabdingbare Voraussetzung außenpolitischer Gemeinsamkeit, zunächst hinsichtlich des Verfahrens, bezeichnet wurde. Die Opposition forderte Information und Konsultation, und zwar *vor* jeder Entscheidung; sie befürwortete, wenn irgend möglich, gemeinsame Entscheidungen.

So eine materielle Gemeinsamkeit machte die Opposition aber davon abhängig, daß sie von der Richtigkeit der jeweiligen außenpolitischen Position und Entscheidung überzeugt sein würde und sozialdemokratische Grundüberzeugungen und Programmpunkte zum Tragen kommen müßten. Diese Bedingung, eigentlich eine Selbstverständlichkeit, mußte Gemeinsamkeit aber dann verhindern, wenn beide Seiten gegensätzliche Grundauffassungen haben, entgegengesetzte Entscheidungen befürworten und ein Kompromiß als nicht zumutbar ausgeschlossen wird. Eine solche Polarisierung barg aber wiederum die Gefahr in sich – gerade in der Bundesrepublik als einem noch jungen Staat ohne eingefahrene, erprobte und allgemein anerkannte Verfahrensweisen in der Behandlung außenpolitischer Fragen –, daß sich neben der Verhinderung materieller Gemeinsamkeit auch keine Gemeinsamkeit über von beiden Seiten zu praktizierende Verfahren ergeben würde.

In der Frage der Westintegration der BRD, verbunden mit der Deutschland-Politik, standen sich Regierungskoalition einerseits, sozialdemokratische Opposition andererseits mit unvereinbaren Standpunkten gegenüber. Daß sie damals als unvereinbar angesehen wurden, geht aus Bemerkungen wie »Kampf zweier Welten« (Schumacher) und die »von der Wurzel aus falsche Außenpolitik« des Bundeskanzlers (Luetkens) ebenso hervor wie aus der Etikettierung der Adenauerschen Außenpolitik als »außenpolitische Klassenpolitik« (Schumacher).

Die Gegensätze fanden ihren Ausdruck in gegenseitigen Unterstellungen und Diffamierungen. Adenauer wurde bezichtigt, antideutsche, antieuropäische und profranzösische Politik zu betreiben sowie privatkapitalistische Manipulationen zu begünstigen; die von ihm befürworteten konkreten Projekte westeuropäischer Integrationspolitik wurden als Ausdruck und Ausfluß konservativer, klerikaler, kapitalistischer und kartellistischer Bestrebungen abqualifiziert – die ideologische Fixierung war unverkennbar. Die Sozialdemokratie auf der andern Seite wurde in die Nähe des Kommunismus gerückt, was sie als schwerste Beleidigung empfand; insgesamt wurde sie als unzuverlässig, verantwortungslos und insofern gefährlich denunziert.

Die Gegensätze zeigten sich auch in der Frage der parlamentarischen Behandlung der Außenpolitik. Die Opposition begehrte erfolglos außenpolitische Debatten, also die parlamentsoffene Auseinandersetzung, sie protestierte dagegen, mit einer außenpolitischen Regierungserklärung unvorbereitet überfallen zu werden, und sie kritisierte die fehlende bzw. außerordentlich spärliche Information sowohl ihrer Spitzenpolitiker in persönlichen informellen Gesprächen als auch im Auswärtigen Ausschuß des Bundestages.

Schließlich wurden die Gegensätze auch im Streit um verfassungsrechtliche Grundlagen der Außenpolitik deutlich. Die Opposition erklärte eine Entscheidung über die Remilitarisierung ohne vorherige Grundgesetz-Änderung als glatten Verfassungsbruch und bezichtigte die Regierung eines solchen Verstoßes; sie bemühte in diesem Zusammenhang das Bundesverfassungsgericht, allerdings ohne Erfolg. Dem Bundestag sprach sie die Legitimation ab, die Frage der Remilitarisierung zu entscheiden, da seine Zusammensetzung nicht mehr dem wahren Kräfteverhältnis entsprechen würde [12] und die Frage der Wiederbewaffnung bei der Wahl 1949 überhaupt nicht zur Entscheidung gestanden hatte.

Nur erstaunlich selten wird der außenpolitische Gegensatz mit dem Hinweis auf den demokratischen Charakter des politischen Systems der BRD, zu dem das Vorhandensein von Alternativen auch in der Außenpolitik gehöre, gerechtfertigt. Wenn es doch geschieht, dann argumentiert die Opposition eindeutig aus der Defensive, versucht, diese Alternative als im demokratischen System normal und legitim hinzustellen und sich selbst damit gegen den Vorwurf eines unverantwortlichen Opponierens gerade in der Außenpolitik zu verteidigen. Das sind aber, wie gesagt, Ausnahmen; die Regel bleibt das Postulat der Gemeinsamkeit.

Ansätze für eine solche Gemeinsamkeit fehlen trotz der Gegensätze nicht ganz, sind jedoch spärlich. Gemeinsam verabschiedete Bundestags-Resolutionen erscheinen prima facie vielleicht als Ausdruck materieller außenpolitischer Gemeinsamkeit. Näheres Zusehen zwingt zur Einschränkung dieses Urteils. Entweder waren solche Resolutionen allgemein gehalten und beschränkten sich auf die Verkündung von unbestrittenen Zielen und Forderungen, ließen also die zur Erreichung der Ziele einzuschlagenden Wege und Methoden – hier lag nämlich die Kontroverse! – bewußt offen (Beispiele: Resolution über die Schaffung eines Europäischen Bundespakts; Resolution zur Wiedervereinigung Deutschlands durch freie Wahlen), oder sie waren Ad-hoc-Proklamationen, mit denen Koalition und Opposition gemeinsam gegen eine von anderen Mächten getroffene Entscheidung oder Maßnahme reagierten (Beispiele: Resolution anläßlich des Görlitzer Vertrages; Resolution anläßlich des französisch/saarländischen Abkommens). In keinem Fall wird man solche Verlautbarungen als Ausdruck echter Gemeinsamkeit im Sinne von systematisch gemeinsam erarbeiteten Positionen hinsichtlich Ziel *und* Weg im Bereich der Außenpolitik werten dürfen.

Ein institutionelles Novum, ein kleines Gremium von Abgeordneten aller Fraktionen, das mit Bundeskanzler und Staatssekretär über den (ersten) Deutschland-Vertrag beriet, soll sich durch außerordentlich intensive sachliche Arbeit und eine erfreulich gute Gesprächs-Atmosphäre ausgezeichnet ha-

Außenpolitische Gemeinsamkeit

ben [13]. Darin kann zweifellos ein Ansatz für Gemeinsamkeit hinsichtlich der Verfahrensseite gesehen werden (die materiellen Gegensätze bleiben, wie Weichert bestätigt, bestehen). Allerdings bleibt diese ganz auf dieses Gremium beschränkt, konnte keine entsprechenden Änderungen im großen Stil bewirken. Von materieller Gemeinsamkeit entfernte man sich beiderseits immer weiter, und der Wahlkampf 1953 brachte eine neue Verhärtung, da die Außenpolitik einen breiten Raum einnahm. Gemeinsamkeit schien nicht erreichbar zu sein.

(2) Übereinstimmend forderten Regierungskoalition und Opposition nach Konstituierung des 2. Deutschen Bundestages außenpolitische Gemeinsamkeit. Wie sie erreicht werden und was sie beinhalten sollte, darüber gingen die Ansichten weiterhin auseinander. Durch den Wahlsieg in ihrer Politik bestärkt, forderte die Regierungskoalition die Sozialdemokratie auf, dem Wählerwillen Rechnung zu tragen und sich der Außenpolitik Adenauers anzuschließen. Der Formel »Gemeinsamkeit durch materiellen Anschluß« stellte die Sozialdemokratie die Forderung nach Anwendung bestimmter Verfahrensweisen (Information und Konsultation rechtzeitig *vor* Entscheidungen, keine vollendeten Tatsachen und einsamen Entschlüsse mehr) und Beachtung unabdingbarer Voraussetzungen (Verzicht auf Diffamierungen, Anerkennung des Partners als gleichrangig) gegenüber, wodurch Gemeinsamkeit über die Methoden des außenpolitischen Vorgehens versucht werden sollte. Die Methoden jedoch blieben strittig, die Opposition war nicht bereit, sich dem Regierungskurs anzuschließen.

Trotz dieser Unvereinbarkeit von Anfang an hielten beide Seiten am Postulat außenpolitischer Gemeinsamkeit fest, argumentierten jedoch in der eben genannten Weise. Die Begründung für dieses Postulat (Schlagwort: nationaler Notstand!) blieb unverändert, hier bestand Konsens. Daß der Wunsch nach Gemeinsamkeit noch stärker als in der ersten Legislaturperiode war, läßt sich aus dem Fehlen jeder Rechtfertigung der Konstellation außenpolitischer Gegensätze schließen.

Beiderseits wurde das Fehlen außenpolitischer Gemeinsamkeit beklagt, jeweils der Gegner dafür verantwortlich gemacht. Die Opposition klagte die Regierungskoalition an, der Aufbau der Bundesrepublik in den vergangenen Jahren sei nicht nur ohne, sondern bewußt gegen die Sozialdemokratie erfolgt, was dem Bekenntnis zur Gemeinsamkeit jede Glaubwürdigkeit nehmen müsse. Den Hauptverantwortlichen für diese Entwicklung sah die SPD in der Person Adenauers, er war für sie daher das Haupthindernis jeder außenpolitischen Gemeinsamkeit. Die Regierungskoalition wiederum warf der Opposition vor, mit ihrer Politik des permanenten Nein, und zwar »von vornherein« (Kiesinger), jeden eventuell möglichen Ansatz einer Gemeinsamkeit unmöglich gemacht zu haben. Gegenseitig sprach man sich also den ernsthaften Willen zur Gemeinsamkeit ab.

Letztlich ist der materielle Gegensatz für dieses fast unversöhnlich scheinende Gegeneinander verantwortlich. Die Regierungskoalition befürwortete eine möglichst rasche Einbeziehung der BRD in die westliche Gemeinschaft, nach dem Scheitern der EVG in NATO und WEU, über die Pariser Verträge. Die Opposition forderte vorherige Viermächte-Verhandlungen über eine Lösung der deutschen Frage.

Wiederum zeigte sich der Gegensatz in Meinungsverschiedenheiten über die parlamentarische Behandlung außenpolitischer Fragen – wenn etwa die Opposition die Absetzung eines Tagesordnungspunktes verlangte oder sich darüber beschwerte, daß ihr ein bestimmter Tagesordnungspunkt aufgezwungen worden sei. Die sozialdemokratische Unterstützung der von der Kundgebung in der Frankfurter Paulskirche am 29. 1. 1955 ausgehenden Aktion (der SPD-Vorsitzende Ollenhauer hatte die Einladung zur Kundgebung mit unterzeichnet) und die Durchführung von – als Test gedachten – Volksbefragungen in einzelnen Städten, also außerparlamentarischen und im Fall der Befragungen fast schon grundgesetzwidrigen Aktionen gegen die Remilitarisierung, seitens der SPD, demonstrierten die materielle Unvereinbarkeit, die sich in solchen kontroversen Aktionen niederschlug.

Dennoch gab es auch in dieser Legislaturperiode Ansätze zur Gemeinsamkeit; wie zu zeigen sein wird, sehr viel weitergehende und bedeutendere als bis 1953. Das Eingeständnis Kiesingers als neuer Vorsitzender des Auswärtigen Ausschusses des Bundestages, der Ausschuß habe bisher wenig befriedigend gearbeitet und daran sei keineswegs nur eine Seite allein schuld, sowie seine Absicht, eine neue verbesserte Arbeitsweise zu entwickeln und zu pflegen, deuten auf den Willen, diese Institution stärker als bisher als einen Hebel zur Erarbeitung außenpolitischer Gemeinsamkeit, also primär hinsichtlich der Verfahrensseite, zu nutzen. Die Teilnahme Carlo Schmids an der Delegation der Bundesrepublik in Moskau im Herbst 1955, die von Adenauer ausdrücklich als wertvoll bezeichnet wurde, kann auch als ein solcher Ansatz angesehen werden.

Sehr viel wichtiger indessen ist die Kooperation der Sozialdemokratie bei der Ausarbeitung der Ausführungsgesetze zu den Pariser Verträgen gewesen. Zwar hatte die SPD diese Kooperation mit ihrem Bestreben begründet, beim nunmehr unvermeidlich gewordenen Aufbau deutscher Streitkräfte soviel als möglich an sozialdemokratischen Vorstellungen zu realisieren, um Schaden für die demokratische Entwicklung der Bundesrepublik von vornherein zu verhindern, und sie hatte betont, diese Mitarbeit tangiere ihre weiterbestehende generelle Opposition gegen die Pariser Verträge bzw. die zu ihnen führende Außenpolitik der Bundesregierung in keiner Weise. Daß diese Begründung nicht voll überzeugen konnte, beweist der heftige innerparteiliche Widerspruch gegen dieses Verhalten der Bundestagsfraktion. Der Eindruck dieser innerparteilichen Opposition, die SPD beginne, ihren Frieden mit Adenauers Außenpolitik zu machen, war auch außerhalb der Partei vorhanden. Kein Zweifel, daß diese Mitarbeit den Weg der SPD hin zu außenpolitischer Gemeinsamkeit mit ebnen half, wurde sie doch damit näher an den Staat BRD als ein Definitivum – die SPD hatte nie aufgehört, den provisorischen Charakter der BRD zu unterstreichen und sogenannte »Einrichtungs-Maßnahmen« auf das unbedingt Nötige zu beschränken – geführt.

Auf der gleichen Linie, wenngleich in der Wirkung in Richtung Gemeinsamkeit noch direkter, lag das Verhalten der Sozialdemokratie gegenüber den von ihr seinerzeit bekämpften Projekten Europa-Rat und Montan-Union. Obwohl der Beitritt der BRD beidemal gegen die Stimmen der SPD erfolgt war, arbeitete die SPD von Anfang an in den beiden parlamentarischen Versammlungen, Beratende Versammlung und Gemeinsame Versammlung, aktiv mit. Daß es eine sachkundige, insofern engagierte Mitarbeit war, daß sich die sozialdemokratischen Abgeordneten als Pragmatiker zeigten, die sich im Zusammenwirken mit anderen um Erreichbares bemühten, die Weiterentwicklung beider Gemeinschaften forcierten – dieses Urteil wurde seitens der CDU (Gerstenmaier, Furler) in aller Öffentlichkeit abgegeben. Es war allerdings verbunden mit dem Hinweis auf eine – erfreuliche – sozialdemokratische Schwenkung und dem Appell, diese Schwenkung auch in anderen außenpolitischen Fragen vorzunehmen, sich also der Außenpolitik der Regierungskoalition anzuschließen.

Diese materielle Gemeinsamkeit in einer wesentlichen außenpolitischen Frage kommt denn auch in der Europa-Politik zustande. Die Sozialdemokratie stimmt der Mitgliedschaft der BRD in EWG und Euratom zu. Damit ist eindeutig und eigentlich unverkennbar der Wandel vollzogen. Die EWG ist eine kleineuropäische, supranationale, nach Meinung der UdSSR, auf die die Sozialdemokratie doch wegen der deutschen Frage Rücksicht zu nehmen gewillt war, mit der militärischen Organisation des Westens im Zusammenhang stehende Gemeinschaft, ohne Kündigungsklausel, ohne Wiedervereinigungs-Vorbehalt. Führten solche Attribute früher zum sozialdemokratischen Nein, konnten sie jetzt das Ja nicht verhindern; andere Überlegungen und Erwartungen, die im Charakter und den Möglichkeiten der neuen Gemeinschaft wurzelten, dominierten [14].

Die Opposition gegen den militärischen Westkurs dauert zwar noch an – obwohl sie durch diesen Schritt wesentlich an Überzeugungskraft und Glaubwürdigkeit verloren hat –; mit dem sozialdemokratischen Ja zu den Römischen Verträgen ist in einer wesentlichen außenpolitischen Frage Gemeinsamkeit, diesmal materiell, erreicht.

(3) Nach den Wahlen zum 3. Deutschen Bundestag 1957 wiederholt sich die bereits 1953 geführte Diskussion über außenpolitische Gemeinsamkeit. Adenauers Regierungskoalition fordert sie ebenso wie die sozialdemokratische Opposition. Gestützt auf den erneuten eindeutigen Wahlsieg verlangt die Regierungskoalition den Anschluß der Opposition an die bisherige Außenpolitik, deren Fortsetzung auch vom Wähler gewünscht werde. Die Opposition dagegen stellt Verfahrensfragen ins Zentrum: außenpolitische Ko-

operation setze laufende Information und Konsultation *vor* Entscheidungen voraus, die Herbeiführung vollendeter Tatsachen vertrage sich damit nicht. Materiell wird dem Regierungskurs, was die Deutschland- und Sicherheits-Politik angeht, eine Absage erteilt; die Sozialdemokratie wollte sich auch nicht an »Einrichtungs-Maßnahmen« (Ollenhauer) für dieses Provisorium Bundesrepublik beteiligen – nach dem Ja zur EWG ein überraschender und nicht überzeugender Vorbehalt.

Trotz dieser Polarisation zu Beginn der Legislaturperiode wird die Forderung nach außenpolitischer Gemeinsamkeit von beiden Seiten ständig wiederholt. Die Begründungen und die Nennung von Voraussetzungen für ihre Anwendung bleiben die gleichen; Argumente zugunsten außenpolitischer Gegensätze fehlen. Dennoch verschärfen sich die Gegensätze wieder, zumindest im Vergleich zum Ausgang der vorherigen Legislaturperiode, wo in der Europa-Politik Gemeinsamkeit erreicht worden war und auch die Auseinandersetzungen über andere materiell kontroverse Fragen an Schärfe im Ton verloren hatten.

Diese Verschärfung läßt sich an der parlamentarischen Behandlung der Außenpolitik ablesen. Dem Bundeskanzler werden wieder einsame Beschlüsse vorgeworfen, er wird kritisiert, daß er die Opposition weder informiere noch an Entscheidungen beteilige. Die Arbeit des Auswärtigen Ausschusses sei völlig unbefriedigend: er werde zu wenig informiert und er tage zu selten. Schließlich nehmen auch die parlamentarischen Auseinandersetzungen an Leidenschaft und – wiederum – persönlicher Schärfe zu.

Letzteres ist auf den materiellen Gegensatz in der Frage der Nuklear-Rüstung der Bundeswehr zurückzuführen. Die Opposition warnt eindringlich vor dieser weiteren Eskalation des Rüstens, primär mit Blick auf die damit ihrer Meinung nach noch weiter schwindenden Chancen einer Wiedervereinigung Deutschlands. Ihr Plan einer Volksbefragung gegen die Atombewaffnung spiegelt die tiefe Zerrissenheit in dieser Frage.

Beide Seiten werfen sich mit den gleichen Argumenten wie früher gegenseitig die Schuld an der fehlenden Gemeinsamkeit vor. Die Sozialdemokratie bezichtigt den Bundeskanzler, die SPD bewußt vom Staat fernhalten zu wollen und an außenpolitischer Gemeinsamkeit gar nicht interessiert zu sein. Die Regierungskoalition nennt das ewige Nein der SPD – »von vornherein«, wie hinzugefügt wird – als Haupthindernis. Hinzu tritt ab März 1959 der Vorwurf, mit dem Deutschland-Plan habe die SPD auch die in früheren gemeinsam angenommenen Bundestags-Entschließungen zum Ausdruck gekommenen Minimal-Übereinstimmungen fallengelassen.

In einem Punkt allerdings bestand – ungeachtet sonstiger Unvereinbarkeiten – weitestgehende Übereinstimmung: in der Berlin-Frage. Das zeigte sich bei einmütigen Bekundungen des Bundestages als Reaktion auf die seitens der UdSSR ausgelöste Berlin-Krise 1958. Es zeigte sich aber auch in der engen und vertrauensvollen Kooperation zwischen dem sozialdemokratisch geführten Senat und der Bundesregierung. Die Regierungskoalition führte diese darauf zurück, daß die Berliner SPD den außenpolitischen Kurs der Bundesregierung akzeptiert habe. Die Bedeutung dieser Konstellation für die Herausbildung außenpolitischer Gemeinsamkeit auch in Bonn ist inzwischen unbestritten [15].

Der Auslöser für die weitere Annäherung der beiden Seiten war das Scheitern bzw. Nichtzustandekommen des Pariser Gipfels 1960. Während aber die Opposition darin eine »neue Situation« (Ollenhauer) sah und zu einer gemeinsamen »Bestandsaufnahme« aufrief, um mit dieser neuen Situation fertig zu werden, interpretierte die Regierungskoalition den Pariser Vorgang als Bestätigung ihres außenpolitischen Kurses und forderte die Sozialdemokratie zur Verständigung auf dem Boden dieses Kurses auf.

In der Bundestags-Debatte vom 30.6.1960 wurde über diesen Weg zur Gemeinsamkeit ausführlich diskutiert. Die Regierungskoalition stellte sich auf den Standpunkt, daß eine Bestandsaufnahme für sie unnötig sei, vielmehr die Opposition überprüfen müsse, wo eine Änderung ihrer bisherigen Haltung erforderlich sei. Die Sozialdemokratie unterstrich, Eingeständnisse über die Frage eines eventuellen Irrtums nützten niemand, darum gehe es gar nicht; sie lehnte also einen einfachen Anschluß, wie er von ihr gefordert wurde, ab. Statt dessen sollten, im Sinne eines Blicks nach vorn, Berührungspunkte als Basis der gemeinsamen Bestandsaufnahme gesammelt werden (Wehner). Das von gemeinsamen Positionen »gedeckte Feld« (Erler) enthielt – materiell – eine definitive Absage an den Deutschland-Plan, das Bekenntnis zu den Vertragsverpflichtungen und ihre Anerkennung als Ausgangspunkte und Basis jeder bundesrepublikanischen Außenpolitik. Was die Methode und Prozedur der Gemeinsamkeit anging, forderte die Sozialdemokratie erneut Information und Mitbeteiligung vom Entwurf bis zur Entscheidung; als Orte der Kommunikation wurden der Auswärtige Ausschuß und gemeinsame Sitzungen zuständiger Parteigremien genannt. Die Regierungskoalition nahm diese Aussagen der Opposition im Grunde genommen reserviert zur Kenntnis und verlangte konkrete Beweise für den echten Willen zur Gemeinsamkeit – beispielsweise ein sozialdemokratisches Ja zu den Konsequenzen der Vertragspolitik (Wehretat!) und, wenn hierüber keine Kontroversen mehr geführt werden müßten, die Ausklammerung der Außenpolitik aus dem Wahlkampf (Jaeger).

Diese Bundestags-Sitzung wird gemeinhin als Wendepunkt der sozialdemokratischen Nachkriegs-Außenpolitik, nämlich als ihr Anschluß an die Außenpolitik der Bundesregierung interpretiert, nachdem die innen- und gesellschaftspolitische »Anpassung« bereits mit dem ›Godesberger Programm‹ erfolgt sei. Das ist gewiß nicht richtig, und zwar in mehrfacher Hinsicht. Erstens ist bereits das Ja zu den Römischen Verträgen eine deutliche Manifestation außenpolitischer Gemeinsamkeit; insofern stellen die Ausführungen Wehners und Erlers am 30.6.1960 nur eine konsequente Weiterentwicklung der sozialdemokratischen Haltung dar. Zweitens ist mit dieser Sitzung der Streit darüber noch keineswegs beendet, wie diese Gemeinsamkeit eigentlich zustande kommt, durch Anschluß, wie es die Regierungskoalition meinte, oder durch gemeinsame Bestandsaufnahme, wie es die Opposition forderte. Drittens wurde ein sehr wesentlicher Punkt in jener Sitzung offenbar bewußt ausgeklammert: die atomare Bewaffnung der Bundeswehr. Trotz dieser Einschränkungen bleibt der 30. 6. 1960 im Zusammenhang mit der Frage außenpolitischer Gemeinsamkeit ein zentrales Datum. In der Tat scheint mit diesem Zeitpunkt sowohl materiell weitgehende Übereinstimmung vorzuliegen, als auch die Behandlung außenpolitischer Fragen den wiederholt genannten Forderungen zu entsprechen. Zwei konkrete Vorgänge werden als Beleg hierfür angeführt. Einmal die Ansprache von Bundestags-Präsident Gerstenmaier zu Ende der 3. Legislaturperiode [16], die er im Einvernehmen aller Fraktionen hielt. Zum zweiten der im Auswärtigen Ausschuß gemeinsam ausgearbeitete und einmütig vertretene sogenannte »Jaksch-Bericht« über das Verhältnis der BRD zu Osteuropa, der im Plenum gleichfalls einmütig gebilligt wurde [17]. Der Titel eines Aufsatzes von Willy Brandt bestätigt diese weitgehende Gemeinsamkeit ebenfalls sehr deutlich: »Außenpolitische Kontinuität mit neuen Akzenten«[18]. Seine Aussage, außenpolitische Gemeinsamkeit sei deshalb notwendig, da es in einer Reihe wichtiger Fragen keine Alternativen mehr gebe, in mehreren elementaren Fragen niemals gegeben habe, bestätigt, daß die übereinstimmende Perzeption der außenpolitischen Möglichkeiten für die erzielte Gemeinsamkeit letztlich bestimmend gewesen ist.

(4) Nach den Bundestags-Wahlen von 1961 spricht sich die Sozialdemokratie für die Bildung einer Allparteien-Regierung aus und begründet das mit der durch den Mauer-Bau verschärften Notlage. Offenbar mißtraut sie der Bereitschaft der Bundesregierung zur Praktizierung von Gemeinsamkeit im Sinne der SPD, also nicht als einfacher Anschluß verstanden, und wünscht eine Allparteien-Regierung u. a. als institutionellen Zwang zur außenpolitischen Kooperation, das heißt gemeinsamen Erarbeitung und Vertretung außenpolitischer Positionen. Es erfolgt jedoch die Bildung einer CDU/CSU-FDP-Regierung. Die Koalition plädiert für außenpolitische Gemeinsamkeit, die dadurch erreicht werden sollte, daß alle den außenpolitischen Grundprinzipien der Bundesregierung zustimmen. Diese Anschlußforderung weist die SPD zurück; aus ihren konkreten Aussagen ergibt sich jedoch materielle außenpolitische Gemeinsamkeit: Brandt spricht sich in der Aussprache über die Regierungserklärung für eine Friedenspolitik, anknüpfend an die Resolution vom 1. 10. 1958 und die Erklärung Gerstenmaiers vom 30. 6. 1961, für den Ausbau der Europäischen Gemeinschaft und die Weiterentwicklung des westlichen Bündnissystems aus [19].

Die Auseinandersetzung über außenpolitische Gemeinsamkeit wird also im wesentlichen als ein Streit über die Frage ausgetragen, ob sich die Sozialdemokratie dem Regierungskurs angeschlossen und damit ihren früheren Irrtum – von dem die CDU/CSU sprach – für alle sichtbar eingestanden habe. Die CDU/CSU insistierte, daß es sich um einen solchen Anschluß gehandelt habe. Die Sozialdemokratie konterte, man habe sich auf einer mittleren Linie getroffen; weil der Bewegungsspielraum für die Außenpolitik immer enger geworden sei, hätte es gar keine andere vernünftige Möglichkeit gegeben; von einem früheren Irrtum könne keine Rede sein: was seinerzeit gesagt worden sei, sei *damals* richtig gewesen.

Dieser Streit war im Grunde genommen ebenso fruchtlos wie der über die Frage nach den Ursachen der früheren Gegensätze. Die Sozialdemokratie verharmloste jene Auseinandersetzungen der fünfziger Jahre, wenn sie sie auf einen bloßen Streit über den Zeitpunkt militärischer Sicherungsmaßnahmen zu reduzieren versuchte; die Gegensätze lagen viel tiefer.

In beiden Fällen bemühten sich die nun gemeinsam agierenden Parteien um Profilpflege, was durchaus verständlich ist. Das hinderte sie aber nicht, sich zur Gemeinsamkeit zu bekennen und sie gegen mannigfache Vorwürfe – Gemeinsamkeit leiste nur der Vernebelung Vorschub, die Sozialdemokratie müsse sich aus der »Umarmung« lösen – zu verteidigen, was insbesondere die Sozialdemokratie besorgte, da sich solche Vorwürfe an ihre Adresse richteten. Es hinderte sie schon gar nicht, Verfahrensweisen der Gemeinsamkeit zu praktizieren und zu materieller Übereinkunft zu gelangen. Beispiele dafür sind die Übereinkunft in der Verteidigungspolitik – Hassel und Erler bescheinigen sich gegenseitig ihren Konsens –, wo es noch am längsten Meinungsverschiedenheiten gegeben hatte. Bei der parlamentarischen Behandlung des deutsch-französischen Vertrages erarbeiteten die Parteien gemeinsam die Präambel zum Ratifikationsgesetz, mit der der Vertrag in bestimmter Richtung inhaltlich modifiziert wird. Der Atomstopp-Vertrag passiert den Bundestag ohne Gegenstimme. Die Ostpolitik, unter Außenminister Schröder, erfreut sich allseitiger Zustimmung und Förderung; der Jaksch-Bericht wirkt insofern außerordentlich positiv. In seiner Westpolitik wird der Minister in einer Fragestunde des Bundestages demonstrativ von der Opposition gegen Widerstände aus den eigenen Reihen im Regierungslager gestärkt [20]. In der Behandlung außenpolitischer Fragen praktizieren Regierung und Opposition ein hohes Maß an Gemeinsamkeit, was beiderseits bestätigt und begrüßt wird. Die materielle Gemeinsamkeit betrifft alle wesentlichen Bereiche der Außenpolitik der Bundesrepublik.

(5) Die 5. Legislaturperiode änderte an dieser Konstellation zunächst gar nichts. Das Verhaltensmuster Gemeinsamkeit im Bereich der Außenpolitik dominierte weiterhin. Materiellen Ausdruck fand diese Gemeinsamkeit in der sogenannten Friedensnote vom 25. 3. 1966, die sich auf die Zustimmung aller Fraktionen berufen konnte. Der sozialdemokratische Beitrag am Zustandekommen und am Inhalt dieser Note wird von der SPD selbst recht hoch eingeschätzt [21]. Außenminister Schröder bestätigt den Nutzen dieser

Gemeinsamkeit gleichfalls, wenn er von dem Glück sprach, faktisch eine »Drei-Parteien-Außenpolitik« zu haben [22].

Mit der Schaffung der großen Koalition Ende 1966 wurde die bereits praktizierte Gemeinsamkeit auf eine neue Grundlage gestellt. Der SPD-Vorsitzende Brandt übernahm das Außenministerium, der ›Kreßbronner Kreis‹ agierte als oberste Koordinations- und Entscheidungsinstanz der Koalition. Die Einschaltung der Sozialdemokratie in den außenpolitischen Entscheidungsprozeß hatte damit – institutionell verankert – einen noch nie dagewesenen Grad der Intensität erreicht. Die Gemeinsamkeit hinsichtlich der Verfahrensseite schien optimal zu sein.

Die materielle Übereinstimmung kam in der Regierungserklärung der Regierung Kiesinger/Brandt zum Ausdruck. Allerdings wurde gegenüber dieser Gemeinsamkeit von allem Anfang an öffentlich Skepsis laut, die mit dem Hinweis auf zu allgemein gehaltene Formeln (so z. B. Dufhues) begründet wurde. Die Berechtigung dieser Skepsis erwies sich in dem Moment, wo ganz konkrete Entscheidungen anstanden: In der Frage des Nonproliferations-Vertrages und in der Ost- und Deutschland-Politik kam es zu Meinungsverschiedenheiten, die Ausdruck gegensätzlicher Positionen waren. Je weiter die Legislaturperiode voranschritt, desto heftiger wurden die Gegensätze – und zwar sowohl materiell als auch in der Form ihrer Austragung.

Beim Nonproliferations-Vertrag war die Frage strittig, wie viele Unklarheiten hinsichtlich der Auswirkungen des Vertrages auf die Bundesrepublik noch ausgeräumt werden müßten, bis eine deutsche Unterschrift geleistet werden dürfte. Brandt und die SPD hielten eine Unterschrift, oder wie es hieß: eine »abschließende Würdigung«, noch vor den Bundestagswahlen für vertretbar, möglich und nötig. Die CDU/CSU beharrte auf vorherigen umfassenderen und befriedigenderen Klarstellungen. Gewiß ging es nicht um Weichenstellungen wie in den fünfziger Jahren, dennoch wurden die Gegensätze mit großer Schärfe – auch persönlich – ausgetragen. Einseitige, mit dem Partner nicht abgesprochene und gegen ihn gerichtete Öffentlichkeitsarbeit demonstrierte die fehlende Gemeinsamkeit, nun auch hinsichtlich der Verfahrensseite.

Dasselbe Bild bietet die Deutschland- und Ostpolitik. Die Sozialdemokratie plädiert für entschlossenere Initiativen und zeigt sich eher als CDU/CSU bereit, bisher gehaltene Positionen und Formeln zu modifizieren bzw. zu ersetzen oder dort, wo solche Veränderungen faktisch bereits erfolgt sind, diese auch als solche zu deklarieren. In zahllosen öffentlichen Erklärungen werden gegenseitig Beschuldigungen und Vorwürfe gewechselt, die Parteitage verschärfen die Auseinandersetzungen und die Auseinanderentwicklung noch. Im Bundeskabinett werden die Streitfragen offensichtlich vielfach ausgeklammert, im Bundestag wird versucht, das Bild weiterer Gemeinsamkeit zu bieten, indem man zu beiderseits annehmbaren, deshalb allerdings substanzarmen Formulierungen Zuflucht nimmt. Die faktisch vor-

Außenpolitische Gemeinsamkeit

handenen Gegensätze können damit nicht vertuscht werden, zu laut ist der Streit über Form und Inhalt der Außenpolitik zwischen den Koalitionspartnern außerhalb des Parlaments. Die Uneinigkeit über das Verfahren kommt besonders deutlich im Zusammenhang mit der Moskau-Reise einer SPD-Delegation zum Ausdruck. Der Wahlkampf forciert die Auseinandersetzungen; von Gemeinsamkeit ist in den genannten Bereichen wenig geblieben.

Obwohl die institutionellen Bedingungen für die Praktizierung außenpolitischer Gemeinsamkeit gegenüber früher geradezu optimal waren, erfolgte diese Auseinanderentwicklung. Das zeigt, daß es letztlich stets um den Inhalt der Außenpolitik geht. Bei Konsens hier wird auch die Behandlung außenpolitischer Fragen im Sinne des Verhaltensmusters Gemeinsamkeit erfolgen; materieller Gegensatz wiederum wird auch seine Wirkungen auf die Art der Kommunikation haben.

(6) Die 6. Legislaturperiode ist insofern eine politische Zäsur in der Entwicklung der Bundesrepublik, als sie einen wirklichen Machtwechsel bringt: Die CDU/CSU übernimmt Rolle und Funktion der parlamentarischen Opposition. Regierung und Opposition bekennen sich von allem Anfang an zu außenpolitischer Gemeinsamkeit oder, wie es genannt wird, zur Kooperation. Die Regierung versichert der Opposition ihren guten Willen zur Kooperation, auch bei Bestehen sachlicher Gegensätze, was also die Bereitschaft zu Gemeinsamkeits-Praktiken bedeutet. Materiell verkündet sie die Kontinuität des in der Großen Koalition abgesteckten außenpolitischen Kurses. Für die Opposition stellen Ausmaß, Stetigkeit und Offenheit von Information und Konsultation (Barzel) die Bedingung für echte Kooperation dar. Die materielle Kontinuität wird insbesondere hinsichtlich der Deutschland-Politik – die Regierungserklärung hatte von zwei deutschen Staaten gesprochen – bezweifelt. Das führt zum Vorwurf an die Regierungskoalition, sie habe den Boden der gemeinsam erarbeiteten Außenpolitik verlassen.

In der Aussprache des Bundestages über den Bericht des Bundeskanzlers »zur Lage der Nation« zählt Oppositionsführer Barzel vier Punkte auf, in denen die Opposition materiell vom Regierungskurs abweicht, wo sie die Regierung nicht unterstützen könne: Es handelt sich um die Erklärung über zwei deutsche Staaten, den Verzicht auf die Bezeichnung »gesamtdeutsch« bei der Benennung des entsprechenden Ministeriums und Ausschusses, die veränderte Berlin-Präsenz und die zur Unzeit, ohne genügende Klarstellung erfolgte Unterschrift unter den Nonproliferations-Vertrag. In der Frage der Information und Konsultation differieren die Ansichten. Erstmals nach Jahren ist dieser Komplex wieder Anlaß zu Diskussionen. Die Regierung nimmt für sich in Anspruch, diesen legitimen Forderungen der Opposition entsprochen zu haben, die Opposition kritisiert – jedenfalls überwiegend – ein Zuwenig; eine Beurteilung fällt schwer.

Für die Entwicklung der Frage außenpolitischer Gemeinsamkeit in dieser erst angelaufenen Legislaturperiode wird, das dürfte der SPD-Abgeordnete

Wienand richtig erkannt haben, das gegenseitige Vertrauen sehr wichtig sein. Er führte dazu aus: »Hat man das Vertrauen zu einer Bundesregierung, die hier frei gewählt worden ist, daß sie, auf dem Boden dieser Erklärung stehend, die Verhandlungen führt, und hat man das Vertrauen zu dieser Regierung, daß sie, wenn ganz bestimmte Punkte in diesen Verhandlungen erreicht worden sind, nicht nur mit den sie tragenden Parteien, sondern gleichermaßen mit der Opposition, daß sie mit diesem Bundestag das Gespräch sucht, um mit ihm gemeinsam festzustellen, ob das noch auf dieser Grundlage liegt oder ob ein Schritt weiter gegangen werden muß, kann oder soll?«[23] Was er hier ignoriert, das ist das Nein der Opposition zu einem Teil der Aussagen in dieser Regierungserklärung (»Zur Lage der Nation«), was er wohl übersieht, das ist die, vom Standpunkt der Opposition aus gesehene Gefahr, daß in Verhandlungen der Regierung bereits vollendete Tatsachen geschaffen werden könnten. Richtig bleibt sein Hinweis auf die zentrale Bedeutung des gegenseitigen Vertrauens. Dieses würde sich dann in Verfahrens- und Verhaltens-Weisen niederschlagen, die der Konstellation Gemeinsamkeit entsprechen. Zu voller Gemeinsamkeit wird jedoch auch die materielle Übereinstimmung, im Moment noch eher fraglich, treten müssen.

VII

Zusammenfassend läßt sich festhalten, daß außenpolitische Gemeinsamkeit seit Bestehen der Bundesrepublik von den großen Parteien durchweg positiv beurteilt und als in höchstem Maße erstrebenswert bezeichnet worden ist. In der Begründung wurde auf die Vorteile dieser Konstellation für die internationale Stellung der BRD und die besseren Erfolgschancen für die Realisierung ihrer Ziele sowie auf die durch die Teilung Deutschlands und die Kriegsfolgen verursachte Notlage hingewiesen. Außenpolitischer Gegensatz, als wichtiges Element eines demokratischen politischen Systems, etwa im Sinne von Crabb, wurde demgegenüber nicht ernsthaft in Erwägung gezogen. Als Voraussetzung der quasi allein und ausschließlich befürworteten Gemeinsamkeit wurden in erster Linie gegenseitiges Vertrauen und die gegenseitige Anerkennung der Gleichrangigkeit sowie die Anwendung bestimmter gemeinsamer Verfahrensweisen genannt. Mit der Praktizierung solcher Verfahrensweisen wäre bereits ein wesentlicher Aspekt außenpolitischer Gemeinsamkeit vorhanden, die Erzielung auch materieller Gemeinsamkeit würde dadurch wesentlich erleichtert und gefördert.

Für die Anfangsphase der Bundesrepublik läßt sich eine sehr starke Polarisierung zwischen Regierungskoalition und Opposition konstatieren; die materiellen Gegensätze waren unüberbrückbar, die Verfahrensweisen im Sinne von Gemeinsamkeit unterentwickelt. Gemeinsamkeit als Verhaltensmuster entwickelte sich langsam, aber stetig, wobei es jedoch bis jetzt immer wieder Rückschläge gegeben hat. Materielle Gemeinsamkeit setzte unverkennbar 1957 mit dem sozialdemokratischen Ja zu den Römischen Verträgen ein und erreichte 1960/61 ihre bis dahin höchste Stufe. In den Jahren danach wurde Außenpolitik gemeinsam gemacht und war in ihrer Substanz nicht kontrovers. Die Tatsache, daß solche Gegensätze seit der Zeit der Großen Koalition wieder dominieren, dürfte darauf zurückzuführen sein, daß es jetzt um Entscheidungen geht, die, anders als in den Jahren ab 1960/61, den Charakter von Weichenstellungen haben. Stichwortartig angedeutet geht es um die Zielsetzung in der Deutschlandfrage: ob die staatliche Einheit noch der Orientierungspunkt der bundesrepublikanischen Deutschland-Politik sein kann und soll.

Materielle Gegensätze wirken sich negativ auf die Bereitschaft zur Anwendung gemeinsamer Verfahrensweisen aus, belasten diese Bereitschaft zumindest ganz erheblich. Für das Vorliegen außenpolitischer Gemeinsamkeit wird daher die Praktizierung solcher Verfahren und die vertrauensvolle Anerkennung der anderen Partei als gleichrangig nicht ausreichen. Materielle Übereinstimmung, das lehrt die bisherige Erfahrung in der Bundesrepublik, wird hinzutreten müssen.

1 In der staatsrechtlichen Literatur ist die Frage der Zuordnung der auswärtigen Gewalt unterschiedlich beantwortet; während z. B. Wilhelm Grewe (Die auswärtige Gewalt der Bundesrepublik. In: VVDStRL, H. 12, Berlin 1954, S. 129–178) die auswärtige Gewalt recht eindeutig der Exekutive zuordnet (vgl. Teil I seiner Leitsätze, S. 174), vertritt sein Korreferent Eberhard Menzel (ebd., S. 179–220) die Konzeption einer »Kombinierten Gewalt« (S. 220), die Exekutive *und* Legislative zugewiesen ist. Eine vermittelnde Position nimmt Gerhard Hans Reichel (Die auswärtige Gewalt nach dem GG für die BRD vom 23. 5. 1949, Berlin 1967) ein, wenn er das parlamentarische Mitwirkungsrecht sowohl als »Durchbrechung« des Gewaltenteilungs-Prinzips als auch als »Erfüllung« des Prinzips der Gewaltenhemmung interpretiert (Punkt X der Zusammenfassung, S. 272). In unserem Zusammenhang interessiert jedoch nicht die Frage der verfassungsrechtlichen Zuordnung der auswärtigen Gewalt, sondern die der faktischen Mitwirkung im politischen Entscheidungsprozeß im Bereich der Außenpolitik.
2 Hierfür sowie für die Begründungen greife ich vor allem auf zwei amerikanische Arbeiten zurück, in denen der Versuch einer systematischen Erörterung des Problems außenpolitischer Gemeinsamkeit unternommen wird: H. Bradford Westerfield: Foreign policy and party politics; Pearl Harbor to Korea, New Haven/London 1955, und Cecil V. Crabb jr.: Bipartisan foreign policy; Myth or reality?, Evanston, Ill. 1957. Obwohl diese Arbeiten die amerikanischen Verhältnisse erörtern, können viele der dort angeführten Faktoren auch für die Erörterung des Problems in einem anderen Regierungssystem herangezogen werden.
Weitere Hinweise sowie Bestätigung eigener Überlegungen verdanke ich Werner Link (Die außenpolitische Rolle des Parlaments und das Konzept der kombinierten auswärtigen Gewalt, Referat für den Wiss. Kongreß 1969 der Deutschen Vereinigung für Politische Wissenschaft, Arbeitsgruppe 5, vervielfältigt).
3 Diese Betrachtungsweise findet in den beiden genannten Arbeiten von Wester-

field und Crabb (s. Anm. 2) nicht nur kein Vorbild, sondern widerspricht ihren Thesen. Für beide Autoren ist »bipartisan foreign policy« zwar »diplomatisch«, d. h. für die internationale Position des Staates von Vorteil, reduziert jedoch die Möglichkeiten demokratischer Kontrolle, wird unter diesem Kriterium also sehr skeptisch (Westerfield) bzw. ablehnend (Crabb) beurteilt. Ihre Argumente sind zwar gewichtig – sie werden im nächsten Abschnitt (IV) dargelegt –, sie erlauben m. E. aber nicht, die hier vorzulegenden Überlegungen, gerade für die Verhältnisse in der BRD, zu ignorieren oder von vornherein beiseite zu schieben.

4 Auf diesen Aspekt weist Waldemar Besson hin (Die außenpolitische Debatte. Ein Beitrag zur Geschichte des deutschen Bundestages. In: Führung und Bildung in der heutigen Welt, hrsg. zum 60. Geburtstag von Min. Präs. K. G. Kiesinger, Stuttgart 1964, S. 287).

5 Hier sei nur am Rande vermerkt, daß in der Bundesrepublik sogar bei Landtags-Wahlen außenpolitische Fragen häufig eine wichtige Rolle bei der Auseinandersetzung der Parteien gespielt haben und wohl auch weiterhin spielen werden.

6 Vgl. ein Interview mit Gerhard Schröder; zit. in ›Stuttgarter Zeitung‹ v. 27. 2. 1970, S. 2.

7 Dieser Begriff ist von Gabriel Almond (Comparative political systems. In: Journal of Politics, Jg. 18 [1956], abgedr. in H. Eulau – S. Eldersveld – M. Janowitz [Eds.]: Political behavior, Glencoe, Ill., 1956, S. 34–42) eingeführt worden. Almond versteht darunter »a particular pattern of orientations to political action« (S. 36).

8 Robert A. Dahl (Political oppositions in Western democracies, New Haven/London 1966) untersucht Faktoren und Bedingungen, die unterschiedliche Oppositionsmuster erklären sollen; dabei stellt er fest, daß vier in der »politischen Kultur« liegende Orientierungen und Einstellungen die Ausbildung solcher Oppositionsmuster mit beeinflussen (S. 352–356).

9 Hier werden selbstverständlich nur jeweils einzelne Aspekte herausgegriffen.

10 Es kann sich im Rahmen dieses Beitrags nur um eine Skizze handeln, bei der zahlreiche wichtige und interessante Details fehlen müssen. Es ist ebensowenig möglich, die seit 1949 zu diesem Problem geführte Diskussion im einzelnen zu dokumentieren. Damit hängt zusammen, daß die Belege spärlich sein werden. Was hier bewußt ausgeklammert wird, soll anderswo in einem gesonderten Beitrag ausgeführt werden. Es schien dem Verfasser sinnvoller, das Schwergewicht zunächst auf die Darstellung des theoretischen Rahmens zu legen, der für eine Erörterung des Problems außenpolitischer Gemeinsamkeit in jedem konkreten Fall zu berücksichtigen sein wird, nicht dagegen mit der Deskription der Diskussion in einem konkreten politischen System während eines bestimmten Zeitraums, hier also in der BRD seit 1949, zu beginnen.

11 Vgl. zur Frage des außenpolitischen Entscheidungsprozesses in den ersten Jahren der BRD die höchst aufschlußreiche und materialreiche Studie von Arnulf Baring (Außenpolitik in Adenauers Kanzlerdemokratie; Bonns Beitrag zur Europäischen Verteidigungsgemeinschaft. München 1969), die die These von der Monopolstellung Adenauers im Bereich der bundesrepublikanischen Außenpolitik eingehend begründet.

12 Hier konnte sich die Sozialdemokratie sowohl auf Ergebnisse für sie günstig ausgefallener Landtags-Wahlen als auch auf entsprechende Umfrageergebnisse berufen.

13 Der langjährige Assistent des Auswärtigen Ausschusses des Bundestages, Jürgen C. Weichert, berichtet über Gründung und Arbeit dieses Gremiums und beurteilt es hinsichtlich Klima und Sachlichkeit positiv (Der Ausschuß für Auswärtige Angelegenheiten. In: Außenpolitik, 11. Jg. [1960], S. 618 ff.).

14 Vgl. zu diesen sozialdemokratischen Motiven Ernst B. Haas: The uniting of

Außenpolitische Gemeinsamkeit

Europe. Political, social, and economic forces, 1950–1957, Stanford, Cal. ²1968, S. 137–140.
15 Vgl. dazu die Studie von Abraham Ashkenasi: Reformpartei und Außenpolitik. Die Außenpolitik der SPD Berlin–Bonn. Köln/Opladen 1968.
16 3. Bundestag, 166. Sitzung v. 30. 6. 1961.
17 3. Bundestag, 162. Sitzung v. 14. 6. 1961.
18 In: Außenpolitik, 11. Jg. (1960), S. 717 ff.
19 4. Bundestag, 8. Sitzung v. 6. 12. 1961.
20 Vgl. dazu Peter Schindler: Die Fragestunde des Deutschen Bundestages. In: PVS, 7. Jg. (1966), S. 407–443 (hier S. 432).
21 Das zeigen entsprechende Aussagen Wehners in einem Gespräch mit Gaus (Günter Gaus: Staatserhaltende Opposition oder Hat die SPD kapituliert? Gespräche mit Herbert Wehner. rororo-aktuell Nr. 942, Hamburg 1966, S. 70).
22 In der Bundestags-Sitzung vom 17. 5. 1966.
23 Zit. nach ›Das Parlament‹, Nr. 5/1970 v. 31. 1. 1970, S. 15.

Rupert Breitling
Auslandsgelder in der Innenpolitik

Geld ist Kaufkraft, wirtschaftliche Macht, eine Macht, die wie keine andere in der Erfahrung täglich bewiesen wird. Daher ist es müßig, zu streiten, ob Geld überhaupt einen Wert habe, ob es Wert an sich sei oder lediglich Wertmaß und Tauschmittel für die eigentlichen Werte. Wer würde denn Münzen, Noten und Buchgeld, die alle Kaufkraft, alle wirtschaftliche Macht verloren hätten, noch als Geld bezeichnen?

Politik und Geld sind aufeinander angewiesen, stehen in einem eigenartigen Zusammenhang. Gewöhnlich folgt das Geld der Politik. Es kann aber auch umgekehrt sein. Beides ist nicht leicht nachzuweisen, weil Geldgeber und Politiker stets besorgt sind, entsprechende Vorgänge zu verschleiern. Vieles wird wohl immer verschleiert bleiben. Immerhin gibt es inzwischen eine Reihe wissenschaftlicher Untersuchungen, die die hervorragende Bedeutung des Geldes in der Politik erkennen lassen [1].

Nur eine Geldquelle der Politik hat bisher nicht die Beachtung gefunden, die sie verdient, ausgerechnet eine der größten: Staatsgelder, die zu politischen Zwecken im Ausland verwendet werden. Selbst Alexander Heard wußte in seinem umfangreichen Werk über die Kosten der Demokratie nur wenig davon zu berichten.

An einer Stelle erwähnt er einen publizitätsscheuen, selten genannten politischen Anwalt (Spendenvermittler), der sich ausschließlich mit außenpolitischen Fragen befaßte. Erst nach Zusagen, daß weder dessen Name noch irgendeine der von ihm vertretenen Gruppen im Druck erscheinen, habe er in ein Gespräch über seine vielfältige Tätigkeit eingewilligt. Offensichtlich hatte das Gespräch die gewünschte Verpflichtung des angesehenen Wissenschaftlers zur Folge. Man erfährt lediglich, daß dieser politische Dunkelmann in einer der Großstädte im Osten der Vereinigten Staaten lebt, mehr nicht [2].

Politische Finanzierungen werden aus guten Gründen geheim gehalten, vor allem solche, die den Eindruck gefährden, die Politik diene dem Gemeinwohl. Politische Finanzierungen werden geheimgehalten, weil sie Vertrauen kosten. Ja, die Enthüllung des tatsächlichen Vorganges kostet unter Umständen mehr als die politische Finanzierung einbringt. Politische Gegner wissen das und sparen nicht mit Verdächtigungen, die regelmäßig entrüstet zurückgewiesen werden, mögen sie stimmen oder nicht. Verschiedenartige Fehlinformationen ergänzen die Geheimhaltung[3]. Gerade dort, wo das Geld tatsächlich politischen Einfluß verschafft, ist eine ausgewogene Darstellung besonders schwierig.

Die Bemühungen um Geheimhaltung und Verschleierung der tatsächlichen Vorgänge hängen wesentlich von dem Odium ab, das einer politischen Finanzierung anhaftet. Nicht alle Zahlungen sind gleichermaßen verpönt, denn jeder weiß, daß Politik auch Geld kostet. Verpönt sind solche Zahlungen, mit denen politische Vorteile erkauft werden. Verpönt ist jede Finanzierungspolitik. Käufliche Politik ist ebenso verrufen wie käufliche Liebe. Das heißt, sie sollte unverkäuflich sein, auch wenn es dann mehr kosten sollte. Überhaupt ist es unangenehm, in solchen Zusammenhängen vom Geld zu sprechen.

Dieses allgemeine Odium wird im Falle der Verwendung von Auslandsgeldern für innenpolitische Zwecke durch nationalistische Ressentiments verstärkt. Tatsächlich handelt es sich ja um eine Einmischung ausländischer Staatsleitungen in innere Angelegenheiten, die diese nach nationalistischer Auffassung nichts angehen. Dahinter werden üble Absichten vermutet: daß jeder Staat zum eigenen Vorteil darauf aus sei, das nachbarliche Gemeinwesen möglichst zu schwächen und zu schädigen. Zweifellos hat es politische Finanzierungen dieser Art gegeben, beispielsweise die Förderung der amerikanischen Unabhängigkeitsbewegung durch Frankreich oder die Förderung der französischen Revolutionäre von 1789 durch England.

Besonders eindrucksvoll ist das Beispiel, wie die deutsche Oberste Heeresleitung (OHL) während des Ersten Weltkrieges 1917 Lenin mit einer Gruppe von Revolutionären nach Rußland schaffte und seine Partei mit 15 Millionen Goldmark in die Lage versetzte, ihre Propaganda zur Zersetzung der russischen Front wirksam zu entfalten. Weitere 40 Millionen wurden angewiesen, nachdem der Friede von Brest-Litowsk unterzeichnet war. Erstaunlich, daß sich überhaupt eine russische Gruppe bereit fand, über ein Viertel der Bevölkerung, der Ackerfläche, der Eisenbahnen und drei Viertel der russischen Eisen- und Stahlerzeugung öffentlich abzuschreiben, ehe der Krieg entschieden war. Selbstverständlich hat Lenin damals und später alle Nachrichten über deutsche Fördergelder empört zurückgewiesen[4].

Bei solchen Erfahrungen sind besondere Anstrengungen, ausländische Förderbeiträge geheimzuhalten, nicht verwunderlich. Es gibt aber noch andere Gründe, warum über diese Geldquelle der Politik so viel weniger bekannt geworden ist als etwa über Unternehmergelder[5]. Die Chance, daß ein Geheimnis gewahrt wird, ist nach den Regeln der Geheimhaltung um so besser, je kleiner die Zahl der Eingeweihten bleibt. Zwar werden Staatskassen allenthalben kontrolliert. Aber es fragt sich, ob die Kontrolleure solche Dinge überhaupt erfassen; plaudern dürfen sie auf keinen Fall. Und da die Kassen groß sind, ist es nicht nötig, in viele Töpfe zu greifen, wie es Unternehmer schon deshalb tun, um parallele Interessen zu mobilisieren.

Auch tritt der staatliche Geldgeber oft nicht als solcher auf und bringt sich auch nicht dauernd beim Empfänger in Erinnerung, weil es mehr darum geht, günstige politische Trends auf lange Sicht zu fördern, als kurzfristig bestimmte wirtschaftliche Vorteile zu realisieren. Dazu kommt, daß Staatsgelder nicht selten als Unternehmergelder gegeben werden, so daß davon noch mehr gesprochen wird. Wo es aber so wenige Informationsquellen gibt, können sie meist nicht überprüft werden. Und so kann man kaum noch davon schreiben.

Glücklicherweise sind außenpolitische Verhältnisse nicht nur Feindverhältnisse. Internationale Glaubens- und Interessenverbindungen machen bestimmte Parteien über die Staatsgrenzen hinweg vergleichbar. Niemand wundert sich, wenn aus vielen Ländern berichtet wird, daß kommunistische Staaten befreundete kommunistische Parteien unterstützen. Das ist schon nach dem Kommunistischen Manifest ganz selbstverständlich. Lenin und Mao Tse-tung sind offen dafür eingetreten [6].

Es gibt auch Nachrichten darüber, was an Zuschüssen gewährt wird. 1962 tauchten in der westdeutschen Presse minuziöse Angaben über die Förderung der illegalen KPD aus der DDR auf, offenbar aus Geheimdienstberichten [7]. Danach erhielt die Partei 1960 insgesamt 10 Mill. DM, 1961 für drei Quartale 5 Mill. DM, davon monatlich 250 000 DM für Funktionärsgehälter: Grundgehalt 600 DM, dazu Trennungsentschädigungen, bis zu 300 DM Mietbeihilfen, Reise- und sonstige Spesen (Anwaltskosten). Die Zuschüsse würden in Zukunft verringert.

Das Dilemma der deutschen Kommunisten bestand darin, daß die Kader bei steigendem Lohnniveau immer teurer wurden. Die Interessen der Geldgeber waren mit politischen Parallelkampagnen während der Wahlkämpfe besser und billiger bedient, Parallelkampagnen zugunsten von finanzschwachen nichtkommunistischen Gruppen, wie dem Bund der Deutschen oder der Deutschen Friedens-Union, welche die Friedenssehnsucht der Bevölkerung ansprechen und sich nolens volens propagandistisch auf eine Anerkennung der Teilung Deutschlands und der SED-Herrschaftsansprüche über die in der DDR eingezäunten Landsleute festlegen lassen.

Die Zuständigkeit der SED-Partei- und Staatsleitung für die Subventionierung der deutschen Kommunisten läßt auf eine Absprache schließen. Derartige Absprachen sparen Geld und mindern die Selbständigkeit der Geförderten. Sicher gibt es keine globale Absprache dieser Art. Daß kommunistische Bruderparteien aus verschiedenen Staatskassen gefördert werden, kann in einigen Fällen angenommen werden [8]. Die meisten sind eindeutig prosowjetisch oder prochinesisch eingestellt, oft in erbitterter Konkurrenz.

Sowjetrussische und chinesische Förderbeiträge schließen sich in aller Regel gegenseitig aus.

Die weltweite Förderung kommunistischer Bruderparteien hat manche Staatsleitung veranlaßt, antikommunistische Bewegungen zu unterstützen. Schon Richard Lewinsohn hat in diesem Zusammenhang auf französische, englische und deutsche Fördergelder hingewiesen. Er meinte aber, daß mehr private als öffentliche Mittel für solche Zwecke aufgewendet würden[9]. In Industrieländern mit kapitalistischer Wirschaftsverfassung kommt freilich viel Unternehmergeld zur Bekämpfung bzw. Korrumpierung sozialistischer Parteien zusammen, meistens mehr als diese aufwenden können. Aber wieviel vom Kampf gegen die bolschewistische Gefahr dient in Wirklichkeit der besseren Bekämpfung (Diffamierung) der Sozialdemokratie?

Jedenfalls haben die Vereinigten Staaten nach dem Zweiten Weltkrieg systematisch versucht, den vordringenden Kommunismus einzudämmen, und dafür viele Milliarden ausgegeben. Sicher hat die geheime amerikanische Finanzierungspolitik davon nur einen kleinen Teil verbraucht. Trotzdem dürfte es sich um Summen handeln, die den sowjetischen Aufwendungen kaum nachstehen. Nur wissen wir weniger darüber, weil es sich um eine neuere Erscheinung handelt. Das globale Ausmaß der amerikanischen Finanzierungspolitik wurde ja erst 1966 bekannt, und zwar durch die Enthüllungen über den amerikanischen Geheimdienst CIA[10].

Man kann davon ausgehen, daß die amerikanische Finanzierungspolitik der amerikanischen Außenpolitik ebenso entspricht wie die sowjetische der sowjetrussischen. Wahrscheinlich wird man eines Tages nachweisen können, daß die geheimen politischen Ausgaben den großen Geldstrom für Marshall-Plan und Entwicklungshilfe wie eine Unterströmung begleitet haben. Einstweilen gibt es dafür nur wenige Anhaltspunkte.

1956 wurde bekannt, daß der hessischen FDP vor den Bundestagswahlen von 1953 amerikanische Gelder in Höhe von 900 000 DM zugeflossen seien. Der damalige Vorsitzende, August Martin Euler, hat sich sogar dazu bekannt, meinte aber, die Geldgeber seien Privatleute und nicht nur Amerikaner gewesen[11]. Die Höhe dieser Spende zu jener Zeit des knappen Geldes läßt anderes vermuten, auch wenn Euler die Summe mit solchen Erklärungen erhalten haben sollte. Nach allem, was inzwischen über die amerikanische Finanzierungspolitik bekannt geworden ist, gehören Zwischenträger, die als Privatpersonen oder im Namen von Verbänden auftreten, zur üblichen Verschleierung der Herkunft staatlicher Förderbeiträge[12].

Natürlich ist anzunehmen, daß nicht nur die FDP amerikanische Gelder für diesen Wahlkampf erhielt, sondern vor allem auch die CDU. Einer der wichtigsten Organisatoren der CDU-Wahlkampagne von 1953 war der damalige Staatssekretär im Bundeskanzleramt, Otto Lenz. 1968 erklärte seine vertraute Mitarbeiterin Maria van Horn, Lenz habe sich für diesen Wahlkampf erfolgreich um amerikanische Gelder bemüht. Sie wußte auch Einzelheiten der Übergabe in zwei Koffern zu berichten. Bei dem üblichen bargeldlosen Zahlungsverkehr und allgemeiner Unkenntnis solcher Vorgänge, vor allem der Geheimhaltungsprobleme, klingt das unwahrscheinlich. Ein versierter CDU-Meinungspolitiker (PR-Fachmann), der als angeblicher Überbringer die Wahrheit wissen müßte, hat das Ganze als »Western« abgetan [13].

Es wäre gewiß verkehrt, wollte man alle Auslandsgelder, die in der Innenpolitik nichtkommunistischer Länder heute eine Rolle spielen, auf den Ost-West-Konflikt zurückführen, aus kommunistischer oder antikommunistischer Politik erklären. Beispielsweise lassen sich politische Gelder, die zwischen Paris und Bonn ausgetauscht werden, so nicht einordnen. Allerdings werden auch hier die Geldströme sorgfältig verschleiert, so daß man Mühe hat, den Vorgang als solchen nachzuweisen.

Jedenfalls hat der ehemalige französische Konfident Hans-Konrad Schmeißer beschworen, daß die französische Regierung 1949 einer Bitte der rheinischen CDU um 800 000 DM für den Wahlkampf zum ersten Bundestag entsprochen habe, und zwar im Hinblick darauf, daß es gelte, mit Adenauer die Chance einer frankophilen Richtung der deutschen Politik zu begünstigen. Als die Zeitschrift ›Der Spiegel‹ diese Aussage am 9. 7. 1952 abdruckte, wurde die Ausgabe beschlagnahmt. In dem nachfolgenden Prozeß, der sich über Jahre hinzog, konnte die Schmeißersche Behauptung weder bewiesen noch widerlegt werden. Ein Vergleich brachte ihn zum Schweigen. Aber damit nicht genug. Während der Regierungsaktion gegen das unbequeme Nachrichten-Magazin im Jahre 1962 beschlagnahmte die weisungsgebundene Staatsanwaltschaft nebenbei einige Schmeißer-Akten und scheute sich nicht, diese Tatsache zu bestreiten [14]. Es fällt schwer einzusehen, was diese Akten mit Fallex 62, dem Anlaß des rechtswidrigen Übergriffs, zu tun haben. Eine Gelegenheit, Spuren zu tilgen? Daß mit Adenauer eine frankophile Richtung in der deutschen Politik zum Zuge kam, ist unbestritten. Und da dem Kanzler das antifranzösische Ressentiment des deutschen Nationalismus aus früherer Erfahrung schmerzlich bewußt war, sprechen die Staatsaktionen eher für als gegen die Schmeißerschen Behauptungen.

Wenn die französische Regierung 1949 zum Erfolg Adenauers beigetragen hat, so waren die französischen Gelder gewiß nicht schlecht angelegt. Wenige Jahre später kam einer der engsten Vertrauten des Bundeskanzlers, der bereits erwähnte Otto Lenz, nunmehr CDU/CSU-Fraktionsvorstandsmitglied im Bundestag, Außenpolitiker und Rechtsanwalt, mehrmals als Geldkurier nach Paris und überbrachte deutsche Förderbeiträge für maßgebliche französische Politiker. Maria van Horn, die davon berichtete [15], hat ihn begleitet. Zuletzt habe sie allein eine Aktentasche mit Geld übergeben. Aus ihrem Tagebuch geht hervor, wann die Gelder gebracht wurden und wer die unmittelbaren Empfänger waren:

am 7. 10. 1954 Christian Pineau (S.F.I.O.),

am 15.12.1954 Georges Bidault (M.R.P.),
am 14. 2.1955 (unbekannt) und
am 13. 2.1956 Madame Bidault.
Kein anderer Beteiligter hat diese Angaben bestätigt. Sie könnten also auch erfunden sein. Aber was ist daran unglaubwürdig? Auch wenn die Angaben wahr sind, kann eine Bestätigung kaum erwartet werden. Daß politische Gelder aus Gründen der Geheimhaltung persönlich überbracht und nicht überwiesen werden und daß politische Geldkuriere meistens keine kleinen Leute sind, ist auch aus anderen Fällen bekannt. Niemand wundert sich, wenn von kommunistischen Geldkurieren berichtet wird [16]. Geheimdienstfachleute würden eher beanstanden, daß eine nicht pensionsberechtigte Person so viel erfahren konnte, daß sie später in Geldnöten versucht ist, heiße Geschichten zu verkaufen.

Natürlich könnten die Angaben gerade im Hinblick auf Zeitungshonorare erfunden oder aufgebauscht worden sein. Aber der Vorgang als solcher ist nicht unglaubwürdig. In demokratischen Ländern müssen Spitzenpolitiker meistens auch für Partei- und Wahlfinanzierung sorgen und können dazu nicht einfach in die Staatskasse greifen. Aber allenthalben gibt es staatliche Geheimfonds, mit denen man Freunde im Ausland gewinnt. Und wenn es wahr ist, daß französische Regierungsmitglieder ihren deutschen Kollegen früher ausgeholfen haben, warum sollten sie zögern, Geld zurückzunehmen? Wahrscheinlich ist, daß schon die ersten Zahlungen mit der Aussicht auf Gegenleistungen gewährt wurden.

Wir wissen auch, daß Konrad Adenauer durchaus dafür war, befreundete politische Richtungen in anderen Ländern zu fördern. In seiner unvergleichlichen Fähigkeit, hemmende Bedenken mit einfachen Worten auf Kosten seiner politischen Gegner zu beseitigen, drückte er das so aus: Kommunisten und Sozialisten helfen sich untereinander; warum sollten wir uns nicht gegenseitig unterstützen?

1960 wurde dazu am Sitz der CDU-Bundesschule in Eichholz ein Institut für Internationale Solidarität gegründet, praktisch eine zweite Parteihochschule für Ausländer, die bisher hauptsächlich christlich-demokratischen Parteifunktionären aus lateinamerikanischen Ländern zur Verfügung stand, die aber auch deutsche Berater stellt. Beachtliche Erfolge dieser Tätigkeit wurden aus Venezuela, Peru und vor allem aus Chile berichtet. Zwar reicht der Jahresetat des Instituts von 4 Mill. DM für direkte Wahlfinanzierungen nicht aus. Aber da die deutsche Hilfe in Südamerika weit weniger suspekt ist als entsprechende US-amerikanische Bemühungen, kommen ihr auch amerikanische Fördergelder zugute. Und Ende 1963 konnten die Deutschen einige Millionen aus der Misereor-Kollekte der deutschen katholischen Kirche vermitteln, mit denen auf einigen Umwegen der Wahlkampf und spektakuläre Sieg des chilenischen Präsidenten Eduardo Frei wirksam gefördert wurde [17].

Lateinamerikanische Länder gelten seit der Monroe-Doktrin als Hinterhöfe der Vereinigten Staaten; und viele sind es auch. Weil aber die Bundesrepublik Deutschland auf US-amerikanisches Wohlwollen besonders angewiesen ist, wäre das erwähnte politische Engagement in Lateinamerika ohne Verständigung mit den Vereinigten Staaten kaum vorstellbar, natürlich eine Verständigung auf antikommunistischer Linie. Das heißt aber, mit diesen Geldern werden nicht nur südamerikanische, sondern auch nordamerikanische Freunde umworben. Diese aber sind für die Bundesrepublik wichtiger. Und natürlich wirbt man auch direkt.

In den Vereinigten Staaten sind alle diejenigen meldepflichtig, die beruflich gegenüber Behörden politische Interessen vertreten. Sie müssen auch ihre Auftraggeber und die dafür empfangenen Gelder mitteilen. Daher ist bekannt, daß die Public-Relations-Firmen Roy Bernard, New York, und Julius Klein, Chicago, für deutsche Interessen tätig waren. Zahlungen der Bundesregierung erschienen 1961 nur bei Bernard, bescheidene 113 483 Dollar. Bei Klein war außer dem Land Hessen, das 100 000 Dollar für Fremdenverkehrswerbung ausgab, kein amtlicher deutscher Auftraggeber zu bemerken, wohl aber eine Reihe von deutschen Großunternehmen und ein Förderkreis für deutsch-amerikanische Zusammenarbeit, dessen Zusammensetzung geheim gehalten wurde. Klein hat jedoch selber erklärt, daß die Bundesregierung daran beteiligt sei. Nachweislich ging er im Bonner Bundeskanzleramt aus und ein. Jahre hindurch galt Julius Klein als Adenauers Schattenbotschafter in Washington.

Die Zusammenarbeit der Bundesregierung mit Klein datiert aus der Ära Eisenhower, zu dem Klein als ehemaliger Leiter der PR-Abteilung des amerikanischen Kriegsministeriums, als Generalmajor a. D. und als Republikaner ein enges Verhältnis hatte. Als Jude war er für die Abschirmung deutscher Interessen gegen jüdisch-amerikanische Kritik besonders nützlich. Seinen Auftrag definierte er wie folgt: Förderung der Interessen der Bundesrepublik Deutschland in den USA im Kampf der freien westlichen Welt gegen Sowjetrußland und durch Verbreitung von Informationen in den Vereinigten Staaten, damit das amerikanische Volk die Tatsache besser versteht, kennt und unterstützt, daß die Bundesrepublik ein politischer, wirtschaftlicher und militärischer Partner der Demokratien in der Welt ist [18].

Aufsehen erregte die Tätigkeit Kleins erst nach dem Wahlsieg John F. Kennedys. Hatte die Bundesregierung auf das falsche Pferd gesetzt? Dieser Eindruck verstärkte sich während der Berlin-Krise von 1961. Schließlich wurde Klein verdächtigt, im Bonner Auftrag innenpolitische Gegner Kennedys gegen dessen Entspannungspolitik zu mobilisieren. Ja, 1962 wurde er vor den Untersuchungsausschuß des amerikanischen Senators Fulbright (Dem.) zitiert, der die Machenschaften ausländischer Interessenvertreter öffentlich beleuchten sollte. Im ›Spiegel‹ erschien ein Bericht, nach dem man glauben konnte, das Bundeskanzleramt habe sich von ihm abgewendet, die Tage Kleins als Schattenbotschafter der Bundesrepublik seien gezählt [19].

Auslandsgelder in der Innenpolitik

Nun aber erklärte der einflußreiche Senator und spätere Vizepräsident Hubert Humphrey (Dem.) öffentlich: Julius Klein hat mehr Freunde im Senat und im Repräsentantenhaus als irgendein Mann, den ich kenne. Wir respektieren seine Parteizugehörigkeit, aber mehr noch heißen wir seine Freundschaft willkommen. Er ist hier immer gern gesehen, und ich schätze seinen Rat. Für seine Klienten hat er viel erreicht; sie sind gut durch ihn vertreten [20]. Was war das für eine Erklärung, eine Feststellung von Tatsachen? Ein Freundschaftsdienst für den bedrängten Klein? Kein Zweifel, daß sie die Stellung Kleins in Bonn wesentlich gefestigt hat. Politisch kann man sie aber noch anders verstehen.

Wenn Klein tatsächlich so viele Freunde im amerikanischen Kongreß hatte, so mußte die Bundesregierung bestrebt sein, mit Klein auch dessen Freunde zu erhalten. Bei dem fatalen Eindruck, daß die Bundesregierung 1960 einen Republikaner als Präsidenten vorgezogen hätte, war es ratsam, wenn sie sich bei den bevorstehenden Wahlen vor allem denjenigen erkenntlich zeigte, die als Demokraten Verständnis für die prekäre außenpolitische Position der Bundesrepublik aufbrachten. Humphreys Erklärung kam zu einer Zeit, in der viele amerikanische Abgeordnete darüber nachdenken mußten, wie der Wahlkampf finanziert würde. Man kann sie auch als Spendenaufruf verstehen.

Wir wissen nicht, ob besondere deutsche Förderungsbeiträge zu den amerikanischen Wahlen von 1964 geleistet wurden. Wir wissen aber, daß beide Spitzenkandidaten der Demokraten, Johnson und Humphrey, zu den Freunden des Republikaners Klein gerechnet wurden. Und ein anderer seiner demokratischen Freunde, Senator Thomas Dodd, hat später selber angegeben, daß Klein damals Gelder für seinen Wahlfonds gespendet habe. Dabei ging es um die Abwehr des Vorwurfs, Dodd habe sich zum Laufburschen des PR-Generals Klein erniedrigt, sei 1964 bezahlt für Klein nach Bonn gereist, um ihn bei Bundeskanzler Erhard hochzuloben [21]. Möglicherweise kamen die Gelder also aus Kleins eigener Tasche. Immerhin ist festzuhalten, daß die Werbung von Wahlspenden zur normalen Geschäftstätigkeit einer ganzen Reihe von amerikanischen PR-Agenturen gehört [22].

Für die Präsidentschaftswahlkampagne Johnson-Humphrey von 1964 war eine andere Agentur tätig: Doyle, Dane, Bernbach Inc. (DDB), New York. Diese ist mit der Volkswagen-Werbung in den Vereinigten Staaten groß geworden. Herbert Alexander hat sich bei seiner Untersuchung der Wahlfinanzierung verwundert, daß DDB angeblich nur 3 Mill. Dollar für ihre Dienste erhalten hat. Sorgfältige Schätzungen der Werbeagenturen lagen weit höher als die ausgewiesenen Zahlen [23]. DDB unterhielt schon damals ein Zweigbüro in Deutschland, das im Herbst 1963 von München nach Düsseldorf verlegt wurde, zweifellos ein bequemer Weg für deutsche Förderbeiträge. Aber darüber wissen wir nichts. Überhaupt ist es bei diesen Wahlen zu einer für amerikanische Verhältnisse ungewöhnlichen Verdunkelung der Wahlfinanzierung der Demokraten gekommen [24]. Angenommen, DDB wäre wegen der Verbindung zu VW beauftragt und die festgestellte Lücke der Einnahmen mit deutschen Fördergeldern gefüllt worden, so ist noch lange nicht sicher, was das bedeutet. Vielleicht war es nur eine bequeme Veranlagung der ausländischen Konkurrenz auf dem amerikanischen Automobilmarkt. Auch ist VW nicht die Bundesregierung, obschon der staatliche Einfluß im Aufsichtsrat entscheidet.

Solche Stellen, an denen staatliche Förderbeiträge von anderen kaum noch zu unterscheiden sind, gibt es viele. Beispielsweise vergibt die Bundesregierung Milliarden an Rüstungsaufträgen gerade in denjenigen Ländern, die für die Bundesrepublik wichtig sind. Wie leicht können Vermittler solcher Aufträge oder die begünstigten Firmen als Geldgeber auftreten, so daß überhaupt nicht auszumachen ist, ob es sich um staatliche Förderbeiträge oder um solche von Firmen oder von Privatpersonen handelt. Beispielsweise soll die italienische Democrazia Cristiana im Zusammenhang mit dem deutschen F-86-K-Auftrag von oder über Fiat begünstigt worden sein [25]. Dort wo die Außenpolitik Außenhandelspolitik ist, verschwimmen die Unterschiede ohnehin.

Verständnis und Beurteilung dieser politischen Geldströme hängen weitgehend davon ab, ob der nachweisbare Teil auch für das charakteristisch ist, was verborgen bleibt. Man hat es hier ja nicht mit einem Eisberg zu tun, dessen unsichtbarer Teil sicher aus dem gleichen Eise besteht wie der sichtbare. Auf diesem Felde, das nachweislich von den Regeln der Geheimhaltung beherrscht wird, muß immer mit Dingen gerechnet werden, die nicht bekannt und gleichwohl vorhanden sind.

Am besten wird man versuchen, die verschiedenen Geldströme aus den politischen Absichten zu verstehen, die die Regierungen mit ihren Ausgaben verfolgen. Meist werden die Ausgaben damit gerechtfertigt, daß es gelte, Freunden beizustehen und Feinde zu bekämpfen. Dahinter steht, daß man die eigene Position nur so behaupten könne, weil andere dasselbe tun. Wessen Position? Die Position der eigenen Nation, der eigenen Wirtschaft? Die Position der arbeitenden Massen, des internationalen Proletariats? Die Position der freien Welt, der liberalen oder sozialen Demokratie? Die Position des christlichen Abendlandes? Oder vielleicht nur die Position einer bestimmten Staats- und Parteileitung?

Die meisten der beschriebenen Fälle lassen mehrere Deutungen zu, rechtfertigende und andere, die Mißfallen erregen. Deshalb werden in öffentlichen Auseinandersetzungen über solche Fälle vorgebliche und wahre Absichten voneinander unterschieden. Es mag Umstände geben, unter denen das berechtigt ist. Aber meistens ist nicht einzusehen, weshalb die einen weniger wahr sein sollen als die anderen. Daß diejenigen, die über solche Gelder verfügen, vor oder neben allen anderen Absichten auch ihre eigene Position im

Auslandsgelder in der Innenpolitik

Auge haben, kann selbstverständlich angenommen werden. Ein guter Schachzug hat immer mehrere Zwecke.

Ob die politischen Absichten auch erreicht werden, ist eine andere Frage. Sicher hätte die deutsche Staatsleitung den Frieden von Brest-Litowsk ohne die Förderung Lenins nicht erreicht. Aber was war eigentlich erreicht worden? Hatte sie nicht hauptsächlich ihren Eroberungsdrang bewiesen, ihre Unfähigkeit, wirklich Frieden zu schließen, gleichzeitig die ärgsten Feinde der Monarchie gefördert, eine expansive politische Bewegung, ohne die Rußland nie in der Lage wäre, Osteuropa zu beherrschen und die Teilung der deutschen Nation durchzusetzen?

Mit der Förderung kommunistischer Bruderparteien steht es wenig besser. Gerade dort, wo diese erfolgreich waren und wie in Jugoslawien oder China aus eigener Kraft die Staatsleitung in die Hand bekamen, entstanden die größten Schwierigkeiten. Selbst bei Ländern, in denen unter dem Schirm sowjetrussischer Truppen von Stalin handverlesene Freunde der Sowjetunion an der Spitze von Partei und Staat eingesetzt werden konnten, kam es später zu schweren Auseinandersetzungen mit den Kommunisten selbst. Wer kann nach dem polnischen Oktober von 1956 und dem anschließenden Aufstand in Ungarn, nach der sowjetischen Besetzung der CSSR von 1968 und blutigen Zusammenstößen an der sowjetisch-chinesischen Grenze noch glauben, daß die Verstaatlichung der Produktionsmittel den Weltfrieden garantiere? Erst die kommunistische Organisation und Aktivierung der Massen und eine zentrale Verwaltungswirtschaft, die den Vorrang von Investitionen und Rüstungsproduktion vor Konsumgütern erzwingt, hat China zu einem gefährlichen Nachbarn der Sowjetunion werden lassen.

Die Fehlleistung der amerikanischen Finanzierungspolitik besteht allerdings nicht darin, daß die geförderten antikommunistischen Bewegungen mächtig angeschwollen wären und heute die Vereinigten Staaten bedrohen. Eher ist zu bemerken, daß amerikanische Gelder Korruption verbreitet haben, vor allem in Ostasien und Lateinamerika, aber auch in den Vereinigten Staaten selbst. Interessenten verwenden nämlich einen Teil der erhaltenen Förderbeiträge für diejenigen, die in Washington dafür sorgen, daß der Geldstrom nicht versiegt.

Damit soll nicht behauptet werden, daß alle derartigen Ausgaben verfehlt seien. Sinnvolle Finanzierungspolitik ist keine einfache Sache. Und weil es an Erfahrungen fehlte, mußte zunächst viel Lehrgeld bezahlt werden. Aber die Bedeutung des Geldes als Mittel der Politik ist heute größer als je zuvor. Verschiedene Umstände haben dazu beigetragen, zunächst die internationale Solidarität kommunistischer Bruderparteien. Diese hat andersartige internationale Verbindungen aktiviert, so daß außenpolitische Fronten heute durch weltinnenpolitische Auseinandersetzungen überlagert werden. Schauplatz dieser Welt-Innenpolitik ist die nichtkommunistische Welt. Kommunistische Staatsleitungen monopolisieren nämlich die politische Meinungs- und

Willensbildung in ihren Ländern und unterwerfen die Bevölkerung einer politischen Dauerschulung. Die Intervention in der CSSR hat gezeigt, daß dies nach sowjetischer Auffassung unerläßlich ist.

Wirklich international ist nur der Austausch von materiellen, nicht der von geistigen Gütern. Der wirtschaftliche Güteraustausch ist allerdings außerordentlich gewachsen. Deshalb sind heute weit mehr Mittel vorhanden, die für politische Zwecke im Ausland verwendet werden können – kommunistische Länder wiederum ausgenommen.

Schließlich hat die nukleare Pattstellung der Weltmächte zur heutigen Bedeutung der Auslandsgelder in der Innenpolitik beigetragen. Kriege sind so gefährlich geworden, daß man die offene Auseinandersetzung möglichst vermeidet. Staaten wie die Bundesrepublik Deutschland können kaum andere als finanzielle Mittel für ihre Außenpolitik einsetzen. In einer Auseinandersetzung weltinnenpolitischer Art erscheint der werbende Einsatz finanzieller Mittel auch eher angemessen. Vielleicht ist Finanzierungspolitik das kleinere Übel.

1 Vorgestellt in: Politische Vierteljahresschrift (PVS), Jg. 1968, S. 348 ff., vom gleichen Verfasser.
2 Alexander Heard: The Costs of Democracy, Chapel Hill N. C. 1966 (Univ. of N. C. Press), S. 270.
3 Als ein Beispiel kann auf die Fälschungen zur Auslandsfinanzierung Hitlers hingewiesen werden, die Hermann Lutz in den Vierteljahresheften für Zeitgeschichte, Jg. 1954, S. 386–396, dargestellt hat.
4 Ausführlich bei Leonard Schapiro: The Communist Party of the Soviet Union, London 1962, S. 175 ff., 184 u. 186. Schapiro stützt seinen Beweis gegen Lenin hauptsächlich auf Dokumente aus dem Archiv des deutschen Auswärtigen Amts, die Z. A. B. Zeman unter dem Titel: Germany and the Revolution in Russia 1915–1918, Oxford 1958, zusammengestellt und veröffentlicht hat.
5 Arnold J. Heidenheimer – Frank C. Langdon: Business Associations and the Financing of Political Parties, Den Haag 1968.
6 Worte des Vorsitzenden Mao Tse-tung, Peking 1967, S. 78 f. u. 208 ff. Zu Lenin vgl. das Dekret vom 7. 1. 1918, abgedruckt in ›The Bolshevik Revolution 1917–1918‹, Documents and Materials, Stanford Cal. 1934. An dieser Stelle mußten längere Ausführungen über relativ gut nachweisbare sowjetische und amerikanische Auslandsgelder leider wegfallen, weil sie über das Thema der Festschrift hinausgehen. Die Schlußfolgerungen des Autors, die sich teilweise darauf gründen, wurden jedoch beibehalten.
7 ›Der Spiegel‹, Nr. 6 v. 7. 2. 1962, S. 32 f.
8 Beispielsweise im Falle der Kommunistischen Partei Japans. Die Zuschüsse werden hinter Mitgliedsbeiträgen versteckt. James R. Soukup: Japan, Comparative Political Finance, hrsg. v. Richard Rose und Arnold J. Heidenheimer. Sonderdruck des Journal of Politics aus Jg. 1963, S. 743 f.
9 Richard Lewinsohn: Das Geld in der Politik, Berlin 1930, S. 351 ff. Lewinsohn neigte wohl auch im Hinblick auf die politischen Ausgaben des englischen Ölmagnaten Henry Deterding zu der erwähnten Ansicht (ebd., S. 358).

10 David Wise – Thomas B. Ross: The Invisible Government, New York 1966.
11 Walter Brand in ›Frankfurter Rundschau‹ v. 16. 5. 1956; ›Der Spiegel‹, Nr. 24, v. 13. 6. 1956, S. 14–16.
12 Vgl. auch den von der ›New York Times‹ übernommenen Bericht über den amerikanischen Geheimdienst CIA, in ›Der Spiegel‹, Nr. 22, v. 23. 5. 1966, S. 78–101.
13 ›Der Spiegel‹, Nr. 41, v. 7. 10. 1968, S. 67.
14 ›Der Spiegel‹, Nr. 50, v. 12. 12. 1962, S. 22.
15 ›Der Spiegel‹, Nr. 41, v. 7. 10. 1968, S. 68.
16 Als ein neueres Beispiel vgl. den Bericht, wie 1966 zwei kommunistische Geldkuriere aus Italien bei der Landung in Venezuela mit 270 000 $ abgefangen wurden (›Der Spiegel‹, Nr. 15, v. 4. 4. 1966).
17 ›Der Spiegel‹, Nr. 38, v. 16. 9. 1964, S. 94–96. Parteihochschulen werden in der Bundesrepublik nicht als solche bezeichnet, weil sie sonst nicht etatisiert sein könnten.
18 ›Der Spiegel‹, Nr. 15, v. 10. 4. 1963, S. 72.
19 ›Der Spiegel‹, Nr. 37, v. 12. 9. 1962, S. 45–52.
20 ›Der Spiegel›, Nr. 41, v. 10. 10. 1962, S. 25.
21 Zur Dodd-Affäre vgl. ›New York Times‹, Int. Ed. v. 20. bis 27. 6. 1966; ›Der Spiegel‹, Nr. 28, v. 4. 7. 1966, S. 71 ff.; FAZ, Nr. 155 v. 8. 7. 1966.
22 Stanley K. Kelley Jr.: Professional Public Relations and Political Power, Baltimore 1956.
23 Herbert Alexander: Financing the 1964 Election, Princeton 1966, S. 46.
24 Ebd., S. 14, 114 f. u. 123 f.
25 ›Der Spiegel‹, Nr. 46, v. 7. 11. 1966, S. 47.

Personenregister*

Acheson, Dean 367 f.
Ackermann, Paul 285
Adair, Douglas 438
Adams, W. Paul 93
Adenauer, Konrad 260, 276, 280, 303, 362, 368–372, 374, 376, 395, 416, 439, 456 f., 459–461, 476–478
Adorno, Eduard 264, 268
Ahlers, Conrad 265
Aikin, Charles 233
Alexander, Herbert 479, 483
Alford, Robert R. 200
Allemeyer, Werner 438
Almond, Gabriel A. 470
Althusius, Johannes 82, 94
Altvater, Elmar 173
Ammon, Alf 284
Anschütz, Gerhard 158
Apel, Hans 159
Arendt, Hannah 65, 78, 92 f.
Arendt, Walter 262 f., 265, 269, 273
Aristoteles 78, 80, 82, 85, 93 f., 182
Arndt, Adolf 131
Arndt, Claus 210, 212, 214 f., 225 f., 240, 264 f.
Arndt, H.-J. 172
Arndt, Klaus-Friedrich 157
Arndt, Rudi 310
Aron, Robert 437
Ashkenasi, Abraham 471
Attlee, Clement Richard 16, 441
Auerbach, Walter 263–265

Bachrach, Peter 200, 284
Bacon, Francis 89
Bagehot, Sir Walter 56 f.
Bahner, Dietrich 344
Balfour, Michael 49
Bandaranaike, Sirimavo 258
Banfield, Edward C. 284
Baratz, M. S. 284
Baring, Arnulf 438, 470
Barker, Sir Ernest 27
Barth, Heinrich 276
Barth, Kuno 92
Barzel, Rainer 467
Bauer, Hannsheinz 159
Bauer, Klaus F. 442
Baum, G. 314
Bäumlin, R. 157
Baums 348
Bayerl, Alfons 264, 268, 270
Bazille, Helmut 243
Beard 438
Bebel, August 261
Becker, Kurt 281
Beer, Edmond S. de 94
Bell, Daniel 391
Beloff, Max 436
Benda, Ernst 264, 268, 273, 277, 309
Benesch, Eduard 436
Berger, Hugo 206, 232–234
Berkhan, Karl Wilhelm 264, 268, 273
Bernard, Roy 478
Besson, Waldemar 375, 470

* Personen- und Sachregister wurden von Helga Lüdtke zusammengestellt.

Beugel, Ernst H. van der 436
Beyersdorff, Peter 375
Beyme, Klaus von 91, 95, 159, 200
Bidault, Georges 400, 477
Bidault, Madame 477
Billing, Werner 231, 235
Birch, H. P. 200
Bismarck, Otto Fürst von 13, 23 f., 26, 278, 364, 372
Blank, Theodor 263, 273
Blanke, G. H. 93
Blanqui, Louis Auguste 57
Blum, Léon 436
Böckenförde, Christoph 217, 237–239
Böckenförde, E. W. 157
Bodenheimer, Susanne J. 439
Bodin, Jean 81–83, 94
Böhm, Anton 90
Bonatz, Paul 252
Bonnefous, Edouard 408
Börner, Holger 263 f., 268, 273, 310
Börnsen, Gert 306, 313 f.
Borsig, August 98 f.
Borton, H. 49
Bosson, Charles 437
Bothe, Walther 252
Bower, Joseph L. 199
Brand, Walter 483
Brandt, Willy 69, 90, 104, 264 f., 269–272, 292, 339, 464, 466
Brauksiepe, Änne 258–260
Braun, Otto 147
Braunias, Karl 196
Braybrooke, David 199
Breitling, Rupert 52, 482
Brenner, Otto 54, 437
Briand, Aristide 400 f.
Brinckmann, Hans 240
Bromberger, Merry 437, 441
Bromberger, Serge 437, 441
Brugmans, Henri 435–438
Bruins-Slot, J. A. H. J. S. 437
Brüning, Heinrich 147
Brunner, Otto 50, 79, 91, 93
Buchanan, James M. 197
Bühler, Franz 53
Bülck, Hartwig 434

Bull, Hans Peter 233
Bungeroth, Erhard 238 f.
Bunkenburg 331, 347, 351, 353
Burckhardt, Carl J. 249
Bürgel, Heinrich 159 f.
Burger, J. A. 437
Burke, Edmund 56, 61
Büttner, Theodora 95
Byrnes, James 365, 368

Caillaux, Josef 436
Callaghan, James 193
Carlson, J. 173
Carstens, Karl 276, 280
Cäsar 382
Chamberlain, Joseph 177
Chamberlain, William Henry 366
Chapman, Brian 285
Churchill, Sir Winston S. 57, 362, 390, 403 f., 412, 427, 436
Churchman, C. West 171
Claude, Inis L. 440
Clausen, A. 199
Clay, Lucius D. 365, 368, 375
Cohn, Ernst J. 233 f.
Collard, Léopold 437
Converse, Philip E. 199 f.
Conze, Werner 375 f.
Corterier, Peter 305 f., 310, 314 f.
Coudenhove-Kalergi, Richard Nikolaus Graf von 387, 390, 392, 403, 442
Cousins, Frank 193
Crabb jr., Cecil V. 468–470
Croce, Benedetto 249
Curtius, Ernst Robert 252
Curtius, Ludwig 252
Cyert, Richard M. 199

Daalder, Hans 286
Dahl, Robert A. 185, 199, 284, 455, 470
Dahrendorf, Ralf 60, 201, 264–266, 268, 270, 319, 321, 326, 339 f., 344 f., 348, 353 f.
Daudt, Hans 199
Dehio, Ludwig 374
Denninger, Erh. 74

Personenregister

Descartes, René 89, 96
Deterding, Henry 482
Deuerlein, Ernst 52
Deutsch, Karl W. 284, 377, 436
Dichgans, Hans 159, 210, 225 f., 229, 232, 241, 282
Dichl-Thiele, Peter M. 91
Diebold, William 439
Diederich, Nils 347
Diehl, Günter 280
Diesing, P. 173
Dirks, Walter 437
Disraeli, Benjamin 62
Dobbertin, Alf Dieter 437
Dodd, Thomas 479
Dohnanyi, Klaus von 263–265, 268, 270 f., 273, 277
Doig, J. W. 285
Domagk, Gerhard 252
Döring, Wolfgang 311
Dorn, Walter L. 375
Dorn, Wolfram 264 f., 268
Downs, Anthony 56, 60, 65, 182, 184, 189, 197, 199 f.
Dror, Y. 172 f.
Duckwitz, Georg Ferd. 263, 265, 271
Dufhues, Josef-Hermann 466
Dulles, John Foster 19, 362
Dupeux, Georges 200
Dürig, Günter 199 f.
Dutschke, Rudi 312
Duverger, Maurice 175, 177, 179 f., 196

Ebert, Friedrich 248
Echternach, Jürgen-Siegmar 90, 304, 313
Eckermann, Johann Peter 49, 54
Edelman, Maurice 417
Edinger, Lewis J. 257, 284
Egels, Franz Anton 98
Eggers, Ernst 352
Ehlers, Hermann 273
Ehmke, Horst 91, 147, 159, 225 f., 234, 236, 262–266, 269, 271, 273, 277
Eichenberger, Kurt 53, 92
Eichengrün, Ernst 314

Einstein, Albert 250
Eisenhower, Dwight D. 19
Eldersveld, Samuel J. 185, 199
Ellul, Jacques 157
Ellwein, Thomas 200
Emde, Hans Georg 264, 271
Erdmenger, Klaus 375
Erhard, Ludwig 140, 188, 265, 276, 280 f., 303, 431, 439, 443, 479
Erler, Fritz 297, 463, 465
Erman, Johann Peter Adolf 249
Ertl, Josef 264, 266, 269, 273
Eschenburg, Theodor 52, 101, 115 f., 157, 186, 198 f., 242, 285, 287, 297, 427, 442
Etzioni, Amitai 377, 436
Euchner, Walter 94
Euler, August Martin 475

Faber, Karl-Georg 50
Falk, Ludwig 275
Faul, Erwin 297
Faure, Maurice 437
Federer, Julius 206, 232 f.
Fetscher, Iring 92
Feyerabend, P. K. 173
Filmer, Sir Robert 83 f., 88, 94
Fischer, Fritz 439
Fischer, Per 437, 440
Focke, Katharina 259–261, 263–265, 268, 273
Fontaine, François 435
Forsthoff, Ernst 63
Franke, Egon 263 f., 273
Fraenkel, Ernst 51
Fredericia, Walter 239
Frei, Eduardo 477
Freud, Sigmund 89
Freyh, Brigitte 259 f., 263 f., 268
Friauf, Karl Heinrich 156, 158
Friderichs, Hans 339, 352, 354
Friedeburg, Ludwig von 74
Friedrich II. (der Große) 364
Friedrich Wilhelm IV. 248, 250
Friedrich, Carl Joachim 432, 436
Friesenhahn, Ernst 240
Frisch, Karl von 252

Fritz, R. 284
Fromme, Friedrich Karl 235, 279, 285
Frowein, Jochen 237, 240
Fuchs, Jockel 310
Fulbright, J. William 478
Fülles, Mechtild 284
Funcke, Liselotte 154, 239, 259
Furler, Hans 461
Furtwängler, Wilhelm 249 f.

Gabert, Volkmar 297, 310
Galtung, John 383
Gandhi, Indira 258
Gasperi, Alcide de 395, 436
Gaulle, Charles de 46, 140, 360, 363, 377, 382, 385 f., 397, 399, 403 f., 406, 410, 425, 427, 429
Gaus, Günter 471
Geiger, Willi 206, 218, 230, 233, 236 f., 240
Geismann, Georg 196, 200
Geißler, Heinrich 308
Genscher, Hans Dietrich 262, 264 f., 269, 275, 277, 280–282, 319, 322, 339, 344 f., 352, 354 f.
Gerbet, Pierre 441
Gerlich, Peter 285
Gerstenmaier, Eugen 265, 273, 461, 464
Gessler, Otto 243–247, 251
Gierke, Otto von 27, 50 f.
Giesing, H. H. 159 f.
Gilissen, J. 196
Goldwater, Barry 182
Goethe, Johann Wolfgang von 49
Götz, Christian 54
Götz, V. 156
Graaf, Carlo 344
Grauhan, Rolf-Richard 285
Greenleaf, W. H. 94
Greiffenhagen, Martin 90
Grewe, Wilhelm 469
Grosfeld, Frans 198
Grosser, Alfred 49
Grotius, Hugo 382
Grumm, J. G. 196
Grund, Walter 275 f.

Grunenberg, Nina 286
Gscheidle, Kurt 263, 265, 271, 273, 276
Gumbel, Karl 276
Gutermuth, Heinrich 449
Gutscher, J. M. 314 f.
Guttenberg, Karl Theodor Freiherr von und zu 267 f.
Guttsman, W. L. 285

Haager, Karl 240
Haas, Ernst B. 382 f., 414, 423 f., 429, 434, 436, 440, 442, 470
Habermas, Jürgen 54, 74, 93
Hahn, Otto 252
Haller, Heinz 264
Hallstein, Walter 379, 382, 400, 404, 415 f., 426, 431 f., 434 f., 440–442
Hamilton, Alexander 56, 413
Hamm-Brücher, Hildegard 259–261, 265, 271
Hancock, W. K. 49
Hänisch, Erich 252
Hankey, Lord 49
Hansen (Admiral) 245
Hansen, Roger D. 434
Harkort, Günther 264 f., 271
Harnack, Adolf von 248
Hartkopf, Günter 265
Hartmann, Max 252
Hase, Karl-Günther von 276, 280
Haseloff, Otto Walter 320, 338
Hassel, Kai-Uwe von 156, 159 f., 465
Hatschek, Julius 156
Heard, Alexander 472, 482
Heck, Bruno 90, 354
Hegel, Georg Wilhelm Friedrich 72, 86, 91
Heidegger, Martin 54
Heidenheimer, Arnold J. 482
Hein, Udo 263, 277
Heinemann, Gustav 104, 231, 262–266, 269, 272, 326, 333, 337, 344
Heller, Hermann 28, 51
Hellwig, Fritz 442
Henke, Wilhelm 231
Hennis, Wilhelm 50, 90 f., 94, 157, 159, 197, 201, 241

Personenregister

Hentig, Hartmut von 70, 90
Heppe, Hans von 271
Herder-Dorneich, Philipp 60
Hermens, Ferdinand Aloys 175, 177–179, 188, 196–199, 201
Hermes, Wilhelm 438
Hermsdorf, Hans 304, 310, 332, 354
Herold, Karl 263, 268, 273
Hesse, Konrad 52, 157, 238, 294, 296 f.
Hettlage, Karl M. 275 f.
Heuss, Theodor 32, 51 f., 136, 242–244, 246–251
Heyde, Wolfgang 233
Heydebreck, C. J. von 159
Heydte, Friedrich August Freiherr von der 297
Hindemith, Paul 252
Hintze, Otto 251
Hitler, Adolf 32, 117, 247 f., 275, 359, 361, 364, 372 f., 382
Hobbes, Thomas 82 f.
Hofer, Carl 252
Höfer, Werner 284
Hoffmann, Stanley 425
Holthusen, Hans Egon 92
Holtkotten, Hans 235
Höpker-Aschoff, Hermann 232
Horkheimer, Max 104
Horn, Maria van 475 f.
Hotelling, Harold 182, 196, 198
Hsiao, Kung Chuan 51
Huber, Ludwig 308
Huber, Max 384, 387
Hübner, E. 157
Hülshoff, Klaus 157
Humboldt, Alexander von 248
Hume, David 377
Humphrey, Hubert 479
Hutcheson, Francis 50

Iklé, Fred Charles 400
Ipsen, Hans Peter 434

Jacobi, Maria 159
Jaeger, Richard 463
Jaeggi, Urs 255, 284

Jahn, Gerhard 128, 141, 263–265, 268 f.
Jaquet, Gérard 408
Jay, John 56
Jefferson, Thomas 42, 57, 65
Jekewitz 158
Jellinek, Georg 87, 95
Jernburg, J. E. 173
Johnson, Lyndon B. 479
Jünger, Ernst 54

Kaack, Heino 284
Kaase, Max 199
Kafka, Gustav E. 238
Kaegi, Werner 50
Kahn-Freund, Otto 54
Kaiser, Jakob 263, 369–376
Kaiser, Joseph H. 51, 434
Kaiser, Karl 378
Kaltefleiter, Werner 198, 201
Kant, Immanuel 62, 84, 94
Kapp, K. W. 173
Karl der Große 382
Karl II. 83
Karl V. 382
Kattenstroth, Ludwig 276
Katzer, Hans 157, 273
Kaufmann, Erich 252
Kelley jr., Stanley K. 483
Kempski, Jürgen von 197
Kennan, George F. 374 f.
Kennedy, John F. 19, 50, 478
Kennedy, Robert F. 106
Kesselring, Albert 245
Kewenig, W. 159
Keynes, John Maynard 16, 167
Kiesinger, Kurt Georg 109, 154, 188, 271, 280 f., 290, 303 f., 339, 343, 346, 437, 442, 459 f., 466
Kimmel, Josef 438
King, Martin Luther 105
Klaiber, Manfred Otto 244 f.
Klein, Franz 157 f., 233
Klein, Hans H. 237
Klein, Julius 478 f.
Klementa, J. 173
Klepsch, Egon 303, 313

Knöpfle, Robert 441
Koch, Helmut 159
Kogon, Eugen 315, 437
Kohl, Helmut 273, 308, 315
Köhler, Günter 352
Kohlhase, Norbert 439
Kölble, Josef 159
Koppe, Karl-Heinz 436, 438
Köppler, Heinrich 147, 264, 268, 270, 309
Korff, Hans Clausen 275
Korsch, Karl 104
Koschnik, Helmut 310
Kosthorst, Erich 375
Köttgen, Arnold 279, 285
Krämer, Hans-R. 438 f.
Kramer, Helmut 285
Kreuzer, Arthur 159, 235
Krone, Heinrich 437
Krüger, Herbert 131
Kubel, Alfred 140
Kübler, Gerd 297
Kuby, Walter 434
Küchenhoff, Erich 198
Kuhl, Hermann Josef von 249 f.
Kühlmann-Stumm, Knut Freiherr von 273
Kuhnke, Hans-Helmut 52
Külz, Wilhelm 51

Laband, Paul 143
Lakeman, Enid 196
La Malfa, Ugo 437
Lambert, James D. 196
Lambert, John 441
Landauer, Gustav 104
Landshut, Siegfried 90
Langdon, Frank C. 482
Lange, Max Gustav 297
La Palombara, Joseph 286
Laski, Harold 27, 51, 67
Laslett, Peter 94
Lassalle, Ferdinand 97, 99 f., 116, 119 f.
Laue, Max von 252
Laufer, Heinz 230 f., 235, 266 f., 285
Lauritzen, Lauritz 263 f.

Lavau, G. E. 196
Leber, Georg 263–265, 269, 273, 276, 305
Lechner, Hans 157, 230, 233, 237
Lefèvre, Théo 437
Lehmbruch, Gerhard 196
Lehr, Robert 244 f.
Leibholz, Gerhard 175, 196, 232 f., 240, 287, 297
Leicht, Albert 264, 268
Leisler-Kiep, Walther 309
Lemmer, Gerd 276
Lenin, W. I. 17, 65, 105, 121, 473 f., 481
Lenz, Carl Otto 158
Lenz, Otto 475 f.
Lenz, Reimar 54
Leussink, Hans 264 f., 269
Lewinsohn, Richard 475, 482
Leys, Collin 196
Lichtenberg, Georg Christoph 427, 442
Liebknecht, Karl 105
Lincoln, Abraham 57
Lindberg, Leon N. 434, 436
Lindblom, Charles E. 185 f., 199
Link, Werner 469
Lipgens, Walter 434–436, 438 f.
Lipset, Seymour M. 196, 285, 377
Litt, Theodor 252
Littmann, Enno 249–251
Lloyd George, David 15
Löbe, Paul 436
Locke, John 83–85, 87 f., 94
Logemann, Fritz 264, 268
Lohmar, Ulrich 266, 297
Loewenberg, Gerhard 52, 158 f., 185, 199
Loewenstein, K. 157
Lowi, Theodore 201
Lübbe, Hermann 96
Lüders, Elisabeth 247, 260
Ludz, Herbert 305
Luhmann, Niklas 285
Lukács, Georg 104
Luther, Martin 364
Lüthy, Herbert 379, 435

Personenregister

Lütkens, Charlotte 284
Lütkens, Gerhard 457
Lutz, Hermann 482
Luxemburg, Rosa 104 f., 121

Maassen, Hermann 265
McClelland, David C. 197
McClosky, Herbert 199
Machiavelli, Niccolò 380
Mackay, Ronald W. G. 420
Mackenroth, Gerhard 53
Mackintosh, John P. 157
Macmillan, Harold 189, 427
Madison, James 53, 56
Maier, Hans 51, 93, 148, 157
Maitland, Frederic 27
Majonica, Ernst 266
Malagodi, Giovanni 437
Mandt, Hella 93 f.
Manger-König, Ludwig von 263, 265
Mangoldt, Hermann von 156–158
Mann, D. E. 285
Manteuffel, Hasso von 245 f.
Manzanarès, Henri 442
Mao Tse-Tung 474, 482
Marc, Alexandre 437
March, James 199
Marcks, Gerhard 251 f.
Marcuse, Herbert 54, 104
Marshall, George 365
Martini, Winfried 109
Marx, Hermann 355
Marx, Karl 57, 65, 78, 104
Maurer, Hartmut 235, 238 f.
Mayer, Arno J. 49
Mayne, Richard 437
Meier, Christian 93
Meinecke, Friedrich 51, 247–249, 251 f.
Meïr, Golda 258
Mende, Erich 265 f., 273, 307, 311, 319, 344
Mendelssohn (Bankier) 99
Mentré, François 53
Menzel, Eberhard 469
Merkatz, Hans-Joachim von 266
Meynaud, Jean 285, 439
Michels, Robert 185

Miller, Warren 199
Mischnick, Wolfgang 311, 339
Mitrany, David 381 f., 413, 417–421, 427, 435, 439–441
Mitscherlich, Alexander 96
Mohammed Reza Schah Pahlevi 107, 109
Molden, Otto 438
Möller, Alex 262–265, 269, 272 f., 275
Mollet, Guy 437
Mommer, Karl 150, 157, 159 f.
Mommsen, Ernst Wolf 271
Monnet, Jean 391 f., 400 f., 416, 419 f., 441 f.
Montesquieu, Charles de 70
Montgomery, Bernhard Law 16, 50
Morkel, Arnd 285
Moro, Aldo 437
Moersch, Karl 268, 280, 331, 352
Mosler, Hermann 434, 439, 441
Mounier, Emanuel 437
Müller, Gebhard 215 f., 226–228, 233, 240
Müller, Günther 245, 305, 310
Müller, Hermann 354 f.
Müller, Ute 297
Müller-Meiningen jr., Ernst 235
Murphy, Robert 16, 50, 375
Mussolini, Benito 57

Nadelmann, Kurt 233
Nahm, Peter-Paul 276
Naphtali, Fritz 78, 93
Napoleon I. 382
Napoleon III. 57
Narr, Wolf-Dieter 375 f.
Naschold, Frieder 95, 173, 197 f., 234
Naßmacher, Karl-Heinz 196, 200
Naumann, Friedrich 50
Neef, Fritz 276
Nehru, Jawaharlal Pandit 20
Neidhardt, Friedhelm 285 f.
Nepgen, Elfriede 375
Neubauer, Kurt 310
Neumann, Franz 86, 95, 104
Neumann, Sigmund 53
Neunreither, Karlheinz 294, 297, 441 f.

Niethammer, Friedrich Emanuel 72
Nitti, Francesco 436
Noé, Claus 282
Nolde, Emil 252
Nye, Josef S. 436

Oberländer, Theodor 265
Oberreuter, H. 157
Oestreich, G. 93
Ollé-Laprune, Jacques 200
Ollenhauer, Erich 437, 462 f.
Oncken, Hermann 251
Ophüls, Carl Friedrich 434, 441
Ossenbühl, Fritz 156 f.
Ostrop, Paul 352
Otto I. (der Große) 382

Palmer, R. P. 93
Pape (General) 243 f.
Parry, Geraint 94
Partsch, K. J. 159
Passigli, St. 284
Paul, Egbert 233
Perels, Kurt 156
Perikles 70
Perschel, Wolfgang 92
Petersen, Julius 53
Philip, André 396
Pinay, Antoine 403, 437
Pineau, Christian 477
Planck, Max 250
Platon 78, 80 f., 84, 93
Pleven, René 437
Pohle, Kurt 243–245
Pole, J. R. 438
Politis, Nicola 436
Popitz, Johannes 52, 199
Preuß, Hugo 27
Preuss-Lausitz, Ulf 92
Proudhon, Pierre-Joseph 394
Pye, Lucian W. 201

Rae, Douglas W. 175 f., 196 f.
Ramadier, Paul 408
Ranke, Leopold von 21
Rapoport, Anatol 178, 197
Rathenau, Walter 44

Rathke, Arthur 309
Raumer, K. von 93
Rausch, Heinz 157, 159
Ravens, Karl 264, 268, 273
Reddemann, G. 313
Redslob, Robert 197
Reichel, Gerhard Hans 469
Reimann, Hans Leo 93
Reinhardt, Karl 252
Reischl, Gerhard 215 f., 264, 268, 273, 277
Renger, Annemarie 259
Renner, Otto 252
Richter, Willi 437
Ridder, Helmut 90
Riker, William H. 197
Rinck, Hans-Justus 297
Ritzel, Heinrich G. 159
Robespierre, Maximilien 57
Rohde, Helmut 264 f., 268
Rohrbach, Paul 50
Rohwedder, Detlev 265
Rokkan, Stein 196
Ronneberger, Franz 241
Roosevelt, Franklin D. 360, 362, 364 f., 374 f.
Röpke, Wilhelm 439
Rose, Richard 189, 200
Rosenberg, Hans 50
Rosenberg, Ludwig 437
Ross, Thomas B. 483
Rossi, Ernesto 437, 439
Rougemont, Denis de 393, 435–438
Rousseau, Jean-Jacques 72, 88 f., 188, 190
Rudolph, Kurt 95
Rühli, E. 173
Rupp, Hans Georg 206, 230, 233, 240
Rupp von Brünneck, Wiltraut 240
Rupprecht, Reinhard 232 f.
Rutschke, Wolfgang 210, 225 f.

Sandys, Duncan 390
Saragat, Guiseppe 437
Sattler, Andreas 442 f.
Sauer, Wolfgang 50
Schacht, Hjalmar 53

Personenregister

Schädel, Walter 275
Schäfer, Friedrich 157–160, 265 f., 271, 277, 297
Schäfer, Hans 265
Schapiro, Leonard 482
Scheel, Helmuth 250
Scheel, Walter 262, 264 f., 273, 275, 322, 326, 333–335, 339 f., 342, 346–348, 352, 354 f.
Schelsky, Helmut 91 f., 389
Scherer, Martin 239
Scheuch, Erwin K. 196 f., 199
Scheuner, Ulrich 156
Schick, A. 173
Schick, Walter 238 f.
Schiller, Karl 104, 262–265, 269, 273, 282, 335, 342, 345
Schiller, Theo 352
Schindler, Dietrich 91
Schindler, Peter 471
Schlesinger, Joseph A. 257, 284 f.
Schlesinger, Paul 233
Schleth, Uwe 198
Schmeißer, Hans-Konrad 476
Schmid, Carlo 36, 51 f., 264 f., 460
Schmidt, Helmut 263–265, 268, 280, 290
Schmidt, Walter 156
Schmitt, Carl 28 f., 51, 157, 199
Schmitt-Vockenhausen, Hermann 305
Schmitthenner, Paul 252
Schmücker, Kurt 273
Schneider, Hans 143, 157
Schneider, Reinhold 252
Schochet, Gordon J. 94
Schöllhorn, Johann-Baptist 264, 271
Schönebeck, Aegidius von 275
Schornstein, Johannes 277
Schröder, Gerhard 273, 465, 470
Schröder, Rudolf Alexander 252
Schueler, Hans 224
Schulz, Gerhard 52, 297, 313
Schumacher, Kurt 362, 370, 375, 456 f.
Schuman, Robert 415 f., 419 f., 423
Schumpeter, Joseph A. 56, 60, 65, 189, 200
Schuster, Hans 297

Schütz, Klaus 297, 310, 313
Schwan, Alexander 90, 95
Schwarz, Hans-Peter 361, 364, 368 f., 374–376
Schwarzhaupt, Elisabeth 258, 260 f.
Schweitzer, Albert 249
Searing, Donald D. 284
Seefeldt, H. 315
Seefeldt, Klaus 304
Seipel, Ignaz 436
Sendtner, Kurt 50
Seuffert, Walter 215 f., 240 f.
Sewell, James Patrick 440 f.
Shays, Daniel 430
Shonfield, Andrew 161, 172
Sidjanski, Dusan 434, 439
Siegler, Heinrich von 437
Simon, Herbert A. 201
Sintenis, Renée 252
Six, Bruno 302 f.
Sling (Pseud.) s. Schlesinger, Paul
Smithies, Arthur 182, 198
Sohn, Karl Heinz 262–264
Sokrates 72
Solschenizyn, Alexander 72
Sonnemann, Ulrich 96
Sontheimer, Kurt 71, 91, 95
Soukup, James R. 482
Soulier, Auguste 200
Spaak, Paul Henri 379, 396, 399–402, 407, 424, 436, 439
Spinelli, Altiero 379, 389, 393, 422, 435–439, 441 f.
Spiro, Herbert J. 375
Spitzmüller, Walter 311
Spranger, Eduard 252
Springer, Axel Cäsar 112 f.
Stalin, J. W. 361 f., 365, 373, 382
Stammer, Otto 52, 284
Stanley, D. T. 285
Steffani, W. 173
Stein, Lorenz von 27, 50
Stern, Klaus 236
Sternberger, Dolf 175, 196
Stikker, D. U. 440
Stokes, Donald E. 199
Stoltenberg, Gerhard 265, 273, 309

Storch, Anton 263
Storck, Louis 277
Storing, J. A. 286
Strauß, Franz Josef 105, 109, 275, 277
Streibl, Max 308
Stresemann, Gustav 371, 374
Strobel, Käte 258 f., 263–265
Stumpff, Hans-Jürgen 245 f.
Suarez, Francisco 84
Süsterhenn, Adolf 210, 215, 225

Theil, Henri 198
Thier, Manfred 90
Thukydides 70
Tingsten, Herbert 196
Tito, Josip Brosz 362
Tocqueville, Alexis de 56 f., 70
Troeltsch, Ernst 51
Trossmann, Hans 157–159
Tschombe, Moise 109
Tullock, Gordon 197

Ulbricht, Walter 373
Ulrich, Kay L. 284
Unkelbach, Helmut 175, 177 f., 180, 182, 196–199
Uri, Pierre 441

Verba, Sidney 197
Verney, Douglas 196
Vilmar, Fritz 76 f., 92
Vogel, Bernhard 308
Vogel, Horst 275 f.
Voegelin, Eric 87
Vogelsang, Thilo 375
Voigt, Karsten D. 306
Voisin, André 437
Vollbracht 243
Volle, Hermann 375
Vring, Thomas von der 198 f.

Wagner, Albrecht 233 f.
Wagner, Heinz 241
Walker, Jack L. 200
Walton, C. C. 440
Warburg, Otto 252
Warner, W. Lloyd 274, 284
Watts, R. L. 435
Webb, Beatrice 78, 93

Webb, Sidney 78, 93
Weber, Max 25, 91
Weber, Werner 140
Wechmar, Rüdiger Freiherr von 276
Wehner, Herbert 263–265, 269, 319, 437, 463, 471
Weichert, Jürgen C. 459, 482
Weisenfeld, Ernst 436, 439 f.
Wende, Erich Johannes Andreas 250 f.
Werner, Ernst 95
Westerfield, H. Bradford 469 f.
Westphal, Heinz 263–265, 268
Wetzel, Günter 265
Weyer, Willy 311
Wex, Helga 259 f.
Wieland, Heinrich 252
Wienand, Karl 468
Wiethölter, Rudolf 74
Wildavsky, Aaron B. 173, 196, 199
Wildenmann, Rudolf 60, 197 f., 200, 347
Wildermuth, Eberhard 242
Wilhelmi, Hans 236
Williams, Philip 200
Windaus, Adolf 252
Windelen, Heinrich 276, 309
Winters, Peter Jochen 235
Wirth, Joseph 44
Wischnewski, Hans-Jürgen 263, 310
Wise, David 483
Wittrock, Karl 263, 271
Wolkersdorf, Lorenz 162
Woll, Peter 286
Wörner, Manfred 156, 273, 303, 309
Wülker, Gabriele 258, 260

Yondorf, Walter 437
Yoshida, Shigeru 49

Zapf, Wolfgang 315
Zavelberg, H.-G. 173
Zeman, Z. A. B. 482
Zeuner, Bodo A. 284 f., 308, 310, 314 f.
Ziebura, Gilbert 54
Zöller, J. O. 314
Zundel, Rolf 286
Zweigert, Konrad 208, 234 f.

Sachregister

Abgeordnete 33-35, 62, 112, 139, 145 bis 148, 150 f., 271, 280, 295, 309 f., 312
 Immunität 139
 weibliche 259 f.
Absolutismus 81, 83, 85
Action Committee for the United States of Europe (Aktionskomitee für die Vereinigten Staaten von Europa) 390-392, 397, 431
Afrika 108-110, 388
 Nord- 21
Agrarpolitik 330 f.
Ägypten 20, 406
Algerien 46, 111
Algerienkrieg 111
Alleinvertretungsanspruch 130, 326
Alliierte 16, 246, 367
Anerkennung der DDR 104, 130, 305, 307, 336
Angestellte 329
Appeasement 15
Arabische Liga 406
Aristokratie 79
Asien 107-110, 388
Atomare Bewaffnung (der Bundeswehr) 462, 464
Atomstopp-Vertrag 465
Aufwertung der DM 345
Auslandsgelder (in der Innenpolitik) 472-482
Außenhandel 19, 21
Außenhandelspolitik 480

Außenministerkonferenz 1949 (Paris) 367
Außenpolitik 108-110, 359, 361, 371, 440, 445-450, 452, 454 f.
 amerikanische 21
 deutsche 368, 370, 372-374, 444, 456 bis 469, 482
 Entscheidungsprozeß in der 444 f., 448, 450, 452, 466
 Gegensätze von Regierung und Opposition 449-452, 458 f., 462, 466-469
 Gemeinsamkeit von Regierung und Opposition 444, 446-469
 Verflechtung mit der Innenpolitik 21, 110 f., 451, 456
Außerparlamentarische Opposition (APO) 48, 97, 99 f., 102, 108, 110, 113, 116, 120-122, 131, 306
Außerparlamentarische Organisationen 35 f.
Australien 283, 377 f.
Auswärtiges Amt 275, 278

Backbencher 145
Bagdad-Pakt 21
Bandung-Konferenz 20
Bauern 330, 335
Bayerische Verfassung 131-134, 136 f.
Beamte, politische 34, 276, 278-282
Belgien 20, 176, 377
Belgisch-Kongo 20
Benelux-Staaten 386

Beratende Versammlung des Europarats 396 f., 404, 408–411, 413, 417, 419 f., 461
  Ad-hoc-Versammlung 379, 402, 411, 413, 422
Berlin 18, 100, 102, 368
Berliner Blockade 1948 366, 411
Berlin-Frage 462
Berlin-Krise 367
  1958 19, 462
  1961 478
Berufsbeamtentum 33 f.
Besatzungsmächte 15, 18 f., 29, 31 f., 364, 373
Besatzungspolitik 31
  amerikanische 365
Besatzungszone(n) 116, 371
  amerikanische 33, 365
  britische 365
  französische 366
  sowjetische 366, 368, 372
Bewußtsein, politisches 106, 111 f.
Bildungspolitik 117, 327, 329, 333, 337, 346
Bildungswesen 132
Bipolarität 361–365, 369–371, 374
Bizone 365 f.
Blockfreiheit 370 f.
Bolschewismus 15 f., 28
Briand-Plan 401, 403
Bund der Deutschen 474
Bund der Landwirte 27
Bund der Steuerzahler 223, 330
Bund der Vertriebenen 330
Bund deutscher Kriegsbeschädigter und Kriegshinterbliebener 245
Bundesamt für Verfassungsschutz 278
Bundesbeamtengesetz von 1953 278
Bundesgerichtshof 278
Bundeshaushalt 162, 164, 166 f.
Bundesjugendplan 301
Bundesjustizministerium 204, 209
Bundeskabinett 165, 204, 243, 250, 262 bis 264, 274, 466
Bundeskanzler 147, 165, 291 f., 458, 462, 467
Bundeskanzleramt 165, 275, 478

Bundesministerium für witschaftliche Zusammenarbeit 282
Bundesnachrichtendienst 278
Bundesparteitage (s. a. CDU, FDP, SPD) 287–296
Bundespräsident 139 f., 203, 243 f., 247
Bundesrat 47, 128, 139–141, 203, 209, 212, 215, 225, 291 f., 294 f.
  Finanzausschuß 224 f.
  Rechtsausschuß 209, 215–217, 224 f.
Bundesregierung 47, 128, 139, 141, 150, 167, 203, 218 f., 223 f., 226, 259, 274, 463 f., 468, 478–480
Bundesstaat 36, 296, 382–384, 387, 392, 398, 403 f., 414, 421–423, 426–428
Bundestag, Deutscher 36, 47, 113, 128, 136, 138 f., 141, 143, 148–150, 153, 156, 180, 203 f., 212, 215, 218, 227, 229, 270 f., 289, 329, 458, 465–467
  erster 36
  zweiter 36, 261, 459
  dritter 33, 149, 202, 461
  vierter 149, 202
  fünfter 143, 147 f., 151, 154, 202, 225 f., 259, 310–312
  sechster 147, 149, 202, 259, 309, 312
  Ältestenrat 149 f., 153–155
  Ausschüsse 36, 139, 143, 148 f., 151, 154
  Auswärtiger Ausschuß 458, 462–464
  Finanzausschuß 222, 226 f.
  Fragestunde 147, 150
  Geschäftsordnung 143–151, 154 f.
  Hearings 155
  Immunitätsausschuß 151 f.
  Petitionsausschuß 152
  Präsident 149, 151, 153
  Rechtsausschuß 47, 128, 202, 222, 226 f., 229
  Untersuchungsausschüsse 113, 152
Bundestagswahlen 39, 290
  1953 475
  1961 192, 464
  1965 311
  1969 307, 340
Bundestagswahlkampf
  1949 476

Sachregister

1953 459
1969 307, 316, 318 f., 321, 328, 331, 340 f., 344
Bundesverband des Deutschen Groß- und Außenhandels 222
Bundesverband der Deutschen Industrie 222
Bundesverband Deutscher Banken 222
Bundesvereinigung der Deutschen Arbeitgeberverbände 222
Bundesverfassungsgericht 133 f., 140, 144, 150, 202–208, 210–212, 214–217, 219–223, 225–230, 287, 458
  Bundesverfassungsrichter 202–205, 209–216, 225, 229
  Gesetz über das Bundesverfassungsgericht 202–206, 217 f., 223, 226, 229 f.
  Nichtigkeitserkenntnis 218–220, 222, 224 f.
Bundesverwaltungsgericht, Oberbundesanwalt beim 278
Bundeswehr 462, 464
Bündnissystem, westliches 19
Bürgertum 24, 117
Bürokratie 33–35, 40, 153, 407, 414, 422 f.

Cartellverband katholischer Verbindungen (CV) 264
CDU (Christlich Demokratische Union) 59, 69, 114, 185, 188, 228, 261, 263, 268, 270–274, 278, 280 f., 292, 296, 299, 301, 303 f., 306, 308–310, 319 f., 327–329, 332, 335–337, 339–347, 370, 374, 395, 398, 432, 461, 475 f.
  Bundesparteitag Berlin 296
CDU/CSU 188, 193, 259, 263, 274, 281, 292, 308, 319 f., 336, 340, 342 f., 345, 456, 464–467
Centralverband deutscher Industrieller 27
Chile 477
China 20, 475, 481
CIA 475
Citoyen 64, 66

Congrès du Peuple Européen (CPE) 389, 394
Conseil Français pour l'Europe Unie 390
Containment-Politik 19–21
CSU (Christlich Soziale Union) 188, 292, 296, 299

Dänemark 283
Dekolonisation 20
Democrazia Cristiana 480
Demokratie 26, 28, 31, 36–38, 45, 48, 55–73, 75–79, 85 f., 101, 113, 115, 117 f., 136, 175, 186, 192, 363 f., 370
  Honoratioren-Demokratie 65 f.
  Massendemokratie 28
  Rätedemokratie 121 f.
  unmittelbare 28, 137
Demokratie-Theorie 55, 60 f., 65, 189, 191
Demokratisierung 48, 63–65, 68–74, 76 bis 79, 85–87, 89, 103, 118, 137, 172, 284, 448
Demonstrationen (s. a. Protestbewegung) 43 f., 107
Despotie 83
Deutsche Angestelltengewerkschaft (DAG) 330
Deutsche Frage 15, 366, 387, 460 f., 469
Deutsche Jungdemokraten (DJD) 264, 300–302, 306 f., 311
  Bundesjugendtag 344 f.
Deutscher Anwaltverein 238
  Verfassungsrechtsausschuß 214
Deutscher Bauernverband 330
Deutscher Gewerkschaftsbund (DGB) 269, 275
Deutscher Industrie- und Handelstag 222
Deutscher Juristentag 152, 208 f.
Deutsch-französischer Vertrag 408, 465
Deutsch-französisches Jugendwerk 301
Deutschland
  Deutschland vor 1870/71 14, 23, 119, 278
  Deutsches Reich bis 1918 13 f., 23–

26, 102, 146, 148 f., 153, 278, 381, 473
Weimarer Republik 14–16, 22, 25–29, 32 f., 38, 42, 44, 47, 55, 69, 102, 116, 128, 131, 136, 147, 149, 175, 191, 193, 229, 244, 248, 270, 370
Drittes Reich 24, 26, 30, 32 f., 46, 57, 101 f., 115, 117, 269, 373
Nachkriegsdeutschland 17, 20, 22, 29, 370 f.
Bundesrepublik Deutschland (BRD) 13–15, 17–19, 21 f., 29–31, 33 f., 36–43–45, 47–49, 55 f., 59 f., 64–66, 69, 71 f., 99–118, 120 f., 123, 127–145, 147–156, 161–167, 169, 171, 174 bis 176, 180–183, 185, 188–194, 202 bis 230, 242–251, 255 f., 258–283, 287–296, 298–312, 316–346, 359–364, 366–368, 370, 373 f., 377, 386, 394 f., 405, 419, 428, 444, 446, 456–469, 475–480, 482
Deutsche Demokratische Republik (DDR) 30, 59, 112, 259, 262, 305, 307, 326, 474
Deutschland-Plan 462 f.
Deutschlandpolitik 305 f., 327 f., 336, 346, 368, 457, 462, 466 f., 469
amerikanische 364–369
französische 366 f.
sowjetische 367–369
Deutschland-Vertrag 245, 458
DFU (Deutsche Friedensunion) 474
d'Hondtsches Höchstzahlverfahren 138 f.
Diktatur 26, 28, 115
Militärdiktatur 110
Notstandsdiktatur 46
Diplomaten 275
dissenting opinion 203, 206–212, 214–216, 224, 226–229
Doyle, Dane, Bernbach Inc. (DDB) 479 f.
Dreiklassenwahlgesetz von 1849 99 f.
Dritte Welt 108, 111 f., 123

Eigentumspolitik 66, 327
Eisenhower-Doktrin 21

Eliten 110, 112, 372
politische 114, 163, 255 f., 258, 261, 283
Elitenforschung 255, 257, 266
Emanzipation 76
Emanzipationsbewegung 112, 123
England s. Großbritannien
Entnazifizierung 364
Entwicklungshilfe 405, 475
Entwicklungsländer 179
Etats généraux 381, 393, 409
Euratom (European Atomic Community) 379, 402, 421, 461
Europa 15–17, 22, 43, 361, 363, 367, 370, 372, 377–434
Ost- 388, 464
Europa-Bewegung 379, 387–389, 392–394, 398, 400, 404, 412, 429, 434
Europäische Bewegung 389, 409
Europäische Föderation 381 f., 385, 388, 399, 416, 419, 428, 434
Europäische Gemeinschaften 400, 407, 410, 415, 428–430
Gemeinsame Kommission 422, 424 f., 429, 431 f.,
Ministerrat 422, 431 f.
Europäische Integration 336, 372, 377 bis 379, 382, 384–430, 445, 457
Europäische Parlamentarische Union 390, 405
Europäische Politische Gemeinschaft (EPG) 391, 402, 413
Europäischer Gerichtshof 421
Europäisches Parlament 397, 400, 408, 410 f., 413–415, 422, 429, 432
Europa-Partei(en) 394–396
Europapolitik 327 f., 379, 395–397, 407, 412, 430, 432, 461 f.
Europarat 379, 391 f., 396 f., 400, 403 f., 408, 411, 413, 417, 419
EVG (Europäische Verteidigungsgemeinschaft) 245, 386 f., 401 f., 416, 421 f., 460
EWG (Europäische Wirtschaftsgemeinschaft) 19, 328, 336, 378 f., 386, 402, 421–424, 426, 429 f., 445, 461 f., 464

Sachregister

Beitritt Großbritanniens 189, 336, 392, 428
EWG-Kommission 382, 399 f.
Exekutive 34 f., 138

Faschismus 28, 45
FDP (Freie Demokratische Partei Deutschlands) 60, 181, 192, 228, 259, 261, 263, 268, 272 f., 276, 300, 306 f., 311, 316–346, 464, 475
Bundesparteitag 1967 (Hannover) 307
Bundesparteitag 1968 (Freiburg) 307, 340
Bundestagswahlkampf 1969 307, 316, 318 f., 321, 328, 331, 340 f., 344
Stammwähler 320, 322 f., 337
Wähler 316, 319, 321–326, 329–332, 335–337, 340, 343, 347
Wahlplattform 328 f., 337 f., 345
Federalists 395, 413
Finanzausgleich 33
Finanzierungspolitik 473, 475, 481 f.
Finanzministerium 165 f., 275
Finanzplanung 162–172, 193, 222
Finanzpolitik 161 f., 164, 166
Finanzreform 104, 117, 136, 185, 291–293, 295, 334, 337
Erzbergersche 33
Gutachten über die Finanzreform in der Bundesrepublik Deutschland 292
Finnland 259
Föderalismus 25, 27, 29, 36, 43, 116 f., 129, 134–136, 140 f., 257, 287, 292 f., 309, 380, 386, 420, 427
Föderation 382–388, 392, 395, 398, 408, 414 f., 426, 428–433
Föderator 382, 385–387, 389 f., 392, 394, 398–401, 407 f., 410, 412, 414 f., 422, 433
Fontainebleau-Memorandum 15 f.
Forderungserfüllungsstaat 38, 45
Forschung 444
Fraktionen 34, 36, 149, 151, 154
Frankreich 20, 23, 29, 100, 106, 109, 111 f., 114, 118, 123, 259, 282 f., 334, 364, 366, 385, 395, 406, 412, 419, 428 f., 476
Französische Revolution 146, 473
Dritte Republik 175, 191, 193
Vierte Republik 46, 191, 193
Fünfte Republik 46, 176
Französisch-saarländisches Abkommen 458
Frauen (im Deutschen Bundestag) 258 bis 260
Freie Universität Berlin 102–104, 106
Friede von Brest-Litowsk 473, 481
Friedensnote vom 25. 3. 1966 465
Friedenspolitik 336, 464
Funktionalismus 378 f., 405, 415–422, 427–429, 431
Funktionseliten 390, 392, 424, 429

Gemeinsame Versammlung der Montanunion 410 f., 420 f., 461
Generalbundesanwalt beim Bundesgerichtshof 278
Generationen(konflikt) 40–42
Gesamtrevision des Grundgesetzes 128 bis 130, 134, 138, 141 f.
Gesamtverband der Versicherungswirtschaft 222
Geschäftsordnung(en) 143–151, 154 f.
Geschichtlichkeit 32
Gesellschaftspolitik 335
Gesetz über Titel, Orden und Ehrenzeichen 1957 244, 246 f.
Gewaltenteilung 57 f., 138
Gewerkschaften 22, 27, 37, 47 f., 115, 263, 268 f., 346, 373
Godesberger Programm (SPD) 183, 463
Görlitzer Vertrag 458
Griechenland 82, 110
Großbritannien 20, 25, 27, 61, 65, 106, 109, 145, 148, 175, 179, 186, 189, 193, 257, 259, 268–271, 281, 283, 336, 362, 364, 385, 388, 396, 410, 412, 446, 448, 473
Großgrundbesitz, ostdeutscher 24
Großstaat 23, 25
Grundgesetz 55, 105, 116, 127–132,

134–136, 138–142, 151, 208, 220, 222, 287, 367
Art. 1 GG 222
Art. 9 GG 128
Art. 18 GG 128
Art. 19 GG 130
Art. 20 GG 71, 222, 287 f., 291
Art. 21 GG 55, 71, 128, 131, 134, 146, 287 f., 291, 296, 445
Art. 28 GG 287
Art. 30 GG 140
Art. 31 GG 291
Art. 38 GG 295 f.
Art. 43 GG 139
Art. 44 GG 138
Art. 45 GG 154
Art. 45a GG 151
Art. 79 GG 127 f., 135, 294
Art. 93 GG 138
Präambel 129 f.
Grundgesetzänderungen 128, 139
Grundrechte 81, 105, 129, 131 f., 222, 333
Gründung der Bundesrepublik Deutschland 17, 31, 33, 367
»Gruppe 46« (CDU) 309
Gruppenuniversität 69, 74
Günter-Kommission 133

Haager Kongreß 408
Hallstein-Doktrin 130
Hauptgemeinschaft des Deutschen Einzelhandels 222, 330
Haushaltsplan 151, 165
Haushaltspolitik 162, 167
Herrschaft
 despotische 80 f., 83
 politische 76–84, 87, 122 f., 284
Hochschulen 38, 74, 102, 132
Hochschulgesetze 69, 72, 74, 76
Hohe Behörde der Montanunion 409, 419–421

ILO (International Labour Organization) 420
Imperialismus 62, 360
Indochina 20
Industrialisierung 22
Industriegesellschaft 27, 45
Informationsfreiheit 133
Innenpolitik 109, 428, 430, 447, 451
 – Außenpolitik 21, 110 f., 451, 456
Innerparteiliche Demokratie 187, 191, 288, 296, 305, 451
Institut »Finanzen und Steuern« 222
Institut für Internationale Solidarität (Eichholz) 477
Integration, politische 36, 38 f., 377–380, 382–385, 387, 398–400, 403, 405, 414 f., 421–425, 429
Intellektuelle 39 f.
Interesse 27
Interessengruppen 25 f., 35–37, 120
Interessenpolitik 25
Interessenverbände (s. a. Verbände) 59, 133, 153
Internationale Organisationen 382 f., 418, 425
Internationale Politik 363 f., 447 f.
 Theorie der internationalen Politik 177
Internationales System 359–361, 365, 372, 374, 448
Interparlamentarische Union 397
Irak 20 f.
Italien 193, 274, 283, 377, 386, 395, 412, 428, 480

Jaksch-Bericht 464 f.
Jalta 360
Japan 14
Jugendorganisationen der politischen Parteien 264, 298–312
Jugoslawien 378, 481
Junge Union (JU) 264, 298–304, 306–310
 Deutschlandtag 299, 304
Jungsozialisten (JS) 264, 299–302, 304–306, 309–311
 Bundeskongreß:
 1963 304 f.
 1965 305
 1969 299, 306
Jungwähler 317 f., 329

Sachregister

Kalter Krieg 111, 361
Kanada 261, 377
Kandidatenaufstellung 269
  Bundestagswahl 1965 308, 310
  Bundestagswahl 1969 266, 305, 310 f.
Kapitalismus 65, 67
Karrieremuster 255–258, 260, 265, 268 f., 273, 307
Kirche 39, 373
  katholische 24
Kirchensteuer 334, 337
Kleinstaat 23 f.
Koalition 175, 184–189, 193, 295, 318, 340–346
  große Koalition (CDU/CSU–SPD) 104, 115, 156, 174, 185, 188, 202, 216, 218, 227 f., 271, 276, 290, 295, 318, 320, 323, 325–327, 329, 331, 337, 340–343, 346, 456, 466 f., 469
  kleine Koalition (SPD–FDP) 181, 305, 341–343
Kolonialpolitik 25
Kommunismus 366 f., 475
Kommunistisches Manifest 474
Konferenz der Präsidenten der Deutschen Länderparlamente 152
Konferenz von Colombo 20
Konferenz von Teheran 360
Konfliktregelung 185
Konjunkturpolitik 426
Konsensus 38
Konstruktives Mißtrauensvotum 140, 147
Kontinuität 22
  bayerischer Berlin-Opposition 24
Konzertierte Aktion 185
Korea 20, 362, 412
KPD (Kommunistische Partei Deutschlands) 474
KPD-Verbot 130
Kreßbronner Kreis 466
Kriegsorden 242, 244–247
Kuba 21
Kulturpolitik 43, 117, 135, 303
Kyffhäuserbund 245

Labour Party 263, 268–270, 396
Landtag 36
Landtagswahlen 39, 192
Lateinamerika 108–110, 122, 477 f., 481
Liberal Unionists 177
Liberalismus 24
Linke, radikaldemokratische 114
Listenwahl 175, 188
Lohnfortzahlung 329, 333, 335–337, 342

Macht, politische 74, 122, 284
Machtwechsel s. Regierungswechsel
Maiunruhen 1968 in Frankreich 100, 112, 114, 118, 123, 430
Majorz 175, 190
Marokko 20
Marshallplan 361, 367, 475
Marxismus 27
Massenmedien 48, 133, 155, 445
Mehrheitswahl 174–177, 179, 182 f., 187, 189–195
  absolute 175
  relative 175, 180, 190, 192
Mehrheitswahlrecht 66, 177, 179, 182 f., 188, 340, 347
Meinungsbildung 40, 114
Minderheiten 38, 40
Minister 105, 112, 147, 214, 256, 262–266, 269–273, 278–281, 413 f.
  weibliche 259 f.
Ministerium für innerdeutsche Angelegenheiten 301
Ministerpräsidenten der Länder 250, 256, 268, 292
Ministerverantwortlichkeit 279
Mitbestimmung 47, 65, 86, 327–329, 333, 335–337, 346, 430
  Montanmodell 346
Monarchie 23 f., 69, 79, 82
»Monarchie Seigneurale« 81 f.
Monroe-Doktrin 478
Montan-Union 378 f., 401 f., 409–411, 415 f., 419–422, 461
Morgenthau-Plan 17
Moskauer Konferenz 1947 365

Mouvement Fédéraliste Européen (MFE) 394
Mouvement Socialiste pour les Etats-Unis d'Europe (MSEUE) 396 f.
MRP (Mouvement Republicain Populaire) 395, 397
Münchener Ministerpräsidentenkonferenz 1947 373

Nationalismus 25, 32, 62, 370, 476
Nationalkommunismus 373
Nationalsozialismus 101, 178, 372 f.
Nationalstaat 32, 372, 404 f., 412, 427, 433
Nationenbildung 23
NATO 110, 127, 405, 460
NATO-Parlamentarier-Versammlung 397
NEI (Nouvelles Equipes Internationales) 397
Neue Linke 44, 72, 115 f., 121 f., 429
Neuseeland 283
Neutralität 362, 370 f.
Niederlande 20, 176, 381, 386, 394
Nigeria 426
Nonproliferations-Vertrag 466 f.
Normenkontrollverfahren 138, 217, 220, 224 f.
Norwegen 268 f., 283
Notstandsgesetz(gebung) 47, 105, 113 bis 115, 118, 155, 290, 301, 305, 342, 346
Notstandsverfassung 127 f.
NPD (Nationaldemokratische Partei Deutschlands) 147, 182, 192, 329 f., 345-347

Oberste Heeresleitung (OHL) 473
Obrigkeitsstaat 28
Oder-Neiße-Grenze 59, 104, 108, 336
OECD (Organization for Economic Co-operation and Development) 405
OEEC (Organization for Economic Co-operation) 386, 420
Öffentliche Meinung 40, 46 f., 106, 110, 114, 133, 407

Öffentlicher Dienst 33 f.
Ombudsmann 152
Opposition 115, 138, 190, 228, 292, 319, 326, 340 f., 344, 347, 413, 446, 448-450, 452-454, 456-465, 467 f.
Oppositionspartei(en) 102, 115, 317, 342, 445, 447
Orden Pour le mérite (Friedensklasse) 242, 247-251
Ordenskanzlei im Bundespräsidialamt 243
Organismuslehre 28
Österreich 176, 188, 394
Osterunruhen 1968 112, 114
Ostpolitik 110, 307, 328, 336 f., 346, 416, 465 f.
Ost-West-Konflikt 20, 32, 359-362, 364, 475
Ostzone 366-370, 373
ÖVP (Österreichische Volkspartei) 188

Pan-Europa-Bewegung 390, 400, 403
Paneuropäische Union 389, 403
PAP 325
Pariser Gipfel 1960 463
Pariser Verträge 460
Parlament 34 f., 62 f., 120 f., 139, 143, 145 f., 151-153, 166, 194, 412, 454
Parlamentarische Demokratie 28 f., 42, 61, 113, 115 f., 176, 284, 448
Parlamentarische Kontrolle 35, 137 f., 143, 145 f., 152, 421, 431
Parlamentarischer Hilfsdienst 139, 150
Parlamentarischer Rat 127 f., 134-136, 139, 287 f., 367
Parlamentarisches Regierungssystem 105, 137-139, 141, 179, 190, 444-446
Parlamentarismus 23, 28, 34-36, 116, 175, 193
  Honoratioren- 175
  Krise des 28
Parlamentsreform 143, 148, 151, 156, 204, 309
Parteieliten 191
Parteien, politische 25, 35-37, 39 f., 48, 56, 60 f., 113, 115-117, 120, 131,

133 f., 136, 166, 175 f., 181, 183–187, 191, 195, 287–289, 291–296, 298, 302, 307, 311, 373, 393 f., 396–398, 407, 429, 431 f., 445, 447 f., 450 f., 453–456, 468, 474
  christliche 397
  kommunistische 474 f., 481
  sozialistische 269, 396, 475
Parteiengesetz von 1967 134, 229, 288 f., 291, 295
Parteienstaat 115, 175, 287, 444
Parteiensystem 116, 175 f., 182, 187, 192 f., 195, 340, 396, 428, 455
Parteienverbot 130
Parteifinanzierung 115, 117, 472–482
Partizipation, demokratische 449 f.
Permanent Secretaries 281
Persien 107, 112
Personalpolitik der Bundesregierung 275, 277, 280
Peru 477
Philadelphia Convention 409
Pinay-Plan 403, 405
Planning-Programming-Budgeting-System (PPBS) 167–171
Planung 135, 162 f., 165 f., 168 f.
  politische 161, 165, 170
Planungsbeauftragter 165
Plebiszit 136 f.
Pluralismus 22 f., 25, 27, 29, 37 f., 43 f., 46, 48 f., 67, 444
  radikaler 27, 44
  territorialer 23
Polen 481
Polis (antike) 63, 70, 79 f., 86, 179
Politikwissenschaft 56–58, 60, 97, 99–102, 104, 108, 110–112, 116, 177, 179, 184, 192, 195, 256
  Internationale Politik 111
Politische Bildung 60, 115, 134
Politische Finanzierungen 472–482
Politische Führung 38, 112 f., 115, 122, 142, 255, 258 f., 430, 433
Politische Kultur 31
Politische Willensbildung 63 f., 67, 71, 74 f., 85, 133 f., 287, 292 f., 413, 481 f.

Portugal 109
Positivismus 27
Potsdamer Konferenz 16 f., 360 f.
Presse 39, 112, 224, 279, 324, 338, 476
Pressekonzentration 112 f.
Preußen 23 f.
Proletariat 120
Propaganda 25, 36
Proporz 149, 174–176, 180, 188, 192, 261 f., 276
Protestbewegung 102, 107, 111, 113, 120–122, 298, 328, 340
Proudhonismus 393
Provinzialismus 25

Radikalismus, politischer 38, 43
Rätesystem 65
Rechtsstaat 73, 114 f.
  sozialer 219
Regierungsbildung 1969 186, 188, 271, 275
Regierungspartei(en) 189, 317, 445
Regierungswechsel 283, 347, 447, 449, 451 f.
  1969 255, 258, 271, 283, 345 f., 467
Reichsbanner Schwarz-Rot-Gold 264
Reichsbeamtengesetz von 1873 278
Reichsbund der Kriegs- und Zivilgeschädigten 245
Reichsgründung 1870/71 23, 25
Reichsministerien 27
Reichsreform 26
Reichstag, Deutscher 146, 148 f., 153
Reichswahlgesetz 1920 175
Rekrutierung der politischen Elite 35, 262, 266, 268, 282 f.
Remilitarisierung 458, 460
Reparationen 33
Repräsentation 58, 60
Revolution 1848/49 23
Revolution 1918/19 24, 121
Ring politischer Jugend 302
Römische Verträge 391, 461, 463, 469
Rußland 473, 481

Schuman-Plan 400, 416, 419 f.
Schweden 145, 176, 259, 268 f.

Schweiz 261, 377, 381, 413
SDS (Sozialistischer Deutscher Studentenbund) 76, 102 f., 264, 305
SED (Sozialistische Einheitspartei Deutschlands) 474
Seemachtpolitik 25
Sicherheitspolitik 327, 405, 427, 462
Sicherstellungsgesetze 47
Skandinavien 110
Sondervotum 206, 208–211, 216, 225
Souveränität 118, 404, 413, 448
Volkssouveränität 390
Sowjetunion 17 f., 20 f., 43, 60, 259, 359 f., 363, 365–370, 372, 386–388, 428, 432, 461 f., 475, 478, 481
Sozialisation, politische 263
Sozialismus 121
populistischer 393
Sozialisierung 65
Sozialistische Arbeiterjugend (SAJ) 264
Sozialistische Internationale 396
Sozialpolitik 59, 110, 333, 335 f., 426
Soziologie 111
Spanien 106, 109, 182
Spätkapitalismustheorie 163
SPD (Sozialdemokratische Partei Deutschlands) 59, 69, 102, 105, 114, 117, 180, 183, 228, 243, 259, 261, 263 f., 267–274, 277, 279, 283, 288–290, 292 f., 295 f., 299 f., 304–307, 309–311, 318 f., 327 f., 332, 335–337, 339–346, 370, 396, 398, 456, 459–466
Parteitag(e) 288
1931 (Leipzig) 304
1947 (Nürnberg) 304
1960 (Hannover) 290
1962 (Köln) 290
1964 (Karlsruhe) 290
1966 (Dortmund) 290
1968 (Nürnberg) 180, 290, 292 f., 295
›Der Spiegel‹ 476
Spieltheorie 177
Splitting 346
Springer-Presse 112

Staatenbildung 23
Staatenbund 383, 403 f.
Staatsbegriff 27, 29
Staatslehre 27
Staatsoberhaupt(s), Stellung des 139 f.
Staatssekretäre 105, 256, 261 f., 271–280, 458
beamtete 263–265, 276 f., 282
parlamentarische 147, 263–268, 270, 273, 277, 281
weibliche 260
Staatsteilung 20, 29
Stabilität, politische 192–194
Stabilitätsgesetz 291
Stammwähler 183, 317, 320, 322 f., 337
Steuergesetze 222, 224 f.
Steuerrecht 218, 224
Strafrechtsreform 104, 155
Studentenbewegung (s. a. Protestbewegung) 43, 102, 298, 340
Südafrikanische Republik 108 f., 378
Supranationalismus 423, 430
Systemanalyse 167, 171
Systemsteuerung 165–167, 172
Systemtheorie 163

TEAM 324, 332, 338
Territorialstaat 23, 25
Totalitärer Staat 24, 26, 28 f., 45 f.
Totalitarismus 57, 59, 67
Trizone 366
Troeger-Kommission (-Gutachten) 292
Truman-Doktrin 21, 361
Tschechoslowakei 378, 481 f.
Tugend, politische 29

Ungarn 481
UEF (Union Européenne des Fédéralistes) 389, 393, 408
United Europe Committee 390
United Europe Movement 389
Universitäten 43, 74 f., 78, 102 f., 113, 118, 135
UNRRA 420
Untersuchungsausschuß, parlamentarischer 113, 138, 152

Sachregister

USA 15, 17, 19–21, 23, 29, 43, 62, 64 f., 70, 106–109, 111 f., 127, 140, 145, 167–171, 182 f., 185, 257, 259, 261 f., 265, 274, 281, 334, 336, 359–369, 381, 386–388, 395, 414, 426, 428, 430, 432, 446, 472, 474, 477–479, 481

Venezuela 477
Verbände 26–28, 35–37, 48 f., 134, 166, 407, 445, 475
Verband deutscher Soldaten 243, 245
Verband der Heimkehrer 245
Verband der Kriegsbeschädigten, Kriegshinterbliebenen und Sozialrentner 243, 245
Verband der Wehrpflichtigen 330
Vereinte Nationen 360
Verfassung des Landes Baden-Württemberg 137
Verfassungsbeschwerde 131, 203, 217, 219–221, 225
Verfassungsgeschichte 26
Verfassungsrecht 145
Verfassungsreform 26, 127
Verfassungsstaat 81
Verhältniswahl 174–177, 183, 190, 192, 194
Verhältniswahlrecht 181
Vermögensbildung 327, 333, 346
Vermögensumverteilung 335
Versicherungspflichtgrenze 330
Verteidigungspolitik 336, 465
Vertriebene 262
Verwaltungsreform 33
Vielparteiensystem 175 f., 185, 189 f.
Viermächteverantwortung 366 f.
Vietnam 106 f., 109, 111
  Süd- 20, 108
Vietnamkrieg 106 f., 111
Völkerbund 403
Völkerrecht 111
Volksbegehren 136 f.
Volkseinkommen(s), Wachstum des 21 f.
Volksentscheid 136 f.
Volksstaat 28

Volkswagen-Werbung 479 f.
Vorbeugehaft 118, 334, 337, 342

Wahlalter 139, 305
Wählerverhalten 177 f., 181, 187, 323
Wahl(kampf)finanzierung (ausländische) 475 f., 479 f.
Wahlforschung 179, 183, 316
Wahlgesetz 118
Wahlkampf 303, 316, 319, 332, 451, 454
Wahlrecht 62, 120, 175–177, 194 f., 290 f., 342
  Gutachten des Wahlrechtsbeirats von 1968 180, 185
Wahlrechtsreform 174, 176, 180, 185, 188, 190–192, 194 f., 290
Wahlsystem 139, 174, 177 f., 183, 187 –195, 290
Wahlwerbung 316, 319, 321, 331, 334, 337, 339
Währungspolitik 405, 426, 444
Wechselwähler 183, 317, 320
Wehrverfassung 127
Weltkrieg, Erster 17, 24, 41 f., 359, 473
Weltkrieg, Zweiter 16 f., 30, 40, 42
Weltpolitik 24 f.
Westintegration 108, 368, 370, 374
Westpolitik 328, 336, 465
Weststaat 365–367, 369 f., 372, 374
Westzonen 18
WEU (Westeuropäische Union) 460
Widerstandsrecht 47
Wiederbewaffnung 458
Wiedervereinigung Deutschlands 108, 128, 336, 368, 427, 458, 461 f.
Wirtschaftsdemokratie 78
Wirtschaftskrise 1966/67 163
Wirtschaftsministerium 165
Wirtschaftspolitik 164, 166, 327 f., 333, 335 f., 444
Wirtschaftssystem, kapitalistisches 112
Wirtschaftstheorie 167
Wirtschaftswachstum 14, 19, 22
Wissenschaftsplanung 117
Wissenschaftsrat 113

Wohlstand 17 f., 21
Wohlstandsstaat 22, 38, 41

Zabern-Affäre 146
Zeitgeschichte 26, 111

Zinn-Kommission 292
Zollunion 426 f.
Zwei-Kammer-System 414
Zweiparteiensystem 179–182, 184,
    186–192, 194, 283